노화의
심리학

노화의 심리학

초판 1쇄 인쇄 2017년 12월 15일
초판 1쇄 발행 2017년 12월 20일

지은이 이언 스튜어트-해밀턴
옮긴이 이동영·서은현·우종인
펴낸이 성낙인
펴낸곳 서울대학교출판문화원

출판등록 제15-3호

주소 08826 서울 관악구 관악로 1
대표전화 02-880-5252 | 팩스 02-888-4148
홍보마케팅팀(주문 상담) 02-889-4424, 02-880-7995
이메일 snubook@snu.ac.kr
홈페이지 www.snupress.com

ISBN 978-89-521-1887-5 93510

THE PSYCHOLOGY OF AGEING

노화의 심리학

이언 스튜어트-해밀턴 지음
이동영·서은현·우종인 옮김

서울대학교출판문화원

The Psychology of Ageing, 5th Edition by Ian Stuart-Hamilton

This edition published in the UK and USA in 2012 by Jessica Kingsley Publishers Ltd
73 Collier Street, London, N1 9BE, UK
www.jkp.com

Printed in Korea

이 책을 돌아가신 나의 아버지

찰스 앨프리드 해밀턴(Charles Alfred Hamilton, 1928-2011)께 바칩니다

역자 서문

우리나라는 2000년에 65세 이상 인구가 7%를 넘어선 고령화 사회에 진입한 이후 2016년에 13.6%로 고령 사회에 근접했다. 2050년에는 노인이 전체 인구의 40%대까지 늘어날 것이라 전망되고 있다. 인구 고령화는 전 세계적인 추세이지만, 한국의 고령화 속도는 세계에서 유례를 찾을 수 없을 정도로 빠르다.

급속한 고령화의 한가운데서 노인들이 겪는 심리적 변화를 적절히 이해하기 위해서는 학문적 관심과 체계적인 연구가 필요하다. 국내에서도 여러 노인심리학자나 노인정신의학자들에 의해 노년기의 인지와 정서 변화 등에 대한 여러 연구가 진행되었다. 또한 여러 가지 한국판 노인용 심리검사도구 개발이 이루어져 노인 또는 노화 심리 연구의 기반이 다져지고 있다. 다른 한편으로 노화라는 종적 현상을 좀 더 적절하게 탐구해 볼 수 있는 노화 심리 관련 코호트 연구도 2000년대 초부터 시작되었다. 2003년에 시작된 한림노화연구(Hallym Aging Study), 2006년에 시작된 고령화연구패널조사(Korean Longitudinal Study of Ageing), 2010년부터 진행되고 있는 한국인의 인지 노화와 치매에 대한 전향적 연구(Korean Longitudinal Study on Cognitive Aging and Dementia), 2014년에 시작되어 현재까지 진행되고 있는 알츠하이머 병 발병 예측 및 조기 진단 지표 확립을 위한 한국인 뇌 노화 연구(Korean Brain Aging Study for Early Diagnosis and Prediction of Alzheimer's Disease) 등이 대표적이다.

그러나 이러한 노력에도 불구하고 국내 노화 심리 관련 심층 연구나 저술은 서구에 비해 아직도 크게 부족하다. 노화의 심리학은 나이가 들어 가면서 나타나는 인지, 성격, 정서 및 사회적 관계의 변화, 그리고 그와 관련된 신체적 변화, 질병의 문제, 죽음과 관련된 심리 등 광범위한 내용을 다루는 분야이다. 분야의 발전과 저변의 확대를 위해서는 이러한 이슈들을 포괄적이면서도 체계적으로 정리한 저술이 긴요하지만, 국내에서 이러한 필요를 충족하는 저술은 제한적이다.

이 책은 바로 이러한 요구에 부응하고자 영국 글러모건 대학 발달심리학과의 이언 스튜어트-해밀턴 교수가 쓴 *The Psychology of Ageing*의 제5판을 번역한 것이다. 본 번역서의 원저는 노화의 심리학과 관련해 이루어진 방대한 연구의 결과들을 체계적으로 빈틈없이 정리한 보기 드문 저작이다. 현재까지 16개 언어로 번역, 출간되었으며, 2008년 'British Medical Association Book of the Year'를 수상하기도 했다.

이 책은 노화의 정의 문제에서부터 시작하여 노화에 따른 신체적 변화, 변화 측정 문제, 인지적 변화, 성격의 변화, 사회적 관계의 변화 등을 세밀하게 다루고 있다. 또한 정상적인 노화에 대한 심리학뿐만 아니라 최근 문제가 되고 있는 경도인지장애, 치매, 노인우울증 등 병적으로 나타나는 정신건강의 문제들, 그리고 죽음, 임종, 사별과 관련된 심리적 요인들도 포괄하고 있다. 이 책은 총 9장으로 구성되어 있으며, 세 개의 부록을 통해 배경지식이 부족한 독자들도 참고해서 책을 소화하는 데 어려움이 없도록 하였다.

이 책이 제공하는 체계적이면서도 방대한 정보는 심리학자, 의사, 간호사, 복지사뿐만 아니라 노화 심리에 관심이 있는 다양한 분야의 전문가나 학생, 그리고 일반인들이 노년기와 노인에 대한 이해를 넓히고 지식의 깊이를 더하는 데 매우 소중한 자원이 될 수 있을 것이다.

이 책이 출판되기까지 많은 시간이 걸렸다. 번역이 처음 기획된 것은 10여 년 전으로 거슬러 올라간다. 여러 가지 사정으로 번역 작업이 늦어지다 어렵게 원저의 제4판에 대한 번역이 마무리되어 가던 무렵 원저의 제5판이 출간되었다는 소식을 접했다. 제5판은 제4판 출간 이후 이루어진 최신 연구 결과들을 상당수 반영하고 있었다. 따라서 기존의 번역을 많은 부분 수정하고 추가 번역 작업을 진행하여 제5판을 기준으로 한 번역을 마무리하였다. 이 과정에서 추가적인 수고가 따를 수밖에 없었지만, 그 덕분에 원저자의 노력을 제대로 반영한, 시대에 뒤떨어지지 않는 번역서를 선보일 수 있게 됐다. 이 책이 출간되기까지 많은 도움이 있었다. 특히 이 책의 출판을 흔쾌히 맡아 교정과 보완에 애써 주신 서울대학교출판문화원 관계자 여러분, 그리고 초고의 오탈자를 꼼꼼히 체크해 준 허미나 연구원에게 감사의 마음을 전하고 싶다.

우리는 노인으로 보내는 시기가 점점 길어지는 시대에 살고 있다. 이 책이 노화 과정과 그 과정을 겪고 있는 노인에 대한 이해의 폭과 깊이를 더하고자 하는 분들께 작은 도움이 되기를 희망한다.

2017년 12월

이동영, 서은현, 우종인

서문

이 책의 제1판은 1991년에 나왔다. 2006년에 제4판이 나온 이후로 이 책은 영국 법에 의하면 성년이 되었다. 따라서 투표를 할 수도 있고, 선술집에서 술을 주문할 수도 있으며, 부모의 허락 없이도 결혼할 수 있다. 몇 달 후면 영국 의회에 입후보도 할 수 있다. 이 책의 태동은 어느 초현실적인 목요일 밤에 시작되었다. 그날 나는 케임브리지 대학에서 열린 한 연구 컨퍼런스에 참석 중이었다. 그날 나는 내가 잘 모르는 분야에 대해 발표를 해야 했다. 점심시간에 대학 정원의 한 의자에 앉아서 P. D. 제임스의 추리소설을 읽고 있었는데, 그 소설 속 인물이 점심시간에 내가 앉아 있던 바로 그 의자에 앉아 책을 읽는 장면이 나왔다. 그날 저녁 출판사 컨소시엄에서 주최한 연회에서 한 출판사 대표가 현재 출판된 책들 중에 빠진 주제가 무엇이 있는지에 대해 물었다. 빈속에 술은 정말 추천할 만한 것이 못 된다. 특히 나처럼 술이 약한 사람에게는 더욱 그렇다. 기억을 더듬어 보면, 나는 그날 노화의 심리학(psychology of ageing)에 대한 기본 입문서가 왜 필요한지에 대해 박식하게 설명했던 것 같다. 그런데 그날 내가 쓴 계약서 세부사항에 대해서는 희미하게만 기억이 났다. 며칠 후 제시카 킹슬리 출판사로부터 책을 진행하자는 편지와 함께 샘플 원고를 요청받았다. 나는 샘플 원고를 보냈고(흥미롭게도, 그 샘플 텍스트 중 어느 것도 실제 출판 내용에는 포함되지 않았다), 출판 결정이 내려졌다. 그 후 제시카 킹슬리 출판사 본사로 방문해 줄 것을 요청받았다.

당시 출판사에 대해서 내가 알고 있는 것이라곤 영국 잡지인 『프라이빗 아이(*Private Eye*)』의 천박한 가십 같은 것이 전부였다. 제시카 킹슬리 역시 나와의 오전 약속 시간이 되기도 전에 이미 위스키 반병을 마시고 줄담배를 피우는 성질 고약한 여성이지 않을까 생각했었다. 그러나 실제로는 나의 허튼 소리를 아주 흥미롭게 경청하고 어처구니없는 아이디어를 조용하게 실행 가능한 것으로 만들 수 있도록 귀중한 조언을 해 주는 매우 매력적이고 학식 있는 여성이었다. 제시카는 다른 출판업자들로부터 큰 칭송을 받고 있었고, 가독성이 높고 양식 있는 글을 쓸 수 있도록 많은 작가들을 친절하고 참을성 있게 안내해 주고 있었다. 지난 20여 년 동안 이런 그녀의 지지와 우정을 받을 수 있었던 것은 대단한 영광이 아닐 수 없다.

제1판은 1990년 여름에 몰아서 작업했다. 이 기간에 결혼도 했고 학부 강의도 세 개나 맡았었다. 이 제1판에 대해서는 상당히 많은 비평이 쏟아졌다. 제5판에서는 제1판의 내용이 아주 조금밖에 남아 있지 않게 되었다. 이는 주로 책의 내용을 최신 정보로 업데이트했기 때문이지만, 제1판에서 보였던 진심 어린 어조에 대해 스스로 점차 만족도가 떨어졌기 때문이기도 하다. 이 책의 마지막 장인, 노화의 심리학의 미래에 대한 나의 비전을 다룬 부분은 예외이다. 나는 그 마지막 장을 두 시간 만에 손으로 다 썼다(타이핑할 때 내 필체를 해독하는 것이 쉽지 않았던 것으로 기억한다). 매우 덥고 후덥지근한 날이었고, 창문은 열려 있었으며, 옆집 10대 아이가 일광욕을 하면서 라디오를 크게 틀어 놓고 있었다. 지금 다시 그 부분을 읽노라니 뇌리에 박혀 있던 1990년대 초반의 팝송이 떠오른다. 마지막 장은 처음 썼던 그대로 남겨 두기로 했다(물론 최근 참고문헌을 조금 추가하기는 했지만 대부분은 그대로 두었다). 1990년대에 대한 개인적인 향수 때문이 아니라 연구의 미래에 대해 예측하는 것이 얼마나 어려운지를 간단히 보여 주기 위해서 그렇게 했다.

이 책의 제1판을 쓰던 당시 나는 책을 쓰기 위해 여러 자료들을 읽어야 했는데, 최신 방법인 전자 자료를 검색해 보기를 추천받았다. 이 분야의 전문가인 사서를 만났고, 그에게 내가 핵심어를 주면 그는 그것을 토대로 자료를 검색해 주었다. 그는 총 100쪽 분량의 결과물을 출력해 주었다. 오늘날에는 PsycINFO나 Medline과 같은 검색엔진에 노화의 심리학과 관련된 주제어 하나만을 입력해도 상당량의 결과물이 쏟아질 것이다. 이것은 나만의 경험이 아니다. 다른 학자들도 이러한 점을 지적해 왔는데, 이 분야의 탁월한 인물인 팀 솔트하우스 교수의 말을 인용해 보도록 하겠다.

> 10여 년 전만 해도 한 분야의 연구를 조사하려고 할 때 서너 개의 주요 저널에 발표된 논문들을 집중적으로 살펴보면 어느 정도 윤곽을 파악할 수 있었다. 그러나 지금은 그런 방식으로 조사해서는 관련 연구의 극히 일부분만 보게 될 가능성이 크다. 왜냐하면 요즘에는 노화의 심리학 연구들이 심리학, 신경과학, 신경학, 방사선학, 건강심리학, 정신약물학, 역학, 공중보건의료, 내분비학 등등의 분야의 저널에 발표되기 때문이다.(Salthouse 2010: vi–vii)

솔트하우스는 인지심리학자나 신경심리학자의 시각으로 노화의 심리학에 대해 말한 것이라는 점을 짚고 넘어가고 싶다. 심리학의 다른 분야까지 감안한다면 얼마나 많은 연구들이 발표되고 있는지 어렵지 않게 이해할 수 있을 것이다.

이 책을 쓰기 위해 읽어야 하는 자료가 방대하다는 부담감만 제외한다면, 노화의 심리학 연구의 폭발적인 증가는 아주 좋은 현상이 될 것이다. 연구가 활발히 진행되고 있다는 것은 우리가 더 많이 배우고 있고 해당 주제를 더 깊이 있게 다루고 있다는 것을 의미할 것이다. 그러나 앞의 두 문장을 추측의 형태로 쓴 것에 주목해 주기 바란다. 이론적으로 연구가 많이 이루어지는 것은 좋은 일이다. 그러나 실제로는 대부분의 연구가 특정 분야에 국한되어 반복적으로 수행되는 경우가 많고, 동일한 문제에 대해 뭔가 새롭거나 더 나은 방법을 찾는 연구가 많다. 이는 과거의 심리학 분야에서 종종 나타난 현상으로, 같은 주제에 대해 가장 잘 실험하거나 분석한 연구자가 누군지에 대한 세력 다툼을 하는 경우가 많은 것이다. 나는 지금 제5판을 쓰고 있지만, 집필을 위해 읽고 있는 자료들의 내용 자체는 본질적으로 제4판과 크게 다를 바 없고, 차이가 있다면 결과를 지지하는 최신 참고문헌을 단순히 업데이트한 것에 불과하다.

그렇다고 해서 이 분야에 진전이 전혀 없었다는 것은 아니다. 얼마나 많은 연구자들이 그 주제를 연구했는지와는 상관없이, 그러한 연구 결과 자체는 중요하다(예를 들어, 노년기 지적 저하의 원인과 같은 문제). 어떤 경우는 학문적 진전도 있었고 아주 가치 있는 새로운 발견을 하기도 하였다. 예를 들면 분자심리학이라는 새로운 분야는 앞으로 노년기의 심리적 변화에 관해 상당한 정보를 제공해 줄 수 있을 것이다. 개인적으로는 노인심리학 분야의 급진적 변화를 목전에 두고 있다고 믿는다. 이 시기는 어쩌면 인지심리학적 패러다임인 전통적 시각으로 연구를 하는 최후의 날들이 되지 않을까 싶다. 그러나 앞에서도 말했듯, 뭔가를 예측하는 것은 상당히 모험적인 일이다. 제4판과 마찬가지로 제5판에서도 연구 방법론과 현재의 학문적 접근 방법에 대해 비판하는 장을 포함시켰다. 현재의 연구들에 대해 비판적이고 깨어 있는 시각을 제시하면서 나 스스로는 가급적 중립적인 태도를 취하려고 애썼지만, 염치없게도 편파적으로 기술되었다. 독자들은 자유롭게 그 비판을 수용하거나 거부할 수 있다. 나는 단지 모두를 만족시킬 수는 없다는 점을 강조하고 싶었고, 현재 진행되고 있는 연구 방법이나 가정들에 대해 의문을 품을 수 있다는 것을 이야기하고 싶었다.

제5판에서 수정하고 싶었던 것 중 하나는 제4판에서 내가 의도치 않게 풍겼던 비관적이고 암울한 분위기이다. 나는 지금 50대이다. 제1판에서 내가 대수롭지 않게 논의했던 노안이나 사람 이름 기억하기의 어려움과 같은 현상들을 지금 내가 경험하고 있다. 노화에 대해 어둡게 묘사하려는 의도는 전혀 아니었지만, 감퇴하는 현상들을 묘사하면서 그와 유사한 분위기를 풍겼던 것 같다. 몇 년 전에 내가 강의하는 노인심리학을 수강하는 한 학생이 수업 시작 전에 '이번 주에는 뭐가 악화되나요?' 하고 질문하는 것을 듣고 깨달았다. 지나친 낙관주의자가 될 필요는 없겠지만, 노년기에 저하되는 것이 상대적인 것이지 절대적인 것이 아니라는 점을 강조하려고 노력했다. 특히 인지와 심리측정학을 근거로 하는 연구들을 보면 노인 참여자의 수행 점수가 저하된 것을 두고 '실패'했다고 보기도 한다. 이 책 전반에 걸쳐서 언급하겠지만, 실생활에 적용하는 것에 한계가 있는 실험실 검사에서 얻은 점수가 계속 낮아진다고 해서 그 결과가 뭔가 새로운 것을 알려 주는 것은 아닌 경우가 많다. 또한 노년기의 생활 방식과 관련한 문제도 살펴보았고, 그 방식의 긍정적 측면을 보다 깊이 있게 다루었다.

'죽음, 임종, 그리고 사별'이라는 새로운 장도 추가했다. 노화의 심리학을 다룬 책들 중 어떤 책에는 이 주제가 포함되어 있고 어떤 책에는 포함되어 있지 않다. 지금껏 그 주제를 다루는 데 마음의 저항을 가지고 있었다. 왜냐하면 그러한 주제가 노화 과정의 일부분으로 다루어져야 하는 것인지에 대해 확신이 없었기 때문이다. 세계 곳곳에서 죽음은 여전히 노년기 이전 사람들에게도 자주 일어나는 일이고, 노령연금을 수령할 가능성은 우리가 생각하는 것보다 훨씬 낮다. 그러나 지난 여러 해 동안 많은 학생들이 죽음에 대한 주제를 공부하는 것에 관심을 표했고, 그들은 고스* 복장을 하고 있지도 않았다. 따라서 나는 이 주제를 포함시켰다.

이 책을 쓰는 동안 나의 행복과 인내, 그리고 만족감을 함께해 준 나의 가족과 동료들에게 감사의 인사를 하며 서문을 마무리하고 싶다.

글러모건 대학 발달심리학과 교수
이언 스튜어트-해밀턴

* 옮긴이 주: 고스(goth)는 1980년대에 유행한 록 음악의 한 형태로, 주로 검은색 옷을 입고 죽음이나 악(evil)에 대한 내용을 노래한다.

차례

제3장 노화와 기억

제4장 노화와 언어

제5장 노화, 성격, 그리고 생활 방식

제6장 노년기의 정신건강

제1장

노화란 무엇인가?

이 장에서는 이 책에서 다루어질 내용에 대한 핵심적인 배경 정보들에 대해 다룰 것이다. 따라서 심리적인 특성을 직접적으로 다루기보다는 노화로 인한 심리적 변화에 영향을 주는 특징들에 대해 소개하려 한다. 노화를 어떻게 정의할 것인지, 노화로 인한 생물학적인 변화가 어떻게 되는지와 같은 주제들에 대해 대략적으로 소개하도록 하겠다.

노화의 정의

우리의 연령은 해(年)로 측정된다. 달리 말해 우리가 태어난 이후 지구가 태양을 몇 바퀴나 돌았나 하는 기준으로 측정되는 것이다. 이를 흔히 연대기적 연령(chronological age)이라 부른다. 그런데 연대기적 연령이란 단순히 그 사람이 태어난 이후의 지나간 시간일 뿐, 본질적으로 임의적인 측정치이다. 그 사람이 태어난 이후 지구가 태양 주위를 몇 번이나 돌았나 하는 것은 그 시간 동안의 다른 변화와 상관관계가 있지 않는 한 그 사람에 대해 아무것도 말해 주지 못한다. 사실상 연령 자체는 매우 빈약한 지표이다. 예를 들어 연령은 신체적 변화와의 상관관계도 흐릿하다. 70세 노인이 갖고 있는 전형적인 외관(흰머리, 주름살 등)을 갖고 있는 사람도 있겠지만 그런 특징이 없는 잘 관리한 노인도 있을 수 있고, 겉늙어 보이는 외관을 가진 젊은이도 있을 수 있다. 물론 극히 드물기는 하지만 노화가 심하게 가속화되는 장애를 가진 사람과 겉늙은 사람은 구분되어야 한다. 선천성 조로증(progeria) 혹은 허친슨-길포드 증후군

(Hutchinson-Gilford syndrome)은 초기 아동기 때부터 노화가 급격하게 시작되어서 보통 10대 초에 사망하게 되는 장애이다. 베르너 증후군(Werner's syndrome)은 10대에 발병해서 40대 무렵에 사망한다. 이 두 장애 모두 노화와 유사한 특징적인 신체 증상을 보이지만 이것이 순전히 가속화된 노화 때문에 일어나는 것인지, 아니면 우연히 노화와 유사한 증상을 보이는 것인지에 대해서는 여전히 논쟁 중이다(Bergeman 1997; Hayflick 1994). 이러한 흔치 않은 사례는 제외하더라도 연대기적 연령 자체는 확실한 지표가 아니다.

연대기적 연령이 신뢰하기 어려움에도 불구하도 사람들은 여전히 그것을 중시한다. 이와 관련된 예로, 사회적 연령(social age)이 있다. 사회적 연령이란 특정 연대기적 연령에서 사람들이 어떻게 행동해야 하는가에 대한 사회적인 기대를 말한다. 우리는 10대가 지팡이를 짚고 걷는 것을 기대하지 않는 것과 마찬가지로 할아버지가 스케이트보드를 탈 것이라고 기대하지 않는다. 사회적 연령은 심지어 눈살을 찌푸릴 정도로 나이 차이가 많은 커플 사이의 성적 관계와 같은 세대 간 행동에도 영향을 준다. 연대기적 연령의 신뢰성 여부와는 관계없이 그 연령 자체가 갖고 있는 무거운 기대감을 떨칠 수는 없는 것 같다. 특히 노년기는 그 이전 시기와는 질적으로 다르다는 생각이 만연해 있다. 이 관념은 많은 문화권에서 공통적으로 관찰된다. 요즘도 그렇지만 과거에는 더욱더 장수가 경건한 행동에 대한 일종의 보상으로 여겨지곤 했다(Minois 1989; Thane 2000). 이와 관련된 흔한 믿음 두 가지는 '고대 노화 신화(antediluvian ageing myth)'와 '극북인 노화 신화(hyperborean ageing myth)'로, 장수를 누리는 도덕적인 사람들로 이루어진 종족들의 고대인과 극북 지방에 살았던 사람들에 대한 신화이다. 현대 선진국에서는 다른 관점을 가지고 있다. 노년기를 보상의 기간으로 보기보다는 어쩔 수 없는 휴식의 시간으로 본다. 따라서 서구 문화에서는 60세 이상의 경우 본질적으로 조용하게 행동해야 하는 것으로 여기고, 노년기의 시작을 은퇴하는 시점으로 보기도 한다.

노년기에는 법적으로 은퇴하고 국민연금을 받아야 한다는 생각이 산업화 국가에 뿌리 깊이 박혀 있다. 이는 19세기 후반 독일에서 처음 도입한 연금 제도에서 기인하는데, 이 제도가 20세기 초반에 다른 나라에까지 급속히 퍼져 나간 것이다. 그전에는 이러한 개념이 알려져 있지 않았다(Thane 2000). 현재 국민연금 제도는 처음 시작할 때의 의도와는 달리 그리 자비로운 제도로 정착되지 못했다. 노인들이 직업에서 강제로 물러나고 젊은이들에게 일자리를 주도록 하는 데 국민연금이 효과적인 도구로 쓰이고 있기 때문이다. 게다가 제도를 도입하던 초창기에는 노인들이 연금을 계속 받을 만큼 오래 살지 못했기 때문에 세금으로 쓰이게 되는 일이 많았다(Mcdonald 2011 참조).

국민연금 제도로 인해 퇴직 연령을 정해야 할 필요성이 생겼다. 초기 정책자들에게는 다행스럽게도 노년기가 시작되는 연령이 이미 정립되어 있었다. 아돌프 케틀레(Adolphe Quetelet)의 『인간에 대한 논문』(Quetelet 1836)은 평균적인 인간의 특징을 밝히려고 시도한 책이다. 인간 특징에 대한 광범위한 통계적 특정치를 기본 바탕으로 한 인체측정학의 초기 시도라 할 수 있다. 이 책에서 제시된 내용들 중에는 불확실한 것도 있는데, 예를 들면 "60세에서 65세 정도 나이가 되면 에너지를 많이 잃게 되고 생존 확률이 매우 적다"(Quetelet 1836: 178)를 들 수 있다. 이 진술은 다소 미심쩍다(아이러니하게도 케틀레는 59세에 뇌졸중이 와서 그 이후 활동이 제한되었다). 그러나 당시 케틀레의 이러한 주장은 사실로 받아들여져서 1840년대까지는 60-65세가 노년기의 시작이라고 널리 생각되었다(Mullan 2002).

오늘날에는 다행히도 케틀레의 주장이 틀린 것으로 확인되었지만(그가 묘사한 재앙적 손실이 그 나이에 나타난다는 증거가 없다), 그가 그 연령을 선택한 것은 타당하다고 볼 수 있다. 갑자기 노인이 되는 시기란 없다. 그러나 60-65세경이 되면 대다수의 사람들에게 드라마틱하진 않더라도 상당히 유의한 수준으로 정신적·신체적 변화가 나타나기 때문에 이 연령을 역치 연령(threshold age)이라 봐도 무방하다. 대부분의 노년학자들은 60세나 65세를 노년기가 시작되는 기준 나이로 정하는 경향이 많다(Bromley 1988; Decker 1980; Kermis 1983; Rebok 1987; Ward 1984). 이 기준이 서구의 기준에만 맞는 것이 아닌 것이, 실제로 그 구간이 다양한 심리적·신체적 변화가 뚜렷하게 드러나는 시기이기도 하다.

어떤 연구자들은 노년기를 초령 노인(young elderly/young old)과 고령 노인(old elderly/old old)으로 나누기도 한다. 이때의 기준 연령은 학자에 따라 다르다. 노년 초기는 60세에서 75세 사이, 노년 후기는 75세 이상으로 보는 경향이 있지만, 다른 연령 기준으로 나누는 연구자도 있다(노년 초기를 60-80세, 65-80

세, 65-75세 등으로 다양하게 본다). 이렇게 다양하기 때문에 노년 초기 혹은 노년 후기와 같은 용어를 읽을 때 주의해야 한다. 번사이드 등(Burnside et al. 1979)은 또 다른 노년기 범주를 제안했는데, 그들은 노년기를 노년 초기(60-69세), 노년 중기(70-79세), 노년 후기(80-89세), 최고령층(90세 이상, very old old)으로 나누었다. 이는 '60대', '70대', '80대', '90대'의 불필요한 동의어인것 같다. 65세 이상을 나누는 또 다른 방법은 세 번째 시기(the third age)와 네 번째 시기(the fourth age)로 나누는 것이다. 세 번째 시기란 활동적이고 독립적인 생활 방식을 갖는 노년기를 말하고, 네 번째 시기는 다른 사람에게 의존하는 최후의 시기를 말한다. 이 용어들은 일부 사람들이 느끼는 '노인'이라는 단어와 결부된 다소 경멸적인 뉘앙스가 없기 때문에 선호되기도 한다. 그러나 이와 같은 용어는 타인으로부터 받는 도움의 양을 기준으로 사람을 분류하기 때문에 논란이 되기도 한다. 또한 노년학자가 사용하는 용어라고 해서 반드시 노인들이 쓰는 것은 아니다. 미드윈터(Midwinter 1991)의 연구에서 대부분의 노인들(72%)은 '어르신(senior citizen)'이나 '은퇴자(retired)'라는 용어들을 선호했고, 5%만이 '노인(elderly)'을, 4%만이 '늙은이(older people)'를 선호했다(뒤의 두 용어는 젊은이들 61%가 쓰고 있는 용어들이다). 스튜어트-해밀턴(Stuart-Hamilton 1998)도 유사한 패턴을 발견했다. BBC가 여론조사를 실시해 2004년 11월 말에 출판한 자료에 의하면, 일반적으로 응답자의 나이가 많을수록 '늙은'이라는 용어를 적용하는 시기가 더 늦춰졌다. 즉, 18-24세 젊은이의 47%는 '늙은'은 65세 이상의 사람들에 해당한다고 여긴 반면, 실제 65세 이상의 응답자는 9%만이 그렇게 생각했다(이들의 51%는 75세 이상의 사람들이 '늙은'에 해당한다고 여겼다). 이러한 결과는 65세 미만의 연구자들 대부분이 '은퇴자'라는 용어보다 '노인'이라는 용어를 쓰는 데 대한 근거가 된다. 사람들이 특정 용어를 선호하는 것에는 타당한 이유가 있기 때문에 이에 대해서는 세심하게 생각해야 할 것이다.

노년기를 분류하는 또 다른 접근 방식으로 기능적 연령(functional age)을 고려해 볼 수 있다. 이 용어의 정의는 매우 광범위한데, 근본적으로는 특정 수준의 기술을 발휘할 수 있는 평균 연령을 의미한다. 이 개념은 아동의 발달 수준을 이해하는 데 유용하고 즉각적인 지침이 될 수 있어서(예컨대 12세이지만 정신 연령이 8세이면 지능에 문제가 있다고 볼 수 있다) 아동심리학에서 오랫동안 사용해 왔다. 그러나 이 용어를 노인에게 바로 적용하기는 어렵다. 예컨대 어떤 노인의 지능은 아동과 동등한 수준으로 저하되기도 한다(제2장 참조). 원칙적으로 이러한 노인에 대해 아동과 같은 기능적 연령을 가지고 있다고 할 수 있다. 어떤 측면에서는 정확하지만 '두 번째 아동기'와 달갑지 않은 연합을 이룰 수 있고 이런 상황에서 기능적 연령을 이용하는 것이 적절한지에 대한 의문이 생기게 된다. 게다가 연대기적 연령을 대신하기 위해 만든 새로운 측정치임에도 불구하고 연대기적 연령이 정의의 핵심 부분을 구성하는 것은 모순적일 수 있다. 왜냐하면 기능적 연령은 기본적으로 어떤 기술이 특정 수준에 이르게 되는 평균적인 연대기적 연령이기 때문이다. 연령을 고려하지 않고 수행을 통해 정의(예: 기억할 수 있는 가장 긴 숫자 열 혹은 들을 수 있는 가장 높은 주파수로 정의)하는 것은 이점이 있기는 하지만, 이는 검사 점수로 사람의 등급을 매기는 것일 뿐이다. 이러한 점을 개선하기 위해 일정 기준치를 통과하는 특정 활동을 하면(예: 특정 길이보다 더 길게 기억하기, 특정 주파수보다 더 높은 소리를 듣기) 해당 기능을 갖고 있다고 판단하는 것은 임상가나 간호사가 통상 사용하는 일상생활 능력을 측정하는 것과 거의 같다. 하지만 이 개념은 임상 장면 이외의 영역에서의 일상생활 동작 기능을 충분히 포함하지 못한다는 단점이 있다.

노화를 설명하는 데에는 놀라울 정도로 다양한 방식이 있다. 예컨대 노화는 그 개인이 발달해 가는 동안 개인의 발달에 영향을 주는 과정이라 설명될 수 있다. 크게 두 범주로 설명할 수 있는데, 원위의 노화 효과(distal ageing effects. 예: 소아마비로 인한 이동성 부족 등)와 보다 최근에 나온 근위의 노화 효과(proximal ageing effects. 예: 다리가 부러진 데 따른 이동성 부족 등)가 있다. 노년기 삶의 특수한 성질을 얻게 될 가능성의 차원에서 노화를 정의할 수도 있다. 보편적 노화(universal ageing)는 모든 노인들이 어느 정도 공유하는 특징들(주름진 피부 등)을 말하는 반면, 확률적 노화(probabilistic ageing)란 보편적이지는 않지만 나이가 들수록 흔하게 보이는 특징들(관절염 등)을 말한다. 이러한 용어들은 일차적 노화(primary ageing: 노화로 인한 신체 변화)와 이차적 노화(secondary ageing: 필수 증상은 아니지만 흔히 보이는 변화)와 유사한 방식으로 해 놓은 개념적 대비이다. 어떤 사람들은 삼차적 노화(tertiary ageing: 사망 직전에 보이는 급격하고 현저한 신체적 퇴화)라는 세 번째 용어를 덧붙이기도 한다.

보편적으로 항상 옳은 노년기 구분 방법은 없다. 노화를 측정하는 또 다른 방법은 성인기 삶을 전기와 후기로 나누는 것이다. 그러나 전기에서 후기로 변화해 가는 것은 점진적이고 연속적이기 때문에 이 측정치 또한 임의적인 경향이 있다. 이는 과학에서 늘 나타나는 문제로, 연속선상에 있는 것을 하위 집단으로 어떻게 나눌 것인지에 대한 문제이다. 예를 들어 색상 스펙트럼에서 빨간색과 주황색에 해당하는 파장 영역은 명백하지만, 주황색에서 빨간색으로 바뀌는 지점을 콕 집어 말하기는 힘들다. 중년의 나이에서 노년기로 가는 출발점은 어디일까? 사람들은 하룻밤에 노인이 되지는 않는다. 몇 년에 걸쳐서 신체적·정신적 특징이 변하는 것을 관찰할 수는 있지만 이 변화 과정에서 역치점이 되는 하나의 특정한 순간을 콕 집어 말하기는 힘들다.

이 책에서는 (그의 추론에 결점이 있더라도) 케틀레의 주장을 가져와서, 노년기가 시작되는 연령을 60에서 65세 사이로 대략 정의하도록 하겠다. 그러나 앞에서도 설명했듯 한 사람이 자동적으로 노인이 되는 단일한 시점은 없고, 연대기적 연령은 매우 임의적이며 그리 정확하지도 않은 측정치라는 점을 강조하고자 한다.

인구의 고령화

노화 현상이 현대에 들어서 갑자기 생긴 것이 아님에도, 이에 대한 이야기가 흔해진 것은 겨우 100여 년 전부터의 일이다. 선사시대에는 노인들이 극히 드물었고, 17세기까지만 해도 65세 이상 인구가 전체의 1% 정도밖에 되지 않았다. 19세기까지 이 비율은 약 4%까지 증가했다(Cowgill 1970). 오늘날 영국은 65세 이상이 약 1,100만 명(전체 인구의 16%)이다. 관점을 달리해서 살펴보면, 2007년 영국 통계에 따르면 18세 이하 인구보다 65세 이상 노인 인구가 더 많다(www.statistics.gov.uk 참조). 다른 산업 국가에서도 이와 유사한 비율과 증가율을 보일 것으로 예측된다(OECD 1988, www.oecd.org 참조). 인구 고령화가 진행되고 있다는 점에 대해서는 반박의 여지가 없지만, 이러한 개괄적인 수치는 보이는 것처럼 그리 간단한 것이 아니다.

우선 '더 오래 산다'는 것의 의미가 무엇인지를 밝히는 것이 중요하다. 이는 일반적으로 기대 수명(life expectancy)으로 측정된다. 기대 수명이란 용어 자체에 오해의 소지가 있을 수 있다. 평범한 독자는 1900년대의 기대 수명이 50대 중반이었다는 것에 대해, 모두가 60세가 되기 전에 사망한 것이라고 이해할 수 있다. 이는 아주 잘못된 이해이다. 기대 수명이라는 것은 동시대에 태어난 사람들 중 절반이 사망할 나이를 말한다. 달리 말하면, 나머지 절반은 그보다 더 오래 산다. 1900년대의 낮은 기대 수명은 주로 영유아 사망률이 높았던 데에서 기인한다(사망자 중 거의 절반은 성인이 되기 전에 사망한다). 만약 아동기까지 생존했다면 그들은 아마도 50대 중반보다는 더 오래 살았을 것이다. 1900년대 성인 초기의 사람들은 오늘날 성인 초기의 사람들보다 여전히 낮은 기대 수명을 갖고 있었지만, 그 차이는 약 7년에 불과했다. 연령대가 증가할수록 그 차이는 점점 작아진다. 1900년대의 100세 노인과 오늘날 100세 노인에게는 거의 똑같은 시간이 남아 있다(Bromley 1988; Kermis 1983). 그럼에도 불구하고 역사적 관점에서 보면, 생애 초기의 변화가 매우 컸다고 할 수 있다.

기대 수명이 증가한 이유는 매우 다양하다. 항생제와 같은 약, 더 나은 수술법(더 안전한 마취법) 등으로 인해 질병이나 부상을 더 잘 치료할 수 있게 된 것도 한 이유가 된다. 그 외에는 깨끗한 수질, 더 나은 음식과 위생 상태, 더 질 좋은 주거 환경을 들 수 있다. 그런데 기대 수명의 증가 추세를 자세히 살펴보면, 1841년에서 1981년 사이에 기대 수명이 폭발적으로 증가했다는 사실과, 그에 비하면 1400년에서 1841년 사이의 증가는 그리 대단치 않다는 사실을 발견할 수 있다. 이와 관련해 외펜과 바우펠(Oeppen and Vaupel 2002)은 모범적 기대 수명(best practice life expectancy)을 검토했다. 특정 시대에 국가와 관계없이 가장 높은 기대 수명이 얼마인가를 나타낸 것이 모범적 기대 수명이다. 외펜과 바우펠은 이 모범적 기대 수명이 1840년 스웨덴의 45년에서 2000년 일본의 85세로 선형적으로 증가함을 발견했다. 160여 년간 기대 수명이 약 3개월씩 안정적인 비율로 증가한 점을 토대로, 이러한 추세가 앞으로도 계속되리라 생각하고 싶어진다. 달리 말해 기대 수명이 점점 증가할 수 있다는 것이다. 외펜과 바우펠뿐만 아니라 대중매체에서도 우리의 기대 수명이 점점 증가해서 대부분이 90세 이상까지 살 것이라 말한다.

수명이 계속 증가한다는 생각은 매력적이지만, 아쉽게도 이는 확실치 않다. 160여 년간 해마다 3개월씩 수명이 증가했다는 사실은 신기하지만, 이는 주로 영유아 사망률이 감소함으로써 나타난 현상이다. 지난 160년간 나타난 보건과 관련된 변화 중 가장 큰 것은 전염성 질환을 치료할 수 있게 된 것인데, 이러한 변화가 가장 큰 도움이 된 대상이 영유아들이었다. 따라서 영유아기 사망률 저하가 한계에 이르게 되면 현재와 같은 기대 수명 증가율은 점점 떨어질 것이다. 이 현상은 곧 일어날 것이고, 일어나지 않는다 하더라도 모범적 기대 수명은 지금과 같은 수준으로 상승하지 않을 가능성이 크다.

사실상 미래의 기대 수명을 예측하는 것이 매우 어렵다는 근거는 또 있다. 과거 자료를 가지고 기대 수명을 예측하는 것은 쉽지 않은 일이지만, 수학적으로 보았을 때 그 과정 자체는 단순하다. 과거 자료는 이미 가지고 있다(즉, 사람의 수명에 대한 자료를 가지고 있다). 그 자료를 컴퓨터 통계 프로그램에 넣고 특정 수식을 사용해 돌리기만 하면 된다. 아직 생존해 있는 사람들을 대상으로 해서 같은 절차를 사용해 기대 수명을 계산할 수는 없다. 오늘날 기대 수명이 85세라 치더라도, 그 예측의 정확도를 평가할 방법은 없다. 이 수치는 과거 자료를 근거로 추정하고 의료 기술과 같이 수명에 영향을 주는 관련 분야의 변화를 예측해 모형으로 만들어 도출한 것으로, 이 수치의 정확도는 모형에 얼마나 잘 들어맞느냐에 달려 있을 뿐이다. 그렇기 때문에 연구자들은 대체로 자신이 계산한 결과의 오차 범위를 인정한다. 문제는 미래의 기대 수명에 영향을 주는 핵심 요인들을 신뢰할 수 있게 평가할 방법이 없다는 것이다. 다른 한편으로는 비만의 장기적인 영향을 생각해 봐야 한다. 현재 그 어느 때보다도 더 많은 비만 인구가 생겨나고 있고, 비만이 기대 수명에 주는 장기적인 영향이 구체적으로 어떨지는 모르지만 부정적일 것이라는 것은 분명하다(Olshansky et al. 2005). 그러나 이를 상쇄해 줄 만한 것으로 주요 질환들을 근본부터 뿌리 뽑는 유전자 치료나 유사 치료의 효과가 잠재적으로 강력한 요인이 될 수 있다. 이러한 영향들을 우리가 어떻게 예측할 것인가? 단순하게 답하자면, 그러기는 극히 어렵다. 이 말은 앞으로의 기대 수명을 예측하는 일이 이전보다 훨씬 더 까다롭고 불확실할 것이라는 것을 의미한다. 저마다 다른 예측 모형으로 산출된 기대 수명을 그래프로 그려 보면 부채살처럼 각기 퍼져 나가는 모양이 될 것이고, 이런 장수 부채살(longevity fan)이 퍼져 나갈수록 정확히 예측하는 일은 점점 더 어려워질 것이다(Dowd et al. 2010). 다른 나라의 연구에서도 이와 비슷한 결과를 보였다. 보험사에 정보제공을 하는 영국의 사망률조사국(Continuous Mortality Investigation)에서는 연금과 같은 재정적 문제와 관련이 많기 때문에 미래의 기대 수명을 추정할 때 상당히 조심해야 한다고 조언했다(Continuous Mortality Investigation 2006a, 2006b).

따라서 미래의 기대 수명을 예측하는 것은 문제투성이고, 그 불확실성 때문에 너무 모호해서 이 주제를 전부 다 내던져 버리고 싶은 유혹이 들기도 한다. 그러나 의심스럽기는 하더라도 전반적인 추세는 노인 인구가 증가할 것이라는 점이다. 어떤 연구에서는 다양한 인구학적 변화들 때문에 상대적으로 그 비율이 줄어드는 2060년까지는 노인 인구가 1,700만 명(25%)에 이를 것으로 예상했다(Shaw 2004).* 인구 증가율이 가장 높은 연령층이 최고령층(85세 이상)이 될 것이라는 예측에 주목해야 한다. 예를 들면, 영국의 경우 1984년에 66만 명에서 2007년에 140만 명으로 증가했고, 2034년경에는 350만 명(전체 인구의 5%)으로 증가할 것으로 추산된다. 영국 전체 인구 연령의 중앙치가 1984년 35세에서 2034년에는 42세로 증가할 것이라는 예측은 이제 별로 놀랍지도 않다(Office for National Statistics 2010a). 다른 식으로 표현하면, 오늘날 서양 인구의 약 70%는 65세 이상까지 생존할 수 있고, 30-40%는 80세 이상까지 생존 가능할 것으로 예측된다. 2050년 쯤에는 인구의 절반이 85세 이상 생존할 것으로 예측된다. 반면 1900년대에는 25% 정도만이 65번째 생일을 맞이하기를 희망할 수 있었다(Brody 1988; Sonnenschein and Brody 2005). 넓게 보면 이는 피라미드 사회(Pyramidal society)에서 직사각형 사회(rectangular society)로 옮겨 가고 있음을 의미한다. 직사각형 사회에서는 각 연령대별로 대략 비슷한 수의 인구가 생존해 있기 때문에(예컨대 0-9세 인구와 10-19세 인구가 비슷하다), 10년 단위로 연령을 나누어 인구수를 히스토그램으로 그려 보면 직사각형 모양이 된다.

* 옮긴이 주: 한국의 경우, 2017년 8월 통계청 보도자료(http://kostat.go.kr)에 의하면 2016년 노인 인구는 678만 명으로 전체 인구의 13.6%를 차지하고, 오는 2025년에는 노인 인구 천만 명 시대를 맞게 되고, 2050년에는 노인 비율이 40%에 육박할 것으로 추산된다.

반면 1900년대의 그래프는 다수의 인구가 젊은 연령층에 몰려 있고 연령층이 증가할수록 인구수가 점점 작아지는 피라미드 형태를 띠고 있었기 때문에 이때를 피라미드 사회라 부르기도 했다. 한 사회가 직사각형에 가까워질수록 기대 수명이 길어진다.

지금까지 소개한 수치는 전형적인 영국인의 경우를 가정한 것이다(물론 다른 선진국의 자료를 봐도 유사할 것이다). 그러나 성별, 직업, 사회적 위치, 문화 등에 따라서 상당한 차이가 존재한다. 이 주제에 대해서는 다음 절에서 살펴보도록 하자.

인구의 고령화에 영향을 주는 요인들

기대 수명은 선진국(고소득 국가)과 후진국(저소득 국가) 간 차이가 가장 크다. 예를 들어 2010년의 전 세계 기대 수명은 평균 69세이다. 그런데 선진국은 77세, 개발도상국은 67세, 후진국은 55세이다. 북아메리카는 78세, 라틴 아메리카는 74세, 유럽은 76세, 아시아는 70세, 아프리카는 55세이다(Population Reference Bureau 2010). 주로 영유아 사망률과 전염성 질환의 유병률이 그 원인이 된다(예방접종과 공공위생 수준과 관련이 있다). 또한 선진국에서의 사망의 주요 원인은 암이나 장기적인 심혈관 및 폐 질환 문제와 같은 것인데, 이는 만성질환이 증가하고 있음을 뜻한다. 이로 인해 2030년까지 약 90%의 의료 부담률이 증가할 것이라고 예측되었다. 그러나 후진국의 경우는 약 54%가 증가할 것으로 관측되었다. 반면 영양 상태나 출산 전후의 건강 문제로 인한 의료 부담률은 선진국은 3%이나 개발도상국은 32%가 될 것으로 추정되었다(Lopez et al. 2006). 영양 상태나 출산 전후의 건강 문제가 일단 해결되면 기대 수명은 급등할 것으로 보이고, 몇몇 나라에서 이런 현상의 증후가 관찰되고 있다. 2050년까지 후진국의 65세 이상 인구 증가는 선진국 증가율의 두 배가 될 것이라는 관측이 있다(United Nations Economic and Social Council 2006). 그러나 특히 사하라 사막 이남의 아프리카 지역의 경우 에이즈와 같은 질병 피해가 많아 노인 인구 증가율이 크게 나타나지 않을 수 있다.

국가 간 차이도 크지만 한 나라 안에서의 기대 수명의 지역적인 차이도 무시하지 못한다(Blake 2009). 책을 쓰고 있는 현재, 영국 북동부의 기대 수명이 76.8세로 가장 낮고, 영국 남서부가 79.2세로 가장 높다. 더 좁게 들어가 보면 그 차이가 더 큰데, 런던의 번화가인 켄싱턴 첼시의 기대 수명은 84.4세인 반면 글래스코는 71.1세이다. 이러한 차이에 대해 전문적으로 분석한 것은 없지만, 일정 부분은 소득 및 자산 규모와 관련이 있는 것으로 보인다. 즉 고소득일수록 기대 수명이 더 높게 나타났다. 다른 나라에서도 이와 유사한 지역 편차를 보여, 기대 수명이 사회경제적 상태와 크게 연관이 있는 것으로 나타났다(Griffiths and Fitzpatrick 2001 참조). 본질적으로 덜 풍요로운 사회적 집단에 속할수록 기대 수명이 낮아지고 건강한 삶을 영위할 가능성도 낮아진다(Kawachi and Kennedy 1997; Luo and Waite 2005; Macintyre 1994; Roberge et al. 1995; Schwartz et al. 1995). 이러한 현상에 대한 많은 설명들이 제안되어 왔는데, 스트레스 수준, 영양 상태, 의료 서비스에 대한 접근성 등을 고려한 설명들이 있다. 마모트와 피니(Marmot and Feeny 1997)가 영국 공무원을 대상으로 한 연구 결과에 따르면, 동일한 직업군(적어도 재정적으로는 안전한 집단)에 속해 있더라도 소득 수준에 따라 분류해 보았을 때, 하위 집단에서 소득이 높을수록 기대 수명도 유의하게 증가했다. 이는 자신이 속한 사회경제적 집단이 기대 수명에 근본적으로 영향을 끼친다는 것을 잘 보여 주는 예가 된다.

그러나 기대 수명의 차이를 전적으로 부와 관련짓는 것은 잘못이다. 이에 대한 대표적인 예로 로세토 효과(Roseto effect)를 들 수 있다(Egolf et al. 1992). 펜실베니아 로세토 지역의 이탈리아계 미국인은 '미국인화'될수록 심장 질환에 잘 걸리는 경향을 보였는데, 이 때문에 마을 이름을 따서 '로세토 효과'라 명명한 것이다. 이 현상에 대해 직관적으로 생각할 수 있는 것은 그것이 아마도 식습관 때문이라는 것이다. 원래 이탈리아 음식은 지중해식으로 포화지방이 거의 없는 식단이다. 심장 질환이 잘 걸리지 않는 가장 큰 이유는 로세토 지역 자체에 있다. 로세토 지역 주민들은 그다지 부유하지 않지만 서로를 지지하고 가족 중심의 사회적 삶을 가지고 있었다. 그러나 시대가 바뀌면서 생활 방식이 서구화되었다. 린 등(Lynn et al. 1967)이 로세토 지역의 이러한 변화를 연구하던 시점에 심장 질환이 증가할 것이라고 예측했는데, 이러한 예측이 정확히 들어맞았다. 그러나 로세토 효과가 모두에게서 비슷하게 나타난 것은 아니다. 젊은 남성이나 나이 든 여성에게서 특히 더 부정적으로 나타났다(Egolf et al. 1992).

긴 기대 수명을 가진 다른 이민 사회들도 있다(Leader and Corfield 2007 참조). 끈끈한 지지적인 사회가 일부 기대 수명을 증가시킨다는 것은 의심의 여지가 없다. 그러나 그것만으로 모든 것이 설명되는 것은 아니다. 왜냐하면 지지적인 사회 속의 사람들이 사생활이 침해된다고 느껴 스트레스를 받는 경우도 있기 때문이다. 때로는 지지와 참견 간의 올바른 균형이 유지되어야 하지만, 이는 상당히 어려운 일이다. 각 개인의 개성을 억눌러야 하거나 다른 사람들이 모두 그곳이 축복받은 곳인지 저주받은 곳인지를 다 아는 동네에서 더 오래 살아야 하는지의 여부에 대해서는 논쟁의 여지가 있다. 그렇다고 해서 로세토 연구의 주요 결과를 부정하는 것은 아니다. 특정 상황에서 지역사회의 지지가 기대 수명을 증가시킬 수 있음은 의심의 여지가 없다. 다만 그것을 무비판적으로 받아들여서는 안 된다.

특정 생활 방식이 장수와 관련이 있다는 사실을 보면, 어떤 방식이 장수와 생산성 있는 삶을 영위하는 데 최선일까 하는 질문이 생기게 된다. 이 질문에 답하기 위해 여러 연구자들은 세계 여러 나라의 시골에 거주하는 사람들을 조사하기 시작했다. 구소련의 조지아(Georgia)에 거주하는 사람들에 대한 조사가 가장 잘 알려져 있는데, 이곳은 100세 인구가 매우 많은 곳이다. 건강한 음식 섭취나 절제와 같은 다양한 설명이 시도되었지만, 사실 진짜 100세 노인은 없었다. 노인들은 당시 소련 군대에 징집되는 것을 피하기 위해 부모의 출생증명서를 이용했다. 이에 따라 실제 연령에 20-30세 정도가 더해진 것이다. 이러한 병역 기피용 출생증명서 조작 사건은 소련 당국이 장수 노인을 이용하여 관광객을 유치하는 선전의 도구가 되는 엉뚱한 결과를 낳았다. 이러한 사실은 자세한 건강 검진을 통해 드러났다. 파키스탄과 에콰도르 장수 마을의 경우, 높은 문맹률과 인구 기록의 빈약함 때문에 나이 계산에 오류가 있었다(Schaie and Willis 1991 참조). 일부 논평가들은 여전히 장수하는 집단이 있을 것이라고 믿고 있지만, 대부분의 연구 결과는 특별히 더 장수하는 '마술적' 사회는 없음을 시사했다.

그럼에도 불구하고 젊음을 유지하고 싶은 생각이 대부분 사람들에게 있다. 젊게 보이기 위한 화장품 광고를 분석하거나, 주름이나 흰머리를 제거하거나, 건강을 위해 겨울에는 남쪽으로 가는 행동을 분석하는 것이 사회학자나 사회심리학자에게는 흔한 일이다. 그것은 영원히 젊음을 유지시켜 줄 수 있는 특별한 물이 샘솟는다는 소위 불로천에 대한 신화에서도 찾아볼 수 있다. 이 개념은 대부분의 문화권에서 관찰되는 것으로, 고대뿐 아니라 현시대에도 이와 관련한 주제는 인기 있는 소재이다. 또한 신문에서는 매일 더 젊게 보이고 더 장수할 수 있도록 하는 식단이나 운동 요법에 대해 끊임없이 소개하고 있다.

우리는 더 오래 살기를 원한다. 그러나 그 대가를 치러야 한다. 전해 오는 옛날이야기에서 그 예를 찾아볼 수 있다. 빌레몬과 바우키스에 관한 오비디우스의 이야기를 살펴보자. 빌레몬과 바우키스는 결혼한 부부로, 그 마을에서 그들만 유일하게 소작농으로 변장한 제우스와 헤르메스 신을 환대했다. 제우스와 헤르메스 신은 그 보상으로 그들의 집을 아름다운 성으로 만들어 주었다(나머지 사람들의 집은 납작해졌다). 또한 빌레몬과 바우키스는 수명도 길어졌는데, 흥미롭게도 그들은 한 사람이 죽게 되면 다른 한 사람도 죽도록 요청했다. 사별로 인한 고통이 없을 경우에만 장수를 원한다는 것이다. 고통이 없는 경우에만 노년기가 가치 있다는 생각은 티토누스에 대한 그리스 신화에서 더욱 강조되어 나타난다. 티토누스는 신에 의해 계속 늙어 가지만 결코 죽지 않는 불멸의 삶을 받았다. 이는 매우 비참한 운명으로 간주되는데, 티토누스 신화(Tithonus myth)라는 용어는 때로 노년학자나 의료진이 아무리 고통스럽더라도 무조건 생명을 연장하려고 하는 것을 가리키는 데 (잘못) 빗대어 쓰이기도 한다.

그렇다면 우리는 어떻게 고통 없이 생명 연장을 할 수 있을까? 두 가지 답변을 할 수 있다. 첫째는 올바른 생활 방식을 갖는 것이고, 둘째는 장수한 조상을 선택하는 것이다. 절대적으로 필요한 것은 아니지만 여성이 되는 것도 장수에 도움이 된다.

장수를 위한 올바른 생활 방식이라는 것이 무엇인지 살펴보면, 그것들은 대부분 사람들이 싫어하는 것들이다. 운동을 더 많이 하고 소식하고 음주를 줄이고 담배는 확실히 끊으라는 것이다. 미국 사망 원인의 35%는 게으름, 빈약한 식단, 그리고 흡연이었다(Centers for Disease Control and Prevention 2007). 이러한 결과는 운동량을 높이고 금연을 하며 보다 신경 써서 음식을 섭취하라는 권고로 이어진다. 가령 미국 보건복지부(US department of Health and Human Services 2000)의 '건강한 사람들 2010'이나 영국의 국민건강보험(National Health Service 2011)의 '건강하게 잘 사는 법'과 같은 것이다. 이러한 일반적인 권고들은 연구 결과를 통해서도 잘 입증되었다(Ostwald and Dyer 2011).

그러나 그렇다고 해서 세부적인 것들까지 명확하게 잘 들어맞는다는 의미는 아니다. 자주 인용되는 하버드 졸업생 연구(Harvard Alumni Study)를 예로 들어 보자. 그 연구에서는 운동이 장수와 강하게 연관되어 있었다. 그러나 이러한 관계가 모든 조건에서 일관되게 나타나는 것은 아니다. 예를 들면 1주일에 1,000-2,000kJ 정도 규칙적으로 운동을 하는 경우 뇌졸중 위험이 유의하게 낮아졌다. 또한 2,000-3,000kJ 정도로 운동을 하면 뇌졸중 위험은 더 낮아졌다. 그러나 이 범위를 넘어서는 운동의 경우에는 위험을 더 낮추지는 못했다(Lee and Paffenbarger 1998). 반대로 세소 등(Sesso et al. 2000)은 관상동맥 질환은 보다 강력한 운동을 하는 경우에 그 위험이 줄어든다는 사실을 확인했다(주당 2,000kJ 운동하는 것보다 4,000kJ 운동하는 경우 위험도가 더 낮아졌다). 일반적으로 1주일에 걸쳐서 규칙적으로 운동하는 것이 장수에 가장 좋은 것으로 여겨지지만, 하버드 졸업생 연구에 따르면 기저의 위험 요인만 없다면 주말에만 운동하는 것도 도움이 된다(Lee et al. 2004). 종합적으로 보면 하버드 졸업생 연구의 결과는 중간 정도의 강도로 운동하는 것과 정력적인 활동이 도움이 된다고 명확하게 지적하였다(Lee and Paffenbarger 2000: 293). 대부분의 연구에서는 운동과 건강의 강한 연관성을 공통적으로 발견했다. 비록 적정 수준의 운동량에 대해서는 아직 논란의 여지가 있으나 운동이 좋은 것이라는 것에는 의심의 여지가 없다(Lee and Paffenbarger 2000 참조).

그러나 운동에 대한 찬사에는 오염 변인들을 간과할 위험이 내재해 있다. 가령 건강 검진에서 뇌졸중의 위험이 전혀 발견되지 않는다 할지라도 태생적으로 운동을 하지 말아야 하는 타고난 조건을 갖고 있는 사람이 있을 수 있다. 이와 마찬가지로 여가 시간을 운동하면서 보낼 수 있는 사람들은 재정적으로 보다 나은 사람일 수 있다. 그렇다고 해서 아무것도 하지 않고 비활동적으로 있을 필요는 없지만 운동이라는 것이 처음 생각했던 것만큼 언제나 큰 도움이 되는 것은 아니라는 점은 염두에 두어야 한다.

당연한 이야기지만 흡연과 과도한 음주는 기대 수명을 10년 이상 단축시킬 수 있다. 연속적인 음주는 혈압 상승이나 기타 생명을 위협하는 상태를 초래할 수 있고(Huntgeburt et al. 2005), 흡연은 폐암과 심장병과 같은 심각한 질환과 강력한 연관이 있다는 증거가 많다. 비만이 기대 수명을 단축시키는 것으로 알려져 있으나(Olshansky et al. 2005 참조), 어떤 음식을 먹어야 하며 얼마나 많이 먹어야 하는지에 대한 논의는 여전히 많다. 예컨대 1930년대 이후로 칼로리를 신중하게 줄여서 섭취하는 경우 많은 동물 종에서 수명이 연장된다고 알려져 왔다(Masoro 1988, 1992 참조). 그러나 그것이 옳은지의 여부는 확인해 봐야 한다. 첫째, 제한된 식이는 특정 연령 이후에만 효과적이다. 너무 일찍 시작하면 노화가 가속화될 것이다(Aihie Sayer and Cooper 1997; Gage and O'Connor 1994). 둘째, 대부분의 연구는 생쥐와 초파리에 대한 연구 결과로 인간에 대한 증거는 보다 신중하게 살펴봐야 한다. 식이조절의 한 변형으로 '생명을 연장하는' 식이 조절도 제안되었다. 최근에는 견과류가 허혈성 심장 질환을 예방하는 것으로 제안되었다(Sabate 1999). 채식주의자가 잡식성인 사람들보다 경미하지만 유의하게 더 오래 사는 것으로 나타났는데, 심장 질환과 일부 암과 같은 흔한 질병에 덜 걸리는 경향성 때문인 것 같다(Dwyer 1988 참조). 그러나 단지 육류를 먹지 않아서 그런 것 같지는 않다. 육류 섭취를 완전히 없애지 않고 과감하게 낮춘 잡식성 식단을 통해서도 유사한 결과를 얻었기 때문이다(Dwyer 1988; Nestle 1999 참조).

운동 혹은 채소나 두부와 같은 저칼로리 식단을 거부하고, 의학을 통해 노화 방지 치료를 받고 싶어 하는 사람이 있다면 아마도 오랫동안 기다려야 할 것 같다. 노화는 매우 다양한 생화학적 과정의 변화를 포함하고, 다른 것을 건드리지 않고 한 가지만 치료하는 것은 그다지 도움이 되지 않는다. 마치 오래된 집의 낡은 창틀만 교체하고 마룻바닥이나 전선 등은 손대지 않고 놔두는 것과 비슷하다. 따라서 노화 방지의 특정 연구 분야에서 획기적인 성과를 거두었다 해도 효과적인 치료법을 찾아내기 위해서는 다른 분야에서도 그만큼 따라잡을 수 있기를 기다려야 할 것이다(Rose 1999 참조). 노화에 대한 '치료법'이 발견된다면 그로 인해 더 많은 문제가 야기될 것 같다. 특히 모든 사람이 노화를 피하고 싶어 한다면 전례 없는 인구과잉이 불가피하다. 노화 방지 치료법이 보급되든 금지되든 둘 다 심각한 사회적 동요를 불러일으킬 것이다(제9장 참조).

그러나 환경과 생활 방식 요인만으로 장수를 완전히 설명할 수 없음은 명백하다. 방송 매체에서 자주 이야기하는 생명을 연장하는 여러 전략들은 실은 매우 의심스럽고 실생활에서의 관찰보다는 실험실 연구에서 얻은 추정에 근거하는 경우가 많다(Bernaducci and Owens 1996 참조). 게다가 생활 방식이 영향을 끼치는 다른 측면 또한 중요하다. 예를 들면 자일스 등(Giles et al. 2005)은 1,500명의 노인을 대상으로 10년간 추적연구를 한 결과, 연구 시작 시점에서 다섯 명 이상의 친구가 있다고 보고한 사람들의 경우 그렇지 않은 사람들보다 사망할 가능성이 1/4 정도 줄어드는 것을 발견했다. 따라서 고립되어 있는 것은 현명하지 못한 방식이 될 수 있다. 좋지 않은 병력을 지녔더라도 사교적 생활을 하게 되면 스트레스가 덜어지기 때문에, 오히려 건강한 사람보다 오래 살아남을 수가 있다. 기대 수명의 차이에 대한 연구는 대체로 전체 집단을 설명하는 경향이 있는데, 이 결과가 자동적으로 그 집단 내의 개인들을 설명해 주는 것은 아니다. 건강한 생활 방식을 갖고 있는 모든 사람들이 장수하는 것은 아니고, 곤궁한 환경 속에서 산 모든 사람들이 젊어서 죽는 것은 아니다. 윈스턴 처칠 논쟁(Winston Churchill argument)을 예로 들 수 있다. 현대 의학이 나쁘다고 충고한 모든 것들을 하고 있음에도 불구하고 장수하는 경우가 종종 있다. 처칠은 거의 평생 동안 과체중이었고, 흡연자였으며, 음주도 과했고, 뇌혈관 질환 과거력을 갖고 있었으며, 직업적으로도 스트레스가 심했다. 그러나 그는 90대까지 생존했다(채식주의자, 금주가, 금연가였던 아돌프 히틀러와 비교해 보라!). 많은 사람들은 이와 비슷한 예를 생각해 낼 수 있겠지만, 그렇다고 해서 그것이 이들의 생활 방식을 따라야 하는 이유가 될 수는 없다. 아마도 그런 사람들이 보다 건강한 생활 방식을 취했다면 더 장수했을 수 있기 때문이다. 또한 대다수의 사람들에게는 '건강하지 못한' 생활 방식이 거의 확실하게 기대 수명을 단축시킨다.

기대 수명은 환경적 요인 외에 유전적 요인에 의해서도 어느 정도 결정된다. 장수하는 사람들은 그 자손도 장수하는 경향이 있다(Murphy 1978). 일란성 쌍둥이에 대한 연구 결과를 봐도 사망률과 질병에 걸리기 쉬운 정도는 유전적 영향을 강하게 받는다(Iachine et al. 1998; Korpelainen 1999). 선천적으로 약한 심장과 같이 비교적 뚜렷한 요인에서부터 키(일반적으로 키 작은 사람이 키 큰 사람들보다 더 오래 사는데, 이는 낮은 혈압 때문인 것 같다. Samaras and Elrick 1999)와 같이 관계가 덜 확실한 것까지, 유전적 요인이 기대 수명에 영향을 끼칠 것이라는 것은 명백하다. 그러나 환경적 영향과 마찬가지로 여기서도 주의가 필요하다. 특히 수명을 증가시키는 원인을 결정짓는 환경과 유전적 요인의 효과를 구분하는 것이 가장 어렵다(Yashin et al. 1999 참조).

노화는 유전과 환경 모두의 영향을 받는다. 이 연구 분야에 익숙지 않은 독자들은 어쩌면 인생의 쾌락은 낮은 기대 수명과 연관되어 있고 단명한 가족이 있는 사람은 자신이 뭘 하든 간에 죽음의 신이 빨리 자신을 찾아올 것이라 생각할 수도 있다. 그러나 이러한 문제들은 상대적이라는 것을 다시 강조하고 싶다. 좋은 생활 방식은 단지 노년기를 연장시켜 주는 것이고, 이조차도 평범한 사람에 비해서 아주 조금 연장되는 것일 뿐이다. 비흡연자이면서 술을 전혀 안 마시고 운동을 열심히 하는 불멸의 채식주의자는 없기 때문이다.

기대 수명에 영향을 주는 또 다른 주요 요인은 바로 성별이다. 평화로운 사회에서는(전쟁과 같은 사건으로 수치의 왜곡이 없는 경우) 45세까지는 남녀 성비가 거의 비슷하다. 그 이후부터 남성은 더 빠른 속도로 사망하는데, 70세에 이르러서는 남성 5명당 여성 6명이 생존해 있고, 80세에는 이 비율이 약 4:1이 된다(여성 4명당 남성 1명). 남성 사망이 여성 사망보다 일찍 찾아오는 것에 대한 여러 이유들이 제안되었다. 가장 흔한 것으로, 남성의 경우 전통적으로 신체적으로 보다 격렬한 삶을 산다는 점이 거론되었다. 그러나 남녀의 신체적 활동 수준을 맞추고 사망률을 살펴보아도 여전히 강력한 성차가 존재한다. 이러한 성차는 인간뿐 아니라 다른 동물 종에서도 발견되는데(Shock 1977), 이러한 사실을 보면 기대 수명의 성차는 환경적 수준보다는 염색체 수준의 차이 때문일 수 있다. 그러나 시대와 환경 요인의 복잡한 상호작용과 사회적 행동의 차이(남성에게서 자주 보이는 모험적인 행동)들 또한 주요 이유가 될 것이다(Lang et al. 1994 참조). 이와는 조금 다르지만 쓰치야와 윌리엄스(Tsuchiya and Williams 2005)는 성차의 원인은 부분적으로 남성 노인과 여성 노인의 불균등한 치료에 있다고 보았다. 이들은 낮은 사회경제적 계층에 속하는 여성의 기대 수명과 높은 사회경제적 계층에 속하는 남성의 기대 수명이 비슷하다는 점을 지적했다.

지금까지의 연구 결과들을 토대로 내릴 수 있는 가장 합리적인 결론은 아마도 여러 가지 요인들이 제각기 수명의 성차를 부분적으로 설명한다고 보는 입장일 것이다.

이와 같이 기대 수명에 영향을 주는 요인은 매우 다양하다. 나라뿐 아니라 나라 안의 지역, 사회경제적 수준, 지역사회의 지지 수준, 그리고 개인적인 차원에서 보았을 때는 생활 방식, 유전자, 성별 등등이 있다. 통상적으로 봤을 때는 이 결론이 타당하지만, 연구들을 보다 자세히 들여다보면 여전히 주장의 근거가 불충분하다.

지금까지는 기대 수명이 증가하는 것을 바람직한 현상으로 보는 관점에서 관련된 사실들을 살펴보았다. 그러나 장수하는 것이 꼭 그렇게 유쾌하기만 한 일은 아니다.

장수의 대가

더 오래 살 수 있다는 것은 아주 멋진 일이라서, 오래 사는 것이 어떤 유용성이 있는가 하는 질문이 어리석게 보일 수도 있겠다. 그러나 오래 사는 것이 보편적으로 늘 이득인 것은 아니다. 우선 현대인에게 추가된 여생이 반드시 축복인 것은 아니다. 윌킨스와 애덤스(Wilkins and Adams 1983)는 캐나다의 보험 통계치를 연구한 결과, 추가된 여생의 75% 기간은 하나 이상의 신체적 질환과 함께 보내지는 것으로 나타났다. 브래트버그 등(Brattberg et al. 1996) 또한 비슷한 결과를 언급했는데, 그들은 70대 후반의 스웨덴 노인의 73%가 경증 내지 중증의 고통을 갖고 있다고 보고했다. 이 때문에 활동 기대 수명(active life expectancy)이라는 개념이 나왔다. 이는 활동적인 삶을 이끌어 갈 수 있는 평균 여생을 말한다. 산업화된 국가의 평균 시민이라면 자신의 삶에서 적어도 최후의 10%에 할당되는 기간에는 상당한 장애를 겪게 된다(World Health Organization 2004). 더 암울한 사실은 심각한 만성질환(즉각적으로 장애를 일으키지는 않더라도 삶의 질에 현저한 악영향을 미치는 질환)이 이 시기의 몇 년 전에 나타난다는 것이다(World Health Organization 2004).

그러나 모든 연구자들이 이러한 우울한 견해(병적 상태의 확장 이론[expansion of morbidity theory]: 고통을 더 받음으로써 추가적인 여생을 더 얻음)에 동의하는 것은 아니다. 프라이스(Fries 2000)는 병적 상태의 단축 이론(compression of morbidity theory)을 제안했다. 그는 옛날에는 치명적이었던 질병들이 의학의 발달로 근절되거나 어느 정도 치료 가능한 것이 되었기 때문에 사망에 이르게 하는 질병의 범위가 줄어들었다고 주장했다. 그에 따르면 의학적인 기술로 치료하지 못할 질병에 걸리기 전까지는 더 오래 살 수 있다. 이에 덧붙여 적절한 식이요법이나 운동과 같은 예방법으로 많은 불치병들을 피할 수도 있다. 따라서 올바른 개입을 통해 삶의 최후반부까지도 장애의 상태까지 접어들지는 않도록 하는 것이 가능하다. 프라이스와 그의 동료들은 최후의 치명적인 질환은 물론 예방될 수 없겠지만, 심각한 장애와 고통의 기간이 이전 세대가 겪은 것보다 더 짧은 시간으로 압축될 수 있다고 주장했다.

병적 상태의 확장 이론이 많은 노인들의 (바람직하지 않은) 현재 건강 상태를 나타내는 반면, 병적 상태의 단축 이론은 달성되어야 할 규준(the norm)을 나타낸다고 할 수 있을 것이다. 프라이스는 그 목표가 달성될 수 있다는 강력한 증거를 제시했고, 이는 노인 환자들 중 심각한 장애를 겪는 비율이 현저하게 감소되었다는 다른 연구자들의 보고들로 지지되었다(예: Gorin and Lewis 2004; Laditka and Laditka 2002). 또한 미국의 몇몇 연구에서는 남아 있는 기대수명 기간 중 활동 기대 수명이 차지하는 비율이 최근 10여 년간 증가해 왔고 앞으로 더 증가할 것이라고 밝혔다(Manton et al. 2006; Manton et al. 2008). 그러나 독일의 한 연구에서는 용어의 의미에 따라 비슷한 기간 동안의 활동 기대수명 측정치가 달라짐을 관찰했다(Unger 2006). 즉, 활동적인 삶에 매우 심각하게 방해가 되는 것만을 고려한다면 활동 기대 수명은 대폭 증가되는 것처럼 보이지만, 중등도 상태까지도 포함시키면 활동 기대 수명의 극적 변화는 줄어든다. 그러나 건강한 생활 방식과 병적 상태의 단축 간의 명확한 연결성을 찾지 못한 연구도 있다(예: Hubert et al. 2002). 종합해서 보면, 병적 상태의 단축 이론은 선진국 중심으로 적용되는 것이라 할 수 있겠다.

그러나 인구에서 노년층 비율의 변화는 잠재적인 사회경제적 문제를 야기한다. 노인층의 비율이 증가하게 되면 젊은 층의 비율이 감소하게 된다. 이는 적은 인구만 일을 하고 세금을 낸다는 것을 의미한다. 세금은 연금과 국가의료 제도와 같은 복지 정책을 위한 기본 재원이 된다. 노인은 연금 수령자들이고 국가의료 제도의 주요 혜택을 받는다. 따라서 인구의 고령화는 규모가 줄어들어 가는 노동 인구가 제공하는 재원으로 운영하는 서비스들에 대한 요구가 증가함을 의미한다. 이를 표현하는 간단한 방법은 노인 의존비(old age dependency ratio)로, 연금 수령 연령대의 인구수를 노동 인구수로 나누는 것이다. 현재 대부분의 산업 국가에서는 그 값이 1/5 정도 되는데, 2040년에 이르면 1/3 이상으로 증가될 것으로 예측된다. 영국의 경우, 현재는 27%이고 2050년에는 50%에 이를 것으로 예측되고 있다(OECD 2004). 이는 '인구학적 시한폭탄(demographic time bomb: 인구 고령화로 인해 오게 될 중요하면서도 잠재적인 심각한 재정 부담)'의 한 예라 할 수 있다. 대부분의 정부는 이러한 문제에 대한 해결책을 찾는 것을 현재 최우선 순위 과제로 두고 있다. 이에 대한 자세한 이야기를 여기서 다루기엔 너무 길다. 이 책에서 다루고자 하는 범주에서 벗어나기도 할 뿐 아니라 정책의 변화 속도가 빨라서 금세 옛날 정보가 될 수도 있다. 그러나 본질적인 것은 정부가 급증하는 연금과 건강 복지 서비스 비용을 감당해야 한다는 것이다. 한 가지 해결책은 은퇴 연령을 늦추는 것이다. 이는 여러 나라에서 현재 시행 중에 있다(예: 영국은 2044년까지 65세에서 68세로; 독일은 2031년까지 65세에서 67로; 미국은 2027년까지 65세에서 67세로). 물론 반대의견도 만만치 않다. 대표적인 예로, 2010년 프랑스에서는 연금 개시 가능 연령을 60세에서 62세로 늦추고 100% 연금 수령은 65세에서 67세로 늦추는 정책을 폈다가 전국적인 반대집회가 일어났었다. 다른 해결책은 현재의 연금 체계를 지금보다 조금 인색한 방식으로 수정하는 것이다(예: 연금 액수를 퇴직 시 연봉 수준과 연계하기 않기). 재정적인 측면에서는 도움이 되는 방법이지만, 이미 현재 연금 체계를 믿고 적립을 성실히 하고 이제 은퇴를 앞둔 직장인들에게는 도덕적 비난을 면치 못할 것이다. 다른 방법은 새로운 연금 체계를 지금보다 인색한 방식으로 수정하는 것이다. 이는 괜찮은 해결책이 될 수 있지만 그 효과를 제대로 보려면 이들이 퇴직하는 수십 년 후까지 기다려야 한다. 또 다른 방법은 현재의 연금 기여금을 증액하는 것이다. 그러나 이는 월급은 안 오르고 물가만 오르고 있는 이 시점에 연금을 더 많이 불입하라는 요청이다. 최악의 문제는 증권시장이 매우 위험하다는 점이다. 연금은 증권이나 채권에 투자되는데 수익이 낮으면 연금 재정이 나빠진다. 2008년부터 세계 주요 은행들이 무너지면서 재정적 수요가 증가되는 바로 그 시점에 투자 실적이 매우 나빠졌다.

인구학적 시한폭탄과 연금 위기가 심각한 문제이기는 하지만 사태를 좀 더 넓게 바라볼 필요가 있다. 첫째, 노인의 의료비는 현재 계산법으로 하면 다소 과장될 수 있는데 실제 비용은 이보다는 현저히 낮을 수도 있다(Seshamani and Gray 2004; Yang et al. 2003). 둘째, 지금까지의 논의들은 선진국에 국한해 다루어져 왔다. 개발도상국의 경우 선진국에서는 거의 없는 영아 사망이 흔하게 일어나는 1900년대의 수치가 더 적합하다고 생각하면 정신이 번쩍 든다(World Health Organization 2004). 또한 예상되는 노인 의존비가 나라마다 다양하다. 2050년까지 일본은 1, 미국은 3, 그리고 니제르는 19로 추정된다(United Nations Population Division 2009). 그러나 우리가 미래의 노인 인구 비율을 과대 추정하고 있거나 과소 추정하고 있을 수 있다. 실상은 그때가 되어 봐야 알 수 있을 것이다. 셋째, 연금 수령자들이 증가하는 것에 대한 현재의 반응은 연금이 빼앗을 수 없는 권리라는 가정에 기초한다. 앞에서도 이미 언급했지만, 역사적인 측면에서 볼 때 연금은 비교적 최근에 생긴 시스템이다. 국민연금은 원래 몇 년 안 되는 말년 동안 기본 생활이 유지되도록 돕고자 하는 의도에서 도입되었다. 20년이 넘는 세월 동안의 여가 시간을 위해 만들어진 재정 시스템이 전혀 아니다. 따라서 기대 수명이 증가함에 따라 연금 개시 연령을 늦추는 것은 사실 합리적이라 할 수 있다. 또한 연금 개시 연령을 정하는 것은 다소 임의적이다. 앞에서도 예로 들었듯 프랑스의 경우 60에서 62세로 늦췄다가 저항에 부딪혔는데, 영국의 은퇴연령은 이보다 3년이나 더 많다. 따라서 프랑스인의 분노는 연금을 자신의 권리라고 보기 때문에 생긴 것이지만, 영국인의 입장에서 그것은 더 일찍 은퇴하는 것일 뿐이다. 그러므로 노년기 시작 연령에 대한 다양한 관점이 있는 것처럼 은퇴하기에 적당한 연령 또한 임의적이다.

지금까지 노화와 기대 수명을 측정하는 방식과 그러한 측정치들에 숨어 있는 함정을 살펴보았다. 기대 수명의 증가로 인한 개인적·재정적 비용과 같은 잠재적인 문제들에 대해서도 살펴보았다. 그렇다면 우리는 왜 나이 들어 가는가 하는 의문이 들게 된다. 노화 과정을 결정짓는 것이 무엇이고, 이런 것들이 존재하는 이유는 무엇이며, 노화 과정이 신체에 끼치는 영향은 무엇일까? 이 장의 나머지 부분에서는 이와 관련한 주제들을 다루고자 한다.

생물학적 노화의 원인들

생물학적 연령이란 신체적 발달 혹은 퇴화를 겪는 전반적인 신체 상태를 말한다. 보다 구체적인 예들이 있는데, 인체 골격의 구조나 체격에 대한 전반적인 상태인 해부학적 연령(anatomical age), 손목뼈의 상태를 보는 손목뼈 연령(carpal age), 대사율과 같은 생리학적 연령(physiological age) 등이 있다. 아래 예들에서는 되도록 일반적인 용어를 사용했다.

불의의 사고가 생긴 경우가 아닌 이상 건강한 모든 사람이 경험하는 발달 단계의 최종 단계가 노화이다. 그러나 '발달'이란 단어가 반드시 향상을 포함해야 한다고 확대 해석하지 않도록 주의해야 한다. 사실상 어떤 연구자는 노년기를 '발달 후(post-developmental: 발달에 대한 모든 잠재 능력은 다 발현되고, 이제는 단지 손상에 대한 가능성만 남겨 두고 있는 상태)'로 분류하기도 했다(Bromley 1988: 30).

비록 병적 상태의 단축 이론에서는 노년기의 질병들이 결국 최소화될 수 있을 것이라고 주장했지만, 의료적 개입이 없다면 노화라는 것은 신체적 쇠퇴로 특징지어지는 시기라 할 수 있다.

이러한 변화들이 왜 일어나는 것일까? 이에 대한 많은 이론들이 제안되어 왔다. 메드베데브(Medvedev 1990)는 그 요인이 300여 개 정도가 된다고 추정했는데, 지금은 이보다 더 많은 것이다. 이러한 이론들을 여기서 모두 다루는 것은 이 책의 큰 주제에서 벗어나는 일이다. 그러나 간단하게 개관하는 작업은 필요한데, 신체의 생물학적 변화와 그 원인은 심리적 기능에 막대한 영향을 주기 때문이다.

첫 번째로 살펴볼 점은 인체의 세포에는 수명이 있다는 사실이다. 대부분은 7년 정도면 죽고 새로운 세포로 대체되거나 소실된 채로 있게 된다. 세포 소실은 성인 초기부터 시작된다. 30세 이후부터 대부분의 신체기관은 해마다 0.8-1% 정도 세포 소실이 일어난다(Hayflick 1997). 이 과정은 매우 느리고 원래 과잉공급되어 있었기 때문에 60세 정도가 되어서야 비로소 그 변화가 겉으로 관찰된다. 보트위닉(Botwinick 1977)은 이러한 쇠퇴는 단순한 기능보다는 복잡한 기능에서 더 많이 나타난다고 주장했다. 단순한 기능들은 각각 조금씩 저하되지만 보다 복잡한 활동을 하기 위해 함께 이용될 때는 그러한 기능 저하의 효과가 배가 되기 때문이다. 앞으로 다루겠지만 단순 기능보다는 복합 기능이 더 상실되는 현상은 노화되어 가는 신체와 마음 모두에서 나타난다.

그러나 모든 세포가 완전히 소실되는 것은 물론 아니다. 많은 경우 그것은 대체된다. 그러나 세월이 흐르면서 세포의 대체 과정이 점점 비효율적으로 변화한다. 어떤 경우에는 아예 재생되지 않거나 더 열등한 세포로 대체되기도 한다. 이러한 관점을 취하는 이론이 체세포 돌연변이 노화 이론(somatic mutation theory of ageing)으로, 그에 따르면 대체된 세포가 정확한 복제물이 아니라 결함이 있는 단백질로 인해 오류가 포함되어 있는 세포이다. 비유적으로, 복잡한 도식을 복사하는 과정을 떠올려 보자. 원본은 놔두고 복사본으로 복사를 계속하다 보면 복사본들이 점점 희미해져서 결국엔 더 이상 복사가 아무런 소용이 없게 된다(Holliday 2007 참조). 나이가 많은 동물일수록 손상된 DNA 비율이 높다는 것은 이미 알려진 사실이다(Bohr and Anson 1995).

이와 같은 이론들은 노화하는 신체에서 벌어지는 일을 설명하는 것들이다. 그러한 변화의 원인을 설명하고자 하는 이론들도 있다. 다양한 이론들이 있는데, 각 이론들은 대체로 서로 상충되는 것 없이 노화 과정의 일부 측면에 대해 설명한다(de Magalhaes 2011 참조; Hayflick 1994; Holliday 2007). 예컨대 자가면역 노화 이론(autoimmune theory of ageing)은 노화 과정으로 인해 신체 면역 체계의 이상이 온다고 본다. 우선은 감염체와 싸울 수 있는 능력이 떨어지고, 그다음에는 자기 세포와 감염체를 제대로 구분하지 못해 공격하게 된다는 것이다. 또 다른 이론으로 세포 대사 노폐물 이론(cellular garbage theory)이 있는데, 정상적인 세포 활동으로 인해 산출된 독소 때문에 노화가 생긴다는 입장이다. 이와 같은 맥락에서 프리 래디컬 이론(free radical theory)이 있는데(Harman 1956), 세포의 대사 과정에서 생긴 화학적 부산물로 인해 손상이 생긴다는 입장이다. 질병은 노화 자체의 원인은 아니지만(de Magalhaes 2011 참조) 일부 노화 과정을 촉진시키거나 증폭시킬 수 있다(Birren et al. 1963; Botwinick 1977;

Kermis 1983). 이와 마찬가지로 독성이나 스트레스에 대한 장기간의 노출 역시 비슷한 결과를 가져올 수 있다.

이러한 이론들은 해로운 화학물질의 공격에 적절하게 대처하지 못하기 때문에 신체가 노화되어 간다고 가정한다. 이와는 다른 접근으로 세포사는 원래 프로그래밍되어 있다고 주장하는 입장이 있다. 이에 대한 가장 좋은 증거는 세포가 대체될 수 있는 횟수가 제한되어 있다는 사실이다. 헤이플릭 현상(Hayflick phenomenon. Hayflick 1985, 1994, 1997)은 몸에서 추출한 살아 있는 세포를 배양하면 죽기 전에 제한된 횟수만 복제되고(Hayflick limit) 세포를 추출한 신체가 나이 들어 있을수록 그 세포가 죽기 전에 복제되는 횟수가 더 적어지는 현상을 일컫는다. 왜 이런 현상이 나타나는지에 대해서는 여전히 논쟁 중이다. 한 가지 가능한 설명으로 염색체 끝에 위치한 텔로미어(telomere)와 관련된 것이 있다. 흔히 비유하기를, 염색체가 구두끈이라면 텔로미어는 구두끈의 맨 끝을 감싸고 있는 플라스틱 조각이라 한다. 플라스틱 조각으로 감싸고 있어서 구두끈이 해어지지 않도록 방지한다. 텔로미어가 염색체의 구조적 통합을 지탱하는 핵심 요소라는 점에서 이러한 비유는 적절하다(Cong et al. 2002 참조).

이 책의 이전 판에서는 텔로미어의 역할을 비교적 직접적으로 기술했다. 세포가 복제를 할수록 텔로미어가 계속 짧아져서 어느 시점에는 더 이상 복제를 못하게 되고 사망하게 된다는 것이다. 그 이유는 단순하다. 세포가 죽지 않고 계속 복제를 하게 된다면 세포에 있는 유전 정보가 왜곡되어서 결국에는 암이 성장하게 된다. 따라서 텔로미어는 암의 위험을 줄여 주는 안전 메커니즘이라 할 수 있기는 하지만 그로 인해 세포 소실과 노화의 여러 징후들이라는 값비싼 대가를 치러야 하는 것이다(Stuart-Hamilton 2006). 최근에 발표된 연구들에서는 이 이론에 대해 논박하지는 않더라도 텔로미어의 역할이 그리 단순한지에 대한 의문 정도는 최소한 품어야 한다고 보고 있으며, 텔로미어가 핵심 역할을 한다는 것이 가능성이 높다고는 하지만 여전히 밝혀져야 하는 부분들이 많이 있다(de Magalhaes 2011; Holliday 2007 참조).

조금 다른 각도에서 살펴보자. 진화론적 관점에서 노화를 바라보는 이론으로 계획된 노쇠 이론(programmed senescence theory)이 있다. 이 이론은 노화가 진화적인 힘에 의해 발생하고 이미 계획되어 있다고 본다(기독교인인 독자는 이 부분을 그냥 넘어가도 좋다). 이러한 진화론적 관점에서 가장 잘 알려진 설명으로, 해당 종의 젊은이들에게 자리를 내어 주기 위해 우리의 신체에는 쇠퇴해서 죽어 가는 프로그램이 내재되어 있어서 인구 과밀 문제를 예방할 수 있다는 설명이 있다. 다른 설명으로는, 약한 사람은 포식자의 표적이 되기 쉽기 때문에 (여전히 번식할 수 있는) 보다 젊은 구성원이 표적으로 걸리는 것을 방지해 준다는 것이 있다. 어떤 연구자들은 이 입장을 무비판적으로 받아들이기도 하지만 그들이 간과한 한 가지 단순한 사실이 있다. 극소수의 동물들만 많은 나이까지 생존한다. 즉, 나이 든 동물은 야생에서는 드물기 때문에 진화적 압력에 의해서 자가도태법이 생겨났다고 보기는 힘들다(Hayflick 1998; Kirkwood 1988; Medawar 1952 참조).

보다 가능한 주장은 돌연변이 축적 이론(mutation accumulation theory. Medawar 1952)으로, 이 이론은 노화가 일어나는 것은 진화 과정에서 선택되지 않았기 때문이라고 본다. 가령 햇빛에 노출되면 죽는 유전적 소인을 갖고 태어났다고 가정해 보자. 이런 유전자를 지닌 경우에는 청소년기까지 생존하거나 번식을 할 수 없을 것이다. 따라서 이런 유전자는 생존하지 못하고 다음 세대로 전달되지 못한다. 그러나 이러한 유전자가 60대에 이르러서야 그 영향을 받는다고 하면 어떻게 될까? 60대 이전에 사망하는 경우에는 이 유전자가 발현되기는 힘들고, 60대에 발현되더라도 이 유전자가 생존율에 영향을 주기는 어렵다. 그러므로 노년기에만 영향을 갖는 유전적 변이는 이를 막는 강한 진화적 소인이 없다면 축적될 것이다.

길항적 다면발현 이론(antagonistic pleiotropy theory. Williams 1957)은 극소수의 종만이 노화를 경험할 만큼 오래 살기 때문에 노년기에만 해로운 영향을 받는다고 본다는 점에서 돌연변이 축적 이론과 유사하다. 이 이론에서는 어떤 유전자는 초기에는 장점을 취하고 후기에는 단점을 취하기도 한다고 본다. 가령 젊은 시절에는 테스토스테론을 풍부하게 생성하도록 해서 몸무게 증가가 용이하도록 돕는 유전자가 있다고 하자. 이는 남성이 공격성과 신체적 힘을 통해 우위를 차지하려 할 때 장점이 될 것이다. 그러나 노년기에는 이러한 특징 때문에 심혈관 질환의 위험이 높아지고 사망에 이를 수도 있다. 최근까지는 후자의 예가 별로 없었는데, 초파리 실험을 통해 생애 초기와 후기에 반대의 영향을 준다는 증거가 제시되었다(Rose 1984).

또 다른 이론으로 일회용 체세포 이론(disposable soma theory. Kirkwood 1988)이 있다. 근대 진화론에서는 유기체는 가능한 한 재생산을 하도록 되어 있고 이는 그 유기체의 개인적인 생존에 앞선다. 유기체보다는 거기에 있는 유전자가 생존하는 것이 중요하고, 유전자가 있는 신체 자체는 부차적이다. 따라서 이 이론에 의하면 자식 없이 100세에 사망하는 것보다는 30명의 자식을 두고 20세에 사망하는 것이 낫다(Dawkins 1976 참조). 체세포는 사망하고 끊임없이 대체되어야 한다. 만약 대체되지 않으면 그 신체 부위는 쇠퇴하게 된다. 그러나 모든 세포를 같은 효율성을 가지고 대체할 수는 없다. 따라서 재생산을 담당할 수 있는 기관을 가장 우위에 놓고 그렇지 않은 나머지 신체 부위는 그다음 순서로 유지하는 것이 진화적 측면에서 유리하다고 볼 수 있다. 그러므로 재생산에 에너지를 집중하면 할수록 신체가 쇠퇴되는 정도는 더 커진다. 이 이론은 빅토리아 시대의 설교처럼 들릴 수도 있겠지만 어느 정도는 설득력이 있다. 커크우드(Kirkwood 1988)가 이에 대한 강력한 증거를 설명했다.

여기서 언급한 노화에 대한 이론들은 진화론에 그 토대를 두고 있다. 각기 다른 주장을 하고 있기는 하지만 진화에 초점을 맞추고 있고 문명이 발달하면서 수명 연장을 이루기 전까지는 노년기라는 것이 드물었다는 가정에 동의하고 있다. 세 가지 이론 모두 노년기가 자연 선택에 의해 계획된 것은 아님을 이야기하고 있다. 다른 말로 하면 노인들이 보이는 행동이나 신체 기능의 특정 변화가 애초에 일어나기로 예정된 것은 아니라는 뜻이다. 주름진 피부, 부서지기 쉬운 뼈, 기억력 감소, 반응 속도의 저하 등은 계획된 것이 아니다. 그것은 단지 그러한 현상을 방지하기 위한 진화적인 압박이 없었기 때문이고(돌연변이 축적 이론), 생애 전반부에 장점으로 작용했던 것의 반대 작용일 뿐이며(길항적 다면발현 이론), 재생산에 초점을 두었던 생애 전반부에 대한 투자로 인한 것이다(일회용 체세포 이론). 자연 환경 속에 사는 대부분의 사람들은 이러한 특징들이 나타나기 전에 사망한다(Zwaan 1999 참조). 진화가 이런 방식으로 속임수를 쓰는 것은 현대인들에게는 저주이자 특권이 된다.

헤이플릭(Hayflick 1994)은 재미있는 비유를 들었다. 그는 진화적인 관점에서 인생 여정은 다른 행성을 조사하기 위해 보내진 인공위성과도 같다고 했다.

인공위성은 일단 임무를 수행하고 목표 사진들을 보내 준 이후에는 우주 공간에 계속 떠 있으면서 신호를 보내다가 결국에는 활동을 멈추고 사라져 간다. 이와 비슷하게 사람들도 자신의 후손을 낳는 임무를 달성하고 나서 사고나 질병과 같은 이유로 죽게 되는 때까지 삶을 지속해 간다. 그러나 임무 수행 후의 인공위성이나 자손을 낳은 후의 사람의 삶은 우연히 일치된 것일 뿐이다. 주어진 임무를 확실히 수행하기 위해서는 예비 에너지가 남더라도 필요한 것보다 훨씬 더 많은 에너지 동력을 갖고 있어야 한다. 이러한 여분의 인생은 흔히 자연스러운 부분이라고 여기지만 진화적 관점에서 보면 권리라기보다는 우연한 선물이다. 다른 측면에서 보면 노년기가 진화론을 물리쳤다는 것은 틀린 말이다. 실상은 진화적 압박이 노년기를 어떻게 생각하는지를 보여 주는 것이다. 다시 말해 진화적 관점에서 보면 노년기는 종의 생존에 최저 유용성을 갖고 있기 때문에 자신의 유전자를 성공적으로 재생산했으나 사망하는 것에는 실패한 유기체가 쇠퇴해 가는 방식으로 남겨져 있는 것일 뿐이다.

노화되어 가는 신체

늙어 가는 신체의 변화상은 매력적인 것이 못 된다. 조직 수준에서 피부와 근육의 신축성이 떨어지고 세포 수준에서 (세포 내에서 에너지 생성을 하는) 미토콘드리아의 효율성이 떨어진다. 분자 수준과 관련해서는 앞에서 언급한 체세포 돌연변이 노화 이론(somatic mutation theory of ageing)과 텔로미어에 대한 연구를 들 수 있다. 이러한 변화들이 신체 시스템 기능에 해로운 영향을 준다는 것은 놀라운 일이 아니다. 예컨대 노화된 신체에서는 독소나 다른 노폐물을 걸러내는 비뇨 체계가 느려지고 효율성이 떨어진다. 위장에서 영양분을 흡수하는 능력도 떨어진다. 근육량도 줄어들고 남아 있는 근육의 힘도 약해진다. 호흡계는 산소를 덜 흡수한다. 심혈관계는 두 배로 힘들게 일하지만 75세 노인의 심장 기능은 30세 젊은이의 약 70%밖에 안 된다(Aiken 1989; Holliday 2007; Kermis 1983).

이러한 변화는 뇌의 기능에도 불리한 작용을 하므로 심리적인 수행에도 영향을 주게 된다. 호흡계와 심혈관 시스템의 효율성 저하는 산소공급에 제한을 주게 되고, 뇌의 기능에 해로운 영향을 준다(Kermis 1983). 신체적 건강과 인지 기능의 지수들 간의 관련성에 대한 연구는 상당히 많다(Deary et al. 2006; Renaud et al. 2010 참조). 가장 두드러지는 실례로 뇌졸중이 있다. 뇌졸중은 뇌의 일정 부분에 혈액 공급을 차단하여 뇌 조직을 죽게 만든다. 덜 심각한 경우에는 산소 공급을 받고 혈관이 수축해서 식후에 잠드는 일이 벌어진다. 소화 과정에서 필요한 에너지가 의식을 유지하는 데 필요한 산소가 뇌로 가는 것을 방해하기 때문이다. 다른 신체 기관의 노화는 이보다는 경미한 변화를 일으킬 수 있다. 예를 들면 비뇨기의 기능 저하로 인체에 독소가 쌓이고 이로 인해 신경세포 기능 효율성에 영향을 줄 수 있다. 약물 치료를 받고 있다면 다음 약을 복용하기 전에 배출이 빨리 되지 않아 약물 과다 문제가 생겨 섬망과 같은 증상이 나타날 수도 있다. 위장계의 기능 저하로 인해 이와 유사한 결과가 생길 수 있다. 입맛이 떨어지면 영양실조로 이어질 수 있고 이로 인해 비타민B_{12}가 결핍되면 치매와 같은 증상들이 나타날 수 있다.

신체적 노화의 또 다른 영향으로는 자신의 존재에 대해 재평가를 하게 된다는 점을 들 수 있다. 이 현상이 누구에게나 심각한 것은 아니다. 뼈가 점점 더 부러지기 쉬워지고 근육이 약해짐을 인식함으로써 조심성을 갖게 된다. 하지만 어떤 사람들은 우울증에 빠지게 될 수 있다(Raskin 1979). 웨그(Weg 1983)는 대부분의 노인들은 여전히 일상생활에서 주어지는 일들을 처리할 수 있는 충분한 능력이 있지만, 실제로 수행하는 것은 또 다른 문제라고 하였다.

노화되어 가는 감각 체계

감각은 뇌가 주변 환경과 접촉하는 도구이기 때문에 감각 능력이 떨어지는 것은 마음의 작동에 직접적인 악영향을 준다. 노화로 인한 감각 능력의 쇠퇴는 주변 세상을 충분히 경험하지 못하게 하지만, 이러한 쇠퇴가 노년기에 시작되는 것은 아니다. 노화로 인한 다른 저하와 마찬가지로 일찍 변화가 시작된다.

시각

노인들은 자주 시력이 예전만 못하다는 불평을 한다. 이는 맞는 말이다. 원시나 근시의 문제는 논외로 하더라도 65세 이상의 약 1/3은 시력에 영향을 주는 질병을 앓고 있다(Quillan 1999). 초점을 맞추는 것이 힘들어져 원시의 특징을 보이는 노안이 된다. 이는 수정체가 노화로 인해 신축성이 떨어져 초점을 맞추는 능력이 저하되었기 때문인 것으로 보인다. 대부분의 사람들이 경험하는 가장 심각한 문제는 시력이 떨어지는 것이다. 브롬리(Bromley 1988)는 75%의 노인이 안경이 필요하고 안경을 쓰더라도 좋은 시력을 가질 수 없을 것이라 하였다. 홀덴 등(Holden et al. 2008)은 2005년 대규모 조사를 통해 약 10억 4,000만 명이 노안을 경험하고 있으며, 이 중 5억 1,700만 명은 안경이 없거나 안경이 맞지 않음을 발견했다. 이 5억 1,700만 명 중 약 80%는 가까운 시야에서 작업을 해야 하는 과제에서 수행을 잘하지 못했는데, 이로 인해 광범위한 일상생활 활동이 제한되었다. 국가 간 차이도 다양하게 나타났는데, 안경을 필요로 하는 사람들의 약 94%는 개발도상국에 살고 있었다.

시력에 관한 한 가지 흥미로운 특징은 이미지의 크기와 대비 간에 상호작용을 한다는 점이다. 코르소(Corso 1981)는 문헌 고찰을 통해 연령에 따른 시력 저하 문제는 밝기 대비를 높인 경우(예를 들어, 회색 바탕에 검정 글씨보다는 흰색 바탕에 검정 글씨) 완화될 수 있다고 하였다. 실제로 그런 조건에서의 안경 착용 후 노인의 시력은 젊은이들의 수행에 근접했다(Haegerstrom-Portnoy et al. 1999). 반면 낮은 대비에서는 시력이 훨씬 낮아졌다. 이는 대비 민감도 함수(Contrast Sensitivity Function; CSF) 연구들에 의해서도 지지되었다. 이와 관련된 실험에서는 실험 참가자들에게 빛과 어둠을 평행선으로 번갈아 제시한다. 선의 굵기는 밝기에 따라 다양하다. 넓은 선일수록 보기가 더 쉽다. 굵기와 빛의 대비를 줄여 나가면 이 패턴이 사라지는 시점에 이르게 된다. 즉, 선이 너무 가늘어서 육안으로 구분이 어려워 회색으로만 보이게 된다. 대비 민감도 함수는 회색이 아니라 패턴으로 볼 수 있는 최소한의 빛의 대비를 나타내는 지점을 찾는 도식이다. 빛의 대비가 작은 지점일수록 그 사람의 시력은 민감한 것이다.

그러나 실생활에서는 희미한 불빛 아래 있기도 하는 등 빛의 대비가 가장 좋은 조건에 있지는 않고, 노인들은 이런 조건에서 특히 더 불리하다. 가령 낙상의 위험이 상당히 증가하게 된다(Lord et al. 2010; Pijnappels et al. 2010). 따라서 시력을 재는 표준적인 측정치는 실생활에서의 시력 장애를 과소평가하는 경향이 있게 된다. 일상생활에서 독서를 하기 위해서 60대 노인들은 평균적으로 20대가 필요로 하는 것보다 세 배 더 밝은 조명을 필요로 한다(Beers and Berkow 2000). 빛의 대비가 낮은 경우에서의 패턴을 탐지하는 능력의 저하가 노년기 시력 문제의 핵심이다. 슈넥 등(Schneck et al. 2004)이 노인 집단을 4년간 추적연구한 결과, 여러 가지의 시력 측정치들 중에서 낮은 대비의 패턴을 탐지하는 능력만이 4년 후의 시력 손실을 유의하게 예측했다.

노년기에는 CSF 문제뿐 아니라 안과적 영역 전반이 나빠진다(Haegerstrom-Portnoy et al. 1999). 이 때문에 운전과 같은 시각 과제를 안전하게 수행할 수 있는지를 확인할 수 있는 노인용 시력 검사의 필요성이 대두된다. 시력 변화만을 측정하는 것으로는 충분치 않다(Bohensky et al. 2008). 예를 들어 시지각적 역치(빛이 있다고 탐지할 수 있는 최소한의 밝기)는 연령이 증가함에 따라 증가한다. 즉, 노인들은 젊은이들이 볼 수 있는 흐린 불빛을 탐지하지 못한다(Elias et al. 1977; McFarland and Fisher 1955). 마찬가지로 암순응 및 명순응 능력도 연령이 증가할수록 저하된다(Domey et al. 1960; Carter 1982). 이는 노인의 밤 운전 등과 같이 실용적인 측면에서 중요한 문제이다. 노년기에는 수정체 모양의 변화 때문에 이미지가 다소 왜곡된다(Athaide et al. 2009). 시지각 변화의 다른 중요한 특징은 색 지각과 관련된다. 노인들은 바깥세상을 보다 노랗게 지각하는 경향이 있다. 색 스펙트럼의 노란색 끝 쪽은 잘 지각하는 반면, 녹색, 파란색, 그리고 보라색 쪽으로 갈수록 이들 사이를 구분하지 못하게 된다(이런 변화는 80대 이전에는 눈에 띄게 나타나지는 않는다). 대부분의 연구자들이 연령이 증가할수록 수정체가 노란빛을 띠기 때문이라고 여겼으나, 이러한 설명은 불충분하다. 수술로 수정체를 제거한 경우에도 주변 환경을 노랗게 인식하기도 하기 때문에 이러한 현상은 신경계 변화와 관련 있는 것으로 추정된다(Marsh 1980; Jackson and Owsley 2003 참조). 시야의 크기도 감소된다. 젊은이들에 비해 눈동자를 움직이는 폭도 줄어들어서 안구 운동만으로도 볼 수 있는 위치에 있는 자극을 노인들은 고개를 돌려서 봐야 한다. 더 심각한 문제는 주변시의 손실인데, 이는 중년기에 저하되기 시작해서 75세가 넘어가면 매우 악화된다(Jaffe et al. 1986).

이러한 문제들은 심각할 수 있고 노인들에게 짜증 나는 일이 될 수 있다. 일부 시각적 변화는 운전과 같은 활동을 그만두어야 할 정도로 영향을 줄 수 있지만, 그렇다고 해서 모든 시각 기능이 완전히 나빠지는 것은 아니다. 시각 문제의 대부분은 노년기 이전에 나타나고 30대 중반부터 시작하기도 한다(Corso 1987). 다시 말하면 노년기의 시각 문제를 순전히 노화 과정의 문제로 생각하는 것은 오해이다. 물론 노화와 관련된 시력 문제를 부정하는 것은 아니다. 낙상과 운전 문제가 노년기에 특히 증가한다는 것은 앞에서도 이미 언급했다. 다행히도 드문 장애인 찰스 보닛 증후군(Charles Bonnet Syndrome)은 다른 정신과적 증상은 전혀 없이 환시만 나타나는 것이 특징이다. 이 증후군은 나이가 들어 가면서 증가하고 시각 손상이 있는 노인들에게서 전형적으로 나타난다(Rovner 2006 참조). 튀니세 등(Teunisse et al. 1995)은 시각 손상 있는 사람들의 약 11%가 이 증후군을 가지고 있다고 추정하였고 젊은이보다는 노인에게서 더 쉽게 발병한다고 보고했다. 이 증후군은 실제보다 보고가 덜 되는 경향이 있다(Schadlu et al. 2009). 그 이유에는 의사들이 이 증후군에 대한 경각심이 별로 없고, 정신질환으로 여겨질 것이라는 두려움 때문에 증상을 보고하는 것을 꺼리기 때문일 수 있다. 그러나 인구의 고령화가 진행되면서 유병률은 증가하고 있는 것으로 여겨진다(Rovner 2006).

65-74세 노인의 7% 및 75세 이상 노인의 16%는 시력을 상실하거나 매우 심각하게 손상을 입기도 한다는 사실을 생각해 보자(Crandall 1980). 영국에서는 75세 이상 노인의 20%와 90대 노인의 50%가 매우 심각한 시력 상실을 가지고 있다(Royal National Institute for the Blind 2011). 시력 상실의 주요 원인으로는 백내장(수정체가 탁해지는 증상), 녹내장(안압 상승으로 인해 시신경이 손상된 상태), 황반변성(나이 들어 감에 따라 망막의 황반 영역이 점점 퇴화되어 시력이 손상되는 것. Sunness et al. 1999 참조), 당뇨병성 망막증(당뇨병으로 인한 망막 혈관 손상으로 생긴 시각장애) 등이 있다. 이러한 질환들은 노년기에만 국한되어 있는 것은 아니고 다양한 연령층에서 흔하게 발병할 수 있다(Corso 1981; Pelletier et al. 2009). 이 질환들은 예방되거나 일찍 발견하기만 하면 완화될 수 있다(Pelletier et al. 2009 참조). 안과 정기 검진을 자주 하지 않을수록 녹내장 상태는 더 악화되어 있을 수 있다(Fraser et al. 1999).

청각

청력 장애는 노년기의 전형적인 문제이기 때문에 유머의 주제로도 많이 쓰인다. 청각은 성인기 전반에 걸쳐서 점진적으로 쇠퇴하기 때문에 50세 정도 되는 대다수의 사람들은 희미한 소리는 잘 못 듣기도 하고(Bromley 1988), 그 이후에는 청력 문제가 더욱 심각해진다. 노년기에 청력 손실이 어느 정도 발생하는지에 대한 연구들은 그 '손실'을 정의하는 방식에 따라서 다양한 결과를 내놓았다. 매우 심각한 청력 손실(청각 장애인이거나 보청기가 없으면 간단한 의사소통도 안 되는 정도)만을 고려했을 때는 7-80대의 경우는 32%가 심각한 청력 문제가 있는 반면 2-30대는 1.6%만 있다고 추정했다(Stephens 1982). 80대 이상에서는 이 수치가 50%까지 올라간다(Herbst 1982). 노인성 난청으로 알려진 노화와 관련된 청력 손실(Age-Related Hearing Loss; ARHL)을 고려한다고 하면 65세 이상 노인의 50%가 어느 정도의 ARHL을 가지고 있었다(Gordon-Salant et al. 2010). 그러나 보다 느슨한 기준을 적용한 다른 연구에서는 수치가 70%에서 80%까지 된다고 주장했다(Sprinzi and Riechelmann 2010). 청력 문제를 가진 노인들의 비율이 얼마나 되는지의 문제는 차치하더라도(각 연구에서 정해 놓은 청력 손실의 기준에 따라 달라지는 것은 문제가 된다), 노인성 난청이 노년기의 가장 흔한 감각 장애라는 것은 분명하다(Someya et al. 2010).

청력 손실은 단순히 소리를 못 듣는 문제만은 아니다. 노인성 난청에는 여러 형태가 있는데(Cohn 1999; Schuknecht 1974), 저주파보다 고주파 소리를 지각하는 데 더 큰 어려움을 보인다. 고주파 소리를 듣는 능력이 떨어진다는 것은 생각보다 심각한 문제를 가져온다. 말소리는 고주파와 저주파 소리의 조합인데 말소리를 구분할 때는 고주파 소리가 특히 중요하다. 따라서 노인성 난청으로 인해 대화가 어려워질 수 있다. 또한 음원의 소재파악 능력(sound localisation: 그 소리가 어디에서 나는 소리인지 탐지하는 능력)에 손상이 올 수 있다(Rakerd et al. 1998 참조). 이러한 문제들은 청각 정보를 처리하는 과정에 영향을 줄 수 있다. 예를 들어 툰 등(Tun et al. 2009)은 정신 과제를 하는 동안 동시에 단어 목록을 들려주고 기억하도록 했는데, 노인성 난청이 있는 노인 집단의 수행이 훨씬 낮았다. 이는 노인성 난청이 있는 경우 청각 정보처리를 하는 데에도 추가적인 에너지가 필요하기 때문에, 거기에 덧붙여 해야 하는 단어 기억하기나 동시 과제들에 효율적으로 대처하지 못한 데 따른 결과로 보인다.

청력 손실의 원인은 매우 많다. 오랜 시간 동안 시끄러운 환경에 노출되는 것도 원인이 될 수 있다(Ohlemiller 2008; Sekuler and Blake 1985 참조). 그러나 다양한 다른 요인들도 있다. 유전자(Van Eyken et al. 2007), 식이(Houston et al. 1999; Someya et al. 2010), 프리 래디컬(Someya and Prolla 2010), 심혈관질환(Hull and Kerschen 2010), 그리고 일반적인 건강 상태(Huang and Tang 2010) 등이 그것이다. 성별 또한 영향을 줄 수 있다. 남성은 여성보다 더 빨리 청력이 저하되지만(Chao and Chen 2009), 낮은 주파수 영역대의 소리에 대한 민감도는 더 좋다. 남성이 여성보다 더 시끄러운 환경에서 일을 하는 경향이 있기 때문일 수도 있다. 그러나 조용한 직업을 가진 사람들을 대상으로 살펴봐도 이러한 성별의 차이는 여전히 존재한다(Pearson et al. 1995).

귀의 안쪽을 들여다보면, 노화로 인한 몇 가지 형태의 변화가 나타난다. 그 한 가지는 귓불의 크기가 커진다는 것이다(Tsai et al. 1958). 이러한 변화의 기능적 중요성은 아직 밝혀지지 않았다. 노인의 귀는 귀지로 쉽게 막힐 수 있고 쉽게 처치가 가능함에도 불구하고 결과적으로 청력 소실을 일으킬 수 있다. 중이의 변화는 더 심각하고 쉽게 해결되지 않는 경향이 있다. 중이의 뼈들(추골, 침골, 등골)은 나이 들어 감에 따라 경직되고 석회화되거나 관절염이 생기는 경향이 있다(Moon and Hahn 1981 참조). 이로 인해 소리(특히 고주파) 전달의 어려움이 생기게 된다. 이는 내이의 변화로 더 악화되는데, 세포 소실은 대체로 고주파 소리에 대한 수용기가 있는 세포에서 주로 일어난다. 소리는 청각 신경을 통해 내이에서 뇌로 전달된다. 이 청각 신경 다발의 크기가 연령 증가에 따라 줄어드는데, 이는 혈류 공급의 저하와 신경 다발의 통로를 좁히는 뼈의 성장 때문인 것으로 추정된다(Corso 1981; Park et al. 2010; Someya and Prolla 2010).

노인성 난청은 여러 가지 원인들이 밝혀졌기 때문에 그에 대한 치료가 필요하다. 현재까지 적용 가능한 치료법은 매우 제한적이지만 연구는 계속 진행되고 있다(Bielefeld et al. 2010; Sprinzi and Riechelmann 2010). 그러나 앞서 언급했던 문제들에 대한 모든 치료법을 찾아냈다 하더라도 문제가 다 해결되는 것은 아니다. 왜냐하면 청각적 기술을 측정하는 일부 측정치들(예: 제시되는 청각 신호들 사이의 조용한 순간을 탐지하기)은 청력 수준이 아니라 연령에 영향을 받기 때문이다(Fitzgibbons and Gordon-Salant 2010). 말소리 지각의 핵심 요소는 시간적 해상도이기 때문에 이런 문제는 일상생활 속의 대화에서 영향을 줄 수 있다. 따라서 청력 손실의 정도 자체가 노년기 청각적 기술 변화의 모든 것을 설명해 줄 수는 없다(보다 자세한 사항은 Gordon-Salant et al. 2010 참조). 또한 노년기 청력 문제는 노인성 난청만 있는 것이 아니다. 음의 높낮이 구분이나 음원 파악 등이 잘되지 않는 문제도 있다(Marsh 1980; Schneider et al. 1998; Strouse et al. 1998 참조). 게다가 노인의 10% 정도는 이명을 경험한다(Eggermont and Roberts 2004; Lasisi et al. 2010). 이 증상 또한 외부의 청각적 정보를 차단할 수 있다.

노년기 청력의 또 다른 문제는 기능 저하에 있어 연령과 복잡성 간의 상호작용 효과가 나타날 수 있다는 점이다. 일반적으로 언어 자극이 더 복잡하고 연령이 많으면 많을수록 젊은 층보다 수행이 떨어졌다(Corso 1981). 예를 들어 소음이 있는 상황과 조용한 상황에서 말소리를 탐지하는 과제를 하는 경우가 그렇다(Bergman et al. 1976; Dubno et al. 1984; Pichora-Fuller et al. 1995 참조). 친숙한 말소리에 대해서는 연령 차이가 거의 없다(Hutchinson 1989). 오벨로 등(Orbelo et al. 2005)은 정서적인 내용이 들어가 있는 말의 경우 노년기의 저하가 있기는 하지만 청력 소실과는 관계가 없는 것으로 보고했다(저자들은 노화로 인한 우반구 기능 저하 때문에 정서적 내용을 이해하는 능력이 저하되었다고 보았다).

청력 소실은 부정적인 감정적 부담을 불러일으킬 수 있다. 헙스트(Herbst 1982)에 의하면 대부분의 사회는 청각 장애인들에 대해 악의를 지니고 있었다고 한다. 고대 그리스어에서 '귀먹은'이라는 단어는 '어리석은'이라는 단어의 동의어였다. 초기 기독교인들은 귀가 어두운 것은 저주로 생각했는데, 문자가 없었던 시절 귀가 어두운 사람은 신성한 가르침을 들을 수 없었기 때문이다. 현대까지도 이러한 편견이 이어지고 있다. 예를 들면 시각 장애인보다 청각 장애인은 기부금을 덜 받는 경향이 있다. 헙스트는 시각 장애인은 주변 사물로부터 차단되지만 청각 장애인은 사람들로부터 차단된다고 이야기한다. 이는 다소 근거가 빈약한 주장이기는 하지만 전혀 타당하지 않은 것은 아니다. 헙스트(Herbst 1982)는 도움을 받도록 시작하는 것을 가장 중요한 문제 중 하나로 보았는데, 사람들은 흔히 청력 장애를 일종의 낙인으로 인식하고 있는 데다 청력 소실은 점진적으로 자기 자신에 대한 변화를 어렵게 만드는 경향이 있기 때문이다. 대다수의 사람들은 거의 들리지 않을 때까지 병원을 찾지 않는다.

기타 감각

다른 감각들의 저하는 심리적 기능에 직접적으로 악영향을 끼치지 않기 때문에 심리학자들에게 관심을 덜 받아 왔다. 그렇지만 그것들의 특성에 대해서도 언급할 필요가 있다.

미각

인간이 지각하는 미각은 네 개의 주요 유형으로 나뉜다. 쓴맛, 신맛, 짠맛, 단맛. 노화로 인해 이러한 맛들에 대한 민감도가 차별적으로 저하된다. 엥겐(Engen 1977)은 쓴맛에 대한 민감도는 증가하는 반면, 나머지 맛에 대해서는 저하된다고 주장했다. 그러나 쉬프만 등(Schiffman et al. 1995)은 쓴맛에 대한 민감도가 아예 사라진다고 했고, 코와트 등(Cowart et al. 1994)은 쓴맛 나는 음식에 대한 민감도는 떨어지지만 나머지 맛은 유지된다고 보았다. 바이펜바흐 등(Weiffenbach et al. 1982)은 쓴맛과 짠맛에 대한 민감도는 떨어지지만 단맛과 신맛에 대한 민감도는 유지된다고 보고했다. 더욱 혼란스런 연구 결과로 모예 등(Mojet et al. 2003)은 맛의 농도의 강약을 비교 판단하는 것은 변화가 없으나 맛이 얼마나 강한지 등급을 매기는 능력은 노화에 따라 저하된다고 보고했다. 그러나 노르딘 등(Nordin 2003)은 맛의 강도 변별이 악화된다고 보았다. 와타나베 등(Watanabe et al. 2008)은 짠맛에 대한 미각 능력은 저하되지 않는다고 보고했다. 그러나 후쿠나가 등(Fukunaga et al. 2005)은 모든 미각 능력이 저하된다고 보고했다. 이렇게 연구들 간의 결과가 불일치하는 데에는 몇 가지 요인이 있다. 혀에 검사를 한 경우 검사를 한 위치에 따라 달라질 수 있고(혀의 위치에 따라 자극에 대한 민감도가 다르다), 문화 차이가 작용했을 수도 있다(한 문화권에서 평생 동안 먹게 되는 음식의 맛은 미각 민감도에 영향을 주게 된다). 그러나 주요 미각들이 노년기에는 저하된다고 보는 것에는 대체로 동의하는 것으로 보인다.

복합적인 맛에 대한 연구는 보다 일관성 있는 결과를 보여 주고 있다. 노인들은 일상생활에서 먹는 음식의 맛을 탐지하는 능력이 쇠퇴하고(Bischmann and Witte 1996; Murphy 1985; Ng et al. 2004; Schiffman 1977 참조), 다른 맛과 섞인 맛을 탐지하는 능력도 저하되어 있었다(Stevens 1996). 미각과는 상관없이 건강한 식단을 갖지 않는 경우가 있다. 클라크 등(Clarke et al. 2004)의 연구에 의하면 65-74세 노인의 5%는 비타민 B_{12} 결핍이 있고, 75세 이상의 경우에는 10% 정도가 그러하다. 자세한 사항들은 여전히 연구를 더 진행해야 하겠지만, 노년기의 인지 상태를 유지하는 데 핵심적인 역할을 하는 것은 영양인 것으로 보인다(Ordovas 2010 참조).

후각

후각은 건강한 노인의 경우 거의 변화하지 않는 것으로 여겨진다(Corso 1981 참조). 그러나 대부분의 노인들이 한 가지 이상의 질환을 갖고 있기 때문에 최소한 어느 정도는 저하가 있을 것이라 주장하는 연구도 있다(Doty 1990; Finkelstein and Schiffman 1999). 많은 연구들에서 후각 능력의 변화와 식이 습관의 변화를 관련짓기도 했다(Drewnowski and Shultz 2001). 게다가 정상 노화 과정 중에 있는 노인들에게서 후각 저하와 인지 기능의 저하가 연결된다는 연구도 있고(Swan and Carmelli 2002; Wilson et al. 2006), 초기 알츠하이머 병 치매에서 후각의 상당한 감퇴가 생기고 이러한 변화가 진단에 도움이 된다는 연구 결과들도 있다(Moberg et al. 1997; Murphy 2008; Weilge-Lüssen 2009). 적어도 치매가 아닌 노인 집단에서 후각과 인지 기능 간의 연결은 있는 것 같다. 왜냐하면 일란성 쌍생아 연구에서 이 두 기능의 변화가 유사했기 때문이다(Finkel et al. 2001).

촉각

노인들은 촉각에 대한 역치가 높고 보다 힘껏 눌러야 촉각을 느낀다(Saizano et al. 2010; Stevens and Patterson 1996; Thornbury and Mistretta 1981). 물체의 온도에 대한 민감도도 감소되어 있다(Heft and Robinson 2010). 촉각은 피부에서 느끼는 것이기 때문에 촉각의 저하를 피부가 얇아지고 주름이 지는 현상과 연결하고 싶어진다. 이는 부분적인 설명이 될 수 있는데, 촉각 저하의 일부 원인은 피부의 촉각수용기 수의 감소이다(Gescheider et al. 1994).

통증

어떤 연구자들은 노인이 되면 통증에 대한 역치가 증가한다고 보고하였다. 즉, 고통스러운 자극을 고통스럽다고 지각하지 않은 채로 보다 잘 견딜 수 있다는 것이다(Benedetti et al. 1999; Gibson and Farrell 2004; Lasch et al. 1997). 이는 노년기에 감각수용체 수가 줄어들기 때문일 수 있다. 그러나 다른 연구에서는 통각 지각의 변화를 발견하지 못하였고(Bromley 1988), 심지어는 고통 자극을 경험할 때 얼굴 표정에서도 연령 차이가 나타나지 않는다는 보고도 있다(Kunz et al. 2008). 이렇게 통증 지각에 대한 연령 차이의 유무가 연구에 따라 다른 것은 통각을 경험하는 신체 부위의 차이에서 기인할 수도 있다. 그런데 통증 연구를 할 때는 자극으로 가할 수 있는 통증의 범위나 강도가 매우 제한적이기 때문에 현실적이고 의미 있는 결과를 얻기가 어려울 수 있다는 점을 염두에 두어야 한다. 이러한 고려 사항들이 있음에도 불구하고, 통증을 유발하는 상황은 노년기에 현저히 증가한다(Hill-Briggs et al. 2005). 통증에 대한 정서적인 의미도 연령에 따라 다르다. 예를 들면 노인들은 질병의 통증 때문에 거동이 줄어드는 것에 대해 덜 스트레스를 받는 경향이 있는데, 이는 자신의 나이에 할 수 있고 해야만 하는 활동에 대한 기대감이 낮기 때문인 것으로 생각된다(Williamson and Schulz 1995 참조). 또한 용 등(Yong et al. 2001)의 연구에 의하면 노인들은 통증에 대해 말하려 하지 않는 경향이 있고 혐오 자극을 고통스럽다고 여기는 경향이 덜하다. 이에 덧붙여, 간호 인력들이 갖고 있을 수 있는 문제로, 그들이 갖고 있는 통증 관리 지식과 노인들의 통증 지각에는 차이가 있을 수 있다는 점이 있다(Zwakhalen et al. 2007).

개관

노화로 인한 감각의 변화에 대해 간단히 살펴보았다. 이를 통해 얻을 수 있는 분명한 메시지는 주변 환경에서 받은 정보가 뇌에 전달되는 것이 제한되어 있고, 신경계의 전반적인 속도 저하로 인해 전달 속도도 느리다는 점이다. 이런 변화가 지적 기능(Glisky 2007; Lindenberger and Baltes 1994)이나 성격 변화(질병이 노년기 우울 수준과 연결되어 있다는 연구를 보면, 자아상에 영향을 주는 경우는 예외가 될 수 있다. Williamson and Schulz 1992 참조)의 징조가 되는 것은 아니다. 그러나 노화하고 있는 뇌가 들어오는 감각 정보를 최대한으로 이용하지 못하고 있는 것은 분명하다. 노화로 인해 저하된 지각적 처리 과정의 특징은 나이가 들수록 다양한 감각 정보로부터 받아들이는 정보를 하나의 일관성 있는 전체로 통합하는 것이 힘들다는 것이다. 앞에서도 언급했듯이 노화로 인한 감퇴는 주로 여러 개의 단순한 처리들을 연결하여 통합해 작동시킬 때 나타나는 것 같다.

노년기의 신경학적 변화

노년기의 신경학적 변화로 인한 심리적 영향에 대해서는 이 책에서 자주 언급할 것이다. 하지만 신경학적 변화에 대해 간단하게 개관하는 것이 도움이 될 것이라 생각해 여기서 잠시 소개하도록 하겠다. 신경해부학이 낯선 독자는 부록 I에 짧은 소개를 해 두었으니 그 부분을 참조하면 된다.

건강하고 잘 기능하고 있는 사람이라 할지라도 노년기에는 뇌의 무게가 감소된다고 알려져 왔다. 초창기 뇌의 무게를 대략적으로 측정한 연구에 의하면, 치매가 없는 정상적인 노화 과정에서도 뇌의 무게는 10-15%씩 감소한다(Bromley 1988). 최근의 자기공명영상(Magnetic Resonance Imaging; MRI)을 이용한 연구에서는 뇌 용적은 줄어드는 반면 뇌실은 확장되는 것으로 나타났다. 이러한 변화는 뇌 전체에서 획일하게 나타나는 것은 아니고 측두엽과 전두엽에서 가장 많다. 평균적으로 해마다 0.5%에서 1%씩 감소한다(Fjell and Walhovd 2010). 부분적으로는 뇌세포의 사멸 때문이다(대부분의 신경세포는 재생 불가능하다). 그러나 주요 원인은 뉴런 크기의 감소(부분적으로는 수초 두께가 얇아진 것이 원인이다)와, 다른 세포와의 연결성의 감소이다. 그러나 노년기의 뇌 변화에도 개인차가 크게 존재한다(Caserta et al. 2009). 일반적으로 노년기 지적 능력의 저하는 뇌 용적의 감소와 상관이 있다(Caserta et al. 2009; Fjell and Walhovd 2010). 이는 신체적 저하가 정신 기술의 감소를 야기할 수 있다는 의미로 해석될 수도 있겠지만, 또 한편으로는 뇌가 가소성이 있다고도 해석할 수 있는데(즉 입력에 대한 반응으로 뇌가 변화한다), 행동이나 생활 방식의 변화로 인해 신경 처리를 해야 할 것들이 줄어들게 됨으로써 뇌 용적의 변화가 생긴다는 것이다. 다시 말하면, 뇌 용적이 줄어드는 것은 뇌를 충분히 운동시키지 않기 때문이라는 것이다(Mahncke et al. 2006 참조). 노년기의 뇌가 지적 기능의 변화를 가져오는 정도와 인지 행동이나 연습이 저하를 늦추는 정도에 대해서는 다음 장들에서 보다 자세히 살펴볼 것이다.

뇌 용적의 변화뿐 아니라 기능의 패턴도 변화가 생긴다. 예컨대 기능적 자기공명영상(functional Magnetic Resonance Imaging; fMRI)은 뇌의 구조뿐 아니라 활동 수준도 파악할 수 있는데, 노인들의 기억과제 수행과 관련된 뇌 영역이 덜 편재화되어 있음(한쪽 반구로 치우치는 정도가 덜함)이 관찰되었다(Cabeza 2001). 헤덴(Hedden 2007) 또한 리뷰를 통해 전전두엽의 기능 변화가 노화와 관련한 인지능력 변화를 설명하는 핵심이라고 지적했다. 특히 전두엽 기능의 영향은 다음 장들에서 보다 자세히 다룰 것이다.

뇌의 구조적·기능적 변화는 지적 기능의 변화와 밀접한 연관이 있다. 가능한 설명 중 하나는 앞서 말한 대로 머리 쓰는 작업을 충분히 하지 않았기 때문이라는 것이다. 첫째, 대뇌혈류의 감소로 세포 내 산소 부족 때문에 세포가 죽는 것이라는 것이다. 또는 대뇌혈류 감소로 인해 특히 강한 활동을 요할 때 제대로 반응을 하지 못하게 되는 것일 수도 있다(Riddle et al. 2004 참조). 두 번째 설명으로는 많은 노인들이 겪고 있는 뇌경색을 들 수 있는데, 이는 국소혈류 공급이 차단됨으로써 뇌 위축이 생긴 부분을 말한다. 노인들은 이러한 일이 발생한 것을 인식하지 못할 수 있는데, 대체로 뇌경색의 부위가 적고, 일반적인 노화의 한 증상으로 여겨지기도 한다. 그러나 어떤 경우에는 뇌경색의 수가 극적으로 증가하게 되면 다발성경색 치매가 생길 수도 있다(제6장 참조). 세 번째 설명으로, 대뇌혈류 공급이 효율적으로 이루어질 때는 혈뇌장벽(blood-brain barrier)을 통해 혈액 속의 독소가 걸러지는데, 노화로 인해 잠재적으로 해로운 독소를 거르지 못하게 되어 그대로 뇌에 노출될 수 있다는 것이 있다(Bouras et al. 2005). 또한 혈뇌장벽의 효율성 저하는 치매와 같은 인지 저하와 관련이 있고 뇌졸중에서 회복하는 능력도 감소시킨다(Zeevl et al. 2010 참조). 일반적으로 노화되어 감에 따라 대사량이 감소하고 심혈관계 문제가 생김으로 인해 산소와 포도당 공급이 제대로 되지 않아 신경세포가 효율적으로 작동하지 못하게 된다(Farkas and Luiten 2001; Meier-Ruge et al. 1980; Woodruff-Pak 1997 참조).

앞에서도 언급했듯 이와 관련된 이슈는 이 책 전반에 걸쳐서 논의될 것이다. 그러나 시작하면서부터 강조하고 싶은 점이 있다. 노화로 인해 뇌의 물리적인 감소가 생기고, 주변의 환경 정보를 받아들이는 감각 체계 또한 나빠지며, 이를 지탱하는 신체 또한 쇠퇴하는 상황에서, 이러한 변화가 직접적이건 간접적이건 간에 심리적 기능 변화에 영향을 주지 않는다면 그것이야말로 이상하다는 것이다.

제2장

노년기 지적 변화 측정

도입

지능이 전 생애에 걸쳐 변화한다는 것은 잘 알려진 사실이다. 예를 들어, 지능에 대한 단순한 측정치로 지능 검사 문항에 대해 정답을 맞힌 개수, 흔히 원점수라고 부르는 것을 생각해 보라. 아동부터 노인에 이르기까지 다양한 연령 집단의 평균 지능 원점수를 구했다고 가정하자. 이 점수로 그래프를 그리면 고전적 노화 곡선(classic ageing curve)을 그리게 된다. 기본적으로 평균 원점수가 아동 및 청소년기까지 상승하다가 10대 후반에 정점을 이루고 성인기 어느 시점부터는 저하되기 시작한다는 것이다. 즉, 10대까지 상승하다가 그 이후부터 노년기까지는 계속 저하된다.

이러한 고전적 노화 곡선에 대해서는 이의가 없으나, 이를 제외하고 여전히 많은 논쟁점들이 있다. 이와 관련해 여러 가지 질문들이 생길 수 있고, 또 각각의 질문들에는 더 생각해 봐야 하는 문제들이 있다. 예를 들면 다음과 같은 것들이 있다.

- 연령 변화를 어떻게 측정할 것인가?
- 성인기의 어느 시점에 인지 저하가 시작되는가?
- 지능 변화가 모든 유형의 지능에 똑같이 나타나는가?
- 그러한 변화의 원인은 무엇인가?
- 그러한 변화들이 일상생활 속에서 경험하는 지적 기술에 어떻게 영향을 끼치는가?

이 장에서는 이러한 물음들에 대해 검토해 볼 것이다.

연령에 따른 지능 변화 측정

지능의 연령 차이를 살펴보고자 한다면 간단한 방법이 있다. 젊은 사람들의 지능을 측정한 후에 그들이 나이가 들면 다시 지능을 측정하거나(종단 연구), 젊은이 집단과 노인 집단에 대해 동일한 측정치를 가지고 동일 시점에 평가해 비교하는 것이다(횡단 연구). 언뜻 보면 매우 분명한 방법인 것처럼 보인다. 그러나 문자 그대로 평생에 걸쳐 종단 연구를 이끌어 나가는 것은 지극히 비현실적이다. 예를 들어 20대와 70대의 수행 차이를 보고자 한다면 그 결과를 얻기 위해서 50년이나 기다려야 하는데, 누구에게 그런 시간이 있겠는가.

따라서 횡단 연구가 실질적인 해결책인 것으로 보인다. 고전적 노화 곡선을 발표한 초기(1900년-1930년대)의 연구들은 대부분 횡단적 방법을 사용했다. 이들 연구에서는 지능 검사 원점수는 아동기 및 청소년기까지 계속 상승하다가 성인 초기에 정점을 이루고, 30세 정도부터는 지능 검사 점수가 하강한다고 주장했다(Rebok 1987; Thompson 1997). 그러나 이러한 횡단 연구의 편리함을 얻는 대신 다른 대가를 치러야 한다. 20대와 70대의 수행 차이를 보고자 횡단 연구를 한다고 가정해 보라. 같은 시점에 이 두 집단을 비교했더니 모든 검사에서 20대 집단이 유의하게 높은 수행을 보였다. 그러나 이러한 연구에서는 연령 집단 간의 차이가 발견되었다 하더라도 그 차이가 연령 자체의 차이 때문인지 아니면 그 연령 집단이 갖고 있는 교육 및 사회경제적 배경의 차이 때문인지를 구분하기가 어렵다. 지난 100여 년간 의학의 눈부신 발전이 있어 왔고, 생활 수준 또한 향상되었다. 그러므로 젊은이 집단이 노인 집단에 비해 좋은 수행을 보인 것은 그들이 더 젊기 때문이 아니라 더 건강하며 더 긴 기간 동안 보다 나은 교육을 받아 왔고 문화적으로 풍부한 세상에서 성장해 왔기 때문일 수 있다. 연령 그 자체의 차이가 아니라 세대 간의 상이한 배경과 성장 환경의 차이에서 지능 검사 점수의 차이가 기인하는 것을 코호트 효과(cohort effect)라 부른다.

이러한 코호트 효과를 보완하기 위한 몇 가지 방법이 있다. 연령 집단 간 구성원들을 교육 수준이나 사회경제적 수준으로 짝짓는 것이다. 즉 연령 집단 간 차이가 단지 연령에만 기인할 수 있도록 맞추는 방법이다. 그런데 다수의 사람들을 이런 식으로 짝짓는 것이 현실적으로 불가능한 경우가 많다. 또한 역사적·문화적 배경을 동일하게 짝짓는 것도 힘들다. 다른 방법으로는 젊은이 집단과 노인 집단을 비교하고 코호트 차이는 통계적으로 보정하는 방법이 있다. 예를 들면, 젊은이 집단과 노인 집단의 지능 검사 점수에 차이가 있는데, 두 집단의 정규 교육 수준 또한 차이가 있을 수 있다. 이 경우 지능 검사 점수의 차이는 연령의 차이 때문일 수도 있지만 교육 수준의 차이 때문일 수도 있다(이를 오염 변인이라 부른다). 오염 변인을 통계적으로 조정하는 방법은 다양하다. 예컨대 교육 수준의 차이로 설명되는 변량을 제거한 후에도 연령 차이로 인한 변량이 여전히 유의한지를 살펴보는 통계 기법을 통해 확인해 볼 수 있다. 이 절차에는 세 가지의 가능한 결과가 있을 수 있다. 즉, 결과에 차이가 없거나(교육 수준의 차이는 우연한 것으로 지능 검사 점수의 차이에 영향을 끼치지 않는다), 차이가 제거되거나(연령 집단의 차이가 우연한 것으로 지능 검사의 차이는 그저 교육 수준의 차이로 인한 것이었다), 그 차이가 여전히 유의하기는 해도 줄어들게 나타날 수 있다(교육 수준의 차이가 연령 집단의 지능 검사 점수 차이를 어느 정도 설명하기는 하지만 차이의 전체 변량을 설명하는 것은 아니다).

오염 변인을 이런 식으로 통제했을 경우 연령의 차이는 대체로 줄어들 뿐 제거되지는 않는다(Stuart-Hamilton 1999b 참조). 단기 횡단 연구에서 나타난 연령 집단의 차이는 대부분 불가피하게 코호트 효과의 영향이 들어간 것이라고 언급하는 것으로 마무리하고, 이에 대해서는 제7장에서 자세히 다루도록 하겠다. 통계적으로 코호트 효과를 제거하는 시도를 하는 것도 효과적이기는 하지만, 코호트 효과를 모두 다 측정하는 것이 불가능하기 때문에(역사적 시대의 차이를 어떻게 수량화할 것인가?) 모든 오염 변인을 제거하는 것은 실질적으로 불가능하다.

이러한 이유로 종단 연구를 통해 기다리는 것이 가치 있게 보이기도 한다. 왜냐하면 종단 연구는 코호트 효과의 여러 문제들을 해결할 수 있기 때문이다. 20세 때 검사하고 50년 후에 그들이 70세에 이르렀을 때 다시 검사해서 그 두 검사 점수를 비교한다고 가정해 보라. 종단 연구에서 연령 차이가 유의하게 나타났다면 두 집단은 동일한 대상자들로 구성되어 있기 때문에 그 차이는 젊은이 집단과 노인 집단의 성장 환경의 차이라고 할 수가 없다. 이 경우에 점수 차이는 단지 노화로 인한 차이인 것이다. 이렇게 장기간 종단 연구를 했을 때 최소한 중년기까지는 지능이 유지된다는 것이 확인되었고 통상 이보다 더 오랫동안 유지된다는 것이 보고되었다(Bayley 1968; Owens 1959; Purdue 1966; Schaie and Hertzog 1986). 따라서 이전 연구에서 발견되었던 연령 집단의 차이는 실은 코호트 효과였던 것으로 생각된다.

그러나 종단 연구라 해서 문제점이 없는 것은 아니다. 첫째, 연구되고 있는 특정 집단에 대한 정보만 얻을 수 있다. 예컨대 1920년대에 태어난 사람들을 대상으로 하는 연구 결과는 1940년대에 태어난 사람들과 다른 변화 형태를 보일 수 있다. 이 문제를 해결하는 한 방법으로 기본적인 종단 연구 설계를 개선하는 방법이 있다. 이는 중복 종단 연구(overlapping longitudinal study)라 불리기도 한다. 이 방법은 몇 개의 연령 집단을 대상으로 일정 간격을 두고 재검사를 하는 것이다. 간단한 예를 들면, (첫 번째) 검사 세션 1에서 50세, 57세, 64세, 71세의 연령 집단을 대상으로 검사를 하고 이들의 결과를 횡단 연구의 방식으로 비교한다. 일정 시간이 지난 후에(예를 들어 7년마다 한 번씩) 연구 참여자들은 재검사를 받는다. 따라서 50세였던 피험자는 두 번째 세션에서는 57세가 되고, 57세였던 피험자는 64세가 된다. 세션 2에서도 횡단 연구의 방식으로 연령 집단별 점수 비교를 하지만, 여기에 추가적으로 각 집단의 개인들도 종단적 방법으로 개인 내 비교를 한다(예를 들면, 세션 1에서 64세였던 당시의 검사 점수와 세션 2에서 71세인 검사 점수를 비교). 중복 종단 연구에는 이렇게 종단 연구와 횡단 연구를 단순히 합한 것 이상의 장점이 있다. [표 2.1]을 보고 가상의 연구를 생각해 보라. 표에서 볼 수 있듯 연구가 진행되면서 더 젊은 코호트는 연구 초기의 나이 든 코호트의 연령이 된다. 예를 들면 세션 4에서 코호트 1은 세션 1에서의 코호트 4의 연령이 된다. 이러한 정보를 알고 있으면 코호트 효과를 측정하고 통제할 수 있게 된다. 즉, 세션 4에서 코호트 1의 점수가 코호트 4의 점수보다 20% 더 높다고 가정해 보자. 이 경우 71세에서 92세로 나이 들어 가는 것이 20%의 기능 손실을 뜻하는 것일까? 아니면 코호트 효과에서 기인하는 것

[표 2.1] 중복 종단 연구을 설명하는 개념적 표

구분	세션 1	세션 2	세션 3	세션 4	세션 5
코호트 1	50세	57세	64세	71세	78세
코호트 2	57세	64세	71세	78세	85세
코호트 3	64세	71세	78세	85세	92세
코호트 4	71세	78세	85세	92세	99세

일까? 이 문제에 답하려면 세션 1에서의 코호트 4의 점수를 보면 된다. 즉, 세션 4에서 코호트 1과 같은 연령이었던 때를 보자. 71세였던 코호트 4의 점수가 92세였을 때에 비해서 5% 정도만 낮다고 가정하자. 그러면 노화에 따른 인지 기능 저하에 대한 두 가지 측정치를 갖고 있는 셈이 된다. 종단 연구에서는 5%의 변화가, 횡단 연구에서는 20%의 변화가 있음을 알고 있는 것이다. 이러한 정보를 알고 있다면 연령 집단의 점수 차이 중 얼마만큼이 노화 자체로 인한 변화인지, 그리고 얼마만큼이 코호트 차이로 인한 것인지를 구분할 수 있게 된다.

이러한 연구 설계를 적용하여 샤이와 동료들은 시애틀 종단적 노화 연구(Schaie 1983, 1994, 2005)를 하였다. 1956년에 20세와 70세 집단을 검사했고 그 이후로 7년 간격으로 재검사를 했다(즉 1963년, 1970년, 1977년 등). 주기적으로 새로운 참여자가 추가되었다. 주로 사용한 검사는 기초정신능력검사(Primary Mental Abilities test; PMA)였다. 이 검사는 지능이라는 공통적인 주제를 평가하면서 동시에 지능의 상이한 측면들을 제각기 평가하는 여러 개의 소검사들로 구성된 배터리 형태이다. PMA는 수(기본 계산 및 수 기술), 추론(논리적 추론), 공간(시공간 기술), 언어적 의미(의미론에 대한 지식), 그리고 언어 유창성(어떤 예시와 관련된 단어들을 산출해 내는 능력) 등 다섯 가지 능력을 측정한다. 그러나 앞서 언급한 예시와 비슷한 방식으로 비교해 보았을 때 샤이는 연령 차이가 부분적으로는 코호트 효과 때문임을 보여 주었다. 예를 들면 1970년의 60세 집단은 2000년에 검사한 60세 집단보다 유의하게 더 낮은 점수를 보여 주었다. 그러나 유의한 저하가 60대 중반에는 명확하게 나타난다. 이는 '노년기'가 60대에 시작한다는 사회적 연령 개념(제1장 참조)과도 경험적으로 일치한다.

그렇다고 해서 종단 연구, 혹은 중복 종단 연구 설계가 노화로 인한 지적 변화를 정확하게 측정할 수 있다는 것을 의미하지는 않는다. 매우 단순한 사실이 있는데, 종단 연구에서는 중도 탈락자가 많다는 것이다. 어떤 경우에는 지리적으로 멀리 이사를 갔기 때문일 수 있다. 이보다 더 심각한 문제는 연구에 참여 동기가 저하되어 중도 탈락한 경우에 발생한다. 연구자가 아무리 설명하더라도 대부분의 참여자들은 심리 검사를 일종의 경쟁으로 생각하고, 지능 검사 수행 정도가 나빠지고 있다고 여기는 참여자들의 경우 재검사에 임하고 싶어 하지 않는 마음이 더 클 수 있다. 종단 연구가 진행되면서 '저하되고 있는' 참여자들은 탈락하고 '잘 기능하는' 참여자들은 남아 있게 된다(중도 탈락 효과: drop-out effect). 예컨대 리겔과 리겔(Riegel and Riegel 1972)은 종단 연구에서 재검사를 거절한 사람들이 그렇지 않은 사람들보다 유의하게 낮은 점수를 보였다고 보고했으며, 시에글러와 보트위닉(Siegler and Botwinick 1979)도 같은 결과를 발표했다. 노인 연구 참여자들 사이에서 중도탈락효과는 상당히 크다. 솔트하우스(Salthouse 2010: 173)는 종단 연구에서 보이는 탈락률이 26%에서 92%까지 매우 다양하다는 것을 발견했다. 싱어 등(Singer et al. 2003b)에 따르면 베를린 종단적 노화 연구와 같은 연구에 여러 해 동안 참석한 사람들만을 대상으로 종적 결과와 횡적 결과를 비교했을 때는 그 결과가 비슷했다. 그러나 탈락자도 모두 포함해서 분석했을 때는 종적 결과보다 횡적 결과에서 연령 변화가 유의하게 더 크게 나타났다. 이러한 결과는 종단 연구에서 노화로 인한 인지 능력의 변화를 과소평가할 가능성이 있음을 의미한다.

이 문제는 또 연습 효과(practice effect)로 인해 더 복잡해진다. 연습 효과란 종단 연구에 계속 참여하는 대상자들의 경우 검사 수행이 유의하게 좋아지는 것을 말한다(Salthouse 1992b). 이는 연구 참여자들이 이전 검사 시에 했던 답을 기억해서 그런 것이 아니다(재검사를 위한 방문 횟수별로 난이도와 검사 형태는 동일하지만 구체적인 질문 문항은 상이하게 개발된 다른 버전의 검사 도구를 사용한다). 그보다는 참여자들이 점점 검사 상황에 익숙해지기 때문이다. 즉, 검사 절차에 대해 보다 편안해지고 심리 검사가 행해지는 방식에 대한 인식이 점점 증가해서 수행도 더 나아진다. 이런 문제들 때문에 종단 연구의 단점은 노화의 영향을 과소평가하게 된다는 것이다(반면 횡단 연구는 노화의 영향을 과장하는 경향이 있다). 예컨대 래빗 등(Rabbitt et al. 2004)은 노인에 대한 17년간의 종단 연구에서 연습 효과 때문에 저하율이 유의하게 억제됨을 보고했다. 연습 효과는 검사 간격이 7년이었을 때에도 관찰되었다. 이와 유사하게 페러 등(Ferrer et al. 2004)은 연습 효과 때문에 종단적 변화가 과소평가됨을 확인하였다. 게다가 어떤 검사는 다른 검사에 비해 연습 효과가 더 강하게 나타나기도 한다(페러 등의 연구에서는 반응 속도를 평가하는 검사보다 기억 관련 검사에서 더 큰 연습 효과가 나타났다). 연습 효과가 모든 형태의 검사에 대해 동일하게 작용하는 것이 아니기 때문에 결과를 해석하는 데 있어 더욱 주의를 기울여야 한다.

이러한 점들을 염두에 두고 주요 종단 연구들(시애틀 종단적 노화 연구, 듀크 종단 연구, 베를린 종단적 노화 연구 등)을 살펴본 페르하에헌(Verhaeghen 2011)은 성인기 전반에 걸쳐 저하되는 인지 능력이 있다는 것을 발견했다. 75세 정도까지는 연령 집단 변화가 관찰되었는데, 웩슬러 성인 지능 검사로 측정한 평균 점수가 젊은이 평균보다 약 1표준편차 정도 더 낮았다(Miller et al. 2009). 고전적 노화 곡선의 형태를 살펴보면, 10대 후반에서 20대 초반에 최고조에 이른 후 매우 짧은 안정기를 가지고 20대 후반이면 쇠퇴가 시작된다(Salthouse 2009). 이는 고전적 노화 곡선에 대한 초창기 연구가 틀린 것은 아님을 의미한다. 또한 쇠퇴가 되는 특별한 시기가 있는 것이 아니라 성인기 전반에 걸쳐 우리의 지적 능력이 저하되고 있음을 의미하는 것이기도 하다.

그러나 평생에 걸쳐 지능 검사 원점수가 저하된다고 해서 그것이 자동적으로 음울한 소식이 되는 것은 아니다. 물론 저하되는 것을 부정할 수는 없지만, 보다 복잡한 통계 분석을 토대로 한 새로운 연구 결과들이 계속해서 나오고 있다. 단순하고 보다 직접적인 분석을 이용해서 노년기 인지 저하를 지적해내기란 쉽지 않다. 일부 학자들은 통계적 기법 때문에 실제 인지 변화보다 결과가 더 과장되어 나올 가능성이 있다고 보기도 한다. 다음 단락에서 살펴보겠지만, 솔트하우스 등의 연구자들은 지적 능력(특히 유동성 지능)의 쇠퇴가 평생에 걸쳐 상당히 진행된다고 강하게 주장하였다. 매우 인상적인 주장이지만, 이 결과는 실험실에서 지필식으로 검사한 연구를 토대로 한 것이다. 만약 실생활에서도 노인들이 그렇다고 한다면, 심각한 지적 장애가 있는 젊은이와 비슷하게 수행을 하게 될 것이다. 그러나 분명히 이는 사실이 아니다. 종단 연구에 대한 원래의 해석, 즉 노년기에 일정 부분 인지적 쇠퇴가 오지만 대체적으로는 보존된다는 것이 실생활 경험과 훨씬 더 일치한다.

여기서 주의해야 할 점이 있다. 첫째, 이러한 인지적 쇠퇴는 집단 평균치를 토대로 나타난 것으로 모든 개인이 동일한 패턴을 따르는 것은 아니다(Verhaeghen 2011). 게다가 그러한 쇠퇴는 지능을 측정하는 일부 영역에서만 관찰된다(유동성 지능과 결정성 지능에 관한 다음 절을 참조하라). 두 번째 주의점은 더 자세히 설명해야 한다. 지금까지 논의해 온 노화에 따라 변화하는 것은 지능 검사의 원점수(raw score)를 말한다. 원점수는 간단히 말하면 정답의 수이다. 지능 지수(IQ)는 연령에 따라 변하는 것이 아니다. IQ는 원점수를 연령층 전체가 아니라 자신이 속한 특정 연령 집단과 비교해서 얼마나 지적인가를 계산한 측정치로 환산해서 계산한다. 일반적으로 일생에 걸쳐 동일 연령 집단과 비교했을 때 거의 비슷한 수준의 IQ에 머무른다. 예컨대 성인 초기에 보통 수준의 IQ를 가지고 있다면 생애 마지막의 노년기에도 보통 수준의 IQ를 갖게 될 것이다. 이는 디어리 등(Deary et al. 2000)의 연구를 비롯해 많은 연구에서 밝혀진 사실이다. 1931년 스코틀랜드에 사는 10세의 초등학생들(1921년생)이 지능 검사를 받았다. 우연히도 이들 중 일부가 1990년대에 다른 의학 연구에서 지능 검사를 받게 되었다. 1931년의 검사 결과와 비교해 보았을 때 극히 소수의 경우(한 사례는 치매 발병으로 인한 것으로 추정된다)를 제외하고는 IQ가 거의 동일하게 유지되었다. 나이가 들어가더라도 IQ 자체는 변하지 않았지만 지능 검사 원점수는 변하였다. 유년기 동안 원점수는 점진적으로 증가하였고 10대 후반에 이르러서 정점에 다다랐으며 그 이후로 점차적으로 저하되었다. 같은 맥락에서 특정 IQ 수준으로 분류되기 위해서는 연령에 따라 원점수가 달라야 한다. 예를 들어, 보통 수준의 IQ로 분류되려면 나이 든 사람보다 젊은 사람은 더 높은 원점수를 받아야 한다. 연구자들이 IQ를 단지 지능의 축약어로 보는 경향이 있기 때문에 이러한 점은 명심해야 한다. 그러나 IQ는 '상대적으로' 안정적으로 유지되는 것이지 여기에도 여전히 변산이 존재한다. 아동기와 노년기 사이의 IQ 상관 계수는 0.7 정도이다(Deary et al. 2004a). 이는 분명 상관관계가 확실히 있다는 말도 되지만, 여전히 설명되지 않는 변량이 있음을 의미하기도 한다. 그럼에도 불구하고 IQ가 일생에 걸쳐 거의 비슷하게 유지된다는 사실은 지적 변화가 어느 정도 안정적임을 뜻하는 것이다. 그런데 연구자들이 종종 이 점을 간과하기도 한다.

지능 변화를 측정하는 것은 이렇게 문제가 많다. 지능 변화를 측정할 수 있는 실질적으로 완벽한 방법은 없다. 횡단 연구는 코호트 효과를 피할 수 없고, 종단 연구는 중도 탈락과 연습 효과가 생기기 쉽다. 정교하게 통제된 종단 연구가 횡단 연구보다 선호된다 할지라도, 종단 연구는 비용이 많이 들고 결과를 얻기 위해서는 수년의 시간이 필요하다는 현실적인 문제가 있기 때문에 많이 이루어지지 않는다. 지난 수십 년 동안 여러 개의 종단 연구가 시행되어 왔지만 상대적으로 여전히 드물고, 일반적인 연구 방법이 되기에는 한계가 있다. 다음 절에서는 두 가지 지능의 상대적 변화에 관해 살펴볼 것이다.

유동성 지능과 결정성 지능

지능에 대한 노화의 영향을 설명해 보라고 한다면, 대부분의 사람들은 전형적인 노인은 지식은 더 많이 갖고 있지만 생각하는 속도는 느릴 것이라 할 것이다. 간단히 말해서 나이가 들면 위트는 감소하는 대신 지혜는 증가할 것이라 흔히 생각되고 있다. 버그와 스턴버그(Berg and Sternberg 1992)의 연구에서는 각 연령대에서 매우 지적인 사람을 묘사해 보라고 하면 사람들은 젊은 층에서는 '새로운 것을 다루는 능력'을, 노년층에서는 '스트레스를 견디는 능력'을 중점적으로 고려한다는 사실이 밝혀졌다. 이러한 결과는 노년층에 비해 젊은 층의 사람들은 '지혜'를 인생 후반부와 연결 짓는 경향성이 더 강함을 반영한다(Clayton and Birren 1980). 태도에 관한 연구가 갖는 한 가지 문제점은 판단을 내릴 때 사용하는 정신적 모형(mental model)이 모든 사람들이 같은지를 판단하기가 어려울 때가 있다는 점이다(예를 들면, 가상의 매우 지적인 젊은이가 나이 들면 '매우 지적인' 노인이 될 것인가?). 노화와 지능에 관한 일반적인 개념은 예술에 관한 연구에서 더 잘 찾아볼 수 있다. 화가나 조각가들은 생각에 잠긴 것처럼 보이는 건강한 노인이 현실 세계에 있든 영적인 세계에 있든 지혜의 표상임을 받아들이도록 조건화된 사람들이다. 서구 문화에서 자란 사람이라면 누구나 철학자나 성인, 심지어는 신마저도 노인의 모습(길고 흰 턱수염이 있을 수도 있다)으로 상상할 것이다. 역설적이게도 노인들은 또한 생각이 느리고 위트가 부족한 사람으로 그려지기도 한다. 몸과 마음이 비틀거리는 노인은 영국의 시인 초서(Chaucer)에서부터 TV 시트콤에 이르기까지 종종 웃음거리의 표적이 된다. 셰익스피어의 희곡 「헛소동(Much Ado About Nothing)」에 나오는 도그베리의 유명한 격언인 "나이가 들면 위트는 빠져나간다(when the age is in, the wit is out)."는 오래전부터 내려온 노인 차별적 유머를 단적으로 보여 준다. 이러한 상반된 관점은 듀이가 제시한 노화의 모순에 잘 담겨져 있는데, 그는 "우리는 성숙해 가는 것은 격찬하면서도 나이 드는 것은 멸시하는 불유쾌하고 비논리적인 상태에 있다."(Dewey 1939: iv)라고 말한다. 그러나 널리 알려진 의견이 반드시 과학적인 사실과 동일하지는 않다. 지능의 상이한 측면들이 다르게 보존된다는 증거가 있을까?

지금까지는 지능을 주로 지적 능력에 대한 일종의 전체적 측정치로 생각해 왔다. 이를 일반 지능(general intelligence)의 'g'로 부른다. 그러나 심리학자들은 오랫동안 g는 지적 활동의 서로 다른 유형들을 맡고 있는 일련의 하위 기술들의 합이라고 주장해 왔다(더 자세한 사항은 부록 II를 참조하라). 가장 흔한 분류는 새로운 문제를 해결하는 능력인 유동성 지능(fluid intelligence)과 이미 존재하는 지식에 대한 것인 결정성 지능(crystallised intelligence)으로 나누는 것이다. 이는 일반적으로 각각 위트와 지혜로 설명될 수 있다. 일반적으로 유동성 지능은 연령에 따라 저하되지만 결정성 지능은 증가하거나 안정적으로 유지된다고 본다. 이는 자주 인용되는 혼과 캐텔(Horn and Cattell 1967)의 연구에서 주장되고 있는데, 유동성 지능 점수는 젊은이 집단과 노인 집단 간 차이가 유의했지만 결정성 지능은 그러한 차이가 없었다. 샤이의 시애틀 자료를 보면 PMA의 구성 요소들 중 결정성 기술은 상대적으로 노화에 따른 영향을 받지 않지만 유동성 기술은 약 60대 중반부터 저하된다. 뒤이은 연구들에서도 대부분 샤이의 결과를 지지했다. 예컨대 커닝엄 등(Cunningham et al. 1975)은 유동성 지능 검사(Raven's Progressive Matrices)에서 젊은이들이 노인들보다 유의하게 더 높은 점수를 얻은 반면 어휘 검사와 같은 결정성 지능 검사에서는 연령의 차이가 유의하지 않았음을 발견했다. 헤이슬립과 스턴스(Hayslip and Sterns 1979)도 동일한 결과를 보고했다. 래빗 등(Rabbitt et al. 2004)의 종단 연구에서도 유동성 지능은 저하되었지만 어휘력을 평가하는 결정성 지능에서는 유의한 저하가 발견되지 않았다. 싱어 등(Singer et al. 2003b)도 90대까지를 추적연구한 후 비슷한 결과를 보고했다. 다른 종단 연구에서도 결정성 지능은 유지되거나 더 높아지는 경우도 있는 반면 유동성 지능은 저하됨을 발견했다(Salthouse 2009; Verhaeghen 2011). 게다가 이러한 두 유형의 지능 변화는 단순히 노화 자체의 영향뿐 아니라 다른 영향도 쉽게 받았다. 블르랙 등(Blelak et al. 2010)은 64-92세의 노인 집단을 대상으로 3년에 걸쳐 네 번의 검사를 하였다. 재검사를 시행할 때마다 동일한 점수를 얻는 경우는 드물었다. 개인 내 점수 패턴을 살펴본 결과, 유동성 지능 검사 점수가 결정성 지능 검사 점수보다 유의하게 더 변동이 많다는 것을 발견했다. 이러한 변산은 인지 수행 점수가 낮을수록 더 증가했다.

노화로 인한 유동성 지능 검사 점수 변화가 매우 크다는 점은 상당히 중요하다. 솔트하우스(Salthouse 2009)는 오염 변인의 설명량을 제외하고서도 60세 미만 성인은 매년 0.02에서 0.03표준편차 정도 저하된다고 추정했다. 표준편차는 정상 분포에서의 변산을 나타내는 것이다. 정상 분포는 종 모양의 분포로, 일상생활의 많은 자료들이 정상 분포를 가진다. 지능 검사 또한 대체로 정상 분포를 가진다. 자료가 정상 분포를 이루고, 평균과 표준편차를 알고 있다면, 특정 범위의 점수가 표본의 어느 정도 백분위에 해당하는지를 계산할 수 있다. 예를 들어 표준편차 ±2를 범위로 한 점수는 전체 분포의 대략 95%를 차지한다는 것을 알게 된다. 평균에서 2표준편차 떨어지는 것은 흔한 일이 아니기 때문에 심리학에서는 정상에서 벗어난 무언가라 보기도 한다. 예를 들어, 많은 교육심리학자들은 2표준편차 아래 점수를 받는 이는 학업에 심각한 문제가 있다고 보고 특수교육이 필요하다거나 지적인 장애가 있다고 보기도 한다.

따라서 노인심리학 분야의 연구자들이 표준편차 차원에서 수행 저하를 언급하게 되면 몇 가지 흥미로운 의문점들이 생기게 된다. 솔트하우스(Salthouse 1992a)의 예전 연구에서 이 점이 나타났다. 솔트하우스는 유동성 지능 검사에 대한 수행을 살펴본 여러 연구들을 리뷰하고 노인 참여자들의 점수를 표로 다시 작성해 보았다. 그 결과 젊은이 평균 점수의 1.75표준편차 아래 점수가 노인의 평균치인 것으로 나타났다. 이는 매우 큰 차이이다. 아동이나 10대 청소년이 연령 규준 평균치의 2표준편차 아래 점수를 받았다면 보충교육을 받아야 할 것으로 고려된다. 보통의 노인들이 만약 몇십 년 더 젊었다면 그들은 특수교육을 받아야 할 정도인 것이다. 이러한 관점은 상당히 중요함에도 불구하고 놀랍게도 그동안 거의 논의되지 않았다. 이 점에 대해서는 제7장에서 자세히 논의할 것이다. 그러나 여기서 짚고 넘어갈 중요한 점 두 가지가 있다. 첫째, 솔트하우스의 연구는 횡단 연구이므로 연령 차이는 부분적으로 코호트 효과 때문일 수 있다. 둘째, 동일한 검사 도구를 가지고 연구한 것일지라도 연구에 따라 그 결과가 다양하다. 예를 들어 PMA의 경우, 연구자에 따라서 -1.62 표준편차에서 -5.19표준편차까지 다른 결과를 보고했다. 그러므로 이러한 결과들은 주의해서 해석해야 한다.

코호트 효과는 연령 차이에 대한 단기 횡단적 측정치 결과를 과장하는 경향이 있다. 스토란트(Storandt 1976)는 웩슬러 성인 지능 검사(Wechsler Adult Intelligence Scale; WAIS)로 지능 검사를 했는데, WAIS 소검사 중 바꿔 쓰기 검사를 사용하였다. 이 검사는 숫자와 기호를 이미 정해져 있는 코드에 따라 짝짓는 것이다(정사각형을 보면 그 밑에 2를, 삼각형은 3을, 직사각형은 4를 쓰는 등). 90초 시간 제한 동안 가능한 한 많은 숫자를 기호로 바꿔 써야 한다. 이러한 과제는 지각적 처리 과정을 평가하는 유용한 도구이며 노화에 따른 저하가 있다. 그러나 저하의 절대적 크기를 심리적 변화 자체로 여겨도 될지에 대해서는 여전히 의문의 여지가 있다. 이 검사가 코딩 시스템을 기억하고 사용하는 능력을 평가하는 것은 분명하다. 그러나 시간 제한이 있기 때문에 빠르게 쓰기도 요구된다. 노인들은 신체적 문제(관절염이나 류머티즘, 근육과 관절의 약화 등) 때문에 일반적으로 글쓰기 속도가 더 느리다. 따라서 이 과제에서 상대적으로 나쁜 수행을 하게 되는 것은 심리적 처리가 느려서가 아니라 재빠르게 쓰지 못하기 때문일 수 있다. 노인들이 글쓰기 속도 때문에 얼마나 느려지는지를 알아보기 위해 스토란트는 90초 안에 얼마나 많은 기호를 쓸 수 있는지 측정했고, 이것을 쓰기 속도의 지수로 여겼다. 이 결과를 기호 쓰기 검사 점수와 비교한 결과 연령 차이의 절반 정도가 쓰기 속도 때문임이 드러났다. 이는 노인의 신체 상태 저하로 인해 지적 기능의 차이가 실제보다 더 과장되었을 가능성을 보여 주는 것이다. 그러나 지적인 차이 자체는 여전히 존재한다. 실제로 유동성 지능 검사를 시간 제한 없이 수행하도록 하거나(Storandt 1977) 시력 문제를 극복할 수 있을 만큼

프린트 크기를 확대시켜도(Storandt and Futterman 1982) 노인들의 수행은 여전히 젊은이 집단보다 유의하게 저하되었다.

더 혼란스러운 것은 결정성 지능 검사의 수행도 처음에 생각했던 것만큼 나이가 들어도 그대로 유지되는 것은 아니라는 것이다. 예를 들면 코레(미출판, Rabbitt 1984에서 인용)는 노인의 경우 결정성 지능 검사 문항(Mill Hill 어휘 검사)에 대한 반응 시간이 유의하게 더 길다는 것을 발견했다. 검사에 시간 제한이 생기면 노인들의 수행은 젊은이들보다 유의하게 더 저하된다. 따라서 어느 정도는 결정성 지능 검사 시 시간 제한이 없었기 때문에 연령 차이가 없었던 것으로 보인다. 보트위닉과 스토란트(Botwinick and Storandt 1974)는 WAIS 어휘 소검사의 수행점수에는 연령 차이가 없었지만 노인의 대답이 덜 정확함을 발견했다. 그러나 이러한 차이는 채점 기준상에서는 탐지되지 못했다. 다른 결정성 지능 검사를 사용한 연구자들은 채점 기준을 바꾸지 않고도 연령에 따른 수행 저하를 보고했다(Kaufman and Horn 1996). 젊은이 집단의 경우 결정성 지능이 유동성 지능보다 지식과의 상관이 더 좋았다(Beier and Ackerman 2001). 그러나 기슬레타와 린덴베르거(Ghisletta and Lindenberger 2003)는 70-103세의 노인들이 보이는 지식 수준의 변화는 유동성 지능 때문임을 보고했다(동일한 집단이 종단 연구에서는 90대에서 지식 수준이 저하되었다. Singer et al. 2003b 참조). 그러므로 결정성 지능이 초창기에 생각해 왔던 것처럼 연령에 따라서도 계속 유지되는 것만은 아닌 것 같다.

나이 들어 감에 따라 결정성 지능이 저하된다는 것에 대한 다른 예들이 있다. 미챔(Meacham 1990)은 "지혜의 핵심은 무엇을 알고 있는가가 아니라 지식을 어떻게 사용하느냐이다."라고 말했다. 이 말은 저장된 정보를 그대로 사용하는 것을 넘어서 일정 형식의 해석을 하기 때문에 저하되는 것이 최소화됨을 의미한다. 그러나 결정성 기술이 반드시 유동성 지능으로 변한다고 자동적으로 결론 내릴 수 있는 것은 아니다. 이 두 가지 지능이 다소 다른 방식으로 작동한다는 여러 증거들이 있다. 혼(Horn)과 캐텔(Cattell)은 유동성 지능 검사가 원래 신체적 조건과 보다 강한 상관이 있다고 말했다(예: 폐기능. Emery et al. 1998). 결정성 기술은 유동성 기술보다 저하되는 정도가 훨씬 덜 심각하고(Lindenberger and Baltes 1997 참조), 결정성 지능 검사 점수들 간의 종단적 변화는 유동성 지능 검사들의 종단적 변화보다 덜한 경향이 있다(Christensen et al. 1999). 게다가 적어도 치매의 초기에는 유동성 기술은 이미 손상되지만 결정성 기술은 보존된다(Carswell et al. 1997; Raguet et al. 1996). 결정성 지능이 노화의 영향을 아예 안 받는다고 할 수는 없지만 유동성 지능보다는 노화에 대한 저항력이 더 크다고 할 수 있다.

여기서 주의할 점이 있다. 연구들에서 측정된 저하의 정도는 각기 다를 수 있다. 이는 연구자들이 뇌를 직접 열어 볼 수 없기 때문에 행동으로부터 유추하게 된다. 따라서 측정 오차가 불가피하게 포함될 수밖에 없는 것으로, 심리학 연구에서는 흔한 일이다. 그러나 측정 오류를 허용하게 되면 뜻하지 않는 실수를 하게 된다. 예컨대 때로는 젊은 층과 노인층의 검사 점수 차이가 부분적으로 코호트 효과 때문이므로 실제 차이는 검사 점수보다 더 적을 것이라고 가정하게 된다. 가령 젊은이 집단과 노인 집단의 점수 차이가 20점이고 이 중 절반 정도는 코호트 효과 때문이라고 한다면 진짜 차이는 10점 정도일 것이라 생각하게 된다. 그러나 이것은 틀린 생각이다. 실제 차이는 여전히 20점인 것이다. 코호트 효과에 대해 논의할 때와 비슷하게 논점은 차이의 원인이지 차이의 존재 자체가 아니다. 스튜어트-해밀턴(Stuart-Hamilton 2003)도 말했지만, 이는 마치 강도를 당한 상황과 같다. 강도는 무장하고 있든 선한 사람처럼 있든 아무 차이가 없다. 희생자는 실제 원인이 무엇이건 간에 같은 수준의 고통을 느낄 것이다. 이와 비슷하게 젊은이와 노인의 차이의 크기는 그 원인이 무엇이든 간에 동일하다. 그러나 이러한 결과가 실생활과 얼마나 관련이 있을지는 미지수이다.

지능 변화의 다양성

결정성-유동성 지능 구분은 다양한 지적 기술이 모두 비슷한 방식으로 쇠퇴하지 않고 각 기술들 간에 차이가 존재함을 보여 준다. 일반적으로 보다 안정적인 기술일수록 결정성 지능에 의존하고, 그렇지 않을수록 쇠퇴하게 된다. 샤이(Schaie 2005)는 지능을 여섯 가지 하위 기술들로 분류했다. 귀납적 추론(새로 접한 자료를 보고 그것의 규칙을 찾아낼 수 있는 능력), 공간적 추론, 지각적 속도(불빛과 같은 단순 자극에 반응하는 속도), 수리 능력, 언어적 능력, 그리고 언어적 기억(단어를 기억하는 능력)이 그것이다. 언어적 능력은 나이 증가에 따른 저하가 거의 없다. 언어적 능력 과제는 대체로 결정성 지능을 평가할 때 사용되는 것이기 때문에 크게 놀랄 일이 아니다. 그러나 다른 인지 과제들에 대해서는 대체로 나이가 들어 갈수록 저하된다(예: Jenkins et al. 2000; Verhaeghen et al. 2002; Verhaeghen 2011 참조).

이러한 결과들은 나이 들어 가는 대상자들을 '집단'으로 접근했을 때 나타나는 일이다. 그러나 개인적 수준에서는 변화의 패턴이 매우 다를 수 있다. 어느 누구도 정확히 똑같은 방식으로 나이 들어 가지 않는다. 너무 자세한 수준으로 들어가는 것은 뻔한 결과이기 때문에 별 의미가 없다(누구나 자세히 들여다보면 독특하다). 넓은 수준에서 보면 과장된 것임은 분명하다. 그러나 여기서 조금만 어조를 낮춰 주장하면, 즉 사람들이 나이 들어 가는 방식이 매우 다양하다고 말하면 훨씬 나아진다. 집단의 평균 점수가 개별 사람들의 행동을 반드시 대표하는 것은 아니다. 이에 대한 적절한 예로 '2.4명의 아이들'을 들 수 있다. 몇 년 전에 한 가구당 자녀의 수가 2.4명이라는 발표가 있었다. 말 그대로 받아들이면, 한 가구당 2명의 온전한 아이들과 60%의 몸은 없는 아이가 있다는 말인가? 물론 이는 넌센스이기는 하지만 평균이라는 것이 얼마나 실생활과 동떨어져 있을 수 있는지를 보여 주는 것이다. 이와 비슷하게, 여러 해에 걸친 인지 기능 평균 점수의 저하가 그 집단 내의 사람들이 모두 동일한 방식으로 저하된다는 것을 의미하는 것은 아니다. 집단 평균은 그 집단 내의 구성원이 어떻게 수행했는지에 대한 신뢰할 수 있는 정보는 주지 못한다.

집단 평균 때문에 개인차 변인이 숨겨지게 된다는 것을 밝힌 연구들이 있다. 래빗(Rabbitt 1984)은 50-79세의 600명의 사람들을 50대, 60대, 70대의 연령 집단으로 나누고 유동성 지능 및 결정성 지능 검사를 실시하였다. 결정성 지능에서는 집단 차이가 없었지만 유동성 지능 측정치들은 연령이 증가할수록 유의하게 저하되는 결과를 보였다. 이러한 결과는 노인 집단에 속한 모든 사람이 점점 수행이 떨어지는 것으로 추측하게 한다. 그러나 사실은 그렇지 않다. 대부분의 사람들은 연령이 증가하면서 점수가 저하되었지만 모두 그런 것은 아니었다. 래빗은 각 연령 집단의 최고 점수와 최저 점수가 유사하다는 점을 발견했다. 노인 집단의 점수가 증가하는 경향도 있었다. 래빗은 노인의 10-15%는 젊었을 적 지능 수준을 보유하고 있다고 추정했다. 몇 년 후 솔트하우스의 리뷰에서는 이보다 더 적은 비율의 노인들이 기능 유지가 잘되고 있음을 보고했다. 그 비율이 얼마나 되는지 정확히 추정하는 것은 차치하더라도, 중요한 것은 유동성 지능의 저하가 모든 사람에게 불가피한 것은 아니라는 점이다. 후속 연구들(Rabbitt 1993; Barton et al. 1975)에서는 반응 시간이나 기억력과 같은 다양한 인지적 측정치들에서 젊은이들보다 노인들에게서 더 큰 개인차가 있음이 밝혀졌다. 래빗 등(Rabbitt et al. 2004)의 종단 연구에서는 연령이 증가할수록 참여자들의 개인차가 더 커진다는 점이 보고됐다. 모스(Morse 1993)의 문헌 리뷰 결과에서도 인생 후반부에서의 개인차가 더 커짐을 보고했다. 이러한 결과들은 노인의 경우 수행 정도가 젊은이에 비해서 그 차이가 크다는 것을 의미하며, 이런 맥락에서 보면 '전형적인' 젊은이에 대해서 이야기하는 것보다 '전형적인' 노인에 대해 이야기하는 것이 더 어렵다고 할 수 있다. 검사 세션 간의 개인 내 변화도 있을 수 있다. 예를 들면 네셀로드와 솔트하우스(Nesselroade and Salthouse 2004)는 지각-운동 수행에 관련된 연구에서 세션 간 변화 양이 개인 간 변화 양의 25-50%를 차지하며 이는 12세부터 27세까지를 횡단 비교해 봤을 때 유사하게 나타난다고 보고하였다. 이러한 변화의 정도는 과제에 따라 다양할 것이다.

게다가 특정 유동성 기술은 다른 것보다 잘 보존되는 경향이 있다. 전반적으로 시공간적 과제는 언어적 기술에 비해 더 빨리 저하된다(Jenkins et al. 2000; Verhaeghen et al. 2002). 그럼에도 불구하고 보존되는 패턴은 개인에 따라 또 다르다. 윌슨 등(Wilson et al. 2002)의 6년 종단 연구에서는 노인 집단을 해마다 검사하였다. 저하되는 패턴이 개인별로 매우 다르다는 것을 발견했다. 어떤 기술은 다른 것과 함께 저하되기도 했지만 반드시 그런 것은 아니었고 연구 시작 시의 수행 수준이 저하율을 잘 예측하는 것도 아니었다.

또 다른 측면으로, 탈분화(dedifferentiation) 혹은 재통합(reintegration)이 있다. 기본적으로 이 문제는 직설적이다. 지능에 대한 초기 연구자들은 아동기에는 모든 지적 하위 기술들이 서로 강하게 연관되어 있다고 주장했다(Garrett

1946). 한 아동이 시공간 과제를 얼마나 잘하는지 알고 있다면 다른 인지 과제에서도 그와 비슷한 방식으로 수행할 것이라고 충분히 예측할 수 있다. 그러나 아동이 성인으로 성장해 감에 따라 하위 기술들 간의 관련성이 점점 줄어든다. 앞의 예에서 나온 그 아동이 성인이 되어 다시 시공간 과제를 수행했다고 해 보자. 그 점수로 다른 인지 과제에서 어떻게 수행할지를 예측하는 것은 힘들다. 이것이 탈분화 가정의 본질이다. 즉, 아동기에서 초기 성인기로 발달해 갈수록 지적 하위 기술들 간의 상호 관련성이 점점 줄어든다는 것이다. 그러나 다른 연구자들은 노년기에는 이러한 현상이 뒤바뀐다고 주장했다(Balinsky 1941; Lienert and Crott 1964). 이들에 따르면 하위 인지 기술들 간의 상호 관련성이 점점 더 증가하게 되는데, 이 과정이 재통합으로 불린다.

그렇다면 이러한 탈분화 현상이 정말 존재하는 것일까? 이를 주장하거나 반박하는 연구들이 많이 있다. 디어리 등(Deary et al. 2004a)은 1932년과 1947년에 실시한 스코틀랜드 정신 조사의 학령기 아동에 대한 종단 연구에서 탈분화의 증거를 찾았다. 기슬레타와 린덴베르거(Ghisletta and Lindenberger 2004) 또한 베를린 노화 연구와 스위스 종단 연구의 자료 분석을 통해 탈분화 현상이 있음을 밝혔고, 프리아스 등(Frias et al. 2007)도 역시 같은 결과를 보고했다. 횡단 연구에서도 카프 등(Carp et al. 2010)은 노인 집단의 신경적 활동에서 탈분화 증거를 발견했고, 다른 연구팀도 비슷한 결과를 보고했다(Park et al. 2010). 반면 해일 등(Hale et al. 2011)은 작업 기억 기술에 대한 횡단 연구에서 탈분화의 증거를 찾지 못했고, 심스 등(Sims et al. 2009) 또한 그러한 증거를 찾지 못했다. 흥미롭게도 심스 등의 연구는 미국의 흑인을 대상으로 했던 흔치 않은 연구였는데, 인종 차이에 관한 것은 아직 밝혀지지 않았다. 터커-드롭(Tucker-Drob 2009) 및 터커-드롭과 솔트하우스(Tucker-Drob and Salthouse 2008)는 통계분석법을 다양하게 적용해 본 결과 탈분화를 지지할 만한 증거가 없음을 발견했다. 이 분야의 연구 결과는 여전히 가변적이다. 연구에서 사용한 구체적인 인지 과제나 연구 대상자, 그리고 분석 방법에 따라서 탈분화 현상이 관찰되기도 하고 안 되기도 한다. 이 모든 것을 설명할 수 있는 유용한 모형이 있다면 심리학적인 노화 현상에 대한 더 큰 통찰을 얻을 수 있겠지만, 이와 관련해서는 연구가 더 필요하다.

지혜

나이가 들면 위트는 줄어들고 지혜는 증가한다는 편견은 앞서도 언급한 바 있다. 결정성 지능을 지혜와 혼동하지 않는 것 또한 중요하다. 본 저자를 포함해서 여러 연구자들이 두 용어를 함께 써 오곤 했다. 지혜란 '세상에 대한 지식'을 뜻하기 때문에 이렇게 사용하는 일이 꼭 부적절한 것만은 아니다. 그러나 일부 학자들은 용어를 보다 구체적인 방식으로 사용하는 것을 선호한다. 불행히도 지혜에 대한 정의들이 다 일치하지는 않는데, 연구자마다 그 용어의 특정 측면에 주목하기 때문인 것 같다. 어떤 경우에는 지혜를 심리측정적 파라미터를 가지고 정의하려 한다. 예컨대 스턴버그(Sternberg 1996, 1998)는 지혜를 다양한 지적 특성들과 상관시켜 보려고 했다. 반대로 정신분석적 접근에서는 개인적인 갈등과 해결을 경험하는 일대기와 연결시키려 했다(Shea 1995 참조). 또한 성공의 다양한 수준과 일치하는 질문지와 인터뷰를 토대로 지혜를 정의하기도 했다(Coleman and O'Hanlon 2004). 이러한 접근의 바탕에는 지혜가 실생활에서의 문제 해결 능력이라는 개념이 있는 것 같다. 예를 들면 스턴버그(Sternberg 1998)는 지혜에 대한 자신의 모형에서 지혜란 근본적으로 갈등원들 간의 균형을 찾는 것이라고 보았다. 발테스와 스미스(Baltes and Smith 1990)는 실생활 문제에 대해 현명하게 판단을 내리는 능력으로 정의했다. 챈들러와 홀리데이(Chandler and Holliday 1990)는 대중들을 인터뷰한 결과를 토대로 이와 비슷한 관점을 통합적으로 제시했다. 즉 지혜를 유능하고 사회적 기술이 뛰어나면서 훌륭한 조언을 제공해 주는 능력으로 보았다. 대부분의 경우 연구자들은 지혜에서는 순전히 논리적인 해결책보다는 실용적인 해결책이 더 중요한 역할을 한다고 보았고, 이것이 '실생활' 문제와 큰 관련성이 있음을 강조했다(지혜로운 행동의 목표는 단순히 문제를 해결하기보다는 분석하여 현명하게 처리하는 것이다).

경험적 증거에 의하면 지혜는 지능 및 성격 특성과 제각기 강한 상관을 갖고 있다(Staudinger et al. 1997; Staudinger et al. 1998). 다시 말하면 지혜는 부분적으로는 성격과 지능의 부산물이지만 동시에 그러한 요인들로부터 독립적으로 작용한다. 예상할 수 있겠지만 지혜는 유용한 능력이며, 노인들에게서는 특히 삶의 만족도와 강한 관련이 있고(Ardelt 1997, 1998; Ardelt and Jacobs 2009), 죽음에 대한 준비와도 관련이 있다(Ardelt 2008). 그러나 흥미롭게도, 지혜가 노년기에 국한해서만 나타나는 것은 아니다. 어느 연령이건 지혜 측정치에서 높은 점수나 낮은 점수를 받을 수 있다. 그런데 노인들이 다른 연령 집단보다 유의하게 더 지혜롭다는 증거는 없다(Ardelt and Jacobs 2009; Baltes and Staudinger 2000). 한편 아델트(Ardelt 2010)는 최근 연구에서 문제를 해결하는 데 있어 정서적이고 숙고적인 측면에 관한 점수는 노인 집단이 더 높았다고 보고했다. 따라서 지혜에 대한 기본적인 기술은 나이와 상관이 없을지라도, 지혜와 관련된 일부 특성에 대해서는 노년기에 보다 나은 기술을 가지는 것이라 할 수 있다.

건강, 지능, 그리고 최종 급강하 모형

지금까지는 나이 들어 가면서 어떠한 지적 변화들이 생기는지에 초점을 맞추어 살펴보았다. 그런데 이러한 변화가 왜 일어나는가의 문제도 마찬가지로 중요하다. 유력한 이론 중 하나가 신체 운동과 건강이 노년기 지능과 상관이 있다는 입장이다. 이러한 관계는 쉽게 증명될 수 있다. 많은 연구자들은 신체 운동이 지적 수행의 특정 측면을 향상시킴을 발견했다. 호킨스 등(Hawkins et al. 1992)은 10주 운동 프로그램을 받은 경우 주의 과제에서 유의한 수행 증가를 보임을 보고했는데, 어떤 경우에는 젊은 참여자들보다 노인 참여자들에게서 더 큰 효과가 나타났다. 파월(Powell 1974)은 기관 입소 노인 환자들에게 규칙적으로 운동을 하도록 한 경우 인지적 향상이 나타남을 보고했다. 또한 신체적 건강 상태가 양호한 수준으로 계속 유지되는 노인의 경우에는 유동성 지능이 특히 더 잘 유지된다(Bunce et al. 1996; Emery et al. 1998).

신체 운동이 지능에 유익한 효과를 지니는 이유는 여러 가지가 있다. 예를 들면 운동은 심혈관 시스템에 유익한데, 노인 인구에서 심혈관계 건강은 인지적 기술과 상관이 있다고 알려져 있다(Elwood et al. 2002; Fahlander et al. 2000; Izquierdo-Porrera and Waldstein 2002). 또한 현명한 수준의 운동과 식사는 노년기 당뇨를 없애 줄 수 있을 것인데, 노년기 당뇨는 지적 기술을 낮추는 것과 연관이 있다(Bent et al. 2000). 건강한 신체는 제1장에서 살펴봤던 것처럼 보다 효과적으로 기능하기 쉽고, 신경 활동을 증진시키며, 따라서 지적 기능을 향상시킬 것이다. 자신을 건강하다고 여기는 노인들은 자신의 행동에 더 큰 확신을 가지고 있고, 인지 과제를 보다 더 잘하고자 하는 높은 동기가 있을 것이다. 운동 요인을 따로 두더라도 건강과 관련된 여러 지표들, 예를 들면 혈류학(혈액 순환의 효율성. Elwood et al. 2001), 신체용적 지수(이전 신체 능력이나 사회경제적 상태에 대한 지표가 될 수 있다. Corley et al. 2010), 비타민 B 수준 (Bunce et al. 2005; Calvaresi and Bryan 2001), 요단백 수준(Lopez et al. 2011), 아포지단백(Raz et al. 2009; Seeman et al. 2005), 그리고 유전자형(Raz et al. 2009) 등이 지적 기능과 관련되어 있는 경우가 많다.

그러나 이러한 관계가 밝혀진다 하더라도 해결책을 찾는 것은 생각보다 어렵다. 예를 들어 화학 물질 X의 결핍이 노년기의 지능 저하와 관련되어 있다고 가정해 보자. 명백한 해결책은 화학 물질 X 수준을 증가시키고 지능 검사 점수가 증가하는지 보는 것이다. 그러나 몇 가지 이유에서 실제로는 그렇지 않을 수 있다. 첫째, 이미 손상이 있다면 그것은 회복 불가능하다는 점이다. 둘째, X 수준이 낮은 것 자체가 증상의 원인은 아니라는 점이다. 전반적인 신체 기능의 저하로 인해 X 수준이 낮아진 것이기 때문에 X 하나만 처치하는 것은 굶주리고 있는 나라에서 아트 페스티벌을 하는 것과 마찬가지로, 처치하는 그 순간에는 일시적으로 좋아질지 몰라도 그 후 상황은 그 전과 여전히 같을 것이라는 점이다. 셋째, 낮아진 X 수준은 어쩌면 지능 수준이 저하되어 나타난 부산물일 수 있다는 점이다. 예컨대 이해력이 손상된 사람의 경우 자기 스스로를 돌보는 능력 또한 예전만 하지 못할 수 있으며, 이에 대한 증거도 있다(유년기의 지능 수준은 노년기의 건강 상태에 대한 강한 예언 인자가 된다. Starr et al. 2000). 넷째, 건강 상태와는 별개로, 대부분의 연구에서 사회경제적 상태는 지적 기능에 대해 강한 영향력을 가지고 있다는 점이다(Elwood et al. 1999; Starr et al. 2000). 교육 수준이 낮은 것 또한 관련이 있다(Bosma et al. 2003). 그러므로 노화에 따른 인지적 변화에 건강이 갖는 역할이 매우 중요함에도 불구하고 그 역할을 제대로 정의하는 것은 매우 어려운 일이다.

그러나 노년기에 건강이 극심하게 나빠지면 어떨까? 최종 급강하의 단계에 이르게 되면 어떻게 될까? 각각의 연령 집단에서의 평균 점수는 연령이 증가할수록 완만하게 저하된다고 알려져 있다. 그런데 개인적인 수준에서도 마찬가지일까? 다시 말해 한 노인의 지능 검사 점수를 정기적으로 측정해서 그래프로 그려 보면 그 점수 또한 완만하게 저하되는 모습을 보일까? 대답은 '아니다'이다. 어떤 노인들은 사망 직전 몇 달 안에 인지 기능의 급격한 저하를 보이는데, 이러한 현상을 최종 급강하(terminal drop)라 부른다(Kleemeier 1962; Riegel and Riegel 1972). 최종 급강하 모형에 의하면 사망 몇 달 혹은 몇 년 전까지는 유사한 수준의 수행을 유지하다가 마치 죽음에 대한 준비라도 하는 듯이 인지 기능이 급격히 저하된다. 개인적인 저하가 그렇게 갑작스럽다면 집단으로 보이는 점수 패턴은 왜 상대적으로 완만한 것일까? 대답은 간단하다. 죽을 확률은 중년기 때부터 증가한다. 그러므로 연령 집단이 나이가 더 많을수록 최종 급강하 단계에 있는 사람의 비율이 더 많아진다. 따라서 집단 전체의 평균 지능 점수를 낮추게 되는 것이다. 최종 급강하 단계에 있는 사람의 비율은 연령이 증가할수록 완만하게 증가하기 때문에 전반적인 집단 평균치로 볼 때는 점진적으로 저하되는 것으로 나타나게 된다. 따라서 최종 급강하 현상은 집단으로 나타나지 않고 개인적인 차원에서 살펴볼 때 나타나는 것이다.

클리마이어(Kleemeier 1962)는 종단 연구 자료를 분석한 결과, 지능 검사 수행에서 큰 폭의 저하를 보인 참여자가 그로부터 짧은 시일 내에 사망하게 될 확률이 높다는 것을 발견했다. 이와 유사한 증거가 리겔과 리겔(Riegel and Riegel 1972)에 의해서도 보고되었다. 그들은 중년 및 노년기의 대상자들을 지능 검사하고, 그로부터 10년에서 20년 후에 재검사를 하였다. 사망 직전에 재검사를 받았던 참여자들은 첫 번째 검사 세션에서의 점수에 비해 유의하게 낮은 점수를 얻었다. 모든 종단 연구에서 비슷하게 최종 급강하 현상을 보고했다(Jarvik 1983). 급강하 효과의 크기는 연구들마다 달랐는데, 이는 사용한 통계 기법의 차이에서 일부 기인한다(Bäckman and MacDonald 2006; Palmore and Cleveland 1976). 따라서 이 현상 자체는 의심의 여지가 없지만 구체적인 사항들 사이에는 이견이 존재할 수 있다.

지적 기술이 노년기에 저하된다는 것은 이미 잘 알려져 있다. 따라서 인지 저하에 대한 단순한 측정치는 죽음에 임박한 사람에게나 계속 생존할 사람에게나 유사하게 나타나므로 인지 저하는 죽음에 대한 특별히 좋은 예측 인자가 되지 못한다. 자빅과 동료들(Jarvik 1983; Jarvik and Falek 1963)은 최종 급강하 모형에 결정적 상실(critical loss)이라는 개념을 포함시켰다. 10년이라는 전체 연구 기간 동안, 지능 검사에서 특정 경계를 넘어서는 능력 저하가 보이게 되면 단기간 내에 사망할 가능성이 극적으로 증가한다. 그러나 연구에 따라서 결정적 상실을 보이는 인지 기술의 종류가 다르다.

- 공통성 문제에서 10%까지의 능력 저하(Jarvik 1983).
- 어휘력 검사에서의 저하(Blum et al. 1973).
- 쌍연합 학습과 정신운동성 기술의 저하(Botwinick et al. 1978).
- 언어적 기술 저하(Siegler et al. 1982).
- WAIS의 총 점수 저하(Reimanis and Green 1971).
- 대부분의 인지 영역에서의 저하(Bäckman et al. 2002; Johansson et al. 2004; Small et al. 2003).
- 10%의 유동성 지능 저하(20% 이상 더 저하되면 사망 확률이 더 높아진다. Rabbitt et al. 2008b).
- 어휘력 점수의 저하 및 우울 수준과의 관련성(Rabbitt et al. 2002).
- 기호 쓰기 검사의 저하(Hall et al. 2009; Duff et al. 2009).
- 지능의 전반적 저하(van Gelder et al. 2007; Wilson et al. 2007).
- 삶의 만족도 수준(Gerstorf et al. 2008).
- 언어적 및 공간적 능력의 저하. 공간적 능력 저하는 사망하기 15년 전부터 시작(Thorvaldsson et al. 2008).

다시 말하면, 최종 급강하에 대한 초기 연구들은 최종 급강하 단계에서 무언가가 저하된다는 것은 동의하지만 그것이 무엇인지에 대해서는 아무도 확실히 알지 못하였다. 부분적으로는 여러 연구들이 제각기 다른 측정치를 사용한 점이나 통계 분석 혹은 연구 참여 집단의 상이함 등의 문제 때문일 수 있다. 또 한편으로는 옛날 연구와 최근 연구 결과가 다를 수 있는데, 급격히 변화하는 의료 기술 등이 그 원인이 된다.

최종 급강하 모형에 관한 또 다른 논의점은 이러한 현상이 모두에게 적용되는지 아니면 단지 몇몇 사람들에게만 적용되는지의 문제이다. 처음에는 노년기 초기에 갑작스럽게 죽게 되는 사람들에게만 이 현상이 나타나는 것으로 생각했다. 따라서 80대에 서서히 죽어 가는 경우에는 최종 급강하를 경험하지 않고 60대에 갑작스럽고 치명적인 심장병이 발병한 경우에야 경험할 것으로 생각했다. 실제로 몇몇 초기 연구들에서는 최종 급강하 현상이 약 75세 이하(young old)의 노인에게서만 나타나고, 그 연령대 이후의 노인들의 경우에는 인지 기능이 서서히 나빠지는 경향이 있는 것으로 보고되었다(Berkowitz 1964; Jarvik 1983; Riegel and Riegel 1972; White and Cunningham 1988). 그러나 비교적 최근의 연구들에서는 보다 넓은 범위의 연령에서 최종 급강하 현상이 나타났고, 일부 연구에서는 사망 원인이 되는 질병이 다르다고 해서 선행되는 심리적 변화 패턴도 다른 것은 아닌 것으로 나타났다(Rabbitt et al. 2002; Small et al. 2003). 예전 연구와 최근 연구 결과의 이러한 차이는 방법론적인 차이 때문일 수 있고, 또한 현대 의학의 발전 때문일 수 있다. 병적 상태의 단축 이론(compression of morbidity theory. 제1장 참조)에 근거한 예측이 충분해진다면 미래 세대에는 사망 잠깐 전까지는 상대적으로 잘 보존된 삶을 살다가 말기에 현재보다 더 갑작스런 저하가 올 것으로 예상해 볼 수 있다. 서서히 죽음에 이른다는 개념은 아마도 옛것이 될 것이다. 최종 급강하와 그 사람이 받은 치료의 유형 간의 관계에 관한 연구는 상당히 흥미로운 것으로, 아직까지는 시도되지 않은 주제이다. 연구자들은 연구 참여자가 사망할 경우 무엇 때문에 사망했는지만을 살펴보았다. 사망 전 아무것도 할 수 없는 상태로 지낸 기간과 말기 증상이 얼마나 통제되고 있었는지 등은 아직 밝혀져 있지 않은데, 이는 아마도 그러한 자료를 수집하는 데 어려움이 있기 때문일 것이다. 그러나 그렇다고 해서 신체적 운동이나 안녕감이 지적 기술과 매우 밀접하게 관련이 있다는 중요한 사실이 틀린 것은 아니다. 그렇다면 정신운동(mental exercise)은 어떠할까?

용불용설

흔히 사용되는 표현 중에 "사용하라, 그렇지 않으면 잃을 것이다(use it or lose

it)"란 말이 있다. 이를 보다 세련된 심리학적 용어로 '용불용설'이라고 한다. 용불용설은 노화에 따른 저하는 노인이 특정 기술들을 덜 쓰게 되고 그럼으로써 점차적으로 쇠퇴되는 것이라는 주장을 의미한다(Milne 1956). 이 이론이 옳거나 틀렸다고 증명하는 것은 쉽지 않다. 노인들이 어떤 기술을 덜 사용해 왔기 때문에 그 기술에 대한 수행 수준이 낮아지는지는 다소 모호하다. 연습 부족으로 기술이 악화될 수는 있다. 그러나 계속적으로 연습하고자 하는 동기가 저하되어 기술이 악화되는 것일 수도 있다. 혹은 연습을 함에도 불구하고 기술 자체가 악화되는 수도 있다. 매우 잘 기능하는 노인들을 대상으로 한 연구에서는 기술을 규칙적으로 사용함에도 불구하고 적어도 일부 기술들에서는 대부분 저하되는 경향이 있었다. 예컨대 건축가나 항공 파일럿의 경우 자신의 직장에서 매일 시공간 기술을 사용함에도 불구하고 나이가 들어 감에 따라 시공간 과제 수행에서 저하가 나타났다(Salthouse 1992a). 노인 건축가나 파일럿은 안전하지 않을지도 모른다고 겁먹는 독자가 있을까 봐 말하지만 젊은 건축가나 파일럿과 비교했을 때 저하되었다는 것이지 일반적으로 여전히 그들의 기술은 상당히 높은 수준이다.

솔트하우스 등(Salthouse et al. 2002)은 인지적 기술의 수준에 대한 지적 자극의 효과를 살펴보았다. 용불용설이 맞다면 세 가지 예측을 해 볼 수 있다. 첫째, 더 나이 든 사람일수록 지적 자극의 수준 또한 낮을 것이다. 이는 노인들이 더 낮은 지적 기술을 갖고 있는 것을 근거로 했다. 용불용설에 의하면 기술의 수준은 연습의 수준 혹은 지적 자극에 노출된 정도와 깊은 관련이 있기 때문에 노인의 경우는 지적 자극 수준이 낮아야 한다. 솔트하우스 등은 20-91세의 성인을 조사한 결과, 이러한 예측이 사실임을 확인하였다. 즉, 노인은 젊은이보다 지적 자극 수준이 더 낮았다. 이는 용불용설을 잘 증명해 주는 것처럼 보이지만 솔트하우스 등에게는 증명해야 할 또 다른 두 개의 논제가 있었다. 두 번째 예측은 자극의 수준과 기술 수준 간의 정적 상관관계가 있을 것이라는 것이다. 다시 말하면, 지능 수준이 높을수록 자신의 삶에서 더 많은 지적 자극을 받아 왔을 것이다. 그러나 이 예측은 지지되지 못하였다. 세 번째 예측은 지적 기능을 예측하는 데 있어 연령과 자극 수준 간에 상호작용이 있을 것이라는 것이다. 다소 복잡하게 보이지만 연습으로 노화의 영향을 제거할 수 있다면 노인에게 특히 도움이 될 것이고, 이를 분석해 볼 수 있을 것이다. 그러나 분석 결과 이 예측 또한 지지되지 않았다. 이는 용불용설에 큰 타격이 되는 것으로 보이지만, 지적 자극의 수준은 주로 활동 목록으로 측정되었다는 점을 기억해야 한다. 일상생활에서 우연히 받는 모든 자극을 다 감지할 수는 없다. 자기가 지적으로 자극받았다는 의식적 자각 없이 많은 양의 학습이 일상생활에서 이루어진다(Schliemann 2000). 그러므로 솔트하우스 등의 연구는 가장 중요한 부분을 간과하고 있는 것이라 할 수 있다. 게다가 스쿨러와 물라투(Schooler and Mulatu 2001)는 40-80세의 참여자들의 지능과 여가 활동의 지적 복잡성에 정적 상관관계가 있음을 밝혔다.

지금까지 인용한 실험들은 비교적 추상적인 실험실 검사들이다. 실제 상황에 더 가까운 것을 고려한다면 연령 차이는 이보다 더 적다. 기본적인 기술은 노인이 더 느리고 부정확할 수 있으나, 실제 상황에서는 '경험'으로 충분히 보완될 수 있다. 예를 들면 차니스(Charness 1981)는 체스 두는 노인들을 연구했는데, 그들이 젊은이들만큼 체스를 잘 둔다는 것을 발견했다. 그러나 중요한 사실은 노인의 경우 체스를 잘 두는 데 아주 중요한 기술인 기억력이 꽤 심각하게 저하되었다는 것이다. 차니스는 노인들의 경우 이러한 기억력 저하를 풍부한 경험으로 보완함을 알았다. 노인들은 젊은이들에 비해 말 그대로 수천 번의 게임을 더 해 왔기 때문에 더 많은 지식을 갖고 적용할 수 있었다. 따라서 실제로 어떤 종류의 게임을 접하더라도 동일한 상황에 있어 왔던 경험이 젊은이들보다 훨씬 더 많았던 것이다. 더 많은 경험으로 인해 기본적 기술에서의 저하가 보완되었다. 최근에는 마스나가와 혼(Masunaga and Horn 2001)이 바둑 두는 사람의 경우 그 사람의 지능(유동성 지능)이 저하되더라도 바둑 기술은 상대적으로 높은 수준을 유지됨을 보고했다. 이와 유사하게 솔트하우스(Salthouse 1985)는 노인 타이피스트와 젊은이 타이피스트를 비교했다. 노인의 경우 손가락 운동 속도와 반응 시간이 일반적으로 더 느렸으나 타이핑 속도 차이는 없음을 발견했다. 이는 젊은 타이피스트는 경험이 적어서 제대로 할 수 없었던 경우도 노인들은 보다 연속적으로 타이핑을 했기 때문이다. 키보드 사이를 움직이는 손가락 운동 속도 자체는 더 느렸지만, 타이핑하면서 손의 이동 경로를 미리 파악해 보다 빨리 수행할 수 있었던 것 같다. 보스먼(Bosman 1993)은 이러한 결과는 정기적으로 연습하는 노인 타이피스트에게만 적용된다는 사실을 추가했다. 워드 프로세싱을 연습했던 노인과 젊은이를 연구한 웨스터먼 등(Westerman et al. 1998)의 연구에서는 노인들이 보완 전략을 사용한다는 것을 발견하기는 했지만, 그러한 능력이 개별 기술들을 전체로 통합하는 전략보다는 기본적인 인지 기능이 높은 것과 더욱 연관이 있음을 발견했다. 이러한 결과는 기본적인 지적 능력의 역할이 더 크다는 것을 의미한다. 그런데 다른 연구에 참여한 대상자들이 수십 년의 경험이 있었던 것과는 반대로 웨스터먼 등의 연구에 참여한 대상자들은 워드 프로세싱 경험이 100시간이었다는 점을 간과해서는 안 된다.

보완 전략에 관한 다른 연구에서 호이어와 잉골프스도티르(Hoyer and Ingolfsdottir 2003)는 의학 실험 테크니션들을 대상으로 독창적인 연구를 하였다. 현미경으로 주어진 세포의 구조를 확인하는 것이 과제였다. 세포들을 봐 왔던 생물학자들만이 그 구조의 차이를 인식할 수 있을 정도로 그 과제는 상당히 고난이도였다. 슬라이드 이미지만 보여 주는 경우에는 40대 후반의 테크니션들이 20대의 젊은 테크니션들보다 더 오랫동안 들여다보았다. 그러나 맥락 정보를 제공해 준 경우에는 연령 차이가 감소되었다. 다시 말하면 슬라이드를 보는 경험이 20년이나 더 있는 경우에는 보완 전략을 사용할 수 있기 때문에 연령에 따라 저하되는 기본적인 시각적 탐사 기술은 극복될 수 있는 것이다.

기술을 보존해 주는 방법에는 연습만 있는 것은 아니다. 손상이 생길 만한 기술들을 반복해 보는 것도 또 다른 방법이 된다. 플레먼스 등(Plemons et al. 1978)은 유동성 지능 검사를 받는 것을 훈련하는 경우 노인의 검사 점수가 증가함을 보고했다. 게다가 훈련으로 인해 참여자들이 검사에 보다 익숙해졌기 때문에 지능 검사 수행이 전반적으로 향상된 것으로 보인다. 다른 연구들에서도 마찬가지의 결과를 보고했다(Kermis 1983; Rebok 1987; Tranter and Koustaal 2008). 그런데 솔트하우스(Salthouse 1992a)는 이러한 연구들이 부적절한 통제집단을 사용하거나 훈련의 성공을 너무 좁은 검사 범위에서 판단하는 것과 같은 제한점이 있다고 비판하였다. 또한 훈련하는 것이 그 기술의 근본적인 측면에 영향을 주는 것이 아니라 문제를 다루는 새로운 전략을 제공하는 것이라고 지적하였다. 즉 기술 자체는 여전히 저하된다는 것이다. 이것은 치통 진통제가 문제를 치료하기보다는 통증에 대처할 수 있도록만 해 주는 것과도 같은 이치이다. 실용적인 관점에서 보면 이러한 논의는 상대적으로 덜 중요할 수 있다(노인들이 대처하는 것을 도와준 것인데 뭐가 문제인가?). 그러나 이론적인 측면에서 보면 이 문제는 작은 것이 아니다. 미렐리스와 차니스(Mireles and Charness 2002)는 체스를 두는 데 영향을 주는 요인들(이동 경로에 대한 기억 폭 등)에 대해 지식이 갖는 영향들에 관하여 컴퓨터로 시뮬레이션을 해 보았다. 지식은 신경적 노이즈(neural noise)가 증가하는 것에 대해서는 방어적 효과를 보였지만 세포 손실에 대해서는 그렇지 않았다. 이러한 결과는 로터문트와 브란트슈테터(Rothermund and Brandstädter 2003)의 연구를 살펴보면 더 설명하기가 쉬워질 것이다. 이들은 종단 연구를 통해 약 70세까지는 보완 전략이 증가하다가 그 이후 감소된다는 것을 발견했다.

즉 노년기에 보완 전략을 사용한다는 증거는 많지만(Hertzog and Jopp 2010; Vahia et al. 2010), 그 보완 전략이 완벽히 효과적인 것은 아니라는 보고도 있다. 차니스 등(Charness et al. 2001)은 젊은이 집단, 중년 집단, 그리고 노인 집단을 대상으로 타이핑을 하도록 했는데, 이들은 초보자와 유경험자로 구성되어 있었다. 초보자들인 경우, 젊은 집단일수록 워드 프로세싱을 더 빨리 학습했고 훈련 과정 말기에는 더 많은 정보를 획득하고 있었다. 유경험자들의 경우에는 연령의 차이가 작았다. 즉 노화에 따라 저하되는 기술에 대해서도 경험은 보완적 역할을 하지만 노인의 경우는 여전히 학습률이 느렸다. 린덴베르거 등(Lindenberger et al. 2008)은 그래픽 디자이너인 노인들에게 기억 증진법(장소법)을 훈련시키고 기억 점수를 살펴본 결과 동일 연령 통제 집단 및 젊은이 그래픽 디자이너 집단에 비해 유의한 향상을 보임을 발견했다. 그러나 훈련을 했다 하더라도, 기억 수행 절대 점수 자체는 젊은이 집단보다는 낮았다.

따라서 연습을 통한 보완 역시도 제한적이라는 것을 알 수 있다. 그러나 노년기 인지 변화를 완벽하게 보완하지 못한다고 해서 그것이 나쁜 것만은 아니다. 용불용설에 대한 엄격한 비판자들조차도 정신 활동을 계속하고 그러한 활동이 최악으로 인지 기능이 떨어지는 것을 늦춘다는 믿음은 상당한 도움이 된다고 주장한다(Salthouse 2006 참조). 보다 넓게는 SOC 모형의 차원에서 생애 전체를 바라볼 수 있다(Baltes and Baltes 1990; Freund and Baltes 2007). 'SOC'

는 선택(selection), 최적화(optimisation), 그리고 보완(compensation)의 약자이다. 이 모형에 의하면 청년기에는 무엇을 전문화할 것인지를 선택하면서 발달하고, 그런 다음 연습을 통해 최적화를 이루며, 노년기에는 보완 전략을 통해 기술 감퇴를 막고자 한다.

보완 개념의 다른 측면으로, 뇌가 노화되어 감에 따라 기능이 줄어드는 자원들(느려진 신경 전달 속도, 시냅스 수 감소, 신경적 노이즈의 증가 등. 제1장 참조)을 최대한 활용하는 방향으로 신경적 메커니즘이 변해 간다는 주장이 있다. 이 분야는 더 많은 연구가 필요하지만 그러한 과정에 대한 강력한 증거들이 이미 있다. 예를 들면 젊은이 집단과 노인 집단이 겉으로 보이는 행동적 수행 정도는 동일하다 하더라도 뇌 영상 연구에 의하면 수행하는 동안의 뇌 활동에는 유의한 차이가 있다(Phillips and Andres 2010). 동일한 수준의 과제 수행을 하더라도 노인의 뇌가 확실히 일을 더 많이 한다. 보다 정확히 말하면 뇌 영상 연구 결과 노인의 신경 활동 수준이 훨씬 더 높았다(Reuter-Lorenz and Cappell 2008; Schneider-Garces et al. 2010 참조).

이러한 변화가 발생하는 양상은 다양하게 존재한다. 그중 하나가 인지적 예비능(cognitive reserve)을 이용하는 것이다(Garrett et al. 2010; Stern 2009 참조). 이는 높은 수준의 IQ와 교육 수준을 가진 사람들이 갖고 있는 손실에 대한 완충 장치라 할 수 있다. 간단히 말하면 지능이 높은 사람들은 인지 과제에서 기능 저하가 겉으로 드러나기 훨씬 전부터 그 저하에 대해 대처를 할 수 있다. 이를 지지하는 증거도 있고(Stern 2009), 그렇지 않다는 연구도 있고(Tuokko et al. 2003), 그 효과가 명확하지 않다는 연구도 있다(Garrett et al. 2010). 또 다른 설명으로는 여타 신경적 메커니즘 저하와 마찬가지로, 전전두엽 사용 증가로 인한 상쇄라고 보는 입장이 있다. 이를 노화와 인지에 대한 비계(飛階) 이론(Scaffolding Theory of Ageing and Cognition; STAC)이라 부르는데, 정신 메커니즘이 저하되는 것은 전전두엽의 작동에 크게 의존하는 일들을 받쳐 주는 것이라는 입장이다(Park and Reuter-Lorenz 2009). 기술을 계속 되풀이하게 되면 이 비계가 더 강화된다는 연구 결과가 있어, 전통적인 보완 모형을 지지했다. 노년기의 전두엽은 덜 편재화되어 있다는 카베사(Cabeza 2002)의 주장과 일맥상통한다. 이는 HAROLD(Hemisphieric Asymmetry Reduction in Older adults) 모형이라 불린다. 카베사는 HAROLD 모형이 보완 및 탈분화의 한 예가 될 수 있다고 주장했다. 그린우드(Greenwood 2007)는 전전두엽 및 주변 영역의 신경 가소성(기본적으로 뉴런 간의 연결성을 변화시킴으로써 기능도 변화된다)과 관련된 신경학적 변화 모형을 제안했다. 개별 뉴런 수준에서의 이러한 변화가 어떻게 일어나는지에 대해 관심이 있는 독자들은 쿠머와 포스터(Kumar and Foster 2007)의 리뷰를 보면 도움이 될 것이다.

이러한 모형에 대한 반대 입장은 그러한 뇌 활동이 기능의 일반적 차이를 반영할 뿐이라는 주장일 것이다. 그러나 노화로 인한 정신 기능의 차이를 보이는 영역은 매우 특수한 영역에 국한된다. 예를 들어 피셔 등(Fischer et al. 2010)은 얼굴 기억 과제를 수행하는 동안 기능적 자기공명영상을 이용해 뇌 기능을 측정했다. 얼굴은 정서적으로 중립적이거나 공포에 찬 것이었다. 공포스런 얼굴을 보았을 때 젊은이 집단은 오른쪽 편도체와 양측 해마의 활동성이 상대적으로 더 큰 반면, 노인 집단은 왼쪽 뇌섬 및 오른쪽 전전두엽의 활동성이 더 컸다. 그러나 중립적 얼굴을 볼 때는 젊은이와 노인 집단 모두 상이한 영역이 활성화되었다. 애디스 등(Addis et al. 2010) 또한 정서적으로 긍정적인 정보를 부호화할 때는 연령 집단 차이가 유의하지만, 정서적으로 부정적인 정보를 부호화할 때는 그런 차이가 나타나지 않음을 발견했다. 이러한 결과들은 노년기의 신경적 변화가 매우 정밀하며 단순히 활동 수준의 변화만은 아님을 의미한다.

신경학적인 보완 개념은 상당히 유용한 것처럼 보인다. 적합한 뇌 영역을 직접 자극할 수 있는 컴퓨터화된 인지적 개입이 가능해질 수도 있다(Cruz-Jentoft et al. 2008). 그러나 여전히 설명하기 불분명한 부분이 있고(Mast et al. 2009), 신경학적 설명만으로는 노년기의 인지적 변화에 대한 설명을 충분히 할 수 없다. 용불용설을 반대하는 입장 중 가장 유력한 것은 노화에 따른 저하가 신체 기능이 느려지는 생물학적인 과정으로 인한 것이라는 주장이다. 이로 인해 심리적 처리 과정도 느려지고 효율성이 떨어진다는 것이다. 이러한 논쟁점을 이해하기 위해 먼저 이러한 '느림'을 어떻게 측정하는 것인지부터 살펴보도록 하자.

반응 시간과 전반적 속도 저하 가설

반응 시간(Reaction Time; RT)이란 어떤 자극에 대해 반응하는 데 걸린 시간을 말한다. 반응 시간이 짧을수록 더 빨리 자극에 반응한다는 것을 의미한다. 반응 시간이 짧은 것은 분명 이득이 되는 일이다. 재빠르게 반응하는 것은 운동선수에게 도움이 되는 일이고 자동차 운전자에게는 생사를 가르는 일이 될 수도 있다. 반응 시간에 대한 다른 예들은 보다 덜 드라마틱하지만 일상생활에서 중심이 된다. 어떤 질문에 대해 답을 생각하는 속도도 반응 시간의 한 예이다. 목소리, 얼굴, 친숙한 그림 등을 인식하는 시간 또한 반응 시간의 예가 된다. 지각하거나 반응할 무언가가 있을 때는 언제나 반응 시간이 존재한다. 어떻게 보면 반응 시간이란 현실과 그 사람의 지각 사이의 시간적 차이를 측정하는 것이라고도 할 수 있다. 반응 시간에 대한 대부분의 연구에서는 반응 시간을 어떤 단순한 자극에 대해 반응하는 데 걸린 시간으로 제한해 생각한다. 고전적인 반응 시간 실험에서는 아래의 두 가지 기본적인 형식을 채택한다.

- 단순 반응 시간(Simple Reaction Time; SRT)은 단지 한 가지 자극만 있고 한 가지 반응만 할 수 있을 때 얼마나 빨리 반응하는지를 측정하는 것이다. 전형적으로 불빛이 반짝일 때마다 곧바로 단추를 누르는 것으로 측정된다. 신호와 반응 사이의 지연 시간이 바로 반응 시간이 되는 것이다.
- 선택 반응 시간(Choice Reaction Time; CRT)은 일련의 자극들이 제시되고 그중 한 가지를 선택하여 반응하도록 하는 방식이다(예: 세 가지 색 불빛을 제시하고 빨간색 불이면 A, 초록색 불이면 B, 파란색 불이면 C를 누르라고 지시한다).

CRT 패러다임에서는 참여자들이 고려해야 하는 것들이 더 많기 때문에 SRT 패러다임에서보다 반응 시간이 더 길어진다. 마찬가지로 선택지의 수가 더 많을수록 반응 시간도 더 길어진다.

연령이 증가함에 따라 반응 시간이 길어진다는 것은 이미 많이 알려져 있다. 바이런과 피셔(Birren and Fisher 1995: 329)의 리뷰에 의하면 이는 인간의 특성 중 가장 진실에 가까운 것 중 하나로(Lindenberger et al. 1993; Rabbitt 1996 참조), 의심의 여지가 없다. SRT 패러다임보다 CRT 패러다임에서 노인의 반응 시간은 더 길어지고, CRT 패러다임에서도 선택 반응지의 수가 증가할수록 연령 집단의 차이는 더 커졌다(Botwinick 1973; Kermis 1983; Salthouse 1985). 이러한 현상을 간단히 설명하면, 노인의 신경계는 신호를 처리하는 속도가 느리고 효율성이 떨어지는데, 연령×복잡성 효과 때문에 선택 반응지의 수가 증가할수록 그 차이가 더 커지는 것이다(제1장 참조).

그런데 이는 보이는 것처럼 그렇게 단순하지만은 않다. 며칠 동안 연습을 할 수 있도록 한 경우에는 CRT 패러다임에서의 연령 차이가 많이 줄어든다. 또한 다양한 버전의 과제를 제시해도 반응 시간은 더 길었는데, 그 차이는 거의 일정했다(Rabbitt 1980). 다시 말하면 SRT 과제에서 노인이 Xms 느렸다고 하면 CRT 과제에서도 Xms 정도 느리다는 것을 의미한다. 이러한 결과는 연령 차이의 많은 부분은 과제에 적응(settling in)하는 데 걸린 시간 때문에 발생한다는 것을 의미한다. 과제가 일단 자동적인 과정으로 전환될 정도로 충분히 연습되면 의식적으로 모니터해야 하는 과제를 할 때보다 연령의 영향은 줄어들게 된다. 최근의 연구에서 이와 불일치하는 결과가 보고되기도 했지만(Burke et al. 1987; Myerson et al. 1992), 해셔와 잭스(Hasher and Zacks 1979)는 자동적 과정은 노화에 의해 영향을 덜 받는다고 하였다(Wishart et al. 2000).

또 다른 문제점은 대부분의 연구자들이 '평균' 반응 시간으로 연령 차이를 살펴봤다는 것이다. 래빗(Rabbitt 1980, 1988, 1998)은 이럴 경우 노인들은 젊었을 때만큼 빠른 반응을 할 수 없다는 인상을 심어 주기 때문에 잘못되었다고 지적하였다. 사실상 반응 속도의 분포를 살펴보면 가장 빠른 반응 시간은 젊은이 집단과 노인 집단에서 동일하다. 노인들의 경우 매우 빠른 반응을 하는 수가 더 적고 반응 속도의 개인차가 더 크기 때문에 평균 반응 속도는 증가하게 된다. 오류에 대한 반응 양상을 살펴보면 오류 반응을 했을 때 다음 반응은 대체로 느려지는 경향이 있다. 젊은이는 자신의 실수에서 빨리 빠져나와 속도를 금방 회복하지만 노인의 경우에는 몇 번의 시도가 더 있어야만 자신의 속도로 회복한다. 이는 노인이 젊은이보다 과도하게 주의를 기울이는 경향이 있기 때문인 것으로 보인다. 젊은이들은 실수를 최대한 줄이면서 최적의 반응 속도를 보이도록 노력하는 반면, 노인은 이 점이 부족하고 반응 속도의 변동 폭 또한 더 크다. 평균 수행만 고려한다면 단순히 평균 반응 시간의 차이로 연령 차이가 나타나게 된다. 최근 연구에서 스미스와 브루어(Smith and Brewer 1995)도 비슷한 결과를 보고했다. 또한 하나의 반응 시간을 보는 경우 실험 간 준비 간격을 길게 잡을수록 노인의 반응 시간 수행은 좋아졌다(Bherer and Belleville 2004).

반응 시간은 지적 수행과 상관관계가 있는데(Ferraro and Moody 1996), 여기서 또 다른 흥미로운 현상이 생긴다. 래빗과 고워드(Rabbitt and Goward 1986)는 노인 집단과 젊은이 집단을 지능 점수에 따라 짝지은 후에 반응 시간 실험을 했을 때 CRT 과제에서도 집단 간의 차이가 없음을 밝혔다. 헤르초크(Hertzog 1991), 솔트하우스(Salthouse 1991a), 그리고 샤이(Schaie 1989)도 반응 시간의 영향을 통계적으로 통제했을 때 지적 과제에 대한 연령 차이는 유의하게 낮아지거나 없어짐을 보고했다. 이러한 결과는 반응 시간 지연이 지능 저하의 원인이 될 수 있음을 시사한다(Eysenck 1985; Salthouse 1985). 지능 검사 점수와 반응 시간이 상관이 있다고 할 때도 인과적 관계를 밝힐 수 있는 간단한 통계 기법은 없다. 그러나 반응 시간이 지능 검사보다 더 기본적인 과정을 측정한다고 보는 것이 논리적이기 때문에 반응 시간이 인과관계의 사슬에서 보다 앞에 위치한다고 생각해 볼 수 있다. 간단히 말하자면 반응 시간은 신경세포가 메시지를 전달하는 속도를 측정하고, 지능 검사는 그러한 메시지들을 가지고 한 일을 측정한다고도 볼 수 있다. 노인들의 반응 시간이 더 길다면 심리적 처리 과정에 걸리는 시간도 더 길고, 이러한 현상 자체가 시간 제한이 있는 지능 검사에서의 수행 저하를 상당 부분 설명한다. 어떤 심리적 처리 과정은 몇 ms 안에 진행되어야 하고 그렇지 않으면 사라져 버리는 것이 있을 수 있는데, 시스템의 속도가 느리다면 제한 시간 안에 처리하지 못해서 해당 과제를 마무리할 수 없게 된다(Salthouse 1996). 또한 신경세포 간 연결선의 수가 줄어들고 신경전달물질의 효율성이 저하되며 신경적 소음이 증가하는 것과 같은 신경계 쇠퇴로 인해 속도의 저하가 나타나는 것이기도 하다(Kail 1997). 따라서 반응 시간은 전달 속도를 측정할 뿐 아니라 신경계의 효율성과 건강에 대한 일반적 지표가 되기도 한다.

반응 시간과 관련하여 또 다른 측면은 노인이 보이는 반응의 일관성 문제이다. 반응 시간 과제가 주어졌을 때 매 시도마다 정확히 동일한 속도로 반응하지는 않을 것이다. 예를 들면 네 번의 연속적인 시도에서 500ms, 500ms, 500ms, 그리고 500ms로 반응하기보다는 500ms, 478ms, 520ms, 431ms, 그리고 576ms와 같은 식으로 반응하는 것이 흔할 것이다. 이러한 반응의 변산은 당연하다. 그러나 노인의 경우 이러한 변산이 더 증가하고 이는 때로 '신뢰할 수 없는' 수행으로 설명되기도 한다. 헐츠 등(Hultsch et al. 2002)은 '신뢰할 수 없는' 수행을 보이면 보일수록 인지 검사 점수가 더 낮다는 것을 보고했다. 래빗 등(Rabbitt et al. 2001)은 일관성이 없는 반응 시간 패턴은 실은 매우 안정적인 특성임을 발견했다. 노인 참여자들을 대상으로 36주 동안 매주마다 검사를 실시한 결과 개인이 보이는 수행 변산의 수준은 연구 기간 동안 매우 일관성 있게 유지됨을 보고했다. 게다가 반응 시간의 변산도가 크면 클수록 지능 검사 점수가 더 낮았다. 따라서 반응 시간과 더불어 반응 시간의 패턴 또한 인지 상태를 밝히는 데 역할을 할 것으로 여겨진다.

반응 속도 연구로 되돌아가서 노화로 인한 지능의 저하가 신경 전달, 그리고 이와 관련된 현상들의 속도 저하로 인한 것이라고 보는 것은 전반적 속도 저하 가설(general slowing hypothesis/speed hypothesis)이라 알려져 있다. 넓게 보았을 때 이 입장은 그다지 반박당하지 않았다. 저하된 속도는 전형적으로 낮은 검사 점수와 유사했고, 시간 경과에 따른 처리 속도의 변화는 유동성 지능의 변화와 유의한 상관이 있었다(Zimprich and Martin 2002). 대신 전반적 속도 저하가 지적 수행을 얼마나 예측하는지에 대해서 주로 논쟁이 있어 왔다. 이 장이나 제1장에서 언급했던 것처럼 연령×복잡성 효과는 과제 난이도가 더 높을수록 노인의 수행은 더 저하됨을 의미한다. 보다 간단하게 이 현상을 설명할 수 있는 방법이 있을 것이다. 이에 대한 연구는 시렐라(Cerella 1985, 1990)와 브린리(Brinley 1965)에 의해 시작되었다.

동일한 과제이지만 난이도가 쉬운 버전과 어려운 버전에 대한 반응 시간을 살펴보면 과제의 복잡성이 증가할수록 반응 시간도 증가한다는 것을 알 수 있다. 게다가 노인의 변화율은 젊은이보다 더 크다. 따라서 과제 복잡성과 반응 시간 간의 관계를 그래프로 나타내면 젊은이 집단은 노인 집단보다 덜 가파른 기울기를 가진다([그림 2.1] 참조). 그런데 동일한 과제를 가지고 젊은이 집

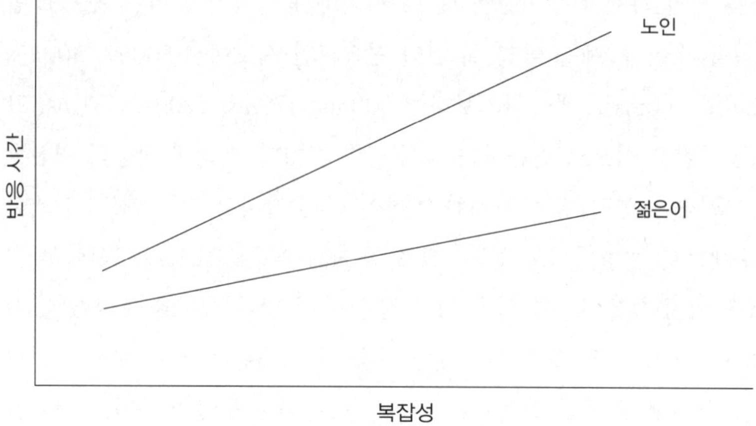

[그림 2.1] 연령×복잡성 효과

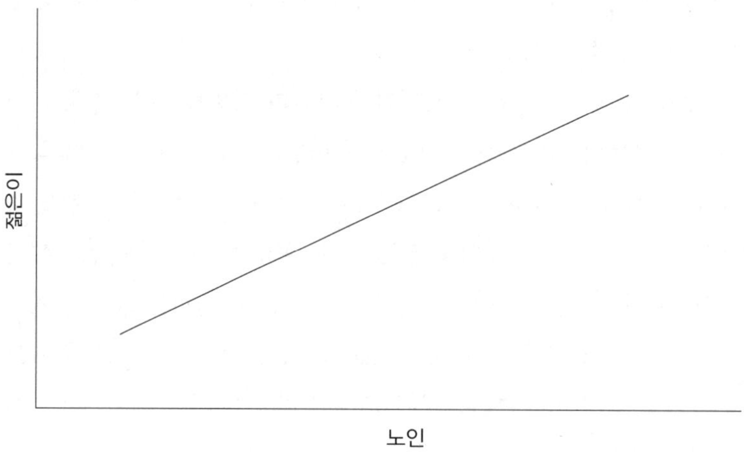

[그림 2.2] 브린리 플롯([그림 2.1]의 데이터를 젊은이 대 노인으로 그림)

단과 노인 집단의 반응 시간으로 그래프를 그리면 흔히 브린리 플롯(Brinley plot)라 알려진 [그림 2.2]와 같은 양상이 나타난다. 노인과 젊은이 간 차이의 기저에 있는 관계는 선형적이라는 것이다(완벽하게 선형적인 관계를 나타내는 실제 자료는 없을 것이지만 실험 오차를 허용하는 범위에서 이 둘의 관계를 가장 잘 나타내는 것은 아마도 선형일 것이다). 보다 쉽게 설명하면 [그림 2.1]이 보여 주는 것과 같은 노인과 젊은이의 기울기 차이는 허상이라는 것이다. 노인은 보다 복잡한 과제에서 젊은이들보다 더욱더 어려움을 느끼는 것으로 보이지만 실제로 존재하는 차이의 크기는 동일하다는 것이다. 과제의 복잡성 수준에 따른 연령 차이를 예측할 때 사용되었던 복잡한 공식은 폐기하고 대신에 모든 연령 차이는 간단한 공식으로 표현할 수 있는데, 젊은이 집단의 평균 반응 시간에 특정 상수를 곱하면 그것이 바로 동일한 과제에 대한 노인의 평균 반응 시간이 될 것이다.

이 이론의 단순성 때문에 전반적 속도 저하 가설은 매우 인기를 끌었다. 이러한 현상은 광범위하게 나타났다. 즉, 매우 다양한 과제들에 대해서도 노인과 젊은이의 평균 반응 속도를 비교하면 선형적 관계가 발견되었다(Cerella 1990; Lindenberger et al. 1993; Maylor and Rabbitt 1994; Ratcliff et al. 2001; Sliwinski et al. 1994; Verhaeghen and De Meersman 1998). 마이어슨 등(Myerson et al. 1992: 266)은 '전반적 속도 저하'라는 용어가 그 과제나 특정 인지 과정의 성질에 의해서 처리 속도가 느려지는 것이 아니고 신경적 수준에서의 변화와 같이 훨씬 기본적인 무언가에서의 속도가 저하되는 것을 잘 표현한 것 같다고 언급했다(Cerella 1990).

그러나 전반적 속도 저하 가설을 적용할 때는 유의해야 할 점이 있다. 예컨대 노인과 젊은이의 처리 속도 관계를 살펴볼 때, 이 가설은 노인들이 사용하는 보완 전략과 같은 다른 요인의 영향을 제거하지는 않았다는 점이다.

> 예를 들면 평생에 걸쳐 축적된 지식을 기반으로 하는 보완 효과 때문에 인지 기능의 일부 영역은 다른 영역에 비해서 속도 저하의 영향을 덜 받을 수 있다. 같은 맥락에서, 최근 연구들을 보면 언어적 판단을 요하는 과제를 수행할 때는 이와 유사한 난이도의 비언어적 판단을 요하는 과제를 수행할 때와 비교해서 속도 저하의 영향이 덜하다.(Lindenberger et al. 1993: 207)

그러므로 선형 관계를 과신하지 않아야 한다. 한 가지 유형의 과제를 토대로 한 결과를 가지고 노화로 인한 변화 전체에 대해 가정하는 것은 현명치 못하다. 게다가 이 기법의 통계적·수학적 타당성 문제도 있다. 퍼펙트(Perfect 1994)는 무선 자료를 가지고도 이와 비슷한 선형 관계가 나타날 수 있다고 지적했다. 또한 래빗(Rabbitt 1996)도 과제 복잡성이 증가함에 따라 자료의 변산이 증가하면 이러한 선형 관계를 얻을 수 있다고 지적했다. 수학적으로 논쟁하기는 어렵지만, 기본적으로 과제 수행에 대한 연령 차이에는 처리 속도의 차이 이상의 것이 있는데, 브린리 플롯은 이 현상을 단순한 선형적 관계로 과잉 단순화한 경향이 있다. 슬리윈스키와 홀(Sliwinski and Hall 1998)은 많은 경우 브린리 플롯을 제시하기 위해 쓰인 통계 방법은 최소자승모형 중다회귀분석(Ordinary Least Squares muliple regression; OLS)으로, 너무 극적으로 단순화한 것이라고 주장했다. 대신에 위계적 선형 모형(Hierarchy Linear Mode; HLM)이 더 적당하다고 주장하였다. 동일한 자료를 가지고 이 두 통계 기법을 모두 사용해 비교해 보면, OLS는 브린리 플롯을 생성하고 HLM은 보다 큰 변산을 보여 준다.

브린리 플롯은 차치하고 전반적 속도 저하 가설에 대한 증거를 찾고자 한다 해도 그 결과는 여전히 애매하다. 솔트하우스와 차야(Salthouse and Czaja 2000)는 연구에서 전반적 속도 저하 가설에 대한 증거를 보여 주지 못했다면 그것은 맥락이 제거되었기 때문이라고 주장했다(보다 기술적으로 말하면, 어떤 변인을 연구할 때 해당 변인과 변량을 공유하는 다른 변인들, 예컨대 전반적 속도 저하와 같은 공통 요인과 같은 변인을 따로 떼어서 보게 된다는 것이 자주 간과된다). 이를 증명하기 위해 솔트하우스와 차야는 노인의 지적 수행에 관한 두 개의 독립적인 자료들에서 공통 요인으로 설명 가능한 변량이 상당 부분이라는 것을 제시했다. 그러나 몇 년 후에 앨런 등(Allen et al. 2001)이 이들의 자료를 가지고 보다 정교한 통계 방법으로 분석했을 때 공통 요인을 찾을 수는 있었지만 그 요인이 설명하는 변량은 이전에 주장했던 것보다 더 적었고, 또 다른 설명 요인이 유의하게 존재함을 밝힘으로써 단일한 설명 요인만 존재하는 것은 아니라고 주장했다(Anstey et al. 2003; Anstey et al. 2001; Schmiedek and Li 2004에서도 동일한 결과가 확인되었다). 앨런 등은 단일 요인을 지지하는 다른 연구들에서도 유사한 문제점을 밝혔는데, 가상자료를 통해 분석해 보았을 때 단일 요인 지지자들이 사용한 통계 방법은 거짓임을 입증하기가 어려운 것이었다. 다시 말해, 그 자료를 가장 잘 설명할 수 있는 것이건 아니건 간에 그 통계 분석법은 하나의 요인만 산출하도록 되어 있는 방법이었다.

같은 맥락에서 전반적 속도 저하가 처음에 가정되었던 것만큼 그렇게 강한 예측 요인이 아닐 수 있다는 연구 결과들이 더 나오기 시작했다(Bashore et al. 1997). 몇 가지 연구들을 소개하면 아래와 같다.

- 슬리윈스키(Sliwinski 1997)는 복잡성 정도가 서로 다른 계산 과제들에서의 인지적 속도 저하 변인이 속도를 예측하는 좋은 요인은 아니라고 보고했다. 대신 계산 과제에 따라 각기 다른 메커니즘에 의해 매개되는 것 같다고 보았다.
- 솔트하우스(Salthouse 2000)는 다양한 검사들의 개별 항목들에 대한 반응을 조사해서 이들을 모두 다 포괄하는 연령 관련 요인을 찾고자 하였다. 하나의 공통 요인 외에도 난이도가 높은 항목들을 수행하는 데 상관이 있는 두 번째 요인이 발견되었다.
- 솔트하우스와 페레르-카자(Salthouse and Ferrer-Caja 2003)는 광범위한 인지 과제 수행의 기저에 있는 요인이 적어도 세 가지는 된다는 것을 발견했다.
- 시마무라 등(Shimamura et al. 1995)도 보완을 통해 지적 기술이 저하되는 것을 상쇄하는 사람들도 있다고 보고했다.
- 반응 시간을 심리적 처리 과정에 대한 지표로 삼는 것에 대한 비판이 제기되었다. 매우 복잡하면서도 상당히 신속한 심리적 처리 과정을 단순화시킴으로써 중요한 하위 처리 과정들이 간과될 수 있기 때문이다(Bashore et al. 1997). 다시 말하면, 반응 시간이란 달리기의 결승점과 같이 매우 빨리 지나가는 사건을 찍기에는 너무 느린 카메라와 같다. 찍힌 사진은 전반적인 아웃라인을 제공할 수는 있지만 실제 일어난 일을 보여 주기에는 너무 흐릿하다. 바쇼어 등은 정신 활동을 하는 동안 뇌파를 찍는 것과 같은 방법이 보다 효과적일 것이라고 지적했다.
- 지각 비교 과제에서 전반적 속도 저하가 핵심이기는 하지만 그것만이 연령 차이를 결정하는 유일한 요인은 아니다(McCabe and Hartman 2008).
- 밴스 등(Vance et al. 2010)은 연습을 통해서 처리 속도가 조절될 수 있음을 주장하고, 그러한 처리 속도 저하가 불가피하고 본질적인 것이 아닐 수 있다는 의문을 제기했다(Goldstein et al. 1997; Vance 2009 참조).
- 디어리 등(Deary et al. 2009)은 종단 연구를 통해 반응 시간이 유동성 지능 검사 점수를 예측해 주지 못함을 발견하고 처리 속도가 노년기 인지 변화의 원

인이 아닐 수 있음을 주장했다.

- 디어리 등(Deary et al. 2010)은 스코틀랜드 종단 연구를 통해 처리 속도 점수보다 11세 때의 지능 검사 점수가 70세 때 지능 검사 수행을 더 잘 예측하는 것을 발견했다.

그러나 전반적 속도 저하 가설이 처음에 제기되었던 때만큼 강력한 이론은 아닌 것 같다 할지라도 인지적 노화를 설명하는 데 역할이 전혀 없는 것은 아니다. 셰퍼드와 버논(Sheppard and Vernon 2008)의 메타 연구(172개 연구, 총 53,000명의 연구 대상자)에 의하면, 처리 속도는 인지적 능력과 확실히 유의한 관계가 있다. 따라서 전반적인 속도 저하는 분명 인지적 노화에 역할을 한다고 볼 수 있다. 신경세포의 속도 저하가 노년기의 지적 쇠퇴를 어느 정도는 설명해 주지만, 그 과정에서 작용하는 보다 구체적인 다른 요인이 있는 것 같다. 이 주제로 넘어가기 전에 한 가지 유의할 점이 있다. 반응 시간은 매우 '기본적인' 측정치이기 때문에 유전적으로 정해진 불가피한 변화를 측정하는 것이라고 가정하는 경향이 있다. 그러나 전반적 속도 저하 가설이 타당하건 아니건 간에 반응 시간이 반드시 저하되도록 정해져 있는 것은 아니다. 다른 신체적 노화와 연결되어 있는 신경 조직의 쇠퇴로 인해 처리 속도가 저하되는 것이라고 설명하기는 하지만, 부분적으로는 연습이 부족해서 저하가 오는 것일 수 있다. 골드스타인 등(Goldstein et al. 1997)은 비디오 게임을 연습한 노인들의 경우 반응 시간이 향상된다는 것을 보고했다. 교육 수준의 효과 또한 비슷한 결과를 보고했다. 속도가 저하되는 것은 노화 그 자체보다는 일정 부분 확률적 노화(probabilistic ageing. 노인들은 활동량이 더 적기 때문에 반응이 느려지고 질병이 더 많은 경향이 있다) 때문인 것으로 보인다. 반응 시간과 지적 기술의 변화 사이에 통계적으로 유의한 연관이 있기는 하지만 솔트하우스(Salthouse 1985)는 연령과 SRT 간의 평균 상관은 0.28, 연령과 CRT 간의 평균 상관은 0.43인 것으로 보고했다. 통계에 익숙지 않은 독자를 위해 다시 설명하면 이는 SRT 변량의 약 8%, CRT 변량의 약 19%만 연령이 설명한다는 것을 의미한다. 언뜻 보면 그다지 큰 역할을 하지 못하는 것 같은데 반응 시간에 과한 관심을 쏟아 온 것처럼 보일 수 있다. 그러나 그것은 부정확한 결론이다. 솔트하우스는 노화로 인한 지적 기술의 변화에 처리 속도의 저하가 매개 변인으로 작용한다고 보았다(Salthouse 1985, 1991b, 1992b). 이와 비슷하게 기차의 엔진에 비하면 각 기차 칸들을 연결하는 사슬은 상대적으로 중요하지 않을 수 있다. 그러나 그 사슬 없이 기차 전체를 움직이게 하기는 힘든 것이다. 이와 관련해서는 솔트하우스(Salthouse 1992b)의 연구를 참조할 수 있다.

뇌 용적과 지적 기술

반응 시간과 지적 수행 간의 관계는 복잡함에도 불구하고 둘의 관계는 확실히 존재한다. 반응 시간을 측정하는 것은 신체적 상태, 특히 뇌의 상태와 마음의 작동 간의 관계를 측정하는 것이라 가정할 수 있다. 반응 시간 관련 연구뿐 아니라 앞서 언급한 신체적 운동 및 건강의 효과와 관련된 연구에서도 신체적 상태와 지적 기능 사이에는 상관관계가 존재한다고 지적했다. 그러므로 노인의 신체적 상태와 지능의 관계를 살펴보는 것은 그다지 놀랄 일이 아니다. 정확한 감소 크기에 대해서는 여전히 논란의 여지가 있지만, 나이가 들어감에 따라 뇌의 용량은 감소한다(Coffey et al. 1999; Burgmans et al. 2009; Raz and Lindenberger 2010). 해마나 편도체와 같은 뇌의 하위 구조들에서도 동일한 현상이 관찰된다(Jack et al. 1997; Kaye et al. 1997). 또한 비우세손(non-dominant hand)을 통제하는 피질이 더 감소한다는 연구도 있다(Bonilha et al. 2009). 이러한 결과들을 보면 노화로 인한 뇌의 구조 변화가 심리학적 요인들과 상관이 있을 거라 예측할 수 있다. 뒷장에서 자세히 살펴보겠지만 치매에서의 심각한 뇌 손상은 정신 기능에 매우 해로운 영향을 끼친다. 정상 노화 과정에서도 뇌와 정신 기능의 연결이 있을 것이다. 디어리 등(Deary et al. 2003)은 1932년 스코틀랜드 정신건강 조사에서 MRI를 이용하여 참여자들의 뇌를 추적연구하여, 인지 기능의 약 14%가 뇌의 백질 이상으로 설명할 수 있음을 발견했다. 백질은 신경세포의 수초화된 부분을 말하는데, 정보를 전달하는 부분이다. 회백질은 이와 반대로 세포체와 시냅스 등으로 구성되며 정보 처리에 관여한다. 다른 연구에서는 성인 초기까지는 백질의 용량이 증가하다가 중년 및 노년기에 저하함을 발견했고(Westlye et al. 2010), 이는 지능에 대한 고전적 노화 곡선과도 유사하다. 마틴 등(Martin et al. 2010)은 노년 초기의 뇌 용적(특히 전측 내측두엽 용량)이 심하게 저하되면 그것이 경도인지장애(Mild Cognitive Impairment; MCI. 인지 기능이 일반적인 노화보다는 저하되지만 치매보다는 덜 심각한 경우를 일컫는다. 제6장에서 자세히 다룰 것이다) 발병에 대한 유의한 예측 인자가 됨을 밝혔다. 또한 지속적인 뇌 용적의 저하는 정상 노화 과정에 있는 노인들보다 MCI 노인들에게서 훨씬 더 흔하게 나타난다(Schuff et al. 2010).

노년기의 뇌 용적과 지적 수행 간의 연결이 있다는 증거는 강력하다. 그러나 주의할 점이 있다. 첫째, 많은 신체적 및 정신적 측정치들이 노년기에 저하되기 때문에 두 측정치가 함께 저하되는 것이 크게 놀랄 만한 일은 아니다. 뇌 구조의 변화가 심리적 능력에 영향을 줄 것이라는 가정은 논리적이고 이를 지지하는 연구 결과들이 많이 있지만, 여기에는 다른 오염 변인들이 있을 수 있다. 뇌와 지적 수행 간의 상관의 크기가 그다지 크지 않은데, 대체로 설명량이 약 19%(Charlton et al. 2010) 혹은 25-26% 정도(Bergfield et al. 2010)이다. 적은 설명량은 아니지만 노화에 영향을 주는 다른 요인이 있음을 시사하는 결과이기도 하다.

둘째, 노화 관련 뇌 변화 연구들을 보면 매우 명확한 결과인 것 같은 인상을 주기 쉽다. 그러나 전반적인 과정 자체가 매우 복잡하고 고급 통계 분석에서 얻어진 결과로 구성된 경우가 많다. 뇌 구조에 대한 연구는 여전히 시작 단계이고, 현존하는 지식과의 상당한 차이를 보이는 것도 있어 변화를 측정하는 기법에 대한 논쟁도 있다(Fjell et al. 2009 참조). 뇌와 인지 기능 간의 상관관계가 있다고 해서 자동적으로 그 둘 사이의 인과관계가 존재한다고 가정할 수는 없다. 구체적인 예를 들어 보자. 래빗 등(Rabbitt et al. 2007)은 백질 손상의 정도가 인지 기능과 상관이 있는지를 살펴보았다. 단순 상관법을 사용했을 때와 더 복잡한 통계법(오염 변인을 통제하는 방식 등)을 사용했을 때 상이한 결과가 나왔다. 최적의 분석법을 사용해서 봤을 때 백질 손상 정도는 노화 관련 처리 속도 점수를 유의하게 설명했지만, 지능 검사 점수에 대한 설명력은 유의하지 않았다. 이와 유사한 후속 연구 결과가 같은 연구팀에서 보고되었다(Rabbitt, Mogapi et al. 2008). 이러한 결과들을 보면 단순한 처리 속도 가설에 대해서는 부정적이다.

왜냐하면 처리 속도와 유동성 지능 간의 유의한 관계가 있는 것은 이 둘 다보다 근본적인 원인, 즉 신경적 과정의 노화로 인한 변화와 같은 매우 복잡한 원인에서 기인할 가능성이 있기 때문이다. 이 연구팀에서 이와 비슷한 복잡한 결과를 보고했다. 뇌 용적 변화는 유동성 지능 검사 점수와는 상관이 있었지만 기억력 측정치와는 상관을 보이지 않았다(Rabbitt, Ibrahim et al. 2008).

셋째, 뇌와 관련된 문헌들을 보면 뇌의 변화가 계속되고 불가피하기 때문에 정신 능력의 저하 또한 피할 수 없을 것이라는 인상을 받게 된다. 그러나 이는 사실이 아니다. 우선 앞에서도 언급했듯 뇌 용적과 인지 기술 간의 상관 크기가 그리 크지 않아 다른 요인들이 영향을 줄 여지가 남아 있다. 또한 노화로 인한 뇌 용적의 변화를 생활 방식으로 상쇄할 수도 있다. 로비오 등(Rovio et al. 2010)은 노년기 회백질의 크기와 중년기 신체적 운동이 유의한 정적 상관이 있음을 밝혔다. 즉 운동을 많이 하면 할수록 회백질의 용량이 크다. 그러나 백질과의 유의한 관계는 나타나지 않았다. 회백질과의 차이는 특히 전두엽에 집중되어 있었다. 드베트 등(Debette et al. 2010)도 역시 중년기 체지방 수준과 뇌 용적 간에 부적 관계가 있음을 보여 주었다. 너무 많이 먹으면 뇌가 위축되고 그에 따라서 노년기 지적 기능도 저하된다는 것이다(Handel et al. 2010 참조).

전두엽 가설

뇌 구조의 변화는 전체적으로 일관되게 나타나는 것이 아니라 특정 영역은 다른 영역보다 더 집중되기도 한다. 최근에는 노화에 대한 전두엽의 변화가 갖는 역할 및 지적 기능에 대한 영향(Band et al. 2002; Rabbitt 1997 참조)에 관심의 초점이 맞춰져 왔다. 전두엽은 노화로 인한 신체적 쇠퇴 때문에 변화가 생기기 쉬운 부분이며(Shan et al. 2005), 계획하고 발생한 사건의 순서를 기억하는 것과 같은 복잡한 사고 과정에 관여한다고 알려져 있다. 많은 경우 뇌의 활동은 몇 가지 잠재적 반응을 생성해 내는데, 전두엽의 주요 기능은 불필요한 반응을 억제하고 정확한 반응을 하도록 하는 것이다. 올바른 순서로 반응해야 할 때 전두엽은 주어진 순서대로만 반응하도록 하고 다른 반응은 억제하도록 한다.

이 때문에 전두엽 활동은 종종 억제적 기능으로 언급된다. 노인들이 보이는 기능 저하에 전두엽이 관여한다는 증거가 상당히 많다(Chao and Knight 1997; Friedman 2003; Geraci 2006; Isingrini and Vazou 1997; McFarland and Glisky 2009; Persad et al. 2002; Sanchez-Benavides et al. 2010).

그러나 여기에도 주의해야 할 점들이 몇 가지 있다. 전두엽 기능이 중요하다는 것은 물론 사실이다. 그러나 노화로 인한 지적 기술의 변화가 주로 전두엽 기능의 변화의 결과라는 주장에 대해서는 논란의 여지가 있다. 던컨 등(Duncan et al. 1996: 257)은 일반 지능의 'g'란 실은 전두엽의 통제 기능을 주로 반영한 것이라 주장했다. 그러나 다른 연구자들은 이러한 주장에 제한점이 있다고 보거나 심지어 반대하기도 한다. 예컨대 전두엽 손상이 보고되었다 하더라도 전두엽의 모든 영역이 그에 관여한 것은 아니라는 점을 들 수 있다. 필립스와 델라 샐라(Phillips and Della Sala 1998)는 전두엽 변화라고 생각되는 많은 부분이 실은 전두엽의 특정 영역에 국한된다고 주장했다. 배외측 전전두엽(Dorsolateral Prefrontal cortex; DLPF: 집행 기능과 작업 기억을 주로 담당하는 영역. 제3장 참조)은 쇠퇴되는 반면, 복내측 영역(정서 및 사회적 추론 기능을 담당하는 영역)은 상대적으로 유지된다. 같은 연구팀에서 이에 대한 경험적 증거를 제시하는 후속 논문도 발표하였다(MacPherson et al. 2002).

전두엽 기능 저하가 노년기 지능의 주요 특징이라고 한다면, 노년기 지능이 전두엽 손상 환자와 질적으로 유사한 방식으로 수행할 것이라고 직관적으로 예상해 볼 수 있다. 그러나 적어도 어떤 경우에는 그렇지 않았다(Phillips 1999). 이와 관계없는 연구이지만 로빈스 등(Robbins et al. 1998)에 따르면 전두엽 기능은 분명히 노년기 인지 기능을 예측하는 중요한 요인이지만 유일한 요인은 아니다. 웰리헌 등(Whelihan et al. 1997)도 같은 결과를 보고했다. 포스터 등(Foster et al. 1997)은 집행 기능 및 계획 기능이 전두엽뿐만 아니라 뇌의 여러 영역에서 공유되고 있을 것이라 주장하였다. 래빗 등(Rabbitt et al. 2001)은 서로 다른 전두엽 기능 검사들 간의 신뢰도와 타당도의 차이를 설명하지 못하기 때문에 기능 손실을 정확히 추정하기가 힘들다고 보았다. 파킨과 자바(Parkin and Java 1999)는 기호 쓰기와 유동성 지능 검사 점수를 고려하면 전두엽 기능 손상으로 인한 것이라고 여겼던 차이의 상당 정도가 제거됨을 보였다. 결정성 지능 검사 점수의 영향을 제거하는 것은 상대적으로 거의 효과가 없었다. 다시 말하면 전두엽 기능 손상은 유동성 지능과 관련된 기술의 전반적 변화로 나타나는 것 같다. 이는 비단 전두엽에만 적용되는 것은 아니고 다른 많은 국재화된 효과로 가정되는 것들에도 적용될 것이다. 솔트하우스 등(Salthouse et al. 1996)은 전두엽, 두정엽, 측두엽과 관련된 기술의 연령에 따른 변화를 살펴본 연구에서 해당 변인이 갖고 있는 연령 관련 변량의 약 58%는 다른 변인과 공유되었음을 보고했다. 다시 말하면, 뇌의 서로 다른 영역이 노화 관련 기능 저하 패턴에 그 영역 특유의 방식으로 관여하지만 동시에 그러한 변화의 상당 부분은 다른 영역의 노화로 인한 변화와도 연결되어 있다.

앞의 결과들을 정리해 보자. 전두엽 기능의 영향이 압도적인 것은 아니라고 주장하는 학자들도 전두엽 문제를 부인하는 것은 아니다. 원래부터 매사에 서툰 사람이 다리가 부러졌다고 가정해 보자. 목발로 다니는 그를 보면 여전히 그는 매사에 서툴다. 그렇다고 해서 부러진 다리와 관련된 문제가 없어지는 것은 아니다. 이처럼 전두엽 문제가 노화에 따른 기능 저하의 원인이건 그 결과이건, 혹은 둘 다이건 노화에 따른 지적 기술의 저하에 중요한 요인이 된다는 것은 부정할 수 없다.

감각 기능 변화와 지능

노년기 신경학적 쇠퇴에 대한 측정치에 반응 시간만 있는 것은 아니다. 청력이나 시력과 같은 감각 능력 또한 유용한 측정치가 된다. 최근 감각 기능과 지능 간의 강한 상관이 있다는 경험적 증거들에 많은 관심이 모아졌다.

- 린덴베르거와 발테스(Lindenberger and Baltes 1997)는 특정 조건하에서 감각 및 감각 운동 기술이 노인의 지능 검사 점수의 많은 설명 변량(59%)을 차지함을 보고했다. 이러한 관계는 성인기 전반에 걸쳐서 점점 강해진다고 한다.
- 발테스와 린덴베르거(Baltes and Lindenberger 1997)는 지능 검사 점수의 변화는 감각 기능의 상태(청력 및 시력으로 측정된다)로 설명된다고 하였는데, 70세

미만은 지능 검사 점수 변량의 11%, 70–103세 노인들은 31%를 설명하였다. 두 연령 집단 모두 감각 기능은 유동성 지능과 상관이 있었다. 저자들은 감각의 상태가 생리학적 노화의 훌륭한 지수가 되고, 따라서 노년기에 지적 기술에 영향을 주는 주요 요인이 될 것이라고 결론 내렸다. 듈레이와 머피(Dulay and Murphy 2002)도 이와 유사한 결과를 보고했다. 후각 역치(탐지할 수 있는 가장 약한 냄새)를 사용한 연구에서 감각과 인지적 기능 간의 강한 상관이 있음을 발견했고, 나이가 많을수록 더 강한 자극을 줘야 냄새를 맡을 수 있었다.

- 이러한 결과는 핀켈 등(Finkel et al. 2001)의 연구에서도 나타났는데, 저자들은 중년과 노년의 일란성 쌍둥이를 대상으로 후각과 인지 기능 간의 강한 상관관계가 있음을 보고했다. 이들은 이러한 관계가 유전적으로 매개됨을 보여 주었다.
- 마시스크 등(Marsiske et al. 1997) 또한 자신의 기본적인 능력에 대한 지각 정도 및 사회 활동에 참여하는 정도가 각각 자신의 감각적 정확도(시력)와 상관이 있음을 밝혔다.
- 클레이 등(Clay et al. 2009)은 시력과 처리 속도 변인을 통제하면 유동성 지능 점수에서의 연령 집단 차이가 사라짐을 발견했다.

이러한 연구들은 앞에서도 논의했던 노년기의 지능은 신체적 건강에 어느 정도 의존한다는 주장을 반복한다. 감각적 쇠퇴가 지능과 어떻게 관련이 있는 것일까? 가장 간단히 설명하면, 감각적 정보 입력의 질이 저하되면 우리 마음이 작업해야 하는 재료의 질이 떨어진다. 즉, 콩 심은 데 콩 나고 팥 심은 데 팥 난다. 그러나 린덴베르거 등(Lindenberger et al. 2001)은 중년의 사람들의 감각적 정확도를 노인 수준으로 낮춘다고 해서(특수 안경 착용, 소리 차단 등) 노인 수준의 인지적 수행으로 감소되는 것은 아님을 보여 주었다. 그러므로 감각적 변화라는 것은 단순히 정보 입력을 어렵게 하는 것 이상인 것 같다. 지능 검사는 후각 기술을 평가하거나 필요로 하지 않음에도 불구하고 후각 기술이 지능과 관련 있다고 나타나는 것을 보면, 타협된 정보 입력 주장은 받아들이기 힘들다. 따라서 보다 높은 수준의 설명이 필요하고, 그것은 인지 과정과 감각 과정 둘 모두에 영향을 주는 전반적 변화를 반영하는 것이어야 한다(Li and Lindenberger 2002; Scialfa 2002; Stankov 2005 참조). 다시 말하면 이는 또 다른 모습의 전반적 속도 저하 가설로 되돌아온 것이다. 가장 기본적인 것(감각 및 단순 반응 시간)에서부터 복잡한 것(복잡한 지적 과제에서 사용된 인지 기술)까지의 신경학적 기능을 묶는 단일한 측정 기준으로 설명해야 한다. 그런데 이러한 논의가 액면 그대로 받아들여질 수 있는 것일까?

감각 기능의 상태가 신체적·정신적 기능의 훌륭한 측정 기준이 된다는 것에 대해서는 논쟁의 여지가 없다. 그러나 이러한 현상이 노화와 관련된 변화 전체를 설명한다고 해석하기에는 주의가 필요하다. 예컨대 앞서 인용했던 듈레이와 머피의 후각 역치에 관한 연구에서는 감각과 인지 기능 간의 상관관계를 발견했지만, 연령으로 설명되는 추가적인 변량이 있었기 때문에 감각 결손이 인지 기능에 있어서의 모든 노화 관련 변화를 설명하지는 못한다. 뢰브덴과 왈린(Lövdén and Wahlin 2005) 또한 감각적 정확도와 인지 기능 간 정적 상관을 보고하여 이것이 공통 요인임을 시사했다. 그러나 상관 정도가 그리 크지 않았고 변량의 많은 부분이 설명되지 않은 채로 있었다. 린덴베르거와 기슬레타(Lindenberger and Ghisletta 2009)는 종단 자료 분석을 통해 인지 능력과 감각 기능 저하 간의 상관관계가 유의하지만 그 크기가 중등도임을 밝혔다. 비교적 강한 상관관계가 관찰된 연구에서조차도 감각 측정치가 모든 유형의 인지와 상관이 있는지의 여부에 대해서는 논란의 여지가 있었다. 일부 연구들에서는 특정 인지 과제와 감각적 정확도 간에는 상관관계가 관찰되었지만 다른 인지과제와의 상관은 발견하지 못하였다. 앤스티 등(Anstey et al. 2002)의 연구에서는 시력과 유동성 지능 간의 유의한 상관관계를 확인했지만(연령 효과를 제거한 이후에도 유의하다), 얼굴 재인 과제 수행에 대해서는 유의한 설명을 하지 못하였다. 감각적 측정치들이 단지 일부의 인지적 측정치와만 관련이 있다는 사실은 무언가가 있기는 하지만 모두를 만족시킬 만한 것은 찾을 수 없음을 의미한다. 호퍼 등(Hofer et al. 2003)은 감각적 정확도와 인지적 변화 간의 상관을 발견하지 못했는데, 이는 상관관계의 발견 여부는 사용한 분석 기법에 따라 다를 수 있음을 시사했다. 감각적 변화는 유용한 지수이기는 하지만 일반적인 수준에서만 그러하고, 설명되지 않는 변량이 여전히 남아 있다. 이렇게 설명되지 않은 변량을 일컬어 노화와 연관은 있지만 정확한 성질은 잘 모르는 것을 의미하는 '일반적 노화 효과(general ageing effect)'라고 말하기도 한다.

다른 가능성을 고려해 보자면, IQ가 높은 노인의 경우 자신의 건강을 스스로 잘 돌볼 가능성이 높고(예: 정기적으로 안과 가기), 감각 기관이 잠재적 손상에 노출될 일이 없는 직업을 갖고 있을 것이다(예: 공장보다는 조용한 사무실에서 근무). 온전한 감각 기능과 높은 IQ는 보다 일반화된 요인인 자기 보존 기술의 한 부분일 것이며 이는 용불용설로 되돌아가게 된다(자기 보존 기술을 사용하라, 그렇지 않으면 지능을 잃을 것이다). 뉴슨과 켐프스(Newson and Kemps 2005)는 노인을 대상으로 6년 동안 추적연구한 결과 감각적 정확도와 인지 기능 간에 유의한 상관관계가 있음을 관찰하였다. 그러나 변량의 많은 부분은 생활 방식으로 설명되었다. 그러므로 감각적 정확도와 생활 방식 간의 연결은 처음 생각했던 것처럼 그렇게 하찮은 것은 아니다. 감각 결손 측정치가 노화로 인한 인지적 변화를 어느 정도 예측할 수 있는지에 대해서는 논쟁의 여지가 많지만 연구자들이 계속적으로 연구해 봐야 하는 것이고, 그것이 인지적 변화를 설명하는 핵심 방법이라는 점에는 의심의 여지가 없다.

지능에 관한 모든 것

지금까지는 주로 지능을 넓은 의미에서 다루어 왔다. 즉 노화로 인한 일반 지능의 변화 혹은 유동성 및 결정성 지능으로 흔히 나눠지는 지능의 변화에 대해 살펴보았다. 이 장의 나머지 부분에서는 보다 구체적인 지적 기술들에 대한 노화의 영향을 살펴보도록 하겠다. 많은 지적 기술들(특히 유동성 지능과 관련된 것들)은 노년기에 이르러 느려지거나 부정확해지는 방식으로 쇠퇴된다(Horn 1982). 다음의 것들은 모두 나이가 들어 감에 따라 저하되는 것들이다. 단어 목록 기억, 간단히 제시된 시각적 이미지 알아차리기(Walsh et al. 1979), 형태 재인(Walsh 1982), 철자 바꾸기 놀이에서 문제 풀기(Witte and Freund 1995), 일상생활 문제 풀기(Diehl et al. 1995; Sorce 1995), 운전 경로를 계획하는 속도(Walker et al. 1997). 이러한 목록을 만들자면 이 책의 마지막까지 계속 나열할 수 있다. 노화 관련 감퇴의 원인은 대체로 쉽게 찾을 수 있다. 문헌 리뷰를 통해 어떤 저자는 다음과 같이 결론 내렸다. "나이 들어 감에 따라 나타나는 지능의 변화는 우리가 아직 잘 모르는 단일한 특정 인지적 측정치보다는 시간 제한이 있는 간단한 일반 지능 검사로 훨씬 더 잘 평가할 수 있다."(Rabbitt 1984: 113)

래빗은 일부러 과장해 말한 것으로 보이는데, 노년기에 보이는 대부분의 지적 변화는 일반 지능의 저하와 강하게 연결되어 있다. 일반 지능은 앞서 살펴보았던 것처럼 반응 시간 및 감각적 변화와 상관이 있기 때문에 노화로 인한 변화를 단일 요인으로 설명하는 접근법으로 되돌아가는 것은 그리 놀랄 만한 일이 아니다.

그런데 이는 어떤 연구자들에게는 심각한 문제를 야기하기도 한다. 만약 노인이 암산을 더 못한다고 가정하고 이것이 일반 지능의 저하로 인한 것이라고 가정해 보자. 노인과 젊은이 집단의 수행 차이의 원인을 밝혀 보고자 한다면, 이 연구는 그다지 재미가 없다. 왜냐하면 이 연구는 노화에 대한 새로운 사실을 알려 주는 것이 없기 때문이다. 지능의 전반적 저하가 나타나는 한 방식으로서의 계산력의 저하는 이미 많은 연구를 통해 밝혀진 사실이다. 이는 코끼리가 큰 발톱을 갖고 있다는 사실을 발견한 것만큼이나 식상하다.

하지만 이는 그저 하나의 관점일 뿐이다. 일반 지능이 정말 모든 것을 설명하는 것인가에 대한 의구심을 드러내는 몇 가지 근거들이 있다. 첫째, 지능과 다른 지적 기술 간의 상관이 완벽한 것은 아니라는 점이다. 지적 기술의 수행은 지능 검사로만 설명되는 것이 아니고, 다른 요인들도 역할을 한다. 둘째, 실험실 장면에서 사용한 측정치와 지능 검사 점수가 상관이 높은 것은 그리 놀랄 일이 아니라는 점이다. 실험실 내에서 과제를 얼마나 잘하는지를 측정하는 것은 그것들이 기본적으로 유사한 기술들이기 때문이다. 또한 이러한 측정치가 실생활에서의 능력과 꼭 신뢰할 수 있는 상관을 가지는 것도 아니다. 셋째, 필립스는 다음과 같은 주장을 통해서 이러한 문제들을 잘 묘사했다.

> 만약 어떤 연구자가 여러 심리학적 측정치들에 대한 연령 차이를 통계적으로 예측하고자 한다면, 유동성 지능 지수들을 사용하면 연령 관련 변량의 일정 부분을 어느 정도 설명해 낼 수 있을 것이다. 그러나 그렇다고 해서 이것이 반드시 노화 과정을 이해하는 데 유용한 이론적 메커니즘을 제공해 주는 것은 아니다. 인지신경심리학자는 아마 이런 주장을 할지도 모르겠다. '복잡한 인지 과정을 요

하는 특정 지능 검사가 다른 인지 과제 수행 변량도 상당 부분 설명한다고 하면 어떨 것인가? 이것이 이론의 발전에 어떤 도움이 될 것인가?' 반대로 심리측정학자는 이런 주장을 할 것이다. '억제 과제가 노화의 효과에 영향을 준다고 하면 어떨 것인가? 이러한 집행 기능 관련 과제들은 예측 타당도를 지니는가?' 두 방법 모두 인지적 노화를 이해하고자 하는 것이지만, 이들은 서로 다른 형태의 연구 질문을 하고 있다.(Phillips 2005: 236–237)

일반 지능과 구체적인 인지 기술 간의 상관이 100%라 할지라도, 그러한 실험이 전혀 가치가 없다는 것은 아니다. 예컨대 그 연구 결과를 토대로 노화가 암산에 미치는 영향에 관한 자세한 모형(즉, 그 변화가 왜 일어나는지를 설명하는 모형)을 구성할 수 있다. 모형을 만드는 토대로 사용하지 않더라도 실용적인 관점에서 여전히 가치 있는 연구가 될 수 있다. 노인이 쇼핑하러 갈 때는 계산기를 가져가라고 권고할 수 있다. 이 책 전반에 걸쳐 지능 검사에 대한 많은 예를 제시할 것인데, 대부분의 검사에서 보이는 저하는 일반 지능의 저하로 인한 것이므로 위와 같은 연구도 충분히 가치가 있다. 그런데 일반적인 변화 패턴과는 다르게 저하되는 지적 기술이 있을 수 있는데, 이 경우가 보다 흥미를 끄는 것은 사실이다.

일반 지능이 수행에 끼치는 영향을 평가하는 방법에는 여러 가지가 있다. 두 가지 간단한 방법으로는 짝 맞추기(matching)와 편상관(partial correlation)을 들 수 있다. 전자는 두 집단의 구성원들이 특정 기술에 대한 능력이 동일하도록 맞춘 후에 비교하는 것이다. 그러므로 나타난 두 집단의 차이는 그 기술의 차이일 수는 없는 것이다. 동일한 지능 검사 점수를 갖고 있는 젊은이 집단과 노인 집단이 어떤 과제를 하는 것을 비교한다고 가정해 보자. 그 과제 수행에 대해 나타난 연령의 차이는 지능의 차이는 아닐 것이다. 짝 맞추기 기법은 매우 유용하기는 하지만 특히 연령 집단이 다른 경우에 적절하게 짝을 잘 맞추는 것이 어려운 경우가 자주 있다. 그런 경우에는 편상관을 해 볼 수 있다. 복잡한 통계 기법이기는 하지만 설명하기는 비교적 쉽다. 두 변인 간의 관계가 제삼자의 공통된 영향으로 인한 것인지를 살펴보는 것이다. 예를 들면 초등학생들의 신발 사이즈와 수학 점수를 비교해 보고자 하는 연구자가 있다고 하자.

아마도 정적인 상관관계가 있어서 신발 사이즈가 클수록 수학 점수는 높을 것이다. 이 경우, 두 변인 사이에는 인과적 연결이 없다는 것이 명백한데 왜 이러한 상관관계가 나왔을까? 답은 제삼의 변인인 연령에 있다. 고학년 아이들의 신발 사이즈가 더 크고 수학 시험에서도 수행을 더 잘할 것이다. 그러므로 신발 크기와 수학 간의 상관은 제삼의 변인인 연령의 영향으로 생긴 우연적 결과이다. 이것을 편상관 기법을 사용해 수학적으로 보여 줄 수 있다. 아이의 신발 사이즈, 검사 점수, 그리고 나이를 식에 넣은 다음 연령의 효과를 수학적으로 제거할 수 있다. 이때 '연령의 효과는 제거되었다(partialled out)'고 말한다. 그런 후에 신발 크기와 검사 점수 간의 유의한 상관이 더 이상 없다면 앞서 발견되었던 상관은 연령으로 인한 우연적 결과였다는 것이 증명되는 셈이다. 노화로 인한 지적 기술의 저하가 여러 많은 변인들 중에서 g의 저하로 인한 것임을 검증할 수 있도록 해 주기 때문에 편상관 기법은 노년학 연구에서 중요하다. 이 기법과 관련된 수학적 배경에 관한 더 많은 정보는 일반 통계 서적에서 찾을 수 있을 것이다.

노화 과정에서 보이는 주의력 결핍

주의력(attention)이란 방해 자극이 있음에도 불구하고 주어진 일에 집중하고 기억할 수 있는 능력을 말한다. 전두엽은 주의 과정에 관여하는 영역으로 자주 언급된다. 주의는 여러 가지 방식으로 나타난다. 현재 해야 하는 일에 집중할 수 있는 능력인 지속적 주의력(sustained attention)이 있다. 전형적인 지속적 주의력 검사로는 컴퓨터 스크린에 나타나는 연속적인 문자들 중에 특정 문자가 나타날 때 반응하도록 하는 것이 있다. 지속적 주의력은 노년기까지도 비교적 잘 보존되는 능력으로 알려져 있다(Salthouse 1982). 감퇴된다고 보고된 경우에도 주의력 자체의 문제라기보다는 검사 자극이 노인이 탐지하기에 어렵기 때문인 경우가 많다(Giambra 1993 참조). 노인들은 또한 넓은 시야보다는 좁은 시야에 제시된 시각적 자극에 더 잘 집중한다(Kosslyn et al. 1999).

선택적 주의력(selective attention)은 방해 자극이 있지만 거기에 주의 분산이 되지 않고 현재 해야 하는 일에 집중할 수 있는 능력을 말한다. 시각 탐사 과제(visual search task)는 선택적 주의력을 검사하는 데 흔히 쓰이는 방법이다. 예컨대 문자들을 보여 주고 특정 문자를 찾아보라고 한다. 이 과제에서 연령차가 발견되었는데, 월시(Walsh 1982)는 일반적인 신경 전달 속도의 지체로 설명되지 않는 노인 집단에서의 속도와 정확도의 유의한 저하를 발견하였다. 시각 탐사 과제의 핵심적인 특징은 중요하지 않은 자극을 무시할 수 있는 능력이다. 이는 부적 점화(negative priming)라는 현상으로 설명될 수 있다. 목표 자극이 Y이고 방해 자극이 X라고 가정해 보자. 그런 후 이번에는 목표 자극이 X이고 방해 자극이 Y로 바뀐다. 이때 목표 자극을 찾는 시간은 유의하게 지체되는데, 이전 시도에서 목표 자극이었던 Y를 찾고자 했던 것을 억제해야 하기 때문이다. 이러한 부적 점화는 반응 시간을 효과적으로 늦출 수 있는 방법이 된다. 여기서 관심을 갖게 되는 것은 부적 점화의 수준이 노인과 젊은이가 다른지의 여부이다. 만약 노인이 젊은이에 비해서 부적 점화의 억제적 효과에 대해 덜 영향을 받는다면, 노화로 인한 저하라 할 수 있다. 로저스(Rogers 2000)는 문헌 고찰을 통해 노인들이 상대적으로 부적 점화에 영향을 덜 받는다는 연구와 그렇지 않다는 연구가 비슷하게 있다는 것을 발견했다. 실험 과제의 형태에 따라 결과가 달라졌다. 현재로서 가장 가능성 있는 설명은 억제에 영향을 주는 처리 과정이 있고 그렇지 않은 과정이 있다는 설명이다(Rogers 2000 참조).

래빗(Rabbitt 1979)은 목표 자극이 특정 위치에 자주 나타난다고 해서 수행이 향상되는 것은 아님을 보여 주었다. 노인의 반응 속도는 목표 자극이 나타나는 위치가 자주 나타나는 곳이건 드물게 나타나는 곳이건 변화가 없었지만 젊은이의 경우에는 자주 나타나는 위치에 목표 자극이 나타나면 반응 속도가 더 빨라졌다. 실험 후 보고에 의하면, 노인들도 목표 자극이 더 자주 나타나는 위치에 나타나고 있다는 것을 인지하고 있었다. 즉, 정보를 획득하기는 했지만 그 정보를 이용하지는 못했다. 게다가 반복 연습을 해도 그들의 수행은 향상되지 않았다(Rabbitt 1982). 그러나 다른 연구들은 래빗의 연구 결과와 일치하지 않았다. 길모어 등(Gilmore et al. 1985)은 노인도 그러한 정보를 이용할 수 있다고 보고했다. 니센과 코킨(Nissen and Corkin 1985) 또한 실험을 통해 동일한 위치에 목표 자극이 나타나면 반응이 상대적으로 빨라짐을 보고했다. 매크레이와 에이브럼스(McCrae and Abrams 2001)는 노인들은 목표 자극의 시각적 특징 자체보다 그 위치 정보를 효과적으로 가지고 있음을 보여 주었다. 또한 고정된 위치에 있는 방해 자극을 무시하는 능력도 유지되고 있음을 보여 주는 연구도 있다(Einstein et al. 2002). 자극의 크기나 모양, 명도와 같이 실험 설계의 지엽적인 특징의 차이에 따라서 효과의 유무가 달라짐을 보여 주는 다른 연구들도 있다(Albert 1988).

메일러와 래비(Maylor and Lavie 1998)는 일련의 문자열을 시야의 중심부에 제시하고, 그 속에 포함되어 있는 목표 자극을 찾아내는 과제를 실시했다. 가장자리에는 방해 자극이 있었다. 젊은이에 비해 노인은 문자열이 길 때보다 짧을 때 방해 자극에 더 영향을 받았다. 흥미로운 결과로 여겨졌으나, 매든과 랭글리(Madden and Langley 2003)의 후속 연구에서는 일치되는 결과를 찾지 못하였다.

선택적 주의력에 대한 노화의 영향을 살펴보는 연구들을 보면 실험 설계에 매우 민감하다는 것을 알 수 있다. 검사 방법의 미세한 차이나 분석 방법의 차이 때문에 결과가 달라지기도 한다(Cornelissen and Kooijman 2000 참조). 게헤이루 등(Guerreiro et al. 2010)은 문헌 리뷰를 통해 노인들은 일부 일반적인 조건에서 상당히 불리하다는 결론을 내렸다. 상대적으로 경미한 변화라도 큰 변화를 이끌어 낸다. 벤-데이비드와 슈나이더(Ben-David and Schneider 2010)는 젊은이 집단에 대해 두 가지 버전의 스트룹 과제를 실시했는데, 하나는 정상적인 색채가 있는 것이었고, 다른 하나는 (노인의 시력을 모방해서) 퇴색된 색채로 된 것이었다. 퇴색된 조건에서 젊은이들은 노인 집단과 유사한 방식으로 수행했다. 따라서 선택적 주의 측정치는 실험에 큰 영향을 받는다. 따라서 선택적 주의력에 대한 노화의 영향을 살펴볼 때, 주의력 측정치가 실험 부산물이 아닌 순수한 심리 현상을 얼마나 잘 측정하는지가 문제가 된다.

시각적 탐사는 시각적 표시(visual marking)와 같은 환경에서 향상될 수 있다. 이는 이미 본 항목을 억제할 수 있으면 탐사 과제를 더 빨리 수행할 수 있는 현상을 말한다. 왓슨과 메일러(Watson and Maylor 2002)는 젊은이들의 경우 움직이는 자극과 고정된 자극 둘 다에서 시각적 표시가 나타나지만 노인의 경우 고정된 자극에 대해서만 나타남을 발견했다. 이러한 결과에는 주의 과정에 영향을 주는 다양한 요인들이 관여해 있을 수 있다. 단순히 동기적 요인 때문일 수도 있는데, 고정되어 있지 않는 자극에 주의를 기울이는 것이 귀찮을 수도 있다. 혹은 '즉시 파악(subitisation)'으로 설명할 수 있다. 이는 여러 항목을 단번에 파악할 수 있는 능력을 말한다. 대부분의 사람들은 두 개에서 일곱 개 정도의 항목은 즉각적으로 한 번에 알아차릴 수 있다. 제시된 항목이 몇 개인지 세는 과제에서, 단번에 파악할 수 있는 개수의 항목들에 대해서는 동일한 반응 시간이 소요되고, 그 후에 남아 있는 항목들에 대해서는 항목의 수에 비례해서 반응 시간이 증가한다. 예를 들면, 어떤 사람이 즉시 파악할 수 있는 항목의 최대 수가 네 개라고 하면 항목의 수가 한 개, 두 개, 세 개, 혹은 네 개일 때까지는 반응 속도가 동일하지만 다섯 개 항목일 때는 반응 시간이 느려지고 20개 항목이면 훨씬 더 느려진다. 왓슨 등(Watson et al. 2002)은 노인의 경우 방해 자극이 없을 때에만 항목을 즉시 파악할 수 있음을 발견했다.

맥다우드와 필리온(McDowd and Filion 1992)은 선택적 주의력의 다른 검사로 자신들의 연구 참여자들에게 여러 가지 신호음이 등장하는 라디오 극을 들려주었다. 핵심적인 실험 조건은 신호음은 무시하고 극에 집중하는 것이었다. 이 과제를 진행하는 동안 피부 전도와 심박률을 측정하였다. 신호음이 무시되었다면 그러한 측정치의 변화가 없을 것이다. 처음 몇 번의 신호음이 나타난 후 젊은이들은 성공적으로 그 소리들을 무시했지만, 노인들은 그러지 못하고 실험하는 동안 계속 높은 수준으로 반응하였다.

다른 형태의 주의력과 마찬가지로, 선택적 주의력도 주의력 과제 이외의 것에도 영향을 끼친다. 우리는 다양한 일상생활 과제를 수행할 때 주의력을 이용한다(예컨대 종이에 인쇄된 글자에 주의를 기울이지 않고서는 이 문장을 읽을 수 없을 것이다). 따라서 주의력에 대한 연구는 실험실 과제에서 어떻게 수행하는가를 살펴보는 것 이상이다. 비스콘타스 등(Viskontas et al. 2004)은 노인들에게서의 주의 기능은 다른 인지 기능과 강한 상관관계를 가진다고 하였다. 노인의 경우 주의력 수준이 지적 수행의 일반적 수준의 지표가 되기도 한다.

분리 주의력(divided attention)은 주의를 기울임과 동시에 하나 이상의 정보를 처리하는 능력을 말한다. 많은 작업 기억 과제가 이 범주에 속한다(제3장 참조). 분리 주의를 평가하는 방법은 매우 다양하다. 대부분의 연구에서 분리 주의는 나이 들어 감에 따라 저하된다는 결과가 나왔다. 처리 가능한 시야(Useful Field of View; UFOV)의 경우를 생각해 보자. 특정 상황에서 얼마나 '터널 시야(tunnel vision)'를 보일 것인지에 대한 효과적인 측정치가 UFOV이고, 그것은 과제에 따라 변화될 수 있다. 컴퓨터 화면 중앙에 제시되는 기호에 시선을 고정시킴으로써 UFOV가 측정된다. 중앙의 기호에서 떨어져 있는 곳에 자극이 제시되는데, 다양한 위치에 제시되는 이 자극을 탐지할 수 있는 능력이 바로 UFOV가 된다. 주변부에 위치한 자극을 더 잘 탐지할수록 그 사람의 UFOV는 넓다고 할 수 있다. 노인의 경우 UFOV가 더 적었고, 이 UFOV의 크기는 교통사고를 경험할 확률과 상관관계가 있었다(Ball et al. 1993). 두 가지 유형의 정보를 한 번에 처리해야 하는 경우 노인의 UFOV는 젊은이에 비해 유의하게 저하되었다(Ishimatsu et al. 2010).

분리 주의를 평가하는 또 다른 방법은 양분 청취(dichotic listening) 과제이다. 헤드폰을 사용해서 양쪽 귀에 상이한 자극을 제시한다. 전형적인 과제로 양쪽 귀로 들은 내용을 각각 보고하도록 한다. 많은 연구자들은 노인들이 이 과제에 취약함을 보여 주었다(Horn 1982; Salthouse 1985). 보다 일반적으로 연구자들은 두 개 이상의 자극에 주의를 나누어야 하는 과제에 노화의 영향이 크다는 것을 밝혔다(Lajoie et al. 1996; Vaneste and Pouthas 1999).

이 외에도 정신 과제 수행 중의 균형 잡기나 걷기에 대한 연구들이 있다. 머릿속으로 특정 과제를 하면서 균형을 유지하는 것은 비교적 쉬울 것이라 생각할 수 있겠지만, 똑바로 서 있다가도 정신 과제를 수행하는 동안에는 균형이 흔들리는 경우가 많이 있다. 특히 균형 감각이 약한 노인들의 경우 더 많은 보완적 근육 움직임이 관찰되었다(Fraser et al. 2007). 이렇게 두 가지 일을 동시에 하도록 하는 방식의 이중 과제에서 사람들은 대체로 두 과제 중 한 과제에 더 주의를 기울이곤 한다. 일반적으로 노인들은 균형 잡는 것에 더 주의를 기울이는 반면, 젊은이들은 정신 과제에 더 주의를 기울이는 경향이 있다(Cho et al. 2008; Verhaeghen 2011). 아마도 노인들이 대체로 가지고 있는 낙상에 대한 두려움을 반영하는 것 같다.

개념적 조직화

반응 시간이 자극에 대한 즉각적인 반응을 측정하는 것처럼, 개념적 조직화는 기본 법칙이나 원리를 알아내기 위해 어떤 일을 추상적 수준으로 다룰 수 있는 능력을 말한다. 개념적 조직화는 일정 법칙을 가지고 묶을 수 있는 모양이나 기호를 이용해서 피험자가 그러한 법칙을 찾아낼 수 있는지를 보는 과제로 평가한다. 여러 연구에서 노인들은 이러한 과제에서 어려움을 보인다는 것이 밝혀졌다(Filoteo and Maddox 2004). 그러나 이러한 분류 과제는 일상생활에서도 적용될 수 있다. 예컨대 사람, 쥐, 코끼리는 겉모습은 달라도 추상적 수준에서는 모두 포유류이다. '소 잃고 외양간 고친다'와 같은 속담을 상징적 수준에서 이해하지 못한다면, 그것은 소 잃은 사람에게만 해당하는 말이 된다. 이는 일반 지식에 해당되기 때문에 노화의 영향을 잘 안 받는 것으로 여겨져 왔다. 그러나 앨버트 등(Albert et al. 1987)은 노인이 되면 속담의 뜻을 해석하는 능력이 저하된다고 하였다. 이러한 결과는 단순히 코호트 효과 때문일 수도 있지만 이미 알려진 바와는 다르게 결정성 지능 또한 노화의 영향을 받기 때문일 수 있다.

개념적 구조화 능력을 평가하는 다른 검사로는 스무고개 놀이가 있다. 검사자가 어떤 사물을 생각하고 있고 피험자는 질문을 통해 그 사물을 알아맞히는 것이다. 질문에 대해서는 '예/아니오'로만 답할 수 있다. 가장 좋은 전략은 맞혀야 할 사물의 범위를 좁힐 수 있는 질문을 하는 것이다. 제약 찾기 전략이라 불리는데, 질문을 해 갈수록 정답의 가짓수가 줄어들기 때문이다. 이때는 특정 항목을 물어보는 가설적 조사 질문을 할 수 있다('그것은 개입니까?'). 아직 정답의 가짓수가 줄어들지 않았는데도 이런 질문을 하는 것은 답을 맞힐 가능성이 낮기 때문에 별로 좋지 않은 전략이다. 데니와 데니(Denney and Denney 1974)는 노인들이 스무고개 게임을 잘 못한다는 것을 발견했다. 정답을 알아내기 전에 더 많은 질문을 했는데 이는 주로 제약 찾기 질문을 적게 하기 때문이었다. 여러 항목을 주고 이를 범주화하는 과제에서도 비슷한 경향을 보였다. 상위 범주로 묶는 것이 좋은 전략인데, 노인들은 비논리적으로 항목들을 연결 짓는 경향이 있었다. 범주화 능력의 저하가 기억력 저하 때문이라고 생각할 수도 있다. 그러나 항목의 개수나 요구되는 기억력의 정도를 다양하게 해서 실험해도 결과는 마찬가지였다(Rebok 1987). 교육 수준 또한 이러한 결과를 완전히 설명하지 못했다(Cicirelli 1976; Laurence and Arrowood 1982). 가장 좋은 전략을 보여 준 이후에도 노인들은 그 전략을 젊은이들만큼 사용하지 못하는 것으로 나타나 코호트 효과로 설명되지도 않았다(Hybertson et al. 1982). 매독스 등(Maddox et al. 2010)은 범주화 과제의 형식적인 규칙을 배울 수 있는 노인이라도 그 규칙을 지키기 위해 필요한 정보를 통합하는 능력이 젊은이보다 더 떨어짐을 확인했다(즉, 일반적인 원리는 알았지만 실제로 그것을 적용하는 데는 서툴렀다). 이러한 과정은 노화에 특히 민감한 억제와 작업 기억 기술과 관련이 있는 것으로 보인다(제3장 참조).

노인들이 범주화 과제에서 보이는 오류 중에는 질적으로 다른 경우도 있다. 예컨대 범주화 기술이 일반 지능 g의 전반적인 저하와 관련이 있는 경우이다. 로런스와 애로우드(Laurence and Arrowood 1982)는 토론토 대학 학생 집단과 동 대학의 졸업생인 노인 집단, 그리고 노인 입원환자 집단의 범주화 과제 수행을 비교했다. 토론토 대학 학생과 졸업생인 노인 집단 간에는 유의한 차이가 없었고, 이 두 집단은 노인 입원 환자 집단보다 월등한 수행을 보였다. IQ 자료는 없었지만 이는 졸업생 노인 집단의 지능이 잘 유지되고 있었음을 시사한다. 따라서 범주화 기술은 입원환자 집단처럼 지능이 저하되기 시작할 때 함께 저하될 가능성이 크다. 입원환자 집단이 가장 자주 오류를 범했던 항목은 서로 자주 쓰이는 단어들끼리 묶는 과제였다(토끼와 당근: '토끼'는 '당근'을 먹는다). 이 오류는 나머지 두 집단에서는 거의 관찰되지 않았다. 따라서 병리적 노화는 범주화 기술의 양적·질적 측면에 영향을 주는 것으로 보인다. 게다가 애런버그(Arenberg 1982)는 장기 종단 연구를 통해 젊은이 집단은 개념화 과제 수행이 시간 경과에 따라 향상된 반면, 노인들은 더 저하된다고 보고했다.

그러나 이는 범주화 과제에서 보이는 오류가 단순히 실험에서 의도했던 분류와 달랐기 때문일 수 있다. 당근을 토끼와 묶는 것은 당연하기는 하지만 넓은 틀에서 본다면 그러한 범주화가 가장 명쾌한 것은 아니다. 데니(Denney 1974)는 노인들의 실수가 기능 저하 때문이라기보다는 일반적으로 받아들여지는 방식으로 범주화하는 것을 잊었기 때문에 발생한다고 주장했다. 범주화는 교육 수준 및 지능과 연관이 있다. 교육 수준과 지능 수준이 높을수록 형식적 범주화에 더 익숙한 전문직에 종사하거나 여가 활동을 하는 경향이 있으며, 그러한 범주화 작업을 더 오랫동안 유지해 왔을 것이기 때문이다.

그러나 이러한 연구들에서 사용한 범주화 과제가 비교적 쉽다는 비판이 있을 수 있다. 난이도가 올라가면 연령 차이가 더 심해지고, 이는 노화로 인한 전두엽 기능 저하와 연관이 있을 것이다. 한편 난이도가 높은 과제일수록 다른 인지 과정을 더욱 필요로 하기 때문에 그러한 검사가 동일한 기술의 검사라고 할 수 있을지도 의문이다. 또한 어떤 범주화 기술은 다른 것보다 연령 차이가 더 심하게 나기도 한다. 예컨대 필로테오와 매독스(Filoteo and Maddox 2004)는 규칙에 기반을 둔 학습을 사용한 범주화 과제는 정보를 통합해야 하는 범주화 과제보다 연령 차이가 덜 난다는 것을 발견했다.

노년기의 창조성

일반 지능과 함께 가는 것이 창조성(creativity)이다. 연구자들마다 창조성을 설명하는 방식은 다르지만, 창조적 행위란 새로우면서도 상황에 적절해야 한다는 것에 대부분 동의할 것이다. 창조성의 의미를 설명하기에 가장 좋은 방법은 전형적인 창조성 검사를 살펴보는 것이다. 벽돌을 주고 이 벽돌의 용도를 가능한 한 많이 생각해 보도록 한다. 창조적이지 않은 것으로 분류되는 답변에는 크게 두 종류가 있다. 첫째, '집을 짓는다'와 같이 적절하지만 일반적인 대답이고, 둘째, '벽돌을 갖고 놀면서 불면증을 치료하는 데 사용한다'와 같이 새롭지만 부적절한 대답이다. 창조적인 답변은 '벽돌 표면을 긁어서 붉은 연지를 만든다'와 같이 새롭고도 실행 가능한 답변이다. 창조적인 답변을 많이 하는 사람은 확산적 사고에 능한 사람들이다. 연구들에 의하면 노인들은 확산적 사고 과제를 못하는 경향이 있다. 답변의 수가 더 적거나(Foos and Boone 2008), 40대에 최고치에 이르고 이후 저하된다(McCrae et al. 1987). 전반적으로 지적 기술이 감퇴되기 때문이라고 할 수 있겠지만, 지능과 교육 수준을 동일하게 했을 때도 연령 차이가 관찰되었다(Alpaugh and Birren 1977; McCrae et al. 1987). 매우 창조적이었던 사람의 경우에는 이러한 차이가 크지 않았다. 새서-코언(Sasser-Coen 1993)은 나이 들어 갈수록 창조적 과정에 있어 확산적 사고가 덜 중요하게 되고 개인적인 경험에서 우러나온 것들이 더 큰 비중을 차지하게 된다고 주장했다. 사이먼턴(Simonton 1990)과 헨드릭스(Hendricks 1999)는 앞선 연구들에서 사용한 검사들은 단순히 확산적 사고 검사이지 실생활에서 보이는 창조성을 신뢰할 수 있게 평가할 수 있는 것은 아니라고 비판하였다.

창조성을 평가할 수 있는 다른 방식은 전기적 접근을 하는 것이다. 독창성이 뛰어난 유명한 지도자의 삶을 들여다보고 무엇 때문에 다른 사람들보다 더 낫게 되었는지를 알아보는 것이다. 이와 관련된 연구들을 통해 일반화를 할 수 있을 것이다. 예술가들은 생애 초기부터 그 재능을 드러내는 경향이 있지만(예: 모차르트), 과학자들은 대체로 20대에 들어서서 재능을 드러내기 시작한다. 게다가 과학자들은 유능하지만 특정 분야에서 탁월해지기 전까지는 눈에 띄는 학생이 아니다. 찰스 다윈이 그 예가 될 수 있다. 대부분의 저명한 사람들은 노인이 되기 이전에 능력 발휘를 한다. 대부분은 40세 이전에 창조적인 업적의 절정을 맞이한다. 이러한 경향은 수학이나 화학, 작곡 같은 분야에도 모두 적용된다. '위대한' 업적과 '일상적인' 업적은 함께 나오는 경향이 있다. 즉, 창조적인 사람이 생산하는 탁월한 결과물과 보통의 결과물의 비율은 거의 동일하게 유지된다(Simonton 1990). 창조성은 대체로 60대에는 상대적으로 저하된다(Rebok 1987 참조). 창조성이 전 생애에 걸쳐 증가한다고 주장하는 연구들도 있지만(Reed 2005), 이 연구들은 대부분 객관적인 측정치가 아니라 자기보고에 의존한 연구들이다. 물론 예외도 있다. 버틀러(Butler 1967)는 노년기에 대작을 만들어 낸 사례를 들어 이러한 견해에 반대했다. 예를 들면 티치아노는 90대까지도 계속 그림을 그렸고, 후기에 그린 그림이 초기의 그림을 훨씬 능가했다. 그러나 대부분의 경우 창조성은 나이가 들어 감에 따라 저하된다.

노화로 인한 감각 및 신체적 저하가 창조성에 악영향을 끼칠 수 있다. 특정 분야에서는 신체적 건강이 필수적이다. 오페라 가수나 발레리나는 노년기에 절정에 이를 수 없다. 하지만 다수의 창조적인 사람들은 신체적인 제약에도 불구하고 혁신적인 삶을 살았다. 대표적인 예로 베토벤의 경우 청각 장애에도 불구하고 대작을 남겼다. 말러는 심한 심장병이 있었고, 스티븐 호킹은 운동 신경 장애로 거의 마비 상태이다. 요약하면, 일반적인 노화에서 겪는 신체적인 쇠퇴보다 더 심한 장애를 갖고 있음에도 창조성은 그에 영향을 받지 않는 여러 예들이 존재한다. 이와 마찬가지로, 노화로 인한 지적 능력의 저하 역시 창조성 저하를 설명해 주지 못한다. 앞서도 설명했듯 지적 수준을 동일하게 한 후에도 젊은이와 노인들의 창조성의 연령 차이가 존재했고, 지능은 창조성의 예측 인자가 못 되기 때문이다(Hudson 1987). 따라서 다른 설명이 필요하다.

한 가지 가능한 설명은, 창조적인 사람은 자신의 성공의 희생양이 된다는 것이다. 탁월한 업적을 이룬 과학자의 경우 그 분야의 리더 자리로 승진하게 되고, 일단 그 자리에 앉게 되면 실질적인 연구 업무는 아래 연구원들이 하게 되며 자신은 관리 및 행정 업무를 하게 되는 경향이 있다. 따라서 노력의 대가로 주어진 성공이 오히려 앞으로의 연구 활동을 제한하게 되면서 창조적인 결과물이 줄어들게 되는 것이다. 예술 분야에서도 마찬가지이다. 유명한 예술가는 대중의 평가를 받게 된다. 따라서 당시에 유행하는 것에 따라서 예술가의 가치가 좌우되고, 유행을 주도적으로 해석하거나 창출해야만 한다. 또한 자신의 작품이 팔리지 않으면 더 이상 작품 활동을 하지 않는 경향이 있다. 초기에 성공하지 못하면 예술을 포기하고 다른 직장을 알아보게 된다. 예술을 시작한 초기 단계에 당시 유행을 잘 따라잡아야 주목받게 된다. 그러나 그러한 유행이 변하게 되면 성공적이었던 그 예술가가 이제는 철 지난 사람으로 인식된다. 방법은 유행과 함께 변하는 것인데, 이는 급진적인 스타일 변화를 요구하기 때문에 그들의 작품은 나빠지게 된다. 이러한 변화는 매우 급격하다. 대중 가요의 인기 변화를 생각해 보면 될 것이다. 어느 분야든 시대를 초월하는 작품을 생산하는 예술가는 많지 않다. 중고서점에서 속독해 보면 얼마나 많은 당대의 천재들이 잊혀 왔는지 알 수 있을 것이다. 따라서 전 생애에 걸친 창조성의 변화에는 노화 자체로 인한 것보다는 생활 방식이나 그 직업에서 요구되는 바와 같은 요인들이 작용했을 것이다. 생애 초기에 너무 잘한 나머지 노년기에는 자신의 창조성을 잃어버린 것이 아닌가 한다.

위에서 언급한 내용은 자신의 분야에서 두드러진 사람들에 대한 것이지만 일상생활에서의 창조성의 역할 또한 마찬가지이다. 노년기의 창조성 점수가 낮다고 보고한 연구들에서도 노년기에 창조성이 아예 없다고 한 것은 아니다. 객관적인 측정치에 의하면 노년기에 창조적 행동은 대체로 저하된다. 아무도 창조적 행동이 멈췄다고 이야기하지 않았다. 노인들도 창조적인 활동(예: 그림 그리기, 글쓰기 등)에 관여하고 있고, 이는 안녕감과 자존감을 향상시킨다(Hickson and Housley 1997; Weisberg and Wilder 2001).

피아제의 보존 개념

파팔리아(Papalia 1972)는 노인들이 피아제의 보존 과제를 잘 못한다는 것을 보여 주었다. 보존 과제는 대부분의 7세 아동도 성공적으로 수행하기 때문에 이러한 결과는 매우 놀라운 것이었다. 이 과제는 어떤 사물의 겉모습(수, 양, 길이, 면적, 부피 등)이 변하더라도 그 속성이나 실체는 일정하다는 것을 이해하는지를 검사하는 것이다. 동일한 크기와 모양의 찰흙 공 두 개를 보여 준 후 그중 하나를 소시지 모양으로 만든다. 그 두 개의 양이 같은지를 물어보면 당연히 답은 '그렇다'이다. 그런데 이런 단순해 보이는 과제에서 노화로 인해 오류를 범하게 되는 것은 상당히 놀라운 일이다(피아제도 생각하지 못했을 것이다). 이러한 저하는 보존 과제에만 국한되지 않았다. 맥도널드와 스튜어트-해밀턴(McDonald and Stuart-Hamilton 2002)은 피아제의 세 산 모형 과제를 재현했다. 산 위에는 각기 다른 사물이 있다(눈 덮인 봉우리, 집이 있는 산 등). 다양한 각도에서 산을 바라보면 보는 방향에 따라 보이는 사물이 다르다. 자신이 보는 방향이 아닌, 반대편 실험자가 보는 방향에서 무엇이 보일지를 물어봤을 때 오류를 범했다. 일정 부분은 공간 판단 능력의 오류로 인한 것일 수 있다. 그러나 노인의 약 15%는 자신이 보고 있는 것을 말하는 자기 중심적 오류를 범했다. 이와 비슷한 놀라운 결과는 피아제의 도덕적 추론 과제(McDonald and Stuart-Hamilton 1996), 기울어진 컵이나 병 안의 물이 얼마나 있는지를 측정하는 과제(Tran and Formann 2008), 그리고 물활론적 사고에서도 나타났다(McDonald and Stuart-Hamilton 2000; Parry and Stuart-Hamilton 2009). 이러한 피아제 과제에서 실패한 노인들도 다시 훈련을 하면 쉽게 수정이 되었기 때문에 그 과제 수행 자체를 못하는 것은 아니었다(Blackburn and Papalia 1992).

후퍼 등(Hooper et al. 1971)은 피아제 과제를 수행하는 데 필요한 기술들이 아동기에 획득한 순서대로 노년기에 상실되고, 이는 유동성 및 결정성 지능의 변화와도 밀접한 관련이 있다고 주장했다. 그러나 최근 맥도널드와 스튜어트-해밀턴의 연구에 의하면, 변화가 그렇게 단순한 것만은 아니다. 그들은 다양한 피아제 과제를 실시한 후, 정반응을 보인 총 검사 수로 '피아제 점수'를 산출했다. 이 점수는 지능 지수보다 피험자의 연령을 더 잘 예측했다. 피아제 점수를 가장 잘 예측하는 것은 인지 필요도(need for cognition)라 불리는 성격 측정치였다. 이 측정치는 실제 지적 수준과는 다르게 지적 과정을 요구하는 과제를 하려고 하는 추진력을 말하며 생활 방식의 일부이다. 따라서 피아제 과제에서 수행 변화는 노인이 지적 과제에 참여하려고 하는 의지와 지적인 생활 방식을 반영한다고 볼 수 있다. 나이 들어 감에 따라 특정 지적 활동에는 덜 참여하려 하는 경향이 생기게 되고 생각하는 방법이나 방식이 변화하게 된다. 이러한 변화가 지능 검사 점수와 상관이 높을 수는 있겠지만 일부는 우연히 나타난 결과이다.

라보비-비에프(Labouvie-Vief 1992)는 후형식적 사고(postformal thought)의 개념을 제안했다. 피아제가 제안한 발달 단계의 마지막 단계인 형식적 조작기 이후에도 지적 발달이 이루어지는 단계이다. 형식적 조작이란 매우 체계적이고 논리적이다. 그러나 사람들은 논리적으로 삶을 사는 것이 아니다. 중요한 결정은 냉철한 논리에만 근거해 내려지는 것이 아니고 감정이나 기타 주관적인 느낌에 의존하기도 한다. 따라서 후형식적 사고라는 것은 논리와 감정 사이의 균형 감각을 의미하고, 앞서 이야기했던 지혜와도 비슷한 측면이 있다. 그러나 이러한 구분이 유용하기는 하지만 형식적 조작기와 그 이후가 명확히 구분이 되는지에 대해서는 여전히 논쟁의 여지가 있다. 논리와 감정을 논리적으로 결합하는 것은 새로운 사고의 단계라기보다는 형식적 조작기에서도 가능한 일이기 때문이다. 또한 지적 수행의 저하로 인해 실패한 것을 대안적 전략을 사용한 것이라고 따로 이름 붙이는 격이라고 비판할 수도 있다. 이전 사고 단계에서 할 수 있었던 것을 못하게 된다면, 형식적 사고 이후 단계를 정당화할 수는 없을 것이다. 그보다는 어떤 노인들은 현재 그 기술이 더 이상 중요하지 않기 때문에 그 기술을 못하는 것이라고 볼 수도 있다. 하지만 이 또한 노년기의 지능 변화 연구에 대해 의문점을 남기게 된다. 대부분의 연구에서는 효율성의 정도는 다양할지라도 젊은이나 노인 모두 동일한 세트의 정신적 기술을 사용할 것이라고 가정했다. 그러나 많은 노인들이 상이한 논리 체계를 사용한다고 한다면 그 비교가 정당하거나 의미 있지도 않을 것이다.

요약: 호박벌 날다

과학자들의 계산에 의하면 호박벌이 난다는 것은 불가능하다는 도시 괴담이 있다. 이는 '과학자가 뭘 알겠어?' 하는 것을 설명할 때 통상적으로 쓰이는 말이고, 다른 도시 괴담과 마찬가지로 그저 자신들의 관습적인 편견만을 정당화하는 것일 뿐이다. 어디서 이렇게 부정확한 정보가 시작되었는지는 모르겠지만, 특정 계산 기술의 제한점을 설명하는 수학적 모형을 잘못 이해했기 때문인 것 같다(McMasters 1989 참조). 이 도시 괴담의 다른 측면을 살펴보자. 우리는 실생활에서 관찰을 함으로써 호박벌이 난다고 판단할 수 있다. 이는 사회과학에서 취하고 있는 시금석의 한 예이다. 이론이나 모형이 실생활을 정말 반영하는가? 노화와 지능의 경우 일반적인 수준에서 살펴보면 대체로 일치한다. 노년기에 지적 수준이 통상적으로 더 낮아진다는 것은 대체로 납득할 수 있다. 건강 상태(극단적인 예로, 최종 급강하 이론)나 (정신적·신체적) 운동이 끼치는 영향도 그럴듯하다. 문제는 그러한 변화의 크기가 어떠하냐는 논의에서 시작한다. 많은 실험실 연구에서는 지적 저하의 정도가 상당히 크다고 주장한다. 심지어는 젊은이의 정신 지체 수준까지 떨어진다고 말하기도 한다. 세 가지 가능성이 있다.

첫째, 그 이론 모형이나 실험 관찰이 단순히 틀렸을 수 있다. 그러나 그러기에는 너무 많은 연구 증거들이 있어 이 첫 번째 가능성은 아닌 것 같다.

둘째, 노화로 인한 변화가 현재의 계산법으로 과장되었을 가능성이 있다(특히 종단적 자료를 최근에 다시 평가해 보면 그렇다). 그럼에도 불구하고 그러한 변화는 실험실 상황뿐 아니라 실제 일상생활에서도 나타난다. 아무리 노인들은 느리고 잘 잊어버린다는 고정관념이 있다 하더라도 치매가 아닌 노인을 정신 지체인 젊은이와 비슷한 수준이라고 하는 사람은 아무도 없다. 그러므로 실생활에서는 노인들이 상당 부분 보상적 기술을 사용한다고 볼 수 있다. 흥미롭게도 노화로 인해서 매우 큰 지적 저하가 나타난다고 강하게 주장하는 사람들은 보상의 역할을 무시하는 경향이 있다. 그러나 실험실 과제에서 저하가 크게 나타날수록 실생활에서는 더욱더 보상 기제를 발휘하는 것 같다.

셋째, 실험실에서 측정한 과제는 순수한 변화를 측정한 것으로, 그러한 기술이 실생활에서는 큰 관련성이 없는 것일 수 있다. 노화로 인한 저하가 크다고 발표한 많은 연구들은 엄격하게 통제된 조건에서 시행된 실험실 기반 연구들이거나, 심리측정적인 지능 검사를 사용했다. 언뜻 보면 그런 연구들은 아주 훌륭하게 여겨진다. 조건은 엄격하게 표준화되었고 오염 변인은 최소화되었다. 그러나 이 부분이 바로 문제가 된다. 심리학적 측정치의 주요 목적은 문화적으로 공평해야 한다는 것이다. 즉 다양한 배경을 지닌 사람들도 동등하게 접근 가능해야 한다. 따라서 특정 집단의 사람이 다른 집단의 사람보다 부당하게 유리하지 않도록 검사 자체에 실생활과 관련된 어떤 요소도 엄격하게 지우는 경향이 있다. 그렇기 때문에 이를 통한 결과는 실생활과 직접적인 관련성이 부족하다. 많은 연구에서 표준화된 지능 검사 점수와 다양한 조건에서 살펴본 실생활 능력 간의 상관관계가 비교적 낮다는 점에 주목했다(Duckworth and Seligman 2005; Estes et al. 2010; Gould 1981).

따라서 노년기의 지적 변화에 대한 많은 연구들은 사람들이 실제 살고 있는 세상에 적용하기에는 제한점이 있는 검사들을 기반으로 얻은 것이라는 단순한 사실과 타협해야 한다. 교육과 같이 실생활에서는 영향을 끼치는 많은 요인들이 실험실 상황에서는 엄격히 통제되기 때문에 심리측정적 지능 검사 수행에 그다지 영향을 끼치지 못한다(Salthouse 2010: 109). 이는 교육 수준과 같은 문화적 영향을 받지 않는 순수한 측정치를 사용하는 연구자들이 주장한 이야기이다.

경험이 지적 쇠퇴를 예방할 수는 없을지라도 쇠퇴가 나타나는 것을 모호하게 만들 수는 있을 것 같다. 다시 말해, 노화로 인한 쇠퇴는 모두에게 나타날 수 있지만 경험을 더 많이 하는 것이 더 높은 수준의 인지적 수행과 관련이 있다고 하면, 경험을 많이 함으로써 노화로 인해 저하되는 일부 기능을 상쇄시킬 수 있다

고 본다.(Salthouse 2010: 153)

여기서 '쇠퇴가 나타나는 것을 모호하게 만들다'라는 말이 상당히 흥미롭다. 농담 삼아 이렇게 되묻고 싶다. '심리학 실험실에서 정의한 진실된 상태를 실생활에서 얼마만큼이나 숨길 수 있을까?'라고. 보상 기제를 연구한 실험에서도 실생활 기술을 살펴보면 실험실에서 수행한 측정치에서는 저하되어 나오는 것이 '모호해진다'. 이러한 논의는 건전하다. 그러나 실험실 측정치가 일상생활의 행동보다 더 중요하고 진짜에 가깝다는 생각은 금물이다. 이에 관한 논의는 제7장에서 계속하기로 하겠다.

이 분야에서 논쟁이 되고 있는 주제들을 통계적 해석의 관점에서 바라볼 필요가 있다. 물론 통계적 분석은 이 분야의 핵심이 되어 왔지만, 자료의 본질상 애매한 것을 분석한 후 그 결과를 확정하는 데 쓰이고 있다. 예컨대 고전적인 연구들에서는 한 집단이 다른 집단보다 점수가 더 높다거나 이 점수는 저 점수와 관련이 있다는 방식으로 연구 결과를 제시했다. 이 경우, 연구자가 보고자 하는 것들의 차이나 관계가 유의한지를 단순히 통계를 통해 보여 준다. 다시 말하면, 그 결과가 우연히 얻어졌을 가능성은 매우 낮고, 다시 연구해서 분석한다 해도 같은 결과를 얻을 수 있음을 가정할 수 있고, 따라서 이 결과는 전체 인구에 일반화할 수 있다고 말할 수 있다. 그러나 가령 종단 연구 자료가 탈락 효과와 같은 요인으로 왜곡되는 경우, 이 문제는 단순히 경험적 관찰의 타당도를 검증하는 문제가 아니라 수학적 해석의 문제가 된다. 연구에서 통계를 이용하는 데는 여러 함정이 있을 수 있다. 두 가지 측면에서 위험할 수 있다. 첫째, 실생활 관찰에서 입증할 수 없는 경우가 있다. 원자료와 실생활 행동도 동일하지만, 수학적 모형이 우리의 삶을 가장 잘 설명한다고 보는 것에 그저 믿어 달라고 요구하는 것이다. 둘째, 연구에서 이용하는 분석은 통계이다. 이 말은 본질적으로 연구 자료의 변량 중 가장 많은 설명력을 지닌 변수만 주장한다는 의미이다. 그러나 이는 이미 확정된 결과가 아니라 내적인 논리에 따라서 다르게 바라볼 수도 있다는 뜻이다. 선택한 통계 방법이 최선의 것이었는지에 대해 아무런 의심 없이 믿어 달라고 하는 것이다. 이러한 문제는 연구자들이 이것을 주장했다가 갑자기 다른 것을 주장하는 방식으로 한정 없이 진행된다. 그러나 원자료와 실생활 경험은 여전히 동일하고 그것에 대한 해석만 변화되어 온 것이다.

이러한 논쟁들에도 불구하고, 일반적으로 노년기의 유동성 지능은 저하되는 반면에 결정성 지능은 유지되고 지혜는 증가한다고 여겨져 왔다. 넓은 견지에서 보면 대부분의 연구들은 이러한 생각을 뒷받침해 왔다. 그중 중요한 점은 다음과 같다. 첫째, 어떤 노인들은 젊었을 적 유동성 지능 수준을 계속 유지한다. 둘째, 연령 차이의 크기는 부분적으로 사용된 실험 및 분석 방법의 오류로 인한 것이었다. 셋째, 결정성 지능이 유지된다는 결과는 시간 측정을 하지 않는 검사에 국한되었다. 연령 차이가 있다는 것은 대체로 젊은이들의 평균 수행에서 2표준편차만큼 저하되어 있음을 의미한다. 그러나 앞의 경우 코호트 효과로 인해 그 차이가 과장되었다. 장기 종단 연구에서는 이러한 연령 차이가 줄어들었다. 죽음을 앞두고 지적 능력이 갑자기 쇠퇴하는 경우가 있다. 노화에 대한 여러 이론이 제안되었는데, 충분히 사용되지 않기 때문에 쇠퇴한다는 용불용설, 신경 전도의 속도 저하로 인한 것이라는 전반적 속도 저하 가설 등 다양한 노화 이론이 제안되었다. 전자의 경우 타당성이 인정되었지만 연습을 많이 하는 노인들도 여전히 기술의 쇠퇴를 보인다는 것을 설명하기는 힘들다. 후자의 경우 여러 연구 결과에 의해 뒷받침되었지만 어떤 기술에 대해서는 설명력이 부족했다. 주의력, 개념적 조직화, 창조성, 그리고 피아제 과제 수행과 같은 보다 구체적인 지적 기술에서의 저하에 대한 많은 연구들이 이루어져 왔다. 그러나 모든 경우, 코호트 효과나 생활 방식의 변화 또한 결과에 영향을 미쳤을 수 있다. 사실상 노화로 인한 변화 중에 얼마만큼이 코호트 효과이고 얼마만큼이 순수한 노화의 영향인지를 구별하는 것은 매우 어렵다.

제3장

노화와 기억

도입

기억에 대한 연구가 오랫동안 진행되어 왔고 관련 개념과 전문 용어들이 생겨났다. 따라서 기억에 대한 노화의 영향을 살펴보기 전에 기억 연구와 관련한 주요 배경지식을 먼저 짚고 넘어가도록 하겠다. 많은 일반인들은 기억이 단일 기술, 즉 모든 것이 동일한 방식으로 기억될 것으로 생각한다. 이는 틀린 생각이다. 생리학적 연구들을 보면, 다양한 형태에 대한 기억(단어, 그림, 신체적 기술 등)은 해부학적으로도 각각 상이한 뇌 영역에 저장된다는 것이 밝혀졌기 때문이다. 게다가 심리학자들도 이러한 기억 체계가 다른 방식으로 작동한다는 것을 밝혀냈다. 예를 들면 '언어적' 기억과 '시각적' 기억은 해부학적·기능적으로 구분되는 체계이다.

기억을 분류하는 가장 단순한 방법은 정보가 저장되는 기간으로 나누어 보는 것이다. 기억은 단기 기억(Short Term Memory; STM)과 장기 기억(Long Term Memory; LTM)으로 나눌 수 있다. 단기 기억은 사건이나 항목을 일시적으로 저장하는 것을 말하며 몇 초에서 몇 분 전에 일어난 일에 대한 기억이다. 단기 기억을 평가하는 고전적인 검사들로는 숫자나 단어 배열을 읽어 주고 이를 따라 하도록 하는 것이 있다. 기억해야 하는(To-Be-Remembered; TBR) 배열 중 피험자가 안정적으로 따라 할 수 있는 가장 긴 길이가 바로 그 사람의 단기 기억 폭(span)이 된다. TBR 항목에 따라 이러한 단기 기억 폭은 다양한데 숫자 폭은 숫자에 대한 단기 기억을 말하고 단어 폭은 단어 목록에 대한 단기 기억을 말한다.

이러한 고전적인 단기 기억 폭 실험들이 갖고 있는 문제점은 그다지 현실적이지 못하다는 점이다. 사람들은 임의적인 숫자나 단어 목록을 기억하기 위해 시간을 보내지는 않는다. 또 다른 문제점은 단기 기억이 일시적이라는 것으로, 의도적으로 노력하지 않는다면 그 기억은 곧바로 없어진다. 배들리와 히치(Baddeley and Hitch 1974)는 작업 기억 모형을 통해 단기 저장소가 왜 존재하고 어떻게 기능하는지에 대해 설명하였다. 작업 기억이란 "정보의 임시 저장소로, 학습, 추론, 이해 등과 같은 활동을 할 때 필요하다."(Baddeley 1986: 324) 즉, 작업 기억을 필요로 하는 전형적인 과제는 다음과 같다.

> 적은 분량의 자극을 짧은 시간 동안 보유하면서 동시에 그 자극 혹은 곧이어 주어지는 자극을 가지고 인지적 조작을 수행하도록 하는 것이다.(Morris et al. 1990: 67)

이는 대부분의 사람들이 직관적으로 이해할 수 있는 형태의 단기 기억이다. 예컨대 연설을 듣고 있을 때 그 사람이 지금 하고 있는 말을 이해하려면 바로 전에 한 말도 기억하고 있어야 한다. 다른 예로 암산을 할 때도 작업 기억이 필요하다. 이 두 사례 모두 어떤 인지적 조작을 하고 있는 동안에 다른 무언가를 계속 기억하고 있어야 한다.

작업 기억 모형이 어떤 식으로 작동되는지에 대해서는 아직 자세히 밝혀지지 않았다. 그러나 기초적인 구성부터 살펴보면 이 시스템은 중앙집행기(central executive)라 불리는 것으로 통제된다. 이 시스템은 용량이 제한적이기는 하지만 기억 저장소의 역할을 하면서 동시에 하위 시스템들을 통제하기도 한다. 하위 시스템은 중앙집행기보다 훨씬 큰 기억 용량을 지니고 있고 각기 한 가지 형태의 기억에 전문화되어 있다. 즉, 언어적 재료와 그림 및 공간적 위치에 대한 개별적인 시스템들이 있다. 언어적 재료를 담당하는 시스템은 음운론적 루프(phonological loop/articulatory loop)라 불린다. 여기서는 넓은 의미에서의 단어들을 다루는데, 문자나 단어뿐 아니라 숫자도 포함된다. 중앙집행기는 하위 시스템으로 기억을 할당하고 인출하는 것을 통제한다. 동시적인 처리가 필요할 때(무언가를 기억하면서 동시에 다른 주의를 요하는 과제를 동시에 해야 할 때) 중앙집행기는 하위 시스템이 상호 협조하도록 돕는다. 하위 시스템에 처리하기에 너무 많은 TBR 항목들이 있을 때는 항목의 전체 혹은 일부분이 장기 기억으로 전환되어 백업의 역할을 하기도 한다(Baddeley 2010 참조).

기억 흔적은 단기 기억에서 매우 빨리 사라지는데, 대부분의 정보는 그 당시에만 중요하지 그 이후에는 그저 예비적인 것일 뿐이다. 암산할 때 숫자를 기억하는 것은 그 당시에는 필요하지만 그 후에도 계속 기억하려고 한다면 짜증도 나고 기억 공간도 낭비될 것이다. 그러나 보다 오랫동안 기억해야만 하는 정보도 분명히 있는데, 이때 장기 기억의 역할이 필요하다.

장기 기억은 영구적인 정보 저장소를 찾는다. 최대 용량을 갖고 있는지, 혹은 어느 정도의 정보가 장기 기억으로부터 손실될 것인지에 대해서는 아직 모른다. 그러나 기억상실증에 걸린 사람들을 보면 '본질적'이고 '일상적'인 정보는 결코 손실되지 않는다는 것을 알 수 있다. 예를 들면 사람들은 모국어나 자신의 이름, 프랑스의 수도나 배변 훈련 등과 같은 것들은 잊지 않는다. 가장 그럴듯한 설명은, 이러한 정보는 매우 중요하거나 자주 시연(연습)되기 때문에 상당히 강력하고 침범당할 수 없는 형태로 기억 흔적을 남기는 것 같다는 것이다. 한편 어떤 정보는 장기 기억에서 손실되기도 한다(오래된 주소나 전화번호는 친구들이 이사하고 나면 잊히는 경향이 있다). 이러한 손실된 기억들은 현재와는 관련이 없거나 다른 것으로 대체되었거나 혹은 중요하지 않는 정보이기 때문에 드물게 시연되는 것들이다. 장기 기억에 대한 고전적인 검사는 TBR 항목을 보다 긴 시간(전형적으로 30분에서 며칠) 동안 기억해야 한다는 점을 제외하면 단기 기억 검사와 유사하다. 단기 기억 과제에서는 TBR 항목들을 곧 잊게 되는데, 장기 기억 과제에서는 계속 외워 두라고 격려하기 때문에 잊지 않을 수 있게 된다.

기억을 범주화하는 다른 방법은 일화 기억과 의미 기억으로 나누는 것이다(Tulving 1972). 일화 기억이란 개인적인 경험에 관한 기억이다(언뜻 보기에는 개인의 사적인 삶과 관련된 사건에 대한 기억을 칭하는 자서전적 기억과 유사한 개념으로 여겨질 수 있다). 의미 기억은 개인의 경험과 독립된 기억으로, 일반 지식이나 학업적 배움과 같은 사실로 저장된다. 기억은 또한 외현 기억과 암묵 기억으로 나뉜다(Graf and Schachter 1985). 이는 의식적으로 회상할 수 있는지의 여부에 따른 구분이다. 외현 기억은 의식적으로 회상할 수 있지만 암묵 기억은 그렇지 않다. 암묵 기억 검사 중 하나는 단어 목록을 주고 시각적 이미지의 수준을 평가해 보도록 하는 것이다. 잠시 후 단어의 첫 부분이 제시되어 있는 단어 완성 과제를 해 보면, 대부분의 참여자들은 이전 단어를 의식적으로 기억하지는 못하고 있음에도 불구하고 단어 목록에서 봤던 단어로 단어 완성 과제를 수행하는 경향이 두드러진다. 또한 암묵 기억에는 기억으로부터 무의식적으로 추론하는 것도 포함된다. 가령 '엘튼 존은 두 다리를 갖고 있나?'라는 질문에 대해 대답할 때 엘튼 존이 두 다리를 가지고 있다고 외현적인 방식으로 기억에 저장하고 있지 않더라도, 엘튼 존은 사람이고, 사람이면 두 다리를 가지고 있다는 추론을 곧바로 하는 것이다.

이와 같은 기억 범주와는 달리 계획 및 감독하는 기술에 관한 것도 있다. 그것은 미래계획 기억(prospective memory)이라 불리는 것으로, 앞으로 할 일에 대한 기억이다. 이는 자신의 기억에 대한 지식인 메타 기억(metamemory)과 개념적으로 관련이 있다.

기억 체계는 또한 기억이 작동하는 방식에 따라서 구분될 수 있다. 예를 들면, 기억이 어떻게 저장되는지(부호화), 그리고 그 기억이 어떻게 인출되는지에 따라 구분된다. 기억이 비효율적인 부호화나 인출로 인해 소실될 수 있다는 의견도 있다. 비효율적 부호화 가설은 도서관 사서가 엉뚱한 책꽂이에 책을 정리해 놓는 것에 비유될 수 있다. 그래서 제대로 된 자리에서 그 책을 찾을 수가 없는 것이다. 즉, 비효율적으로 부호화된 기억은 인출될 수 없기 때문에 기억이 소실된다는 입장이다. 또한 비효율적 인출 가설이 있는데, 이는 제대로 저장이 되었어도 저장되어 있는 기억을 효율적으로 찾지 못하기 때문에 기억이 소실된다는 입장이다. 도서관의 비유로 되돌아가면 심각한 난독증이 있는 사람이 도서관에서 책을 찾고 있는 격이다. 이 문제는 치매 환자의 기억력을 논의할 때 특히 더 중요하다(제6장 참조).

기억은 다양한 방식으로 검사될 수 있다. 가장 흔한 구분은 회상(recall)과 재인(recognition)이다. 회상은 TBR 항목들 중에서 가능한 한 많이 생각나는 대로 이야기해 보라고 하는 방법이다. 순서대로 회상하기(ordered recall) 과제에서는 제시한 순서 그대로 회상을 했을 때만 점수를 준다. 자유 회상(free recall) 과제에서는 회상한 순서는 상관없이 정반응일 경우에 점수를 준다. 재인 과제는 회상 과제보다 더 쉬울 수 있다. 재인 과제에서는 TBR에 있었던 단어(목표 단어들)와 없었던 단어(방해 단어들)를 보여 주고, 그들 중에서 선택하도록 한다. 재인 과제가 기억 부담이 더 가볍기 때문에 대부분은 회상 과제보다 재인 과제에서 더 잘 기억하는 경향이 있다. 회상과 재인 과정은 각기 상이한 정신기전을 통해 통제된다. 단서 회상(cued recall) 과제에서는 정반응과 관련된 단서를 보고 회상하도록 한다.

여기까지 기억 연구에서 사용하는 전문 용어와 이론과 기법들을 간단하게 살펴보았다. 이제 기억에 대한 노화의 영향을 살펴보도록 하자.

노화와 단기 기억

숫자 따라 하기와 같은 간단한 단기 기억 검사를 이용한 연구들을 보면 경미한 수준이기는 하지만 유의하게 노년기 수행이 저하된다(Craik and Jennings 1992; Craik et al. 1995). 보다 어려운 과제를 사용하면 노화의 영향이 더 심각하게 나타난다(Cohen 1996; Craik 1986). 봅과 페르하에헌(Bopp and Verhaeghen 2005)은 메타 분석을 통해서 젊은이의 평균 주의 폭은 7.6인 반면, 노인의 평균 주의 폭은 7.1임을 발견했다. 이러한 차이는 과제가 복잡해질수록 더욱 커진다. 저자들은 차이 패턴을 단일 선형 관계로 나타내기 위해 블린리 플롯을 사용했다(제2장 참조).

단기 기억 과제를 보다 복잡하게 만드는 방법으로 거꾸로 따라 하기 절차가 있다. 즉, 검사자가 부르는 항목을 거꾸로 따라 하도록 하는 것이다. 이는 항목들을 올바른 순서대로 외우고 있으면서 동시에 거꾸로 따라 하기까지 해야 하기 때문에 바로 따라 하기보다 확실히 더 어렵다(본질적으로는 작업 기억 검사이다). 브롬리(Bromley 1958)는 노인들이 이런 과제에서 유의하게 수행 저하가 나타남을 보여 주었다. 그러나 예외적으로 코지 블록 검사(Corsi Block Test)에서는 바로 따라 하기와 거꾸로 따라 하기 수행이 같게 나타났는데, 이는 이 검사가 가지는 독특한 특징 때문인 것 같다(Kessels et al. 2008 참조).

노인들이 거꾸로 따라 하기를 더 어려워하는 여러 가지 이유들이 제안되었다. 그중 하나로, 제시된 항목을 거꾸로 배열해도 거의 유사하기 때문에 혼동하기 쉬워 오류가 나타나는 것이라는 설명이 있다. 이는 심상 재료를 적절히 계획해서 사용하지 못하는 것과 관련이 있기 때문에 전두엽 기능의 문제라 할 수 있다(Thompson-Schill et al. 2002 참조). 따라서 전두엽 기능 저하가 다른 인지 영역들에 영향을 주듯 기억력에도 영향을 주는 것으로 보인다. 필요한 정보와 관련 없는 정보를 제대로 구분하지 못하는 것은 때로 억제결핍 가설(inhibitory deficit hypothesis)로 설명되기도 한다(Hasher et al. 1999 참조). 이 가설은 작업 기억 과제 수행 시, 노인들이 이전 시행의 TBR 항목을 적절하게 억제하지 못해 현재 외워야 하는 TBR 항목이 방해받기 때문에 후반부 시행에서 특히 더 수행 저하가 관찰되는 것으로 설명할 수 있다(Bowles and Salthouse 2003). 이와 유사하게, 헤든과 박(Hedden and Park 2001)은 노인들이 이전의 TBR 목록과 현재의 TBR 목록을 구분하는 것이 특히 어렵다는 것을 보여 주었다. 억제결핍 가설은 기억뿐 아니라 다른 정신 과정에도 적용되었다. 예를 들면 모로네 등(Morrone et al. 2010)은 은유적인 말과 오류인 말을 구분하는 데 역할을 한다는 것을 보여 주었다. 버틀러와 잭스(Butler and Zacks 2006)는 노인들이 젊은이들에 비해서 이전에 열심히 연습한 반응을 억제하는 것이 왜 어려운지를 설명하는 이론으로 억제결핍 가설을 사용했다. 이와 관련된 현상으로, 뇌 영상 연구들을 보면, 노인의 경우 무관한 자극과 관련된 신경 활동을 억제하지 못하는 뇌 패턴을 보인다(Alain and Wood 1999; Gazzaley et al. 2005).

억제결핍 가설은 널리 인용되고 있지만 모든 기억 조건에서 보편적으로 발견되는 것은 아니다. 예를 들면 아슬란 등(Aslan et al. 2007)은 일화 기억 과제 수행 시 '인출할 때 나타나는 망각(retrieval-induced forgetting)'에서 노화로 인한 차이를 발견하지 못했다. 모든 유형의 기억에서 억제가 문제 된다고 하면, 이 연구에서도 나타나야 한다. 그러나 상이한 형태의 정신 과정들에 대해 정확히 동등한 수준으로 평가하는 행동적 측정치와 기법들을 발견하기란 매우 어렵다(Alain and Woods 1999 참조). 따라서 가설에 대한 증거가 부족한 경우, 이론에 문제가 있었다기보다는 단순히 실험 절차상 문제가 있었을 가능성도 있다. 우리가 억제결핍 가설에 대해 주의해야 하는 또 다른 이유가 있다. 이 가설은 노인들은 관련 없는 자극을 억제하는 능력이 떨어진다고 주장한다. 그러나 노인의 뇌 자체에서 억제 실패가 일어날 가능성은 낮다. 그보다는 뇌 구조와 정신적 처리 과정 둘 다에서 저하되는 다른 기능들과 연관되어 있을 가능성이 높다. 이런 측면에서 보면 이는 전두엽 가설(제2장 참조)과 비슷하다. 부연 설명하자면, 어느 정도가 억제의 영향이고, 어느 정도가 일반적인 노화의 영향인 것인지에 대해서 아직 밝혀지지 않았다. 그렇다고 해서 억제결핍 가설을 부정하려는 것은 아니다. 다만 이 가설만이 유일하게 인지적 노화를 설명하는가에 대한 의문을 제기하는 것이다.

작업 기억에 대한 노화의 영향으로 넘어가 보자. 배들리(Baddeley 1986)는 중앙집행기가 노년기 단기 기억 저하의 주요 원인이 된다고 보았다. 중앙집행기가 전두엽의 기능과 관련 있기 때문에 이러한 추론은 일리가 있다. 주의 폭은 노화 과정에 의한 영향이 상대적으로 없는 편이지만 목록을 단순히 기억하는 것보다 더 복잡한 과제에서는 수행 저하가 나타난다. 예컨대 작업 기억 과제에서 방해 과제의 복잡성이 증가할수록 노인의 회상에 상당한 영향을 끼친다. 방해 과제가 반드시 인지적인 과제일 필요는 없다. 린덴베르거 등(Lindenberger et al. 2000)은 외우는 과정에 걷는 일만 추가해도 노인의 수행 저하를 관찰할 수 있었는데, 걸어가는 길의 복잡성이 증가하면 더더욱 기억 수행은 저하되었다(Mitchell et al. 2000; Morris et al. 1988; Verhaeghen 2011; Zeintl and Kliegel 2010).

메일러 등(Maylor et al. 1999)은 단기 기억과 전두엽 기능 저하 및 반응 속도의 저하를 연결한 모형을 제시했다. 이러한 입장들은 노화로 인한 단기 기억의 저하가 저장 용량 자체보다는 정보를 처리하는 과정과 연관이 있음을 시사한다. 이와 같은 사실과 기억 및 기타 인지 영역들이 전두엽 기능에 강한 영향을 받는다는 점을 볼 때, 노화로 인한 단기 기억력의 변화는 유동성 지능(Salthouse 1991b), 정보 처리 속도(Bryan and Luszcz 1996; Byrne 1998; Fisk and Warr 1996; Rabbitt et al. 2007도 참조), 그리고 보다 넓게는 시력과 같은 중추신경계 기능과도 강력한 상관이 있음을 쉽게 예측할 수 있다(Salthouse et al. 1996). 단기 기억/작업 기억의 저하는 어느 정도는 일반 지능의 노화로 인한 것으로 여겨진다. 따라서 많은 연구자들이 억제하는 능력의 저하가 노화로 인한 기억력 저하의 핵심 요인이라고 주장하는 것은 그다지 놀라운 일이 아니다. 그러나 제

2장에서 다루었던 전두엽 가설과 마찬가지로 이 이론을 과도하게 적용하는 것은 주의해야 한다. 볼스와 솔트하우스(Bowles and Salthouse 2003)는 억제가 기억 점수 변량을 모두 설명할 수 있는 것은 아니라고 하였고(Robertson et al. 2006 참조), 버크 등(Burke et al. 2000)은 억제를 정확하게 정의하는 것 또한 어려운 일이라고 지적했다. 메일러와 헨슨(Maylor and Henson 2000)은 문자 목록을 제시한 순서대로 회상하도록 했을 때 젊은이 집단보다 노인 집단에서 랑시버그 효과(Ranschburg effect)가 더 크게 관찰됨을 보고했다. 랑시버그 효과란 TBR 목록 내에서 항목이 반복되면 기억 수행이 더 저하되는 것을 말한다(예: ATYABF는 ATYMBF보다 회상하기가 더 어렵다). 이는 반복되는 항목에 대해 억제 과정이 관여하기 때문이라고 설명된다. 노인 집단에서 억제 과정이 실패한다면 랑시버그 효과가 덜 나타나야 하는데, 메일러와 헨슨이 보여 주었듯, 그 반대의 결과가 나타났다. 따라서 억제가 노화로 인한 기억 수행의 훌륭한 예측 인자가 되더라도, 그 외에 다른 예측 인자가 존재한다는 것을 염두에 두어야 한다(Maylor et al. 2005 참조).

거꾸로 따라 하기와 같은 단기 기억 과제를 통해 보면 노화에 따른 수행 저하를 보이지만, 이러한 결과에는 한 가지 중요한 단서가 있다. 어떤 연구자들은 바로 따라 하기와 거꾸로 따라 하기 폭의 차이 점수가 바로 노화로 인한 저하의 기준점이 된다고 보았다. 그러나 라이언 등(Ryan et al. 1996)은 검사 세션에 따라 측정치 변산이 너무 크다고 비판했고, 그레구아르와 판 데르 린덴(Gregoire and Van der Linden 1997)은 기억 폭 차이 효과에 대한 연령 차가 유의하지 않다고 주장했다.

그러나 노인의 기억 기능에는 이 문제만 있는 것이 아니다. 벨몬트 등(Belmont et al. 1988)은 노인들은 비효율적인 전략으로 단기 기억에 정보를 부호화한다고 보았다. 이는 청킹(chunking)이라 부르는 기억 과정과 연관이 있다. TBR이 네 개를 넘어가는 긴 목록이 있다고 가정하면, 그대로 외우는 것보다는 몇 개로 묶어서 외우는 것이 더 나은 전략이다. 예컨대 345172986142를 하나의 긴 목록 그대로 외우는 것보다는 345/172/986/142의 몇 개 청크로 나누어 외우는 것이 더 낫다. 이러한 원리는 신용카드 번호나 전화번호에 흔히 사용되고 있다. 벨몬트 등은 긴 숫자 목록을 부호화할 때 노인들은 젊은이들보다 청킹하려는 경향이 부족함을 보여 주었다. 그러나 어떤 노인들은 청킹 전략을 사용하는데, 이 경우는 젊은이들만큼 주의 폭이 좋았다. 다른 연구자들은 노인들의 경우 TBR 항목들을 재구조화하지 않고 격려하지 않으면 그것을 주의 깊게 다루지도 않는다고 지적했다. 다른 말로 하면 노인들은 항목들에 대해 충분히 '깊은 처리'를 하지 않는다(Craik and Rabinowitz 1984). 넓은 수준에서 보면 나이가 들면 기억 전략의 변화가 온다. 브레비옹 등(Brébion et al. 1997)은 TBR 항목들을 외우면서 동시에 문장 이해 과제를 해야 하는 작업 기억 과제를 수행할 때, 노인들은 기억 과제보다 문장 이해 과제를 더 비중 있게 다루는 경향이 있음을 보여 주었다.

그러나 사용하는 기억 전략이 달라서 연령 차이가 났다는 결과가 모든 연구에서 나온 것은 아니다. 예를 들면 베일리 등(Bailey et al. 2009)의 연구에서는 작업 기억 과제에 대한 상이한 전략의 영향이 유의하기는 했지만, 이는 연령과는 상관없이 개인차를 설명할 뿐이었다. 연령 변인을 살펴보았을 때 노인 집단과 젊은이 집단의 수행 차이를 가장 잘 설명해 주는 것은 처리 속도였고, 그들이 사용한 전략의 차이는 크지 않았다. 다시 말하면, 전략 사용이 연령 집단 간 차이의 일부를 설명할 수 있을지언정 그것을 통제하더라도 연령 차이는 남아 있었다. 그렇다고 해서 전략 사용 자체가 비효율적이라는 의미는 아니다. 노인과 젊은이 모두에게서 작업 기억을 증진시킬 수 있는 기법들은 훈련이 가능하다(예: Carretti et al. 2007; Lemaire 2010). 한 가지 방법으로 장소법(method of loci)을 들 수 있다. 이는 자신의 방이나 집과 같은 친숙한 장면들과 함께 기억하는 것을 말한다. 각각의 TBR 항목을 머릿속에 그려진 장면에 두고 머릿속으로 그 장소들을 찾아 가면서 TBR을 회상하는 것이다. 예를 들어 15794라는 목록을 기억해야 하는 경우를 생각해 보자. 자신의 집에 들어간다고 상상하자. 1은 우편함에 붙어 있고, 5는 우산꽂이에 있다. 거실로 들어가면 7은 소파에 앉아 있고, 9는 옆방에서 스카치 위스키를 마시려 하고 있다. 부엌으로 가면 4가 감자 껍질을 벗기고 있다. 이 기억법의 목적은 되도록 생생하게 이미지를 만들어서 기억이 잘되게 하는 데 있다. 스미스 등(Smith et al. 1984)은 베를린 토박이를 대상으로 한 연구에서 친숙한 베를린 거리들을 이용해 숫자를 외우도록 했을 때 수행이 증가함을 발견했다. 헤르만 등(Herrman et al. 1988) 또한 훈련을 하면 노인 참여자들도 기억 수행이 향상됨을 발견했는데, 훈련을 했던 특정 기억 과제에 국한해서만 향상되었을 뿐 다른 형태의 기억 과제에는 도움이 되지 않았다. 예컨대 숫자 외우기를 훈련했다고 해서 그것이 그림을 기억하는 과제에 자동적으로 도움을 주는 것은 아니었다. 이러한 효과는 비단 노화 효과는 아니었고 모든 연령층에서 나타났다. 장소법은 노인 집단보다는 젊은이 집단에 더 효율적으로 이용된다. 린덴베르거 등(Lindenberger et al. 1992)의 연구에서는 장소법 과제에서 노인 참여자들이 젊은이보다 수행이 낮았는데, 이는 숙련된 그래픽 디자이너인 노인 집단과 특별한 공간 기술이 별로 없는 젊은이 집단을 비교해도 마찬가지였다. 싱어 등(Singer et al. 2003a)은 75세 이상의 노인 집단의 경우 기억법 훈련을 받은 후 매우 소폭의 향상만 보임을 확인했다. 그러나 75세 미만의 노인 집단의 경우는 상당히 효과가 있는 것으로 보고되었고(Cavallini et al. 2003) 그 효과가 8개월 이상 지속되었다(Derwinger et al. 2005). 기억 훈련 연구에 대한 메타 분석을 통해, 페르하에헌 등(Verhaeghen et al. 1992)은 기억 훈련은 0.3표준편차 정도의 향상을 보이는 유익함이 있다고 결론 내렸다(물론 젊은이의 수행은 더 크게 증가했다). 볼 등(Ball et al. 2002)도 이와 유사한 결론을 내렸다.

노화와 장기 기억

서두에서 언급했듯 기본적인 장기 기억 및 단기 기억 과제는 TBR 항목을 제시하고 회상하는 시간 간격의 차이만 제외하면 유사하다. 기본적인 단기 기억 과제의 연령 차이는 유의하기는 하지만 차이의 크기가 작은 반면, 장기 기억의 경우는 그 차이가 매우 크다(Albert 1988). 이러한 현상은 별로 놀랄 만한 일이 아니다. 장기 기억으로 정보가 넘어가려면 먼저 단기 기억에서 처리가 되어야 하는데, 회상하기 전에 단기 기억의 기능 저하 때문에 장기 기억의 기능이 더 떨어질 수 있다. 최근의 노화에 대한 연구는 대부분 단어나 숫자의 임의적인 목록을 장기 보유하는 '실험실 연구' 방식보다는 일상생활의 현실적인 기억 과제를 사용하는 경향이 늘어나고 있다.

실제 상황에서 보상 전략을 사용하도록 하면 연령 차이는 사라진다. 캐스텔(Castel 2005)은 식료품들 가격을 터무니없이 비싸거나 싸게 해 놓은 경우 가격을 노인들이 젊은이들보다 더 못 외운다는 것을 보여 주었다. 반면 현실적인 가격으로 해 놓은 경우 노인들도 젊은이들만큼 가격을 잘 회상했다.

먼 과거 기억

먼 과거 기억은 개인의 일생에서 벌어진 비자서전적 사건에 대한 기억을 말한다. 지난 50년 이상 동안 뉴스에 등장했던 이름이나 사건 목록을 주고 기억하고 있는지를 통해 먼 과거 기억을 검사할 수 있다. 가장 대표적인 예로 유명 이름 검사(Famous Names Test; FNT. Stevens 1979)라고 불리는 검사가 있다. 이 검사는 유명했던 사람들의 이름으로 구성되어, 피검사자가 그 이름들을 인식하는지를 살펴본다. 목록은 다음과 같은 방식으로 구성되어 있다.

- 1970년대, 1960년대, 1950년대, 1940년대, 1930년대에 잠시 유명했던 사람들의 이름
- 매우 유명한 사람들의 이름
- 허구의 인물의 이름들

이러한 이름들을 순서를 섞어서 제시하고, 허구의 인물들의 이름도 있다고 경고해 준다(따라서 목록의 모든 이름을 안다고 거짓 답변하는 것을 방지할 수 있다). 검사 목록의 한 예를 들어 보면, 존 콘테(John Contech)*, 시드 비셔스(Sid Vicious)**, 이지 본(Issy Bonn)***, 레지 위트콤(Reggie Whitcombe)****과 같은 이름들로 구성되어 있다. 40세 이상의 독자라면 처음 두 이름은 금방 알아차릴 것

* 영국의 전 세계 라이트 헤비급 권투 챔피언.

** 영국 펑크 록 뮤지션. 펑크 록 장르에 큰 영향을 끼친 그룹 '섹스 피스톨스'의 베이시스트였다.

*** 영국의 유태인 배우 겸 코미디언이자 'My Yiddishe Momme' 등을 부른 가수.

**** 영국의 프로 골퍼. 1928년 1월 1일부터 1957년까지 활동하였다.

이지만, 70세가 넘지 않고서는 마지막 두 이름을 알아차리기는 힘들 것이다. 이 목록에 있는 이름들은 방송 매체에서 자주 언급되지는 않았고, 실제로 유명했던 기간에 기초해서 작성되었다. 따라서 이 이름을 알아차렸다는 것은 최근에 방송 매체에서 언급된 것을 회상해 낸 것이 아닌 실제로 먼 과거 기억에서 끄집어 낸 것이라 할 수 있다.

스튜어트-해밀턴 등(Stuart-Hamilton et al. 1988)은 50-80세의 대상자들에게 FNT를 실시했는데, 전체 연령층에서 최근 이름들을 더 오래된 이름보다 더 잘 기억하는 것을 발견했다. 이러한 현상은 다른 연구에서도 일관되게 나타났는데, 이는 리봇의 가설(Ribot 1882)이라 불리는 것과 모순된다. 리봇의 가설이란 노인들은 먼 과거 기억보다 최근 기억이 더 좋지 않다는 것이다. 뇌를 길고 깊은 물탱크로 보고 그 안에 기억들을 담아 둔다고 하자. 물탱크를 다 채우려면 시간이 많이 걸리지만, 일단 물탱크가 다 차서 넘치게 되면 최근에 담긴 물이 흘러넘치기 쉬울 것이다. 오래전에 담긴 물은 물탱크 깊은 곳에 있기 때문에 손실되기 어려울 것이다. 이와 비슷하게 리봇의 가설에서는 최근에 저장된 기억은 충분히 고정되지 못했기 때문에 쉽게 바뀔 수 있다고 보았다. 그러나 FNT 실험 결과는 이와 반대로 최근 기억보다는 먼 과거 기억이 손실되는 것으로 나타났다.

정확하게 인식한 이름의 개수로 살펴보자면 FNT는 노인 집단이 젊은이 집단보다 좋은 수행을 보이는 몇 안 되는 검사 중 하나로, 검사 결과를 정확히 해석하는 것이 쉽지 않다. 1987년에 시행된 스튜어트-해밀턴 등의 연구에서는 가장 젊은 집단이 50대였기 때문에 FNT 항목 중 1930년대 유명 인사 목록은 기억하기 힘들었을 것이다. 이들이 했던 두 번째 실험에서는 역사적 인물 외에는 알기 힘든 20세 집단에 FNT를 시행했다. 그런데 이들도 25% 정도는 정반응을 하였다. 이는 어떤 항목들은 먼 과거 기억이라기보다는 의미 기억으로 저장되었기 때문인 것으로 보인다. 간략히 말하면 먼 과거 기억 검사는 부분적으로는 먼 과거 기억을 평가하지만, 그에 대한 답변은 일반 지식 저장고에서 회상되는 방식이기에 오염될 가능성이 크다. 게다가 FNT의 특정 이름이 기억될 가능성은 연령과 상관없이 비슷했다. 즉, 70대 참여자들이 'X'라는 사람을 10번째로 잘 기억한다면 60대나 50대, 혹은 20대 참여자들도 'X'를 10번째 정도로 잘 기억한다는 것이다. 이러한 결과는 '먼 과거' 이름이라고 가정했지만 실은 방송 매체에서 다루어진 정도를 더 반영하는 것 같고, 다양한 연령층에서 비슷한 기억 수행 정도를 보인다는 매스컴 보도의 영향이 각 연령층에 놀랄 정도로 유사하게 미치고 있음을 나타낸다.

바소 등(Basso et al. 2005)이 90세 이상의 최고령층을 대상으로 한 연구 결과에서도 이 같은 주장이 지지되었다. 이 연구에서는 대통령 이름 검사(미국의 역대 대통령들을 시간순으로 잘 알고 있는지를 측정하는 검사) 점수가 최고령층에서 유의하게 낮았다. 이들은 또한 교육 수준과 먼 과거 기억 간의 정적 상관이 있음을 발견했다(Lalitha and Jamuna 2006에서도 같은 결과를 얻었다). (교육을 더 많이 받은 사람일수록 더 많이 읽거나 최근 역사를 더 잘 인식하고 있기 때문에, 먼 과거 기억이 실은 매스컴 보도에 노출된 정도를 반영할 것이라는 주장을 지지하는 결과라 볼 수 있다.) 최고령층의 경우는 감각 기능의 저하와 같은 영향으로 인해 이러한 매스컴 보도 등에 덜 노출될 것이다.

따라서 먼 과거 기억이라는 개념이 있기는 하더라도 그것을 평가하는 것은 어렵고, 일반 지식에 오염되지 않은 순수한 먼 과거 기억을 측정하는 것은 거의 불가능하다. 그러나 이러한 검사는 치매 환자에게 유용한데, 질병의 초기 단계에서도 오류를 범할 수 있기 때문이다. 예를 들면 스토란트 등(Storandt et al. 1998)은 미국 역대 대통령을 순서대로 기억하는 검사에서 치매 초기 단계에 해당하는 환자들조차도 수행이 손상되어 있음을 밝혔다.

목격자 증언

목격자 증언이란 어떤 사건을 목격한 것에 대한 정보를 기억할 수 있는 능력을 말한다. 실생활에서 목격자 기억은 법정 소송에서 쓰이고 실험실에서는 모의 상황을 재연해 보여 준다. 일반적으로 사건의 주요 사항을 기억하는 것은 노인과 젊은이 모두 비슷한 수준이지만 상대적으로 사소한 세부 사항(예를 들면, 주인공 옷차림의 자세한 특징)을 기억하는 것은 노인의 수행이 더 떨어진다. 전반적인 정보에 대한 점수만 단순히 비교하면 연령 차이가 상당히 존재한다. 하지만 이 결과가 노인의 목격자 증언 신뢰도를 암시해 주는 것은 아니다. 콕슨과 발렌타인(Coxon and Valentine 1997)은 노인, 성인 초기, 그리고 아동 대상자들에게 범죄 현장을 보여 주는 비디오를 시청하도록 한 후 잘못된 유도 질문과 그렇지 않은 질문들을 해 보았다. 노인과 아동들은 성인 초기 대상자들보다 수행이 낮았다. 게다가 올바른 질문에 대해서 노인들은 아동들보다 더 적게 대답했다. 대신 잘못된 유도 질문에 대해서는 성인 초기 대상자들만큼 잘 피해 갔다. 그러나 카펠 등(Karpel et al. 2001)의 연구에서는 도둑 그림과 관련된 잘못된 정보에 노인들이 더 쉽게 영향을 받는다고 밝혔다. 잘못된 정보를 '사실'로 인식했을 뿐 아니라 그 정보의 확실성 수준에 대한 평가에서도 젊은이들보다 더 확실하다고 보고했다. 이러한 결과는 도드슨과 크루거(Dodson and Krueger 2006)의 연구에서도 나타났다. 노인의 경우 가장 확신하는 기억임에도 오류가 있었고, 젊은이들은 그 반대였다. 아이즈푸루아 등(Aizpurua et al. 2009) 또한 비슷한 결과를 얻었다. 코헨과 포크너(Cohen and Faulkner 1989)는 문헌 고찰을 통해 노인들이 사건에 대한 해석을 사건에 대한 실제 기억이라고 믿는 경향이 많다고 지적했다. 이는 사후의 해석에 맞도록 기억을 왜곡할 가능성이 크기 때문에 목격자 진술 시 객관성을 훼손할 수 있다. 전반적으로 노년기의 목격자는 비관적이고(LaVole et al. 2007 참조), 이는 관련 없는 정보를 억제하는 전두엽 기능 저하와 연결되어 있을 가능성이 있다(Roediger and Geraci 2007).

이 절에서는 다소 비관적인 특징을 제시했지만, 여기서 언급된 결과는 단지 평균적인 것일 뿐 전체 노인들에게 적용되는 것은 아니라는 점을 강조하고 싶다(Mueller-Johnson and Ceci 2007). 노인의 목격자 기억에 문제가 있는 것은 부분적으로는 감각 기능의 저하 때문일 수 있다. 감각 기능을 통제하면 연령 차이가 어느 정도 줄어들거나 제거된다(Searcy et al. 1999 참조). 그러나 실생활에서 이러한 감각 저하가 보완되기는 힘들다. 브리마콤 등(Brimacombe et al. 1997)은 목격자의 연령을 조작한 진술서를 읽도록 한 후에 진술의 정확도를 평가하도록 했을 때 진술자의 연령에 영향받지는 않고 진술 내용의 정확도를 토대로 판단함을 보여 주었다. 이는 노인에 대한 편견 때문이 아니라 진술의 내용 때문에 부정적인 판단을 한 것임을 의미한다.

목격자 증언에 대한 전술한 특성들 때문에 법정에서 노인을 목격자로 세우는 것에 대해서는 대체로 부정적인 입장을 보인다. 진술이 정확하다 하더라도 변호사는 세부 사항을 기억하는 것이 어려운 특성을 들어 그 진술을 곧바로 의심할 수 있다. 이는 노인들의 자존감을 낮추기도 한다. 콴 시 등(Kwong See et al. 2001)은 일반적으로 노인의 진술이 신빙성이 부족하다는 인식을 전혀 하지 않고 있는 다른 관찰자들도 노인의 목격자 진술을 덜 신뢰한다고 밝혔다. 일반적으로 노인들이 더 정직할 것이라고 인식함에도 불구하고 이런 현상이 나타난다(Kwong See et al. 2001; Moulin et al. 2007).

텍스트 회상

텍스트 회상은 언어 기술과 밀접히 연관되어 있기 때문에 이에 대해서는 제4장에서 보다 자세히 다룰 것이다. 그간의 연구 결과를 요약하면, 텍스트의 주요 요점을 기억하는 데는 연령 차이가 거의 없지만 세부 사항에 대한 기억에 대해서는 노인들의 수행이 낮은데, 특히 지능 점수가 낮은 노인들이 더 그러하다. 그러나 항상 이런 결과가 나타나는 것은 아니므로 노화와 언어를 다룬 다음 장에서 자세히 살펴보도록 하겠다.

의미 기억

의미 기억은 사실이나 정보에 대한 기억으로, 상대적으로 노화의 영향을 덜 받는 결정성 지능의 정의에 해당하기 때문에(제2장 참조) 나이가 들어 가도 잘 보존되어 있을 것으로 여겨진다. 실제로 노인들은 의미 기억에 해당하는 사실이나 정보에 대한 회상 수준은 대체로 젊은이와 비슷하다(Camp 1988; Fozard 1980; Sharps 1998). 부분적으로는 의미 기억이 특정 뇌 영역에 국한되기보다는 피질 전반에 걸쳐 작용하기 때문인 것 같다(Eichenbaum 2003). 한 영역에 집중되어 있다면 손상되기 쉽지만 그렇지 않다면 노화로 인한 변화에 더 버틸 수 있다. 최근의 한 연구에 의하면 의미 기억의 수행 정도는 회백질의 크기와 가장 상관이 높게 나타났다(Taki et al. 2011). 그러나 의미 기억은 다른 유형의 기억과는 다소 차이가 있다는 점을 알아야 한다.

- 의미 기억은 시간과 장소가 연관되어 있지 않다는 점이 일화 기억과 다르다. 차이콥스키가 1812년 서곡을 작곡했다는 사실을 기억할 때 그 정보를 언제 어디서 배웠는지를 기억할 필요는 없다. 이런 특성이 있기 때문에 언제 어디서 그걸 알게 되었는지를 생각할 필요 없이 평생 동안 이런 종류의 정보를 쉽게 떠올릴 수 있다. 기억해야 하는 것은 단지 기본적인 그 사실일 뿐이다.
- 의미 기억은 수년 동안 충분히 되뇌기를 한다는 점에서 숫자 따라 외우기 과제와 다르다. 동일한 사실을 수년 동안 반복해서 접한다는 점이 다른 유형의 기억과 차이가 난다.
- 의미 기억은 마치 거대한 기반 시설의 지지를 받고 있는 것과 같다. 잘 정립된 지식에 기반을 두고 문화적 가치에 들어맞는 내용들이기 때문에 단어 목록과 같은 TBR 항목처럼 임의적이지 않아서 훨씬 쉽게 동화된다.

다른 말로 하면, 의미 기억 과제는 본질적으로 노인들에게 더 쉬울 수 있다. 연령 집단 차이는 일반적인 사항보다는 구체적인 사항을, 자주 되뇌기가 되어 의미 기억이 된 정보보다는 최근에 알게 된 정보를 물어볼 때 더욱 두드러진다. 크레이크 등(Craik et al. 1995)은 문헌 고찰을 통해 이미 저장되어 있는 기억에 대해서는 노인에게 의미 기억 과제가 더 쉬운 것이 맞지만 새로운 의미 기억을 저장하는 기능은 나빠진다고 결론지었다. 보다 최근의 리뷰에서 루오와 크레이크(Luo and Craik 2008)는 자주 사용하는 정보에 대한 의미 기억이 가장 잘 보존되고, 사람 이름과 같이 매우 구체적인 정보는 훨씬 덜 보존됨을 지적했다(Hough 2006의 연구도 참조). 또한 의미 기억으로부터 항목을 인출하는 것도 노년기에는 원활하지 않다. 코조라와 컬럼(Kozora and Cullum 1995)은 특정 의미 범주에 해당하는 것들을 생각해 내는 과제에서 노인들의 수행이 저하됨을 발견했다. 마찬가지로 제2장에서 언급한 것처럼 노인들에게 단어의 정의를 내리도록 할 때 노인들은 정반응을 하기는 하지만 정확성은 떨어진다. 게다가 헐츠 등(Hultsch et al. 1992)은 3년 종단 연구를 통해 세상사에 대한 일반 지식 또한 다른 기억 및 지능 측정치와 함께 유의하게 저하됨을 발견했다. 그러나 이는 코호트 효과의 일부분일 수 있다.

일화 기억

일화 기억과 의미 기억은 동일한 이론 모형에서 나온 개념이기도 하지만, 일화 기억은 저하되는 데 비해 의미 기억은 상대적으로 보존되기 때문에 서로 자주 비교된다. 일화 기억은 개인적 경험에 대한 기억이다. 여기에는 일상생활 경험뿐 아니라 일정 시간 동안 단어 목록을 기억하는 것과 같은 비교적 인위적인 실험실 기억 과제도 포함된다. 노화에 따라 일화 기억이 떨어진다는 보고는 매우 많다(Naveh-Benjamin et al. 2004; Plancher et al. 2010; Titz and Verhaeghen 2010). 일화 기억 저하의 원인에 대해서는 다양한 설명들이 있다. 다음은 그와 관련된 연구들이다.

- 포도당을 공급하면 일화 기억 수행이 상당히 향상됨(Riby et al. 2004).
- 교육 수준(Angel et al. 2010).
- 아포지단백 4(치매와 관련된 유전 인자)를 가지고 있으면 일화 기억 수행이 유의하게 손상됨(Wisdom et al. 2011).
- 시상의 활동성 수준(Ystad et al. 2010).
- 해마의 활동성 수준(Doeller et al. 2008).
- 백질의 보존(Charlton et al. 2010).
- 부호화나 인출 단계에서 도움을 받으면(인출 시 단어의 첫 글자 알려 주기 등) 노인들도 일화 기억 회상행이 향상될 수 있음(Thomas and Bulevich 2006). 그러나 노인들이 젊은이들보다 특히 더 도움을 받는지에 대해서는 아직 밝혀지지 않음(Craik 2000).

이런 연구들은 빙산의 일각일 뿐이다. 2005년에서 2011년 사이에 출판된 일화 기억 저하 관련 연구들은 수백 편에 달한다. 중복되는 주제도 있고 그 결과는 다양한데, 불행히도 대다수 연구들은 인과관계를 만족스럽게 밝히지 못했다. 노년기에 일화 기억이 현저하게 떨어지는 것은 어느 정도 전반적 노화 효과와 관련이 있는 것 같다.

일화 기억 자체가 본질적으로 의미 기억보다 더 복잡하고 왜곡되기 쉽기 때문에 더욱 노화의 영향을 받는 것 같다. 한 번 발생했던 사건에 대해서 회상해 보라고 하고(의미 기억의 경우는 동일한 정보를 여러 번 반복해서 접한다) 언제, 어디서, 무엇을, 그리고 누가 말했고 어떻게 행동했는지를 기억해야 하면 당연히 외워야 하는 것도 많고 틀리기도 쉽다. 노년기 일화 기억이 떨어지는 핵심 TBR 항목과 관련된 세부 사항을 충분히 기억하지 못하기 때문이다. 이는 출처 기억(무언가를 학습할 때의 맥락을 기억하는 것) 문제와 관련된다. 매킨타이어와 크레이크(McIntyre and Craik 1987)는 피험자들로 하여금 새로운 '사실들'(실제로는 거짓이지만 그럴듯한 단편적인 일반 지식)을 기억하도록 했다. 1주일 뒤, 노인들은 사실 자체를 기억하는 데에서는 젊은이들과 별 차이를 보이지 않았으나, 그 정보를 처음 습득한 장소를 기억하는 데 있어 젊은이들보다 수행이 나빴다. 시몬스 등(Simons et al. 2004) 또한 노인들은 정보의 구체적인 출처(TBR 항목을 말한 네 사람)나 부분적인 출처(TBR 항목을 말한 사람의 성별)를 기억하는 과제에서 수행 저하가 있음을 발견했다. 이러한 결과는 구체적이건 부분적이건 비슷하게 영향을 받는다는 것을 암시한다.

이와 관련해서 노인들은 또한 대상 기억(destination memory: 누구에게 이미 어떤 말을 했다는 것을 기억하거나 특정 정보를 이미 들었다는 것을 기억하는 것)이 유의하게 손상되어 있다. 같은 내용을 이미 그 사람에게 말했다는 것을 기억하는 능력과 누가 그 내용을 자신에게 이야기했는지를 기억하는 능력 둘 다 손상되어 있다(Gopie et al. 2010). 관련된 또 다른 주제로, 노인들은 상관없는 정보를 제외시키는 능력 또한 부족하다. 이는 '외현화한 자유 회상(externalized free recall)'이라 불린다. 카하나 등(Kahana et al. 2005)은 자유 회상 과제를 실시하여 TBR 항목뿐 아니라 떠오르는 단어(즉, 방해 자극)를 모두 이야기하도록 했다. 자신이 떠올린 단어가 방해 자극이라고 생각되면 버튼을 누르도록 했다. 노인 집단과 젊은이 집단 모두 방해 자극도 기억해 냈지만, 그 자극을 방해 자극으로 알아차리는 데에서는 노인 집단이 더 나쁜 수행을 보였다. 버튼을 누르면서 항목을 회상하는 것과 같이 이중 과제 수행을 더 못하는 것을 감안하더라도, 조직화하고 자신의 반응을 모니터하는 데 실패하기 때문에 노인의 일화 기억 회상이 더 심각하게 악화되는 것으로 보인다.

이러한 연구 결과들은 노인의 맥락 정보 회상 능력의 저하 및 기억 왜곡(방해 자극을 목표 자극으로 받아들이는 것)에 대한 후속 연구들로 이어졌으며, 실제로 노인이 기억을 왜곡하기 쉽다는 결과가 얻어졌다(Dehon and Brédart 2004 참조). 이는 앞서 살펴봤던 노인의 목격자 기억 신뢰성 문제와도 연관된다.

의미 기억과 일화 기억이 서로 대비되는 것으로 생각되지만, 실은 두 개념이 서로 상관이 있고 노년기에는 특히 더 강한 연관이 있다. 5년 종단 연구에서 뢰브덴 등(Lövdén et al. 2004)은 일화 기억 수행이 의미 기억보다 더 변동이 심하기는 하지만 두 기억력이 높은 상관관계가 있고 이러한 관계가 시간이 경과할수록 더 강해지는 경향이 있음을 밝혔다. 이는 그다지 놀랄 일이 아닌데, 일화 기억의 변화가 인지적 기술이나 작업 기억과 같은 다른 기억 과정의 일반적인 변화에 대한 훌륭한 지표가 되기 때문이다(Hertzog et al. 2003). 그러나 일화 기억과 의미 기억이 서로 관련이 있다 하더라도 각각의 독특한 특성은 여전히 존재한다(Allen et al. 2002).

암묵 기억

암묵 기억은 노화로 인한 변화가 없거나 있더라도 경미한 수준이다(Fay et al. 2005; Fleischman et al. 2004; Mitchell and Bruss 2003; Mitchell and Schmitt 2006). 초고령대에서도 마찬가지로 암묵 기억의 변화는 별로 없다(Spaan and Raaljmakers 2011).

그러나 암묵 기억 과제를 약간만 변경해도 연령 차이가 나타난다. 해링턴과 홀란(Harrington and Haaland 1992)은 다양한 손 운동 과제를 하도록 하였다. 일정한 순서가 있는 손동작을 반복적으로 하게 하거나, 무작위 손동작을 하도록 하였다. 무작위 손동작보다는 규칙적인 반복 동작이 암묵 기억의 도움을 받을 수 있을 것이라 기대된다. 실제로 젊은이들의 경우에는 규칙적인 반복 동작을 더 잘 수행했지만, 노인들은 두 조건의 차이가 없었다. 이는 노인들은 암묵 정보를 잘 이용할 수 없음을 내포한다. 그러나 이런 결과는 특정 조건에 국한해서만 나타난다. 예컨대 로웨 등(Rowe et al. 2006)은 노인 집단의 방해 자극에 대한 암묵 기억이 젊은이 집단보다 유의하게 증가함을 발견했다. 매커보이 등(McEvoy et al. 1992)은 암묵적 정보를 이용하는 능력이 나이가 들수록 나빠진다는 연구 결과를 보고했지만 이러한 결과를 해석할 때는 유의해야 한다고 지적했다. 그들은 연구 참여자들에게 기억해야 할 단어 세트를 주고 단서를 이용해 회상하도록 했다. 여기서 단서는 단어 뜻과 관련된 것을 사용하였다. 예컨대 TBR 단어가 '버터'이면 단서는 '빵'으로 제시되었다. 젊은이들은 TBR 단어와 연관된 단서들이 많은 경우('자동차'와 연관된 단서는 많고, '바실리스크 이구아나'와 관련해서는 매우 적다) 수행이 나빠졌다. 노인들도 마찬가지였지만 나빠지는 정도가 유의하게 줄어들었다. 이는 노인들이 암묵적인 연합 관계를 이용할 수 있는 능력이 젊은이보다 더 떨어짐을 의미한다. 그러나 노인들이 반응하는데 걸리는 시간이 더 길어서 그럴 수도 있다. 즉, 암묵 연합으로 인해 추가적으로 드는 처리 시간 때문에 약해지는 것일 수 있다. 제라치와 해밀턴(Geraci and Hamilton 2009) 또한 암묵 기억을 기반으로 하는 일반 지식 검사에서는 연령 차이가 없음을 발견했다.

박과 쇼(Park and Shaw 1992)는 노화의 영향을 보고한 연구들의 경우, 젊은이들은 자신이 기억력 검사에 참여하고 있음을 알아차리고 매우 집중해서 수행한 것은 아닌지 살펴봐야 한다고 했다. 박과 쇼는 라이트와 앨버트슨(Light and Albertson 1989)의 연구에서 기억 검사인 것을 인식한 참여자들을 제외하면 암묵 기억 수행에 대한 연령 차이가 사라진다는 점을 지적했다. 박과 쇼의 연구에서는 기억 검사임을 인식한 참여자들을 제외하거나 포함했는지의 여부와 상관없이 단어 완성 검사에서 연령 차이는 나타나지 않았다(Park and Shaw 1992).

자서전적 기억과 노화

자서전적 기억을 연구하는 데는 몇 가지 주요 문제가 있다. 가장 자주 언급되는 것이 바로 신뢰성 문제이다. 노인 연구 참여자가 1936년에 부모(현재는 사망한)와 함께 피크닉을 간 것에 대해 회상한다고 해 보자. 회상한 내용의 정확도를 그 누가 확인해 줄 수 있을까? 연구 참여자가 거짓말을 하고 있다고 말하는 것이 아니다. 자신의 삶에 대한 회고는 보통 일생에 거쳐서 여러 번 이루어지는 경향이 있고, 그럴 때마다 세부 사항들은 달라지고 이야기의 흐름은 향상되는 경향이 있다(Bartlett 1932). 따라서 사건이 있은 후 5년 뒤에 이야기하는 것과 50년 뒤에 이야기하는 것은 기본적인 플롯은 동일하더라도 세부 사항들이 달라지기 쉽다. 필드(Field 1981)의 종단 연구에서 이러한 문제가 확인되었다. 동일한 사건에 대해서 30세 때와 70세 때 회상한 내용을 비교해 보면, 기본적인 플롯에 대해서는 높은 상관(r=0.88)을 보였지만 지엽적인 세부 사항들에 대해서는 16%만 일치했다(r=0.43). 데이크스트라와 미실리소이(Dijkstra and Misirlisoy 2009)의 연구에서도 비슷한 결과가 나왔는데, 자신이 1년 전에 회상한 자서전적 기억을 수정해서 제시한 경우, 주요 사건에 대한 수정 여부는 잘 알아차린 반면, 지엽적인 내용에 대한 수정 사항은 잘 알아차리지 못했다.

자서전적 기억을 연구하는 데 있어 또 다른 문제점은 기억을 어떻게 이끌어 내느냐 하는 점이다. 대표적인 문제 중 하나가 자신의 기억을 스스로 검열한다는 것이다. 인간 본성상 가장 생생한 기억의 많은 부분에는 성적 경험(sexual experiences)이 포함될 것이다. 그러나 흥미롭게도 이와 관련된 기억은 거의 보고되지 않는다. 특정 단서를 주고 관련된 자서전적 기억을 생각해 내도록 하는 경우 대체로 그 단서와 비슷한 인생 시기의 사건만 회상되기도 한다. 아니면 개념적으로 연관된 자서전적 기억을 물어볼 수도 있다(Talarico and Mace 2010 참조). 어떤 것을 단서로 줄지에 따라 달라질 수도 있다. 예를 들어 생애 초기의 사건 중에서 가장 생생한 기억들에 대해서 물어볼 수 있다. 단서를 주고 그와 관련된 기억을 회고하도록 하고(잼: "그래, 맞아요. 어렸을 때 엄마가 잼 만드는 것을 도와준 것을 기억해요."), 생각해 낸 각 사건에 대해 날짜를 붙이도록 한다. 그러나 날짜를 붙이기 전에 회고된 사건 목록 전체를 먼저 생각하도록 하게 되면 보다 중요한 비중을 차지하는 최근 기억으로 편향되기 쉽다(Cohen 1989). 더욱 혼란스러운 것은 심상을 불러일으키는 특징을 지니는 단어인 경우 더 오래된 기억을 생성해 내는 경향이 있다는 것이다(Rubin and Schulkind 1997b). 따라서 연구 참여자에게 어떻게 묻느냐에 따라 생성된 기억의 날짜가 달라진다. 노인들은 과거에 산다고 하는 상투적 표현은 별로 맞는 말이 아닌 것 같다. 실제로 대부분의 연구들은 젊은이와 노인의 유년기에 대한 회상 빈도가 동일하다고 보고했다(Cohen and Faulkner 1988; Rubin and Schulkind 1997a). 이러한 결과가 연구 참여자들이 향수에서 허우적거리기 때문에 나타난 것만은 아니다. 래빗과 윈서프(Rabbitt and Winthorpe 1988)는 기억들을 '즐거운'과 '불쾌한'으로 나누게 되면 생애 초기에 대한 회고가 주로 후자 범주에 속하게 됨을 발견했다. 베른첸과 루빈(Berntsen and Rubin 2002)은 다른 기법으로 기억을 이끌어 냈는데, 행복한 기억의 비중이 더 높았지만 불쾌한 기억 또한 상당수 회상되었다.

이와 관련해서 대부분의 자서전적 기억 연구들은 사실상 의도하지 않은 비자발적 기억(involuntary memory)을 검사했다. 다시 말해 그 시점에 그 기억을 회상하지 않았을 텐데 검사자가 물으니까 생각해 낸 것이다. 그러나 실생활에서 자서전적 기억은 대체로 자발적 기억(voluntary memory)이다. 현재 뭔가 연관된 자극이 주변에 있어서 자서전적 기억이 자발적으로 떠오르게 된다. 이와 관련된 주제는 흥미롭지만 거의 연구되지 않았다. 이러한 자발적 기억이 노인들에게서는 덜 나타난다는 보고가 있기는 하다. 자발적 기억은 의도하지 않은 기억보다 더 구체적이고 긍정적인 기분과 관련되어 있는 경향이 있다(Schlagman et al. 2007). 흥미롭게도 자발적 기억들은 맛이나 냄새보다는 추상적 사고가 발단이 되어 생각나기가 쉽다(Mace 2004). 마들렌 빵이 발단이 되어 유명한 프루스트의 소설 『잃어버린 시간을 찾아서』가 시작되는 것을 평가절하할 의도는 없지만, 그러한 종류의 단서들은 우리가 생각하는 것만큼 그렇게 흔하게 추억에 잠기게 하는 것 같지 않다.

그렇다고 해서 냄새가 자서전적 기억에 아무 영향을 주지 않는다는 의미는 아니다. 냄새와 맛은 오랫동안 잊혔던 기억을 되살리는 데 매우 훌륭한 자극이 된다. 어떤 향기나 맛으로 인해 기대하지 않았던 강렬한 기억이 떠오르는 경험을 모두 해 봤을 것이다. 향이나 맛은 머릿속에서 쉽게 되새겨지지 못하는 성질이 있다. 향과 맛으로 일깨운 기억이 훨씬 강렬한 것은 아마도 그것이 예상하지 못했고 자주 만나지 않는 기억이기 때문일 것이다. 메일러 등(Maylor et al. 2002)은 젊은이와 노인 모두 향기가 실려 있는 단서 단어(예: 장미)를 제시했을 때 자서전적 기억 점수가 두 배로 뛰어오름을 발견했다. 이는 상당히 흥미로운 결과로, 다른 자서전적 기억 검사를 할 때 검사실의 냄새나 연구자의 체취가 우연히 영향을 끼쳤을 가능성도 배제할 수 없음을 시사한다.

이와 같은 문제점들에도 불구하고 회고 고조점(reminiscence peak. reminiscence bump로도 알려졌다)에 대한 연구가 많이 행해졌다. 검사 방법이 갖는 문제점을 감안하더라도 대부분의 자서전적 기억은 10-30세 사이의 기간에서 나오기 쉽다(Berntsen and Rubin 2002; Rubin et al. 1998; Webster and Gould 2007 참조). 이 시기가 가장 핵심적인 인생 사건들이 벌어지는 시기이기 때문에 이는 놀랄 일이 아니다(성 경험, 직장, 시험, 결혼, 부모 등에 대한 첫 시도들을 경험하는 시기이다. Jansari and Parkin 1996 참조). 회고 고조점 현상은 긍정적인 인생 사건 기억에 한해서만 적용되고 부정적인 사건에 대한 기억에 대해서는 나타나지 않는다는 주장도 있다(Leist et al. 2010). 반대로 매우 어린 시절에 대한 자서전적 기억은 거의 나타나지 않거나 전혀 없는 경우도 있다(유년기 기억상실증). 프로이트 학파에서는 이러한 현상이 불유쾌한 기억과 갈등에 대한 억압 때문에 나타난다고 했으나, 최근에는 영유아기에는 경험한 사건을 회상 가능한 자서전적 기억으로 부호화하는 것이 힘들기 때문이라고 여기고 있다.

기억하는 내용과 관련된 문제로 회상의 생생함이 있다. 어떤 기억은 다른 것보다 더 선명하고, 더 어렸을 적 기억은 더 흐릿하다(Cohen and Faulkner 1988). 나이그로와 나이서(Nigro and Neisser 1983)가 보고한 현상으로, 오래된 기억은 통상적으로 구경꾼이 되어 사건이 바라보고 있는 것처럼 지각되는 반면, 최근 기억은 당시 자신의 관점에서 기억된다. 게다가 사건이 생생하게 지각되는 이유들도 평생에 걸쳐 변화한다. 코언과 포크너(Cohen and Faulkner 1988)는 성인 초기 및 중년기의 대상자들은 그 사건이 가지는 정서에 영향을 받는다고 보고했다. 즉, 느끼는 감정이 클수록 생생함도 더 컸다. 노인의 경우는 생생함의 가장 큰 원인이 그 사건 이후에 사건에 대해 얼마나 자주 생각하는지와 관련이 있었다. 코언 등은 나이가 들어 감에 따라 기억의 생생함이 희미해지기 때문에 지속적으로 되새김으로써 그 사건에 대한 세부적인 기억들을 붙들어 놓을 수 있는 것 같다고 제안했다. 래빗과 윈서프(Rabbitt and Winthorpe 1988)는 노인들은 자서전적 기억 검사에서 응답의 질이 상당히 낮고 회상하는 데 시간도 많이 걸린다고 설명했다. 가령 노인들은 구체적으로 대답하기보다는 모호하게 말하는 경향이 있다('일곱 살 생일날 솔즈베리 플레인으로 피크닉 간 것을 기억해요'라고 말하기보다는 '어렸을 때 피크닉 간 것을 기억해요'라고 말한다). 그러나 래빗과 윈서프는 이러한 현상은 노화 자체 때문이라기보다는 유동성 지능과 작업 기억력의 저하 때문에 나타난 것이라고 했다. 이 두 가지는 자신이 말한 것을 놓치지 않고 파악하고 나서 그다음에 할 말이 무엇인지를 생각하는 데 필요하다. 이들은 후속 연구에서 자서전적 기억을 통해 세부적인 사항들을 기억하는 것은 연령이나 유동성 및 결정성 지능과 관련이 있음을 밝혔다(Phillips and Williams 1997에서도 동일한 결과가 발표되었다). 이러한 연구 결과는 노화 과정과 유동성 지능으로 인해 회고하는 기술이 저하되기는 했어도 노화의 영향을 덜 받는 결정성 지능을 이용해 그것을 어느 정도 보완한다는 것을 의미한다. 최근 레빈 등(Levine et al. 2002)의 연구를 통해 이러한 결과가 더 보충되었다. 젊은이들은 회상된 기억에 국한된 세부 사항을 생각해 내는 반면, 노인들은 다양한 상황에서도 적용될 수 있는 일반적 의미 정보를 회상하는 경향이 있다. 이러한 현상은 연구 참여자들에게 추가 질문을 통해 보다 상세히 회고해 보라고 해도 마찬가지로 나타났다. 피올리노 등(Piolino et al. 2010) 또한 자서전적 기억의 유형이 보다 상세한 것일수록 연령에 따른 차이가 크다는 결과를 얻고, 이러한 현상은 집행 기능과 작업 기억의 변화와 관련이 있다고 보았다. 노인 집단과 젊은이 집단의 기억이 비슷한 수준으로 생생하더라도 여전히 연령 차이는 존재했는데, 노인은 젊은이에 비해 보다 긍정적이고 덜 사적이며 사회적 사건과 더욱 관련이 깊은 내용을 회상하는 경향이 있었다(Webster and Gould 2007).

자서전적 기억을 회상하는 동안 해마의 뇌 활동이 개입한다는 연구 결과들이 증가하고 있다(Maguire and Frith 2003; Viard et al. 2007; Viard et al. 2010). 해마는 노화의 영향을 상당히 받는 영역으로 알려져 있는데, 이 때문에 회상된 내용의 생생함이나 세부 사항의 연령 차이가 생기는 것 같다. 노년기에 상당한 변화가 생기는 전두엽 기능 또한 관련이 있고(McKinnon et al. 2008), 그중에서도 특히 자서전적 사건을 적합한 순서대로 계획해서 회상하는 능력과 관련이 있는 것 같다. 흥미롭게도, 그 사건이 얼마나 오래된 기억인지에 있어서는 뇌 활동의 연령 차이가 나타나지 않았다(Donix et al. 2010).

자서전적 기억의 양적 문제뿐 아니라 자서전적 기억의 기능 측면에 대한 연구들도 있다. 자서전적 기억이 자아 정체감을 형성하는 핵심 요소가 된다는 주장이 있다(Cohen-Mansfield et al. 2010 참조). 카펠리에즈와 오루크(Cappeliez and O'Rourke 2002)는 자서전적 기억을 생성해 내는 것과 성격 유형 간에 관련성이 있음을 밝혔다. 성격의 5대 요인 이론을 이용해서(제5장 참조) 자서전적 기억은 외향성, 신경증, 그리고 경험에 대한 개방성과 상관이 있음을 발견했다. 별로 놀랄 것도 없이 대화에 적극적으로 임하면서 기억을 생성해 내는 측면에서 외향성과 관련이 있고, 과거의 불유쾌한 사건에 대해 반추하는 경향은 신경증과 관련이 있다. 경험에 대한 개방성은 삶과 죽음에 대한 의미를 찾는 것과 관련이 있었다. 삶의 의미를 찾는 것과 관련이 있기 때문에 자신의 인생에 대한 회고는 치료적인 맥락에서 이용된다. 많은 학자들은 노인들에 대한 '회상치료(reminiscence therapy)'는 자신의 삶을 받아들일 수 있도록 하기 때문에 필요하다고 보았다(Kermis 1983; Pasupathi and Carstensen 2003 참조). 자서전적 기억을 끄집어내는 것이 노인의 우울증 치료에 효과적인 요소가 된다고 본 다른 연구도 있다(Serrano et al. 2004). 그러나 많은 노인들은 자신의 삶에 대한 회고는 단순히 지루할 때 하는 것으로 여기는 경향이 있다. 노인들은 기억력이 떨어지는 현재와 사건 가득한 과거의 대비가 증가되는 것을 경험할지도 모르겠다. 과거의 먼 사건들을 보다 자주 찾고 되새기다 보면, 그것이 마음의 극장에서 상영되는 유일한 쇼가 된다(Rabbitt and Winthorpe 1988).

미래계획 기억

최근 다른 책에서도 언급했듯 기억의 주요 기능은 과거를 기억하는 것이 아니고 앞으로 할 일에 대한 계획을 하는 것이다. 부분적으로는 자신의 경험과 실수로부터 배워서 비슷한 다음 상황에 보다 잘 대처하고자 하는 것을 의미한다.

이는 지혜/결정성 지능의 일부분으로 생각될 수 있다. 다른 측면에서는 미래계획 기억이란 문자 그대로 앞으로 할 일을 기억하는 능력을 말한다. 미래계획 기억은 정보를 긴 시간 동안 보유한다는 측면에서 단순히 장기 기억의 다른 형태로 볼 수도 있다. 그러나 그렇지 않다는 많은 증거들이 있다. 첫째, 이론적으로 두 기억 유형이 구분된다. 과거 기억에서는 성공적으로 회상했다고 볼 수 있는 항목이나 사건이 충분히 있지만, 미래계획 기억은 특정 항목을 회상해 내야 하는 시점이 정해져 있지 않고 딱 맞는 시간에 기억하고 행동해야만 성공적으로 기억하고 있는 것이라 할 수 있다(West 1988). 둘째, 이 두 기억 유형의 정확도나 이용되는 기억 전략 간의 상관이 거의 없다는 점에서 이 둘은 경험적으로 구분된다(Jackson et al. 1988; Kvavilashvili 1987; Wilkins and Baddeley 1978).

미래계획 기억을 회상할 때 쓰는 방법은 개인에 따라 다양하지만 크게 두 가지 범주로 나뉠 수 있다. 그것은 내적/외적 전략(단서)이다. 외적 단서는 다이어리나 손수건 매듭과 같은 친숙한 것들이다. 다시 말하면 주변 환경 속에서 미래계획 기억을 상기시켜 주는 것들을 뜻한다. 어떤 실험에서는 사건 의존적 과제(event-based tasks. 기억을 상기시켜 주는 특정 단서가 주어지면 회상해 내고 행동해야 한다)를 통해 그러한 전략을 이용한다. 반면 내적 단서라는 것은 순수하게 정신적인 전략으로, 적당한 때에 그 기억을 상기한다. 이는 시간 의존적 과제(time-based tasks. 특정 시간에 반응을 해야 한다)를 통해 측정될 수 있다. 그러나 이러한 구분이 늘 명확하게 잘되는 것은 아니다. 가령 사람들이 흔히 쓰는 기억 전략은 아침에 커피 마시기와 같은 친숙한 일상적인 일과 함께 그다음 할 일을 기억하는 것이다(Maylor 1990a). 이 경우는 내적 전략(일상적으로 하던 일을 한 다음에 할 일을 기억하는 것)인가 아니면 외적 전략(커피를 보고 다음 할 일을 상기해서 하는 것)인가? 이와 유사하게 스케줄러와 같은 외적 단서는 스케줄러를 들여다봐야 하는 것을 기억해야 한다. 따라서 기억법만을 가지고 기능적인 구분을 하는 것은 모호하고 깊이 있는 분석을 하기에는 부족하다. 그러므로 다음 단락에서는 내적/외적 전략이 어떻게 작용하는가에 대한 논의는 피하고 순수하게 실용적인 전략의 측면에서 미래계획 기억을 살펴보도록 하겠다.

어떤 종류의 미래계획 기억 과제에 대해서는 연령 차이가 없거나 오히려 나이 든 사람들이 더 잘하기도 한다. 전통적인 미래계획 기억 과제는 정해진 시간에 연구자에게 전화하는 것을 기억하도록 하는 것이다. 푼과 샤퍼(Poon and Schaffer 1982; West 1988에서 인용) 및 모스코비치(Moscovitch 1982)의 연구에서는 노인들이 전화하는 것을 더 잘 기억하고 시간도 정확했다. 그러나 이는 부분적으로 코호트 효과일 수 있다. 노인들은 대체로 보다 조용하게 하루를 보내기 때문에 전화를 걸어야 하는 상황을 방해하는 자극들이 덜하다. 또한 그들 세대는 시간을 엄수하고 약속을 지키는 것을 중요하게 생각하도록 교육받으며 자라 왔기 때문에 전화를 걸려는 동기가 더 높을 수 있다. 전화 건 것에 대한 금전적 보상을 증가시켰을 때 노인들의 수행은 더욱 증가했으나 젊은이들은 그렇지 않다는 결과를 봐도 이러한 설명에는 일리가 있다. 알트가센 등(Altgassen et al. 2010) 또한 미래계획 기억 과제에 사회적 중요성을 연관 지어 놓으면 노인들이 젊은이들보다 훨씬 더 수행이 향상됨을 발견했다. 크바빌라쉬빌리 등(Kvavilashvili et al. 2009)은 일상생활에서 기억력 실수를 했던 경험을 보고하라고 하는 경우, 노인들은 미래계획 기억을 잊은 것보다는 과거 사건을 잊은 것에 대해 더 보고하는 경향이 있고 젊은이들은 그 반대임을 발견했다.

코호트 효과를 최소화하는 한 가지 방법은 50대 피험자 집단을 포함시키는 것이다. 이들은 지적인 수행 측면에서는 기존 젊은이 집단(주로 20대)과 비슷하지만 자란 환경은 노인 집단과 더 유사하다. 메일러(Maylor 1990a)는 유사한 생활 방식을 가진 50대 피험자들을 연구에 참여시켰다. 이들은 5일 동안 특정 시간('정확' 조건) 혹은 두 특정 시간 사이에 아무 때나('사이' 조건) 하루에 한 번 전화하도록 하였다. 그 결과 시간 엄수나 전화를 건 빈도에 있어서 연령 차이가 나타나지 않았다. 또한 전화 거는 것을 기억하기 위해 사용한 단서에 있어서도 연령 차이가 없었다. 노인들은 외적 단서를 더 사용하는 경향이 있다는 선행 연구들(Jackson et al. 1988; Moscovitch 1982)과 반대되는 결과이다. 아마도 코호트 효과 때문일 수 있다. 기존 연구에서는 젊은이 집단으로 대학생들을 참여시켰는데(대부분 실습 수업을 가장해서 학점을 받기 위해 참여하였다) 대부분은 실험 자체에는 무관심하기 때문에 외적 단서보다 덜 귀찮은 내적 단서를 사용하는 경향이 많은 것으로 보인다. 그러나 메일러의 연구에는 능동적인 자원자들이 참여해서 보다 동기가 높은 상태였던 것으로 여겨진다.

한편 메일러의 연구에서도 외적 단서와 내적 단서의 효율성 부분에서 연령 효과가 나타났다. 노인은 내적 단서를 이용한 사람이 오류를 범하는 경우가 많은 반면, 젊은이는 외적 단서를 이용하는 사람이 오류를 많이 범했다. 따라서 자신의 기억에만 의존하는 사람은 나이가 들어 갈수록 점점 수행이 나빠졌고, 외적 단서로 바꾼 사람들은 수행이 향상되었다. 그러나 어느 정도는 주어진 과제에 따라서 전략을 바꿔 사용하였다. 메일러는 '사이' 조건의 경우 '정확' 조건보다 외적 단서를 더 많이 사용한다는 것을 발견했다. 메일러는 이러한 결과는 두 과제의 난이도 차이 때문이라고 보았다(더 어려운 과제에서 외적 단서를 더 이용한다). 웨스트(West 1988) 또한 단서 사용과 과제 난이도 사이에 이와 비슷한 관련이 있음을 보고했다.

그러나 다른 조건에서는 미래계획 기억에 대한 연령 차이가 상당히 나타난다. 콕번과 스미스(Cockburn and Smith 1988)는 노인들은 약속을 기억하거나 메시지를 전달해야 하는 과제에서 더 수행이 나쁘다는 것을 발견했다. 웨스트(West 1988) 역시 노인들은 메시지를 전달하는 것을 기억하는 데 수행이 나쁘다는 것을 보여 주었다. 통상적으로 뭔가 할 일을 기억해야 하는 경우에 연령 차이가 나타난다. 게다가 과제의 복잡성이나 주의 요구가 증가할수록 연령 차이는 더 증가하는 경향이 있다(Einstein et al. 1992; Einstein et al. 1998). 노인들이 왜 어떤 미래계획 기억 과제를 다른 과제보다 더 잘하는지에 대해서는 명확히 밝혀져 있지 않다. 노인들은 시간 의존적 과제보다 사건 의존적 과제를 더 잘한다고 알려져 있다. 그러나 앞서 언급한 이러한 분류에 대한 비판은 무시한다 하더라도 이런 단순한 해석에 반대하는 몇 가지 연구들이 있다. 메일러(Maylor 1998)는 유명한 사람의 사진을 보고 알아맞히는 과제에서 안경을 쓴 사람만 알아맞히라고 하는 미래계획 기억 요소를 포함시켜서 실험한 결과 연령 차이가 나타남을 발견했다. 사건 의존적 단서를 제공하는 실험이었지만 연령 차이가 존재했다. 박 등(Park et al. 1997)도 어떤 조건에서는 시간 의존적 과제가 기억력 자체보다는 시간을 모니터하는 능력을 측정한다고 주장했다. 헨리 등(Henry et al. 2004)도 시간 의존적 과제와 사건 의존적 과제 둘 다에서 젊은이들이 노인들보다 더 나은 수행을 보였고 난이도가 더 높은 사건 의존적 과제에서 연령 차이가 더 컸다고 보고했다.

보다 적절한 설명으로, 크레이크 등(Craik et al. 1995)은 미래계획 기억 과제가 상대적으로 짧은 시간을 요하는 다른 기억 과제보다 더 쉽게 노화의 영향을 받는 경향이 있다는 것을 발견했다. 어떤 행동을 해야 하는 것을 1주일 후까지 기억해야 하는 것과 같이 상당히 복잡한 진행성 과제를 해야 한다면 아마도 잊기 쉬울 것이다. 비교적 긴 기간의 자연스런 패러다임과 상대적으로 단기간의 실험실 패러다임의 과제들이 동일한 형태의 미래계획 기억을 평가하는지는 의문이다. 총 쏘기와 같은 힘든 비디오 게임을 하는데 붉은 괴물을 쏠 때마다 바나나를 쏴야 한다고 가정해 보자. 붉은 괴물을 쏠 때마다 바나나 쏘는 것을 잊었다면, 이는 앞으로 할 일을 잊은 것일까 아니면 계속하고 있던 일을 깜박한 것일까? 특정 날짜의 특정 시간에 실험자에게 전화를 거는 일을 잊은 것은 동시에 하고 있는 다른 일들 때문에 잊은 것이 아니라 단순히 그 할 일을 잊은 것이다. 단기 미래계획 기억 과제의 난이도가 연령 차이를 일으킬 만큼 어려울 필요는 없다. 예를 들어 메일러(Maylor 1998)의 연구에서 사용한 과제가 어려운 것이라고 말하기는 힘들다. 맨틸래와 닐슨(Maentylae and Nilsson 1997)은 두 시간짜리 검사 세션이 끝날 때 실험자에게 사인을 해 달라는 단순한 과제조차도 노인이 더 잘 잊는 것을 발견했다. 보다 장기적인 과제인 특정 날짜와 시간에 누군가에게 전화 거는 것을 기억하기와 같은 경우는 일상생활에서 늘 하는 일들에 포함될 수 있고, 따라서 매우 숙련된 절차의 일부분이다. 그러나 연구자와 만나고 있는 중에 동시에 어떤 일들을 하거나 메시지를 전달하는 것과 같은 과제는 노인들이 많이 해 본 일이 아니다.

요약하면 미래계획 기억에 대한 노화의 영향을 살펴본 현재의 연구들은 다음의 두 현상을 따로 다루기보다는 둘 다를 아우르고 있는 것으로 보인다. '미래계획 기억 I'은 자연스런 세팅에서 이용되는 것으로 미래의 약속이나 해야 할 일 등을 기억하는 것을 의미한다. 이는 대부분 현실 조건에서 평가된다. '미래계획 기억 II'는 다른 과제를 하고 있는 동안 특정 행동을 할 것을 기억하는 능력이다. 이는 대부분 실험실 조건에서 평가된다. 헨리 등(Henry et al. 2004)은 문헌 고찰을 통해 노인들은 젊은이들보다 자연스런 조건에서 하는 과제를 더 잘하고 실험실 조건에서는 그 반대로 나타남을 발견했다. 그러나 지능은 미래계획 기억 수행에 대해서 특별히 강력한 예측 인자가 되지는 않았다 (Cockburn and Smith 1988; Maylor 1998). 물론 '미래계획 기억 II'의 저하는 작업 기억과 관련이 있기는 했다(Logie and Maylor 2009).

졸리흐 등(Zollig et al. 2010)은 미래계획 기억 과제를 하는 동안 노인, 청소년, 그리고 젊은이 집단은 각각 구별되는 뇌 활동 패턴을 가지고 있음을 발견하고, 이는 미래계획 기억의 신경적 메커니즘이 평생에 걸쳐 변화됨을 의미한다고 주장했다(West and Bowry 2005도 참조). 맥팔랜드와 글리스키(McFarland and Glisky 2009)는 미래계획 기억 검사 수행(시간-의존적 과제)이 전두엽 기능 수준과 강하게 관련이 있다는 것을 발견했다. 또한 리브너 등(Livner et al. 2009)의 흥미로운 연구에서는 갑상선 기능 수준이 미래계획 기억 수행에 영향을 준다고 주장했다. 갑상선 문제가 없더라도 개인의 갑상선 기능 수준은 다양할 수 있고, 이 갑상선 기능 수준이 전두엽 기능의 특정 측면에 영향을 준다는 것이다. 리브너 등은 상대적으로 높은 수준의 갑상선 자극 호르몬을 보이는 노인들은 미래계획 기억 검사에서 더 좋은 수행을 보임을 발견했다. 그러나 갑상선 기능과 기억 검사 점수 간의 선형적인 관계가 나타나지 않아 그 영향의 정도가 명확한 것은 아니므로 앞으로 더 연구가 필요하다.

메타 기억과 노화

노인들은 자신의 기억력을 어느 정도까지 추정할 수 있을까? 이 질문에 대한 답은 기억의 종류에 따라 달라진다. TBR 항목 중 기억하기 쉬운 유형이 어떤 것인지 혹은 가장 좋은 기억 전략이 무엇인지를 결정하는 것과 같이 비교적 추상적인 특징에 대한 판단을 할 때는 연령 효과가 거의 나타나지 않았다(Perlmutter 1978). 그러나 노화에 따른 저하를 보여 주는 메타 기억의 다른 측면도 있다. 연령 차이는 주로 미완성 기억 행동에 대해 판단해 보라고 할 때, 혹은 과거와 미래 수행에 대한 전반적인 판단을 하라고 할 때 나타난다. 다음 절에서 살펴보겠지만 후자와 같은 평가를 할 때 방법론적인 문제가 있기 때문에 결과 해석이 어렵다는 점도 있다.

자신의 기억력을 추정하는 한 가지 방법은 메타 지식(metaknowledge) 혹은 아는 것 같은 느낌(Feeling of Knowing; FOK)이다. 전형적인 FOK 실험은 질문에 대한 대답의 정확성에 얼마나 확신을 가지고 있는지를 평가함으로써 할 수 있다.

일부 연구에서는 스스로 그러한 판단이 상당히 정확함을 보여 주었다. 자신의 응답이 맞다고 확신하는 정도가 클수록 실제로 정반응이었다. 목격자 기억은 예외인데, FOK 점수와 정확도 간에 상관이 없었다(Perfect and Hollins 1999). FOK 정확도에는 연령 차이가 없었다(Allen-Burge and Storandt 2000; Fozard 1980; Perlmutter 1978). 자신의 기억력에 대한 자기 측정은 6년 후 기억 검사 수행 정도를 예측할 수 있었다(Valentijn et al. 2006). 소우채이 등(Souchay et al. 2007)은 여러 유형의 기억에 대한 FOK 검사 결과를 비교해 본 결과 일화 기억에서는 유의한 연령 차이가 있지만 의미 기억에서는 그러한 차이가 없음을 발견했다.

많은 경우 노화에 따라 저하되기는 하지만, 일부 유형의 기억에 대한 메타 기억은 노년기에도 상당히 정확하다. 그러나 그렇다 하더라도 노인들 스스로는 이를 믿지 않기도 하는 것 같다. 예를 들어 캠프(Camp 1988)는 노인들이 자신의 의미 기억이 저하되었다고 생각한다고 보고했다. FOK는 기억해야 하는 주제에 대한 확신의 정도와 관련이 있다. 마르키에와 위에(Marquié and Huet 2000)의 연구에서는 컴퓨터 사용에 관한 것에서만 노인 참여자들의 FOK 수준이 젊은이들보다 낮았고 그 외 일반 지식과 관련된 항목에서는 차이가 없었다. 아마도 나이가 들수록 비관적인 경향이 증가하는 것과 관련이 있는 것으로 보이는데, 노인들의 경우 자신감이 낮아진다는 것은 그동안 많이 보고되어 왔다(Botwinick 1967). 일화 기억 과제에서 부호화하는 동안 TBR 항목을 더 많이 보여 주면 FOK 점수는 확실히 높아지기 때문에 외울 항목에 많이 노출되면 될수록 자신감은 더욱 증가한다(Hertzog et al. 2010 참조).

그러나 FOK 변화는 단지 비관주의의 결과가 아니라 집행 기능의 저하(Bouazzaoui et al. 2010; Juncos-Rabadan et al. 2010; Perrotin et al. 2006)나 맥락 정보를 이용하는 기술의 빈약함(Thomas et al. 2011)과 같은 요인들 때문에 발생한다. 또한 도드슨 등(Dodson et al. 2007: 122)은 최근 사건에 대한 구체적인 세부 사항을 회상해야 하는 경우에 실제로는 틀리게 회상하지만 노인 스스로는 맞다고 확신하는 일이 많기 때문에 노화 관련 기억 손상이 나타난다고 보았다. 다시 말하면 어떤 사람이 불확실한 기억을 가지고 있고 기억력이 매우 나빠서 자신이 기억력이 나쁘다는 사실을 모른다는 것이다. 따라서 메타 기억에 대한 판단 정확도도 낮아진다. 이를 설명하는 신경적 연관성도 있다. 추아 등(Chua et al. 2009)은 강하게 확신하는 항목을 처리할 때 젊은이 집단의 경우 내측 측두엽의 활동성이 증가되지만 노인 집단은 동일 상황에서 그러한 패턴이 발견되지 않음을 지적했다. 노년기의 신경 활동의 변화로 인해 자신의 기억력에 대한 판단력이 저하되었을 가능성이 있다.

미완성 기억 행동의 대표적인 예는 설단 현상(Tip Of the Tongue; TOT)이다(어떤 연구자는 설단 현상 상태를 메타 기억보다는 의미 기억의 일부로 분류하기도 한다. Schwartz and Frazier 2005 참조). 대부분 설단 현상을 경험해 본 적이 있을 것이다. 그것은 특정 단어를 완전히 회상해 낼 수는 없지만 단어의 첫 글자, 혹은 그 단어가 몇 음절 단어인지, 대략 어떤 말소리인지 등 그 특정 단어의 일부 특징은 기억할 수 있을 때를 말한다. 브라운과 맥닐(Brown and McNeill 1966)은 애매한 단어의 뜻을 주고 그 단어를 생각해 내도록 하는 실험을 통해 이 현상을 최초로 연구했다. 그 단어를 확실히 알거나 단순히 전혀 모르는 경우도 자주 있었지만 설단 현상을 보이는 경우도 있었다. 전형적으로 단어에 대해 설명은 할 수 있었다(57%가 단어의 첫 글자를 생각해 냈다). 저빈도 단어의 뜻을 이야기해 보는 것에 국한되었을 때 설단 현상은 그저 골칫거리일 뿐이다. 그러나 일상생활에서 대화할 때 나타나는 설단 현상은 잠재적인 장애의 징후가 된다. 버크 등(Burke et al. 1988)은 노인들의 설단 현상에 대해 연구하기로 했는데, 이는 노인 연구 참여자들이 이러한 문제를 많이 경험하고 있기도 했고, 노인들은 특히 사람 이름을 기억하는 데 어려움이 있었기 때문이다. 버크 등은 지난 4주간 자신이 경험한 설단 현상에 대해 기록하도록 했다. 설단 현상이 있을 때 그 단어에 대해 자신이 기억하는 모든 것을 기록하게 하고, 그 단어를 결국에는 기억해 냈는지도 기록하도록 했다. 그 결과 노인들은 유의하게 더 많은 설단 현상을 경험했지만, 그 단어를 기억해 내는 비율에서는 연령 차이가 없었다(노인 집단과 젊은이 집단 모두 90% 이상이 단어를 결국에는 생각해 냈다). 그러나 설단 현상 상태일 때 젊은이들은 혀끝에서 빙빙 도는 그 단어에 대한 특징들에 대해 노인들보다 더 많이 생각해 낼 수 있었다(Maylor 1990b에서도 동일한 결과가 나왔다).

후속 연구에서 젊은이들은 설단 현상이 있더라도 그 단어에 대한 정보가 더 많았고, 조금만 힌트를 주면 곧바로 그 단어를 알아차릴 수 있을 정도임이 밝혀졌다. 화이트와 에이브럼스(White and Abrams 2002)는 설단 현상을 일으킬 수 있는 일반 지식에 관련된 질문을 하고 음운적 점화(피험자가 떠올리려고 하는 단어의 첫 소리)를 제시해 주면, 젊은이들의 경우는 그 단어를 떠올리지만 노인들은 그렇지 못하는 경우가 있음을 발견했다.

버크 등은 설단 현상을 일으키는 단어의 유형에 있어서도 연령 차이가 있음을 밝혔다. 젊은이와 노인 모두 고유명사를 떠올리는 데 가장 어려움이 컸지만 노인들은 일상생활에서 쓰는 사물 이름을, 젊은이들은 추상 명사를 떠올리는 데 어려움이 컸다. 젊은이들은 자신이 떠올리려는 단어를 활발하게 찾으려고 애쓰고 심지어는 다른 사람에게 물어보기도 했다. 반면 노인들은 일부가 젊은이들과 유사한 전략을 쓰기도 했지만 대부분은 주로 그 단어가 어느 순간에 갑자기 떠오르기를 바라고 있었다. 비슷한 연구에서 코언과 포크너(Cohen and Faulkner 1986)는 고유명사에 대한 설단 현상 다이어리를 2주간 작성하도록 했다. 놀랍게도 대다수(68%)는 친구나 지인의 이름인 것으로 나타났다. 코언(Cohen 1989)이 지적한 것처럼, 아마도 '자주 사용하다 보니 더 자주 잊을 기회가 생긴' 것이 아닌가 한다(메일러(Maylor 1997)가 분석한 결과, 사람 이름에 대한 기억이 노년기에 특히 더 나빠지는 것은 아닌 것 같다). 일반적으로 노인들은 처음 만난 사람의 직업과 같은 그 사람의 구체적인 특징보다는 그 사람의 이름을 기억하는 데 더 어려움을 보인다(James 2004). 이는 정신적 처리 과정의 효율성이 떨어졌기 때문인 것으로 보인다(단순하게 설명하면 어떤 사람의 이름이 농부일 때 그 사람을 '농부 씨'라고 기억하는 것보다는 '농부'라는 의미적 범주로 기억하는 것이 더 쉽다). 다시 말하지만 노인들은 이름이 갑자기 떠오르기를 기다리는 전략에 주로 의존하는 것으로 보인다. 이러한 연구 결과들을 보면 노인들은 희미한 기억 흔적들을 인출하는 데 어려움이 있는 것 같다고 추정할 수 있다. 실제로 노인들은 설단 현상을 더 자주 경험하고, 생각해 내고자 하는 단어가 갖고 있는 세부적인 특징들도 더 적게 알고 있다. 목표 단어의 세부 사항들을 부족하게 알고 있기 때문에 자신이 갖고 있는 적은 정보를 계속 찾아보는 것이 별 소용이 없을 것이다. 반대로 젊은이들의 경우에는 설단 현상이 있더라도 목표 단어에 대한 특징들을 더 많이 갖고 있기 때문에 자신의 기억 속을 살펴보는 것이 값어치 있는 일이 된다. 신경학적으로 살펴보면, 설단 현상을 보이는 상태는 좌측 뇌섬(insula)의 회백질과 신경 활동이 저하되는 것과 관련이 있다. 뇌섬은 음운론적 처리가 이루어지는 뇌 영역으로 알려져 있다(Shafto et al. 2007, 2010 참조). 설단 현상이 나타날 때 전전두엽의 활동이 노인 집단과 젊은이 집단에서 차이를 보이는데, 이는 노화로 인한 신경적 처리 과정의 변화가 있음을 시사한다(Galdo-Alvarez et al. 2009).

요약과 개관: 노화가 기억에 어떻게 영향을 끼치는가?

많은 노인들이 '내 기억이 예전만 같지 않아' 하고 불평하는 것은 당연해 보인다. 상대적으로 보존되는 영역(기본적인 단기 기억과 메타 기억의 일부 측면)도 있지만 기억은 실제로 노년기에 저하되고 그 이후에도 계속 저하된다.

어떤 연구자들은 노화에 대해 긍정적으로 생각하는 경우 그것이 기억 손실을 상쇄한다고 제안했다. 앞서 언급했던 메타 기억과 자아상 간의 관계를 살펴본 몇몇 연구들을 보면 이는 어느 정도 그럴듯하다. 얼스 등(Earles et al. 2004)은 시간 제한을 두거나 더 어려운 과제를 주었을 때 노인들의 수행이 급격히 저하됨을 발견했다. 이는 부분적으로는 불안과 낮은 자아상 때문인 것으로 여겨진다. 반대로 윤 등(Yoon et al. 2000)이 노화에 대해 매우 긍정적으로 생각하는 중국계 캐나다인들을 대상으로 살펴보았을 때는 그러한 관계가 나타나지 않았고, 높은 수준의 회상 점수는 중국 문화와 강하게 연관이 있었다(이는 코호트 효과 때문일 것이다). 라할 등(Rahhal et al. 2001)은 노인들이 자신의 기억력에 대해 부정적으로 생각하는 것 때문에 실제 기억 과제에서 수행이 나빠지는 것 같다고 주장했다. 그들은 기억 과제를 줄 때 지시문을 조작함으로써 그 과제의 기억적인 측면을 강조하거나 축소하였다. 기억 지시가 명확하게 주어질 때는 젊은이 집단과 노인 집단의 유의한 수행 차이가 있었다. 반면 기억 지시를 강조하지 않았을 때는 두 집단의 유의한 차이가 나타나지 않았다. 이러한 결과는 노화와 기억에 대한 많은 연구에서 기억 손실의 크기를 과장했을 가능성을 암시한다. 노인들의 기억력만을 순수하게 평가했다기보다는 그들의 수행을 방해할 수 있는 자존감에 영향을 주어 평가했다고 볼 수 있다.

머피 등(Murphy et al. 2000)은 젊은이가 소음이 있는 조건에서 항목을 기억하는 능력이 조용한 조건에서 노인이 기억하는 능력과 기능적으로 유사함을 발견했다. 이러한 결과는 노화로 인해 기억력이 저하되는 데 어쩌면 지각적 입력이 쇠퇴한 것이 한몫했을 가능성을 시사한다. 즉, TBR 항목이 지각적으로 확실하게 인식되지 못하기 때문에 그 항목을 기억하는 것뿐 아니라 그 항목에 대한 기본적인 지각을 애써 하는 데까지 정신적 노력을 기울여야만 하는 것이다. 다른 신체적 변화 또한 영향을 끼칠 수 있다. 예를 들면 웨스트 등(West et al. 2002)은 하루 중 언제 기억 검사를 했는지가 수행에 영향을 준다고 설명했다. 노인들은 아침에 더 기민하고 젊은이들은 저녁에 더 기민한 경향이 있다. 기억력 검사를 한 시간에 따라서 연령 차이가 더 강조될 수 있다.

그러나 이러한 주의점에도 불구하고, 기억에 있어서 연령 차이는 분명히 존재한다. 기억 수행과 노화로 인한 전반적 저하 간에 강한 연결이 있음은 이미 여러 번 이야기했다. 신경적 수준에서 기억 수행과 뇌 구조(개별 뉴런에서부터 뇌 영역에 이르기까지) 간의 연결 또한 존재한다. 뇌와 기억 간에 상관이 있음은 손쉽게 입증할 수 있다. 이 장에서 이미 언급한 연구들에 덧붙여 아래와 같은 연구들 또한 고려해 보도록 하자.

- 백질의 손상 정도와 작업 기억 수행 간에 유의한 상관이 있다(Charlton et al. 2008)
- 전두엽 활동과 작업 기억 수행 간에 유의한 상관이 있다(Dahlin et al. 2009; Rypma et al. 2001; Stebbins et al. 2002; Tays et al. 2008).
- 뇌 용적과 장기 기억 간에 유의한 상관이 있다(Charlton et al. 2010; McArdle et al. 2004).
- 의미 기억은 피질 전반에 분산되어 있어서 노화로 인한 저하에 덜 영향을 받지만, 일화 기억은 해마에 의존하고(Eichenbaum 2003) 도파민계 시스템의 저하로 노화의 영향을 더 받는다(Bäckman and Nyberg 2010 참조).

노년기의 신체적 변화와 정신적 변화 간의 상관을 발견한 신경학적 변화에 대한 연구가 갖는 위험은 그 둘 모두가 노화로 인한 일반적 현상이라는 점에서 기인한다. 따라서 두 변화가 실은 그저 우연히 동시에 일어난 것일 뿐일 수 있다. 그러나 대부분의 경우 근거가 상당히 명확하다. 가령 장기 기억과 전반적인 뇌 용적 간에 상관이 있다는 찰튼 등(Charlton et al. 2010)의 연구를 생각해 보자. 해마와 같은 특정 영역과의 상관은 유의하지 않았다. 마찬가지로 다른 연구들에서도 유의하게 나타난 상관이 상당히 구체적이었지만, 전반적 노화의 영향이라고 보기에는 무리가 있다. 물론 여전히 오염 변인들이 존재하기 때문에 앞으로의 연구에서 제외해 나가야 할 것이다.

신경학적 변화에 대한 보다 구체적인 모형을 살펴보면, 노년기의 기억 저하를 탈분화 가설로 설명 가능하다고 주장하는 학자들도 있다. 즉, 노년기의 정신상태에 대한 신경적 표상이 덜 구분되어 있고, 이 때문에 저장이 제대로 되지 않는 것 같다. 이를 좀 더 정교화한 것이 신경 회로에 대한 보상-관련 사용 가설(Compensation-Related Utilisation of Neural Circuits Hypothesis; CRUNCH. Reuter-Lorenz and Cappell 2008)이다. 이 가설에 의하면, 노인의 경우 과제 요구도가 상대적으로 낮은 것에 대해서는 보다 분명히 구분되는 신경적 표상이 있지만 과제 요구도가 높은 경우는 그것이 줄어든다고 주장한다. 이러한 추론의 근거로 뇌세포가 소실되고 이 소실을 남은 세포들이 보완한다는 사실을 들었다(제1장 참조). 쉽지는 않겠지만, 노년기에도 뇌가소성은 존재한다. 예를 들어 뢰브덴 등(Lövdén et al. 2010)은 기억 과제를 집중 훈련시킨 결과(180일 동안 101번의 1시간 훈련 회기), 노인과 젊은이 모두 뇌량의 백질이 증가함을 보여 주었다. 이러한 사실은 경험 의존적인 가소성(즉, 정신적 연습에 대한 반응으로 뇌 구조가 변화)이 노년기에도 생긴다는 것을 시사한다. 따라서 노년기 뇌 구조가 완전히 고정되어 있는 것이 아니다(물론 달린 등(Dahlin et al. 2008)은 자신이 배운 과제를 다른 유사한 상황으로 일반화하는 능력은 젊은이가 더 좋다고 주장했다).

CRUNCH 모형은 나이가 들어 갈수록 뇌세포가 손상되고 생존한 세포와의 연결성을 잃어 감에 따라 기본 과제를 수행하는 데도 보다 더 많은 세포가 활동한다고 주장한다. 그러나 과제 요구도가 증가될수록 노인의 뇌세포는 효과적으로 그 과제를 대처하지 못하게 되고, 여기에 탈분화가 생기는 것이다.

실험 연구를 통해 이러한 주장이 지지되었다(Schneider-Garces et al. 2010). 다복셀 형태 분석(multi-voxel pattern analysis)을 이용해 카프 등(Carp et al. 2010)은 과제 난이도가 다양한 작업 기억 수행을 하는 동안 탈분화와 CRUNCH의 증거를 발견했다. 젊은이들과 달리 노인들은 감각 피질의 탈분화 현상이 나타난 반면, 전전두엽의 경우에는 낮은 과제 요구도 조건에서는 더 확실히 기능적 특수화가 나타났으나 과제 요구도가 높아질수록 기능의 특수성이 줄어들었다. 이와 비슷한 결과가 카펠 등(Cappell et al. 2010)의 연구에서도 나타났다.

따라서 노년기의 기억력 변화는 나이 들어 가는 뇌가 손실되는 뉴런을 가능한 한 최대로 보완한 결과라고 할 수 있겠다. 낮은 난이도 과제에서는 이러한 보완책이 효과적으로 발휘되어 정상적으로 수행되지만 난이도가 올라가면 그것을 충분히 감당하지 못하게 된다. 로이터-로렌츠와 박(Reuter-Lorenz and Park 2010)은 여기서 더 나아가 노화와 인지에 대한 비계 이론(Scaffolding Theory of Ageing and Cognition; STAC)을 주장했다. 이 이론에 의하면 신경적 쇠퇴를 상쇄하기 위해 우리의 뇌는 다른 자원들을 활용한다. 예를 들면 다른 사람들과의 사교 모임이나 보완 등과 같은 것이 있다. 따라서 STAC 모형은 노인심리학 내에서 다양한 형태로 논의되어 왔던 노화 관련 신경적 처리 모형들(전반적 속도 저하 가설 등)과 다른 모형들(예: 보상. Reuter-Lorenz and Cappell 2008 참조)을 통합해서 인지적 노화 현상의 상당 부분을 설명할 수 있을 것으로 내다보았다. 그러나 이 모형은 상당히 유동적인 특징이 있는데, 기능적으로 특히 더 중요한 영역을 상정하지 않고 전체적으로 상호작용을 하는 방식으로 처리를 하며, 개인에 따라서 상대적으로 중요한 요소가 각기 다를 수 있다(Kennedy 2010 참조). 그러나 아직까지도 이 이론은 초기에 불과하므로 앞으로 연구가 더 필요하다.

한편 주의해야 할 점도 있다. 기억에 대한 신경학적 설명이 기억과 노화 연구의 유일한 해답인 것은 아니다. 물론 신경학적 매커니즘은 매우 중요하지만 기억 변화의 원인과는 상관없이 기억 변화 자체의 본질은 여전히 일상생활 속에서 다뤄져야 한다. 따라서 어떻게 보면 노화로 인한 기억력 변화의 신경학적 토대를 설명하는 것은 앵무새가 원래는 호주 새라는 사실을 발견하는 것과 같다. 그것은 여러 측면에서 유용하기는 하지만, 일상생활에서 우리가 이 앵무새를 어떻게 다루어야 하는지를 알려 주지는 못한다.

다른 현실성 검점

이 장을 액면 그대로 읽다 보면 상당히 우울해질 수 있다. 기억이란 쇼핑 목록을 기억하고 약속을 기억하고 지금이 몇 시이고 우리가 어디에 있는지를 상기시키기도 하지만, 더욱 중요하게는 우리 자신을 형성한다. 거창하게 들리겠지만, 기억 장애 환자를 소재로 한 책이나 영화를 떠올려 보면 기억을 잃는다는 것이 왜 방향 감각 자체를 잃게 하는 일인지를 이해할 수 있을 것이다. 게다가 심각한 기억 장애는 거의 치매와 같은데, 그것은 낙인이 되는 일임과 동시에 공포스러운 일이다. 그러므로 기억을 잃어 간다는 사실이 우울한 일이라는 것은 어찌 보면 당연하다.

그러나 좀 더 넓게 바라볼 필요가 있다. '기억 손상'이라는 용어를 자주 쓰기는 했지만, 엄밀히 말하면 그것은 '기억 저하'이다. 기억력을 잃는 것이 아니라 단순히 조금 나빠지는 것이다. 물론 그것만으로도 화가 나는 일이다. 하지만 이러한 변화에 대해 지나치게 극적인 반응을 하지 않도록 조심해야 한다. 간단히 말하면, 우리의 기억이 완벽했던 적은 없다(Baddeley et al. 2009). 기억은 항상 쉽게 왜곡되어 왔고 틀리기 쉬웠다. 노화로 인해 이러한 특징이 조금 더 심해진 것뿐이다. 그리고 이 변화는 절대로 치매에서 보이는 것과 같은 파국적인 것이 아니다. 우리는 자신이 기억력이 얼마나 나쁜지에 대해 줄곧 이야기하는 노인들을 흔히 만나 볼 수 있다. 하지만 자신이 얼마나 깜박깜박하는지를 설명할 수 있을 정도라면 그들의 기억력은 괜찮은 것이다.

우리는 문자가 있는 세상에 살고 있다. 이것의 가장 큰 장점 중의 하나는 굳이 기억력에 의존하지 않고도 정보를 저장할 수 있는 방법이 있다는 것이다(쇼핑 목록 메모 등). 이러한 문자 사용을 두려워하지 말자. 쇼핑 목록을 완벽히 기억하는 사람이 얼마나 있겠는가? 그렇다고 해서 그 상태에 안주하라는 것은 아니다. 규칙적인 신체 운동을 동반한 정신적 운동을 함으로써 지능과 기억 기능을 유지하는 것이 현재까지는 가장 현명한 전략이다.

제4장

노화와 언어

도입

언어적 기술에는 구어와 문어의 산출과 이해 모두가 포함된다. 기본적인 언어 심리학적 용어에 익숙하지 않은 독자들은 이 장을 읽기 전에 부록 Ⅲ을 먼저 보기를 권한다.

이 장에서 사용하는 소제목들이 각 점의 내용을 담고 있기는 하지만, 연구자들이 자신의 연구를 이렇게 나누어 놓은 것이 아니기 때문에 각 절 간에 내용이 겹칠 수 있다. 기억이나 지능 연구에 비해서 언어적 기술에 대한 연구 영역에서는 기존 노화 연구와는 조금 다른 그림을 제공한다. 여기서 언급하는 연구들은 대부분 단기 횡단 연구이다. 언어적 변화에 대한 종단 연구가 행해진 것은 인지적 수행의 측정치 중 하나로 사용한 것뿐이고, 횡단 연구에서 사용한 것보다는 소규모의 척도를 사용한 연구들이 대다수이다(Connor et al. 2004). 구체적인 예를 들어 보면, 어휘력에 대한 횡단 연구에서 앨윈과 매캐먼(Alwin and McCammon 2001)은 연령 집단 간 차이보다 오히려 연령 집단 내 차이가 더 큰 것을 발견했다(아마도 교육 경험이나 다른 코호트 효과 변인에서의 근본적 차이 때문일 것이다). 따라서 횡단 연구 결과를 해석할 때는 주의가 필요하다. 읽기에 포함된 여러 다양한 기술들 간의 상호작용이 매우 복잡하고 아직까지 밝혀지지 않은 특징들이 많기 때문에 연구 데이터의 결과가 특정 상황이나 개인 혹은 집단에만 국한되는 것일 수 있다(Stine-Morrow et al. 2001).

관찰된 변화의 정도 또한 연구 초점의 수준에 따라 달라질 수 있다. 버크 등(Burke et al. 2000)은 언어 산출에 비해서 수용성 언어 능력은 노화로 인한 변화가 실질적으로 거의 없다고 주장했다. 상대적으로 보면 맞는 말일 수 있겠지만 언어적 정보를 받아들이는 능력이 노화에 영향을 전혀 받지 않는다는 인상을 줄 수 있기 때문에 정확하게 맞다고는 볼 수 없다.

읽기와 관련한 일반적인 특징(생활 방식의 일부분으로서의 읽기 및 일반 인지 변화와 관련된 읽기)부터 시작하도록 하겠다. 그런 다음 언어적 기술의 여러 다양한 특징들에 대해 단어 인식에서부터 단어를 이해하는 단계에까지 이르는 처리 과정을 위계적인 방식으로 살펴보도록 하겠다.

노인의 삶의 방식에서 독서의 역할

읽기는 매우 다양한 매체를 통해서 이루어진다. 책이나 잡지, 신문만 생각하기 쉽지만, 일상생활 속에서 만날 수 있는 포스터나 시간표뿐 아니라 컴퓨터 모니터에 있는 활자 등도 읽기 대상에 포함된다. 독서에 관해서 살펴보면 중년기에 최고조를 이루고 점진적으로 떨어지는 경향이 있지만 노년기의 독서율은 젊은이들보다 높다(National Council on Aging 1975; National Endowment for the Arts 2007). 다른 유형의 독서, 특히 신문 보는 비율은 젊은이들에 비해 노인들이 더 높다(National Endowment for the Arts 2007). 게다가 노인들의 독서율은 최근 몇 년간 유지되고 있는 반면 젊은이들의 독서율은 저하되고 있다(National Endowment for the Arts 2007). 노인들의 독서 자료 중 인터넷이나 기타 디지털 매체들 또한 증가하는 추세이다. 미국에서 노인들은 디지털 매체 소비자 중 가장 적은 부분을 차지하지만, 1/4가량의 노인들이 뉴스를 디지털 매체로 접근한다고 보고된 바 있다(Pew Research Center 2010). 한편 독서 활동 유형은 문화권별로 유사점도 있고 차이점도 있다(Chen 2008).

노년기의 독서에는 이점이 많다. 예를 들어 베르기스 등(Verghese et al. 2003)은 독서가 (보드 게임, 악기 연주, 그리고 댄스와 함께) 치매 발병을 낮추는 것과 상관이 있는 여가 활동임을 발견했다. 라흐만 등(Lachman et al. 2010)은 인지 활동 패키지(쓰기, 단어 게임, 강의 듣기 등으로 구성된다)의 일부분으로 독서가 인지 저하를 상쇄해 주는 것으로 나타남을 관찰했다. 델렌바흐와 짐프리히(Dellenbach and

Zimprich 2008) 역시 독서가 일반적인 지적 관여(Typical Intellectural Engagement; TIE) 수준을 예측하는 핵심적인 요인이 됨을 밝혔다. TIE란 인지적 요구가 있는 활동에 기꺼이 관여하려는 정도를 측정한 것이다. 독서가 정신과 뇌를 계속 활동하게 만드는 정신적 운동이기 때문에 이러한 사례들은 용불용설을 지지한다고 볼 수 있다(제2장 참조). 반면 애커먼 등(Ackerman et al. 2010)은 1개월 전의 추가적인 독서 과제를 수행했던 노인들이 인지 검사 수행에서 유의한 변화가 없음을 발견했다. 그러나 겨우 1개월의 추가 독서가 개입 치료로서 현실성이 있느냐 하는 문제가 있다.

독서는 정보를 얻는 주요 도구가 되기 때문에 단순히 정신적 운동 효과만 있는 것이 아니다. 미국에서 '메디케어'는 노인에게 제공되는 건강 보험과 관련된 핵심 단어이다. 매주 독서하는 시간은 메디케어에 대한 지식 수준과 상관관계가 있었고, 이러한 관계는 교육 수준을 통제한 후에도 유의했다(Bann et al. 2006). 야콥스 등(Jacobs et al. 2008)은 종단 연구를 통해서 독서가 8년 후 생존과 상관이 있음을 발견했고, 이러한 관계는 다양한 건강 및 사회적 측정치들을 통제한 후에도 유의했다. 건강정보활용능력(health literacy: 건강 관련 정보에 접근하고 이를 건설적으로 활용할 수 있는 능력)은 사망률을 낮추고 삶의 질을 향상시키는 데 도움이 된다는 많은 연구들이 있다(Perlow 2010 참조). 그러나 단순히 건강 관련 정보를 많이 읽는 사람들이 그 조언대로 행동하고 건강이 나아질 거라는 시나리오는 맞지 않다(Sudore et al. 2006 참조). 건강 관련 조언을 읽고 이해하고 조심하는 것을 결정하는 다른 매개 변수(예: 자기 효능감)들이 존재할 것이다(Kim and Yu 2010). 간단히 말하면, 자신의 삶을 더 좋게 바꿀 수 없다고 여기는 사람은 제아무리 건강 관련 정보를 읽더라도 긍정적 효과를 보지 못할 것이다. 건강 관련 자료를 작성할 때는 세심한 신경을 써야 하는데, 특히 언어적 능력이 낮은 사람들은 사소한 변화가 의미적 내용을 이해하는 데 큰 영향을 줄 수 있기 때문이다(Liu et al. 2009).

많은 연구들에서 독서가 건강 관련 행동에 유의한 영향을 끼치는 예측 인자임이 확인되었다(Baker et al. 2000; Scazufca et al. 2010). 건강 관련 문헌을 읽는 데에만 초점을 맞추면 독서가 단지 건강정보활용능력만 증진시킨다는 연구도 있다. 예를 들어 독서를 즐거움으로만 하는 경우 그 효과는 모호해졌다(Fisher

1990 참조). 한편 부분적인 문제이기는 하지만, 어떤 경우에는 노인의 읽기 장애가 심각한 문제가 되기도 한다. 베크먼 등(Beckman et al. 2005)은 노인 스스로 정확하게 약을 복용하는 경우에 대해 연구를 했다. 77세 이상의 연구 참여자들 중 약 10%가 약 봉지에 있는 지시문을 잘 읽지 못했다. 이는 상당히 우려스러운 일인데, 지시문을 읽은 노인들 중에서도 그 지시를 제대로 이해하지 못하는 비율이 더 높았기 때문이다. 약병에서 알약을 안전하게 꺼내는 것이 힘들기도 했고, 연구 참여자의 2/3 정도가 복용법에 맞게 약을 먹는 데 한 가지 이상의 문제가 있었다. 배닝(Banning 2007)은 영국 노인들이 약 복용 설명서를 제대로 이해하지 못함으로 인해 아주 심각한 실질적인 문제가 야기된다고 지적했다. 그는 그것이 노인들의 건강에 위험스러운 일일 뿐 아니라, 이해를 쉽게 하기 위한 간단한 조처만으로도 문제 해결이 가능하다고 주장했다.

적극적으로 독서를 하는 노인들만 포함시켜 젊은이들과 비교한 연구에서는 상당히 흥미로운 점들이 나타났다. 이 노인들은 젊은이들보다 독서에 보내는 시간이 더 많지만 그 시간의 대부분을 뉴스나 잡지를 읽는 것으로 보낸다(Ribovich and Erikson 1980; Rice 1986a). 이는 노인들이 하는 독서가 질적으로 빈약함을 의미하는데, 왜냐하면 신문은 무거운 소설에 비해 내용이 쉽기 때문이다. 열심히 훈련받지 않으면 운동선수의 실력이 떨어지는 것과 같이 쉬운 텍스트만 읽다 보면 읽기 기술이 저하된다. 독서 습관의 이러한 변화가 왜 일어나는지에 대해서는 여전히 논란이 있다. 심적 자원의 감소 때문에 도스토옙스키나 그 비슷한 작가들의 책을 읽고자 하는 지적 욕구가 더 이상 생기지 않기 때문일 수 있다. 아니면 노년기에 이르면 읽고 싶은 소설은 이미 다 읽었다고 느끼고 이미 알고 있는 내용을 다시 읽고 싶어 하지 않기 때문일 수 있다. 냉소적으로 보자면, 지루한 고전을 힘겹게 읽으면서 얼마 남지 않은 여생을 보내고 싶지 않기 때문일 수 있다. 젊은이들은 무거운 작품들을 읽으면서 자신을 더욱 향상시키고자 하는 것일 수 있다. 노인들은 더 이상 이러한 경쟁을 할 필요성을 못 느낄지도 모르겠다. 이유가 무엇이든 간에 노인들은 90% 이상의 시간을 신문이나 정기 간행물, 혹은 가벼운 소설과 같은 쉬운 책들을 읽는 데 할애한다. 그렇지만 독서로 인한 즐거움의 정도는 젊은이들과 같다(Bell 1980; Rice 1986a).

신체적 제약

제1장에서 살펴봤듯, 대부분의 노인은 시력이 나빠지고 정확하게 초점을 맞추는 능력이 특히 떨어진다. 비교적 정상 시력을 가진 노인이더라도 젊은이들은 쉽게 읽을 수 있는 크기임에도 활자 크기를 줄이게 되면 읽기 기술은 상당히 저하되었다(Hasegawa et al. 2006). 한 연구에서는 지역사회 거주 노인들 중 23%가 보통 글자 크기의 인쇄물을 읽을 수 없었다(Bell 1980). 이에 대한 해결책은 더 큰 글씨로 책을 인쇄하는 것이다. 영국에서 가장 많이 알려진 실례는 울버스크로프트(Ulverscroft) 시리즈이다. 시력이 나쁜 사람은 글자 크기가 크면 읽기가 더 쉽지만, 영국의 한 연구에서는 그것에 단점도 있다는 사실이 나타났다. 큰 글씨 인쇄본은 상대적으로 시장이 좁다는 점이다. 시력이 나쁜 젊은이들은 안경을 이용해서 일반 책들을 본다. 그러므로 주요 고객은 노인들이다. 또한 대부분은 큰 글씨 책을 사지 않고 도서관에서 빌려 본다. 출판업자들은 주로 제임스 해리엇, 아가사 크리스티, 캐서린 쿡슨 등과 같은 가벼운 소설 위주로 출간하는 경향이 있다. 이 작가들 자체에 문제가 있는 것은 아니지만, 시력 문제가 있는 노인들은 자신의 독서 능력을 손상시키지 않는 책들을 선택한다. 또 대부분의 노인들은 읽을 수 있는 양이 제한되어 있다. 큰 글씨 책들은 무겁기 때문에 운반하기 힘들어서 젊었을 적보다 빌려 가는 책의 수가 적다(Bell 1980). 큰 글씨 책은 읽는 속도가 소리 내서 읽을 때 증가하고 속으로 읽을 때 감소한다는 연구 결과도 있다(Bouma et al. 1982). 그러나 러비와 휘태커(Lovie and Whittaker 1998)는 글자 크기가 독서율의 연령 차이에 끼치는 영향은 제한적이라고 주장했다. 제2장에서 언급했듯 지능 검사에서 글자 크기를 조정하는 것은 연령 차이를 줄어들게 하기는 했지만 없애지는 못했다(Storandt and Futterman 1982). 로젠슈타인과 글릭먼(Rosenstein and Glickman 1994)은 글자 크기를 증가시켜도 수행에 별 영향이 없음을 발견했다. 글씨체 또한 읽기 속도에 영향을 줄 수 있다(Vanderplas and Vanderplas 1980). 그러나 시렐라와 포저드(Cerella and Fozard 1984)는 읽기 어려운 글씨체가 젊은이에 비해 노인들에게 특별히 더 영향을 끼치는 것은 아님을 발견했다. 시력 문제가 있는 노인들에게 활용 가능한 실용적인 방법들에 대해서는 더닝(Dunning 2009)의 리뷰 논문을

참조하면 된다.

오디오북의 등장으로 글자 크기에 대한 논의는 결국 쓸모없는 것이 되었다. 부샤르 라이언 등(Bouchard Ryan et al. 2003)은 시력 문제가 있는 노인들이 신문이나 잡지(전형적으로 글씨도 작고 내용도 빈약하다)를 읽는 것에서 오디오북을 듣는 것으로 쉽게 바뀌는지를 살펴보았다. 연구 대상자들의 1/4 정도가 컴퓨터를 이용해 인쇄본을 확대해서 보았다. 시력이 좋지 않은 사람들에게 오디오북은 해결책이 되기는 하지만 흔히 생각하는 만큼 독서를 직접적으로 대체해 주지는 않는다. 여기에는 세 가지 이유가 있다. 첫째, 오디오북의 내레이터가 강조점을 두어서 읽는 그 부분이 자신이 읽을 때 강조하는 부분과 맞지 않을 수 있다. 둘째, 오디오북을 듣는다는 것은 책에 있는 모든 단어를 듣는다는 것을 의미한다. 앞서 살펴봤듯이 독서할 때 모든 단어를 읽지는 않는다(독서하는 동안 눈 운동을 조사한 연구에서 통상적으로 '그(the)'나 '그리고(and)'와 같이 예측 가능한 단어들은 넘어간다는 사실이 밝혀졌다). 셋째, 독서할 때는 금방 읽었던 단락으로 다시 되돌아가거나 단락을 훑어보는 것이 쉽다. 오디오북에서는 이렇게 하는 것이 매우 어렵거나 불가능하다.

많은 노인들이 자신의 시력에 문제가 있다는 것을 인식하지 못한다는 점은 시사하는 바가 크다. 홀랜드와 래빗(Holland and Rabbitt 1989)은 50세 이상의 연구 참여자들이 자신의 시력을 거의 이상적인 상태에 가깝다고 주관적으로 평가하는 경향이 있음에 주목했다. 실제로는 시력 감퇴가 눈에 띄게 있었다. 그러나 지각적 능력의 저하가 있다고 해서 반드시 글자 크기가 큰 책자나 보청기를 필요로 하는 것은 아니다. 감각적 손실은 정보를 처리하는 효율성에 직접적으로 영향을 줄 수 있다. 래빗(Rabbitt 1989)은 경미한 청력 저하가 있는 노인들은 청각적으로 제시되는 단어 목록을 완벽하게 따라 할 수 있었음에도 불구하고 그 목록을 기억하는 데 큰 어려움을 겪었다고 보고했다. 청력이 저하된 노인은 단어를 지각할 수는 있지만 그렇게 하기 위해서는 큰 노력이 필요하고, 이로 인해 그 단어를 부호화하고 기억하는 데 필요한 심적 자원은 조금만 남게 되는 것으로 보인다. 인쇄된 카드에 단어들을 보여 주고 기억해 보라고 했을 때에는 청력 문제가 없는 통제 집단과 수행 차이가 없는 것을 보면 이들의 기억력에는 특별한 문제가 없다. 세르베라 등(Cervera et al. 2009)도 마찬가지로 청력 변인을 통제하면 듣기와 기억 과제에서의 연령 차이가 사라짐을 밝혔다.

이와 비슷하게 슈나이더(Schneider 1997)는 뇌 활동의 변화는 상대적으로 작지만 달팽이관 변성이 있는 경우 보다 넓게 영향을 받음을 보여 주었다. 예컨대 노인들은 시끄러운 환경에서의 대화나 빨리 하는 말을 듣고 이해하는 것이 어렵다. 슈나이더 등(Schneider et al. 2000)에 따르면 청력 장애의 정도를 통제하지 않고 제시했을 때는 노인들의 이야기에 대한 기억 수행이 나빴다(들은 이야기의 세부 사항과 줄거리 모두). 개인의 청력에 따라서 제시되는 이야기의 양을 조절했을 때는 배경 소음이 있을 때나 없을 때나 젊은이와 노인들의 회상 정도는 비슷한 수준이었다(매우 시끄러운 소음이 있는 조건에서만 젊은이들의 세부 사항에 대한 회상 능력이 조금 더 나았다). 슈나이더 등(Schneider et al. 2005)은 음성 신호의 파라미터를 개선하는 것도 연령 차이를 제거해 준다는 것을 발견했다. 따라서 듣기와 관련된 사소한 변화가 청각적 입력을 포함하는 언어적 기술에서 보이는 노화 관련 저하를 많은 부분에서 설명할 수 있다. 그러나 그렇다고 해서 모든 것이 다 보존되고 있다는 것을 의미하는 것은 아니다. 예컨대 어떤 과제를 하면서 들은 단어를 기억하도록 하는 경우 노인들의 과제 수행은 현저히 떨어졌는데, 청력 문제를 통제하기 위해 제시하는 단어 소리를 크게 해도 마찬가지였다(Tun et al. 2009).

목소리 또한 변화한다. 표면적으로 나타나는 뚜렷한 변화는 음조가 올라가고 목소리 방사가 약해진다는 것이다. 그 이유는 다양한데, 근육이 손상되고 폐활량이 감소하기 때문이다. 다른 변화들은 틀니나 흡연과 같이 현대에 들어서 나타난 현상에서 기인한다(Thompson 1988). 그러나 이유가 무엇이든 간에 노인들의 목소리 산출량은 일반적으로 좋지 않다. 이렇게 목소리 효율성이 떨어짐으로 인해 일상생활에서 말하거나 책을 읽을 때 조음률이 느려지거나 단어를 발음하는 반응 시간이 느려진다(Laver and Burke 1993; Oyer and Deal 1989; Ryan 1972). 그러나 느려진 말 속도는 기억 폭과 유의한 상관관계가 있어(Multhaup et al. 1996), 이 둘 간에 인지적 연결이 있음을 암시한다.

필체도 변화하는데(Miller 1987), 이는 신체적 악화와 관련이 있다. 치매 초기나 파킨슨 병과 같은 조건의 영향 외에 '정상적인' 노화에서도 역시 문제를 보인다. 예를 들면 손글씨를 쓸 때 필요한 손가락과 손목 운동의 공간적 협응에 대한 정교한 통제력이 노년기에는 저하된다(Contreras-Vidal et al. 1998). 일반적으로 노인들은 시각적 피드백을 이용하는 데 효율성이 떨어진다(Slavin et al. 1996). 그러나 연령 차이가 꼭 신체적인 요인 때문에 나타나는 것만은 아니다. 예컨대 왼손잡이로 태어난 많은 노인들은 오른손으로 글씨를 쓰는데, 요즘은 그렇지 않지만 최근까지만 해도 학교에서 오른손으로 글씨를 쓰라고 강요한 데 따른 것이다(Beukelaar and Kroonenberg 1986 참조). 이는 손글씨 기술에서 보이는 연령 차이에 대한 일부 연구 결과를 왜곡할 수 있다. 필체의 심미적인 특징 외의 다른 변화들에는 여러 요인들이 혼합되어 있다. 딕슨 등(Dixon et al. 1993)은 다양한 쓰기 과제를 통해 살펴봤을 때, 전반적으로 글씨 쓰는 속도가 연령이 증가할수록 감소됨을 발견했다. 그러나 어느 정도는 과제의 친숙성 요인이 작용했을 수 있다. 즉, 보다 친숙한 과제일수록 연령 차이는 적었다. 게다가 연습을 많이 한 과제일수록 연령 차이가 작아졌다(제2장에서 설명한, 반응 시간에 대한 연습의 효과를 살펴본 래빗의 연구 결과를 생각해 보라).

일반적인 인지적 제약

이 책에서 소개된 결과들을 놓고 보면, 처리 부하량을 증가시키거나 언어 과제를 더 어렵게 만드는 것들은 모두 노인에게 특히 더 불리하게 작용할 것이라고 직관적으로 생각해 볼 수 있을 것이다. 그러나 놀랍게도 꼭 그런 것만은 아니다. 스마일러 등(Smiler et al. 2004)은 읽기 속도는 동시에 해야 하는 방해 자극의 부하량에 영향을 받지 않음을 발견했다. 스튜어트-해밀턴과 래빗(Stuart-Hamilton and Rabbitt 1997b)도 비슷한 결과를 보고했는데, 텍스트의 특징들(구문적 복잡성, 텍스트의 양)을 변화시키더라도 젊은이들과 비교했을 때 노인들의 읽기 속도에 영향이 가지는 않았다. 그러나 눈 운동에 관한 켐퍼 등(Kemper et al. 2004a)의 연구에서는 노인들은 젊은이들에 비해 모호한 내용에 대해서 다시 되돌아가서 보는 경향이 짙었는데, 그 외에는 차이가 없었다. 이러한 결과는 노인들이 한 번에 처리할 수 있는 정보량이 젊은이들보다 적어서 복잡한 텍스트는 더 자주 재확인해야 함을 의미한다. 레이너 등(Rayner et al. 2006)도 이와 비슷한 연구 결과를 발표했다. 단어의 예측성과 빈도 등에 따라 다양한 방식으로 조작된 문서를 읽는 동안 안구 운동을 살펴본 결과, 노인들은 젊은이들보다 단어들을 더 많이 건너뛰는 경향이 있었다. 레이너 등은 노인이 젊은이보다 처리 속도가 느린데, 이를 보완하기 위해 예측성이 높은 단어들은 건너뛰고 읽는 경향이 높아진다고 결론 내렸다. 또한 노인들의 경우 문서 속 단어의 예측성과 빈도에 유의한 영향을 받았다.

레이너 등의 결론을 지지하는 또 다른 연구가 크리스찬슨 등(Christianson et al. 2006)의 보고에서도 나왔다. 여기서는 연구 참여자들에게 길 혼돈 문장(garden path sentences)을 여러 개 제시했다. 길 혼돈 문장이란 그 문장이 하려는 말이 처음에는 잘못 이해되다가 잠시 어떤 시점에 이르면 그 문장의 의도가 분명히 다른 것이고 자신이 잘못 이해했음을 알게 되는, 다의적인 구조의 문장을 말한다(예: 'While John brushed the dog scratched for fleas'*). 나중에 이해 문제를 실시했을 때 문장의 일부만 처리한 경우에만 그에 상응하는 답을 말할 수 있는 질문이 포함되어 있다(예: 'Did John brush the dog?'에 대해서 'Yes'라고 응답). 노인들은 이러한 질문들에 그렇게 반응하는 경향이 높았는데, 크리스찬슨 등(Christianson et al. 2006)은 노년기에는 기초적 기술 저하를 보완하기 위해 경험에 근거한 전략에 의존하게 되기 때문이라고 설명했다. 길 혼돈 문장들은 대체로 귀로 듣거나 운율이 있을 때 이해하기가 더 쉬워진다. 호이테 등(Hoyte et al. 2009)은 해석하기 모호하고 운율 패턴으로만 의도된 뜻이 제대로 이해될 수 있는 문장들을 제시했다. 운율의 다양한 측면들(높낮이, 강도, 타이밍 등)을 변화시켜서 제시했는데, 노인과 젊은이 집단 모두 타이밍의 변화에서 가장 큰 효과를 나타냈다. 크리스찬슨 등의 연구와 비슷하게, 아바다 등(Abada et al. 2008)의 연구에서도 목표 단어를 음운적으로 애매하게 만든 경우(예: '그' 소리와 '크' 소리) 노인은 맥락 정보에 기초해서 문맥에 맞는 단어로 더 쉽게 인식하는 경향이 있었다.

---

* 옮긴이 주: 문장을 처리하면서, 처음에는 '존이 개의 털을 쓸어 주는 동안…'으로 잘못 이해하다가 문장을 끝까지 다 읽은 후에는 '존이 머리를 빗는 동안 개는 벼룩에 물린 곳을 긁었다'로 정정해서 바르게 이해하도록 유도하는 방식으로 구성되어 있다. 노인의 경우 '존이 개의 털을 쓸어 주었나요?('Did John brush the dog?')'라는 질문에 '예'라고 답하는 경향이 높다.

켐퍼 등(Kemper et al. 2006)은 연구 참여자가 읽어야 하는 목표 문서 중에 방해 단어(이탤릭체로 쓰이거나 빨간색으로 인쇄된다)를 제시하고 안구 운동을 살펴보았다. 방해 단어를 처리하는 안구 운동은 노인과 젊은이 모두 유사했으나, 목표 문서의 내용에 대한 질문에서는 젊은이가 더 정확하게 대답했다. 이는 억제결핍 가설과는 상반된다. 이 가설에 의하면 나이가 들어 갈수록 억제하는 능력이 떨어져서 특히 방해 자극을 적절하게 처리해야 하는 억제 기능이 필요한 정신적 과정에서 문제가 생기게 된다(제2장 참조; Morrone et al. 2010 참조). 그러나 앞의 실험에서는 노인과 젊은이가 유사하게 방해 자극을 처리하는 안구 운동을 보였다. 노인에게서 관찰되는 방해 자극의 영향은 단순히 시력의 문제만은 아니다. 문트 등(Mund et al. 2010)은 이탤릭으로 제시된 단어만 읽고 보통 글씨체인 경우는 무시하라는 과제를 제시했는데, 젊은이 집단의 시력을 노인처럼 왜곡시킨 후에도 연령 차이가 나타났다. 그들은 방해 자극이 있는 상황에서 읽기 과제를 할 때 노인이 경험하는 문제는 시력 때문이 아니라 억제 메커니즘 때문이라고 주장했다.

다른 실험에서는 보다 직접적인 연령 효과가 나타났다. 스페란자 등(Speranza et al. 2000)은 연구 대상자들로 하여금 시각적 방해물로 인해 알아보기 힘든 문장을 읽도록 하였다. 노인들은 젊은이들보다 유의하게 낮은 수준의 방해물만 있어도 젊은이와 같은 수준으로 수행이 저하되었다. 그러나 문장의 의미를 촉진시키는 방식으로 제시했을 때는 젊은이들보다 노인들이 훨씬 더 도움을 받았다. 방해 자극을 무시하면서 독서를 하도록 하고 뇌파(Electroencephalograph; EEG) 반응을 얻어 본 결과, 노인의 심적 처리 과정은 젊은이들보다 외적 자극에 훨씬 더 방해받는 것으로 나타났다(Phillips and Lesperance 2003). 켐퍼 등(Kemper et al. 2003)은 다른 활동(걷기와 손가락 두드리기)을 하고 있는 동안 질문에 대한 구술 답변을 하도록 하였다. 노인들은 젊은이들보다 유창성이 떨어지고 구문론적으로 덜 복잡한 답변을 하는 경향이 있는 등, 노인의 작업 기억 폭이 더 낮다는 사실을 지지하는 결과가 나타났다(제3장 참조). 흥미롭게도 연구자들은 젊은이들이 노인과는 다른 전략을 사용한다는 것을 발견했다. 젊은이들은 문법적으로 단순하고 짧은 문장을 쓰는 경향이 있었던 반면, 노인들은 말하는 속도 자체가 느렸다. 켐퍼 등(Kemper et al. 2010)은 원판 추적 과제를 하면서 언어 산출을 하도록 하는 동시과제에서도 유사한 결과를 얻었다. 원판 추적 과제의 난이도를 높이면 언어 산출의 실수가 더 많았다. 켐퍼 등은 어휘력과 작업 기억 용량이 더 높은 경우 언어 산출의 실수가 더 적었고 이러한 효과는 젊은이보다 노인에게서 더 현저하게 나타남을 발견했다. 반대로 신속한 처리 속도와 언어 산출 간의 상관관계는 노인보다는 젊은이에게서 더 크게 있었다.

다른 영향은 보다 복잡하고 모든 형태의 언어 활동에 균일하게 나타나지 않았다. 질크라이스트 등(Gilchrist et al. 2008)은 다양한 구문을 가지는 문장들을 듣고 이를 회상하도록 했다. 노인이 젊은이보다 더 적은 수의 단어를 회상하기는 했지만, 완성 절의 비율에는 연령 차이가 없었다. 이들은 단어 회상 과제에서 단지 더 적게 회상하는 것뿐이라는 결론을 내렸다. 데데 등(DeDe et al. 2004)은 관심의 초점이 되는 읽기 기술의 측면에 따라 작업 기억의 영향이 다양하다는 것을 발견했다. 구조 방정식 모형을 이용해서 살펴본 결과, 읽기 과제의 종류에 따라서 작업 기억의 매개 효과가 미미하기도 하고 매우 중요한 역할을 하기도 함을 발견했다.

따라서 언어 기술이 일반 인지의 저하와 인지 역량의 감퇴에 영향을 받기도 하지만 그러한 효과가 늘 분명한 것은 아니고 어떤 기술은 그러한 영향을 전혀 받지 않기도 한다. 이는 노화와 언어 분야에서 반복되는 연구 주제로, 지능 및 기억 변화에 상응하여 감퇴되는 예도 있지만, 그러한 당연한 기대와는 달리 매우 잘 보존되는 기술도 있다. 현재까지 이러한 이분적인 현상을 설명할 수 있는 이론은 나타나지 않았지만, 전술했듯 언어 기술은 아주 다양한 요소를 동시에 갖고 있어서 기본적인 설명으로 환원해 내기가 매우 어렵다. 앞서 살펴본 대부분의 연구들은 일반적인 독서 상황이 아니고 인위적으로 만든 상황이다. 대부분의 독서 연구와 마찬가지로 이 연구들에서 관찰된 결과들이 일상생활 속에서의 독서 조건에서도 나타난다고 확실히 보장할 수 없다. 독서 과제에 대한 실험실 연구의 현실성 문제는 뒤에서 다시 논의하도록 하겠다.

단어 인식

단어 읽기 능력을 검사하는 방법은 여러 가지가 있는데, 이 중 가장 흔히 쓰이는 두 가지 방법은 어휘판단 과제(lexical decision)와 이름 대기 반응 시간(naming latency) 과제이다. 전자는 몇 개의 문자를 보여 주고 이것이 단어를 형성할 수 있는지를 판단하도록 하는 것이다(그 단어가 뜻하는 바를 말할 필요는 없다). 이름 대기 반응 시간 과제는 단어를 얼마나 빨리 소리 내어 읽을 수 있는지를 측정한다. 일반적으로 이 과제들에서 노화 효과는 나타나지 않는다(Bowles and Poon 1985; Cerella and Fozard 1984). 두냐베이티아 등(Duñabeitia et al. 2009)은 어휘판단 과제를 실시했는데, 점화 단어들을 먼저 제시하고 복합 단어('논밭'과 같이 두 개 이상의 단어가 합쳐져서 형성된 단어)를 제시하였다. 점화 단어에는 뒤의 복합 단어들을 따로 제시하거나 관련 없는 단어를 제시했다(예: '논', '밭', '집' 등). 두냐베이티아 등은 점화 효과의 연령 차이가 없음을 발견했고, 노년기에도 단어 구조를 처리하는 형태학적 처리는 유지됨을 시사했다.

그러나 과제를 보다 어렵고 복잡하게 만들면 노화에 따른 수행 저하가 나타난다. 예를 들어 랫클리프 등(Ratcliff et al. 2004)의 연구 중 두 어휘판단 과제에서는 노인들이 젊은이들보다 느렸지만 정확도는 더 높았다. 그들은 랫클리프 확산 모형(Ratcliff diffusion model)을 이용해 그것을 설명했는데, 이는 노인들이 어떤 처리를 할 때 더 느리지만 보다 엄격한 판단 기준을 적용한다는 것을 뜻한다.

볼스와 푼(Bowles and Poon 1981)은 수정된 어휘판단 과제를 실시했을 때는 노화에 따른 수행 저하가 있음을 발견했다. 이 과제에서는 문자 짝들로 실제 단어를 형성하도록 만들어 '그렇다'라는 반응이 나오도록 해야 한다. 앨런 등(Allen et al. 1993)은 어휘판단 과제에서 사용한 단어의 난이도를 조정했다. 즉, 단어 처리를 하는데 상대적으로 지엽적인 측면(예: 자극이 부호화되기 쉽도록 변화시키기)과 중심이 되는 측면(예: 단어의 빈도)을 조작하는 방식으로 난이도를 조정하였다. 그 결과 연령 차이는 중심적인 심적 처리 과정보다는 지엽적인 측면에서 나타나는 경향이 있었다. 단어 빈도에 따른 연령 차이는 나타나지 않았다. 매든(Madden 1992)의 연구에서도 비슷한 결과가 나타났는데, 단어의 시각적 외관(단어 처리의 지엽적 측면이다)을 조작했을 때 연령 차이가 커졌다. 중심적인 심적 처리 과정에서는 연령 차이가 별로 없다는 결과는 카라야니디스 등(Karayanidis et al. 1993)의 연구에서도 발견되었다. 이들은 어휘판단 과제를 하는 동안 노인과 젊은이의 뇌파 패턴에 유의한 차이가 없음을 발견했다. 슈필러와 발로타(Spieler and Balota 2000)는 이름 대기 반응 시간 과제에서 노인들은 단어 빈도 정보를 유의하게 더 많이 사용하는 반면, 젊은이들은 단어의 철자 정보를 더 많이 사용함을 보였다. 이러한 결과를 통해 단어 인식 시 단어의 특징에 근거해 처리하던 것이 나이가 들면서 단어 모양 그 자체의 특징으로 변화해 감을 나타낸다고 보았다.

일반적으로 어휘판단 과제의 난이도가 증가할수록 연령 차이의 크기도 증가한다. 마이어슨 등(Myerson et al. 1997)은 브린리 플롯(Brinley plot)으로 이를 설명할 수 있다고 보았다. 즉, 이런 일반적인 현상은 전반적인 처리 속도의 저하 가설로 설명 가능하다는 것이다(제2장 참조). 그러나 앨런 등(Allen et al. 2004)의 어휘판단 속도를 비교한 연구에서는 오류와 반응 시간에 대한 브린리 플롯이 유의하게 다르고 사실상 서로 모순되었다. 매우 복잡한 수학 기법을 이용한(오류 값을 엔트로피로 변환하고 이 변환 데이터로 반응 속도를 예측) 지엽적인 처리와 관련된 반응 요소는 노화에 영향을 받지만 중심적 처리 과정과 관련된 요소는 상대적으로 영향을 거의 받지 않음을 발견했다. 이는 위에서 살펴본 선행 연구 결과를 지지한다. 그러나 동일한 연구팀의 다른 연구(Allen et al. 2002)는 보다 복잡한 결과를 나타냈다. 이 연구에서는 어휘판단 과제를 위해 단어를 제시할 때 대/소문자 중 하나로 일관되게 제시하거나(예: same case) 대/소문자를 섞어서 제시하였고(예: MiXed CaSe), 하나의 색깔로 통일되게 인쇄하거나 혹은 여러 색으로 인쇄하였다. 대/소문자 중 하나로 일관되게 제시한 경우 전체적으로 처리할 것이기 때문에 더 빨리 처리할 것이라 예측되었다(기본적으로 모양이나 윤곽으로 처리하는 데는 문자를 하나씩 처리해야 하는 힘든 방법에 덜 의존할 것이다). 반면 대/소문자가 섞여서 제시되면 통상적인 윤곽과 다르기 때문에 한 번에 처리되지 못하고 한 문자씩 분석적으로 처리해야 한다. 따라서 대/소문자를 섞어서 제시하면 시간이 더 걸릴 것으로 예측되었다. 문자의 색깔을 다양하게 인쇄한 경우는 단어를 전체적으로 처리할 때는 영향을 주지 않지만 대/소문자가 섞인 단어를 처리할 때는 속도를 빠르게 할 수 있을 것이다. 연구 결과 이러한 예측이 젊은이 집단에서는 옳다는 것이 밝혀졌다. 그러나 노인들의 경우는 다른 패턴의 반응을 했는데, 전체적인 처리는 노화의 영향을 받지 않지만 분석적인 처리는 노화로 인해 점점 감퇴됨이 시사되었다. 이러한 연구 결과는 로건과 발로타(Logan and Balota 2003)의 연구에서도 일관되게 나타났다. 이들은 연구 참여자들에게 여러 단어들을 공부하도록 한 다음 단어완성 과제를 하도록 했다. 제시된 단어 일부가 들어 있는 가능한 단어들이 매우 많을 때 특히 노인들의 수행이 저하되었고 오류가 증가했다. 연구자들은 단어를 처리할 때 경쟁이 되는 (부정확한) 단어들을 억압하는 데 문제가 있기 때문인 것으로 결론지었다. 이는 제2장에서 살펴봤던 전두엽 기능 손상과 관련이 있다.

의미 촉진 실험(부록 III 참조)에서 노인들은 대체로 반응 시간이 느려졌지만 개별적으로 단어들을 재인하도록 하는 과제와 비교하면 수행은 훨씬 좋았다(Laver and Burke 1993; Myerson et al. 1992; 그러나 Craik and Rabinowitz 1984에서는 차이가 없는 것으로 발표했다). 이 현상에 대한 설명은 단순하다. "거리를 정량으로 감소시키면 느린 말은 빠른 말보다 시간을 더 벌 것이다."(Laver and Burk 1993: 35) 어떤 말은 1시간에 40km를 달리고, 다른 말은 20km를 달린다고 가정해 보자. 경주 거리를 40km에서 20km로 단축하는 경우 빨리 달리는 말은 30분을 벌게 되고 느린 말은 1시간을 벌게 된다. 이와 비슷한 방식으로 노인들은 젊은이보다 느리게 반응한다고 하면 촉진 조건(계산적인 거리가 감소되는 것)에서 훨씬 더 이득을 많이 볼 것이다(Bennett and McEvoy 1999 참조).

지금까지는 인쇄된 단어로 단어 인식 검사를 한 연구들을 살펴보았는데, 청각적 단어 인식도 가능하다. 청각적 단어 인식 과정에서도 연령 차이는 존재했다. 로베르와 마테(Robert and Mathey 2007)는 불어 사용자인 노인과 젊은이 집단에 대해 단어 기억력을 살펴보았다. 철자가 유사하거나 쓰임이 유사한 단어들을 제시하거나(예: loupe는 scoupe 및 coupe와 유사하다) 전혀 유사성이 없는 단어(예: taupe)를 제시했다. 로베르와 마테는 젊은이들은 철자의 유사성에 영향을 받지만(유사한 철자일수록 회상 점수가 더 낮았다) 노인들에게서는 이러한 영향이 없음을 발견했다. 연구자들은 나이가 들어 갈수록 어휘 처리 수준의 활동이 낮아지기 때문에 대체 단어들이 같은 정도로 활성화되지 않고, 따라서 회상을 방해하지도 않는다고 결론 내렸다. 해리스 등(Harris et al. 2009)은 배경 소음의 수준과 종류를 다양하게 변화시키면서 청각적으로 들리는 단어를 판단하도록 하는 동안 뇌 활동을 측정했다. 예상대로 노인들의 수행이 유의하게 더 낮았다. 그러나 더 중요한 것은 이러한 수행의 차이가 부분적으로는 특정 영역(상측두회 영역)의 회백질 부피의 차이로 설명이 가능하다는 것이다.

철자법

노년기의 철자법은 단어 인식과 유사한 현상을 보인다. 철자 법칙에 대한 지식은 결정성 기술이고 이는 노화의 영향을 상대적으로 덜 받는다. 그러나 연구 결과들을 보면 꼭 그런 것 같지는 않다. 단어 철자가 맞는지를 판단해 달라고 단순히 물으면 노화의 영향이 거의 없다(Shafto 2010 참조). 그러나 여타 노인심리학 연구와 마찬가지로 예외는 늘 존재한다. 매케이 등(MacKay et al. 1999)은 노인들도 젊은이들만큼 단어 목록에서 철자가 틀린 단어를 찾아내는 데 능숙하다는 것을 관찰했다. 그러나 철자 오류가 있는 단어를 바른 철자로 고치는 후속 과제에서는 연령 차이가 나타났다. 에이브럼스 등(Abrams et al. 2010)은 60대, 70대, 80대의 노인층으로 국한해서 살펴보면, 동시에 여러 단어가 제시되는 문장들을 읽으면서 철자 오류를 탐지하는 과제에서 60대보다 나머지 두 고령층이 더 느리고 덜 정확하다는 것을 발견했다.

단어를 산출해 내는 경우에는 노화의 영향이 확실히 관찰되었다. 매케이와 에이브럼스(MacKay and Abrams 1998)도 스튜어트-해밀턴과 래빗(Stuart-Hamilton and Rabbitt 1997a)의 연구와 마찬가지로 노년기에 철자 오류가 증가함을 발견했다. 이러한 오류는 연령 증가로 인한 일반적인 처리 속도 저하 때문이거나 결정성 지능 혹은 교육 수준의 직접적인 영향 때문은 아니다. 스튜어트-해밀턴과 래빗은 유동성 지능이 바른 철자법의 훌륭한 예측 인자라고 제안한 반면, 매케이 등(MacKay et al. 1999)은 그것이 보다 구체적인 언어 부호화 능력의 손상 때문이라고 보았다. 철자법에 대한 노화의 영향에 관한 이러한 설명은 부분적으로는 개념들이 상호 연결된 노드(node)에 저장된다고 하는 전달장애 가설(transmission deficit hypothesis)에 근거를 두고 있다. 노화로 인해 연결성 및 노드가 활성되는 것도 약해진다. 이는 규칙적인 연습이나 자극을 통해 완화될 수 있다. 그중에서도 새로운 정보는 오래된 정보보다 비효율적인 처리를 하게 되기 쉽고 재인은 회상보다 더 쉽다. 섀프토(Shafto 2010)의 최근 연구에서 이러한 주장이 더욱 지지되었다.

발음

단어의 발음에 대한 지식은 노년기에도 보존된다(단어를 발음하는 속도가 느려지기는 한다). 전형적인 발음 평가 방법은 불규칙 단어 목록(예: yacht, dessert)을 주고 크게 읽도록 하는 것이다. 단어가 일반적인 규칙을 따르지 않기 때문에 기본 원칙으로 읽을 수는 없다. 예를 들어 'dessert'를 일반적인 규칙으로 발음하면 'desert'와 같은 발음을 하게 될 것이다. 제2장을 이미 읽었다면 발음 능력은 결정성 지능(간단히 말하면 일반 지식)의 범주에 들어가기 때문에 노화의 영향을 거의 받지 않는다는 것을 알고 있을 것이다. 발음 능력은 노년기에도 잘 유지가 된다.

넬슨과 오코넬(Nelson and O'Connell 1978)은 20세에서 70세 사이의 연구 대상자 120명의 발음 능력을 살펴보고 검사 점수와 그들의 연령 간에 유의한 상관이 없음을 발견했다(Nelson and McKenna 1973). 이 단어 목록은 성인읽기검사(National Adult Reading Test; NART)로 개발되었다. 크로퍼드 등(Crawford et al. 1988)의 후속 연구에서 연령과 NART 점수 간의 경미한 부적 상관이 발견되었지만, 교육이나 사회적 계층의 효과를 제외하면 상관관계는 사라졌다. 따라서 연구자들은 연령이 NART 수행에 거의 영향을 주지 않는다고 결론지었다(Deary et al. 2009 참조). 그 이후 NART는 결정성 지능을 단시간에 평가하는 도구로 널리 쓰였고, 특히 읽기 능력은 가지고 있지만 다른 지적 과제는 할 수 없는 치매나 뇌 손상이 있는 노인들을 평가할 때 널리 쓰이게 되었다(Brayne and Beardsall 1990; Carswell et al. 1997; Starr and Lonie 2007 참조). 그러나 NART가 전적으로 정확한 가이드가 되는 것은 아니다. 읽기 검사 목록의 단어들을 문장 맥락 속에 넣으면 수행은 통상적으로 더 향상되었다(콘웨이와 오캐럴(Conway and O'Carroll 1997)은 새로운 형태의 검사를 개발했는데, 이를 케임브리지 맥락읽기검사(Cambridge Contextual Reading Test; CCRT)라 부른다. Beardsall 1998 참조). 한편 NART는 지능 수준을 과대평가하는 경향이 있고(Mockler et al. 1996), 미국판 NART(American NART; AMNART; ANART)에서는 치매 여부와는 상관없이 백인과 흑인 노인의 수행이 상이한 패턴으로 나타났다(Boekamp et al. 1995). 다문화 집단이나 다언어 집단에서 읽기 검사를 사용하는 것에 대해서도 주의할 필요가 있다(Cosentino et al. 2007). 연구 대상자의 특성의 차이(치매 혹은 치매 아님, 연구들 간의 치매 준거의 차이 등) 때문에 기존 연구 결과들을 토대로 전체적인 그림을 얻는 것은 힘들다. 그러나 많은 연구자들의 일반적인 결론은, 비록 절대적으로 정확하지는 않지만(Law and O'Carroll 1998 참조) NART는 지능에 대한 상당히 보편적인 예측 인자라는 것이다.

의미적 처리

단어를 인식하고 단어의 바른 철자법과 발음법을 아는 것과 더불어 뜻을 아는 것도 필요하다. 제2장에서 단어의 뜻에 대한 지식은 결정성 지능의 여러 측정치가 갖고 있는 핵심 요소임을 살펴보았다. 노화는 결정성 지능에 영향을 끼치지 않지만(따라서 단어 뜻에 대한 지식도 그러하다), 과제가 주로 유동성 지능에 의존하는 경향이 있어서 노년기에 저하되는 것으로 나타난다. 노인들은 대체로 젊은이들보다 반응이 느리고 단어의 정의를 내릴 때도 정확성이 부족하다. 맥기니스와 젤린스키(McGinnis and Zelinski 2000)는 친숙하지 않은 단어에 대해 문맥을 통해 그 뜻을 파악하도록 하는 과제를 주었다. 노인들은 활용할 수 있는 정보를 더 적게 이용하였고 보다 애매하고 일반적인 정의를 내렸다. 두 번째 실험에서 맥기니스와 젤린스키는 친숙하지 않은 단어 각각에 대해 네 개의 정의를 보여 주고 그중에서 올바른 것을 고르도록 했다. 그 정의들은 매우 정확한 정의, 보다 일반화된 정의로 틀린 것은 아니지만 애매한 정의, 제시된 이야기에 대한 일반화된 해석, 그리고 전혀 관련 없는 정의였다. 젊은이들은 정확한 정의를 많이 고른 반면, 75세 이상의 고령 노인들은 일반화된 정의를 더 많이 골랐다. 후속 연구에서는 연구 대상자들에게 친숙하지 않은 단어를 포함하는 산문을 읽도록 하였다. 읽으면서 읽고 있는 내용에 대한 생각을 말로 하도록 했고, 그 후에 그 산문에서 나온 단어들의 정의에 대한 정확도를 평가하도록 했다(McGinnis and Zelinski 2003). 노인들은 읽고 있는 내용에 대해 보다 일반화된 코멘트를 하는 경향이 많았고, 일반화된 정의와 관련 없는 정의에 대해 보다 높은 정확도 점수를 주었다. 종합하면 맥기니스와 젤린스키는 노인들이 문맥을 통해 정확한 의미를 파악해야 하는 복잡한 정보를 처리하는 것에 문제가 있다는 결론을 내렸다. 좀 더 구체적으로 설명하면 노인들은 글을 이해하는 데 요구되는 만큼 높은 추상적 수준으로 사고하지 못해서 적합한 추론을 하는 데 실패했다(Madden and Dijkstra 2010 참조). 제2장에서 인용되었던 앨버트 등(Albert et al. 1987)의 연구에서도 노인들은 특히 속담의 뜻을 파악하는 데도 비슷한 문제가 있다는 결과가 나타났다. 노인들의 경우 은유와 문자 그대로 참이 아닌 진술을 구분하는 데 시간이 더 걸린다는 연구가 있다(Morrone et al. 2010). 이러한 특징은 상징적인 메시지 이면에 있는 뜻을 파악하는 능력과도 연관된다. 신경학적 수준에서 보면, 전두엽 기능의 저하와 관련이 있는 것으로 추정된다(Uekermann et al. 2008).

그러나 의미 처리에는 여러 가지 기술들이 사용되기 때문에 이와 관련된 연령 차이에는 매우 다양한 잠재적인 요인들이 영향을 끼칠 수 있다는 점에 주의해야 한다. 이는 마치 여러 종류의 케이크 요리법들에 사용되는 다양한 상표의 밀가루의 가치를 판단하는 것과 비슷하다. 그 차이를 평가할 수는 있지만, 다른 첨가물의 영향이 늘 있고 요리법에 따라 그 결과물이 매우 다양할 것이기 때문이다. 이와 마찬가지로 의미 기술은 측정될 수는 있지만, 연구 참여자가 그 의미 과제를 수행할 때 다른 기술(예: 음운적 처리)을 이용하고 있을 수 있다. 따라서 영향을 줄 수 있는 다른 요인들이 다양하게 많다. 테일러와 버크(Taylor and Burke 2002)는 사물의 그림을 제시했다. 그리고 참여자들이 사물의 이름을 말하는 동안 방해 단어들을 읽어 주었다. 그것들은 어떤 경우에는 제시된 사물과 동음이의어를 갖기도 한다(예를 들면, '배'). 어떤 항목의 그림을 보면서 그 항목 이름의 다른 뜻과 의미적으로 관련 있는 단어를 읽도록 하면(예: 과일 배 그림을 보면서 파도 소리를 듣는 경우) 젊은이들은 반응 시간이 더 빨라졌지만 노인들은 그렇지 않았다. 다른 방해 자극들은 연령 집단 간 반응 시간에 상이한 영향을 주지는 않았다. 테일러와 버크는 이러한 결과를 통해 흥미롭지만 다소 복잡한 연결주의 모형을 개발했다. 노화 과정은 음운론적 메커니즘과 의미론적 메커니즘에 불균형적인 영향을 끼친다는 것이다. 반대로 마이어와 크리글(Mayr and Kliegl 2000)은 동일한 범주에 해당하는 항목들을 말하기 혹은 두 의미 범주에 해당하는 항목들을 번갈아 가며 말하기(예: 범주 A 항목을 말하고, 범주 B 항목을 말하고, 다시 범주 A에 해당하는 항목을 말하고, 다시 B 범주에 해당하는 항목을 말하는 등)를 실시했다. 그들은 의미적 인출 자체에 대한 수행과 의미적 인출을 하는 데 필요한 부수적 기술 수행도 살펴보았다. 그 결과 의미적 인출은 상대적으로 잘 유지되고 있었지만, 부수적 요인들에서 유의한 수행 저하가 생기는 것으로 나타났다.

테일러와 버크, 마이어와 크리글의 연구 결과에서 나타난 흥미로운 점은 조건을 달리하게 되면 노인의 의미 처리가 훌륭하게 유지되거나, 빈약해지거나, 혹은 실험 설계와는 무관하도록 나타나게 할 수 있다는 점이다. 그렇다면 '의미적 처리'라는 것은 무엇을 의미하는 것일까? 비교적 기본적인 의미 처리는 노화의 영향을 잘 받지 않는 것으로 보인다. 예를 들면 라하르 등(Lahar et al. 2004)은 맥락을 통해 문장에서 빠진 단어를 채워 넣는 과제는 노화의 영향을 받지 않는다는 것을 보여 주었다(뇌파 활동은 연령 차이가 날 수 있다. Federmeier and Kutas 2005). 또한 단락에서 접하는 새로운 단어의 정의를 내리는 것과 같은 비교적 복잡하지 않은 과제에서는 노인들이 보다 완성된 정의를 내리는 것으로 나타났다(Long and Shaw 2000). 노화의 영향에 대한 연구 결과가 일관적이지 않은 경우는 실험에서 복잡한 의미 기술을 사용하도록 할 때만 해당된다. 그러나 제2장에서 제시했던 강도의 비유를 생각해 본다면, 진실이 무엇이든 간에 결국에는 통상적으로 최고의 관심을 갖고 있는 것은 '의미적 처리'라는 개념을 실험을 통해 어떻게 제시하는가 하는 것이라고 할 수 있다.

구문론적 처리

텍스트 회상과는 별개로 의미적 혹은 구문론적 처리에 대한 연구는 상대적으로 거의 이루어지지 않았다. 그러나 노인의 구문론적 처리 과정의 변화에 대한 켐퍼의 훌륭한 연구가 있다. 켐퍼(Kemper 1986)는 젊은이와 노인 연구 참여자들에게 동일한 구문론적 구조를 지닌 새로운 문장을 모방하여 만들어 내도록 했다. 노인들은 단문만 모방할 수 있었고 장문, 특히 절이 포함되어 있는 구문을 모방해 내는 것을 가장 어려워했다. 바움(Baum 1993)의 연구에서도 역시 문장반복 과제에서 문장의 구문적 복잡성이 증가하면 연령군 간에 차이가 나타났고 어휘판단 과제에서 사용된 문장에서도 마찬가지의 결과가 나타났다. 오블러 등(Obler et al. 1991)은 문장이해 과제에서 구문이 이와 유사한 영향을 끼침을 발견했다. 이러한 구문론적 수행 저하는 자발적인 일상생활 언어에도 반영된다. 카이넷과 켐퍼(Kynette and Kemper 1986)는 구문론적 구조의 다양성이 노화로 인해 저하되는 한편 관사 생략이나 부정확한 시제 사용과 같은 오류는 증가함을 지적했다. 이와 비슷하게 켐퍼(Kemper 1992)는 자발적 발화 시 어구의 수가 노인이나 젊은이나 동일함을 발견했다. 그러나 젊은이들의 어구는 보다 질이 좋았던 반면, 노인들의 경우는 불완전 표현으로 나타나는 경향이 있었다.

켐퍼와 러시(Kemper and Rush 1988)는 이러한 저하의 다른 사례를 보고했다. 구문론적 절의 개수가 50대는 한 문장당 평균 2.8개, 80대는 1.7개였다. 연구자들은 또한 구문에 대한 잉베 깊이(Yngve depth)를 평가했다. 이는 구나 문장에 구문론적 복잡성 점수를 주는 꽤 복잡한 기법이다(점수가 높을수록 문장 구성이 더 복잡하다). 잉베 점수는 나이가 들어 감에 따라 낮아지지만, 보다 흥미로운 것은 이 점수가 숫자 따라 외우기 점수와 상관이 높다는 점이다(r=0.76). 따라서 기억력이 좋을수록 구문도 좋아진다. 이러한 결과에 대해 단순하면서도 훌륭하게 설명할 수 있다. 구문론적으로 복잡한 문장은 대부분 단순한 문장보다 더 길기 때문에 그러한 문장을 생성하고 이해하려면 기억력이 필요하다. 단순하게 말하면 한 번에 기억해야 하는 단어의 수가 더 많다. 스타인-모로 등(Stine-Morrow et al. 2010)의 연구에서 이에 대한 일반 원리를 설명했다. 그들은 텍스트 처리 시 매듭짓는(wrap up) 단계에 대해 살펴보았다. 문법적 구가 끝나고 다음이 시작되는 경계점에 이르면 읽기 속도가 느려진다. 이를 매듭짓는 시점이라 칭하였다. 구가 복잡할수록 더 많이 느려진다. 금방 읽은 구문을 처리하느라 이런 현상이 일어난다고 하는데, 구가 복잡하면 처리 시간이 더 필요하다. 스타인-모로 등은 안구 운동을 함께 살펴봄으로써, 노인들의 경우 이러한 경향이 훨씬 더 심하다는 것을 보여 주었다. 그러나 다른 측정치(읽기 과제의 나머지 부분을 처리하는 데 걸리는 시간 등)에서는 연령 차이가 거의 없는 것으로 보아 노인들은 다른 요인들을 보완하기 위해 텍스트 속의 매듭짓는 시점에서 시간이 더 많이 소요되는 것으로 보인다.

이는 노인들이 단순한 구문을 사용하는 이유에 대한 그럴듯한 설명이 된다. 그들은 자신의 작업 기억이 젊었을 때에 미치지 못함을 알고 문장을 단순화하고 짧게 만들면서 이에 대처하는 것이다. 그러나 이는 켐퍼도 인정했듯 과도하게 단순화된 설명이기도 하다. 주의 폭과 구문이 저하되는 것은 둘 다 일반 지능의 저하로 인해 나타난 것으로 보는 것이 보다 타당하다.

굴드와 딕슨(Gould and Dixon 1993)도 비슷한 결과를 보고했다. 이들은 노인 부부와 젊은 부부에게 함께 보낸 휴가에 대해 설명하도록 하고 내용을 언어학적으로 분석하였다. 젊은 부부가 더 많은 세부 사항들을 설명해 낸다는 것이 일반적인 결과이다. 그들은 노인들이 세부적인 묘사를 잘하지 못하는 원인으로 작업 기억의 저하를 들었다. 그러나 태도의 변화 또한 이러한 변화와 관련이 있을 수 있다고 보았다. 젊은 부부는 노인 부부보다 재미있었던 일만 말해야 한다는 식의 고려를 덜 하기 때문이다(Gould and Dixon 1993: 15). 아버클 등(Arbuckle et al. 2000)은 주제에서 벗어나 장황하게 말하는 것이 언어 처리 기술의 저하를 시사한다고 보고했다(즉, 억제를 잘 못한다. 제2장 참조). 특히 장황하게 설명하는 사람들은 정확한 묘사를 하는 데 유의한 수행 저하가 관찰되었다(여기서 사용한 과제는 추상적인 모양을 보고 설명하기였다). 동일한 연구팀의 추후 연구(Pushkar et al. 2000)에서도 주제에서 벗어나 장황하게 설명하는 것은 이를 듣는 사람에게 만족감을 덜 준다는 점을 지적했다. 그러나 이 연구를 통해서 장황하게 이야기하는 것은 연령이나 인지적 수준과 관련이 없다는 점 또한 발견되어서, 산만하게 이야기하는 일이 반드시 노화로 인한 저하를 반영하는 것은 아닐 수 있음을 시사했다.

굴드와 딕슨의 연구와 관련하여 애덤스(Adams 1991)는 이야기를 글로 요약할 때 젊은이에 비해 노인들은 이야기를 추상적인 수준으로 해석하고 이야기 구조의 요약에 강조점을 두는 경향이 있음을 발견했다. 이러한 질적인 차이점은 처리 역량의 손실에서 기인하는 것으로 여겨진다. 예컨대 노인들은 이야기를 많이 기억하기가 힘들기 때문에 추상적인 수준으로 요약해 말하는 것이 보다 현명한 방법일 것이다. 켐퍼와 아나그노풀로스(Kemper and Anagnopoulos 1993) 역시 노인들은 자신의 구문론적 처리 기술의 결함을 빠져나가기 위해서 다양한 담화 전략을 사용한다고 주장했다. 파수파시 등(Pasupathi et al. 2002) 또한 노인들이 이야기할 때 그 이야기의 긍정적인 정서적 측면을 더 강조하기 쉽다는 점을 지적했다. 즉, 노인의 언어 기술의 변화에는 인지적 변화 이외의 어떤 것이 관여해 있을 수 있다.

켐퍼(Kemper 1987a, 1987b)는 사람들이 성인기에 쓴 일기 여섯 개를 분석했다. 일기는 1856년과 1876년에 시작해서 1943년과 1957년에 끝난 것이었다. 켐퍼는 일기에 사용된 언어가 점점 단순해짐을 발견했다. 문장의 길이가 감소되고 구문의 복잡성 또한 감소되었다. 내포된 어구의 수도 감소되었고 앞서 나온 어구를 가리키는 말을 사용하는 데 실수도 증가했다. 동시에 이야기의 세련됨도 감소되었고 줄거리와 결론을 가진 '이야기'보다는 그저 사실에 대한 단순한 묘사만 증가했다. 이와 비슷한 맥락에서 브롬리(Bromley 1991)는 20-86세 대상자들에게 자기 자신에 대한 묘사를 글로 써 보도록 하였다. 결과를 분석해 보니 구문론적 복잡성과 어휘력의 폭은 연령과 관련이 있었던 반면, 단어의 길이나 읽기 좋은 정도는 교육 수준 및 어휘 수준과 관련이 있었다. 흥미롭게도 유동성 지능은 유의한 역할을 하지 않았다.

글쓰기의 저하가 지적 기능의 저하로 자동적으로 귀인되지 않음을 뜻하는 다른 근거도 있다. 일기를 써 본 사람이라면 누구나 알 것인데, 글쓰기는 힘든 일이다. 따라서 나이가 들어 갈수록 '이야기'를 써야겠다는 동기가 줄어든다(혹은 그들의 삶에 사건이 덜 일어나기 때문에 보다 정교하게 묘사하게 되는 것일 수도 있다). 글 쓴 후에 다시 읽는 것이 싫기 때문에 덜 화려한 문체로 글을 쓰기로 결심한 것일 수도 있다. 게다가 일기의 목적이 바뀔 수도 있는데, 그것은 자신에 대한 지각이 변한 시점을 보여 주기도 한다(Brady and Sky 2003 참조). 글쓰기 스타일의 변화도 생긴다. 나이가 들어 감에 따라 글쓰기 스타일에 대한 일반적인 태도가 느슨해지는 경향이 있어서 보다 단순한 스타일로 글을 쓰게 된다(쓰기 시작할 때는 빅토리아 시대 소설들이 절정을 이루다가 끝날 때는 피츠제럴드나 헤밍웨이로 마무리하게 된다). 실제로 켐퍼(Kemper 1987b)는 연구 대상자의 수가 적음에도 불구하고 코호트 차이를 발견했는데, 나이가 많을수록 부정사('to go'나 'to do' 등)를 더 많이 사용하는 것으로 나타났다.

그러나 보다 최근의 연구들에 의하면 글쓰기의 변화는 스타일의 변화라기보다는 글쓰기 능력의 변화를 반영한다. 윌리엄스 등(Williams et al. 2003)의 제임스 1세의 편지에 대한 연구에서는 왕의 지적 능력에 해로운 영향을 끼친 것으로 추정되는 질환의 기간과 인지 능력 관련 저하가 상관이 있음을 보여 주었다. 켐퍼 등(Kemper et al. 2001)은 약간 더 평범한 형식의 연구로 노인들의 글쓰기에 대한 장기 종단 연구를 하였다. 언어 사용에 대한 샘플을 해마다 수집했고 인지 검사 또한 시행되었다. 연구자들은 문법적 복잡성과 명제적 내용이 나이가 들어 감에 따라 저하되고(특히 70대 중반 이후), 이러한 저하는 인지적 변화와 관련이 있음을 밝혔다. 켐퍼와 섬너(Kemper and Sumner 2001)는 문법적 복잡성은 작업 기억과 관련이 있고 문장의 길이는 언어적 지능과 관련이 있음을 보여 주었다(Kemper et al. 2004b 참조). 켐터스와 켐퍼(Kemtes and Kemper 1997)는 구문론적으로 복잡한 문장을 처리하는 것은 텍스트를 읽는 온라인 수준의 작업 기억 수행과 텍스트를 이해하는 오프라인 수준의 작업 기억 수행 둘 다와 상관이 있음을 발견했다(Waters and Caplan 2001 참조). 따라서 노년기의 구문론적 변화는 일정 부분 스타일의 변화나 코호트 효과로 설명할 수도 있기는 하지만, 노화로 인한 일반적인 지적 기능의 감퇴가 주 요인인 것으로 여겨진다.

이와 관련해서 노인의 언어 변화가 유년기의 언어 사용과 연결이 될 수 있는지에 대한 관심도 있다. 다시 말해, 노인들은 유년기의 언어 상태로 퇴행할까? 이를 퇴행 가설(regression hypothesis)이라 부른다. 엄격한 의미에서는 이러한 설명이 가능하지 않다. 왜냐하면 노인의 언어는 문법적으로 여전히 아동들의 언어보다 훨씬 정교하고 다양하기 때문이다(Kemper 1992 참조). 노년기에는 언어가 어떤 측면에서는 단순화되지만, 그렇게 심각하게 단순화되는 것은 아니다. 이 가설은 보다 느슨한 의미에서는 어느 정도 그럴듯하다. 일부 언어는 단순화된 형태로 사용한다는 점에서 아동의 언어와 피상적으로는 유사하기 때문이다. 그러나 이는 노인들이 단순한 언어를 사용한다는 것 이상의 것을 설명해 주지는 못한다(헤밍웨이는 토머스 하디보다 단순한 언어를 사용했지만, 어느 누구도 헤밍웨이가 퇴행했다고 생각하지는 않는다). 그저 일반적으로 그렇다는 것이지 확실하게 설명하기는 어렵다.

구문론적 변화가 일반 지능의 변화와 연결되어 있다는 것은 그럴듯하다. 그러나 여기에는 결정성 기술, 코호트 효과, 그리고 언어 스타일의 변화 등이 오염 변인으로 작용한 증거들이 있다(이러한 결과가 심적 처리 역량의 저하로 인한 것인지에 대해서는 논란의 여지가 있기는 하다). 노화와 언어에 대한 연구가 많이 진행되고 있지만 그에 대해 명확한 결론은 내리는 것은 아직 어려운 일이다.

이야기 이해

기본적인 '이야기 이해' 패러다임은 단순하다 — 짧은 단락(300-400단어 정도 길이)을 듣거나 읽고 가능한 한 많은 내용을 다시 말하거나 재인하는 검사를 시행한다. 대부분의 연구에서는 노인들이 덜 기억하고(횡단 연구: Byrd 1985; Light and Anderson 1985; Petros et al. 1983, 종단 연구: Zelinski and Burnight 1997; Zelinski and Stewart 1998) 더 많이 일반화한다고 보고하였다(Zelinski and Hyde 1996). 그러나 이러한 결과는 일반적인 것이지 늘 진실인 것은 아니다. 다양한 형태의 실험 참여자들과 검사 도구들이 결과에 중요한 영향을 끼칠 수 있다.

'노인' 참여자 집단의 평균 연령이 60대인 경우 젊은이 집단과 노인 집단의 유의한 차이를 발견하지 못하기도 했다(예: Mandel and Johnson 1984). 노인 참여자가 70대 중반 이상은 되어야 연령 차이가 신뢰할 만하게 나타났다(Meyer 1987). 또 다른 요인으로 교육이나 이전의 지식 수준이 있다. 언어적 능력이 매우 뛰어난(높은 IQ 및 고학력) 노인 집단을 대상으로 연구를 하는 경우 연령 차이를 발견하지 못하게 되는 경우도 있다(Taub 1979). 쇠더버그 밀러(Soederberg Miller 2003)는 연구 참여자들로 하여금 요리법과 관련된 텍스트를 읽도록 했는데, 요리에 대한 지식이 많이 있을수록 요리 관련 항목에 대한 부호화와 기억을 더 잘하는 것으로 나타났다. 그러나 연령은 이러한 현상에 영향을 끼치지 않았다. 다른 한편으로 쇠더버그 밀러(Soederberg Miller 2009)는 다양한 텍스트를 읽도록 했는데, 이 중 일부가 요리에 관한 것이었다. 연구 참여자들은 요리 수준이 다양했고, 그에 대한 지식이 많을수록 당연히 요리 관련 항목들을 더 잘 부호화하고 저장했다. 젊은이들의 경우에는 요리에 대한 사전 지식이 읽기 효율성에 별 영향을 끼치지 않았지만, 노인들의 경우에는 사전 지식이 있는 경우 읽기 효율성이 증가했다. 작업 기억 능력으로 분류했을 때도 이와 비슷한 결과가 나타났다. 작업 기억 수준이 높은 경우는 요리 지식에 영향을 받지 않았지만 작업 기억 수준이 낮은 경우에는 요리에 관한 사전 지식이 높은 참여자의 읽기 수행이 더 좋았다.

이러한 결과는 노인들이 보완 전략을 사용한다는 것을 지지하는 증거가 된다. 읽기 연구 분야에서는 할당 정책(allocation policy)이라는 용어가 사용되기도 한다. 실제로 노인들은 자신의 형편에 맞게 이야기를 처리한다. 예를 들어 작업 기억 폭이 낮은 대상자는 단어 처리에 더 많은 자원을 할당하고, 언어 능력이 높은 대상자는 텍스트의 뜻을 처리하는 데 더 많은 자원을 투자한다(Stine-Morrow et al. 2008). 크롤리 등(Crowley et al. 2009)의 연구에서도 이러한 할당 정책이 발견되었다. 이들은 아동과 젊은이, 그리고 노인들을 대상으로 읽기(단어 인식으로 측정된다), 맞춤법, 음운적 처리 기술(예: 두 단어를 비슷하게 읽게 되는 유사한 음소 찾기) 과제를 제시하였고, 유동성 및 결정성 지능을 측정하였다. 아동과 젊은이의 경우 읽기와 맞춤법 수행이 음운적 처리 기술로 가장 잘 예측되었다(Majeres 2005의 연구 결과와도 유사하다). 그러나 노인은 읽기와 맞춤법 수행이 유동성 지능과 연령으로 가장 잘 예측되었다. 이러한 결과는 읽기와 맞춤법 처리 과정에 관여하는 처리 기술이 나이가 들어 갈수록 달라짐을 시사한다.

크롤리 등의 연구에서는 읽기와 쓰기 능력이 비교적 동등할 것이라 가정했다. 그러나 해당 능력에서 개인차가 일대기에 걸쳐서 존재할 수 있다. 마골린과 에이브럼스(Margolin and Abrams 2007)의 연구에서는 쓰기를 잘하는 사람들의 경우 수행의 연령 차이가 없었다. 그러나 맞춤법 능력이 떨어지는 사람들의 경우 맞춤법과 관련한 다양한 과제에서 노인들이 유의하게 더 낮은 수행을 보여 주었다. 이러한 결과는 맞춤법에서의 노화 관련 변화에 개인차가 있음을 시사한다.

듣는 사람을 누구로 택하느냐에 따라서도 결과가 달라졌다. 애덤스 등(Adams et al. 2002)은 들은 이야기를 기억하고 이를 성인이나 아동에게 말하도록 했다. 젊은이 집단과 노인 집단 모두 아동에게 말할 때는 이야기를 단순화하고 핵심 내용을 보다 공들여 말했지만, 이러한 경향은 노인 집단에서 훨씬 더 많이 관찰되었다. 성인에게 말할 때는 보다 세련되게 말했는데 젊은이 집단은 유의하게 더 높은 빈도로 명제를 산출하는 것으로 나타났다. 이러한 결과가 반드시 아동에게 말하는 조건에서의 노인 집단의 우월성을 뜻하는 것은 아니다. 그러나 애덤스 등이 지적했듯 이 연구 분야에서는 사회적 맥락이 중요한 오염 변인이 될 수 있으므로 연구자들은 연구 대상자들이 이야기를 회상하거나 기타 정보를 이야기할 경우 듣는 사람을 택할 때도 신중을 기해야 한다. 이와 관련된 여러 연구에서 코호트 효과도 관찰되었다. 래트너 등(Ratner et al. 1987)은 많은 연구들이 학생 중에서 모집된 젊은이 집단과 보다 넓은 인구학적 배경을 지닌 노인 집단을 비교했다고 지적했다. 이러한 지적에 따라 학생의 언어적 능력과 동등한 능력을 갖추고 있으면서 학생이 아닌 젊은이 집단을 모집해서 학생 집단 및 노인 집단과 이야기 회상 과제 수행을 비교했다. 학생 집단이 나머지 두 집단에 비해 수행이 좋았고 학생이 아닌 젊은이 집단과 노인 집단의 수행은 비슷했다. 이러한 결과는 이야기 회상 및 이해에 관한 많은 연구에서 보고했던 연령 차이가 상당 부분은 연령뿐 아니라 텍스트를 기억하고 해석하는 기술의 근본적인 차이를 갖고 있는 젊은이 집단을 대조군으로 사용했기 때문일 수 있음을 시사한다.

제시 자료를 무엇으로 선택하는지에 따라서도 연구 결과들이 엇갈린다. 이야기를 이해한 후 텍스트를 단순화하는 명백히 단순한 절차임에도 불구하고 결과들이 불분명하다. 예를 들어 웜슬리 등(Walmsley et al. 1981)은 단락을 주관적인 의견을 가지고 단순화하면 글에 대한 이해가 증진된다는 것을 발견했다. 그러나 가독성이 있는 양식으로 단순화하는 것과 같이 보다 객관적인 측정치로 하게 되면 아무런 효과가 없는 것으로 나타났다.

이 장의 앞부분에서 언급한 연구 결과들을 토대로 보면, 노인들은 문서화된 내용보다는 들은 내용을 이해하는 것을 더 어려워할 것이라고 추측할 수 있다. 그러나 여러 연구들을 보면 단순히 그렇게 결론 내리기 힘들다. 코언(Cohen 1981)은 노인들이 문서화된 내용보다는 들은 내용을 회상하는 데 수행이 유의하게 더 떨어진 반면, 젊은이들은 아무 차이를 보이지 않음을 발견했다(Zacks et al. 1987). 툰 등(Tun 2010)은 청력이 저하되어 있는 노인조차도 청각적으로 제시된 단락에 대한 이해 질문에 답할 수 있음을 발견했는데, 들리는 말소리가 더 조용하고 내용 구문이 복잡할수록 반응 시간은 유의하게 더 느려졌다. 초창기의 연구들 대부분은 말소리 속도를 인위적으로 빠르게 했을 경우 젊은이보다 노인들의 이해력이 유의하게 떨어짐을 보고했다(Wingfield 1996). 이는 전반적 속도 저하로 인한 것이라고 종종 설명되었다.

그러나 슈나이더 등(Schneider et al. 2005)이 지적했듯, 속도를 인위적으로 빠르게 조작한 경우 말소리의 질이 저하된다. 슈나이더 등은 속도는 빠르게 하지만 소리의 인공적 왜곡은 없도록 하는 경우 들리는 내용을 이해하는 데 연령 차이가 없음을 발견했다. 이러한 결과는 핵심 문제는 전반적 속도 저하가 아니라 청각적 처리 과정의 문제임을 함축한다. 이야기를 제시하는 속도를 다양하게 변화시키는 연구들은 불일치되는 결과를 보고했다. 자신에게 적합한 속도로 읽도록 하는 경우에는 한 연구(Meyer 1987)를 제외하고는 대체로 연령 차이가 보고되지 않았다.

이야기를 제시하는 방법 자체를 여러 방식으로 조작해 본 연구들에서도 다양한 결과를 얻었다. 제시 방법에 따른 효과가 유의하지 않은 연구도 있었다. 대상자들에게 소리 내어 읽도록 하거나 혹은 속으로 읽도록 했을 때 회상하는 정보의 양은 차이가 없었고(Taub and Kline 1978), 읽을 텍스트의 내용을 대상자가 스스로 선택하도록 한 후에 시행해도 마찬가지로 차이가 없었다(Taub et al. 1982). 마골린과 에이브럼스(Margolin and Abrams 2009)는 부정문의 경우에 노인과 젊은이 모두 이해 과제에서 더 느리고 덜 정확한 반응을 한다는 사실을 발견했다. 전체적으로 젊은이들의 이해 검사 점수가 더 높기는 하지만, 부정문에 대해서는 동일한 수준으로 영향을 받았다.

제시하는 텍스트를 다른 방식으로 조작해 볼 수 있다. 코널리 등(Connelly et al. 1991)은 연구 참여자들이 읽을 짧은 단락을 주었다. 읽어야 하는 단락 사이에 다른 글자 크기로 인쇄된 단락을 끼워 넣고 그 단락은 무시하도록 했다.

젊은이나 노인 집단 모두 보다 느리게 읽고 이해 문제에 대해 정반응을 더 적게 하였지만 노인들의 수행이 훨씬 더 저하되었다. 디반과 머피(Dywan and Murphy 1996)는 읽어야 하는 단락 사이에 무시해야 하는 단락을 이탤릭체로 인쇄해 끼워 놓았는데, 노인들은 이탤릭체로 된 단락을 실수로 읽는 경향이 더 많았고 읽어야 하는 단락에 대한 이해 문제에서도 무시해야 하는 단락(이탤릭체로 인쇄된 부분)의 내용 때문에 오반응을 하는 경향도 더 많았다. 반면 추후 검사에서 젊은이 집단은 무시해야 하는 단락을 잘 무시했음에도 불구하고 이탤릭체로 된 단락에서 나온 단어의 재인을 더 잘하는 것으로 나타났다. 이러한 결과는 젊은이들이 그 단락을 읽지 않았다기보다는 정반응이 아니라고 생각되면 적절하게 그 반응을 억제할 수 있다는 것을 의미한다. 또한 읽기 과정의 초기 단계를 통제할 수 있는 정도에도 연령 차이가 있음을 의미한다. 이는 스타인-모로 등(Stine-Morrow et al. 1996)의 연구에서도 지지되었다. 텍스트를 읽고 곧바로 회상하도록 하는 과제에서 젊은이들은 읽은 텍스트 그대로의 특징을 기억하는 반면 노인들은 맥락적 정보를 더 많이 기억하는 것으로 나타났다.

일반적으로 복잡성이 증가할수록 연령 차이도 증가한다. 버드(Byrd 1985)는 노인들이 읽은 단락을 그대로 회상하는 것을 어려워하고 요약하는 것은 특히 더 어려워한다고 하였다. 즉, 단락을 기억함과 동시에 뭔가를 더 처리해야 하는 경우 노인들은 더 심각한 수행 저하를 보인다. 함과 해셔(Hamm and Hasher 1992)는 노인들이 처음에 예측되는 방향과 다른 방향으로 이야기가 흘러가는 모호한 이야기를 듣고 추론해야 하는 경우에 더 어려움을 느끼는 것을 발견했다. 연구자들은 이에 대해 노화로 인해 작업 기억의 정보 처리 능력이 줄어들었기 때문인 것으로 설명했다(즉, 이야기의 첫 부분을 염두에 두고 이야기 끝부분에서 나타나는 예상 밖의 결과를 처리해야 한다). 라이트와 앨버트슨(Light and Albertson 1988)은 문장들을 읽고 추론을 해 내는 능력은 문장이 복잡하거나 동시에 다른 과제를 수행해야 하는 경우에만 손상되어 있다고 했다. 코언과 포크너(Cohen and Faulkner 1984)는 노인들은 특히 이야기 속에 분산되어 있는 사실들을 모아서 통합해 대답해야만 정반응을 할 수 있는 재인 과제를 무척 어려워한다고 했다. 스미스 등(Smith et al. 1989)은 세 유형의 이야기 기억을 평가했다. 표준 조건(설명이 따로 필요 없음), 뒤죽박죽 조건(문장들 간에 논리적 일관성 없음), 교차배치 조건(두 이야기에서 나온 문장들이 한 문장씩 번갈아 배치되어 있음). 표준 조건과 뒤죽박죽 조건에서는 노인 집단과 젊은이 집단 모두 질적으로 동일하게 수행하였다. 그러나 교차배치 조건에서는 젊은이 집단은 표준 조건과 질적으로 유사한 수행을 보인 반면 노인 집단은 뒤죽박죽 조건과 질적으로 유사한 수행을 보였다. 즉, 젊은이들은 교차배치된 이야기를 풀어서 표준 조건과 마찬가지로 처리할 수 있었던 반면 노인들은 이를 할 수 없었던 것으로 보인다.

이러한 변화가 노인의 기억력 저하 때문에 나타난 것으로 생각하고 싶을 것이다. 어떤 조건에서는 분명 기억력 변화가 연령 차이를 나타나는 데 큰 기여를 한다. 드 베니 등(De Beni et al. 2007)은 젊은이 집단(18-30세) 및 두 집단의 노인 집단(60-75세 집단과 75세 이상 집단)을 대상으로 메타 이해 과제(이해 과정이 어떤 식으로 진행되는지에 대해서 스스로 아는 것)와 작업 기억 과제 등을 포함한 여러 과제를 시행했다. 시간적인 흐름이 있는 텍스트를 이해하는 수준은 모든 대상자가 동등했다. 그러나 설명적인 텍스트로 시간 순서 없이 특정 사실과 주장들을 설명하는 경우에는 연령 차이가 유의하게 나타났다. 그런데 이러한 연령 차이는 대상자의 연령보다는 메타 이해와 작업 기억 수준으로 설명되었다.

그러나 기억력의 역할이 지나치게 중시된 경향이 있다. 텍스트 회상과 숫자 따라 하기와 같은 다른 기억 측정치 간의 상관이 낮다는 결과도 있다는 것에 유의해야 한다(Light and Anderson 1985). 게다가 언어학적인 요인도 이러한 변화에 관여했을 수 있다. 켐퍼와 러시(Kemper and Rush 1988)는 고찰을 통해 회상된 정보의 양이 기억해야 하는 단락의 구문론적 복잡성에 따라 다르다는 것을 지적했다. 앞 절에서 노화에 따른 구문론적 변화에 대한 연구 결과들을 살펴봤기 때문에 이러한 결과는 당연하다. 텍스트의 세부 사항을 기억하는 것과 텍스트의 주요 요점을 기억하는 것 간의 대비되는 결과가 더욱 두드러지는 결과인 것 같다. 코언(Cohen 1989)의 연구에서는 노인들도 젊은이들만큼 이야기 요점을 많이 기억할 수 있었지만 세부 사항을 기억하는 것에서 유의한 수행 저하가 나타났다. 정과 김(Jeong and Kim 2009)은 젊은이들이 텍스트 내용을 더 잘 회상하였지만 그 텍스트를 해석하는 능력에서는 연령 차이가 없다고 밝혔다. 맥기니스(McGinnis 2009)의 연구에서는 이해 측정치에서 75세 이상 노인 집단이 가장 낮은 점수를 얻기는 했지만 일반화 및 정교한 추론 측정치에서는 가장 높은 점수를 얻었다. 따라서 전통적으로 심리학자들이 측정하는 '이해'는 일반인이 '이해'라고 생각하는 것들의 일부만을 의미하는 것 같다.

게다가 노년기의 이해력 변화는 그보다 더 빨리 시작되는 것 같다. 페르스틀(Ferstl 2006)의 연구를 보면, 젊은이 집단, 중년 집단, 그리고 노인 집단 모두 문장의 화용론 평가에는 연령 차이가 없었지만 문장에서 나왔던 단어를 재인하는 능력은 연령 증가에 따라 저하되었다. 특히 중년기에 가파르게 저하되었다. 대부분의 연구들은 20대 젊은이 집단과 60대 이상의 노인 집단을 비교하였고, 중년기 대상자는 거의 연구되지 않았다. 따라서 대부분은 노년기에 저하가 시작된다고 가정하게 되는데, 페르스틀의 연구는 이러한 변화가 우리가 생각하는 것보다 더 일찍, 즉 중년기에 시작할 수 있음을 보여 준 연구라 할 수 있다.

이야기를 기억할 때 노인들은 예컨대 한 소녀가 가게에 들어가서 옷을 사는 것은 기억하지만 구입한 옷의 색깔은 기억하지 못할 가능성이 높다. 세부 사항을 기억하는 것은 요점들을 기억하는 것보다 더 많은 처리 과정을 요하기 때문에 세부 사항에 대한 기억력이 떨어지는 것은 당연할 수 있다(Cohen 1988; Holland and Rabbitt 1990). 그런데 여기에도 코호트 효과가 작용하는 것은 아닐까? 우리가 영화나 책에 대해 물어볼 때 그것은 세부 사항을 원하는 것이라기보다는 그저 전체적인 흐름을 원하는 것이다. 대부분은 큰 상관없는 세부 사항들은 무시하고 전체적인 사실만 이야기하는 것을 학습해 왔을 수 있다. 학생들만 가능한 한 많은 것을 기억하려고 할 수도 있다.

코호트 효과가 작용했을 가능성은 유머 이해 연구에서 제기되었다. 막과 카펜터(Mak and Carpenter 2007)는 노인들은 유머 이해력이 낮다는 것을 발견했다. 이는 인지 기술과도 상관이 있었다. 이와 비슷한 결과가 애커만 등(Ackerman et al. 2006)의 연구에서도 보고되었는데, 선택지 과제에서 웃어야 하는 부분을 선택하는 능력이 노인에게서 유의하게 저하되어 있었다.

유머가 재미있으려면 말하는 사람과 듣는 사람이 문화를 공유해야 하고 동일한 사건에 대한 공통적인 반응을 해야 한다. 학생 잡지에서 만화를 본 적이 있는데, 거기에서는 1920년대의 한 남자가 오픈 스포츠카를 운전하고 있었다. 말풍선에는 "맞아, 이사도라에게 생일선물로 스카프를 사 줘야겠어."라는 말이 적혀 있었다. 이사도라 던컨이 누군지 알면 유머를 이해할 것이다(구글 검색을 해 보면 그 생각이 아주 좋지 않은 생각임을 알 수 있다.*) 그러나 그렇지 않다면 논리적 연결을 할 수 없게 되어 더 이상 유머러스하지 않게 되는 것이다. 유머를 이해하려면 연결을 지을 수 있는 인지적 기술이 필요하고 유머를 말하는 사람과 공감대가 형성되어 있어야 한다. 코호트가 다른 노인들은 젊은이들의 유머를 공감할 만큼 그들과 충분히 문화적으로 교류하지 않았을 것이다. 유머 이해에 관한 연령 차이 연구는 상대적으로 거의 이루어지지 않았다. 막과 카펜터도 인정했듯 아직은 명확하게 밝혀진 바가 없다.

앞서 언급한 실험들은 생태학적 타당도가 부족하다. 다른 말로 하면 현실적이지 않다. 표준적인 이야기 회상 검사는 300-400개 단어로 구성된 단락을 읽고 전체를 반복해 기억하도록 하는 것인데, 일상생활에서 이런 일은 거의 일어나지 않는다. 라이스(Rice 1986b)는 이와 관련된 활동은 시험 공부를 하는 것으로 실상은 노인들이 거의 하지 않는 활동이라고 하였다. 이는 젊은이들이 더 자주 하는 경험이기 때문에 실험적 편향이 생기게 된다. 그러나 어려운 시험을 보는 사람이라 해도 300-400개 단어의 내용을 읽고 그대로 회상하는 경우는 별로 없다. 훨씬 적절한 전략은 그런 분량의 단락을 한 문장 한 문장씩 학습하는 것이다(이런 방식으로 하는 경우 노화로 인한 수행 차이의 유무 여부는 모호해진다. Hannon and Daneman 2009 참조). 간단히 말하면 이야기 회상 패러다임은 비현실적이고, 연령 차이의 많은 부분은 코호트 효과일 것이다. 이러한 맥락에서, 보니니와 만수르(Bonini and Mansur 2009)는 노인들은 라디오 뉴스 항목에 대해서는 거의 완벽한 이해력을 보여 줌을 발견했다. 다시 말해 노인들이 실험실 과제에서 보여 주었던 어려움이 자연스러운 일상 과제에서는 보이지 않는다는 것이다.

또 다른 문제점은 사용하는 단락의 길이이다. 실험자들은 대체로 노인들이 흔히 읽는 잡지나 신문 기사와 동일한 길이의 단락을 선택한다(Rice 1986b). 그러나 이는 다른 읽기 활동과는 맞지 않는다. 메이어(Meyer 1987)는 소수 연구

---

* 옮긴이 주: 이사도라 던컨은 스카프와 관련된 사고로 숨을 거두었다. 자신의 목을 감싼 스카프가 차 뒷바퀴에 감겼고, 그 상태로 차가 출발해 목이 꺾였다.

들에서 매우 긴 텍스트를 이용했는데, 대략 1,600단어 정도의 길이였다. 중간 분량 정도의 소설이 약 60,000단어라고 하면, 연구에서 사용하는 가장 긴 분량의 텍스트도 실생활에서 접하는 길이에는 훨씬 못 미친다. 노인들은 자신이 읽은 책의 줄거리를 기억하는 것이 매우 어렵고, 전에 이미 읽었던 책을 기억하는 것도 힘들어한다. 한때 사서로 일한 적이 있고 현재는 작가이자 TV 진행자인 클라이브 제임스(Clive James)는 이 현상을 다음과 같이 묘사했다.

> 자신이 대출하려고 생각하는 책들을 이미 읽었던 것들인지 알고자 하는 왜소한 노부인에게 할 말을 잃은 경우가 많았다. 똑똑한 어르신들은 자신만의 표시를 해 두곤 한다. 수백 개도 넘는 그런 기호들을 볼 수 있다. 도로시 L. 세이어즈나 마저리 앨링엄 책을 꺼내 넘기다 보면 점이나 십자표, 색점, 동그라미, 만(卍) 자 표시 등 변화무쌍한 기호들을 볼 수 있다.(James 1983: 243)

이러한 현상은 매우 흔한 것으로 보인다. 많은 사서들이 제임스와 유사한 일을 경험했다. 그러나 긴 분량의 텍스트에 대해 기억하지 못하는 현상이 두드러짐에도 불구하고 연구자들은 이 주제에 관심을 두지 못하고 있는 것 같다.

신경적 보완

노인의 보완 전략에 대한 연구들을 살펴보았는데, 제2장과 제3장의 지능과 기억에서 논의한 보완과 유사하다. 그러한 전략들은 대개 무의식적으로 이루어지기는 하지만, 노인들 스스로 변화가 필요함을 인식하고 의식적으로 보완 전략을 택해 메타 이해 전략을 발전시켜 왔을 수도 있다. 이러한 주장은 챔플리 등(Champley et al. 2008)의 연구에서 지지되었는데, 여기서 그들은 96명의 노인을 면담한 결과 노인들이 독서를 하면서 상당히 다양한 방식의 전략을 사용함을 발견했다.

뇌의 신경학적 변화로 인해서 보완이 이루어진다는 주장을 하는 연구들도 급증하고 있다. 나이가 들어 가면서 청각 및 언어 지각과 관련한 뇌 영역에는 신경학적 변화가 생긴다. 예를 들어 노인들은 소음이 있을 때 발표자의 말을 잘 듣기가 어렵다. 이러한 문제는 중년기에 시작되는데, 청력 문제가 없음에도 불구하고 파티와 같이 시끄러운 곳에서 대화 내용을 잘 듣기가 어렵다는 보고가 있다. 웜바크 등(Wambacq et al. 2009)은 그것이 입력되는 청각 신호에 반응하는 신경학적 변화 때문이라고 보았다. 어떤 사람이 하는 말을 들을 때 핵심적인 과제는 그 소리의 위치를 잘 파악하는 것이고 이는 양쪽 귀에 이르는 목소리 간의 시간 차이를 처리함으로써 할 수 있다. 웜바크 등은 중년기 대상자의 뉴런은 그러한 계산을 다르게 수행함을 보여 주었다. 그 이유는 아직 불명확하지만 아마도 해당 뉴런에서 반응하는 속도가 느려서 그런 것 같다(실제로 노인의 뇌세포는 자극에 반응하는 속도가 느리다는 연구들이 꽤 있다. Matilainen et al. 2010 참조). 그러나 소리 지속에 대한 기본적인 신경학적 처리와 같은 다른 과정은 노화의 영향을 별로 받지 않는다(Ross et al. 2009).

하지만 노화로 인한 변화를 개선하기 위해 다른 뇌 영역을 사용해 신경학적 보완 전략을 시도하는 다른 증거들도 있다. 예를 들어 윙필드와 그로스먼(Wingfield and Grossman 2006)은 기능적 MRI를 통해 노인들의 경우 구문적으로 복잡한 문장을 이해할 때 추가적인 뇌 영역이 활동함을 발견했다. 즉, 노인들은 정신적 처리 과정을 보조하기 위해 새로운 영역을 더 쓰는 것이다. 리처드슨 등(Richardson et al. 2010) 또한 10대에게서 어휘 지식과 정적 상관이 있는 뇌 영역(좌측 후연상회)이 성인에게서는 그러하지 않고 대신 다른 영역(좌측 후측두 영역)과의 정적 상관이 나타남을 발견했다.

뇌 영상 연구들을 보면 처리 할당의 변화도 있다는 것을 알 수 있다. 예를 들면, 웡 등(Wong et al. 2009)은 노인들은 처리 속도를 담당하는 뇌 영역의 효율성이 떨어진 것을 보완하기 위해 다른 뇌 영역의 활동이 증가함을 발견했다. 구체적으로 살펴보면, 청각 피질 활동의 감소를 작업 기억 및 주의와 관련되어 있는 다른 뇌 영역(주로 전전두엽) 활동의 증가로 상쇄한다. 이러한 활동이 많을수록 수행은 더 나아져 전전두엽 활동의 증가가 보완 전략으로 이루어지고 있음을 시사한다. 그러나 필레 등(Peelle et al. 2010)은 청각적 언어 이해 과제를 하는 동안의 뇌 활동을 살펴보았을 때 조금 다른 결과를 얻었다. 언어 이해에 관여한다고 알려진 뇌 영역이 노인 집단에서는 덜 활성화되었고 다른 영역들과의 협응도 덜 나타났다. 이러한 결과는 노인들이 청각적 언어 이해 과제를 특히 더 어려워하는 이유를 설명한다.

길-도르 등(Geal-Dor et al. 2006)은 다양한 청각적 자극을 듣고 있는 동안 사건관련전위(Event Related Potentials; ERPs)를 이용해 뇌 활동을 측정했다. 말을 듣고 있을 때 젊은이들은 좌반구의 ERP 측정치 일부가 상대적으로 더 크게 활성화되었으나 노인들은 우반구의 활성화가 더 컸다. 중년기 대상자들은 이 두 집단의 사이에 해당하는 수행을 보였다. 타일러 등(Tyler et al. 2010)은 또한 언어 이해 과제 시 우반구의 활성화가 더 커지는 방향으로 변화한다고 보고했다.

이러한 과정에 대한 완전한 메커니즘을 이해하려면 아직 멀었다. 그러나 뇌의 구조와 기능이 일정하게 유지되지 않는다는 것은 명확하다. 예컨대 문장을 듣고 후에 회상하는 동안 보이는 동공 반응(동공 크기의 변화)에서조차 젊은이와 노인 간에 차이가 있다(Piquad et al. 2010). 정신적 과제에 관여하는 처리 과정의 범위는 매우 넓고 놀라울 정도로 이질적이기도 하다.

요약

노인들의 언어 능력 변화에 대한 연구는 현재 중구난방이다. 어떤 분야는 깊이 있게 연구되고 있는 반면 다른 분야는 거의 연구되지 않았다(가령 쓰기 기술에 대한 연구는 거의 이루어지지 않았다). 이 때문에 결과 해석이 조심스럽다.

시력과 청력의 저하가 언어적 기술에 영향을 끼친다는 점을 먼저 염두에 두어야 한다. 보다 일반적으로 신체적인 건강의 쇠퇴 때문에 외부 세계에 대한 접근성이나 대화의 기회, 혹은 도서관 방문 빈도 등도 떨어질 것이다. 집 안에서는 읽기 습관이 가벼운 읽을거리만 읽는 패턴으로 변화한다. 이러한 변화가 지적 기술의 저하 때문인지 아니면 동기의 변화 때문인지에 대해서는 여전히 논쟁 중이지만, 많은 노인들은 분명 읽기 활동이나 기타 언어적 기술에서 분명한 변화를 보인다. 이는 언어 능력의 전반적 변화를 일정 부분 설명할 수 있을 것이다. 그러나 전반적인 속도 저하와 지능도 언어 능력 변화의 원인이 될 수 있다(결정성 지능은 별로 영향을 끼치지는 않지만).

단어 인식, 구문론적 처리 과정, 이야기 회상과 같은 구체적인 기술에 초점을 맞추어 살펴보면 노화로 인한 감퇴가 관찰된다. 그러나 사용한 검사의 유형이나 코호트 효과와 같은 오염 변인들로 인해 연령 차이의 크기가 과장되기도 한다. 가장 많이 비판받고 있는 문제점은 아마도 많은 읽기 검사들이 비현실적이라는 것이다. 보통 사람들은 짧은 이야기를 듣고 그 이야기를 그대로 회상하려는 노력을 하며 시간을 보내지는 않는다. 마찬가지로 모호한 단어를 발음하거나 컴퓨터 화면에 있는 일련의 문자가 단어가 되는지 되지 않는지를 판단하는 일도 일상생활 속에서는 거의 하지 않는다. 이처럼 연구에서 사용한 측정치가 실생활 경험에 곧바로 연결되지는 않기 때문에, 연구 결과들을 해석할 때는 주의를 기울여야 한다.

제5장

노화, 성격, 그리고 생활 방식

도입

지금까지는 주로 노인의 내적 정신 세계에 관한 것을 다루었다. 사람들이 어떻게 사고하고 기억하는지 등 주로 뇌와 마음의 정보 처리 과정이 어떠한지에 대한 내용을 살펴보았다. 이 장에서는 노년기에 자신을 둘러싼 주변 세계와 어떻게 상호작용하는지, 그리고 그와 관련한 심리학적 요인들은 무엇이 있는지에 대한 내용을 성격과 생활 방식을 통해서 살펴볼 것이다.

성격에 대한 특질 모형들

성격은 다양한 방식으로 정의할 수 있지만 일반적으로는 다음과 같이 정의한다. "자신의 주변 환경에 대한 개인의 독특한 적응 양상을 설명해 줄 수 있는 조직화되고 정형화된 개인적 특징과 행동하는 방식."(Hilgard et al. 1979: 364)

역설적이게도 개인의 독특성을 결정짓는 것이 무엇인지에 대한 주제만큼 심리학자들을 오랫동안 괴롭혀 온 주제도 드물다. 심리학의 주류와 가장 관련이 높은 성격 연구 분야는 아마도 성격 특질(personality trait)에 대한 연구일 것이다. 특질이란 개인의 행동을 뒷받침해 줄 것이라 가정되는 지속적이고 안정적인 특성을 말한다. 개념이 복잡하게 들리지만 실은 일상생활에서 흔히 쓰이기도 한다. 예를 들어 어떤 사람을 두고 '매우 불안하고 초조한' 사람이라고 말한다면, 그 사람이 공포영화를 볼 때 어떻게 행동할지가 예측된다(다시 말하면,

'불안과 초조'의 특성이 있기 때문에 그 사람이 보여 줄 행동 패턴의 특징을 가정할 수 있을 것이다). 기저에 있는 몇 가지 요인으로 행동을 설명하고자 하는 특질 이론은 심리학자들에 의해 발전되어 왔다. 가장 유명한 것이 아이젠크의 외향성-내향성(E), 신경증(N), 그리고 정신증(P) 측정치일 것이다. 아이젠크는 사람들의 성격이 이 세 가지 특성을 보여 주는 정도에 따라서 결정된다고 보았다. 외향성-내향성 특질은 그 사람이 얼마나 사교적이고 자기주장적인지를 측정한다. 이런 특성이 많으면 많을수록 그 사람은 외향적인 성향이 강하다고 말할 수 있다. 반대로 수줍음이 많고 뒤로 물러나 있는 경향이 많으면 많을수록 그 사람은 내향적인 성향이 강하다고 말할 수 있다. 아이젠크는 외향성-내향성 측정치가 연속선상에 있기 때문에 어느 누구도 완전히 외향적이거나 완전히 내향적일 수는 없다고 보았다. 두 특성을 모두 지니기는 하지만 어느 하나가 전체적으로 더 많이 드러나는 경향성이 있는 것이다. 예를 들면 외향적인 사람은 노래방에 가는 것이 전혀 걱정되지 않지만 공공장소의 탈의실을 이용할 때는 상당히 당황스러워 할 수도 있다. 정신증(P) 특질은 정서적으로 냉담하고 반사회적인 정도를 측정하고 신경증(N) 특질은 정서적으로 불안정한 정도를 측정한다. P와 N 점수가 높다고 해서 반드시 그 사람이 정신적으로 장애가 있다는 것을 의미하는 것은 아니지만, 스트레스 상황에서는 정신증적 혹은 신경증적 특성을 보이기 쉽다. 아이젠크는 E, P, 그리고 N 특질 점수로 아이젠크 성격 질문지(Eysenck Personality Questionnaire; EPQ)를 만들었다. 일련의 질문에 대해 '예'나 '아니오'로 답하도록 해서 그 개인이 해당 특질을 얼마나 많이 갖고 있는지를 평가하는 질문지이다.

아이젠크에 의하면 나이가 들어 감에 따라 E, P, 그리고 N 특질 점수가 변하고, 여기에는 성별 또한 중요한 영향을 끼친다. 나이가 들어 감에 따라 P 점수는 저하되는데, 여성보다 남성의 저하율이 더 크다. 16세 때 남성의 P 점수는 여성의 두 배 가까이 되지만, 70세 때는 차이가 없다. E 점수의 변화는 보다 흥미롭다. 남녀 모두 나이가 들수록 내향적으로 변한다. 10대 후반에 남자는 여자보다 더 외향적이지만 그 이후로 훨씬 더 크게 저하되어 60대 정도에 이르면 남성이 여성보다 더 내향적으로 변한다(40대 즈음이 전환점이 되어 그 시기에는 남녀 둘 다 비슷하게 내향적이다). N 점수는 나이가 들면서 저하하는데, 모든 연령층에서 여성의 점수가 남성보다 더 높다(Eysenck 1987; Eysenck and Eysenck 1985). 이러한 결과를 보면 노인들은 기분 변화에 영향을 덜 받고 따라서 더 차분할 것으로 예측할 수 있다. 아이젠크가 노년기에 반드시 더 행복하다고 주장한 것은 아니다. 노년기에는 세상에 대해 보다 무관심해지고 감정 변화가 상대적으로 적어진다. 이상적으로는 그러한 무관심 덕분에 차분해지고 고요해질 수 있고 부정적으로 보면 냉담해지거나 나태해질 수 있다. 아이젠크는 성격이 일생 동안 변화하는 것이 신경 흥분 수준의 생리학적 변화의 결과라고 주장했다. 이러한 주장에 대해 다른 많은 심리학자들이 반박했고, 생활 방식의 변화가 주로 E, P, N 점수들을 변화시켰다고 설명했다. 예를 들어 노인들이 보다 내향적이 되는 것은 신경 흥분 수준이 변화해서가 아니라 나이가 들수록 사회가 그들의 욕구에 덜 부합하기 때문이라고 보았다. 이로 인해 내적으로 철수되는 경향이 생기고 결과적으로 말수가 줄어들며 내향성이 증가하게 된다. 남성이 여성보다 사회적 역할을 통해 자신을 정의하는 경향이 강하기 때문에 남성이 훨씬 더 자기주장성이 감소되고, 이는 E 점수의 저하로 드러나게 된다.

또 다른 유명한 특질 모형의 하나로 코스타와 매크레이(Costa and McCrae, 1980, 1982)가 제안한 성격의 5대 요인 모형(Big Five model)이 있다. 이름에서 알 수 있듯이 이 모형은 다섯 가지 기본적인 성격 특질—성실성(conscientiousness. 그 사람이 얼마나 신뢰할 만한가), 순응성(agreeableness. 다른 사람의 바람에 얼마나 순응적인가), 개방성(openness. 낯선 상황에 대해 얼마나 잘 대처하는가), 외향성(extraversion)과 신경증(neuroticism)—을 이용해 개인의 성격을 설명할 수 있다고 본다(더 자세한 설명은 Stuart-Hamilton 1999a 참조). 5대 요인 모형이나 다른 성격 특질 측정치를 사용한 연구들에서는 아이젠크가 제시한 것처럼 그렇게 분명한 변화가 나타나는 것은 아니다. 이는 사용한 검사 도구가 달라서일 수도 있고 연구 방법이 달라서일 수 있다. 특히 종단 자료를 사용한 연구가 그러하다.

일반적으로 자기보고식 성격 측정치를 이용한 종단 연구에서는 연구 참여자들이 스스로를 극적으로 변했다고 여기지만 실제로는 성격 변화가 거의 없는 것으로 나타났다(Perlmutter and Hall 1992). 그러나 이후에 행해진 연구들에서는 변화가 있음이 보고되었다. 네덜란드인을 대상으로 한 종단 연구에서 스투넨버그 등(Steunenberg et al. 2005)은 50대 중반과 70대 사이에 N 점수의 경미한 감소가 있다가 다시 올라간다는 결과를 보고했다. 필드와 밀샙(Field and Millsap 1991)은 노인을 대상으로 한 종단 연구에서 외향성이 저하된다고 하였다. 마찬가지로 므로체크와 스파이로(Mroczek and Spiro 2003)는 1,600명의 남성(연구 시작 시점의 연령 범위: 43-91세)을 대상으로 12년 동안 장기 종단 연구를 수행한 결과 E와 N 점수가 유의하게 변화함을 발견했다. 중요한 인생 사건들(예: 배우자의 죽음)이 이러한 변화와 관련이 있었다.

로버츠 등(Roberts et al. 2006)은 성격에 관한 92개의 종단 연구들을 대상으로 메타 분석을 한 결과, 많은 성격 특질들이 변화한다는 증거를 찾았다. 모든 연구가 같은 검사 도구를 사용한 것이 아니기 때문에 결과를 해석하는 일은 다소 복잡하다. 그러나 전반적으로 살펴보면, 사회성 같은 특질은 비교적 안정적인 반면 성실성과 순응성과 같은 특질은 노년기에 증가하는 것으로 나타났다. 경험에 대한 개방성(본질적으로는 정신적 융통성 수준을 말한다)은 노년기에 저하된다(따라서 이러한 결과는 흔히 노인을 완고하다고 보는 고정관념을 어느 정도 설명해준다). 알르만드·짐프리히·헨드릭스(Allemand, Zimprich and Hendriks 2008)의 횡단 연구에서도 비슷하게 성실성과 순응성이 증가하는 결과를 얻었다.

종합하면 상대적으로 안정적인 성격 특질이 있고, 일부 특질(예: 신경증)은 살짝 증가하고 또 다른 특질(예: 성실성과 순응성)은 상당히 증가하는 것 같다. 그러나 성격 특질에 대한 각 연구 결과들에 얼마만큼 비중을 두어야 할지를 아는 것은 어려운 일이다. 일단 다양성의 문제가 있다. 간단히 말하면 성격 특질 점수가 일생에 거쳐 기복을 보인다. 예를 들어 슈페히트 등(Specht et al. 2011)의 종단 연구에 의하면 성격은 생의 초기와 후기에 가장 변화가 크고 중년기에는 상대적으로 안정적이다. 이러한 변화가 생활 방식의 변화를 상당 부분 설명해준다. 코건(Kogan 1990)은 일생에 걸친 성격 특질 변화에 대한 여러 종단 연구들을 고찰한 결과, 성격이 유의하게 변화한 경우는 대부분 그에 상응하는 생활 방식의 변화가 있음을 발견했다(예: 대학생에서 직장인으로 변화). 성격은 사실 변덕스러운 것일 수 있다. 생활 사건은 때로 예측 불가능하기 때문에 성격 측정 시 점수 기복을 불러일으킬 수 있다. 생애에 걸친 성격 점수의 이러한 변화는 많이 보고되었다(예: Lucas and Donnellan 2009; Ojha and Pramanick 2010).

성격 특질이 변동 가능하다는 다른 연구 결과들도 있다(Schaie and Willis

1991; Mroczek and Spiro 2003). 그것들은 나이가 들수록 보수적이고 완고해진다는 고정관념을 설명해 주는 연구이기도 하다. 누군가를 완고한 사람으로 만드는 것은 노화 그 자체가 아니고, 그 출생 집단에 원래부터 있었던 특징이 노화로 인해 두드러지게 나타나는 것이라고 추정되기도 한다. 보다 자유로운 성격을 지닌 젊은 출생 집단이 나이가 들게 되면 이러한 잘못된 믿음은 없어질 것이다.

마지막으로 짚고 넘어가야 할 점은 성격 특질에 대한 많은 연구들이 주로 검사 점수를 근거로 한다는 것이다. 그러나 노프티와 플리슨(Noftie and Fleeson 2010)은 그런 방식의 연구가 때로는 우리를 오도할 수 있음을 주장했다. 실생활과 가까운 성격 측정치를 사용했을 때 변화의 패턴은 검사 측정치를 사용했을 때보다 더 잘 표현된다. 일반적인 성격 특질 측정치는 일상생활에서 나타나는 성격을 충분히 측정하지 못할 가능성이 있다.

따라서 이러한 성격 특질 검사에서 나타나는 연령 차이에 대한 해석은 다음과 같은 이유로 매우 조심해야 한다.

- 연구들 간의 방법론적 일관성이 부족하다. 대부분 성격의 5대 요인 모형을 근거로 했지만 다른 연구들은 그렇지 않다. 그렇다고 해서 5대 요인 모형이 다른 이론보다 더 낫다는 근거는 없다.
- 노년기의 검사 수행에서는 번산이 증가하는 반면에 역설적이게도 각 연령 코호트 내에서는 상당히 안정적이다.
- 노년기 성격 특질의 어떤 부분이 변화하고 어떻게 변화하는지에 대한 결론이 일치되지 않는다. 그러나 성실성과 순응성은 대체로 증가한다고 한다.
- 그러나 그 결과에도 코호트 효과가 작용한 것이라는 증거가 있고, 특질 측정치가 일상생활 속에서 보이는 성격을 정확하게 반영하지 못한다는 연구가 있다.

이러한 연구들에도 불구하고 대부분 사람들의 성격 특질은 일생에 걸쳐 안정적으로 유지된다고 보는 입장이 지배적인 것 같다(Hoyer and Roodin 2003). 어떤 성격 유형이 다른 유형보다 더 도덕적으로 가치 있다고 말할 수는 없다. 그러나 어떤 성격 유형이 특정 상황에서 더 위험할 수는 있다. 이와 관련하여

다음과 같은 연구들이 있다.

- 윌슨 등(Wilson et al. 2004)은 성격의 5대 요인과 사망률 간의 관계를 약 5년간의 종단 연구로 살펴보았다. 신경증 점수와 사망 간에 강한 상관관계가 있었는데, 신경증 점수 상위 10%인 사람들은 하위 10%인 사람들에 비해 사망 위험이 두 배나 높았다. 성실성 점수가 높은 사람은 사망 위험이 낮았다.
- 라우버와 존슨(Lauver and Johnson 1997)은 신경증 수준이 높은 사람은 노년의 만성적인 고통에 제대로 대처하지 못함을 보여 주었다.
- 스파이로 등(Spiro et al. 1995)은 종단 연구를 통해 신경증 수준이 고혈압과 상관이 있음을 발견했다.
- 신경증 점수가 높은 사람들은 스트레스 수준이 높은 날 기억력이 떨어지는 경험을 하는 경향이 높았다(Neupert et al. 2008).
- 스투넨버그 등(Steunenberg et al. 2007)은 신경증 수준은 노년기 우울증 극복과 유의한 관계가 있음을 발견했다.
- 쉬플리 등(Shipley et al. 2007)은 21년간의 종단 연구를 통해 신경증 수준이 높은 것과 심혈관 질환으로 사망할 위험이 높은 것이 유의한 관계가 있음을 보고했다(물론 사회경제적 상태와 같은 다른 요인들로 매개되기는 했다).
- 일반적으로 신경증은 노인의 전반적 건강 상태와 부정적인 관계를 갖고 있다는 결과가 일관성 있게 나타났다(Kempen et al. 1997; Mroczek et al. 2009).

이러한 연구들을 보면, 다양한 이유로 인해 높은 수준의 신경증은 노년기에 부정적인 영향을 미친다는 것은 확실해 보인다. 그러나 신경증만이 유일한 성격 특질이라고 가정해서는 안 된다. 신경증 점수가 주요한 영향을 끼치기는 하지만 설명되지 못하는 상당 변량이 있거나(예: Mroczek et al. 2009의 연구에서 60% 정도 설명하였다) 다른 요인들(예: Steunenberg et al. 2007의 연구에서 신체적 건강)이 거의 동등한 중요성을 지닌다는 연구들이 있다. 또한 다양한 오염 변인들을 통제하는 경우 신경증이 더 이상 유의한 예측 변인이 되지 못하는 경우도 있다(예: Dong et al. 2011의 노인의 자기 무시 관련 연구).

외향성에 대한 연구에서도 외향성 성격 특질이 다양한 수준의 예측력이 있다는 보고가 있다. 외향성은 노년기의 자원 봉사 활동의 가능성을 높여 준다고 한다(Okun et al. 2007). 높은 수준의 외향성은 뇌졸중에서 회복하는 데 긍정적인 영향을 주고(Elmstahl et al. 1996), 일반적으로 외향성은 높은 수준의 의욕(Adkins et al. 1996)과 안녕감(Francis and Bolger 1997)을 유지하는 것과 관련이 있으며, 보다 긍정적인 외관을 가지는 것과 관련이 있다(Chapman et al. 2006; Jerram and Coleman 1999). 어쩌면 당연한 결과라 여겨질 수 있겠지만 직관적으로 관련이 있을 것이라 여겨지는 다른 요인들과는 관련이 없게 나타났다. 예를 들면 이와사 등(Iwasa et al. 2009)은 외향성 점수가 노년기의 건강 검진 참여를 예측하지 못한다고 보고했다. 노년기 건강 관련 계획과도 관련이 없었다(Sorensen et al. 2008). 또 다른 예로, 다른 연령층에서는 외향성 점수와 유의한 상관이 있지만 노년기에는 상관이 없는 것으로 나오기도 했다. 고메즈 등(Gomez et al. 2009)은 외향성 점수가 젊은이의 주관적인 안녕감과 유의한 상관이 있지만 노인에게서는 유의한 예측 인자가 되지 못함을 발견했다. 드물기는 하지만 외향성이 사실은 부정적인 영향을 끼친다는 연구도 있다. 외향성 점수와 노인의 운전 수행 간에는 부적 관계가 나타나기도 했다(Adrian et al. 2011).

경험에 대한 개방성은 알츠하이머 병 발병 위험(Duberstein et al. 2011), 창조성(Shimonaka and Nakazato 2007)을 포함해서 다양한 측정치와 관련이 있다. 개방성과 높은 수준의 창조성 및 상상력 간의 연결은 적어도 만족스런 노년기를 보내고 있는 대상자들에게서는 나타났다(Gregory et al. 2010 참조). 개방성은 다른 성격 특질과 함께 관계성이 나타나기도 한다. 예를 들어 앞으로의 보살핌 정도에 대한 인식은 신경증 및 순응성 수준과 함께 개방성과 연관이 있다(Sorensen et al. 2008). 성실성과 함께 개방성은 적극적인 대처 행동에 대한 유의한 예측 인자로 나타났다(Whitfield et al. 2010). 또한 노년기 개방성은 순응성과 함께 집행 기능과는 부적 상관이 나타났다(Williams et al. 2010). 노년기의 개방성은 안와전두 영역의 활동과 상관이 있었고, 여기에 남성은 전측 대상회의 추가적인 활동과, 여성은 전전두엽의 추가적인 활동과 유의한 상관이 있다는 보고가 있다(Sutin et al. 2009). 그러나 외향성과 마찬가지로 개방성이 유의한 예측 인자가 되지 못한다는 다른 연구들도 많이 있다(예: Jerant et al. 2011의 명상 관련 연구).

순응성의 역할에 대해서는 앞에서도 일부 설명했다. 노년기의 낮은 수준의 순응성은 높은 수준의 외향성과 함께 병원 응급실 내원 빈도를 증가시킨다(Chapman et al. 2009). 반대로 높은 수준의 순응성은 슬픈 사건이나 영상에 대한 보다 효과적인 절제 반응을 하는 것과 관련이 있었다(Pearman et al. 2010). 성실성에 대한 연구들은 대체로 유사한 결과를 보여 주었는데, 성실성이 높은 경우 질병이나 여타 조건으로 인한 부정적인 영향을 덜 받고(Chapman et al. 2007), 기대 수명이 더 증가하고(Terracciano et al. 2008), 경도인지장애 발병이 감소했다(Wilson et al. 2007: 제6장 참조). 다른 성격 특질과 마찬가지로 다른 요인들과도 밀접한 관계가 있었다.

결론을 내리자면, 성격 특질이 전 생애에 걸쳐서 변하는지는 여전히 의문스럽지만, 성격 특질이 노년기 건강 및 활동과 관련한 중요한 지수들과 유의한 관계가 있는 것은 사실이다. 신경증이 아마 가장 부정적인 관계를 가지고 있는 것으로 보이는데, 높은 신경증 점수는 다양한 건강 및 기대 여명 관련 측정치에 부정적인 예후를 가진다. 그러나 이러한 주장을 과신하면 안 된다. 신경증의 영향이 실제로 있는 것은 명확하지만 관찰한 다른 요인들 전체를 설명해 주는 것은 아니다. 여전히 신경증으로 설명하지 못하는 변량이 존재한다. 또한 사회경제적 위치와 같은 다른 요인들을 고려하면 그 효과가 줄어들거나 증가하는 경향도 있다. 노인들은 젊은이들보다 자기 자신을 덜 드러내는 경향이 있는데, 이는 성격 자체 때문이라기보다는 예의를 차리고 싶어 하는 경향 때문에 그러하다(Stokes 1992). 따라서 이러한 코호트 효과도 배제할 수 없다.

정신분석 이론과 성격에 대한 유형 모형

노화와 성격에 대한 연구를 구체적으로 처음 시작한 것은 정신분석이다. 정신분석을 명확하게 정의 내리기는 어렵다. 일반적으로 전의식이 행동에 미치는 영향을 통합하는 이론에 근거해 치료를 시도하는 분야라 할 수 있다. 그러나 보다 넓게는 행동과학에서 얻은 결과들을 통합하기도 한다. 정신분석 이론들은 학자의 이름을 따서 불리기도 하는데(Sigmund Freud에서 'Freudian', Carl Jung

에서 'Jungian' 등) 많은 심리학자들은 이 이론들의 효용성에 문제를 제기해 왔다(예: Eysenck 1952 등). 그러나 적어도 역사적 관점에 대해서는 알고 있을 필요가 있으니 간단하게 설명하도록 하겠다. 정신분석학의 창시자인 지크문트 프로이트(Sigmund Freud)는 노인 환자에게 행하는 치료의 가치에 대해 회의적이었는데, 노인들은 치료의 효과를 누릴 여생이 상대적으로 짧기 때문이다(정신분석학 문헌에서 차지하는 노인 환자의 비중은 일반적으로 소수이다. 최근에는 이러한 추세가 바뀌고 있기는 하다. Gorusch 1998; Settlage 1996). 프로이트 이론의 핵심은 성격이 이드(id), 자아(ego), 초자아(superego)의 세 요소로 이루어진다는 것이다. 이드는 기본적인 본능적 충동이고, 자아는 합리적인 모습이며, 초자아는 도덕적 규칙으로 비현실적으로 엄격하다. 여기서 설명하기에는 너무 복잡하지만, 간단히 말하면 이드의 효용성과 힘은 평활근에 의존하는 반면, 자아의 힘은 중추신경계에 의존한다고 한다. 노년기에 중추신경계는 평활근보다 더 빨리 쇠퇴하기 때문에 자아가 이드보다 상대적으로 더 약해진다고 한다. 자아는 이드를 억누르려고 하기 때문에 이드의 힘이 세지는 것을 막기 위해 자원을 합리적으로 사용하면서 자신의 힘을 아껴 쓴다. 즉 한결같고 보수적인 태도들을 취한다는 것이다. 그러나 노인이 융통성 없다고 지각되는 것은 그렇게 보이기만 할 뿐 사실과 다르다. 프랫 등(Pratt et al. 1991)은 도덕 추론 과제에서 연령 차이를 발견하지 못했고, 이 책에서 계속 논의하겠지만 노화에 따른 성격 변화는 개인차가 무척 크다(즉, 단일한 형태의 전형적인 '노인 성격'이란 없다). 프로이트는 노화에 대한 연구를 거의 하지 않았지만 노화에 대해 매우 우울하고 비논리적인 태도를 가진 것으로 보인다(Woodward 1991).

에릭슨(Erikson 1963, 1982; Wolf 1997 참조)은 본질적으로 유년기에 성격이 결정된다고 했던 다른 정신분석학자들과는 달리 성격이 일생에 거쳐 발달한다고 생각했다. 그는 각 연령 단계마다 해결해야 하는 갈등이 각기 다르다고 주장했다. 예컨대 영아기에는 신뢰와 불신 간의 갈등을 해결하면서 신뢰감을 발달시킨다. 이러한 갈등들은 여덟 단계를 거치는데 가장 마지막 단계가 노년기이다. 이 단계의 목표는 자아 통합(ego integration)으로, 자신의 인생 목표들을 충족해 왔거나 해결해 왔음을 받아들이는 것이다. 하고자 하는 것을 제대로 성취하지 못했다고 느끼는 경우에는 절망감을 느끼게 되는데, 이는 죽음이 다가 오고 있어 무엇을 더 해 보기에는 너무 늦었다고 생각하기 때문이다. 따라서 절망감을 경험하는 사람은 죽음의 공포를 느끼게 되고 불안과 우울감을 느끼는 삶의 마무리를 하게 될 수도 있다.

로체스터 종단 연구(Rochester Adult Longitudinal Study; RALS)는 미국 로체스터 대학 학생들을 대상으로 에릭슨의 측정치를 사용한 연구이다. 이 연구에서는 에릭슨의 이론에서 예측하는 방향으로 결과가 나왔다(Krauss et al. 2011). 그러나 모든 사람이 동일한 경로를 거치는 것은 아니었다. 휘트본(Whitbourne 2010)은 개인에 따라 다음과 같은 다섯 가지 유형의 발달 경로를 가진다고 주장했다.

- 정도(authentic road): 도전에 대해 지속적으로 개방적인 태도를 가지고 계속해서 발달해 나가는 사람들.
- 개선 장군의 길(triumphant trail): 역경에 굴하지 않는 사람들.
- 곧고 좁은 길(straight and narrow way): 변화에 저항하면서 융통성 없는 발달단계를 가지는 사람들(이러한 특성 때문에 스스로 제한됨을 느낀다).
- 정처 없는 길(meandering way): 주요 선택들에 대해 확실한 결정을 내리지 못하고 정체감에 대한 분명함이 부족한 사람들.
- 내리막길(downward slope): 잘못된 선택을 하고 자기비하적이거나 자기파괴적인 행동을 하는 사람들.

이러한 발달 경로 중 하나에 속했다고 해서 그것이 고정되는 것은 아니고 변화가 가능하다(Krauss et al. 2011 참조). 그러나 에릭슨의 모형대로 제대로 따라가기 위해서는 개인이 갈등과 위기를 잘 해결해야 한다. 한나 등(Hannah et al. 1996)은 자아통합은 그 전의 인생 단계들에서 경험하는 갈등들을 성공적으로 해결한 사람들만이 획득할 수 있다고 보았다. 다시 말해 노년기의 성격은 그 이전의 인생 단계의 행동들에 대한 결과라 할 수 있다. 그들은 에릭슨 이론에 대해 비판적인 입장에서 그가 노화 과정을 죽음에 대한 수동적인 준비로 묘사한 것을 들었다. 그러나 이는 그가 의도했던 바는 아니다. 그는 인생의 마지막 단계도 배워 나가는 과정으로 보았고 그러한 최종적인 통합으로 인해 죽음의 쓰라림도 잊게 된다고 하였다(Erikson 1963: 268).

펙(Peck 1968)은 에릭슨의 이론을 확장해서 노년기에는 세 가지 위기를 경험한다고 주장했다. 첫 번째는 자아 분화 대 직업 역할 몰두이다. 직업이 있는 대부분의 사람들은(특히 남성) 자신의 위치와 자기 개념을 직업을 통해서 갖는 경우가 많다. 그래서 단지 사회적으로 선호하는 직업을 가지고 있다는 이유로 높은 자존감을 갖게 된다. 그러나 은퇴를 하게 되면 그러한 위치가 사라지게 된다. 따라서 은퇴자는 이전에는 일 역할에서 얻었던 자아존중감에서 나아가 자신을 독자적이고 가치 있는 사람으로 만들어 줄 수 있는 다른 무언가를 찾아야 한다. 두 번째는 신체 초월 대 신체 몰두이다. 대부분의 사람들은 노화 과정으로 인해 건강과 전반적인 신체 상태가 쇠퇴한다. 즐거운 인생을 살아가는 데 있어 신체적인 건강을 과도하게 강조하는 사람이라면 노인이 되면 불가피하게 실망감에 빠질 것이다. 성공적인 노화에는 신체적인 불편감을 극복하거나 건강 상태가 별로 중요하지 않은 다른 즐거운 활동들을 찾는 능력도 포함된다. 세 번째는 자아 초월 대 자아 몰두이다. 이는 본질적으로 인간은 누구나 죽는다는 사실에 직면하는 것을 의미한다. 이는 기분 좋은 생각이 아닌 것이 분명하지만 펙은 자신이 죽은 후에 남겨지는 사람들을 위해 그들의 행복과 환경이 향상되도록 지속적으로 노력하면서 자신에 대한 과도한 몰두와 죽음을 극복할 수 있을 것이라고 주장했다.

노화에 대한 레빈슨(Levinson 1980)의 관점은 에릭슨 및 펙과 비슷하면서도 가족과 사회 내에서의 노인의 역할에 보다 초점이 맞추어져 있다. 신체적·직업적 상태가 변화한다는 것은 60대 초반에서 60대 중반(노년기 전환기)에 자신이 직장과 가정생활에서 더 이상 중심인물이 아니라는 사실을 직면하기 시작함을 의미한다. 따라서 리더십을 버리고 뒤로 물러나 있는 법을 배워야 한다(Settersen and Haegestad 1996에서도 이와 유사한 갈등이 보고되었다). 그렇다고 해서 모든 의무와 역할을 회피하라는 것은 아니다. 가족이나 젊은 친구들의 지혜로운 상담가 역할을 하거나 자신의 과거와 타협하라는 것이다(에릭슨의 자아 통합감과 유사한 방식으로). 레빈슨은 이 과정을 '다리 위에서의 조망(view from the brigde)'이라는 말로 표현했다.

넓은 의미에서 바라보면, 정신분석적 설명을 지지하는 연구들이 많이 있다. 앞서 살펴본 로체스터 종단 연구가 에릭슨 모형을 지지하는 연구 중 하나라 할 수 있다. 리처드 등(Reichard et al. 1962)은 55-84세의 미국 남성 87명을 면담하였는데, 이들의 절반은 은퇴를 했고 나머지 절반은 직업이 있었다. 은퇴에 가까워질수록 특히 더 초조해하거나 자신을 낮추는 경향이 나타나 이 시기에 변화와 불안을 경험함을 시사했다. 다섯 가지의 주요 성격 유형도 확인되었다. 성숙형(constructiveness)은 에릭슨과 펙의 이론에서 예상되는 최적의 해결책과 유사하다. 즉, 이런 특성을 지닌 사람은 자신의 삶과 화해하고, 걱정에서 자유로운 편이며, 다른 사람과 상호작용을 잘한다. 의존형(dependent) 혹은 흔들의자형(rocking chair)은 어느 정도는 만족하지만 자신의 노력만으로 달성하기 힘든 것에 대해 불만족하고, 다른 사람이 자신을 도와주거나 섬겨 주길 바라며 노년기를 여가의 시간으로 여긴다. 방어형(defensiveness) 혹은 무장방어형(armoured approach)은 본질적으로 신경증적이다. 여기에 해당하는 사람들은 마치 자신이 여전히 건강하고 다른 사람의 도움은 필요 없음을 증명하고자 하는 것처럼 계속 일을 하며 높은 수준의 활동을 유지한다. 분노형(hostility)은 자신의 불행에 대해 다른 사람을 비난한다. 이 유형에 해당하는 사람들은 일생에서 경험한 실패들을 비현실적일 정도로 다른 사람들의 탓으로 돌린다. 이는 부분적으로는 적절한 계획을 세우지 못한 데서 나오는 현상이기도 하다. 마지막으로 자학형(self-hatred)은 분노형과 비슷하지만 적대감과 분노감을 자신 내부로 향하게 한다. 리처드 등은 처음 세 가지 유형은 노년기에 잘 적응한 성격 유형인 반면, 나머지 두 유형은 부적응 유형이라 보았다. 그러나 이 유형들에는 생활 방식의 질에 대한 가치 판단이 암묵적으로 포함되어 있기 때문에 이런 결과는 그리 놀랄 만한 일은 아니다.

리처드 등은 그러한 성격 유형이 노년기가 시작되기 훨씬 전에 발달되어 왔음을 관찰했다. 다시 말해 이 성격 유형은 '나이 들어 감' 자체의 결과가 아니라는 것이다. 따라서 이 연구는 노년기를 즐겁게 보내기 위해서는 준비가 필요함을 시사한다. 이러한 논의는 한(Haan 1972)의 장기 종단 연구 결과에서 어느 정도 지지되었다. 연구 참여자들을 10대부터 중년기 초기까지 연구한 결과 다양한 성격 유형이 확인되었다. 그것들은 안정적인 유형, 리처드 등이 제안한 방어형과 유사한 유형, 그리고 자신의 불행에 대해 타인을 비난하고 체계적이지 못한 생활 방식을 갖고 있는 유형이었다. 이러한 유형들은 노년기 성격에 대한 다른 연구들과 매우 유사해서, 노년기 성격 유형은 아마도 성인 초기부터 형성되어 온 것이라고 결론 내려도 무방해 보인다(Kermis 1986). 그러나 문헌 고찰에 의하면 에이컨(Aiken 1989)은 보다 안정적인 성격 특징은 평생 동안 변화하지 않지만 덜 안정적인 특징은 연령이 변화함에 따라서 변동이 생길 수 있다고 하였다.

어떤 성격 유형은 성인 후기보다 성인 초기에 더 적응적이고 어떤 유형은 그 반대인 경우가 있다. A형 성격은 냉철하고 느긋하기 힘든 경쟁적인 특성을 지니고 있어 80대 노인의 말로 하자면 '여피족'이라 할 수 있다. B형 성격은 정반대로 느긋하고 태평스럽다. A형 성격은 직장을 구하거나 스포츠 경기 등 경쟁심을 보여 줄 수 있는 기회가 극대화되어 있는 성인 초기에 적당한 성격일 수 있다. 그러나 노년기에는 정적인 생활 방식이 강조되므로 A형 성격이 적당치 않다. B형 성격은 이와 반대 패턴이다. 스트러브 등(Strube et al. 1985)은 18-89세 대상자들의 심리적 안녕감을 측정했는데, 개인의 사회적 환경과 같은 매개 요인의 영향을 받기는 했지만 A형과 B형의 성격 유형에 따른 예측이 대체로 들어맞았다. 이와 마찬가지로 시모나카 등(Shimonaka et al. 1996)은 100세 노인들 중에서 B형 성격이 더 많음을 발견했다.

노인의 성격 유형을 평가하는 연구로 돌아가 보자. 뉴가튼 등(Neugarten et al. 1961, 1968)은 70대 노인들을 연구한 결과 네 가지 주요 성격 유형을 확인했다. 가장 바람직한 유형은 통합형이다. 이 유형에 속한 사람들은 재구성형(신체적으로 할 수 없게 되면 본인이 할 수 있는 다른 활동들을 찾음), 집중형(자신이 할 수 있고 만족감이 높은 몇 가지 활동에만 선택적으로 몰두함), 이탈형(많은 책임감들을 자발적으로 거부하고 조용히 지냄)의 하위 유형으로 나뉜다. 두 번째 성격 유형은 무장방어형이다. 여기에 해당하는 사람은 높은 수준의 활동을 유지함으로써 노화를 피할 수 있다고 여기는 유지형과 노화로 인해 잃어버린 것들에 대해 곱씹는 위축형이 있다. 무장방어형은 통합형보다는 덜 적응적이라 할 수 있다. 세 번째 성격 유형은 수동-의존형이다. 이는 리처드 등의 흔들의자형과 비슷한데, 주변 사람들이 자신을 도와주기를 바라며 의존하거나(원조요청형), 타인과의 상호작용을 거의 하지 않고 물러나 지낸다(냉담형). 마지막으로 네 번째 성격 유형은 해체형이다. 이들은 심각한 문제(치매 초기의 가능성이 있음)를 갖고 있고 일상생활에서 제대로 기능하지 못하는 사람들이다.

앞에서도 말했지만 연구들 간 유사성이 상당히 많이 있다. 대부분의 연구에서 성격은 흰머리가 나기 전까지는 대체로 고정되어 있다가 노년기에 접어들어 그에 적응해 가는 과정에서 서서히 변하는 것으로 나타났다. 성공적으로 나이 들어 가는 방법은 다양하게 있지만, 연구자들은 한계를 받아들이고 상실감 없이 자신의 책무들을 벗어던질 수 있는 것을 공통적으로 꼽았다. 이보다는 덜 적응적이지만 그다음으로 성공적인 전략은 노화로 인한 피폐함을 두려워하고 가능한 한 활동적으로 살면서 노화에 맞서 싸우는 것이다. 그러나 노화를 받아들이지 못하는 것을 내포하기 때문에 덜 만족스러운 형태라 할 수 있다. 가장 좋지 않은 유형으로는 노화에 대한 전략이 전혀 없고 자신의 현재 상태에 대해서 다른 사람들을 비난하는 것이 있다. 많은 연구자들이 대체로 이와 같은 결론을 내렸다(Aiken 1989; Kermis 1983, 1986; Turner and Helms 1987; Whitbourne 1987). 그러나 여기서 설명한 내용은 일반화된 내용이기 때문에 오해의 소지가 있을 수 있다. 성공적인 노화에는 한계를 받아들이고 책임감을 벗어 버리는 것이 포함되지만, 이는 권력을 넘겨 주라는 사회적 압력 때문일 수 있다. 이러한 변화를 기꺼이 수용한다는 것은 어차피 잃을 것이라면 상처를 최소화하면서 잃는 것이 낫다는 신념으로 강한 상대에게 우아하게 항복하는 것과 비슷하다. 다시 말하면, '성공적으로' 나이 든 노인은 철학적인 통찰력을 얻은 것으로 이해되기보다는 실용주의적인 관점에서 이해되어야 한다. 사회경제적 계층 또한 고려해야 하는 중요한 요인이다. '성공적이지 못한' 노인은 자신의 사회적 위치로 인해 특권도 줄어들고 행운도 줄어들기 때문에 그러한 외적인 압력에 대해 불평불만을 늘어놓을지도 모른다(사회적으로 하향이동하게 되는 노인들이 대부분이다). 반대로 삶의 긍정적인 면을 이미 알고 있는 사람들은 보다 편안하게 삶을 바라볼 수 있게 된다. 따라서 노인의 성격에는 사회적·경제적 환경의 산물도 내적으로 동기화하는 요인만큼이나 중요하게 영향을 끼친다. 그렇다고 해서 성격 이론들을 반박하려는 것은 아니다. 다만 성격을 순전히 내적으로 생성된 무엇으로 여기지 않도록 주의해야 한다고 말하고 싶다.

그러나 이는 결론으로 삼기에는 너무 절망적일 수 있다. 성격이 생애 초기에 형성되기 때문에 어찌해 볼 도리 없이 고정된 것으로 여기게 될 위험이 있다. 그러나 그것은 사실이 아니다. 앞서 살펴본 종단 연구들을 보면 성격 유형이 돌처럼 고정되어 있는 것은 아니다. 변화하는 것이 쉽지는 않지만 불가능한 것도 아니다. 진부한 예를 하나 들자면, 차를 운전하고 있을 때 과거에 운전해 가기로 했던 길로만 가야 하는 것이 아니라 핸들을 잡고 있는 현재의 당신이 방향 결정을 할 수 있는 것이다. 최근에는 (일부 종교 집단에서 유행처럼 번지고 있는) 마음을 다해 진심으로 바라고 기도한다면 그 일이 일어날 것이라는 대중적인 믿음도 있다. 합리주의가 신앙의 우위에 있다고 주장하는 과학자들은 이를 비웃곤 하지만, 자신의 태도 변화에 맞춰 행동 변화를 한다고 하면, 긍정적인 시각을 가지고 그렇게 다짐하는 것은 전혀 어리석은 일이 아니다. 다음과 같은 점들을 고려해 보라.

- 휘트본(Whitbourne 2010)은 에릭슨 발달 단계에서 뒤처지더라도 후에 이를 따라잡을 수 있다는 것은 보여 주었다. 현재 상태가 미래의 자신을 완전히 좌우하는 것은 아니다.
- 맥마미시-스벤슨 등(McMamish-Svensson et al. 1999)은 주관적인 건강이 실제 의학적 진단보다 기대 수명을 더 잘 예측한다는 것을 보여 주었다. 그렇다고 해서 장수를 기원하라는 것은 아니지만, 이는 긍정적인 태도가 분명 해로운 것은 아니라는 점을 시사한다.
- 제2장에서도 설명했듯, 중등도 운동은 인지 기술을 유의하게 향상시킨다. 생활 방식과 행동을 수정하는 것만으로도 큰 차이를 만들 수 있다.
- 성격 측정 도구들은 다양하게 존재하고, 완벽히 정확한 예측 인자가 되는 것은 아니다. 형식적인 심리 검사에서의 수행을 근거로 그 사람의 미래 수행과 행동을 아주 정확하게 예언하는 것은 힘들다.

따라서 성격 검사 도구를 통해 얻은 성격 유형들은 그저 길잡이일 뿐이지 평생 그대로 따라다니는 것은 아니다.

의존성

이제 조금 다른 측면에서 접근해 보자. 독립성을 잃는 것이 반드시 나쁜 일인가? 코딩리와 웹(Cordingly and Webb 1997)은 개인주의와 자립이 사회적 판단의 핵심적인 측정치가 되는 많은 사회에서(특히 서구 사회)는 노인의 지위 문제가 매우 중요하게 거론되고 있다고 지적했다. 노인들을 의존적인 존재로 여김에 따라 그들의 지위는 약해진다. 좋은 의도이기는 하지만 사회적인 압력들 때문에 노인의 의존적인 역할이 강조되고 노인의 독립성에 대한 생각을 경시하게 되는 경향이 있다. 예를 들면 발테스와 왈(Baltes and Wahl 1996)은 도움에 대한 노인의 요청이나 필요성(이로 인해 노인의 의존적인 역할이 정의된다)은 충족되는 경향이 있는 반면, 독립적인 행동은 무시된다고 지적했다. 발테스(Baltes 1996)는 의존성 문제를 자세히 살펴보고 의존성의 유형과 획득된 조건에 따라서 그것이 좋을 수도 있고 나쁠 수도 있다고 주장했다. 나쁜 의존성은 나쁜 동기에서 비롯된다. 요양원에 입소한 노인에게 어떤 자율성도 부여하지 않는 환경은 나쁜 의존성의 뚜렷한 예시가 된다. 그러나 나쁜 의존성도 좋은 의도에서 나올 수 있다. 예컨대 사회복지사는 노인이 필요로 하는 구체적인 도움뿐 아니라 넉넉한 지원 패키지에 있는 다른 형태의 도움을 넘치도록 제공하기도 한다(노인이 요청하거나 필요로 하지 않음에도 불구하고 말이다). 물론 일정 수준에서 보면 노인들의 의존성은 부정할 수 없지만 이렇게 후한 도움 자체가 노인들 자신이 필요로 하는 정도보다 더 많이 시스템에 의존하도록 만들게 된다. 그러나 모든 의존성이 나쁜 것은 아니다. 발테스는 너무 문제가 될 수 있는 사소한 보살핌이나 일들에서 해방될 수 있다면 의존성이 증가하는 것도 좋을 수 있다고 지적했다. 나쁜 의존성은 개입을 통해서 역전되거나 최소한 줄어들 수 있다. 따라서 의존성 자체로 좋다 나쁘다 말할 수는 없고, 어떻게 그리고 왜 이용되는지가 중요한 문제가 된다. 일부 연구자들은 증가된 의존성이 질병에 대한 예측인자가 된다고 했으나(예: Willis et al. 1997) 의존성의 좋고 나쁨의 정도는 대체로 불명확하고 이는 앞으로 더 연구가 필요한 분야이다.

의존성 문제는 단순히 신체적 질병이나 복지 제공에 국한되는 것이 아니다. 매우 중요한 심리적인 요소가 포함되고 노인의 반응과 태도 또한 주요 역할을 할 수 있다. 쿠댕과 알렉소풀로스(Coudin and Alexopoulos 2010)는 노화와 관련된 부정적인 고정관념에 대한 강한 신념이 있는 경우 의존 행동 수준이 더욱 높아짐을 발견했다. 맥도널드 등(MacDonald et al. 2010)은 80세 이상의 고령층을 대상으로 경제적 의존성을 결정짓는 요인들에 대해 살펴보았다. 저자들은 다음과 같이 이야기했다.

> 과거의 생활 방식, 성별, 인종, 사회경제적 수준, 기능적 건강, 그리고 대처 방식 등은 경제적 의존성과 관련이 없었다. 몇 가지 보살핌의 종류를 제외하고는 80대와 100대의 의존성 수준에 차이가 없었다. 의료적 보살핌과 부양 서비스에 대한 가장 강력한 영향을 지니는 것은 바로 인지 능력이었다.(MacDonald et al. 2010: 100)

따라서 성격은 고정되고 변동 불가한 것이 아니다. 노인이 취한 태도는 때로 생각했던 것보다 더 상황을 호전시킬 수도 있다.

노화에 대한 태도들

노화에 대한 태도는 우리가 노인을 대하고 평가하는 방식을 결정짓는다. 따라서 노인을 젊은이보다 덜 선호하는 태도는 지양되어야 한다(Catterall and Maclaran 2001; DePaola et al. 2003). '늙은'과 '노인'이라는 용어가 서구 문화에서는 대체로 경멸스럽게 여겨지고 있기 때문에 60대의 20%, 70대의 51%만이 자신을 '늙었다'고 보는 것은 그리 놀라운 일이 아니다(Ward 1984). 이 연구의 저자는 또한 아이러니하게도 노인들은 자기가 판 함정에 자기가 빠진다고 표현했는데, 왜냐하면 자신들이 젊었을 때 노화에 대해 비논리적인 고정관념을 갖고 있다가 그들 스스로 그런 상태에 이르게 되었기 때문이다. 고정관념을 형성하는 것은 노인 자신의 자신감에 영향을 끼치고, 일반적으로 노인에 대한 고정관념을 더 믿는 노인일수록 자아존중감도 더 낮다(Ward 1977). 정확한 관계는 아직 밝혀지지는 않았지만 이유가 무엇이든 간에 다수 연구에서 대부분의 노인들은 자아상이 나빠진다고 한다(Aiken 1989).

이 주장은 리프(Ryff 1991)의 연구로 입증되었다. 이 연구에서는 성인 초기, 중년, 그리고 노년층에게 과거와 현재, 그리고 미래의 자신 및 안녕감에 대해 평가하도록 하였다. 성인 초기와 중년기 집단은 자기 자신이 향상되어 가고 있는 과정에 있다고 보았다. 즉, 과거의 자신보다 현재의 자신이 더 괜찮고 미래에는 더욱 나아질 것으로 보았다. 노인층은 과거를 가장 좋았던 때로 보고 미래에는 쇠퇴만 있을 것이라 보았다. 그레이엄과 베이커(Graham and Baker 1989)는 캐나다인을 대상으로 연구했는데, 노인 집단(평균 연령 67세)과 젊은이 집단에게 서로 다른 연령대의 가상의 인물을 제시하고 사회 속에서의 지위를 평가해 보라고 하였다. 두 집단 모두 아동을 가장 낮은 수준으로 평가했고 10대, 20대, 30대까지 지위를 점차 높게 평가하다가 그 이후로 점점 낮게 평가하였는데, 80세는 5세와 유사한 지위를 갖고 있는 것으로 평가되었다. 가르츠카 등(Garstka et al. 2004)의 후속 연구에서 이러한 결과는 생각보다 더 심각한 것으로 나타났다. 낮게 평가된 젊은 사람들은 그러한 상태가 임시적이고 자신이 곧 자랄 것이기 때문에 차별받는 느낌을 받지 않는 경향이 있는 반면, 노인들은 그러한 상태를 영구적인 상태로 보는 경향이 있다. 그레이엄과 베이커의 연구로 되돌아가면, 노인들도 학생과 마찬가지로 동일한 평가를 했지만 가장 높은 평가와 가장 낮은 평가 간의 점수 차이는 유의하게 낮았다. 세대가 다르더라도 노화와 그에 따른 지위를 비슷한 패턴으로 바라보기는 했지만 노인들은 젊은이들보다 살짝 더 평등주의적인 것 같다(Graham and Baker 1989: 255). 이러한 결과는 라딧카 등(Laditka et al. 2004)의 연구에서도 비슷하게 나타났는데, 노인 참여자들은 노인들에 대해 더 긍정적으로 평가하는 경향이 있었다(물론 이 현상이 '자기 관심'으로 인해 나타났을 가능성도 배제할 수는 없다). 글루스 등(Gluth et al. 2010)도 이와 유사한 결과를 얻었는데, 노인에 대한 부정적 코멘트는 노인보다 젊은이에게서 더 많이 나왔다. 글루스 등은 또한 정서와 성격이 중요한 영향을 줄 수 있다고 보았는데, 특히 외향적이고 우울하지 않은 사람인 경우 노인에 대한 부정적 언급을 덜하는 것으로 나타났다.

이지에와 뮬레(Igier and Mullet 2003)의 연구에서는 이와 같은 평등주의가 덜 나타났다. 이 연구에서는 다양한 연령대의 대상자들에게 여러 연령 집단에 대해 각각 성격의 5대 요인 모형으로 요약해 보도록 하였다. 노인들은 보다 성실하고 덜 개방적이고 그다지 신경증적이지 않으며 중간 수준 정도로 내향적이고 순응적인 것으로 평가되었다. 이러한 평가는 딱히 노화를 부정적으로 보고 있는 것은 아니다. 흥미로운 점은 연구 참여자가 평가해야 하는 연령대의 설명량은 전체 변량의 2/3를 차지한 반면, 연구 참여자 연령의 설명량은 전체 변량의 1/10만 차지했다는 점이다. 평생에 걸친 자아존중감 수준에 대한 연구에서도 노화에 대해 이와 비슷한 결과가 나타났다. 로빈스 등(Robins et al. 2002)은 자아존중감이 유년기에 높다가 10대에 낮아졌다 다시 상승하다가 노년기에 저하됨을 발견했다. 이러한 결과는 성별이나 사회경제적 위치 및 국적에 따라서도 별 차이가 없었다. 이와 유사하게 젊은이들은 앞으로 자신의 주관적 안녕감이 더 증가될 것이라 생각하는 반면, 노인들은 앞으로 더 떨어질 일만 남아 있다고 보았다(Staudinger et al. 2003). 이와 같은 연구들을 종합적으로 보면 대부분의 사람들은 노화의 '전형적인' 징후와 위치를 구성하는 것들이 무엇인지에 대해서 다들 일치된 의견을 가지고 있는 것 같다.

앞서 말한 연구들을 보면 노인들이 자신에 대해 가지고 있는 것이나 젊은이들이 노인들에 대해 갖고 있는 것이나 모두 노화에 대해서 어두운 그림을 그리고 있음을 알 수 있다. 그러나 이러한 시각이 돌이킬 수 없이 고정되어 있다고 생각해서는 안 된다. 궈 등(Guo et al. 1999)은 노화에 대한 긍정적인 내용들을 알려 준 후 노인의 기술에 대한 판단을 하도록 했을 때 더 긍정적으로 평가한다는 결과를 보여 주었다. 이와 마찬가지로 슈워츠와 시몬스(Schwartz and Simmons 2001)도 노인에 대한 긍정적인 경험(단순히 자주 만나는 것 말고)이 노인에 대한 젊은이의 긍정적 의견을 결정짓는 데 중요한 역할을 한다고 보고했다. 같은 맥락에서 스튜어트-해밀턴(Stuart-Hamilton 2000)은 질문지의 첫 다섯 문항을 중립적인 것에서 살짝 부정적인 것(영국에서 은퇴자가 야기하는 재정적 문제와 같은 것에 초점을 맞춘 질문들)으로 바꾸면 노인에 대한 판단이 유의하게 부정적인 방향으로 기울어진다는 것을 발견했다. 폴리치와 밀리킨(Polizzi and Millikin 2002)은 또한 '노인'의 특성에 대해 평가해 보라고 할 때보다 70-85세 사람들의 특성에 대해 평가해 보라고 할 때 더 호의적인 평가를 한다는 것을 발견했다.

이렇게 노인에 대한 태도가 쉽게 조작될 수 있다는 것을 보면 노화에 대한 부정적인 관점의 일정 부분은 실험 설계의 영향일 수 있다. 노화에 대한 부정적 태도를 강하게 보고한 연구들은 분명 젊은이와 노인을 직접적으로 비교하도록 한 연구일 것이다(Stuart-Hamilton 2000). 이런 조건에서는 노인들의 부정적인 측면을 보는 것이 불가피할 것이다. 평균적으로 노인들이 젊은이들보다 신체적·심리적 문제를 많이 가지고 있다고 말하는 것이 연령차별주의적인 것이 아니다. 평균적으로 여성이 남성보다 키가 작다고 말한다고 해서 성차별주의자가 아닌 것처럼 말이다. 그러나 이러한 말들은 자칫 잘못하면 쉽게 연령차별주의나 성차별주의적인 성향으로 기울어지게 될 수 있다. 따라서 젊은이와 노인을 비교하라고 하면 노인들이 분명 더 악화된 것으로 나타날 것이다. 이는 영국 전역에서 이루어진, 노화에 대한 여성의 태도와 관련된 조사 연구인 스튜어트-해밀턴(Stuart-Hamilton 1998)의 연구에서도 나타났다. 이 연구에서는 전 연령대의 여성을 대상으로 노인에 대한 자신의 생각을 단순하게 질문하였다(다시 말하면 젊은이와의 비교를 하지 않았다). 그 결과 노화에 대한 태도가 다른 연구에서보다 훨씬 더 긍정적으로 나타났다. 따라서 노화에 대한 부정적 시각의 일부는 연구에서의 질문 방식에 영향을 받은 것이라 할 수 있다.

그러나 이러한 외적인 조작으로 노화에 대한 태도가 어느 정도 수준으로 변화할 것인지, 그리고 참여자들이 어느 정도로 진솔한 의견을 표현할지에 대해서는 여전히 의심의 여지가 있다. 해리스와 돌링어(Harris and Dollinger 2001)는 노화의 심리학 강의를 받는 학생들이 노화에 대한 지식은 향상되었지만 나이 드는 것에 대한 불안은 크게 변화하지 못했음을 발견했다. 스튜어트-해밀턴과 마호니(Stuart-Hamilton and Mahoney 2003)는 젊은이들(영국 지방 공무원)을 대상으로 반나절 동안 노화와 노인에 대한 인식을 증가시키기 위한 훈련 세션을 제공했다. 세션 전에 두 가지 질문지를 시행했는데, 그것들은 노화에 대한 태도 측정치(노화에 대한 Fraboni 척도, Fraboni et al. 1990)와 노화에 대한 지식 측정치였다. 훈련 세션을 시행하고 2개월 후에 똑같은 사후 검사를 실시했다. 노화에 대한 지식이 훈련 이후 더 증가한 결과는 당연한 것이다. 그러나 노화와 노인에 대한 태도는 연령차별적인 언어 사용에 대한 인식이 증가한 것 외에는 변화가 없었다. 이는 걱정스러운 연구 결과이다. 반(反)연령차별주의 훈련에 관한 많은 연구들에서 노화에 대한 지식 측정치로 그 훈련의 성공 여부를 평가하기 때문이다(Stuart-Hamilton and Mahoney 2003). 그러나 지식은 밑바탕이 되는 태도의 유의한 변화 없이도 변할 수 있다(육군이 적에 대한 반감을 변화시키지 않고도 적군에 대해 많이 배울 수 있는 것과 같은 방식이다). 실제로 변화할 수 있는 태도의 정도가 어떠한지에 대해서는 여전히 연구가 더 필요하고, 따라서 많은 경우 노화에 대한 고정관념은 여전히 강할 것이라고 추정할 수 있다.

실제로 노화에 대한 고정관념은 질문지를 통해 직접적으로 측정되지 않을 때조차도 나타난다. 허머트 등(Hummert et al. 1997)은 노인의 사진을 보는 경우 긍정적인 특성을 유의하게 더 적게 찾아낸다는 것을 발견했다(앞에서 언급했던 그레이엄과 베이커의 평등주의적 관점에서 본 흥미로운 반박도 있는데, 노인 참여자들도 노인 사진에 대해서 긍정적인 평가를 덜 했다). 동일한 연구팀의 후속 연구(Hummert et al. 2002)에서는 노인 및 노화와 관련해서 겉으로 표현되는 것보다 암묵적으로 연합되어 있는 것이 더 노화에 대해 부정적인 것으로 나타났다. 연구 참여자들에게 다양한 연령대의 사람들에게 지시문을 주라고 할 경우, 노인들에게는 얕보는 투로 말하는 경향이 있다. 노인이 능숙한 사람이라고 강조하면 그런 경향은 줄어들기는 하지만 그러더라도 여전히 젊은이에게 지시하는 것과는 다르게 지시를 주는 경향은 관찰된다(Thimm et al. 1998).

이러한 연구 결과들은 연구 참여자들이 자신이 하고 있는 말이 무엇인지에 대해 의식적으로 통제할 수 있는 조건에서 나온 것이다. 노화에 관한 자신의 태도에 대해 의식적인 통제를 하기 전의 생각을 살펴볼 필요가 있다. 이러한 취지에서 암묵적 태도에 대한 연구가 진행되었다. 그린월드와 바나지(Greenwald and Banaji 1995: 8)는 암묵적 태도를 "내적으로 미확인된 과거 경험에 대한 흔적으로, 사회적 대상에 대한 긍정적 혹은 부정적 느낌, 사고, 행동 등을 중재하는 것"이라고 정의했다. 자신의 생각이 사회적으로 수용 가능한 것이고 다른 신념과 일치하는지에 대한 의식적인 평가를 하기 전에 그 사람이 보이는 아주 초기의 반응을 말한다. 그 사람이 '진짜로' 생각하는 바를 측정하는 것이 바로 암묵적 태도라고 보기 쉽지만 꼭 그렇다고 볼 수만은 없다. 어떤 현상에 대한 무의식적 자동 반사로 나온 것일 수 있겠지만 그 사람의 진심과 다를 수도 있기 때문에 수정되기도 한다.

암묵적 태도를 측정하는 방법은 다양하게 있는데, 가장 널리 쓰이는 것으로는 암묵태도검사(Implicit Attitudes Test; IAT. Greenwald and Banaji 1995)가 있다. IAT는 두 항목이 강하게 연합되어 있을수록 반응 시간은 더욱 빨라진다는 전제를 근거로 만들어진 것이다. 예컨대 빵과 버터는 연합되어 있기 때문에 이에 대한 반응은 빵과 면도칼보다 더 빠를 것이다. 암묵적으로 연령차별주의자라면 불쾌한 단어와 노인이 연합되어 있고 유쾌한 단어는 젊은이와 연합되어 있을 것이다. 이를 '일치 조건'이라 부른다. 반대로 연령차별주의자는 유쾌한 단어와 노인, 불쾌한 단어와 젊은이를 연관 짓는 데는 상대적으로 시간이 더 걸릴 것이다. 이를 '불일치 조건'이라 부른다. 그러나 연령차별주의자가 아니라면 두 조건에서의 반응 시간은 동일할 것이다. 이러한 조건들을 혼합해서 여러 시행을 실시한다. 각 조건이 시작되기 전에 특정 종류의 단어 쌍이 나타나면 버튼을 누르라고 지시하고, 다른 종류의 단어 쌍에 대해서는 다른 버튼을 누르라고 지시한다. 검사가 끝나면 일치 조건과 불일치 조건 사이의 평균 반응 시간의 차이를 얻을 수 있는데, 그 차이가 클수록 암묵적 태도가 더 강하다고 할 수 있다.

다양한 연구 분야에서 IAT를 이용한 암묵적 태도 연구는 널리 진행되어 왔지만(Baron and Banaji 2006 참조), 노화에 대한 태도 연구는 상대적으로 드물게 이루어졌다(연령차별주의자에 대한 암묵적인 문화적 수용에 대한 연구들이 조금 있기는 하다. Levy and Banaji 2002; Zebrowitz and Montepare 2000). 옐레네츠와 스테펜스(Jelenec and Steffens 2002)는 IAT를 이용해 연령차별주의 태도를 살펴보았고, 터너와 크리스프(Turner and Crisp 2010)가 이와 유사한 연구를 하였다. 이들 연구에서는 노인층과 접촉 빈도가 많을수록 노인에 대한 편견이 더 낮은 것으로 나타났다. 요양원과 같은 곳에서 노인들과 일하는 사람들은 보다 긍정적인 암묵적 태도를 지니고 있었다. 그러나 그들이 상대적으로 더 낮은 수준의 편견을 가지고 있었다는 것이나 편견이 없었다는 것을 의미하는 것은 아니다. 사람들은 여전히 노인들을 부정적인 시선으로 바라보았는데, 이는 노인 관련 분야에 종사해서 자주 노인들을 접하는 사람들도 마찬가지였다. 이와 관련해 내시 등(Nash et al. 2009)은 보다 걱정스러운 경향성을 발견했다. 노인 환자를 돌보는 간호학과 학생들은 암묵적 태도는 부정적이었지만 외현적 태도는 긍정적인 것으로 나타났다. 요약하면 노인들을 지지하기 위해 겉으로는 립서비스를 하지만 속으로는 연령차별주의자인 것이다. 1년 후 추적연구를 했으나 태도 관련 변화는 없었다. 암묵적 태도와 외현적 태도 사이에는 유의한 상관관계가 없었다. 노인과 노화에 대한 암묵적 태도 연구는 아직 시작 단계이나, 현재까지의 연구 결과를 보면 외현적 태도를 평가하는 대부분의 측정치가 매우 피상적이었음을 알 수 있다.

비교문화적 차이

지금까지는 주로 서구의 선진국에서 이루어진 연구들을 중심으로 이야기했다. 많은 연구들이 대체로 서구에서 이루어졌기 때문이다. 넓게 보면 이는 그다지 큰 문제가 아니다. 왜냐하면 작업 기억에서 관찰되는 노화의 영향은 문화와 국적을 불문하고 유사할 것이고, 그 외 다른 인지적 노화 분야에서도 이러한 경향성은 비슷하게 관찰될 것이기 때문이다. 물론 예외는 있겠지만(이야기를 회상하는 방식에서 보이는 차이 등) 큰 맥락에서는 비슷하다. 그러나 노인들에 대한 태도는 문화의 영향을 분명 받는다. 노인에 대해 수용적이고 지지적인 나라는 그렇지 않은 나라와 다른 태도를 가지고 있을 것이다.

대중 매체에서 노화에 대한 태도를 논의할 때에도 동서 문화 간의 태도 차이가 뚜렷하게 대조를 이룬다. 다큐멘터리 제작자가 통상적으로 보여 주는 상투적인 장면은 영국의 가난한 은퇴자가 허름한 아파트에 있는 모습과 동양의 조용한 80대 노인이 공동체 속에서 태극권을 하고 있는 모습이 대비되는 장면이다. 동서양의 차이는 분명히 존재한다. 예컨대 나이가 들어 갈수록 홍콩의 노인은 직계가족과 함께 시간을 더 많이 보내고 사교 모임에서 알게 된 사람의 비율은 낮은 반면, 독일의 노인은 정반대 패턴이다(Fung et al. 2008). 일반적으로 동양 문화권에서는 서양 문화권에서보다 노년기 삶이 숭배된다. 그러나 이는 그저 일반화된 말일 뿐이다. 활동적인 노년은 소중하게 여겨지는데, 이는 노인도 여전히 뭔가 공헌을 할 수 있기 때문이다(Okamoto and Tanaka 2004). 노년기의 노쇠함과 의존성은 덜 긍정적인 것으로 간주된다. 세계화가 진행되고 있고 앞으로도 계속 진행될 것으로 보이기 때문에 동양 문화권도 서양의 가치를 점차 내면화할 것이다. 이는 노년기 전반에 대한 관점이 더 부정적으로 변화하고 있음을 의미한다(Ingersoll-Dayton and Saengtienchai 1999 참조). 그러나 여기에는 문화×연령 상호작용 효과가 작용할 가능성이 있다. 중국의 노인들은 미국의 노인들보다 덜 극단적인 태도를 가지고 있다(Blanchard-Fields et al. 2007).

모든 동양 문화가 동일한 강도로 그러한 태도를 지니고 있는 것은 아니다. 레비(Levy 1999)는 일본 사람들은 중국 사람들보다 노인에 대한 부정적인 태도가 덜한 경향이 있다고 하였다. 게다가 노화에 대한 관점은 대부분 절대적인 의미에서 부정적인 것으로, 단지 그러한 관점을 표현하는 강도가 문화권에 따라 차이가 있는 것일 뿐이다. 모든 종류의 태도 비교에서 동서양의 차이가 항상 예견된 방향으로 나타나는 것은 아니다. 예를 들면 푸 등(Fu et al. 2006)의 연구에서는 호주의 남녀는 대만의 남녀보다 중년기 삶의 질 점수가 더 좋은 것으로 나타났다. 유 등(You et al. 2009)은 미국의 노인이 젊은이들보다 기질적 낙관주의가 더 높은 반면, 홍콩의 경우는 그 반대로 젊은이가 더 낙관주의적임을 발견했다. 그러나 기질적 낙관주의에 대한 연구 결과들이 일관성이 없다는 점에 유의해야 한다(You et al. 2009 참조).

마지막으로, 동서양 차이 비교 연구를 할 때 서양 문화권과 동양 문화권은 각각 그 문화권 내에서는 서로 비슷하다고 가정하는데, 실은 그렇지 않다. 클라크와 스미스(Clarke and Smith 2011)는 미국의 노인들이 영국의 노인들보다 개인적 통제감의 수준이 더 높음을 발견했다. 이탈리아인과 브라질인 사이에도 노화에 대한 태도에 큰 차이가 있다(Wachelke and Contarello 2010). 그러나 이러한 문화적 차이에 대한 연구가 일관성이 있는 것도 아니다. 예컨대 아이오와 도박 과제(도박 시 의사 결정에 관한 측정치)에서 브라질인과 미국인 사이에는 유의한 차이는 있었지만 연령 차이는 나타나지 않았다. 노화에 대한 문화적 차이는 단일한 패턴으로 고정되어 있는 것이 아니다(Bakos et al. 2010 참조).

따라서 비교문화 연구 결과들을 보면 문화의 영향은 분명히 있지만, 그 차이가 꼭 직관적으로 예측되는 방향으로 나타나는 것은 아니다. 그럼에도 불구하고 차이가 어떤 것인가를 인식하는 일은 중요하다. 노년기 안녕감을 측정하는 대표적인 도구로 삶의 질 척도가 있다. 이 척도는 본질적으로 자신의 생활 방식과 일상생활 경험들에 대해 얼마나 만족하는지를 측정한다. 그러나 문화에 따라서 좋은 삶을 구성하는 것이 무엇인지에 대한 생각이 다르기 때문에 특정 문화권에서는 통상 불만족스러운 삶이 다른 문화권의 사람이 보기에는 편하고 고급스러운 것처럼 보일 수 있다. 그러므로 문화적 차이를 적절히 감안하지 않는다면 서로 다른 문화권에서의 삶의 질을 제대로 비교하기는 어렵다(Bowling and Stenner 2011). 게다가 제1장에서도 언급했듯 노인 인구는 점점 증가하고 있고 암이나 심혈관 및 호흡기 문제 등으로 인한 노년기 질병의 발생 확률도 높아지고 있다. 시간이 흐를수록 이러한 질병과 다른 인구통계학적 변인들로 인해 삶의 질은 끊임없이 변화하기 때문에 관련 의료진에게는 도전이 된다(de Mendonca Lima et al. 2007).

다른 주제로 넘어가 보자. 일반적으로 산업화되지 않은 나라나 개발도상국들은 노년기에 대한 높은 존경심을 갖고 있어서 노인이 특별한 지위를 갖고 있다. 이는 어쩌면 노년기까지 이른 사람들이 상대적으로 드물며, 문자 언어 시스템이 부족한 사람들에게는 노인이 갖고 있는 과거에 대한 기억이 특히 가치 있기 때문일지도 모른다. 그러나 많은 동양 국가들에서도 나이가 매우 많고 신체적·정신적으로 병약한 노인의 경우에는 덜 호의적으로 생각한다(Perlmutter and Hall 1992). 개발도상국들에서 보이는 노화에 대한 태도가 정체되어 있지 않다는 점을 인식하는 것도 중요하다. 아보데린(Aboderin 2004)의 연구에 따르면 가나의 도시 사람들의 경우 노화에 대한 태도가 유의하게 변화했는데, 노인이 전통적으로 성인 자녀나 젊은 가족 구성원에 의존해서 지원을 받기보다는 독립하기를 바라는 기대가 증가하고 있다. 아보데린은 이러한 태도의 급격한 변화는 가나에서 증가하고 있는 물질주의 문화에서 기인한다고 보았다.

선진국이라도 소수 민족의 경우는 노인에 대한 일체의 부양을 하는 경향이 있다. 이는 부분적으로는 한 집에 여러 세대가 함께 사는 비율이 높고 가족 구성원이 서로 긴밀하게 맺어져 있다는 점에서 기인한다(유럽의 대다수 문화에서는 나라가 다르더라도 사회 지지 시스템은 거의 유사하다. Wenger 1997). 전통적인 가족 단위가 점점 사라져 가더라도 지지 시스템이 그 자리를 여전히 차지하고 있어서 성인 자녀와 사회적 네트워크로부터 받는 지지 수준에 노인들은 만족한다.

덧붙여서 아프리카계 미국인과 같은 일부 소수 민족은 교회가 사회적·통합적 지지를 제공하는 데 큰 역할을 한다(Jackson et al. 1990). 특수한 문화적 기대와 관습 또한 노인의 사회적 상호작용과 성공에 유의하게 영향을 준다(Dilworth-Anderson et al. 2004 참조).

그러나 이러한 주장을 과잉일반화하고 문화적 차이가 특정 문화의 유일한 산물이며 그것들이 본질적으로 속속들이 다르다고 가정하는 것은 위험하다. 여기에는 오염 변인들이 불가피하게 작용할 수밖에 없다. 예컨대 소수 민족은 낮은 사회경제적 지위를 갖고 있는 경향이 있기 때문에 경제적인 필요로 인해 상호 의존을 할 수밖에 없을 수 있고, 거기에는 구분해 내기 어려운 수많은 다른 요인들도 있다(인종 연구에 대한 방법론적인 영향에 대한 논의를 보려면 Rosenthal 1986 참조). 펑 등(Fung et al. 2001)은 인종 집단의 기대 수명이 중요한 요인이 될 수 있음을 보여 주었다. 대만 노인과 상대적으로 수명이 더 짧은 중국 본토 노인에 대한 사회적 선호도를 비교할 때 기대 수명 차이가 통제되면 문화적 차이가 사라졌다. 또한 비교문화 및 인종 연구 결과들을 보면 공통적으로 관찰되는 것들이 있는데, 그중 하나가 세대 간의 상호 호혜적 관계의 중요성을 인식하는 것이다. 물론 문화 집단 간의 다양한 시스템 속에서 상대적으로 더 강조되는 요인들은 다를 수 있다(Becker et al. 2003).

이런 사실들에도 불구하고 소수 민족의 노인들은 소위 이중 위험이라고 말하는 것에 처해 있다. 노인이기 때문에 사람들이 편견을 가질 뿐 아니라 소수 민족이라는 점 때문에도 편견 어린 취급을 받기 때문이다. 소수 민족의 노인들은 건강 및 사회 정책 프로그램들을 충분히 이용하지 않고 있다(Gallagher-Thompson et al. 1997 참조). 노먼(Norman 1985)은 소수 민족의 많은 노인들이 실은 삼중 위험에 처해 있다고 말하면서 더 강한 목소리로 주장했다. 앞서 말한 이유뿐 아니라 그들은 편견과 의사소통 문제 때문에 필요하고 또 당연히 받아야 하는 지역 서비스를 받지도 못하기 때문이다(Paz and Aleman 1998에서도 연령, 가난, 인종의 세 요인을 확인하였지만 용어의 중요성은 동일하다). 노먼은 소수 민족의 노인들이 서비스나 생활편의 시설들을 요청할 때 직면한 실질적인 문제에 근거해 자신의 주장을 입증했다. 그러나 안녕감이나 생활 조건과 같은 다른 측정치들은 보다 모호한 결과를 보여 준다(Perlmutter and Hall 1992 참조). 노인이 속한 커뮤니티는 소수 문화 집단이기 때문에 이는 그리 놀랄 만한 결과는 아니다. 보다 최근의 연구들에서 사회경제적 변인들을 보정하고 분석한 결과, 소수 민족의 노인들은 주류 민족의 노인들보다 유의하게 신체적 건강이 좋지 못했고 이러한 차이는 젊은이들보다 노인들에게서 더 크게 나타났다(Carreon and Noymer 2011). 이와 관련한 연구들은 많이 있다.

- 닐센 등(Nielsen et al. 2011)은 소수 민족 노인들에게서는 치매가 과소 진단된 반면 60세 이하 사람들에게서는 과대 진단되었음을 보여 주었다. 그 원인이 되는 요인으로 건강관리 시스템이나 도움을 찾는 행동 등과 같은 문제를 들었다.
- 워너와 브라운(Warner and Brown 2011)은 일부 소수 민족은 신체적 장애 수준의 변화 패턴이 다른 소수 민족과는 다르게 나타나기도 한다는 점을 발견했다.
- 화이트-민스(White-Means 2000)는 아프리카계 미국인 노인은 다양한 의료 서비스를 덜 이용하는 경향이 있고 이는 재정적 차이를 통제한 후에도 여전히 그러했음을 보고했다. 던롭 등(Dunlop et al. 2002)도 유사한 결과를 보고했다.
- 어거스트와 소킨(August and Sorkin 2011)은 캘리포니아에 거주하는 소수 민족과 주류 민족 간의 운동 수준 및 건강식단 이용 수준의 차이에서도 비슷한 패턴을 발견했다(Waters et al. 2011도 참조).
- 이와 비슷하게 하디 등(Hardy et al. 2011) 역시 호스피스 서비스를 이용하는 데에도 민족집단 간 차이가 있음을 발견했다.
- 르바인 등(Levine et al. 2011)의 연구에서는 미국 뇌졸중 환자들 중 멕시코계 미국인과 아프리카계 미국인은 전문가의 사후 치료를 덜 받고 약물치료에 대한 접근성도 떨어지는 것으로 나타났다(이들 집단이 상대적으로 가난하기 때문이다). 이로 인해 앞으로의 뇌졸중 위험이 증가한다.

노년기에 대한 문화 차이에 관한 연구 결과들이 때로는 일관성이 없긴 하지만, 한 가지 명확한 것은 소수 민족의 노인들은 건강 문제를 가지고 있다는 점이다. 사회경제적 계급으로 인한 오염 변인이 영향을 끼쳤다는 논쟁은 연구자들에게는 중요할지 모르나, 도덕적 관점에서 보면 이런 문제를 바로잡지 못한 것에 대한 변명도 되지 못한다. 그러나 소수 민족에 대해 논의할 때 염두에 두어야 하는 매우 중요한 사실은 집단 내에도 상당한 개인차가 있을 것이고 (Whitfield and Baker-Thomas 1999) 소수 민족 문제에 대한 논의는 기술적인 것이지 규범적인 것은 아니라는 점이다. 또 다른 경고가 될 만한 사실은 최근의 연구 결과들에도 불구하고 노인들이 경험하는 것이 문화에 강하게 영향을 받는다고 볼 수 있다는 점이다. 노인의 생활 방식이나 삶의 질은 확정된 것이 아니라 변화할 수 있다. 다시 한 번 강조하지만, 우리가 반드시 따라야 하는 인생의 여정이 정해져 있는 것은 아니다.

은퇴

은퇴를 정해진 '은퇴 연령'의 차원에서만 생각하는 사람들도 있지만 이는 틀린 것이다. 제1장에서 살펴봤듯이 형식적인 은퇴 연령에 대한 생각은 20세기에 들어서 나타난 것이며, 은퇴 연령 또한 반드시 지켜지는 것이 아니고 나라마다 다르다. 예컨대 학교 교사와 같은 공공 부문 근로자의 은퇴 연령은 50대 후반에서 60대 중반에 이르기까지 나라마다 다양하다. 또한 모든 사람이 정년 퇴직 연령까지 기다리는 것은 아니다. 조기 명예 퇴직을 하기도 하고, 만성 질환이 있는 경우도 일찍 퇴직하게 된다. 한편 정년이 지나서도 더 일을 하기도 하고(해당 나라에서 법적으로 허용되는 경우), 개인 사업자의 경우에는 정해진 은퇴 연령이 없다. 물론 나이가 많으면 은퇴를 경험할 확률은 증가하지만, 나이만으로 자동적으로 은퇴를 결정하지 않으며, 은퇴의 이유는 상당히 광범위하다(McDonald 2011 참조). 따라서 나이만으로 은퇴를 판단하는 시대는 지났다고 생각하는 사람들이 많아졌다는 세터슨(Settersen 1998)의 연구 보고는 그리 놀랄 만한 것이 아니다. 지난 40여 년간의 변화를 살펴보면, 남성은 55-65세까지 일하는 비율이 유의하게 저하되었지만 여성은 오히려 증가했다(McDonald 2011).

사회학적 시각이나 경제학적 시각 등으로 은퇴를 다각도로 살펴볼 수 있다. 지면의 제약으로 여기서는 은퇴와 관련된 심리학적 문제들에 국한해 살펴보도록 하겠다. 은퇴를 노화나 발달의 한 단계로 취급하는 연구자들도 있다(앞에서 살펴본 에릭슨 모형, 뒤에 살펴볼 분리 이론 등). 다른 연구자들은 은퇴의 구체적인 과정이나 은퇴 과정과 관련된 개인의 문제들을 다루었다. 이런 연구들을 보면 두 가지 질문을 던져 볼 수 있다. 첫째, 은퇴의 성질을 결정하는 것은 무엇인가? 둘째, 사람들은 은퇴 계획을 어떻게 하는 것일까?

첫 번째 질문에 대한 답변은 주로 사람들이 자신의 은퇴를 스스로 통제할 수 있다고 여기는 정도에 초점을 맞춰 이루어져 왔다. 스완 등(Swan et al. 1991)이 은퇴한 미국인을 대상으로 한 연구를 보면, 은퇴 압력을 받았다고 여겼던 경우 일반적으로 심리적 안녕감의 수준이 낮았고, A형 성격 특성을 가진 사람들은 자신의 의지와 상관없이 은퇴한 것에 대해 불평을 했다. 그러나 그런 사람들은 이미 문제가 있어 왔고 어떤 경우든 불평을 끊이지 않고 해 왔을 가능성을 배제하기 어렵다. 샤플리(Sharpley 1997)는 세 가지 요인을 발견했다. 직업, 건강, 그리고 관계의 상실. 뒤의 두 요인은 은퇴와 상관없이 오는 것일 수 있다. 갈로 등(Gallo et al. 2000)은 종단 연구 결과 비자발적 은퇴가 정신적·신체적 건강에 부정적 영향을 끼친다는 것을 발견했다(반면 정리 해고를 당했지만 재취업에 성공한 경우는 심신의 건강 상태가 현저하게 향상되었고 이는 실직 기간의 길이 여부와는 상관이 없었다). 이러한 연구 결과들은 기존의 건강 및 사회경제적 상태를 통제한 후에도 여전했다(Szinovacz and Davey 2004). 드 바우스 등(De Vaus et al. 2007)은 호주 은퇴자들을 대상으로 한 연구에서 여러 다양한 요인들 중 은퇴 과정에 대한 자신의 통제감의 수준이 가장 현저한 영향을 끼치는 것을 발견했다. 즉, 자신이 언제 은퇴할지를 결정하고 실제로 그렇게 되었을 때 안녕감이 더 높았다. 이러한 결과는 칼보 등(Calvo et al. 2009)의 연구에서도 비슷하게 나왔다. 반 솔링에(Van Solinge 2007)의 네덜란드 근로자를 대상으로 한 연구에서도 직업의 종류는 주관적 건강 상태에 아무 영향이 없었고, 은퇴를 강제로 당했는지의 여부의 영향이 유의했다. 프라이스와 발라스와미(Price and Balaswamy 2009)의 연구도 흥미로운데, 이들에 따르면 은퇴 여성의 만족도를 가장 잘 예측하는 요인은 자존감과 통제감이었다. 헤르초그 등(Herzog et al. 1991)은 일하고 있거나 반은 은퇴한 상태인 노인들을 대상으로 연구하였다. 안녕감은 얼마나 많은 일을 하고 있는지보다 자신이 원하는 일을 하는지의 여부와 상관이 더 높았다. 이러한 결과는 이보다 젊은 연령층(55-64세)을 대상으로 해도 마찬가지였다.

이러한 연구들은 은퇴가 자발적으로 이루어지고 자신의 삶에 대해 얼마나 통제력을 가지고 있는지가 은퇴 만족도에 영향을 준다는 것을 보여 준다. 그렇다고 해서 다른 요인들이 아무 역할을 못하는 것은 아니다. 전일제로 일하다가 곧바로 은퇴하는 것과 점진적으로 근무 시간을 줄여 나가는 것 사이에는 큰 차이가 없었다(de Vaus et al. 2007 참조). 은퇴로 전환하는 방식이 어떻게 되느냐보다는 은퇴로의 전환을 본인이 직접 선택했느냐 혹은 강요받았느냐가 더 중요하다(Calvo et al. 2009: 112). 이 외의 다른 요인들도 있다. 프라이스와 발라스와미(Price and Balaswamy 2009)는 다른 요인들만큼 중요한 영향을 끼치는 것은 아니지만 재정적 상태 또한 여전히 유의한 예측 인자가 된다고 밝혔다. 조기 퇴직을 선택한 영국 공무원을 대상으로 한 연구에서 마인 등(Mein et al. 2000)은 은퇴의 주요 원인으로 고소득(조기 은퇴 후 고소득 연금으로 생활 가능), 나쁜 건강, 업무에 대한 불만족 등이 있음을 밝혔다. 빚과 같은 경제적 어려움이 있는 노인은 대체로 어쩔 수 없이 일을 계속했다. 반 솔링에와 헨켄스(Van Solinge and Henkens 2007)는 은퇴 시기를 선택할 수 있는 정도가 핵심 요인이고, 은퇴 후 처하게 될 사회적 환경 또한 중요하다고 보았다. 신체 만족도와 지각된 건강 상태 또한 은퇴 만족도를 예측하는 유의한 요인이었다(Stephan et al. 2008a; Van den Berg et al. 2010).

성격 특질을 인간의 모든 행동과 연결 지으려고 하는 사람들은 성격의 5대 요인과 은퇴의 관계를 살펴본 연구가 별로 없다는 사실에 놀랄지도 모르겠다. 로빈슨 등(Robinson et al. 2010)이 이와 관련된 연구를 했는데, 성격 특질의 각 요인들이 은퇴의 다양한 측면과 관련이 있었다. 신경증은 은퇴를 부정적인 방식으로 보는 정도와 관련이 있었다. 신경증과 외향성은 은퇴를 앞둔 사람들의 생활만족도와 상관이 있었고, 성실성은 은퇴에서 얻고자 하는 바와 관련이 있었다. 순응성은 (신경증 및 성실성과 함께) 이미 은퇴한 사람의 생활만족도와 상관이 있었다.

전통적인 성역할을 갖고 있는 부부의 경우, 남편은 일하고 있고 부인은 퇴직했을 때 생활만족도가 더 높았다(Myers and Booth 1996; Szinovacz 1996). 스트레스를 받는 직업에서 퇴직하면 결혼 만족도는 향상될 수 있을 것이지만, 건강 문제가 있다면 더 악화된다(Myers and Booth 1996). 건강 악화로 인한 은퇴자가 신체적으로 건강한 은퇴자보다 여가 활동에 참여하는 정도가 더 낮은 것은 당연하다(Scherger et al. 2011). 일반적으로 매우 건강한 은퇴자의 경우는 만족도가 증가한다(Parnes 1981). 화이트칼라 종사자는 블루칼라 종사자보다 은퇴를 더 좋아하는 경향이 있지만 이는 건강과 재정 상태가 더 좋은 것이 더 큰 원인인 것 같다(Bengston and Treas 1980; Ward 1984).

전 생애 발달 모형의 맥락에서 은퇴의 영향을 살펴본 연구들도 있다. 역할 이론은 사람들이 나이가 들어 가면서 다양한 사회적 역할을 지니게 되는데 여기에 은퇴자 역할이 포함된다고 주장한다. 직장인보다는 덜 중요한 역할이라 여기기 때문에 은퇴는 잠정적으로 심적 상처가 되는 시간이 될 수 있다. 반면에 은퇴에 대한 연속 이론(Atchley 1989)은 은퇴 이후에도 동일한 정체감이 연속되는 것으로 보고 스트레스가 되는 기간은 아니라고 보았다(보다 자세한 사항은 Krauss et al. 2011 참조).

건강에 대한 은퇴의 영향을 측정하는 것은 쉽지 않다. 은퇴자들은 대체로 고령층이어서 은퇴 후 생긴 건강 변화는 은퇴와 관련되어 있기보다는 연령과 관련되어 있기 때문이다. 포르투갈의 은퇴자를 연구한 폰세카(Fonseca 2007)는 많은 사람들이 은퇴 자체는 휴식이나 즐거운 일로 여긴다고 주장했다. 그는 은퇴와 관련된 부정적인 요인의 대부분은 은퇴 자체와 관련된 것이라기보다는 노화의 산물이라고 주장했다. 헐트 등(Hult et al. 2010)이 스웨덴의 건설 노동자를 대상으로 은퇴 시기의 영향을 연구한 결과, 사망과 은퇴 연령 간에 유의한 관련은 없었다. 연구자들은 일부 일찍 은퇴한 사람들이 더 일찍 사망하는 경우가 있었으나 이는 은퇴 자체의 영향이라기보다는 근로자에게 있었던 기저 질환 같은 신체적 건강 상태 때문이라고 주장했다. 은퇴가 체중 증가에 주는 영향에 대한 연구들도 있는데, 최근 연구들을 보면 그러한 영향은 미미하다. 청 등(Chung et al. 2009)은 50세에서 60세 사이 대상자들의 체중 증가에 은퇴가 유의한 영향을 끼치기는 했지만 그로 인한 체중 증가량은 적었다고 보았다. 포먼-호프먼 등(Forman-Hoffman et al. 2008)은 은퇴 시점에 정상 체중이었던 블루칼라 여성 근로자에게서만 유의한 체중 증가가 나타났다고 보고했다.

이와 같이 여러 다양한 요인들이 은퇴의 즐거움을 결정짓는다. 게다가 개인차와 환경에 따라 더 복잡해진다(Moen 1996). 반 솔링에와 헨켄스(van Solinge and Henkens 2005)는 은퇴를 앞둔 네덜란드인을 대상으로 한 연구에서 몇 가지 요인들(동일한 전일제 직장에 종사한 기간, 은퇴 시기와 방법에 대한 통제 정도, 불안 수준, 은퇴 과정에 대한 기대 정도, 자기효능감 수준 등)의 조합이 성공적인 은퇴 적응을 예측한다는 것을 발견했고, 이러한 요인들은 개인에 따라 상당히 다양하다는 점을 밝혔다. 김과 모엔(Kim and Moen 2002)도 이와 유사하게 광범위한 종류의 요인들을 관찰했다. 여기에 덧붙여 문화적 차이도 존재한다. 대부분의 은퇴 연구가 연금과 같이 사회복지 제도가 선진화되어 있는 국가에서 진행되었다. 그러나 비슷한 복지 수준의 국가라 하더라도 은퇴 행동에서 차이가 나타날 수 있다. 예컨대 네덜란드는 덴마크에 비해서 조기 퇴직을 하는 일이 보다 흔하다. 은퇴 행동에는 다양한 문화적·사회적 관행의 복잡한 영향이 작용한다(van Oorschot and Jensen 2009).

두 번째 질문(사람들은 은퇴 계획을 어떻게 하는 것일까?)으로 돌아가 보자. 이에 대한 답변도 역시 다면적이다. 대부분의 사람들은 은퇴를 매우 원한다. 유럽의 독자들은 연금 수급 연령을 늦추자는 제안에 격분하는 사람들의 모습을 익히 보았을 것이다. 그들은 은퇴할 권리와 고된 노동 후의 휴식은 빼앗길 수 없는 것이라고 생각한다. 일반적으로 늦게 은퇴하는 것보다는 빨리 은퇴하는 것을 선호한다. 자팔라 등(Zappala et al. 2008)은 이탈리아 근로자를 면담했는데, 그들은 법정 은퇴 연령보다 3년 정도 일찍 은퇴하는 것을 선호했다. 그러나 그러한 태도는 고령 친화 회사 정책과 같은 요인으로 영향을 쉽게 받을 수 있다.

은퇴를 앞두고 있는 사람들은 은퇴에 대한 장밋빛 환상을 가지고 있는 경우가 많다. 새로운 취미를 가질 것인가에 대한 관심도 있다. 여기에는 다양한 요인이 작용한다. 스테판 등(Stephan et al. 2008b)은 은퇴 후 대학에서 운영하는 프로그램에 참여하는 것이 지식 증가에 대한 열망과 같은 내적 요인 때문이지 다른 사람의 기대와 같은 외적 압력 때문이 아니라는 것을 발견했다. 그러나 그것은 단지 한 유형의 활동일 뿐이다. 즉, 모든 활동 유형에 적용되는 것은 아니다. 홉킨스 등(Hopkins et al. 2006)은 미국 은퇴자를 은퇴에 대한 태도에 따라서 분류했다. 은퇴를 '새로운 시작' 혹은 '중단'으로 보는 사람들은 외부 지향적 활동에 더 많은 돈을 지출했고, '삶의 연속'이나 '노년기의 시작'으로 보는 사람들은 내부 지향적 활동에 더 돈을 쓰는 경향이 있었다.

은퇴에 대해 가지는 또 다른 바람으로 장수와 여생을 보낼 장소에 관한 것이 있다. 아얄론과 킹-칼리마니스(Ayalon and King-Kallimanis 2010)는 완벽한 건강 상태로 더 짧게 살 것인지 아니면 완벽히 건강하지 않더라도 더 오래 살 것인지를 질문했다. 이미 건강이 별로 좋지 않은 대상자들은 더 짧게 살더라도 건강하게 있고 싶어 했고, 아프리카계 미국인 대상자들은 건강하지 않더라도 더 오래 살고 싶어 했다. 교육 수준이 낮을수록 건강하지 않더라도 더 오래 살기를 원했다. 제8장에서 살펴보겠지만, 말기 암 환자가 삶의 질이라는 비용을 치르면서 생명을 연장하는 일에 관한 문화적 차이에 대한 결과와 비슷하다.

아얄론과 킹-칼리마니스가 던진 질문에는 정답이 없다. 그러나 미래에 대한 계획을 세우는 다른 경우에는 분명 옳은 결정과 틀린 결정이 있다. 재정 계획을 세우는 것은 분명 중요하다. 네덜란드인을 대상으로 한 판 로이 등(van Rooij et al. 2011)의 연구는 재정과 관련된 지식이 많을수록 은퇴 계획을 더 많이 가지고 있음을 보였다. 은퇴 계획을 한다는 것은 재정적 계획을 고려하고 있음을 뜻하므로 당연한 결과일 수 있다. 그러나 이 연구에서 제기하는 핵심 문제는 재정에 대한 교육을 일찍 시작해야 한다는 것이다. 은퇴 계획을 하려면 수십 년 전부터 저축을 해야 하기 때문이다. 또 다른 핵심 문제는 중요한 편의 시설들을 제공하는 것이다. 은퇴 상담가는 흔히 '오두막 입구의 장미(roses round the cottage door)' 현상을 걱정스럽게 이야기하곤 하는데, 이는 시골의 조용한 오두막집에서 사는 삶에 대해 미화된 꿈을 꾸는 은퇴자들이 생기는 현상을 말한다. 이러한 장소는 나이가 젊거나 교통 수단이 제대로 있을 때는 괜찮지만, 나이가 들면 병원도 자주 가야 하기 때문에 차가 없거나 대중교통 시설이 없으면 상당히 불편하다. 19세기의 시드니 스미스(Sidney Smith)는 요크셔의 시골에 있으면서 레몬 하나를 얻으려면 12마일이나 가야 한다고 불평한 바 있다. 엉뚱한 농담이라고 여기기 쉬운데, 실은 심각한 문제가 되기도 한다. 현대적 편의 시설에 접근성이 떨어지는 시골은 살기에 안 좋은 곳이다. 그럼에도 불구하고 여전히 은퇴자들은 실용성보다는 꿈같은 은퇴 생활을 더 생각한다. 한국과 미국의 은퇴자와 근로자 간의 은퇴 후 거주지 선택에 대한 오이시 등(Oishi et al. 2009)의 연구에서 근로자는 날씨 좋고 문화 시설이 충분한 장소를 최선의 선택이라 여겼다. 실용적인 위치(의료 시설이나 문화 시설에 쉽게 접근할 수 있는 곳)에서 살고 있는 은퇴자는 다른 은퇴자들보다 유의하게 더 행복했다.

은퇴가 꼭 문제가 많고 건강이 나빠지는 불쌍한 기간은 아니지만, 주의 깊게 은퇴를 계획할 필요가 있으며 그러한 계획(특히 재정적 측면)은 성인 초기에 세우는 것이 필요하다.

사별

제8장에서 사별에 대해 보다 자세하게 다룰 것이다. 사별 경험은 전형적으로 비교적 짧은 극단적 스트레스 후에 뒤따르는 비탄 경험으로, 일반적으로 사회적으로 허용되고 장기간 지속된다. 이 경험에도 상당한 문화적 차이가 있는데, 사회적 영향에 따라 형성되는 매우 개인적인 경험이라 할 수 있다. 하지만 문화적 영향이 과하게 고려되는 경향이 있다. 특정 문화 속의 사람이라면 '반드시' 특정 방식으로 행동해야 한다는 가정은 있을 수 없기 때문에 문화적 영향을 과하게 고려하는 것은 조심해야 한다. 사별에 대한 반응은 개인차 범위 내에서도 충분히 설명할 수 있다.

안녕감

안녕감의 문제는 은퇴 후 생활만족도를 설명하는 부분에서 이미 일부 언급했다. 그러나 전일제 일자리를 평생 갖지 않았거나, 주부 등의 경우처럼 은퇴를 하지 않는 노인들도 있다. 은퇴를 고려하지 않는 노년기의 안녕감에 대한 연구들도 많이 있다.

노화의 만성적인 특성들이 생활만족도에 영향을 끼친다는 사실은 많이 알려져 있다. 비교적 경미한 수준(예: 흰머리)에서부터 심각한 수준(예: 관절염)에 이르기까지 점진적인 신체적 변화가 자기 개념을 재평가하게 되는 원인이 될 수 있다(Ward 1984). 일부 연구에서는 이동성 및 건강과 관련된 변화들이 노년기 만족도의 가장 큰 예측 인자가 된다고 보고했지만, 다른 연구에서는 그런 결과를 얻어 내지 못했다(Bowling et al. 1996). 아마도 어떤 측정치를 이용해서 건강을 측정하는지에 따라 결과가 달라지는 것 같다(은퇴를 주제로 한 연구에서도 이와 비슷한 결과를 얻었다).

만성적인 재정 문제는 대부분의 연구자들이 동의하는 큰 문제이다. 크라우제 등(Krause et al. 1991)은 노인들에게 흔하게 있는 재정 문제가 자기가치감을 감소시키고 우울 증상을 증가시키는 주요 요인이 된다고 보았다(Choi and McDougall 2009 참조). 이는 여러 다양한 문화권에서도 비슷하게 나타난다. 크라우제 등의 연구와 마찬가지로 미국 및 일본 노인을 대상으로 한 연구들에서도 기본적으로 동일한 현상이 나타났다. 장 등(Zhang et al. 1997)의 연구에서는 중국의 노인들에게도 재정 문제가 주요한 부정적 요인으로 나타남을 보였다. 페라로와 수(Ferraro and Su 1999)의 연구에서도 세 문화권(피지, 한국, 필리핀) 모두 재정적 문제가 심리적 고통을 증가시키는 것으로 나타났다. 그러나 사회 및 가족의 지지 수준을 통해 이러한 문제를 완화시킬 수 있다고 보았다. 이러한 결과는 러셀과 카트로나(Russell and Catrona 1991)의 종단 연구에서도 유사하게 나타났다. 연구의 시작 시기에 평가했던 사회적 지지 수준이 낮을수록 1년 후 우울 증상이 더 많았고, 일상의 괴로움도 더 많이 경험하는 것으로 나타났다. 성격 요인도 중요한 역할을 한다. 성숙하게 통합된 개인의 경우 그렇지 않은 사람보다 스트레스에 더 잘 대처한다. 한편 건상이 나쁘고 새정 상태가 좋지 않은 경우 이미 여기에 익숙해져 있기 때문에 건강이나 재정적 쇠퇴에 더 잘 대처한다(Ward 1977, 1984). 성격 유형뿐 아니라 지적 변화와 같은 기타 심리적 요인들도 자아존중감에 상처를 줄 수 있다. 제3장에서도 살펴봤지만 자신의 기억력 문제를 높게 보고하는 경우 우울 수준이 높아지는 경향이 있다. 펄뮤터 등(Perlmutter et al. 1987)은 이 경향이 악순환을 이룬다고 보았는데, 자신의 기억력을 나쁘게 지각하는 노인의 경우 의욕이 더 낮아지고 이로 인해 더욱더 능력 발휘에 방해가 가게 된다고 지적했다.

재정 문제가 노인들의 부정적인 정서의 유의한 원인이기는 하지만, 그것은 보편적인 것도 아니고 노인의 삶의 모든 면을 지배하는 것도 아니다. 맥도넬 등(MacDonell et al. 2010)은 재정 문제는 여러 주요 요인 중 하나일 뿐임을 발견했고, 루럽 등(Rurup et al. 2011)의 연구에서도 비슷한 결과가 나왔다. 재정적 어려움은 빈민촌에 거주하는 것과 같은 다른 부정적 조건과도 연합되어 있을 수 있다(Krause 2011). 또한 충족되지 않은 욕구들이 노년기 우울에 영향을 줄 수 있다(Choi and McDougall 2009). 다른 요인들도 재정적 어려움에 영향을 줄 수 있다. 크라우제(Krause 2010)는 재정적 어려움을 조용히 감당하려는 노인들의 경우는 그에 대한 우울의 영향이 완화됨을 발견했다. 정신적 태도에 따라 다른 요인의 영향 정도가 달라진 것이다.

과거 경험 또한 자신의 노년에 대한 태도에 영향을 줄 수 있다. 직업, 관계, 자식을 가질 것인지 등과 관련된 결정들은 직접적으로 영향을 준다. 스톨링스 등(Stallings et al. 1997)은 부정적인 인생 사건은 그 사람의 기분에 부정적 측면에 영향을 주고 긍정적인 사건은 긍정적 측면에 영향을 준다는 연구 결과를 통해 주관적 안녕감에 대한 이 요인 이론을 지지했다. 다른 접근 방식을 보면, 카스피와 엘더(Caspi and Elder 1986)는 30대에 미국 대공황을 경험했던 여성 노인들을 대상으로 생활만족도에 대한 조사를 했다. 대공황을 잘 견뎠던 중산층 여성의 경우 생활만족도를 높게 평가한 반면 서민층 여성은 낮게 평가했다. 아마도 중산층 여성은 자신이 상황을 보다 나은 결혼생활로 잘 헤쳐 나갔다고 여긴 반면, 서민층 여성은 여전히 바닥에 있다고 지각하기 때문일 것이다. 이와 비슷한 방식으로 대공황을 경험한 사람을 지혜가 높다고 평가한 사람들은 낮게 평가한 사람들보다 노년기 정신건강이 더 좋았다(Ardelt 1998). 그러나 핀크바르트와 쇠렌센(Pinquart and Sörensen 2001)은 메타 분석을 통해 계층적 배경과는 상관없이 여성은 전반적으로 낮은 수준의 주관적 안녕감을 느낀다는 것을 보여 주었다.

생활만족도에 영향을 주는 다른 요인들도 있다. 쿡(Cook 1998)은 요양원에서 회상 세션 집단 모임에 참여한 여성 노인의 경우 생활만족도 수준이 향상됨을 발견했다. 노인들이 과거에 기대어 오랫동안 살아왔다는 고정관념을 주려는 것은 아니다. 일부 노인들은 과거의 성취나 지위가 더 인식되기를 원하기도 하지만(Ghusn et al. 1996), '삶을 되돌아보았을 때 가장 만족스러운 때는 언제입니까?'라는 질문에 가장 많이 하는 대답은 '바로 지금'이다(Field 1997). 당연한 결과겠지만 일반적으로 대부분의 연구에서는 사회적 활동과 우정이 상당히 도움이 된다고 하였다(우정의 경우 양보다는 질이 더 중요하다. Pinquart and Sörensen 2000). 글레입스 등(Gleibs et al. 2011)은 요양원에 같이 지내는 사람들이 있으면 심리적으로 상당한 호전을 보인다는 것을 발견했다. 여성의 경우 안녕감과 정체감이 유지되었고, 남성의 경우는 우울과 불안 증상이 유의하게 줄어들고 다른 동료와의 사회적 공감 수준이 높아졌다.

그린우드(Greenwood 1999)는 이와 관련한 흥미로운 반전을 제기했다. 노년기에 사회생활이 변화함으로써 문제가 생길 때 남성은 만족도가 줄어드는 정도가 덜한데, 이는 남성이 여성보다 대인관계에 대한 기대치가 낮기 때문이라는 것이다. 노인을 사회적 집단으로 묶는 것만으로 만족도가 증가하기를 기대하기는 힘들다. 예를 들면 코바치와 로빈슨(Kovach and Robinson 1996)은 요양원의 룸메이트가 있더라도 그 룸메이트와 대화를 나누는 사람들의 경우에만 생활만족도에 영향이 있음을 보고했다. 운동이나 여가 활동을 하는 것도 더 큰 생활만족도(그리고 건강)와 상관관계가 있다. 이는 자신이 사건을 통제할 수 있다는 고양된 느낌 때문일 수도 있다(Menec and Chipperfield 1997; McConatha et al. 1998 참조). 사회적 활동이 분명히 도움이 되기는 하지만 생활만족도를 향상시키기 위해서 취미가 꼭 사교적인 것일 필요는 없다. 예컨대 셔러(Sherer 1996)의 연구에서는 요양원에서 개인 컴퓨터를 사용하도록 했을 때 컴퓨터 사용이 노인의 자아존중감과 생활만족도에 유익한 효과를 보였다(여성의 경우는 교육 소프트웨어를 많이 사용하는 경향이 있었고 남성은 게임을 주로 사용하는 경향이 있었다). 일반적으로 목적이 있는 활동이 생활만족도에 유익하다(Madigan et al. 1996).

이러한 연구 결과들을 보면 노년기 만족도를 결정짓는 요인들은 매우 복잡하게 얽혀 있음을 알 수 있다. 부분적으로 많은 연구들이 '구하라, 그러면 얻을 것이다'와 같은 태도로 접근하기 때문이다. 좁은 범위로 질문지를 제한하고 초점을 맞추면 일부 요인은 다른 요인보다 더 중요한 것으로 나타날 수 있다. 글래스와 졸리(Glass and Jolly 1997)는 질적 면담 기술을 이용해 생활만족도를 결정짓는 데 있어 좋은 건강과 재정 상태가 핵심 요인은 아니라는 사실을 발견했다. 모든 연구들이 이렇게 선택적으로 요인들을 구분하지는 않는다. 건강, 재정 상태, 사별이나 은퇴와 같이 직관적으로도 알 수 있는 명백한 요인들이 자아존중감과 전반적인 생활만족도에 영향을 주고, 이러한 요인들이 서로 상호작용하고 성격 변인에 의해서 중재된다고 하는 일반적인 설명을 하는 것 이상으로 무엇을 주장하기는 어렵다. 불행히도 이런 식의 설명은, 이와 관련된 문제에 대해 직관적인 답변을 요구했을 때 심리학자가 아니더라도 모두가 대답할 수 있는 내용들이다.

심리사회적 요인들과 건강

성격이나 사회 환경 등과 같은 심리사회적 요인들은 모두 건강과 관련이 있고 건강은 안녕감과 연결되어 있다(연령 변인 자체보다 더 많은 연관이 있다. Kunzmann et al. 2000 참조). 앞서 성격 특질이 건강과 어떻게 관련이 있는지 살펴본 것도 대표적인 예가 된다. 그러나 여기에 관련이 있는 정도가 어떻게 다른지는 아직도 불명확하다. 건강한 생활 방식을 선택하는 것과 건강 수준 간의 관계와 같이 일부 관계는 비교적 직접적이다. 그러나 장애의 수준과 행동 간의 관계처럼 덜 직접적인 것도 있다. 아래 단락에서는 이런 복잡하고 때로는 모순적인 영역에 대해 개관해 볼 것이다.

정부가 국민이 '건강한' 생활 방식을 추구하기를, 그래서 의료 서비스나 납세자에게 부담을 주지 않고 건강하게 장수하기를 바란다는 것을 선진국에 사는 사람들은 모두 알고 있다. 흡연, 다이어트, 운동이 건강 및 기대 수명과 관련이 있다는 것은 너무 많이 알려져서 여기서 반복할 필요는 없을 것이다. 건강한 생활 방식은 좋은 것이라고 가정할 수 있다. 그런데 만약 노인들이 이미 건강하지 않은 생활 방식으로 살아왔다면 그들을 어떻게 적응시킬 것인가? 일부 징후들을 보면 순조롭지 않을 것이 확실하다. 예컨대 몇몇 연구들에서는 노인들의 식이 습관이 나쁘다고 지적했다(Quandt and Chao 2000; Quinn et al. 1997; Souter and Keller 2002). 물론 그렇지 않은 연구들도 있다(예: 그리스 노인을 대상으로 한 연구. Kossioni and Bellou 2011 참조). 다른 요인들은 주로 개인의 과거 습관에서 나온다. 대부분의 사람들이 나쁜 습관을 노년기에 처음 시작하지는 않기 때문에(노인 흡연자는 대체로 수십 년 전부터 흡연을 해 온 경우가 많다) 어떤 경우 노인의 생활 방식을 바꾸려고 하는 것은 수십 년간 습득되어 온 부적응적 행동과 맞서 싸워야 함을 의미한다(Keranen et al. 2009 참조).

운동을 시작하고 유지하는 데에는 자발적인 동기가 필요하다(예: Thogersen-Ntoumani and Ntoumani 2006). 따라서 동기를 낮추는 요인은 운동을 시작하는 데 방해가 된다. 예컨대 노인들이 운동하는 것을 꺼리는 이유 중 하나가 운동으로 인한 득보다는 무리한 운동으로 인한 심장마비와 같은 위험을 더 고려하기 때문이다(O'Brien Cousins 2000; Wilcox et al. 2003). 노인들의 경우 건강과 관련된 행동을 하도록 격려하거나 잔소리하는 주변 사람이 많지 않다는 것도 그와 관련된다(Tucker et al. 2004). 보다 건강한 생활 방식을 갖도록 권고하는 것도 생각해 볼 수 있다. 힉스 등(Hicks et al. 2009)은 과체중 간호사는 적정 체중의 간호사보다 자신감이 더 낮음을 발견했다. 보다 건강한 생활을 적용하는 데는 많은 장애물이 존재한다. 그러나 대부분의 연구에서 일단 이 장애물만 넘기면 문화권을 막론하고 보다 건강한 생활 방식을 적용한 이후로 건강이 향상된다는 보고를 하고 있다(예: Bookwala et al. 2003; Elias et al. 1990; Park et al. 2011; Rana et al. 2010; States et al. 2006). 그러나 자기보고식 질문지를 이용하는 경우 신체적 건강에 대한 객관적인 측정치를 사용할 때보다 더 높은 상관을 보이기도 한다(Whitbourne 1987). 관계의 강도는 초고령 집단으로 갈수록 약화된다(Pinquart 2001).

건강한 생활 방식은 보다 나은 건강 상태를 가져오는 것 같다. 이는 당연한 결과일 수 있다. 그러나 이러한 관계가 인과관계를 보여 주는 것은 아니다. 간단히 말해 이렇게 질문해 볼 수 있다. 좋은 성격 및 생활 방식을 가지는 것이 우리를 건강하게 해 주는가? 혹은 건강하게 생활하는 것이 실제로 우리를 건강하게 해 주는가? 이 간단한 질문에 대한 답변은 대체로 긍정적이다. 가령 어떤 심리적 특성은 신체적 건강에 영향을 줄 수 있다. 케르미스(Kermis 1986)는 우울이나 스트레스가 면역 체계를 손상시킴으로써 건강을 악화시킬 수 있다고 주장했다. 오스티르 등(Ostir et al. 2004)은 멕시코계 미국 노인을 대상으로 한 7년간의 종단 연구를 통해 긍정적인 정서가 노쇠할 위험을 유의하게 낮춘다는 것을 보여 주었다. 또한 노인이나 노화에 대한 부정적인 고정관념이 있는 말을 부지불식간에 듣기만 해도 혈압이 올라가고 스트레스 반응을 보이는 것으로 나타났다(Levy et al. 2000). 따라서 장기적으로 보았을 때 노화나 노인에 대한 지속적인 부정적 코멘트는 건강에 악영향을 줄 수 있다. 반대로 신체적 건강이 심리적 기능에 영향을 준다는 연구들도 있다. 드룰리 등(Druley et al. 2003)은 노인 여성의 골관절염에 대한 신체적 고통 반응이 클수록 자신과 자신의 남편의 행동에 끼치는 부정적인 영향이 더 크다고 하였다.

그러나 이런 문제가 그저 'A가 B의 원인이 된다'거나 'B 때문에 A라는 결과가 나왔다'는 방식으로 설명 가능하다고 보는 것은 순진한 생각이다. 보다 그럴듯한 설명으로는 요인들이 다중 방향성이고, 부적응적인 기능의 악순환이 생긴다는 것이 있다(예: 신체적 쇠퇴가 스트레스와 우울 수준을 높이고, 이로 인해 신체적으로 더 쇠퇴하고…). 이에 딱 맞는 사례가 노인들에게 있다. 낙상은 모든 연령대에서 즐겁지 못한 일인데, 노년기에는 위험이 더 증가한다. 노인은 뼈가 더 부러지기 쉬운데, 특히 엉덩이뼈와 다리뼈가 부러질 가능성이 크고 그렇지 않더라도 다른 부상을 입기 쉽다. 한 연구에서 노인들 세 명 중 한 명은 낙상 후에 기능 저하가 온다는 것을 발견했다(Stel et al. 2004). 한 번 낙상한 경험이 있는 노인은 그 경험을 반복하고 싶지 않지만 오히려 염려하고 조심하려 하는 행동이 상황을 더 악화시키기도 한다. 델바에레 등(Delbaere et al. 2004)의 종단연구에서는 낙상한 적이 있는 노인들은 다시 낙상할지 모른다는 두려움이 많고 일상생활 활동 수준이 더 낮아지는 것으로 나타났다. 그런데 이렇게 두려움이 많고 활동 수준이 낮은 것은 다음 해에 또 낙상할지의 여부에 대한 가장 좋은 예측 인자가 되었다(낙상 공포를 줄일 수 있는 방법을 보려면 Li et al. 2005 참조). 기저에 있는 신체적 원인 때문에 낙상을 경험할 가능성이 있고, 이러한 낙상의 원인이 되는 신체적 상태를 찾기는 어렵지 않기 때문에 이러한 연구 결과들은 주의 깊게 다뤄져야 한다(Vassallo et al. 2003 참조). 그러나 연역적으로 살펴보면 악순환의 고리가 일부 낙상 행동에서는 사실이기도 하다. 이동성이 제한되어 있는 노인의 경우 낙상 공포는 삶의 질뿐만 아니라 일반 건강 상태에도 부정적 영향을 준다(Li et al. 2003).

심리사회적 요인과 신체적 요인 간의 관계를 순전히 인과적으로 바라보는 것 또한 적절치 않다. 많은 경우 어떤 요인들은 단순히 다른 요인의 존재 유무를 결정짓기보다는 그 요인의 발현 강도를 변화시킨다. 베일리스와 치퍼필드(Bailis and Chipperfield 2002)는 강한 사회적 정체감을 갖고 있는 노인이라면 개인이 예방할 수 없는 신체적 건강의 쇠퇴로 인한 부정적인 영향을 어느 정도 완화시킬 수 있다(없앨 수는 없다)고 주장했다. 약 1,200명의 여성 노인을 대상으로 복잡한 통계 분석을 해 본 결과 이러한 가설이 지지되었다. 페미아 등(Femia et al. 2001)은 심리사회적 요인들이 노인들의 일상생활 활동 능력에 대한 질병의 영향을 중재한다는 것을 발견했다. 일반적으로 지지 네트워크가 있으면 노인의 건강이 향상된다. 켐펜 등(Kempen et al. 2001)은 사회적 지지 수준이 높은 사람은 낙상으로 인한 부상 후 5개월 및 12개월 후에 회복 양상이 유의하게 더 좋다는 것을 발견했다. 또한 듀크 등(Duke et al. 2002)은 사회적 지지 네트워크의 크기가 질병이나 장해로 인한 활동을 포기하고 다른 대체 활동을 취할 가능성과 관계가 있음을 보여 주었다. 사회경제적 요인들도 영향을 준다. 가장 놀라운 예로, 제1장에서 언급했던 사회계층과 종교에 따라 기대 수명이 달라진다는 것을 들 수 있다. 그러나 다른 경우도 있다. 멜처 등(Melzer et al. 2001)은 교육 수준이 노년기의 이동성 장애의 유의한 예측 인자가 됨을 발견했다. 낮은 교육 수준(6년 이하)을 지닌 사람은 12년 이상의 교육을 받은 사람의 약 1.7배의 운동 장애를 갖고 있었다.

이와 관련된 주제로 적대감과 노화가 있다. 적대감은 성격 유형에서 이미 언급했지만 "타인에 대한 부정적인 오리엔테이션으로 인지적·정서적·행동적으로 나타나는 것"(Barefoot 1992: 52)이라고 정의될 수 있다. 일부 연구들에서 높은 수준의 적대감을 가진 젊은이와 노인 집단을 살펴본 결과, 노년기에 적대감 수준이 더 낮았다(Barefoot et al. 1993 참조). 이는 부분적으로는 적응적인 패턴이라 할 수 있는데, 건강한 냉소주의는 젊은이가 처음 세상 속에서 자신의 인생을 개척해 나갈 때 유용한 도구가 될 수 있지만, 의료 및 사회복지 서비스에 대한 의존도가 증가하는 노년기에는 낮아지는 것이 적응적이다. 코메이스 등(Comijs et al. 1999)은 적대감은 또한 학대와도 관련이 있음을 발견했다. 많은 연구자들이 주장하듯 높은 적대감 수준은 심장 질환(Meesters et al. 1996) 및 기타 질환들(Ranchor et al. 1997)의 위험을 증가시키기 때문에 해가 될 수 있다. 적대감은 노년기 인지 기능 수준과 상관이 있지만(예: 적대감 수준이 높을수록 인지 기능도 낮다) 인지 기능의 저하율과는 상관이 없다(Barnes et al. 2009). 적대감은 부정적 정서의 한 예일 뿐이기 때문에, 앞으로 보다 넓은 범위의 검사를 통해 연구한다면 일반적인 부정적 정서로 인한 영향을 보다 정확하게 살펴볼 수 있을 것이다.

그러나 신체적 건강과 심리사회적 요인 간의 관계를 과대평가했을 가능성도 있다. 노년기의 신체적 건강에 대한 훌륭한 예측 인자로 인생 전반부의 신체적 건강을 들 수 있다. 마스와 카이페르스(Maas and Kuypers 1974)는 노년기의 많은 질병들은 그 전에 이미 경험했던 신체적 불편감 뒤에 따라온다는 것을 관찰했다. 결과적으로 이는 사회경제적 상태와 관련이 있는데, 아동기의 낮은 사회경제적 상태는 노년기의 나쁜 건강 상태와 유의하게 관련이 있다. 부분적으로는 아동기 질환의 장기적 영향 때문이기도 하겠지만, 또 한편으로는 성인기의 낮은 소득 수준과 삶의 기준 때문이기도 하다(Luo and Waite 2005). 크라우제 등(Krause et al. 2004)은 초기 성인기의 심리적 외상이 노년기의 악화된 건강과 강한 상관이 있음을 발견했다. 이는 질병으로 인한 성격 변화가 있다면 그것은 노년기 때의 질병 때문에 갑자기 생기는 것이 아니라 일생에 거쳐 누적되어 온 효과일 것임을 의미한다. 그러나 질병과 성격을 연결시키는 데는 다소 과장이 섞여 있을 수 있다. 예를 들면 A형 성격 유형은 유의하게 높은 심장마비율과 관련이 있다고 알려져 왔다. 그러나 엘리아스 등(Elias et al. 1990)은 문헌 고찰을 통해 그것이 젊은이들에게는 들어맞지만, 65세 이후의 A형 성격 유형은 심혈관계 문제 위험을 증가시키지는 않는다는 것을 관찰했다(그렇다고 해서 이런 현상이 단순히 A형 성격 유형을 지닌 사람들이 대부분 65세 이전에 사망하기 때문이라고 볼 수도 없다).

또 다른 이슈는 지금까지 논의한 연구들은 대부분 양적 방법론을 사용해서 복잡한 데이터를 기저에 있는 몇 가지 패턴으로 요약해 강조하는 연구들이라는 점이다. 진부하고 상투적인 말로 보일 수 있겠지만 그러한 연구들에서 궁극적으로 초점을 맞춰야 하는 주제는 건강과 고통받는 '개인'이라는 것을 기억해야 한다. 블랙과 루빈스타인(Black and Rubinstein 2004)의 최근 연구에서는 노인을 대상으로 질병에 대한 질적 분석을 시행하고, 개인적 수준에서 다루어야 하는 결과들이 많기 때문에 단순히 환원주의적 기법을 사용하는 것은 거부했다. 이 주제에 대해서 전체적으로 설명할 때는 중요한 세부 사항들을 간과할 가능성이 존재한다.

결혼

일반적으로 노부부는 젊은 부부만큼 혹은 젊은 부부보다 더 행복한 것으로 알려져 있고(Cunningham and Brookbank 1988), 나이가 들수록 부정적인 상호작용은 줄어드는 것으로 알려져 있다(Akiyama et al. 2003 참조). 이는 부분적으로는 직장 일과 양육 책임감이 줄어들기 때문일 수 있다(Orbuch et al. 1996). 레벤슨 등(Levenson et al. 1993)은 젊은 부부(40-50대)와 노부부(60-70대)를 대상으로 다양한 측정치를 평가해 보았다. 그 결과 노부부는 목표와 즐거움의 원천에 대해서 부부 간 일치하는 바가 더 크고 침착했으며 건강에 대해서도 비슷한 기준을 갖고 있었다(그리고 평등주의자이고 전통적인 성역할 개념을 덜 가지고 있을수록 결혼생활은 더 행복했다. Kaufman and Taniguchi 2006). 이러한 결과는 고무적인데, 부부가 서로 헤어져 사는 것이 생각만 해도 재정적·정서적으로 끔찍한 일이기 때문에 억지로 매달려 살고 있는 것은 아닌 것으로 보이기 때문이다. 다른 측면에서 보면 이러한 결과는 많은 정보를 주지 않는데, 행복한 결혼생활을 하고 있는 노부부가 항상 행복한 결혼생활을 해 왔던 것인지, 아니면 현재의 행복이 과거의 숱한 부부싸움들에 휴전을 선언해 그것이 사라진 결과인지에 대해서는 알려 주는 바가 없기 때문이다(Levenson et al. 1993). 적어도 미국에서는 현재 결혼생활 중인 사람들이 더 오래 살고, 결혼한 적이 없는 사람보다는 결혼한 경험이 있는 사람(현재는 이혼했더라도)의 기대 수명이 더 길게 나타났다(Kaplan and Kronick 2006).

다른 연구에서는 이보다는 덜 행복한 결과가 나왔다. 치퍼필드와 헤이븐스(Chipperfield and Havens 2001)는 노인들을 7년 넘게 관찰하면서 그 기간 동안 결혼 상태가 변화하지 않은 집단과 결혼 상태가 변화한 집단(주로 사별이나 이혼)의 생활만족도 변화를 비교해 보았다. 그 결과 남성이 여성보다 결혼에서 얻는 이득이 더 크다는 기본적인 결과가 나왔다. 결혼 상태의 변화가 없다면 여성의 생활만족도는 줄어드는 경향이 있었던 반면, 남성의 생활만족도는 비교적 안정적으로 유지되었다. 사별은 남녀 모두에게 나쁜 영향을 끼쳤지만 남성에게 더 부정적으로 영향을 끼쳤다. 재혼의 경우 남성의 생활만족도는 증가했지만 여성은 변화가 없었다. 이렇게 생활만족도의 수준이 상대적으로 다르게 나온 데에는 다양한 요인들이 작용한다. 각자 배우자에게 의존하는 지지의 정도를 한 예로 들 수 있다. 구룽 등(Gurung et al. 2003)은 노인 남편은 주로 아내에게 정서적 지지를 의존하는 반면, 노인 아내는 친구나 주변의 가족 구성원들에게 더 의존한다고 하였다. 오랜 친구가 죽거나 가족이 이사를 가게 되면 지지의 원천들을 잃게 되는 것은 쉽게 짐작할 수 있다. 더용 히어펠트 등(De Jong Gierveld et al. 2009)은 노부부의 약 20%에서 한쪽 배우자가 유의한 외로움 증상을 가지고 있음을 지적했다. 정서적 외로움은 재혼 여성에게서 상대적으로 더 강하게 나타난 반면 사회적 외로움은 장애를 가진 부인이 있는 남성에게서 더 흔하게 나타났다. 당연한 말이겠지만 친구관계가 좁고 부부 간 의사소통이 빈약하면 외로움이 더 증가하는 것 같다.

더용 히어펠트 등의 연구에 따르면, 환경 변화와 배우자로 인해 결혼생활의 변화가 나타날 수 있다. 다른 연구에서도 이와 비슷한 결과가 나왔다. 호프만 등(Hoppmann et al. 2011)은 한쪽 배우자의 기능적 저하는 상대 배우자의 우울 수준 증가와 맞물림을 발견했다. 다른 연구자들도 배우자 간의 관계에 대한 유사한 결과를 발견했지만 조금 더 복잡하다. 스트로브리지 등(Strawbridge et al. 2011)은 5년간의 종단 연구를 진행했다. 부부 간 문제가 있는 경우에 한해서 연구 시작 시점의 남편의 인지 기능이 아내의 이후의 인지 기능과 상관이 나타났다. 그러나 아내의 기저선 인지 기능은 남편의 이후 인지 기능에 유의한 영향을 끼치지 않았다. 이는 마치 아내는 남편보다 배우자에 대해 더 반응적이라는 것처럼 들린다. 그러나 스트로브리지 등은 심리적 기능 중 한 측면만 살펴본 것뿐이다. 워커 등(Walker et al. 2011)이 주관적인 안녕감에 대해 살펴보았을 때는 반대의 패턴이 나타났다. 즉 아내의 주관적 안녕감은 남편의 주관적 안녕감을 예측할 수 있었지만 그 남편의 주관적 안녕감은 아내의 주관적 안녕감을 예측하지 못했다. 이러한 연구들을 보면, 한쪽 배우자의 상태 변화가 다른 쪽 배우자에게 영향을 줄 수는 있지만 그 방식은 상당히 복잡함을 알 수 있다.

여기까지 기혼 부부에 대해 논의했다. 오늘날 사회적 관습상 동거 커플도 비슷할 것이라고 생각할 수 있다. 노인 동거 커플에 대한 연구는 상대적으로 많이 이루어지지 않았다(Brown and Kawamura 2010 참조). 일부 연구자들은 결혼한 부부나 동거하는 커플이나 결과의 차이가 거의 없다고 주장하기도 한다

(Brown and Kawamura 2010). 그러나 결혼이 동거보다 더 이점이 많다고 주장하는 연구들도 있다. 브라운 등(Brown et al. 2005)은 동거 남성은 기혼 부부의 남편보다 유의하게 높은 수준의 우울증을 갖고 있음을 발견했는데, 이는 사회경제적 요인과 건강 및 사회적 지지 수준을 통제한 후에도 마찬가지였다. 이러한 현상의 기저에 있는 원인에 대한 연구는 앞으로 더 필요하다. 편의상 동거 커플과 기혼 부부를 자동적으로 동급으로 취급하는 일은 잘못된 것이다. 브라운 등은 기혼 여성과 동거 여성의 우울 수준이 증가되어 있다는 사실을 발견하고, 기혼 남성만이 상대적으로 결혼으로 인한 이득이 더 크다는 것을 또 한 번 입증하였다.

동성 결혼은 제도적으로 비교적 최근의 현상이다. 노인 동성 부부(56-73세)를 면담한 라누티(Lannutti 2011)는 결혼을 통해 그들은 보다 안정감을 느끼지만 동시에 동성 결혼에 대한 불안감도 갖고 있다고 보고했다. 그러나 이에 대한 연구는 많이 이루어지지 않았으므로 앞으로의 연구에서는 그러한 태도가 바뀔 수도 있을 것이다.

성(性)과 노화

대중 매체에서 보여 주는 성은 젊은이와 날씬한 사람의 것이다. 성생활을 원하는 노인은 더럽거나 추하고 발악하고 있는 것으로 묘사하는 연령차별주의적인 유머들은 흔히 볼 수 있다(Nay et al. 2007; Scherrer 2009; Walz 2002 참조). 심지어는 매체에서 섹시하다고 묘사되는 노인들도 일반적으로 실제 자신의 나이보다 훨씬 젊어 보인다(Walz 2002 참조). 따라서 노년기에 성생활을 원하는 것이 정상이고 건강한 것이라는 지지를 일상생활 속에서 받기가 어렵다. 그렇기 때문에 50세 이후에 공개적으로 성에 대한 관심을 표현하는 일이 줄어드는 것은 당연하다(Arias-Castillo et al. 2009; Segraves and Segraves 1995; Bauer et al. 2007). 여기에는 부정적인 사회적 시선이 한몫한다(물론 질병과 치료로 인한 성욕 감소 역시 주요한 이유가 된다). 여기에는 성차도 존재한다. 웨이트 등(Waite et al. 2009)은 57-85세의 노인들을 대상으로 연구한 결과, 여성에 비해 남성은 배우자와 함께 있는 경우가 더 많고 성적으로 더 활동적이며 성적 관점에 대해 더 허용적임을 보였다. 이 결과에는 코호트 효과가 작용했을 수 있는데, 연구 대상자의 연령대가 여성이 성적으로 덜 개방되어 있는 마지막 세대이기 때문이다.

조금 삐딱하게 보면 이런 현상이 다 나쁜 것만은 아니다. 노년기의 사별과 신체적 기능 손상 등으로 인해 일부 성적 기회를 잃는 것은 불가피하기도 하다. 노인은 성에 대한 기회가 적거나 아예 없다고 여기는 고정관념이 때로는 오히려 마음을 편하게 해 줄 수도 있다. 성 기능이나 성적 파트너를 상실한 것에 대한 노인의 반응을 살펴본 연구에서는, 그것을 정상적인 노화 과정의 한 부분으로 여기게 되면 그로 인한 부정적인 영향이 줄어들거나 없어졌다(Gott and Hinchliff 2003). 그렇다고 해서 즐길 수 있는 성생활을 하지 말라는 뜻은 아니다. 성은 무조건적인 권리라고 목소리 높여 주장하는 것은 그러한 기회가 부족하거나 신체적으로 취약한 사람들로 하여금 스스로를 실패자로 여기게 할 수도 있다는 것이다.

노년기의 성을 연구할 때는 여러 가지 문제들이 생긴다. 일반적으로 대부분의 사람들은 자신의 성생활에 대해 이야기하는 것에 대해 조심스러워한다. 카스텔루-브랑쿠 등(Castelo-Branco et al. 2010)은 45-64세 사이의 여성은 면담보다는 익명의 설문지에 대해 훨씬 더 솔직하게 자신의 성생활에 대해 이야기함을 밝혔다. 설문지로 조사한 집단은 면담을 한 집단에 비해 두 배 이상의 대상자들이 '우연히 만난 혹은 색다른 파트너'가 있음을 인정했다. 또한 코호트 효과 때문에 이러한 조심스러움이 더 커질 수 있다. 노인들이 살았던 시대는 성에 대해 덜 허용적이었고, 그들은 성적 문제에 대해 이야기하는 것에 익숙지 않다. 깁슨(Gibson 1992)은 노년기의 성생활에 대한 연구들을 살펴본 결과, 최근 연구일수록 성관계를 가지고 있다고 인정하는 노인들이 더 많아졌음을 확인했다. 성과 관련된 조사에 참여하지 않으려는 것도 흔히 있어 왔던 문제이다(반대로 너무 참여하려고 하는 경우도 편향된 데이터를 제공할 수 있다). 그러므로 노인 집단의 정보는 덜 얻을 수밖에 없는데, 이는 그들이 성생활을 덜 하기 때문이 아니라 성에 대해 이야기하기를 꺼리기 때문이다. 연구자들이 염려하는 또 다른 문제는 '성'을 구성하는 것이 무엇인가 하는 것이다. 삽입을 하는 성관계만이 유일한 측정치라고 보는 경우, 그 외 광범위한 활동을 포함시키는 경우보다 노인의 성 활동이 훨씬 더 크게 저하된다고 여기게 된다. 그러나 성적으로 왕성한 노인들은 일반적으로 어떤 형태의 활동이건 간에 큰 만족감을 얻는다는 보고도 있다(Gott 2004; Matthias et al. 1997; Skoog 1996).

더 나아가 기회의 문제도 있다. 여성이 남성보다 평균적으로 더 오래 살기 때문에 남성보다 여성 노인이 훨씬 더 많다. 따라서 여성 노인은 이성을 만날 기회가 줄어들고, 성적인 능력이나 욕구가 줄어들어서가 아니라 적당한 상대를 찾는 것이 어렵기 때문에 성 활동을 중단하게 되는 경우가 많다. 남성의 경우 대체로 가장 큰 문제는 발기 지속 불능 및 성관계에 필요한 체력의 부족이다. 깁슨(Gibson 1992)의 추정에 의하면 남성 노인의 10-20%, 그리고 여성 노인의 35% 이상이 성생활을 전혀 갖고 있지 않는 것으로 보인다(수치는 연구에 따라 상당히 다양하다). 매춘과 같이 고위험 행동을 통해 성적 접촉을 하고자 하는 노인들은 에이즈와 같은 성 접촉으로 전염되는 질환에 노출될 위험이 높다(Gott 2004). 45세 이상의 스위스인 약 800명을 대상으로 한 연구는 그들이 젊은이 집단에 비해 에이즈에 노출될 위험이 높은 행동을 경험한 적이 있다고 보고했다(Abel and Werner 2003). 코트(Kott 2011)의 연구에서는 50세 이상 에이즈 감염자의 34%가 콘돔 없이 성적 접촉을 했다는 것이 발견되었다. 이는 약물 사용 및 외로움과도 유의하게 상관이 있었다. 또 한 가지 요인으로 그들이 '베이비 부머' 세대라는 점이 있다. 이 세대에는 물질 남용이 광범위하게 퍼져 있었고, 이전 세대의 물질 남용자들에 비하면 이들은 나이가 들어 가면서 어느 정도는 그 습관을 버리려고 한다(Topolski et al. 2002). 지속적인 정맥 내 약제 사용은 에이즈 위험을 대폭 증가시키고, 물질 남용과 연관된 생활 방식 역시 위험한 성생활을 가질 확률을 높인다(Kott 2011). 자존감의 수준 또한 주요 위험 요인이 되는데, 자존감이 낮을수록 콘돔 없이 성관계를 맺는 것과 같은 위험한 성 행동을 하게 될 가능성이 높았다(Jacobs and Kane 2011). 노인은 여느 연령대와 비슷하게 에이즈 감염에 취약하다. 미국의 에이즈 감염자의 약 15%는 50세 이상이다(Emlet 2004). 영국에서 사망한 에이즈 남성 환자의 14%가 65세 이상이다(Office for National Statistics 2011).

마지막으로, 노인의 경우 성과 관련된 질환을 치료받고 있는 비율이 상대적으로 낮다. 의료 전문가들은 노인의 성을 과소평가하거나 무시하는 경향이 있다(Elias and Ryan 2011; Gussaroff 1998; Mayers and McBride 1998 참조). 또한 노인의 에이즈 유병률에 대해서도 인지하고 있지 못하고(Emlet 2004), 일반적으로 노인 성 기능 장애는 치료받지 않는 상태로 있는 경우가 많다(Godschalk et al. 1997 참조). 많은 경우 노년기의 성 행동 및 관련 성 문제에 대해서 의료 전문가들이 더 노력을 기울여야 할 필요가 분명히 있다.

일반적으로, 신체적 건강의 제약으로 인한 것에 덧붙여 성 활동의 수준은 초기 성인기의 활동 수준에 따라 다르다(Martin 1981 참조). 이는 노년기의 상태가 그 사람의 초기 성인기의 행동에 의해 결정될 수 있음을 의미한다. 성욕은 개인차가 매우 크다는 사실을 잊지 말아야 한다(예: Masters and Johnson 1966). 노년기의 성 활동을 결정짓는 핵심 요인은 그 사람에게 성이 중요한 정도이다(DeLamater and Sill 2005). 어느 정도는 순환논리적이기는 하지만(성관계를 가질 수 없는 사람이라면 성 활동이 덜 중요하게 될 것인데, 특히 노년기에는 성욕이 없어지는 것이 '정상'이라는 고정관념을 갖고 있다면 더욱 그러하다), 모든 것이 다 순환논리적인 것은 아니다. 간단히 말하면 '올바른' 성 활동의 수준이라는 것은 없고, 성공적인 노화를 위해서는 반드시 성 활동이 있어야 한다고 가정하는 것도 역시 잘못된 것이다.

분리 이론과 활동 이론

노년기의 성격과 생활 방식은 주로 개인 내에서 변화하는 것으로 생각되어 왔다. 여기서부터는 노인들이 타인과 상호작용하는 방법을 어떻게 선택하는지에 대한 내용을 살펴보도록 하겠다. 연구 문헌들의 다양한 영역에서 노화라는 것에는 죽음을 준비하는 것도 일부 포함된다는 사실이 암묵적으로 인정되어 왔다. 이 가운데 이를 드러내 놓고 논의하는 이론이 있는데, 캔자스 시티 거주자를 대상으로 한 대규모 연구 결과를 바탕으로 커밍과 헨리(Cumming and Henry 1961)가 주장한 분리 이론(disengagement theory)이 그것이다. 분리 이론에 의하면 나이가 들어 갈수록 세상과의 접촉 빈도는 줄어든다. 감각 기능의 쇠퇴도 한 예가 된다. 사회적 수준에서는 배우자와 친구의 죽음, 그리고 은퇴와 같은 것으로 인해 사회적으로 동떨어져 타인과의 접촉에서 분리된다. 커밍과 헨리는 이러한 과정을 합리적인 것으로 보았는데, 노인들이 먼저 사회적 관계에서 멀어지려 하기 시작하고 사회적 관습에 의해서 그것이 더욱 공고하게 굳혀져 간다고 하였다. 노인들이 물리적 세계와의 연결 고리를 끊어 내어 가면서 죽음을 준비하는 것만 같다. 이 이론은 수동적으로 죽음의 신을 기다리는 행동이 노인의 좋은 역할 모형이 된다고 주장하는 것과 같다는 비판을 받아 왔다. 이 비판은 완전히 분리되는 것이 아니라 상대적으로 그렇다고 주장하는 커밍과 헨리에게는 좀 가혹한 것이 될 수도 있겠다. 게다가 콜먼과 오핸론(Coleman and O'Hanlon 2004)이 관찰한 것처럼, 노년기라도 '반드시' 중년기처럼 보여야 하고 그렇기 때문에 노년기는 규준으로부터 건강하지 못하게 쇠퇴한 상태로 여기는 사회적 태도가 (최소한 미국에 한해서는) 만연해 있다. 커밍과 헨리는 사실 노년기를 폄하하려 하기보다는 노년기의 분리된 정체성을 축하하는 활기찬 기준을 만들고자 했고, 노년기의 쇠퇴기에 있는 사람들이 일탈적인 경험을 하고 있는 것이 아니라 자연스러운 경험을 하고 있는 것이라고 힘을 돋아 주고자 했다.

분리 이론은 주로 운둔적이거나(Maddox 1970b) 환경적 압력 때문에 외로움을 갖고 있는 사람에게 국한된다. 젊은이들의 경우에는 자신의 건강이 나빠지고 있다고 느낀 이후에 미래 활동에 대한 기대가 다소간 줄어드는 것으로 나타났다(Kooij and Van de Voorde 2011). 또한 분리의 정도는 경제적 어려움과도 연결되어 있다. 마가이 등(Magai et al. 2001)은 경제적 어려움이 클수록 더욱 더 고립됨을 발견하였고, 이는 결과적으로 인종집단에 따라 분리의 정도가 구분되는 결과를 낳았다(아프리카계 미국인은 보통 유럽계 미국인보다 평균적으로 더 가난하고 더 고립되어 있다). 그러나 사회에서 분리된 사람들은 그들 삶의 대부분을 그렇게 살아왔을 가능성이 높다는 주장도 있다. 다시 말해 순전히 노화에 대한 반응으로 사회에서 분리된 것이 아니라는 주장이다(Maddox 1970a). 이는 반즈 등(Barnes et al. 2004)의 종단 연구를 통해 지지되었다. 이 연구에서는 그러한 행동이 노년기에 접어들기 전부터 있었음을 관찰했다. 스토커(Stalker 2011)도 비슷한 결과를 얻었는데, 활동에 참여하는 수준은 연령뿐 아니라 타인의 평가나 사회경제적 지위와 같은 다른 다양한 요인에 영향을 받았다. 문화 또한 큰 역할을 한다. 개발도상국에서는 상당히 드문 현상으로, 노인들이 지역사회에서 여전히 왕성한 역할을 유지하는 경우가 있다(예: Merriman 1984). 다시 말해 이 현상은 특정 성격 유형의 '자연스러운' 연장이거나 일반적 환경 조건 및 특정 사건으로 인한 결과일 수도 있다. 분리 현상은 보편적인 특징이 아니고, 노화로 인한 산물도 아닐 수도 있다.

커밍과 헨리의 연구에 응수하는 다른 연구자들은 가능한 한 활동적으로 지내는 것이 노인에게 가장 좋다고 주장한다(활동 이론). 그들의 주장을 간단히 말하면 다음과 같다. 노인들은 대체로 계속 활동적이기를 원하며, 이렇게 지속적으로 활동하고 있는 노인들이 생활만족도도 가장 높다(앞의 생활만족도 관련 내용 참조; Nimrod 2007 참조). 게다가 사회적으로 관여하는 부분이 클수록(혹은 최소한 지지적인 사회 네트워크를 많이 가지고 있을수록) 부정적인 사회적 교환의 영향이 최소화되고(Rook 2003) 인지적 저하도 더 낮다(Holtzman et al. 2004). 하오(Hao 2008)의 미국인 대상 종단 연구와 바렌도르프와 시에그리스트(Wahrendorf and Siegrist 2010)의 유럽인 대상 종단 연구에서도 자발적으로 지역사회 모임에 참여한 노인을 연구한 결과 유사한 결론이 얻어졌다(하오는 자발적 참여자의 경우 기저선부터 정신건강 점수가 더 높다고 지적했다). 여기서 '활동'은 반드시 신체적으로 무언가를 하는 것을 뜻하지 않는다. 사회적 요소가 있는 행동이면 무엇이든 거기에 포함된다. 미국에서는 식사 시간 동안 다른 사람들과 함께하는 단순한 활동이나 주변 사람들과의 친근함을 즐기는 것 등이 '활동'에 포함되고, 이러한 것들이 안녕감을 증진시킨다(Park 2009). 일부 연구자들은 활동 자체보다는 활동에 동반되는 사회적 상호작용이 더 중요하다고 주장한다. 리트윈과 시오비츠-에즈라(Litwin and Shiovitz-Ezra 2006)는 활동 중의 사회적 상호작용을 통제한 이후에는 안녕감에 대한 활동 정도의 유의한 영향이 사라졌다고 보고했다.

사회적으로 더 많이 관여하는 것이 많은 도움이 되므로 노인들이 사회적으로, 활동적으로 지내도록 격려하는 이론적 입장을 가지는 것은 놀라운 일이 아니다. 그러나 극단적으로 이야기하면 활동 이론은 분리 이론만큼이나 비판을 받고 있다. 노인들을 강제적으로 휘스트 드라이브* 등에 참여하라고 등

---

* 옮긴이 주: 휘스트를 몇 사람이 상대를 바꿔 가며 하는 영국의 카드 놀이이다.

떠미는 사회복지사들을 상상하는 것은 그다지 유쾌한 일은 아니다. 이는 또한 효과적이지도 않다. 사회적 활동은 종종 건강 수준의 영향을 받는다(즉, 사회적 활동에 참여하기 위해서는 비교적 건강한 상태여야 하기 때문에 사회적 활동에 참여하는 노인들이 가장 건강하다는 연구 결과는 어쩌면 당연하다). 레나르트손과 실버스타인(Lennartsson and Silverstein 2001)은 건강 상태를 통계적으로 보정하면 노인의 기대 수명에 가장 유익한 활동은 혼자서 하는 활동임을 발견했다.

최근에는 분리 이론과 활동 이론이 어떤 사람에게는 최적의 전략이 되지만 모든 사람에게 해당하지 않고, 재정 조건(예: 활동적인 생활 방식을 유지할 수 있는 경제력이 되나?)이나 건강(예: 취미 활동을 할 수 있을 만큼 활력이 있나?), 성격 유형(예: 내성적인 사람은 사회적으로 활동적인 생활 방식을 싫어할 것이다)과 같은 다양한 요인들에 따라서 더 나은 이론이 있다는 것에 대체로 동의하고 있다. 노년기의 활동 수준은 어느 정도 젊었을 적의 행동으로 설명된다. 홀러핸과 채프먼(Holahan and Chapman 2002)은 종단 연구를 통해, 40세 때의 의도성(purposiveness) 수준은 80세 때 활발하게 좇아가고 있는 목표들을 예측한다는 점을 발견했다. 또한 노년기에 사회적 참여를 늘리는 것은 단지 낮은 소득계층의 안녕감만을 향상시킨다고 보고하는 연구들도 많다(예: Caspi and Elder 1986; Larson 1978). 사회적 철수가 잠식하고 있는 질병이 있음을 암시하며 사망률과 상관이 있다는 점도 중요하다(예: Bennett 2002). 따라서 특정 행동을 바람직하지 못하다고 낙인찍는 일은 매우 주의해야겠지만, 사회적 철수가 심각한 건강 문제의 초기 경고가 되는 경우도 있다.

가족의 역할

선택할 수 있다면 많은 사람들은 분리형과 활동형 생활 방식을 통합하고 싶어 할 것이다. 이는 가족 관계에 대한 선호도 연구에서 나타났다. 최소한 서구 사회에서는 노인들은 독립적으로 살면서 자녀나 가까운 친척들이 근처에 살기를 원한다. 80% 정도가 자녀들 중 최소 한 명이 30분 거리 이내에 살고 있었다(Bengston and Treas 1980). 따라서 노인들은 자신의 집에서 사생활을 보호하는 분리형을 취하면서 가족과의 상호작용을 통해 활동형을 결합하는 것으로 보인다.

가족은 뚜렷한 이점이 있다. 앞에서 언급한 재정 문제에 대한 연구에서 보았듯 경제적 어려움의 영향이 가족을 통해서 최소한 부분적으로는 상쇄될 수 있다(Ferraro and Su 1999; Zhang et al. 1997). 그러나 가족이라고 해서 반드시 물리적으로 가까이 살아야 하는가? 과거에는 자녀들이 노부모와 함께 살면서 재정적·실질적 도움을 주어야 했다. 그러나 현대에는 교통이나 통신 수단의 발달 덕에 꼭 물리적으로 가까이 있지 않아도 된다. 멀리 살더라도 계좌 이체로 송금하고 청소 서비스에 대한 지불도 따로 할 수 있다. 태국에서는 많은 노인들이 시골에 살고 자녀들은 돈을 벌기 위해 도시로 떠난다. 전통적으로 노인들은 자녀들의 보살핌에 의지하곤 했으나 오늘날에는 자녀들이 같이 살지 않더라도 재정적 지원을 받을 수 있게 되었다. 아바스 등(Abas et al. 2009)은 자녀가 도시로 이주한 것은 남겨진 노인의 우울과 유의한 관련이 없음을 발견했다. 오염 변인들을 통제한 후 살펴보면 자녀가 이주한 노인들은 다른 노인들에 비해 오히려 덜 우울했다.

노인에 대한 가족의 영향을 연구하는 데 있어 사람들이 갖고 있는 일련의 가정들에 주의해야 한다. 그중 하나로 '황금기 신화(golden age myth)'를 들 수 있다. 다시 말하면, 과거에는 확대 가족이 규범적인 모습이어서 여러 세대가 함께 즐겁게 사는 모습을 가정한다. 그러나 현실의 많은 노인들은 자신의 생계를 꾸리기도 어렵다. 확대 가족(한 지붕 아래서 세 세대가 함께 살고 있는 경우)은 20세기 이전 유럽의 원칙이 아니라 기실 예외적인 모습이었다(Laslett 1976). 간단히 말하면 노인에게 지극정성으로 보살핌을 주었던 과거의 '황금기'는 없었다(Thane 2000 참조). 그러나 이러한 현실에도 불구하고 일반인들은 노인을 집에서 보살필 전통적인 의무가 있을 것이라고 가정하기 쉽다. 실은 그렇지 않은데도 말이다. 또 다른 흔한 가정으로는 어떤 문화권에서는 다른 문화권에서보다 노인들을 훨씬 더 보살핀다고 생각하는 경향을 들 수 있다. 앞에서 이미 문화적 차이가 완전히 명확하게 나타나는 것은 아니라는 점을 살펴보았다. 윌리스(Willis 2008)는 캐리비언 흑인 가족을 제외하고는 영국 내 대부분의 소수 민족들은 백인 영국인과 마찬가지로 자기 가족의 고령자를 보살핀다는 사실을 확인했다. 세너 등(Sener et al. 2008)은 여성 노인에게는 건강과 교육 수준이 생활

만족도에 가장 많은 설명력을 가졌지만 남성 노인에게는 건강만이 유의한 설명력을 가졌음을 보여 주었다. 양성 모두 가족 관계의 영향은 상대적으로 적었다. 이와 비슷하게, 자녀의 부양 능력에 대한 노인의 견해는 다소 양가적이었다(Radermacher et al. 2010). 일부 연구자들은 혈연 가족 관계를 다른 수준의 사회적 단위로 여기는 태도에서 벗어나야 한다고 주장하기도 한다(Pinazo-Hernadis 2010 참조).

이러한 논의들을 보면, 노년기 가족의 역할이 처음 생각했던 것처럼 그렇게 분명하지는 않다. 그렇다고 해서 가족이 중요하지 않다는 것을 의미하는 것은 아니다. 벵스턴과 트레스(Bengston and Treas 1980)는 문헌 고찰을 통해 가족 구성원은 위기 상황에서 흔히 선호하는 위안과 도움의 원천이지만, 가족의 도움에 대한 기대가 클수록 노인이 더 우울해짐을 관찰했다(비현실적으로 높은 기대감을 갖고 있는 노인은 상대적으로 많지 않았다). 벵스턴과 카이퍼스(Bengston and Kuypers 1986)의 이후 연구에서 이를 지지하는 결과가 나왔는데, 위기 상황이 발생하고 도움이 필요할 때 가족 구성원들이 적절하게 대처하지 못할 수도 있다고 여기기 때문에 가족 관계가 나빠지기도 했다. 이러한 결과는 일본의 연구에서도 지지되었다. 이 연구에 의하면 가족 관계가 나쁜 노인의 31%가 요양원에 보내진 반면 가족 관계가 좋은 노인은 12%만 요양원에 보내졌다(Kodama et al. 2009). 다시 말하면, 가족 관계는 단순히 무조건적인 복종을 근거로 하는 것이 아니고(예: 노부모가 노쇠하니 반드시 집에서 모셔야 한다), 그 안에 역동적인 관계가 존재한다는 것이다. 그러나 집에 모신다고 해서 관계의 본질이 달라지는 것은 아니다. 위기 상황 전후의 가족 관계 정도는 서로 상관이 있다(Kodama et al. 2007).

한편 노년기 삶의 위기 상황에서의 가족 개입에 대한 몇 가지 모형이 제안되었다. 매커빈과 패터슨(McCubbin and Patterson 1982)은 가족 개입에 대한 자세한 분석을 토대로 이중 ABCX 모형을 제안했다. 여기서 A는 위기를 일으키는 사건, B는 대처하는 데 필요한 가족의 자원, C는 위기에 대한 가족의 지각, X는 지각된 스트레스이다. A, B, C의 다양한 형태들이 가족과 노인이 경험하는 전반적인 스트레스 수준을 결정한다. 베일리와 레티에크(Bailey and Letiecq 2009)는 이 모형을 사용해서 손자녀를 양육하는 조부모가 사용하는 대처 전략들을 설명했다(이 모형의 실제 적용 예는 Clark 1999 참조). 개츠 등(Gatz et al. 1990)도 이와 비슷한 모형을 만들었는데, 사건-스트레스원-평가-중재 요인들-결과의 순서로 구성되어 있다. 사건은 위기이고 스트레스원은 사건의 유해한 영향이다. 평가란 가족 부양자들이 그 상황을 통제할 수 있다고 느끼는 정도를 결정짓는 과정을 말하고, 중재 요인들이란 가능한 도움과 기술들이다. 결과는 가족들이 느끼는 스트레스의 정도와 상황 변화에 적응하는 정도를 말한다. 디 로사 등(Di Rosa et al. 2011)은 각각 상이한 중요 지표를 지니고 있는 일곱 가지 부양 상황을 분류했다. 데이비스와 놀런(Davies and Nolan 2006)은 질적 연구를 통해서 노인보호주택에 입소한 노인 가족을 둔 사람이 스스로 지각하는 가족 부양자 역할에 대해 설명했다. 이를 통해 알 수 있는 점은 부양 의무는 대부분 노인의 배우자나 자녀들에게 주어진다는 것이다(Qureshi and Walker 1989). 즉, 대부분의 부양자들은 그들도 노인이거나 중년이다. 따라서 부양자들도 환자를 간호하다가 신체적 문제를 경험할 수도 있고, 실제로 부양자들 가운데는 건강 상태가 나쁜 경우가 많다(Ekwall et al. 2007; Gatz et al. 1990; Hartke et al. 2006 참조).

추가적으로 가족 간의 조화에 대한 지각은 가족 규모가 작을수록 더 큰 것으로 보인다. 핑거먼과 버딧(Fingerman and Birditt 2003)은 가족 수가 더 적을수록 사람들이 더 가깝다고 평가했고 문제가 있는 관계는 더 낮게 나타났다고 하였다. 흥미롭게도 노인들은 같은 가족이더라도 젊은이들보다 문제성 관계를 덜 보고하는 경향이 있었다. 이러한 결과에 대해 냉소적인 해석을 해 볼 수 있다. 가족 규모가 작을수록 가족들은 더욱더 함께 살아 나가야 한다고 느낄 것이고 동시에 나이 들어 갈수록 가족 내에서 문제가 되는 것은 더욱 뚜렷해진다. 그러나 이는 지나치게 암울한 관점일 것이다.

자녀가 없는 노인의 경우 상호작용할 젊은 세대가 없다. 심리적 스트레스가 꼭 더 큰 것은 아니지만 특정 조건에 따라 달라질 수 있다(예: 함께 살고 있는 배우자가 없는 남성의 경우 외로움과 우울 수준이 높지만 배우자가 있는 경우는 그렇지 않다. Zhang and Hayward 2001 참조).

종교와 노화

조직화된 종교가 일부 소수 민족 노인의 삶에서 영적인 지지뿐 아니라 사회적 네트워크를 제공하는 등 큰 역할을 한다는 것은 앞에서도 살펴보았다. 그러나 영적 신앙 자체는 어떠할까? 대체로 높은 수준의 영적 신앙은 노화에 유익하다. 위기 시의 종교의 역할은 많은 사람들이 익히 알고 있고 그 유익함에 대한 연구는 많이 있다. 예컨대 종교적 신앙의 강도는 우울과 부적 상관이 있고(Braam et al. 1997; Lee 2007 참조), 신앙은 치매와 같은 환자를 보살피는 데 따르는 부정적 영향을 완화시켜 준다(제6장 참조). 또 종교적 참여는 불안과 부적 상관관계가 있다(Ellison et al. 2009). 보다 일반적으로 살펴보면, 종교성은 성별, 연령 코호트, 그리고 사회경제적 상태의 영향을 통제한 후에도 안녕감과의 상관이 강하게 존재한다(Wink and Dillon 2003). 한편 남성은 여성보다 종교 활동에서 더 많은 정신건강 이득을 얻는 것 같다(McFarland 2010). 또한 더 좋은 건강과도 연관이 있는데, 아마도 낙관주의를 증가시키는 중개적 단계를 통해서 스트레스를 낮춰 주는 것 같다(Krause 2002).

연구자나 비연구자나 종교와 영성을 구분하는 경향이 있다. 일반적인 용어로 보면 '종교'는 예배에 참석하기와 같은 규칙적인 종교 활동으로 표현되는 종교적 신념을 말한다. 영성은 보다 모호한 개념이다. 영적·종교적 문제에 민감한 정도를 뜻할 수도 있고 모든 종교를 아울러서 신성을 인식하는 것을 의미하기도 한다. 특정 종교에 얽매이지 않고 종교적이고 신비스런 느낌을 설명하는 데 쓰이기도 한다. 대부분의 노인들은 넓은 개념보다는 형식적인 활동과 영성이 있는 종교를 생각한다(Schlehofer et al. 2008). 종교가 도움이 되려면 규칙적인 형식적 활동이 있어야 한다. 설리번(Sullivan 2010)이 미국의 다양한 종파의 기독교인들을 대상으로 살펴본 결과, 예배에 규칙적으로 참여한 경우 낮은 사망률을 보였고 이는 다른 변인들을 통제한 후에도 여전히 유의했다. 그러나 종교 활동에 참여하도록 하는 신앙을 갖게 한 특정한 심리적 과정 또한 수명 연장에 영향을 주었을 가능성이 있다. 현재까지는 이 문제에 대한 답이 확실치 않다. 영성 또한 신체적 건강이나 안녕감에 영향을 미친다. 예를 들어 컬비 등(Kirby et al. 2004)은 영성이 질병과 신체적 노쇠함이 고령 노인의 안녕감에 대해 갖는 영향력을 완화시켜 준다는 것을 발견했다.

종교적 신념을 인지행동 치료에 끌어옴으로써 노인 환자의 우울과 불안에 유의한 효과를 가져온 사례들이 있다(Paukert et al. 2009; Maltby et al. 2010 참조). 생의 마지막 단계에서 종교는 상당한 위안을 줄 수 있을 것이라 가정하지만 실제로 이를 경험적으로 연구한 것은 드물다(아마도 윤리적 문제 때문일 것이다). 한 연구에서는 종교적 신념을 가지고 있는 사람이 죽음을 맞이하는 경우 사후 세계에 대한 믿음과 죽음 또한 우주 질서의 한 부분이라는 개념에 위로를 받았다는 점을 확인했다(Pevey et al. 2009 참조). 아이들러 등(Idler et al. 2001)의 종단 연구에 의하면, (아마도 신체적 제약 때문에) 예배에 참석하는 횟수는 줄었지만 종교감 수준은 안정적으로 유지가 되거나 인생의 마지막 해에 더 증가하기도 했다. 종교는 또한 사별 이후 마음의 안정에도 도움이 되었다(Chapple et al. 2011). 중요한 것은 종교적인 신앙은 일상생활에 유익하게 적용되거나 누군가에게는 생활만족도를 더 높여 준다는 점이다.

요약

성격과 생활 방식에 대한 연구 결과는 다양하다. 성격 유형과 특질에 대한 연구들에 따르면, 노인들은 대체로 초기 성인기의 자신의 성격을 그대로 유지하는 경향이 있고, 변화라고 한다면 젊은 시절에 비해 그 강도가 조금 줄어드는 정도이다. 노년기 특유의 성격 유형은 존재하지 않고, 성격 특질이 반드시 예측된 패턴을 따라가는 것도 아니다. 한편 노년기에 더 잘 적응할 수 있는 성격 유형은 존재한다. 그러한 유형을 알아내는 것은 주류 심리학보다는 정신분석에서 처음 시작되었지만, 이를 뒷받침할 수 있는 경험적 연구들이 많이 보고되었다. 그러나 성격 검사와 방법론의 문제에 대한 중요한 비판들도 고려해서 생각해 봐야 한다. 많은 성격 분류에는 암묵적인 가치 판단이 포함되어 있다. 성공적으로 나이 들어 가는 사람은 삶에 대해 차분하고 금욕적인 태도를 가져야 한다고 가정해 보자. 이는 노인은 조용하고 지혜로운 전형적인 조부모님의 모습을 가져야 한다거나 분란을 일으키지 않고 다른 사람에게 언제든 도움이 되어야 한다는 고정관념을 따르고 있는 것일 뿐이다. 그러나 생활 방식과 안녕감 간의 관계는 생각보다 더 복잡하다. 사회경제적 계층, 인종, 사별, 가족 관계, 재정 문제, 그리고 다른 많은 요인들이 서로 상호작용을 함으로써 보다 복잡해진다. 어떤 요인이 더 크게 작용하는지에 대한 전체적인 그림을 그려 보는 것도 무척 어렵다.

이 장에서 마지막으로 하고 싶은 말은 현실성 점검이다. 즉, 여기서 자주 말했던 것인 '상대적으로'라는 말이다. 높은 기준을 놓고 보면 다른 모든 사람의 삶이 비참하게 보인다. 이 책을 읽는 독자 중 일부는 재벌의 삶과 비교해 자신이 가난하고 형편없는 삶을 살고 있다고 생각할지도 모르겠다. 그러나 방 세 칸의 집에서 살고 있는 대부분의 일반 독자들은 물질적 만족감을 가지고 살고 있다. 물론 물질적 소유가 전부는 아니다. 물질적·정서적 문제가 있더라도 높은 안녕감을 가지고 있는 노인들도 많은데, 이를 때로 안녕감의 역설(paradox of well-being)이라 부르기도 한다(Mroczek and Kolarz 1998). 돈으로 해결할 수 없는 인간관계나 건강 문제와 같은 것에 직면할 때도 있지만 그것이 보편적인 것은 아니다. 노년기에 이런저런 문제들이 존재한다고 해서, 그들이 다른 것을 신경 쓰지 않고 그 문제에만 골몰한다는 뜻은 아니다. 누군가 항상 골칫거리들로 끙끙댄다면 그것은 대부분은 신경증적인 것이고, 그런 사람은 한 문제가 해결되면 다른 문제가 곧바로 생긴다고 여긴다(Hoyer and Roodin 2003).

제6장

노년기의 정신건강

도입

노인들은 다른 연령군에 비해서 정신건강 문제를 덜 겪는다(Smyer and Qualls 1999). 인지장애를 제외한 나머지 정신질환의 발병률이 낮지만 그렇다고 해서 그것이 노년기 정신건강 문제를 무시해도 된다는 말은 아니다. 어느 연령대나 정신질환은 심각한 문제이지만, 노년기에는 전반적으로 나쁜 건강 상태와 낮은 인지 기능이 함께 나타난다. 보통 사람이 겪는 만성적인 질환의 수는 일생에 걸쳐 증가하고, 사회경제적 수준이 낮은 집단일수록 문제는 더 심각해진다(House et al. 1992). 이중 위험(double jeopardy)에 지능과 기억력 저하까지 추가되어 정신질환을 갖고 있는 노인들이 직면한 문제는 상당히 크다. 노년기의 정신건강에 대한 연구는 많이 이루어져 왔다(보다 자세한 사항은 Smyer and Qualls 1999; Woods 1996, 2011 참조). 이 장에서는 노년기 정신질환의 주요 특징들에 대해 개관해 볼 것이다.

경도인지장애

경도인지장애는 많은 연구자들이 '회색 지대'로 일컫는 상태로, 분명 존재하기는 하지만 명확한 용어로 정의 내리기 어렵다. 이 책의 제2장과 제3장에서 기억력과 다른 인지 기술들이 젊은이들보다 유의하게 더 나쁜 노인들이 있음을 살펴보았다. 대부분의 노인들의 경우는 이렇게 기술이 떨어져 있다고 해서 일상생활에서 크게 영향을 받지는 않는다. 새로 구입한 휴대폰을 사용하는 방법을 배우는 것이 조금 느리거나 자주 안 만나던 사람의 이름이 바로 생각 나지 않는 등 조금 짜증이 날 뿐이다. 적지 않은 노인들이 이렇게 전혀 문제가 없다고는 볼 수 없는 상태에 있다. 치매는 아니지만 기억력이나 다른 인지적 기술들이 나빠져서 일상생활 속에서 변화가 인식될 수 있다. 그렇다고 해서 그러한 변화가 정상적인 기능을 못할 만큼 큰 것은 아니다. 이러한 상태를 경도 인지장애(Mild Cognitive Impairment; MCI)라 한다. 이에 대한 명확한 정의는 없고, 다른 유사한 용어들이 사용되어 왔다. 우즈(Woods 2011: 19)는 다음과 같은 용어들을 인용했다. 양성 노인 건망증(Benign Senescent Forgetfulness; BSF), 경도 치매(Mild Dementia), 초경도 인지 저하(Very Mild Cognitive Decline), 치매 의심(Questionable Dementia), 제한적 인지 장해(Limited Cognitive Disturbance), 최소 치매(Minimal Dementia), 노화 관련 기억 손상(Age-Associated Memory Impairment; AAMI)(Dawe et al. 1992), 그리고 노화 관련 인지 저하(Age-Associated Cognitive Decline; AACD)(Cullum et al. 2000). 흔히 쓰이는 또 다른 용어로 치매 아닌 인지 손상(Cognitive Impairment, Not Dementia; CIND)이 있다. 몇몇 연구자들이 MCI와 CIND를 개념적으로 구분했는데, CIND는 의학적 주의를 필요로 하는 것과는 상관없이 실험실 검사에서 인지 손상을 뚜렷하게 보이는 모든 경우를 포함하고, MCI는 객관적인 측정치에서 인지적 손상이 있으면서 동시에 그 손상에 대한 의학적 주의를 필요로 하는 사람만 포함한다(Chertkow et al. 2009 참조).

정의를 세세하게 내리는 것과 상관없이, 임상가들은 MCI와 관련된 상태에 큰 관심을 가지고 있다. 때로 짜증스러울 수 있지만 정의상 MCI가 일상생활에 영향을 끼치지는 않는다. 기억력이 조금 없고 때로는 혼란스러워하지만 전반적인 인지 기능은 자신의 삶을 충분히 즐겁게 보낼 수 있을 만큼 온전하다. 그러나 일부 사람들은 MCI 증상이 악화되어 치매로 전환되기도 한다(Chertkow et al. 2009 참조). 연구자들마다 서로 다른 측정치를 사용하기 때문에 MCI에서 치매로 전환될 확률을 정확히 알기는 힘들지만, 우즈(Woods 2011)는 약 10%에서 20%가 치매로 전환된다고 보았다. 이보다 더 비관적으로 예측하는 연구자들도 있다. 플라스만 등(Plassman et al. 2011)은 CIND 대상자들을

6년 가까이 추적연구한 결과 약 2/3가 치매 증상을 보였다고 보고했다.

정확한 수치가 어떻든 간에, 현재까지 연구들을 종합해 보면 MCI는 크게 두 가지 형태로 요약된다. 하나는 MCI가 실제 치매의 전구 단계인 경우이다. 다른 하나는 MCI가 질환이나 손상의 산물로 나타난 것으로 더 이상 진행되지 않는 경우이다. MCI의 원인은 다양하다. 고관부 골절이나 다양한 약물 치료도 CIND의 원인이 될 수 있다고 한다(Monastero et al. 2007). 명백한 원인을 찾을 수만 있다면 큰 도움이 될 것이다. 즉, MCI나 CIND인 사람 중에 치매로 진행하는 사람이 보이는 특정 증상을 찾아낼 수만 있다면 진단을 내리는 데 도움이 많이 될 것이다. 리치와 투오코(Ritchie and Tuokko 2010)는 기억 인출의 심각한 실패가 완벽하진 않더라도 훌륭한 치매 예측 인자가 된다고 제안했다. 하지만 아직까지 MCI에서 치매를 확실히 예측할 수 있는 증상은 찾지는 못했다.

치매

치매는 중추신경계의 손상으로 인한 지적 기능의 전반적인 퇴화를 말한다. 지적 기능의 저하라고 하면 기억력과 적어도 한 가지 이상의 다른 인지 기술의 저하를 포함해야 한다(Woods 2011). 치매와 MCI를 구분하기 위해서는 지적 기능 저하가 일상생활능력을 방해할 정도인지를 살펴야 한다. 또한 그러한 증상이 일시적인 것인지를 판별하기 위해서는 일시적 혼란 상태를 초래할 다른 요인이 없는지를 확인해야 한다. 치매에 대한 흔한 오해 세 가지는 다음과 같다.

- 치매는 노인들만 걸리는 병이다.
- 치매는 기억 손상의 원인이다.
- 치매는 알츠하이머 병과 동의어이다.

이는 부분적으로만 맞다. 첫째, 치매는 노인들만 걸리는 병이 아니다. 60세 이전에도 치매가 발병되고 이를 조기발병치매(Early-Onset Dementia; EOD)라

한다(예: Garre-Olmo et al. 2010). 그러나 젊은이에게서 치매 발병은 매우 드물다. 개레-올모 등(Garre-Olmo et al. 2010)의 연구에 의하면 30-49세 연령층에서 EOD 발병률은 100,000명당 5명 정도이다. 영국에서 모든 치매 중 EOD는 약 2%에 불과하다(Alzheimer's Society 2007). 연령이 증가하면서 치매 발병의 확률은 증가한다. 치매 유병률은 60세부터 시작해서 5년마다 대략 두 배 정도 증가하고(Corrada et al. 2010; Hestad et al. 1998; White et al. 1986), 이러한 경향은 전 세계적으로 비슷하다(Ziegler-Graham et al. 2008). 따라서 치매는 전적으로 노년기에만 발병하는 질환이 아니다. 그저 확률이 더 높을 뿐이다. 둘째, 치매는 기억 손상을 초래하기는 하지만 단지 기억만 문제가 되는 것이 아니다. 이에 대해서는 뒤에서 더 자세히 살펴보도록 하겠다. 셋째, 치매는 알츠하이머병과 동의어가 아니다. 알츠하이머 병이 치매 유형 중 가장 흔한 것이기는 하지만 다른 유형의 치매들도 있다. 최소 50개 이상의 치매 원인 질환들이 있다(Haase 1977). 물론 이 원인 질환의 상당수는 극히 드물기는 하다.

치매는 건강과 경제적 측면에서 심각한 문제를 야기한다. 영국 알츠하이머 협회에 의하면 영국에는 약 680,000명의 치매 환자가 있고, 이는 인구의 1.1%이다(Alzheimer's Society 2007). 이 수치는 2051년까지 1,735,087명으로 증가할 것으로 예측되고 있다. 이렇게 154%가 증가하는 것은 치매에 전염성이 있기 때문이 아니라, 단지 사람들이 더 많이 장수하기 때문이다. 이에 대한 사회적 비용은 영국만 해도 170억 파운드가 넘고, 이는 점점 증가할 것이다(Alzheimer's Society 2007). 그러나 모든 사람들이 동일한 수준의 치매 증상을 보이는 것은 아니다. 절반 정도는 비교적 초기의 경도 단계이고, 1/3은 중등도, 그리고 나머지는 중증 치매이다. 고령일수록 중증 치매의 비율이 증가하는데, 65-69세에서는 약 6%인 데 반해 95세 이상에서는 약 23%가 중증 치매 환자이다(Alzheimer's Society 2007). 크게 위안은 되지 않겠지만 치매가 중등도 및 중증으로 진행되기 전에 상당수의 노인들은 사망하게 된다.

기능적 손상

치매를 진단하는 첫 번째 단계는 병원을 맨 처음 찾을 때 장애의 정도가 어느 수준인지를 평가하는 것이다. 앞에서도 봤듯이 치매의 초기 인지 기능의 변화는 비교적 경미해서 스스로 일상생활에서의 특별한 변화를 느끼지 못하기도 한다. 치매는 점진적으로 진행되기 때문에 환자가 병원을 처음 찾았을 때의 단계는 사람마다 매우 다르다. 보다 젊은 사람들은 치매의 초기 증상만 있어도 그러한 지적인 저하가 그들 연령군에서는 일반적이지 않기 때문에 훨씬 빨리 병원을 찾기 쉽다(McMurtray et al. 2006). 노인들의 경우에는 증상이 더 진행되어서야 병원을 찾는데, 치매 초기 증상을 그저 전형적인 노화로 인한 저하로 여기기 때문이다(Roe et al. 2008).

문제가 일단 나타나게 되면 손상의 정도를 가늠해 봐야 하는데, 이때 사용할 수 있는 기본적인 인지 기능 평가 도구들이 여러 가지가 있다. 영국에서 널리 쓰이고 있는 것은 블레스드 치매 척도이다(Blessed Dementia Scale; BDS. Blessed et al. 1968). 미국에서는 정신상태 질문지(Mental Status Questionnaire; MSQ. Kahn et al. 1960)와 간이정신상태 검사(Mini-Mental State Examination; MMSE)가 있다. 이런 검사에서는 환자에게 '현재 대통령이 누구입니까?', '오늘 날짜가 어떻게 됩니까?', '당신의 이름은 무엇입니까?'와 같은 기억 문제들을 물어본다. 치매에 걸리지 않은 사람이라면 틀릴 리가 없는 질문들이다. 부정확하게 답하는 문항수가 많을수록 손상의 정도가 크고 심각함을 의미한다. 환자의 행동에 대한 질문지를 환자 보호자에게 시행하기도 한다. 예를 들어 옷 입을 때 얼마만큼의 도움이 필요한지 등과 같은 질문을 통해 환자가 기능적으로 독립적인지를 확인한다. 이는 환자의 손상 정도를 가늠하는 측정치가 되기도 하지만, 그 환자가 필요로 하는 간호의 수준을 판단하는 데에도 도움이 된다. BDS나 MSQ와 같은 척도들 또한 환자의 전반적인 상태를 체크하기 위한 질병의 경과를 살펴보는 데도 유용하다.

치매 환자의 기능 수준을 평가하는 보다 자세한 방법으로는 라이스버그 등(Reisberg et al. 1989)이 제안한 기능평가단계(Functional Assessment Stages; FAST)가 있다. 이 방법은 원래 알츠하이머 병 치매 환자의 기능적 상태를 살펴보기 위해 고안되었다. 환자들은 일곱 단계 중 하나로 분류되고, 6단계와 7단계는 하위 단계들로 나뉘어 있다. 1단계에는 정상적인 기능을 하는 사람이 속한다. 2단계에는 지적 기능 상실에 대한 주관적인 불편감이 있지만 다른 사람들은 그다지 심각하게 받아들이고 있지 않는 사람이 속한다. 3단계에는 원래 별 문제 없이 잘 수행했던 복잡한 과제에서 지적 손상(특히 기억력)이 드러나는 사람이 속하고, 4단계에는 비교적 복잡한 일상생활 과제들(예: 재정 관리)을 처리하는 것까지 손상이 확장된 사람이 속한다. 5단계는 적합한 옷을 고르는 데 수행 장애가 나타나는 것으로 정의되고, 6단계에는 스스로 옷을 입을 수 없고 개인 위생 관리를 할 수 없는 사람이 속한다(이 단계는 옷 입기 문제에서 실금 문제에 이르기까지 5개의 하위 단계가 위계적으로 나뉜다). 7단계에는 운동 및 언어 기술이 소실된 사람이 속한다(언어 소실에서 고개를 들 수 있는 능력의 소실까지 6개의 하위 단계로 나뉜다). 저자들은 환자가 사망하지 않는다는 가정하에, 특정 단계에 머무르는 기간을 추정했다(3단계: 7년, 4단계: 2년, 5단계: 18개월, 6단계: 2년 5개월, 7단계: 6년 이상). 좀 더 간단한 평가 도구로, 다양한 과제를 수행하는 기능 수준에 대한 체크 리스트인 임상치매평가(Clinical Dementia Rating; CDR)가 있다. 점수를 토대로 해서 '치매 아님', '치매 의심', '경도 치매', '중등도 치매', '중증 치매'로 평가한다(Berg 1988). 미국 정신의학회는 주기적으로 정신질환에 대한 분류 책을 편찬하고 있는데, 이는 매우 영향력이 높다. 최신판은 *Diagnostic and Statistical Manual of Mental Disorders* (DSM-IV)(American Psychiatric Association 1994)로, 일상생활을 방해할 정도로 지각적·지적 능력 및 기억력 손상이 있고 이러한 증상이 의식 소실이나 알코올 혹은 약물의 영향이 있는 상태가 아닐 경우 치매로 진단된다. 기능 상태로 단계를 정하는데, 경도(옆에서 도와주지 않아도 됨), 중등도(도움이 약간 필요함), 중증(지속적으로 도움이 필요함)으로 나뉜다.*

치매 환자들 중에는 초조 행동(agitation)을 보이는 경우가 증가하고 있다(전체 치매 환자의 약 60%이다. Eisdorfer et al. 1992). 이 용어는 공격성(신체적·언어적), 협조적이지 않음, 소리 지름, 안절부절못하는 행동 등을 포함하는 증상군을 지칭한다. 인지 손상의 수준은 주요 예측 인자가 될 수 있다(Vance et al. 2003). 코언-맨스필드(Cohen-Mansfield 2007)는 대부분의 경우 초조는 아침에

* 옮긴이 주: 최신판은 2013년에 출판된 DSM-V로, 치매는 신경인지장애(neurocognitive disorders)에 포함된다. 기억 영역이 반드시 손상되지 않아도 여섯 가지 신경인지 영역들(complex attention, executive function, learning and memory, language, perceptual-motor, or social cognition) 중 하나 이상의 손상이 있으면 신경인지장애로 분류할 수 있다. 환자의 독립성 여부에 따라 다시 경도신경인지장애(MCI에 해당)와 주요신경인지장애(치매에 해당)로 구분한다.

깨어나 오후 4시경까지 증가하고 그 후에는 감소한다고 보고했다. 그러나 코언-맨스필드의 연구에서 관찰된 대상자의 1/4은 늦은 오후까지도 초조 행동이 증가했다. 초조 행동을 줄이는 몇 가지 방법이 제안되었다.

- 긍정적인 언어로 반응해 주기와 같이 적합한 방식으로 반응하도록 보호자를 교육하기(Roth et al. 2002).
- 요양 기관의 치매 환자를 실내 원예 교실에 참여시키기(Lee and Kim 2008).
- 밝은 빛 치료(Burns et al. 2009).
- 침과 몬테소리 기반 활동들(Lin et al. 2009).
- 좋아하는 음악 듣기와 손 마사지(Hicks-Moore and Robinson 2008).

그러나 완벽하게 효과를 본 단일한 방법은 없고(Kong et al. 2009), 일부 환자들은 행동적 개입에 저항적이기 때문에 그런 경우는 약물 치료만이 가능한 해결책이기도 하다(Brown 2010; Lee et al. 2007; Selzman et al. 2008).

다른 유형의 치매 또한 앞서 설명한 일반적인 특성들을 가지고 있다. 그러나 각 유형별로 독특한 패턴의 장애를 보이기도 한다. 이제 각 치매 유형에 따라서 살펴보도록 하겠다.

알츠하이머 병

알츠하이머 병(Alzheimer's Disease; AD)은 1907년 알로이스 알츠하이머(Alois Alzheimer)가 51세 여성 환자 케이스를 최초로 보고한 병이다. 알츠하이머형 치매(Dementia of the Alzheimer Type; DAT), 알츠하이머형 노인성 치매(Senile Dementia of the Alzheimer Type; SDAT), 혹은 주요 퇴행성 치매(Primary De-generative Demenita; PDD)라고 부르기도 한다. 편의상 이 책에서는 AD라고 부르기로 하겠다.

초기 증상은 다음과 같다.

- 일상생활에서 통상적으로 경험하는 기억 문제를 넘어서는 심각한 기억 장애가 생긴다. 매우 간단한 목록이나 지시 사항을 잊어버리거나 가까운 쇼핑 센

터나 집 근처와 같이 친숙한 장소에서 길을 잃는 것도 포함된다. 표준화된 기억력 검사에서는 몇 분 혹은 몇 초 동안 새로운 정보를 기억하는 것이 잘되지 않는 것으로 나타난다. 숫자 따라 외우기와 같은 단기 기억 검사에서도 저하가 나타날 수 있다(Terry et al. 2011 참조).

- 실행증, 즉 기술적 운동 행동을 수행하는 능력의 장애가 나타날 수 있다(Capone et al. 2003 참조).
- 시각적 실인증, 즉 시각 자극을 보고 인식하는 능력의 장애가 나타날 수 있다(Giannakopoulos et al. 1999 참조).
- 빈약한 언어 능력: 적절한 단어를 찾아 말한다거나(Clark et al. 2009 참조), 속담과 같은 추상적인 어구를 이해하는 것에 어려움을 느낄 수도 있다(Chapman et al. 1997; Rapp and Wild 2011 참조).
- 자신의 증상에 대한 환자의 반응은 다양하다. 어떤 환자는 우울해 하고, 어떤 환자는 냉담해 하고, 또 어떤 환자는 별 상관하지 않을 수 있다. 어떤 경우는 문제를 인식하고 있기는 하지만 그 심각성을 과소평가할 수도 있다. 어떤 환자는 남들이 자신의 물건을 숨긴다는 편집증적 사고를 할 수도 있다(Burns 1995; Murayama et al. 2009 참조).

병세가 악화됨에 따라 위에서 언급한 증상의 심각도가 증가한다. 물론 증상이 나타나는 정도나 그 순서에서 개인차가 상당히 크게 존재한다(Stopford et al. 2008; Wilson et al. 2000).

- 새로운 항목에 대한 기억력이 심각하게 저하되고 단기 기억도 나빠진다.
- 발병하기 전에 학습한 먼 과거 사건에 대한 기억력 또한 악화된다.
- 재인도 저하되고 심지어는 친구나 가족을 몰라보기도 한다.
- 언어 능력도 저하되어 AD 말기의 주요 특징인 실어증을 보이기도 한다. 언어 표현(브로카 실어증)이나 언어 이해(베르니케 실어증) 혹은 두 가지 모두에서 문제를 보일 수 있다. 몇 단어만 겨우 말하거나 말소리는 같지만 뜻이 통하지 않거나 무의미한 순서로 단어들만 이야기하는 등의 모습을 보일 수 있다(Whitworth and Larson 1988).

- 때로 적절한 발음과 어조로 소리 내어 읽는 기능은 놀랄 만큼 잘 유지되어 있는 것을 볼 수 있다(Raymer and Berndt 1996). 그러나 자신이 읽었던 내용을 잘 기억하지는 못한다(치매 난독증).
- 환자의 외관 또한 내적인 저하를 반영한다. 옆에서 세심하게 도와주지 않는다면 옷차림새나 처신이 악화된다.
- 적절한 운동 동작이 힘들어지고 파킨슨 병의 특징인 발을 끌며 걷는 것이 흔하게 나타난다.
- AD 말기에는 의사소통이 거의 불가능한 상태에 이른다.
- 습관적 실금이 생긴다.
- 클뤼버부시 증후군(Kluver–Bucy syndrome)을 보인다. 이 증후군은 과탐식(hyperorality: 모든 것을 입으로 넣으려는 욕구)과 과식증(bulimia: 음식에 대한 과한 욕구)을 포함한 기이한 행동들을 일컫는다. 클뤼버부시 증후군의 다른 증상으로는 시각 실인증, 사고 탈선(hypermetamorphosis: 보이는 모든 것을 만지려는 강박적인 경향), 그리고 정서적 무감각 등이 있다.

중기와 말기에 대한 보다 자세한 논의는 번스(Burns 2006)의 자료를 참조하면 된다.

주요 증상이 처음으로 보인 이후 5년 이상 지나서 사망에 이르게 되는데, 주요 증상을 무엇으로 설정하는가에 따라서 차이는 있다. 1960년대 이후로는 요양 기관 입소 후 생존 기간이 증가하는 추세로(Wood et al. 1995), 이는 전반적인 의료 서비스가 향상되고 있음을 반영한다. 흔히 호흡 곤란으로 사망하게 되는데, 말기 환자의 활동성이 현저히 떨어짐으로 인해 더욱 악화되는 것으로 여겨진다(Burns 1995 참조).

치매 단계에 대한 설명은 일부러 대략적으로 했다. 각 단계에 따른 증상의 심각도, 상대적으로 보존되어 있는 기능, 그리고 잔존 수명 등이 환자마다 천차만별이다. 그러나 말기 단계에 이른 AD 환자는 위에서 설명한 단계들을 모두 경험하게 된다. AD 진단을 위한 NINCDS-ADRDA 진단 기준이 있다. NINCDS-ADRDA는 'National Institute of Neurological and Communicative Disorders and Stroke' and 'Alzhermer's Disease and Related Disorders Association of America'의 머리글자이다. 이는 진단에 대한 세 가지 수준을 제공했는데, 그것들은 '유력(probable)', '가능(possible)', 그리고 '확실(definite)'이다. 확진은 생검이나 부검을 통해 이루어질 수밖에 없기 때문에 연구자들 대부분은 '유력'으로 진단하는 것에 만족한다. 유력 AD는 기능 장애, 기억 손실을 포함해 두 가지 이상의 인지 영역에서의 기능 저하, 그리고 뇌종양이나 섬망과 같은 다른 원인에서 기인하지 않음 등을 주요한 기준으로 꼽는다. 다시 말하면, 증상에 대한 진단으로 더 적합한 다른 질환이 없는 경우에 진단을 내린다(McKhann et al. 2011). 이로 인해 몇 가지 문제가 발생하기도 하는데, 이는 뒤에서 살펴볼 것이다.

일부 오래된 책에서는 60세 이전에 발병한 케이스만 알츠하이머 병으로 제한하고 그 이후에 발병한 경우에는 노인성 치매(senile dementia)라는 용어를 쓰기도 한다. 또 어떤 경우에는 AD를 초로성(pre-senile)과 노인성으로 구분하기도 한다. 예컨대 일찍 발병한 환자는 일반적으로 사망위험이 높고(Koedam et al. 2008) 가까운 가족들이 치매에 걸릴 확률이 더 높다(McMurtray et al. 2006). 더 젊은 나이에 발병하는 경우에는 보다 심각하고(특히 언어 장애. Seltzer and Sherwin 1983) 상당히 빠르게 진행하는 특징이 있다(Reisberg et al. 1989). 그러나 증상의 표현 강도의 차이가 있을 수는 있겠지만 두 유형의 AD는 기본적으로 동일하고, 초로성/노인성으로 나누는 연령 기준도 겉보기에만 그럴듯할 뿐이라고 주장하는 연구자들도 많다(Sulkava 1982; Sulkava and Amberia 1982; Lezak 1995; 개관을 위해서는 Miyoshi 2009 참조).

신경생리학이 낯선 독자들은 부록 I을 먼저 참조한 후에 다음 부분으로 진행하는 것이 좋을 것이다.

세포 수준에서 AD 환자의 뇌는 전형적으로 두 가지 특징을 보인다. 첫째, 신경반(neuritic plaques)이 많다. 신경반은 베타 아밀로이드(beta amyloid)라고 불리는 단백질로 작은 덩어리를 이루고 모여 있다. 대부분의 노인들에게는 이러한 신경반이 어느 정도 있으나 AD 환자에게서는 훨씬 많은 수가 발견된다. 둘째, 신경섬유농축제(neurofibrillary tangles)가 관찰된다. 타우(tau)라고 불리는 단백질이 축색의 구조를 유지할 수 있도록 해 준다. AD에서는 타우 모양이 왜곡되면서 축색이 점점 손상되고 신경섬유농축제를 형성하게 된다(Hyman et al. 1993에 자세한 설명과 그림이 있다). 신경반과 신경섬유농축제가 AD 증상의 원인인지 아니면 AD 과정으로 인해 생긴 부산물인지는 아직 명확하지 않다. 그러나 이러한 신경반 및 신경섬유농축제가 일부 심리학적 증상과 상관이 있음이 발견되었다. 예컨대 사망 시 신경반의 개수는 치매 증상의 심각도와 상관없이 AD 환자의 우울 수준과 유의한 상관이 있었다(Meynen et al. 2010). 신경반과 신경섬유농축제에 민감하다고 알려져 있는 [18F]FDDNP*를 이용한 PET 스캔 소견은 정상, MCI, 그리고 AD 집단에서의 인지 수행과 유의한 상관이 있었다(Braskie et al. 2010).

세포 소실은 매우 선택적으로 이루어지는데, 주로 피질에 집중되어 있고(단, 후두엽 부분은 상대적으로 보존되어 있다) 편도체와 해마를 중심으로 일부 피질하 영역에서도 관찰된다(Moss and Albert 1988; Braskie et al. 2010). 중추신경계 일부 영역은 보존되어 있는데 주로 기저핵, 소뇌, 척수 부분들이다(Petit 1982). 신경세포 소실의 경우 특히 콜린성 시스템 세포 소실이 중요하다. 콜린성 시스템의 신경전달물질 방출이 심각하게 감소되어 있다는 것도 알려져 있다(Kermis 1986). 콜린성 활동이 억제되면 기억력이 손상되기 때문에 AD 환자의 문제의 원인이 신경전달물질의 부족일 것이라고 추정하고 싶어진다. 이를 콜린성 가설이라 부른다. AD의 인지 기능 저하와 콜린성 시스템 기능 간에 상관이 있다는 연구들은 많다(Bohnen et al. 2005 참조). 크레이그 등(Craig et al. 2011)은 콜린성 시스템의 핵심 기능은 신경 가소성을 유지시키는 방식을 이용해 축적된 손상에 대한 완충 작용을 하는 것이라고 제안했다. 콜린성 시스템이 손상되면 인지 기능의 저하가 초래된다. 신경적 손상을 바로잡을 수는 없지만 남아 있는 콜린성 시스템을 약물학적으로 자극한다면 도움이 될 것이라는 주장이 가능하다. 일부 '항치매' 약물은 이런 방식으로 작용한다. 질병을 치료하거나 진행을 멈추진 못하지만 증상을 경감시키고 진행을 더디게 할 수는 있다(Sabbagh and

* 2-(1-{6[(2-[F-18]fluoroethyl)(methyl)amino]-2-naphthyl}ethylidene)malononitrile

Cummings 2011).

따라서 AD 환자의 뇌세포가 죽어 감에 따라 지적 수행도 나빠진다. 이 분야의 초기 연구들(예: Tomlinson et al. 1968)이 진행된 이래 일반적인 사실로 받아들여지고 있다. 그러나 다른 노화 연구과 마찬가지로 주의해야 할 점이 있다. 신경반이나 신경섬유농축제 등이 AD의 심리학적 증상과 상관이 있지만, 신경반 등은 치매 증상이 없는 일반 정상 노인에게서도 발견될 수 있다(Erten-Lyons et al. 2009; Katzman et al. 1988; Mahley and Huang 2009; Roe et al. 2007).

질병이 발현되고 진행되는 데는 다른 요인들이 영향을 끼칠 수 있다. 가장 흔한 예로 교육 수준의 영향을 들 수 있다. 학력이 높은 노인은 학력이 낮은 노인보다 더 일찍 병원을 찾을 수 있다. 저학력층은 처음 병원을 찾았을 때 증상이 더 심각한 경우가 많다(Roe et al. 2008). 고학력 노인들은 '지적' 활동에 더 참여하는 경향이 크고, 따라서 예전과 다르다는 것을 더 일찍 알아차리게 된다. 저학력 노인들은 정상 노화와 치매 초기를 구분할 수 있는 지식이 부족하고, 따라서 증상이 심각해지기 전에는 이에 대해 별 걱정을 하지 않을 수 있다. 하지만 교육의 강력한 영향은 다른 결과에서도 확인할 수 있다. 고학력자의 사후 뇌 부검에서 AD로 판명되었으나 생전에는 인지장애를 보이지 않은 경우가 있다(Roe et al. 2007). 로 등(Roe et al.)은 이를 인지적 예비능(cognitive reserve) 때문으로 보았다. 교육 수준이 높을수록 잉여의 처리력이 더 크다. 가지고 있는 예비능을 다 쓸 때까지는 인지적 변화가 드러나지 않는다. 또한 고학력자들은 인지 과제를 처리하는 데 있어 자신의 휴리스틱을 더 잘 이용하기 때문에 어려운 과제도 손쉽게 해결 가능하고 치매의 영향에서 거리를 둘 수 있게 된다. 다시 말하면 학력이 높을수록 치매 증상을 더 잘 숨길 수 있다(Gilleard 1997 참조).

이유가 어떻든, 적어도 초기 AD에서는 높은 교육 수준이 유익한 영향을 준다(Bruandet et al. 2008; Perneczky et al. 2009; Sando et al. 2008a). 와흐만과 베르톨루치(Wajman and Bertolucci 2010)는 지적인 작업을 요하는 직업을 가진 경우 더욱 그 효과가 커진다고 지적했다. 그러나 교육 수준의 효과를 발견하지 못한 다른 연구들도 있다는 점도 유념해야 한다(예: Lupton et al. 2010). 럽턴 등(Lupton et al.)의 연구의 경우, 연구 대상자의 변산이 크지 않은 점이 교육의 효과가 발견되지 않은 이유가 될 수도 있다. AD의 후기에 이르면 교육 수준의 유익한 영향은 거의 관찰되지 않는다(Koepsell et al. 2008). 코엡셀 등(Koepsell et al.)은 초기에는 개인이 가지고 있는 인지 기술이나 인지적 예비능에 따라 수행 차이가 나타나지만, 말기에는 그러한 능력들이 쇠퇴되어 수행에 영향을 끼치지 않는다고 주장했다.

세포 소실의 영향과 교육의 보호적 효과 외에도 AD의 원인에 대한 의문은 여전히 존재한다. AD의 주요 원인은 무엇일까? 대중 매체에서 '치매 유전자'라는 말을 때로 쓰기도 하는데, 여기에는 오해의 소지가 있다. 확실한 것은 일부 유전자를 가지고 있으면 AD 발병 위험이 크게 증가된다는 것뿐이다. 초창기 연구(Schweber 1989a; St George-Hyslop et al. 1987)에서는 다운증후군의 원인인 3염색체성 21의 손상 영역 근처의 21번 염색체의 결함과 관련이 있다고 보았다. 다운증후군 환자들은 중년이 되면 AD와 유사한 증상을 보이고 AD 환자의 뇌와 매우 유사한 신경 병리를 보인다(Schweber 1989b). 최근에는 보다 정확한 유전적 요인들 몇 가지가 확인되었다. 예컨대 19번 염색체에 있는 아포지단백 E(Apolipoprotein E; ApoE) 유전자가 상당한 주목을 받고 있다. 보다 구체적으로 살펴보면, ApoE E4로 알려져 있는 ApoE 유전자형이 노년기 AD 발병 위험을 높이고, 치매가 아니더라도 노년기 기억력 저하와 관련이 있는 것으로 나타났다(Hofer et al. 2002; Sando et al. 2008b; Small et al. 2004; van der Vlies et al. 2007). 그러나 ApoE로 설명되지 않는 노년기 AD 케이스도 다수이다. 초로성 AD에만 관련이 있는 유전자로는 21번 염색체에 있는 아밀로이드 전구 단백질(APP 유전자), 14번 염색체에 있는 프레세닐린 1 및 1번 염색체에 있는 프레세닐린 2 유전자가 있다(Bekris et al. 2011; Bertram and Tanzi 2004; Boeras et al. 2008; O'Brien and Wong 2011 참조).

그러나 AD에 유전적 요소가 있더라도 이 요인 단독으로 AD를 유발하지는 않는다. 유전적인 소인이 있는 사람에게서 AD가 발병될 수는 있지만 반드시 그런 것은 아니다. 예를 들어 유전적 소인을 동일하게 지닌 일란성 쌍둥이 중에서 오직 한 사람에게서만 AD가 발병하고 다른 쌍둥이 형제자매에게서는 전혀 발병하지 않을 수 있다(Alzheimer's Society 2007; Scheinin et al. 2011). 발병 연령 또한 다양하다(Brickell et al. 2007의 쌍둥이 연구에 의하면 발병 연령의 차이는 4-18년으로 다양하다). 이는 일란성 쌍둥이는 동일한 유전 구조를 가지고 있기 때문에 AD의 발병에는 유전자 이상의 무언가가 더 필요하다는 것을 의미한다. 이를 가장 잘 설명하는 이론으로 치매에 대한 역치 모형(threshold model of dementia)이 있다. 이 모형은 유전적 소인으로 인해 AD에 걸리기 쉬운 성향을 갖고 있어도 실제로 AD를 발병하도록 촉진하는 환경적인 무언가가 더 있어야만 한다는 주장을 담고 있다(Virta et al. 2008 참조).

환경적인 위험 요인이 무엇인지에 대한 연구들이 많이 진행되었다. 도지 등(Dodge et al. 2011)은 혈관성 질환이 AD 발병 위험을 10% 정도 증가시킨다는 것을 발견했고, 미국의 연구에서는 치매 및 경도인지장애의 발병률 저하와 뇌졸중 및 심장 질환으로 인한 사망률 저하가 연관이 있다는 잠정적인 증거가 발견되었다(Rocca et al. 2011). 최근에는 알루미늄이 AD의 원인이 될 수 있다는 주장이 나왔다. AD 환자의 뇌세포에서 작은 금속 알갱이들이 발견되었고, 지난 수백 년간 알루미늄 중독이 AD와 매우 비슷한 증상을 초래한다고 알려져 왔기 때문이다(Tomijenovic 2011). 어떤 사람들은 알루미늄 쿠킹 호일과 같은 가정용품 사용을 피하기도 하지만 이는 헛수고이다. 알루미늄은 자연 물질이나 식품에 매우 흔하게 존재하는 요소이기 때문이다. 왜 AD 환자가 특히 알루미늄에 취약한지는 여전히 수수께끼이다. 알루미늄 흡수는 질병의 원인이라기보다는 결과일 가능성이 있다. 알루미늄 때문에 AD 환자의 뇌세포가 죽는 것이 아니라 죽어 가는 뇌세포가 알루미늄을 흡수하기 때문일 수 있다. 이러한 견해는 AD 환자의 뇌에 알루미늄 흡수를 막는 처치를 해도 질병의 진행에 아무 영향을 끼치지 못한 결과로부터 지지되었다(Shore and Wyatt 1983). 그러나 보다 최근의 연구에서는 알루미늄이 신경섬유농축제를 형성하는 역할을 한다는 주장이 있다(Walton 2010). 현재까지는 아직 확실한 결론이 없고 활발한 논의가 진행 중이다(예: Exley 2007; Takashima 2007). 또 다른 설명으로는 AD가 천천히 작용하는 바이러스 때문에 발생한다는 입장이 있다. 파푸아뉴기니의 소수 부족에게서 나타나는 쿠루(kuru)와 같은 치매는 감염된 신경조직으로 인해 나타난다. 그러나 AD에 대한 증거는 아직 불충분하다(Lezak 1995). 심각한 두부 손상 또한 일부 경우의 AD 발병에 영향을 줄 수 있다고 한다. 그러나 AD의 원인에 대한 증거는 확실한 결론을 내릴 수 있을 만큼 충분한 것은 없고(Mahley and Huang 2009; Mondragon-Rodriguez et al. 2010), 이를 찾으려는 노력은 계속되고 있다(De la Torre 2011 참조).

혈관성 치매

혈관성 치매(Vascular Dementia: VaD)는 뇌의 혈관 손상으로 인한 치매를 가리키는 포괄적인 용어이다. 여기에는 혈관이 혈전으로 막히거나(혈전증), 떨어진 혈전이 동맥에 박히거나(색전증) 혈관 벽을 파손시켜(출혈) 주변 조직을 손상시키는 것 등이 포함된다. 손상으로 인해 주변 뇌 조직이 죽는데, 이 죽은 조직을 경색(infarct)이라 부른다. VaD는 두 번째로 흔한 치매 유형이다(Lezak 1995; Smyer and Qualls 1999). VaD는 AD 증상과 함께 나타나기도 하는데, 이를 혼합형 치매(mixed dementia)라 칭한다. 혼합형 치매에 대해서는 뒤에서 살펴보겠다. AD, VaD, 그리고 혼합형 치매를 구분하는 일은 신경섬유농축제의 수와 같은 신경학적 지표를 통해 가능하다.

VaD 중 반복적 뇌경색에 의해 일어난 경우를 다발성경색 치매(Multi-Infarct Dementia; MID)라고 부른다. 단일의 뇌경색은 눈에 띄는 행동 변화를 일으키지는 못하지만 이들이 모여서 치매를 일으킨다. 이러한 뇌경색은 뇌의 어디에든 생길 수 있다. 어떤 경우에는 특정 영역에 집중해서 나타나기도 한다. 피질에 주로 분포하는 경우 피질성 죽상경화성 치매(Cortical Atherosclerotic Dementia; CAD), 피질하 영역에 주로 분포하는 경우 피질하성 죽상경화성 치매(Subcortical Atherosclerotic Dementia; SAD)라고 부른다. CAD는 지적 기능 손상만 두드러지는 반면 SAD는 지적 기능 저하와 함께 운동 장애를 보인다(Holtz 2011; Metter and Wilson 1993; Tomimoto 2011 참조). SAD의 두 가지 흔한 형태가 열공성 뇌졸중(lacunar strokes)과 빈스방거 병(Binswanger's disease)으로, 둘 다 피질하 영역의 손상으로 나타난다.

VaD의 원인이 다 밝혀지지는 않았다. 당연하겠지만 환자들은 심혈관 문제의 과거력, 지방 식단, 흡연 경력 등을 갖고 있는 경우가 많고, VaD나 뇌졸중의 가족력 경향성도 있다(Funkenstein 1988; Holtz 2011; Ronnemaa et al. 2011; Qiu et al. 2010). 그러나 이러한 것들은 단지 위험 요인일 뿐이고, 확실한 원인을 찾는 것은 AD의 원인을 찾는 일만큼이나 요원해 보인다(Stephan and Brayne

2008 참조). 55세 이전에는 매우 드물고, 평균 발병 연령은 65세이다. VaD를 평가하는 흔한 방법 중 하나는 하친스키 허혈 점수(Hachinski Ischaemic Score)를 이용하는 것이다(Hachinski et al. 1975). 환자가 보이는 증상을 기초로 해서 점수를 주고 특히 중요한 증상에는 가중치를 두어 상대적인 중요성을 반영해서 평가한다.

뇌경색은 발생 영역이 무선적이기 때문에 질병의 경과를 예측하는 것도 어렵고 환자마다 증상도 다양하다. 예를 들어 VaD로 인해 손상된 뇌 조직의 단순한 양 자체는 나타나는 증상과 거의 관계가 없다(Metter and Wilson 1993 참조). 한 연구자의 말을 인용하면, "진단과 일관성이 있다고 여겨지는 연구 결과는 거의 없다."(LaRue 1992: 236) 각기 다양한 정신 기능을 담당하는 뇌 영역들이 제각기 다른 비율로 쇠퇴되어 가기 때문일 것이다. 뇌 영역 A, B, C, D, E가 있고, 이들이 각각 X, Y, Z, P, Q 능력을 담당한다고 가정해 보자. 어떤 VaD 환자는 A, B, C 영역의 손상이 있고 따라서 X, Y, Z 능력에 변화가 왔다. 다른 환자는 A와 B 영역은 괜찮고 C, D, E 영역이 손상이 와서 Z, P, Q 능력에 변화가 왔다. 따라서 두 환자는 기본적으로 서로 다른 증상을 보일 것이다. 뇌경색이 어느 영역에서나 일어날 수 있기 때문에 어떤 경우에는 다른 원인의 치매 증상과 비슷하게 나타나 오진을 내리는 경우도 있다(Alzheimer's Society 2007; Marianetti et al. 2010).

그러나 다른 치매와 구분할 수 있는 VaD만의 특징도 있다. 예컨대 증상의 출현이 갑작스럽다. 다른 치매에서 보이는 것처럼 서서히 생기지 않는다. 그러나 어떤 VaD 환자(예: 빈스방거 병 환자)는 서서히 생기기도 하기 때문에, 급작스런 발병이 VaD의 확실한 특징인 것도 아니다. VaD 환자는 또한 대부분 심혈관계 질환의 과거력을 가지고 있다. 다른 치매 환자도 마찬가지이겠지만 뇌졸중, 고혈압 등의 과거력은 VaD의 강력한 지표가 된다. 그러나 가장 기본적인 차이는 VaD의 진행 경과에 있다. 다른 유형의 치매 환자는 대체로 점진적으로 저하되지만, VaD 환자는 계단식으로 갑자기 저하된다. 다시 말하면, 몇 주나 몇 달 동안은 일정 수준의 능력을 유지하다가 갑자기 더 낮은 수준으로 저하된다. 이러한 과정이 계속 반복되면서 환자의 지적 기능이 바닥으로 떨어진다. 뇌경색이 발생하는 뇌 영역이 무선적인 경향이 있기 때문에 증상의 진행을 예측하기는 어렵지만, 대체로 기억력이 초기에 저하된다. 더 진행되면 식물인간 상태가 될 때까지 지적 기능이 점점 쇠퇴한다. 진단 후 평균 4년 정도가 지나 심장마비와 같은 심혈관 관련 질환이나 감염으로 사망한다.

기타 치매

VaD가 AD 이외의 대부분의 치매의 원인이 되기는 하지만, 앞에서도 언급했듯 50가지 이상의 다른 원인들도 있다. 이들 중에서 가장 흔한 것들 몇 가지를 살펴보도록 하겠다.

전두측두엽 치매(frontotemporal dementia)는 전두엽과 측두엽 영역의 뇌 위축이 특징적으로 나타나는 치매이다(Mariani et al. 2006). 전두측두엽 치매는 상당히 드물다. 여기에 하위 유형이 얼마나 있는지에 대해서는 여전히 논쟁 중이다(예: Boxer and Miller 2005; Whitwell et al. 2009). 대다수가 동의하는 가장 흔한 하위 유형으로는 피크 병(Pick's disease)이 있는데, 행동변형 전두측두엽 치매(behavioural variant Frontotemporal Dementia; bvFTD)로도 알려져 있다.

피크 병은 노년기에 흔한 질환은 아니고 평균 40대 후반에 발병한다. 뇌 위축이 전두엽에서 시작해 그곳에 주로 집중되고, 시상, 기저핵, 편도체로 점점 진행된다(Lezak 1995). 세포 수준에서 살펴보면, 뉴런이 부풀어 오른 모습을 특징으로 하는 피크 병의 병리가 관찰된다. 어떤 환자는 피크 병과 유사한 뇌 위축 패턴을 보이지만 피크 병리 소견이 없는 경우도 있다. 이 치매 환자는 전두엽 손상으로 인한 증상들을 가장 먼저 드러낸다. 그 증상들은 계획 능력의 저하, 추상적 사고 능력의 저하와 같은 것들이다. AD와는 반대로 클뤼버부시 증후군이 치매 초기에 나타나곤 한다. 사회적 예의를 무시하는 부적절한 강박적 성 행동도 나타날 수 있다. 치매가 진행되면서 AD와 유사한 증상들도 나타난다. 언어가 기억보다 더 손상되어 있는 경우가 많지만 모든 환자가 그런 것은 아니다. 피크 병 환자는 VaD나 AD 환자들은 거의 보이지 않는 작화증(손상된 기억력이나 다른 기술들을 감추기 위해 그럴듯한 이야기로 꾸며 내는 것)을 보이기 쉽다. 말기 단계에서는 식물인간 상태가 되기도 한다. 전형적으로 첫 번째 증상이 발병한 이후 대략 4년이 경과하면 사망한다. 전두측두엽 치매의 또 다른 유형으로 의미 치매(semantic dementia) 혹은 측두변형 전두측두엽 치매(temporal variant Frontotemporal Dementia; tvFTD)가 있다. 이 유형은 측두엽 위축으로 인해 초기 증상이 생긴다. 좌측 측두엽 위축으로 언어 기술이 퇴화되고 우측 측두엽 위축으로 얼굴 재인과 정서를 인식하는 능력이 손상된다. 뇌의 한쪽 반구의 위축이 결국 다른 쪽 반구의 위축을 초래한다. 병이 진행되면서 피크 병과 유사한 증상들이 나타난다.

크로이츠펠트-야코프 병(Creutzfeldt-Jakob Disease; CJD)은 매우 희귀한 질병으로 100만 명 중 한 사람 정도에게서 발병한다. 이 병은 지적 기능의 쇠퇴가 오기 전에 운동 장애부터 먼저 보인다. 다음과 같은 특징을 보인다는 점에서 전형적인 치매와는 차이가 있다. 첫째, 사망이 매우 빠르다(증상 발현 후 대략 1년). 둘째, 감염을 통해 걸린다. 1990년대에 출현한 변성 CJD(vCJD)로 인해 CJD에 대한 관심이 급증하고 있다. 현재까지 약 120명이 이 병에 걸렸다. 감염의 원천이 광우병(소에게 CJD 증상을 일으킨다)에 걸린 소의 고기라는 강력한 증거가 있다. 1990년대 초에 대중 매체를 중심으로 vCJD 희생자들의 수가 증가할 것이라는 이야기가 있었다. 그러나 현재까지 급속한 확산은 일어나지 않았다. 2010년까지 전 세계적으로 광우병은 17사례만 추가로 발병해 거의 근절되어 가고 있다. 현재까지 약 170명이 CJD로 사망했고, 사망자의 평균 연령은 28세이다. 환자의 유전자형에 따라 질병 취약성이 영향을 받는 것으로 보인다. 관련 유전자는 M과 V로, 사람들은 MM, VV, 그리고 MV 중 하나를 갖게 된다. 현재까지 vCJD에 걸린 사람은 모두 MM 유전자를 지닌 사람이었고, 이 유전자는 인구의 약 37%를 차지하고 있다. 쿠루 병 환자들도 대부분 MM 유전자를 지니고 있지만, 노년기에는 MV 유전자를 지닌 사람 중 소수도 이 병에 걸렸다(Collinge et al. 2008). 이를 보면 MV 유전자를 지닌 사람도 vCJD에 걸릴 수 있고, 결국엔 VV도 걸릴 수 있게 되는 것이 아닐까 생각하게 된다(Coghlan 2011). 그러나 그렇지 않을 수 있는 다른 이유들도 있다. 첫째, MM에 비하면 MV를 지닌 사람이 쿠루 병에 걸리는 일은 상대적으로 드물다. MM의 vCJD 케이스도 인구 전체를 봤을 때는 상당히 드물기 때문에 MV가 걸릴 확률은 더욱더 드물고, VV에서는 거의 나타나지 않을 것이다. MV 유전자의 vCJD 케이스는 아직까지 나타나지 않았다(Coghlan 2011). 둘째, vCJD가 계속 나타날 문제라면 발병 사례가 증가하거나 적어도 계속 비슷한 수로 생겨야 한다. 그러나 증가했다가 떨어지고 있는 상태로 잠시 발병한 것에 그친 것이라 할 수 있다. 물론 계속 경계하며 살펴봐야 한다. 우리 모두에게 올 것 같은 숨어 있는 위협이라는 식의 유언비어를 퍼뜨리기보다는 분별력 있게 주의하는 태도가 필요하다.

헌팅턴 병은 치매로 간주되지 않는다. CJD와 같이 비교적 드물지만 가족력이 있는 경우 잘 나타나기 때문에 유전적 요소가 상당히 강한 질병이라 할 수 있다. 또한 CJD처럼 초기 증상이 운동 관련 장애로 몸을 비틀거나 씰룩거리는 형태를 보인다. 그 이후 단계에서 치매로 발전되기도 하는데, 조현병을 닮은 형태로 나타나기도 한다(Kermis 1986). 헌팅턴 병 환자는 다른 치매 환자에 비해 오래 사는 경향이 있는데, 증상의 첫 출현 이후 기대 수명은 약 15년이다. 어느 연령대에서나 발병할 수 있지만 중년기 발병이 가장 흔하다.

파킨슨 병(Pakinson's Disease; PD) 또한 질질 끄는 발걸음 및 떨림과 같은 운동장애를 주 특징으로 한다. 그러나 PD 환자는 평균 보다 더 높은 확률로 치매에 걸릴 위험이 있다(약 10-15% 높다. Lezak 1995; Moss and Albert 1988). 많은 AD 환자가 치매가 진행됨에 따라 PD와 같은 증상을 보이기도 한다. PD와 AD의 가장 큰 차이점으로 PD의 경우 언어 기술이 잘 유지되거나 거의 영향을 받지 않는다는 점을 들 수 있다(LaRue 1992).

루이체 치매(Dementia with Lewy Bodies; DLB)는 이견이 없지 않은 하위 유형이다. 루이체는 신경세포 내부에서 발견되는 매우 작은 공 보양의 단백질이다. 1960년대까지 루이체의 존재에 대한 관련 증거들이 많았으나 1990년대에 들어서야 보다 민감한 염색 기법의 출현으로 루이체가 일부 치매 케이스에 더욱 많이 발견된다는 것이 밝혀졌다(Mrak and Griffin 2007). 그러나 문제가 있다. 루이체는 파킨슨 병 환자의 기저핵에서도 발견된다. DLB 환자의 경우에는 루이체가 기저핵뿐 아니라 뇌의 다른 곳에서도 발견된다. 그렇다면 DLB는 치매의 고유한 하위 유형인가, 아니면 파킨슨 병의 한 변종인가? DLB의 증상을 보는 것은 별로 도움이 되지 못하는데, 치매와 PD 증상을 모두 갖고 있기 때문이다. DLB에서는 환각이 흔하다(환각이 모든 DLB에서 관찰되는 것은 아니다). PD와 유사한 운동 문제도 나타난다. 인지적 기능에 손상이 올 수는 있지만 기억 장애가 초기 증상으로 나타나는 것은 드물다(Woods 2011). 어떤 연구자들은

DLB를 치매의 고유한 하위 유형으로 보지만(예: Alzheimer's Society 2007; Woods 2011), PD와 DLB가 본질적으로 같다고 보는 다른 연구자들도 있다(Nestor 2010; Revuelta and Lippa 2009 참조).

치매는 또한 정상뇌압수두증(뇌척수액이 정상적으로 빠져나가지 못하고 뇌 조직에 파괴적 압력을 가하는 것을 말한다), 뇌종양, 에이즈와 같은 다른 질병의 증상으로 나타나기도 하고, 독성 화학 물질에 대한 장기적 노출이나 만성적인 알코올 중독으로 인해 나타나기도 한다.

피질성 및 피질하성 치매

일부 연구자들은 주요 뇌 위축이 피질에 있는지(피질성 치매) 아니면 피질하 영역에 있는지(피질하성 치매)에 따라서 치매를 구분하는 것을 선호하기도 한다. 이러한 분류에 따르면, 가장 흔한 피질성 치매는 AD와 피크 병이고, 가장 흔한 피질하성 치매는 파킨슨 병과 헌팅턴 병이 될 수 있다. VaD는 병변에 따라서 두 분류 중 어디에든 속할 수 있다. 피질이 주로 지적 기능 수행과 관련이 있고 피질하 영역은 운동이나 정서. 통제와 관련이 있기 때문에 이 두 범주의 기능적 장애의 구분은 그와 같이 이루어진다. 따라서 피질성 치매는 사고, 기억, 언어의 장애가 주된 증상이고 운동 장애는 상대적으로 경미한 반면, 피질하성 치매는 운동 문제가 주된 증상이다(이런 까닭에서 일부 연구자들은 피질하성 치매는 '진짜' 치매가 아니라고 주장하기도 한다). 피질하성 치매는 노년기 이전에 발병하는 경향이 있다. 페레츠와 커밍스(Peretz and Cummings 1988)가 이 주제에 대해서 훌륭하게 리뷰하였다.

치매로 혼돈될 수 있는 질병들

실제로는 치매가 아니지만 치매처럼 보이는 여러 질환들이 있다. 이 중 가장 흔한 두 가지는 치매와는 달리 치료가 가능하기 때문에 가역성 치매라 하기도 한다. 첫 번째는 가성 치매(pseudodementia)로, 심각한 우울증을 겪고 있는 노인들에게 자주 나타난다. 우울해지면 동기나 의욕을 잃게 되고 이로 인해 기억 및 인지 검사에서 매우 낮은 점수를 보인다. 주변 환경에 대한 흥미가 전반적으로 떨어져 있어서 치매와 매우 유사한 모습을 보이는 것이다. 때로는 이 증상이 치매와 너무 같아서 '가성 치매'가 아니라 실제 치매로 분류해야 한다고 주장하는 학자들도 있다. 그러나 가성 치매와 실제 치매 간에는 몇 가지 차이점이 있다. 첫째, 가성 치매 환자는 대체로 시공간 지남력이 잘 유지되어 있다. 예컨대 그들은 자신이 현재 어디에 있으며, 현재 날짜가 어떻게 되고, 왜 자신이 검사받고 있는지 등등에 대해 잘 알고 있다. 둘째, 가성 치매 환자는 스스로 기억과 인지 검사에서 낮은 점수를 받고 있다는 사실을 인식한다. 셋째, 가성 치매 환자의 인지 기능 수행은 대체로 그의 우울 수준에 따라서 기복이 있고, 우울증이 치료되면 수행은 향상된다(Jenike 1988; LaRue 1992).

그러나 우울과 '순수한' 치매 사이에 아무런 연관성이 없다고 가정하는 것은 오해의 소지가 있다. 치매 환자의 20-30%는 우울 증상을 가지고 있다(예: Marsden and Harrison 1972; Boland et al. 1996; Carlson et al. 2000). 또한 우울증 때문에 병원을 찾아 치료를 받은 노인의 57%가 이후에 치매가 발병되었다(Reding et al. 1985). 빈커스 등(Vinkers et al. 2004)과 브롬멜호프 등(Brommelhoff et al. 2009)의 연구에서는 상당수의 환자들에게서 우울은 전조 단계나 위험 요인이라기보다는 치매 초기 단계의 증상이라고 보고하였다. 다시 말하면, 심각하게 우울한 노인은 가성 치매를 보일 수도 있지만 '순수한' 치매 환자의 상당수도 마찬가지로 우울증을 보일 수 있다. 이렇게 실제 치매일 수도 있기 때문에 일부 연구자나 임상가는 '가성 치매'라는 용어 사용을 꺼린다.

치매로 착각할 수 있는 또 다른 것으로 섬망(delirium), 혹은 급성 혼란 상태(Acute Confusional State; ACS)가 있다. 섬망은 전형적으로 급격히 발병한다. 위험이 높은 연령군은 아동과 노인이다. 섬망을 일으키는 원인에는 고열, 감염, (법적으로 허용된) 약물에 취한 상태, 뇌졸중, 부적절한 식이(비타민 B12 부족) 등이 있다(Lin et al. 2010 참조). 대부분의 섬망은 기저의 원인을 치료하면 사라진다. 섬망 환자는 기억력을 비롯한 인지 기능이 나쁘고, 기운 없이 축 처져 있거나(활동저하형 망상), 불안 및 초조를 보이거나(과잉 활동형 망상) 이 둘이 혼합되어 있다(혼합형 망상). 명백한 행동 증상을 드러내지 않는 환자도 있을 수 있다. 그러나 일반적으로는 두서없고 지리멸렬한 언어 행동도 흔한 증상 중 하나이다. 어느 정도는 섬망이 치매나 우울증 환자 혹은 불안 환자처럼 보일 수 있다. 섬망을 잘못 진단하게 되면 심각한 결과를 초래할 수도 있다. 예를 들면 과잉행동형 섬망 환자는 응급 치료를 요하는 매우 심각한 신체적 상태가 기저에 있을 수 있는데, 불안 발작으로 오해하고 진정시키는 것은 생명에 위협이 될 수도 있다. 치매와 섬망의 주요 차이점은, 섬망 환자는 환각(주변 환경에 대한 왜곡된 지각)을 경험한다는 것이다. 환각은 치매 환자에게서는 상대적으로 드물다. 섬망 환자의 주의 폭은 제한되어 있는 반면 치매 환자의 주의력은 잘 유지되어 있는 편이다. 다양한 진단 검사 도구들이 있는데, 섬망평정척도(Delirium Rating Scale)와 같은 증상 체크 리스트도 그중 하나이다(보다 자세한 내용은 Wong et al. 2010 참조). 한편 섬망은 치매 환자에게서도 발생할 수 있다(Cole 2004; Marengoni et al. 2004 참조). 인지 상태가 약화되어 있어 어쩌면 보다 쉽게 섬망이 나타나고 그 심각도가 더 클 수 있다(Voyer et al. 2011). 노인의 섬망은 심각한 질환과 죽음이 임박해 있을 확률이 높음을 암시한다. 핏칼라 등(Pitkala et al. 2005)은 섬망이 있는 노인이 다음 해에 사망할 확률이 통제군보다 훨씬 높다고 하였다.

치매의 각 하위 유형의 유병률

치매의 각 하위 유형의 유병률 추정은 연구마다 상당한 차이가 있다. 예컨대 플라스만 등(Plassman et al. 2011)은 AD가 VaD보다 4배 더 많다고 보고했다. 그러나 야마다 등(Yamada et al. 2008)은 AD와 VaD 비율이 1.7:1이라고 보고했다. 치매 전체에서 AD가 차지하는 비율에 대한 것만 보더라도 연구에 따라 40%에서 80% 정도로 다양하다(Alzheimer's Society 2007; Cohen and Dunner 1980; Hestad et al. 1998; Smyer and Qualls 1999). 여기에는 몇 가지 이유가 있다. 살아 있는 환자에 대한 진단은 거의 항상 행동을 평가함으로써 이루어지는데, 치매의 하위 유형들이 대체로 유사한 행동 패턴을 보이기 때문이다. 임상가들은 자동적으로 치매 진단을 내리는 경향이 있다. 다시 말해 다른 가능성들(우울, 열, 뇌종양 등)을 배제하고 나면 치매로 진단한다. 초기 치매와 노화로 인한 심각한 변화 사이를 변별하는 것은 매우 어렵다(Woods 1999 참조). 뢰푀넨 등(Löppönen et al. 2003)의 연구에 의하면 1차 진료를 책임지고 있는 핀란드 의사들은 절반 정도의 치매 환자를 놓치고 있다. 그러나 치매로 진단했다 치더라도 치매의 하위 유형을 진단하는 것 역시 상당히 어려운 문제이다. 다양한 치매들이 공통된 증상을 보이기도 하기 때문에 진단의 정확도가 낮고, 오진된 사례의 30-50%

[표 6.1] 성별에 따른 치매의 하위 유형의 추정 비율 (단위: %)

구분	남성	여성	전체
알츠하이머 병(AD)	55	67	62
혈관성 치매(VaD)	20	15	17
혼합형	11	10	10
루이체 병(DLB)	6	3	4
전두측두엽 치매(FTD)	2	1	2
파킨슨 병(PD)	3	1	2
기타	3	3	3

출처: 영국 알츠하이머 협회(Alzheimer's Society 2007)의 자료 기반으로 추정

는 알려지지도 않는다(Gurland and Toner 1983; Lezak 1995; Roth 1979 참조). 또한 치매의 원인 질환이 하나 이상 존재하는 경우가 많다. 예컨대 젤링거(Jellinger 2006)의 연구에서 사후 부검 자료를 검토한 결과, 약 80%가 AD였고, 그중 절반만 순수 AD였으며, 나머지 절반은 다른 치매 원인도 함께 있었다(혼합형 치매). VaD만 있는 경우도 10% 미만이었다.

따라서 치매의 각 하위 유형의 유병률을 정확하게 추정하는 것은 어렵다. 거기에는 성별의 차이까지 영향을 주며, 하위 유형의 상대적인 비율은 연령에 따라 변화한다. 그러나 영국의 경우 60대 이후 발병한 치매의 경우에는 [표 6.1]과 같이 대략적인 수치가 나와 있다.

표에서 볼 수 있듯, AD는 치매의 가장 흔한 유형이고 남성보다 여성에게서 더 흔하다. VaD의 발병 확률은 여성보다 남성이 더 높다. 여성의 경우는 치매 하위 유형 간의 상대적 비율이 비슷하게 유지되지만, 남성의 경우는 연령이 증가할수록 AD 비율이 더 많아진다(VaD는 상대적으로 발생 빈도가 떨어진다).

연구자의 입장에서 보았을 때 정확한 진단이 힘들다는 것은 환자들을 동일한 유형의 치매를 앓고 있다고 확실하게 범주화하기가 매우 어렵다는 것을 뜻한다. 따라서 AD 환자군과 VaD 환자군 사이에서 보이는 특정 검사 점수의 차이는 그 검사로 평가한 기능이 두 환자군에게서 차이가 남을 의미한다. 그러나 적어도 일부 AD 환자가 VaD를 겪고 있거나 혹은 일부 VaD 환자 중에서 AD가 진행되고 있는 경우가 있을 가능성도 검토해 보아야 한다. 또 다른 문제로, 다양한 종류의 치매군 사이를 비교할 때 환자군들을 매칭하는 것이 있다. AD 환자군과 VaD 환자군을 비교할 때 유병 기간에 대한 고려 없이 비교

해서는 안 된다. 예를 들어 VaD 환자군이 AD 환자군보다 유병 기간이 길다면 이 두 군 사이의 수행 차이가 두 치매의 차이가 아니라 단순히 유병 기간의 차이 때문이 아니라는 것을 어떻게 확신할 수 있을까? 이와 유사하게 두 환자군의 평균 연령 또한 문제가 된다. 평균 연령의 차이가 있다면 질병 때문이 아니라 단지 연령 때문일 가능성을 배제할 수 없기 때문이다. 이와는 반대로 두 집단의 평균 연령이 같다면 어떨까? 가령 A 유형 치매의 평균 발병 연령은 60세이고, B 유형 치매의 평균 발병 연령은 70세라 가정해 보자. 평균 연령이 70세인 A와 B 환자군을 살펴본다고 하면 A 환자군이 A 유형 치매를 대표하는 집단이 될 수 있는지에 의문이 생길 수 있다. 또 생길 수 있는 문제를 생각해 보면, AD와 같은 환자는 들은 단어를 기억하는 것이 어렵다. 이는 언어적 기억력이 나쁘다는 것을 의미할 것이다. 그러나 치매, 특히 AD는 지적 기능을 평가하는 데 있어 머피의 법칙이 적용된다. 다시 말하면 어떤 것을 하더라도 잘되지 않는다는 것이다. 언어적 기억 검사에서 수행이 나쁜 것은 언어적 기억의 쇠퇴를 의미하겠지만, 그것은 단순히 검사 지시를 이해하지 못한 결과일 수도 있다.

이와 같은 문제들이 꼭 극복할 수 없는 것은 아니지만, 치매 연구 결과를 해석할 때는 상당한 주의가 요구된다. 단순히 정확한 초기 진단이 어렵고 상이한 유형의 치매 환자군을 정확하게 비교하는 것이 힘들다고 해서 그 점만 계속 붙들고 있는 것은 현명하지 못하다.

치매에서의 기억 변화

치매에서의 기억 변화에 대한 대부분의 연구들은 AD 환자를 대상으로 하고 있다. 치매 중 AD가 가장 흔하기 때문에 당연한 것이기도 하다. 그러나 앞에서도 언급했듯 치매의 하위 유형에 대한 오진은 흔하고, 많은 연구들이 사후 부검에서 확정된 진단을 받지 않은 환자들을 대상으로 하였다. 따라서 확실한 결론을 내리기 전에 보다 신중하게 생각할 필요가 있다. AD일 것이라고 생각되지만 실은 혼합형 치매 혹은 VaD이거나 다른 치매일 수 있기 때문이다. 치매 환자의 심리적 특징에 대한 다른 연구들에 대해서도 이와 같은 주의를 기울여야 한다.

기억에 대한 심리학적 모형에 익숙하지 않은 독자들은 다음으로 넘어가기 전에 제3장의 앞부분을 읽기 바란다.

기억 손상이 치매를 정의하는 핵심적인 특징이기 때문에 많은 연구들에서 치매 환자의 기억력이 전반적으로 악화되어 있고 치매가 진행될수록 기억력이 더 나빠진다고 밝힌 것은 그다지 놀랄 일은 아니다. 실제로 최근의 연구에서는 노인의 기억력이 눈에 띄게 나빠지는 것이 치매의 전임상 단계를 뜻하는 것이라고 주장했다(Liu et al. 2007; Sliwinski et al. 2003). 사쿨루 등(Saculu et al. 2009)은 여기서 더 나아가, 인지 기능이 전반적으로 나쁜 것은 치매가 임박해 있음을 의미하는 반면, 기억력만 저하되어 있다면 치매 발병까지 좀 더 길게 남아 있는 것이라고 주장했다.

단기 기억에 대한 AD 환자의 수행은 기억 과제가 어려울수록 저조하다(Nebes 1992). 주요 원인으로 부호화 문제를 들 수 있다. 코펠만(Kopelman 1985)은 AD 환자는 외워야 하는 항목(TBR)을 되뇔 기회를 훨씬 많이 주면 비치매 노인만큼 기억을 보유할 수 있었다고 하였다. 즉, AD 환자의 장기 저장고에 정보가 일단 잘 들어가기만 하면 그 정보를 보유할 수는 있다는 것이다. 이와 관련된 증거로 베커 등(Becker et al. 1987)의 연구 결과가 있다. 이 연구에서 AD 환자는 TBR 항목을 제시한 후 30초 이내에는 상당량을 망각했던 반면, 30초 후까지도 기억하고 있었던 나머지 항목들은 30분 후까지도 비치매 노인 집단과 비슷한 확률로 기억했다(Hulme et al. 1993도 참조).

AD 환자도 치매 아닌 노인들과 마찬가지로 TBR 목록 내의 음운론적 유사성에 영향을 받는다고 알려져 왔고(예: Morris 1984), AD 초기에는 음운론적 루프(와 시공간 스캐치패드)가 온전하게 유지된다는 많은 연구들이 있다(Huntley and Howard 2010; Caza and Belleville 2008). 그러나 AD가 진행되어 감에 따라 음운론적 루프도 손상을 받게 된다(Collette et al. 1999). 헌팅턴 병 환자에게서도 이와 비슷한 문제가 발견되었다(Martone et al. 1984). 비치매 노인과 유사한 행동을 보이는 가성 치매 환자 역시 전반적인 기억 폭은 저하되어 있는 것으로 나타났다(예: Gibson 1981; Miller and Lewis 1977).

배들리(Baddeley 1986)를 비롯한 연구자들의 주장대로 적어도 AD 초기 단계에서는 작업 기억의 하위 시스템은 비교적 유지되고 중앙집행기만 손상이 있는 것으로 보인다. STM 과제와 방해 과제를 동시에 주었을 때 AD 환자의 기억 폭은 방해 자극의 난이도가 높아짐에 따라 급격히 나빠진다(MacPherson et al. 2007; Morris 1986; Sebastian et al. 2006). 이는 중앙집행기의 손상을 시사하는데, 중앙집행기의 기능 중 하나가 인지 과제나 기억 과제를 통제하고 협응하는 것이기 때문이다(Baddeley et al. 1991; Morris 1994; Morris and Kopelman 1986). 중앙집행기는 해부학적으로 전두엽과 관련이 있는데(Baddeley 1986) 이 영역은 AD의 영향을 많이 받는 부분이다(예: Ihara et al. 2010; Sjobeck and Englund 2003). 물론 해마나 측두엽과 같은 다른 뇌 영역도 기억 손상과 관련 있는 영역으로 알려져 있기는 하다(예: Berlingeri et al. 2008).

먼 과거 기억 또한 치매의 영향을 받는다. 치매 환자는 어제에 대한 기억은 없지만 아동기 때 사건에 대해서는 매우 자세히 회상할 수 있다고 알려져 있는데, 꼭 그렇지는 않다(새로운 정보에 대한 기억만 저하되어 있는 매우 초기 단계의 치매는 예외). 실험실 연구들을 살펴보면 치매 환자들은 유명한 사람의 이름이나 사건에 대한 먼 과거 기억이 비치매 노인들보다 유의하게 저하되어 있고(Corkin et al. 1984; Meeter et al. 2006), 저하율이 자서전적 기억보다 더 크다(Greene and Hodges 1996).

AD 환자의 경우 자서전적 기억 회상 시 상당한 기억 오류가 관찰되고(Meeter et al. 2006) 기억 손상의 정도는 자신의 기억력에 대한 낮은 인식(Naylor and Clare 2008) 및 자아감(Fargeau et al. 2010)과 상관이 있었다. AD 환자들은 기억을 통해 과거 경험들을 시간 순서대로 되짚어 볼 수 있는 능력(autonoetic consciousness)이 저하되어 있다(Irish et al. 2011). 더 먼 과거 사건에 대한 기억이 최근의 기억보다 더 낫다는 연구도 있지만(Nebes 1992) 최근 사건에 대한 기억을 더 잘한다는 연구들(Corkin et al. 1984; Greene and Hodges 1996)도 있다. 시간적 기울기(temporal gradient)가 존재하는지에 대해서는 연구 결과들이 불일치해서(Leyhe et al. 2009) 분명히 밝혀진 바는 없다. 그럼에도 불구하고 자서전적 기억 과제는 치매 정도를 측정하는 데 상당히 유용한 도구가 된다(Dreyfus et al. 2010). 그린 등(Greene et al. 1995)은 AD 환자의 자서전적 기억의 저하가 인출의 문제라고 보았고, 이는 중앙집행기의 작동에 이상이 있음을 시사한다고 하였다. 미터 등(Meeter et al. 2006)의 연구에서도 이와 같은 결과가 나왔다. 불안 또한 영향을 줄 수 있다. 아이리시 등(Irish et al. 2006)은 편안한 음악이 불안 수준을 낮춰 주어 자서전적 기억 회상 과제 수행을 높이는 데 유의한 영향을 주었다고 보고했다.

앞에서 설명한 연구들을 보면 치매 환자의 기억 문제가 완화될 수 있을지에 대한 의문이 생긴다. 분명 일부 상식적인 방법이 통할 수도 있을 것이다. 예컨대 TBR 항목의 첫 번째 글자를 점화로 제시해 주면 치매 환자의 기억 수행이 상당히 향상된다(Davis and Mumford 1984; Miller 1975). 그러나 이러한 점화가 효과를 가지려면 그것이 분명한 단서여야만 한다. TBR 항목과 의미적으로 관련 있는 단어/단어 목록을 점화로 쓰면 비치매 노인에게는 기억 회상에 도움이 되지만 치매 환자에게는 전혀 도움이 되지 않는다(Davis and Mumford 1984). 마시미 등(Massimi et al. 2008)은 주변 환경을 AD 환자 자신의 이전 생활과 비슷한 풍경과 음악 등으로 만든 후 살펴보았을 때 냉담 및 자아 정체성 점수는 향상되지만 자서전적 기억이나 일반적 인지 기술, 혹은 불안이나 우울 수준에는 유의한 영향이 없음을 발견했다. 반대로 드 레오 등(De Leo et al. 2011)은 AD 환자(FAST 4단계에 해당한다)에게 스마트폰을 주고 4주 동안 하루 중 12시간을 가지고 다니도록 했다. 스마트폰에는 5분마다 사진을 찍도록 하는 프로그램이 내장되어 있었는데, 이후 사진들은 슬라이드쇼로 만들어져 환자에게 보여졌다. 이런 방식으로 자서전적 기억이 향상되었다. 마시미 등의 연구 방법이나 규칙적으로 사진 찍기와 같은 방법은 사생활 문제를 야기한다. 그러나 이런 아이디어들은 흥미롭고, 아마 앞으로는 보다 실용적인 기억 보조 방법이 개발될 것이다.

언어적 기능

언어적 기능을 측정하는 흔한 방법 중의 하나는 물건 그림을 보고 그 이름을 말하게 하는 것이다. 물건 이름 대기를 못하는 것(명칭실어증)은 AD의 초기 증상으로 흔하게 관찰되며, 비치매 노인뿐 아니라 헌팅턴 병이나 PD, VaD의 환자와 비교했을 때도 수행 저하가 두드러진다(Bayles and Tomoeda 1983; Chan et al. 1995; Schram et al. 1995). 게다가 동사는 명사보다 더 이름 대기가 어려운 것으로 보이는데(물론 반대 결과의 연구들도 있긴 하다), 이는 동사가 의미적으로 더욱 복잡해서 처리하기가 더 어렵기 때문인 것으로 보인다(Druks et al. 2006). 소리를 듣고 그 물건의 이름을 대는 것은 물건을 눈으로 보고 이름을 대는 것보다 유의하게 더 어려운 것으로 나타났다(Brandt et al. 2010). 소리를 듣고 물건 이름을 대는 능력은 치매의 기능 저하를 평가하는 다른 측정치들과 상관이 더 좋았다(Miller et al. 2010). AD 환자들이 어떤 종류의 이름 대기 수행이 더 나쁜지에 대해서는 개인차가 상당히 크다(Cuetos et al. 2008). 그러나 질적으로 살펴보면 이름 대기 기술의 전반적인 변화 패턴에 있어 동일 연령대의 비치매 노인과 AD 환자 간에 차이가 없다고 주장하는 연구자들도 있다(Harasty et al. 1999; Hirono et al. 1998; Keilp et al. 1999). 초기 뇌 영상 연구에 의하면 복잡한 패턴의 뇌 위축이 다양한 언어 장애와 관련이 있고(Harasty et al. 1999; Hirono et al. 1998; Keilp et al. 1999), 보다 최근에는 내측 측두엽의 통합이 저하되는 것이 핵심 문제라는 연구도 있다(Venneri et al. 2008).

언어 문제가 명칭 실어증이나 의미 문제에 국한되는 것은 아니다. 전반적인 언어적 기능이 AD가 진행됨에 따라 악화된다. 치매 초기에는 속담이나 은유 등을 이해하는 능력이 떨어진다(Rapp and Wild 2011 참조). 그로스먼 등(Grossman et al. 1995)은 AD 환자가 다양한 언어 과제(문장-그림 짝 맞추기, 문장의 문법 적합도 판단하기, 문장 완성하기 등)에서 수행이 유의하게 저하되어 있음을 발견했는데, 이러한 저하는 기억 장애나 치매의 심각도로 설명될 수 없었다(물론 동일한 치매 단계에 있는 모든 AD 환자가 언어 장애를 보이는 것은 아니다). 흔한 증상으로는 침투(맥락에 맞지 않는 단어나 어구를 사용함), 보속증(동일한 구나 단어 혹은 단어의 일부분을 반복해 말함), 그리고 에둘러 말하기 등이 있다. 그러나 워터스와 캐플란(Waters and Caplan 2002)은 (초기) AD 환자의 구문적 처리 과정에는 특별한 문제가 없다고 주장했다. 그러나 치매가 진행되어 감에 따라 구문적 결손도 나타나는데, 이는 백질의 손실과 기억에 대한 집행 기능적 통제력의 저하와 관련이 있다고 한다(Giovannetti et al. 2008).

모든 언어적 기술이 동일한 비율로 저하되는 것은 아니다. 예를 들면 음운론(정확하게 발음하기와 같은 언어 소리에 대한 자각)과 형태론(단어의 근원에 대한 지식)은 AD 환자도 일반적으로 잘 유지하고 있는 기능이다(Appell et al. 1982). 또한 읽기(적어도 한 단어)도 최소한 AD 초기 단계까지는 비교적 잘 유지되는 것으로 알려져 있다. 성인읽기검사(National Adult Reading Test; NART)는 불규칙 단어의 발음에 대한 지식을 평가하는 검사로, 병전지능 추정치로 흔하게 쓰인다(예: Starr and Lonie 2007).

시공간적 기능

기억 요인이 최소화된 시공간 과제를 수행할 때조차도 최경도 단계의 AD 환자는 시공간 기능의 저하를 보인다(Bucks and Willison 1997; Kaskie and Storandt 1995; Quental et al. 2009). 시공간 검사는 초기 치매를 탐지하는 데 특히 효과적일 수 있다(Maki et al. 2010) 암스트롱과 클라우드(Armstrong and Cloud 1998)는 이러한 저하가 작업 기억의 효율성 저하에서 기인한다고 보았다. 그 후 연구에서도 이를 지지하는 결과가 나왔는데, 비시아치 등(Bisiacchi et al. 2008)은 통제 집단과 AD 환자 집단의 시공간 과제 수행의 핵심 차이는 중앙집행 기능을 사용하는 데서 기인함을 밝혔다.

시공간 기술의 대표적인 예가 '그리기'이다. AD 환자는 흔히 접근 행동(closing-in)이라고 알려진 현상을 보인다. 그리기 검사는 대체로 그림이 그려져 있는 종이 위의 빈 공간에 그림을 보고 그리도록 한다. 비치매 노인은 목표 그림과 거리를 유지하며 빈 공간에 그림을 보고 그린다. 그러나 AD나 VaD 환자는 목표 그림 가까이 그리려는 경향을 보인다(Chin et al. 2005). 이러한 현상은 특히 시공간 기능의 심각한 손상이 있는 경우 보상기전으로 작용하는 것으로 여겨지는데, 시공간 기능이 비교적 보존되어 있는 AD 환자의 경우는 이런 현상을 별로 보이기 않기 때문이다(Serra et al. 2009).

흔히 쓰이는 시공간 과제로 아날로그 시계면을 보고 그리는 시계 그리기 검사(Clock Drawing Test; CDT)가 있다. 나이르 등(Nair et al. 2010)은 CDT를 경험 많은 치매 전문가가 채점을 하는 경우 검사자 간 신뢰도가 높았고 AD 초기 환자를 구분해 내는 데 상당히 높은 민감도를 보였다고 보고했다. AD 환자는 MCI보다 CDT 점수가 유의하게 낮았고(Persey and Schmitter-Edgecombe 2011), 낮은 CDT 점수는 앞으로의 치매 발병을 예측하기도 했다(Babins et al. 2008; Paganini-Hill and Clark 2007).

CDT 자체가 무언가 특별한 것은 아니다. 시공간 능력은 치매, 특히 AD에서 저하되어 있다(Lezak 1995 참조). 단순한 십자 배열을 보고 그리게 하는 것이나(Grossi and Orsini 1978), 영상 기억(Coyne et al. 1984; Moscovitch 1982; Schlotterer et al. 1984)을 통해 살펴봐도 확인할 수 있다. 복잡한 수준의 처리 과정에서만 문제가 있는 것은 아니다. 니어가더 등(Neargarder et al. 2003)은 AD 환자는 대비 감각 기능과 같은 기본적인 처리 능력도 유의하게 저하된다는 것을 관찰했다(Cronin-Golomb et al. 2007 참조). 파쉬 등(Pache et al. 2003)도 AD 환자는 색깔 시력 검사에서 통제군보다 더 낮은 점수를 얻는다는 것을 발견했다. 흥미롭게도 손상의 정도는 치매의 진행 단계와는 상관이 없었다.

후각

AD에서 후각 기능은 악화된다. 노딘과 머피(Nordin and Murphy 1996)는 AD 환자는 후각에 대한 높은 역치를 갖고(즉, 냄새를 맡을 수 있으려면 더 강렬한 자극이 제시되어야 한다) 냄새에 대한 기억력도 더 낮다고 보고했다. 톰슨 등(Thompson et al. 1998)은 문헌 고찰을 통해 후각 문제가 AD 환자와 비치매 노인뿐 아니라 AD 환자와 다른 유형의 치매 환자를 변별하는 데도 효과적이라고 주장했다(헌팅턴 병 환자와의 변별은 Murphy 1999 참조). 뇌의 후각 구조와 ApoE 사이의 연결이 확인되었고, 중요한 인과적 관계가 있다는 점도 언젠가 밝혀질 것이다(Finkel et al. 2011 참조).

부양자에 대한 영향

모든 형태의 질병은 환자뿐 아니라 그 환자를 돌보는 가족이나 친구에게도 부정적인 영향을 끼친다. 질병의 성질상 환자로부터 적절한 피드백을 받지 못하기 때문에 치매 환자 부양자에 대한 부정적 영향은 특히 더 심각하다. 계속 지켜봐야 하지만 정작 본인은 누가 자신을 보살피고 있는지도 모르는 배우자나 부모를 돌봐야 하는 상황의 스트레스가 얼마나 클지는 아마 쉽게 짐작할 수 있을 것이다. 레베스크 등(Levesque et al. 1999)은 치매 환자를 돌보는 부양자에 대한 대규모 연구를 통해서 이들이 다른 질병 환자의 부양자들보다 유의하게 큰 스트레스를 경험한다는 것을 밝혔다. 치매는 치료가 힘들고 부양자에게 끼치는 영향이 실로 막대하기 때문에, 부양자의 삶이 어떻게 영향받는지를 살펴보는 것은 중요하다(Brodaty 2007 참조).

부양 부담의 수준은 다양한 요인들에 의해 결정된다. 관련 연구들이 보고한 내용은 다음과 같다.

- 치매 환자의 나이가 더 젊을수록 일반적으로 부양 부담이 더 크다(Freyne et al. 1999).
- 치매 초기 단계에서는 AD 환자보다 VaD 환자에 대한 부담이 더 많았고, 후기 단계에서는 이와 반대 양상을 보였다(Vetter et al. 1999).
- 환자의 증상이 보호자를 필요로 하는 것이 많을수록 부양 부담은 더 컸다(Tun et al. 2008).
- 비슷하게, 치매 환자가 스스로 할 수 있는 일상생활 동작이 많을수록 부양 부담은 줄어들었다(Razani et al. 2007).
- 치매 환자의 부양자에 대한 의존성이 클수록 부양 부담이 증가했다(Gallagher et al. 2011).
- 치매 환자와의 병전 관계에 대한 만족감이 높을수록 지각된 부양 부담감은 더 낮았다(Steadman et al. 2007).

무시할 수 없는 문제로, 영국과 같은 나라에 사는 부양자들은 자신을 위한 치료에 필요한 돈을 지불하기도 전에 치매 환자에게 전 재산을 쏟아부어야 하는 의료 및 복지 시스템을 견뎌야 한다. 갑부가 아닌 이상 다른 일에 쓸 돈이 없어진다는 단순한 사실이 부양 부담의 주요 원인이 된다. 일본은 개호보험을 의무적으로 들게 되어 있어서 일단 낙관적으로 보인다(Arai and Zarit 2011). 그러나 대규모 평가가 더 이루어져야 하고, 모든 나라가 비슷하게 대처하지는 않을 것이다.

치매 가족을 돌보는 일이 우울이나 스트레스 등 관련 건강 문제를 유의하게 높인다는 많은 연구 결과들이 있다(Coppel et al. 1985; Kennedy et al. 1988; Morrisey et al. 1990; Valimaki et al. 2009). 환자의 문제 행동이 더 심각해질수록 더 악화되는 경향이 있다(Garcia-Alberca et al. 2011; Hooker et al. 2002; Neundorfer et al. 2001;

Schulz et al. 2008). 자살 위험 또한 높다(Fry 1986). 환자를 살해하고 부양자가 자살하는 경우도 있다(Bourget et al. 2010). 부양자가 처한 상황적 압력이 매우 크기 때문에 노인 학대와 같은 문제가 흔히 일어날 수 있다(예: Buzgova and Ivanova 2009; Lowenstein 2009). 학대라고 해서 반드시 폭력의 행사를 의미하는 것은 아니고, 방치하는 것과 같은 바람직하지 못한 행동들도 학대에 포함된다(Pritchard 1995 참조).

인간 중심적 접근

치매를 염려하는 것은 전적으로 옳고 당연하다. 치매는 환자 자신과 사랑하는 사람에게 끔찍한 질병이다. 아무리 무정한 사람일지라도 치매로 인해 들어가는 막대한 비용을 보면 신경을 쓰지 않을 수 없다. 그러나 이는 우리가 도우려는 바로 그 사람들에게 불리한 점만 지나치게 강조하는 것일 수도 있다. 조지(George 2010: 586)는 이러한 점을 다음과 같이 유창하게 표현했다.

> 우리가 치매를 설명할 때 사용하는 일상 언어는 뇌의 노화에 대한 우리의 지각을 형성하고, 심지어는 중등도 치매 환자에 대해 '사회적 죽음'이라고 하는 단어 사용도 서슴지 않고 사용하도록 했다. 언어를 무기로 한 이 전쟁으로 인해, 우리는 이제 치매가 있는 사람들을 질병의 침투로 인해 파괴된 희생자로 보게 되었다. 알츠하이머 병은 '마음-도둑'으로 의인화되어 개인의 뇌를 공격해 신경반과 신경섬유농축제를 남겼다. 이러한 비유는 사랑하는 사람에게서 나타나는 변화를 지켜봐야만 하는 사람들에게는 위안이 되고, 공공 재원을 관장하는 사람들의 호기심을 자극하기도 한다. 그러나 (중략) 이렇게 치매를 전쟁으로 비유함으로써 질환의 자연스러운 과정에 대한 적대감과 공포감이 조성된다면, 치매를 우리 외부에 있는 것으로 의인화하고 노화 과정에 있는 우리 자신을 악마 취급하게 될 수도 있다.

또한 치매가 환자의 정신상태를 변화시키는 것으로 표현함으로써 치매 환자라도 세상을 이해하고 세상 속에서 사는 것을 즐길 수 있다는 사실이 간과되기도 한다. 키트우드(Kitwood 1993, 1997)는 치매 환자는 많은 영향의 풍부한 복합체로, 치매 환자 그 이상이라고 주장했다. 그는 다음과 같은 등식을 만들었다.

$$D = P + B + H + NI + SP$$

D는 치매 환자이다. 그는 성격(P), 그 시점까지 살아온 인생, 즉 전기(B), 신체적 건강(H), 치매로 인한 신경학적 손상의 정도(NI), 그리고 사회심리학(SP)으로 구성된다. 마지막 사회심리학을 제외하고는 문자 그대로 이해하면 된다. 사회심리학은 흔히 말하는 악성 사회심리학(malignant social psychology)으로, 위협적이고 개인적 정체감을 발가벗기는 느낌이 들도록 하는 환경에 처해 있는 것을 말한다. 형편없는 요양원에 가 본 적이 있는 독자라면 이 말이 무슨 뜻인지 감이 올 것이다. 그것은 요양원만의 잘못이 아니다. 환자를 괴롭히는 직원은 그리 흔치 않다. 다만 그들이 최선을 다해서 환자를 돌보느라 환자 개인의 존엄과 독립성이 훼손되고 행동의 자유가 허용되지 않는 것이다(그래야 주변 환경이 계속 정돈되어 있다).

키트우드가 하고 싶은 말은 치매 치료가 인간 중심적으로 진행되어야 한다는 것이다. 이에 대한 측정치로 치매케어매핑(dementia care mapping)이라는 것이 있다. 이 도구를 통해 치매 환자가 자신에 대한 치료뿐 아니라 병실에서의 일반적인 활동에 대해서도 어떻게 반응하는지를 살펴보고, 보다 나은 환경을 조성하기 위해 그 결과를 피드백한다. 어떤 행동은 놀랄 만큼 사소해 보일 수 있다. 예를 들어 치료진이 당연하게 여기며 미처 인식하지 못하는 경우가 종종 있는데, 병실에 들어가면서 치료진들끼리 잡담을 나누거나 환자에게 인사를 하지 않는 것이 여기에 해당된다. 치매 치료에 대한 치매케어매핑과 인간 중심적 접근에 대한 지지자들은 많다(Baldwin and Capstick 2007; Kelly 2010). 그러나 치매케어매핑의 채점 근거에 대한 비판(Douglass et al. 2010)이나 타당도에 대한 비판(Edvardsson and Innes 2010)이 제기된 바 있다. 또한 키트우드의 '인간성'에 대한 개념이 타당한지에 대한 논쟁도 있다(Dewing 2008 참조). 그러나 실용적인 도구로서 키트우드의 모형은 많은 경우에 상당히 효과적이다(Ballard and Aarsland 2009 참조).

치매: 요약

치매에 걸리면 기억력, 지적 능력 및 언어 기능이 점진적으로 나빠지며, 대체로 성격 변화도 동반되고 때로는 운동 기능의 변화도 함께 온다. 증상들은 환자에 따라 개인차가 있지만 일반적으로 발병 패턴을 근거로 치매에 대한 변별 진단을 한다. 겉으로 보이는 증상이 비슷해서 치매로 혼동될 수 있는 질환들이 있지만 대체로 쉽게 구분할 수 있다. 신체적 수준에서 치매는 뇌 위축 소견을 보이지만 손상과 심리적 증상 간의 관계는 명확하지 않다. 거의 대부분의 지적 기능은 저하된다(가장 연구가 많이 되어 온 AD에서 특히 그러하다). 치매 유형별로 기능 저하 양상의 질적 차이가 흥미롭게 관찰되지만, 이러한 차이들은 대체로 초기 단계의 환자들 사이에서 나타난다. 치매가 진행되어 가면 제시되는 과제를 이해하는 것마저 힘들어진다. 다른 질환과 마찬가지로 치매는 환자뿐 아니라 부양자에게도 큰 스트레스와 부담감을 줄 수 있다는 점도 기억해야 한다.

치매의 심각도와 끔찍함 때문에 유병률이 과장되고, 이 병에 걸리면 모든 것을 잃는다고 보기도 한다. 치매에 걸린 사람들의 대부분은 죽기 전에 단지 초기 단계만 경험한다는 점을 강조하고 싶다. 그리고 치매에 걸렸더라도 그 사람은 여전히 존엄과 자기가치감, 그리고 즐길 권리가 있는 사람이라는 점을 명심해야 한다.

학습 장애

노년기 학습 장애에 대한 연구는 비교적 드물고(Holland 2000), 학습 장애를 지닌 노인에 대한 서비스를 제공해야 하는지에 대한 문제는 다소 모호하다(Benbow et al. 2011). AD와 잠재적인 관련성이 있는 다운증후군과 같은 특정 조건에 대해서는 어느 정도 연구가 되어 있으나(McCallion and McCarron 2004) 그 외에는 거의 없다. 스튜어트-해밀턴과 모건(Stuart-Hamilton and Morgan 2011)은 지난 10여 년간 자폐 스펙트럼에 관한 연구는 2만 개가 넘게 발표되었지만 이들 중 노인을 대상으로 한 연구는 10개 미만임을 발견했다.

이렇게 드물기는 하지만 진행된 연구들을 살펴보면 학습 장애를 지닌 노인들은 일반 인구보다 불안과 우울 수준이 유의하게 더 높다는 것이 핵심 결과이고(예: Cooper 1997a; Patel et al. 1993), 이후 연구들에서도 비슷한 결과가 나왔다(예: Smiley 2005). 그러나 주의해야 할 점이 있다. 페레즈-아치아가 등(Perez-Achiaga et al. 2009)은 학습 장애를 가진 노인에 대한 우울 연구들을 리뷰한 결과 일부 연구에서 사용한 진단 도구가 목적에 부합하지 않거나 신뢰도가 떨어진다는 점을 발견했다. 검사 도구가 적절하게 표준화되지 않고 규준이 없다면 진단 시 증상이 과소평가되거나 과대평가되었을 위험이 있다.

피험자가 우울증을 가지고 있다고 확인한 많은 연구들에서 연구 당시 우울증에 대해 치료가 이루어지지 않았다는 점도 걱정스럽다. 파텔 등(Patel et al. 1993)은 부양자들은 우울 증상이 있다고 인식하기는 했지만 그 중요성에 대해서는 깨닫지 못하고 있다고 보고했다. 노인 인구에 대한 연구에서는 우울이 지적 기능을 낮추게 하는 한 요인으로 파악되고 있다. 앞에서도 살펴봤듯, 극단적인 경우에는 가성 치매까지도 나타나게 한다(Kiloh 1961). 학습 장애가 있는 경우, 그 영향이 매우 심각할 수 있다. 치우리스와 패티(Tsiouris and Patti 1997)는 다운증후군을 앓고 있는 노인들을 대상으로 가성 치매에 대한 연구를 했다. 이 연구에서는 다운증후군 노인의 우울증에 대한 세로토닌 재흡수 억제제의 효과를 살펴보았는데, 37명 중 4명이 가성 치매를 앓고 있는 것으로 나왔고, 7명은 치매였다(세로토닌 재흡수 억제제의 효과로 감별 진단이 가능했다).

학습 장애 노인들은 가성 치매뿐 아니라 진성 치매에 걸릴 수도 있다(Kerr 2007). 다운증후군의 경우 치매 발병 위험이 상당히 높다(McCallion and McCarron 2004). 스트리돔 등(Strydom et al. 2009)은 60세 이상의 다운증후군은 아니지만 학습 장애가 있는 사람인 경우 일반 인구보다 두세 배 높은 치매 발병률을 보인다고 주장했다. 쿠퍼(Cooper 1997b)의 연구에서는 네 배 이상 더 높은 발병률이 관찰되었다. 이들이 모두 진성 치매가 발병된 것인지는 확실치 않다. 일부는 보통의 노년기 인지 저하를 경험하고 있는 것인데 원래 갖고 있던 지적 기능 수준이 낮아서 치매 환자와 비슷한 수준을 보였을 가능성이 있다. 현재까지 보고된 학습 장애 및 치매 노인에 대한 뇌 영상 연구들은 아직 확실한 결론을 제시하지 못하고 있다(Gangadharan and Bhaumik 2006 참조). 학습 장애 노인이 높은 비율로 진성 치매에 걸리는 것인지 아니면 단순히 치매 환자와 비슷한 기능적 수준인 것인지는 여전히 미해결된 문제이다. 그러나 치매로 진단된 학습 장애 환자의 행동적 변화가 학습 장애가 없는 치매 환자의 그것과 유사하다는 점은 관찰되어 왔다(Duggan et al. 1996).

학습 장애가 있는 노인을 대상으로 치매를 진단하는 것은 매우 어려운 일이다. 학습 장애가 있는 사람은 인지 과제 수행이 이미 낮기 때문에 그 상태와 치매 상태를 구분하는 데는 문제가 많다(Bell et al. 2009; Nagdee and O'Brien 2009; Torr 2009). 학습 장애 환자의 변화를 측정하는 도구들이 있기는 하지만(Kirk et al. 2006), 그것들은 치매 평가에 꼭 적절한 도구가 아니고(Perkins and Small 2006 참조) 대체로 기능적 변화를 측정하는 것들이다. 이 문제에 덧붙여, 학습 장애의 인지적 변화는 자주 과소평가되거나 간과되기도 한다(Hassiotis et al. 2003).

모든 학습 장애 환자가 우울에 빠지거나 치매에 걸리는 것은 아니다. 큰 변화가 나타나지 않는다면, 학습 장애 노인들도 정상 노화 과정과 매우 비슷한 과정을 경험한다(Oliver et al. 2008).

우울증

가벼운 우울증은 대부분의 사람들이 경험하는 것이다. 특정 사건에 대한 반응으로서의 며칠간의 슬픈 감정은 정신질환으로 여겨지지 않는다. 임상적 주의를 요하는 우울이라는 것은 오래 지속되고 정상적인 기능을 방해할 정도로 심각한 것이라야 한다. 임상적인 우울증에는 단순히 기분 저하만 있는 것이 아니다. 환자는 우울증 때문에 무능력해진다. 또한 정신적·신체적 에너지가 극히 부족해지며 비합리적인 무가치감이나 죄책감을 가지게 되고, 자살 사고에 휩싸이게 될 수도 있다(일반적으로 노인 환자는 신체적 증상이 더 많다. Caine et al. 1994). 이 정도로 심각한 우울 장애는 노년기에는 덜 나타나지만 우울 증상은 훨씬 자주 나타난다(Kasl-Godley et al. 1998; Smyer and Qualls 1999). 노년기에는 사별이나 고통스런 질환 등과 같은 우울 사건의 빈도가 더 많기 때문일 것이다. 우울증 환자가 경험하는 핵심 증상들은 전 연령대에서 거의 유사하게 나타나지만 노인 우울 환자는 독특하게 가성 치매 증상을 보인다(평균 11% 정도이다. Kasl-Godley et al. 1998). 이 때문에 정확하게 진단하는 일이 더 어려울 수 있다(Lezak 1995).

노년기 우울증의 원인은 주로 스트레스가 되는 부정적 사건이라고 여겨진다. 예컨대 사별은 우울 증상을 야기한다고 알려져 있다(제8장 참조). 그러나 그 지속 기간은 비교적 짧고 일반적으로 1년 이내에 사라진다(Kasl-Godley et al. 1998; Smyer and Qualls 1999; Woods 1999). 수면 장애는 신체적 질환과는 독립적으로 우울의 요인으로 알려져 있다(Cho et al. 2008). 병이나 의학적 치료의 부작용으로 인해서도 우울증이 발생하거나 악화될 수 있다(Sadavoy et al. 1995). 오스본 등(Osborn et al. 2003)은 두 가지 이상의 신체적 질환이 있는 경우 우울 위험이 증가한다고 주장했다. 페닝크스 등(Penninx et al. 1996)은 우울 증상은 그 환자가 겪고 있는 질환의 수에 따라서 증가한다고 보고했다. 또한 어떤 질병은 다른 질병보다 더 우울증을 동반하기 쉽다고 하였다. 예를 들어 만성적인 통증이 있는 관절염은 심각하지만 덜 고통스러운 당뇨병보다 우울증을 동반하기 더 쉽다. 비크먼 등(Beekman et al. 1997)은 우울증에 대한 강력한 예측 인자는 신체적인 건강 수준이라 보았다. 이와 유사하게 팔린카스 등(Palinkas et al. 1996)은 우울이 비만 노인들에게 훨씬 많이 관찰된다고 하였다.

보다 일반적인 측면에서 살펴보면, 우울과 관련이 있는 요인들은 다음과 같이 다양하다. 지각하고 있는 사회적 지지의 수준(Taylor and Lynch 2004), 재정적 문제들(West et al. 1998), 유전적 소인(Carmelli et al. 2000), 타인에 대한 의존성의 증가(Anstey et al. 2007), 지각하고 있는 비공식적 보살핌의 수준(Wolff and Agree 2004), 신체적 손상에서 회복하지 못하는 것(Scaf-Klomp et al. 2003), 신체적 활동 수준(Fukukawa et al. 2004), 종교적 신앙의 수준이 낮거나 신앙이 없음(Braam et al. 1997). 이러한 요인들은 단독으로 작용할 수도 있고 복합적으로 작용할 수도 있다. 해리스 등(Harris et al. 2003)은 장애의 수준, 건강, 사회경제적 상태, 통제감, 그리고 사회적 지지가 각각 우울에 대한 독립적인 예측 인자가 될 수 있다고 하였다. 보다 복잡한 영향에 대한 연구로 후쿠가와 등(Fukukawa et al. 2004)은 친밀한 대인 관계의 질이 건강 문제와 우울 증상 간의 관계를 완충해 줄 수 있다고 보고했다.

치료 효과의 측면에서는 연령 차이가 거의 없다. 젊은이나 노인 우울 환자 모두 대부분은 회복되나(Kasl-Godley et al. 1998; Andreescu et al. 2008 참조), 노년기 우울증의 경우 증상 재발 비율이 더 높았다(Woods 2011). 운동량을 늘리는 것이 노인 우울 환자에게는 유익한 것으로 나타났다(Penninx et al. 2002).

불안

'불안'이라는 용어는 우울과 마찬가지로 대부분의 사람들이 경험으로 이해하고 있을 것이다. 실제로 사람이라면 자신이 처한 상황에 대해 불안감을 느끼는 때가 가끔 있다. 병원을 찾는 사람이 경험하는 불안의 수준은 이보다 훨씬 크고, 이때 불안 장애라는 용어를 쓴다. 불안 장애란 극단적인 초조감, 불면증과 피로, 정신적 고통과 기능 손상을 야기하는 등의 증상을 특징으로 하는 장기적으로 지속되는 불안 상태를 말한다. 이는 공포(phobia: 열린 공간이나 거미 등과 같은 특정 항목이나 사건에 대한 비합리적이고 부적절하게 높은 수준의 두려움), 범불안장애(generalised anxiety disorder. Wetherell et al. 2003에 의하면 노인의 범불안장애는 통제할 수 없는 불안감을 자주 느끼고 수면 장해가 있으며 근육이 경직되는 증상을 보인다), 강박 장애(obsessive-compulsive disorder. 불안감을 없애기 위해 계속 손을 씻는 등 불안감을 벗어나기 위해 동일한 행동을 반복한다), 공황 장애(panic disorder. 반복적인 공황 발작이 특징이다. 공황 발작이란 갑작스런 극심한 걱정, 숨 가쁨, 통제력을 잃을 것 같은 느낌 등에 압도되는 것을 말한다)와 같은 다양한 형태로 나타날 수 있다. 불안은 젊은이들에 비해 노인 집단에서 상대적으로 드물게 관찰되지만(Smyer and Quallas 1999) 그렇다고 해서 무시할 수 있는 것은 아니다. 왜냐하면 각 연령군 내에서는 불안은 흔한 정신질환 중 하나이고(Scogin 1998), 우울(Flint and Rifat 1997; 불안 증상은 우울보다 대체로 더 안정적이다. Wetherell et al. 2001) 및 치매(Scogin 1998)와 함께 발견되기 때문이다. 노인들은 불안 증상을 잘 보고하지 않는 경향이 있을 수도 있다(Bryant 2010).

노인의 약 10%가 불안 장애를 보이고 이 중 공포가 가장 흔하다는 것에 대부분의 연구자들은 동의한다(Lindesay et al. 1989; Cohen et al. 2006; Woods 1999). 공포증 중에서 흔하게 보고되는 것은 광장공포증(agoraphobia: 개방된 공간에 대한 공포)으로, '집 밖으로 외출하는 것'에 대한 두려움과 같은 보다 구체적인 공포와 함께 나타난다. 다른 종류로는 낙상, 죽음, 사회적 상황에 대한 두려움 등이 있다(Woods 1999). 이러한 것들은 분명 공포의 근원이 되기는 하지만 이것들에 대해 공포증이라는 용어를 붙이는 것은 약간 가혹한 것일 수 있다. 왜냐하면 전형적인 공포증에 비하면 다소 합리적이기 때문이다. 흔히 인용되는 것처럼 노인들은 범죄의 희생자가 될 확률이 가장 낮지만 범죄를 가장 두려워하는 연령 집단이다. 그렇다면 노인들이 범죄를 두려워하거나 자신들이 범죄 피해자가 될까 봐 두려워하는 것은 비합리적일까? 통계적으로만 본다면 '그렇다'. 그러나 다른 연구에서 관찰한 바와 같이 그것은 범죄 전체에 대한 통계이고, 특정 범죄에 대해서는 노인층이라 해서 그 위험이 특별히 더 낮은 것은 아니다. 실체가 있고 걱정하는 내용이 합리적이어서 불안 수준이 올라가기 때문에 공포 반응이 나타난다는 설명이 가장 그럴듯해 보인다.

한편으로는 약간 불안한 것이 어떤 경우에는 오히려 득이 될 수 있다. 비어먼 등(Bierman et al. 2008)은 노인을 대상으로 한 연구에서 불안과 인지 수행 간의 관계가 뒤집어진 U 관계로 나타남을 발견했다. 다시 말하면 경미한 불안이 있는 경우 수행이 더 좋았고, 이 집단 내에서 살펴봤을 때 불안이 높을수록 인지 검사 점수가 높았다. 그러나 불안 수준이 매우 높은 경우는 수행이 더 나빴고, 이 집단 내에서 살펴봤을 때 불안이 높을수록 인지 검사 점수는 낮았다.

물질 남용

'물질 남용'이라는 용어는 일상생활 기능이 심각하게 영향받을 정도로 (불법적인 물질이나 합법적인 물질을) 이용하는 것을 뜻한다. 고정관념 때문에 노인을 중독자로 여기는 일은 흔치 않지만 보건 당국은 한 가지 이상의 중독 행동을 갖고 있는 노인들이 상당 비율로 존재한다는 사실에 관심을 높이고 있다(Blow and Oslin 2003; Stewart and Oslin 2001). 과거 보건 전문가들은 이러한 문제를 인식하고 다루는 데 미흡했었다(Finlayson 1995; Schonfeld et al. 1993).

'중독'이라는 단어는 알코올이나 약물 남용을 즉각적으로 떠올리게 하지만 중독에는 도박도 포함될 수 있다. 미국의 경우 카지노가 많이 있어서 도박뿐 아니라 노인 집단이 주축이 되어 조직화된 방문을 하는 사회적 경험 프로그램도 있다(주로 카지노 측에서 지원한다. McNeilly and Burke 2001). 이는 도박이 양면성을 지니고 있다는 것을 의미한다. 부정적인 측면으로, 맥닐리와 버크(McNeilly and Burke 2002)는 도박 문제를 갖게 된 노인 사례 연구를 보고했다. 보다 최근의 연구(Wiebe and Cox 2005)에서는 약 3%의 미국 노인이 치료가 필요할 정도의 도박을 하고 있는 것으로 나타났다. 또한 도박에 대한 접근성이 높을수록 중독 위험이 있는 노인의 경우 습관적인 도박에 빠지게 될 위험이 더 컸다(Preston et al. 2007). 그러나 긍정적인 측면으로는 어떤 노인들에게는 도박에 참여하는 것(예: 카지노 가기)이 뚜렷한 부정적 영향이 없는 주요한 사회적 활동인 것으로 나타났다(Hope and Havir 2002; Vander Bilt et al. 2004). 스팃 등(Stitt et al. 2003) 또한 대체로 도박은 노인들에게 부정적 영향을 별로 주지 않는다고 보았으나, 이는 연구가 더 필요한 부분이다. 그러나 알코올 섭취와 같은 다른 중독 행동과 마찬가지로 도박의 사회적 이점으로 인해 보다 심각한 문제가 드러나지 않을 수 있다. 사우스웰 등(Southwell et al. 2008)은 호주의 퀸즐랜드에서 법적으로 허용된 전자도박기계 사용에 대한 연구에서 노인들이 이 장소를 사교 모임의 목적으로 이용한다는 것을 발견했다. 그러나 인터뷰에 응한 사람들 중 27%는 도박에 사용하기 위해 저축한 것을 가져왔고, 전체적으로 소득 수준이 낮았다. 또한 경도인지장애가 있는 노인들은 도박 과제에서 판단력이 좋지 못했다(Zamarian et al. 2011).

노화에 대해서 공평한 입장을 취하고 있는 사람이라 할지라도 노인들이 향정신성 약물을 복용하는 것을 상상하는 것은 어려울 것이다. 그러나 사실은 (처방받은) 수면제나 진정제 계열 약물을 매우 많이 복용하고 있다. 시모니-워스틸라와 양(Simoni-Wastila and Yang 2006)은 미국 노인 네 명 중 한 명은 남용 가능성이 있는 약물을 복용하고 있으며, 11%는 실제로 남용 중임을 밝혔다. 이렇게 약물을 오용하는 것(실수 혹은 의도된 복용)은 노인들이 미국 병원의 응급실을 찾게 되는 흔한 이유 중의 하나이다(Midlov et al. 2009). 많은 경우 의사가 처방해 준 약물이라 할지라도 약물을 복용했을 때 노화로 인해서 적절하게 대사시키지 못하기 때문에 심각한 건강 문제를 야기하는 것 같다. 그러나 상당수 노인들은 안정제 계열의 약물을 처방받고 점점 그 약물에 의존하게 된다(Gomberg and Zucker 1998; Midlov et al. 2009). 의사가 처방해 준 약이면 괜찮을 것이라는 생각 때문에 많은 향정신성 약물들과 관련된 위험 요인들을 인식하지 못해 상황이 더 악화된다는 것이다. 예컨대 각성 상태나 인지 기능의 장해가 초래될 수 있음에도, 그것은 무시되는 경향이 있다.

역설적이게도, 그런 약물은 애초부터 처방되지 않았어야 하는 경우가 많다. 에이본 등(Avorn et al. 1992)의 연구에서는 노인들이 향정신성 약물을 과감하게 줄여도 그것이 행동이나 정신 증상에 별 영향을 끼치지 않은 경우가 많다는 것이 관찰되었다. 맥그래스와 잭슨(McGrath and Jackson 1996)은 행동 문제를 지닌 기관 입소 노인의 88%가 부적절하게 신경이완제(주요 신경안정제 계열 약물들)를 처방받았다고 보고하였다. 이렇게 바람직하지 않은 행동을 조절하기 위한 방법으로 부적절하게 약물을 남용하는 것은 도덕적으로 의심스러울 뿐 아니라 신경이완제들이 인지 기능을 저하시키거나(Brown et al. 1993) 치매 환자의 경우에는 쇠퇴를 가속화할 수 있기 때문에 문제가 될 수 있다(McShane et al. 1997). 이러한 약물을 과도하게 처방하는 정확한 비율은 확실치 않고 모든 의료 상황에서 다 그렇게 과오용을 하고 있는 것은 아니지만, 이런 식으로 잘못 처방되는 경우는 모두 문제의 소지가 있을 수 있다. 최근 연구에서는 미국과 영국을 비롯한 유럽에서 기관 입소 노인과 지역사회 거주 노인들 모두 이렇게 잘못된 처방을 받는 경우가 여전히 생기고 있다는 것을 보여 주었다(Fahey et al. 2003; Gallagher et al. 2007).

그러나 노인의 약물 사용에는 합법적 약물을 오용하는 것뿐 아니라 불법 약물을 사용하는 것 또한 포함된다. 절대적인 수치 자체는 젊은이들에 비할 바는 안 되지만 노인의 약물 중독도 꽤 발견된다(Rosenberg 1997 참조). 이에 대해 젊었을 때부터 약물 중독이었던 사람이 운 좋게도 노년기까지 생존한 경우일 것이라고 직관적으로 생각할 수 있다. 분명히 그러한 사람들이 있기는 하다. 평생에 걸쳐 약물을 사용한 사람들은 쉽게 그 버릇을 버리지 못한다. 그 버릇을 고친다는 것은 완전히 틀린 생각이다(Chait et al. 2010). 레비와 앤더슨(Levy and Anderson 2005)의 연구 대상자인 노인 약물 사용자(50-68세)가 불법 약물 복용을 포기하는 경우는 심각한 질병에 걸렸거나 사망한 경우 두 가지밖에 없었다. 장기적인 약물 남용은 심각한 신체적·정신적 건강 문제 위험을 높이고, 최악의 경우에는 조기 사망의 위험을 높인다(Chait et al. 2010; Hser et al. 2001). 또한 불법 약물을 복용하거나 약물을 사기 위해 범죄를 저질러서 감옥에 가기도 쉽다. 아른트 등(Arndt et al. 2002)의 미국 수감자들을 대상으로 한 연구에서는 55세 이상 노인 재소자의 71%가 물질 남용(약물 및 알코올) 문제가 있었고 이들 중 1/3은 치료를 전혀 받지 않은 것으로 나타났다. 수감되는 것을 피한 노인 약물 사용자는 주로 젊은이들로 구성되어 있는 약물 사용자 사회에서 소외감을 느낄 것이다(Anderson and Levy 2003). 이러한 문제는 점점 더 나빠질 가능성이 크다. 베이비 붐 세대의 노화로 인해 노인의 약물 남용 수치가 높아질 것으로 보이는데, 이는 절대적인 수치가 높아진 영향도 있겠지만, 현 베이비 붐 세대의 약물 사용자는 노년기까지 생존율이 전만큼 낮지 않다는 것도 한 이유가 될 것이다(Johnson and Sung 2009). 그프뢰러 등(Gfroerer et al. 2003)은 물질 남용으로 치료를 요하는 노인의 수가 미국에서만 조사하더라도 2001년 170만 명에서 2020년 440만 명으로 증가할 것으로 추정했다. 보다 최근의 연구 자료에서 한 등(Han et al. 2009)은 570만 명에까지도 이를 것이라 추정했다. 동반되는 건강 문제들(에이즈 포함)까지 고려하면 앞으로 의료 서비스는 새로운 국면에 접어들 것으로 보인다(Topolski et al. 2002). 그러나 커풋 등(Kerfoot et al. 2011)의 연구에 의하면 노년층에서는 실제 진단율이 낮기는 하지만 물질 남용에 대한 치료가 연령이 증가할수록 저하된다고 보고했다.

모든 약물이 젊어서 시작되는 것은 아니다. 로프월 등(Lofwall et al. 2005)의 연구에 의하면 이들 연구 대상자인 노인 약물 이용자들(50-66세의 41명)은 아편계 약물은 노년기에 접어들어서 시작했다고 한다. 그러나 약물 없이 평생을 잘 살다가 중년기에 갑자기 찾게 된 것은 아니다. 대부분은 다른 물질 남용의 과거력이나 정신과적 문제가 있었던 사람들이었다. 로 등(Roe et al. 2010)도 이와 비슷한 결과를 얻었는데, 일부 경우는 친구나 가족의 이른 사망으로 인해 고립된 것이 주요 요인이 되었다. 로 등은 또한 남용에 이르게 되는 약물이 하나만 있는 것은 아니라고 했다. 로젠(Rosen 2004)은 메타돈 복용 노인(50세 이상)은 자신의 사회적 관계망에서 다른 불법 약물을 구할 수 있었더라면 기꺼이 복용했을 것이라는 사실을 발견했다. 즉, 한 약물에 대한 중독 행동이 있었던 경우에는 다른 약물에도 쉽게 그런 행동을 보일 수 있다. 어떤 문화권에서는 인종 차이도 있었다. 포크트 유안(Vogt Yuan 2011)은 성인 초기에는 코카시안계 미국인이 아프리카계 미국인보다 약물 사용이 더 많지만, 성인 후기에는 아프리카계 미국인의 약물 사용이 이를 따라잡음을 밝혔다. 아마도 코카시안계 미국인은 성장하면서 높은 사회적 역할을 맡을 기회가 점점 더 증가하지만 아프리카계 미국인은 확률적으로 그러한 기회가 더 적어 사회적 규준에서 벗어나는 행동에 더 쉽게 빠지게 되는 것 같다.

물질 남용의 또 다른 형태는 과도한 알코올 섭취이다. 일반적으로 알코올 섭취는 노년기에 줄어든다. 부분적으로는 과음하는 이들은 알코올의 영향이나 건강하지 못한 삶 때문에 노년기에 이르기 전에 사망하기 쉽기 때문에(Fillmore et al. 1998; Leino et al. 1998) 통계적으로 그렇게 나타나는 경향이 있다. 길훌리(Gilhooly 2005)는 이에 대하여 일생에 걸친 음주 패턴의 변화에 대한 우리들의 지식이 대부분 횡단 연구 결과에 근거하기 때문이라고 주장했다. 즉, 코호트 효과 때문에 노년기에 음주가 줄어드는 것처럼 보인다는 것이다. 간단하게 설명하면 나이가 든 코호트는 원래부터 술을 덜 마셨기 때문에 나이가 들면 알코올 섭취가 줄어든 것처럼 보인다는 것이다. 세 나라(미국, 영국, 네덜란드)의 연구 결과를 면밀하게 분석해 보면, 나이가 들면 음주는 확실히 줄어드는 것 같기는 하지만 코호트 효과도 존재한다. 길훌리가 지적한 대로 이는 잠재적으로 심각한 문제가 될 수 있다. 상대적으로 과음을 많이 해 오던 베이비 붐 세대는 자신의 음주 수준을 의학적으로 바람직한 수준으로 낮추려고 하지 않을 것이기 때문에 문제가 될 수 있고 의료 서비스에 부담을 가중시킬 수 있다.

미국의 지역사회 거주 노인의 약 5%는 알코올 문제를 가지고 있는 것으로 추정된다(Emlet et al. 2001; Stoddard and Thompson 1996). 하잣 등(Hajat et al. 2004)은 영국 노인에 대해서도 유사한 결과를 보고했다(남성의 약 5%, 여성의 약 2.5%). 그러나 음주 이유는 국가마다 다르다. 스토다드와 톰슨(Stoddard and Thompson 1996)의 연구에서는 미국인의 경우 부정적인 생활 사건과 건강 문제와 같은 수많은 요인들로 인한 고독감 때문에 과음을 하는 것으로 나타났다.

반면 영국의 경우는 과음하는 사람들이 대체로 재정적으로 안정적인 (따라서 술을 구입할 수 있는) 사람들이었고, 사교 활동을 더 많이 갖고 있는 경향이 있었다. 그러나 연구 결과를 단순히 비교하는 것은 여러 가지 방법론적 차이가 있기 때문에(예: 과음에 대한 조작적 정의) 해석에 주의를 기울여야 한다.

디하트와 호프만(DeHart and Hoffmann 1995), 그리고 오코넬 등(O'Connell et al. 2003)은 노인의 알코올 문제를 확인하는 데 있어 생길 수 있는 문제점들을 지적했다. 과음은 주로 젊은이들의 문제라 여겨지기 때문에 현존하는 진단적 측정치들 대부분은 젊은이를 대상으로 만들어진 것들이다. 오코넬 등은 현재 사용되고 있는 선별 방법들이 노인들의 알코올 문제를 과소평가할 가능성이 있다고 주장했다. 디하트와 호프만은 또한 알코올 남용이 노인들의 다양한 건강 문제와 결부되어 있을 것이라고 지적하고 그러한 점들이 문제성 음주 행동을 증가시킬 가능성이 있는 전조 증상이 될 수 있음을 강조했다. 이와 마찬가지로, 알코올 섭취를 줄임으로써 나타나는 건강에 대한 효과를 측정하는 것은 다른 오염 변인들 때문에 상당히 어렵다(Sinforiani et al. 2011 참조).

일반적으로 남성 노인들이 여성 노인들보다 알코올 남용을 하기 쉽다(Graham et al. 1996; Hajat et al. 2004; Hallgren et al. 2010). 엠릿 등(Emlet et al. 2001)은 남성이 여성보다 세 배 이상 음주 가능성이 높다는 것을 발견했다. 그러나 정확한 수치는 연구가 행해진 문화나 사용한 측정치, 혹은 코호트 효과에 의존하는 정도에 따라서 달라질 수 있다. 아자트 등(Hajat et al.)은 남성의 음주 가능성이 여성보다 두 배가량 더 높다고 하였다.

인구의 몇 %가 알코올 문제를 가지고 있는지와는 상관없이 알코올 중독자나 문제성 음주자의 건강 위험은 상당히 높다(O'Connell et al. 2003; Weyerer et al. 2009). 하지만 모든 알코올 섭취가 부정적인 효과를 지닐 것이라고 추론하는 것은 옳지 않다. 많은 경우 알코올 섭취량과 노년기 질환 간의 관계가 그렇게 분명하게 나타나는 것은 아니다(Reid et al. 2002). 알코올 섭취가 반드시 심리적 기능에 해를 끼치는 것도 아니다. 사실 알코올 섭취가 건강에 유익하다고 주장하는 연구들도 있다. 맥콜 등(McCaul et al. 2010)은 10년간의 종단 연구를 통해 중등도의 일상적인 알코올 섭취(남성은 4유닛, 여성은 2유닛까지)는 사망 위험을 유의하게 낮춘다는 결과를 얻었다. 그러나 규칙적으로 마시고 1주일에 하루

이틀 정도는 자제하는 사람들의 사망 위험은 더 낮았다. 이러한 결과는 알코올 섭취 자체보다는 이완되고 행복한 생활 방식을 가지는 것이 긍정적일 수 있음을 보여 준다. 리처즈 등(Richards et al. 2005)은 50대 남녀를 대상으로 한 연구를 통해 알코올 섭취가 여성의 정신운동 기능을 악화시키는 반면 남성의 기억력 저하 속도를 오히려 늦춘다고 보고했다. 그러나 후속 연구에서는 중등도 알코올 섭취가 노년기 인지 저하를 예방해 주지 않는다고 주장했다(Cooper et al. 2009).

물질 남용 주제를 넘어가기 전에 현실을 직시해 볼 필요가 있다. 물질 남용은 심각한 문제이고 점점 많아지고 있기는 하지만 노인 인구에서 차지하는 비중은 여전히 매우 적은 편이다. 물론 물질 남용 문제를 갖고 있는 노인들에 대한 관심을 계속 갖고 있어야 하겠지만 건강한 노인들이 이러한 문제를 가질 가능성은 상당히 낮다는 점도 염두에 두어야 한다.

성격 장애

제5장에서 다양한 성격 유형들에 대해 살펴보았고, 그러한 성격 유형은 좋고 나쁨 없이 모두 동등하다. 그럼에도 불구하고 특정 성격 유형의 경우는 사회적 규준에 근거해 봤을 때 극단의 위치에 있고 특이해서 자신이나 주변 사람들에게 상당한 스트레스를 유발할 수 있다. 기이하기는 하지만 수용 가능한 행동을 하는 성격 유형은 여기서 다루려고 하는 성격 장애와는 별개라는 점을 염두에 두어야 한다. 노년기의 성격 장애 유병률은 낮다. 그러나 연령에 따라 기대하는 행동이 다르기 때문에 젊은이가 한다면 이상하다고 할 만한 행동을 노인이 하면 쉽게 간과하는 경우가 있다. 노년기에 성격 장애로 진단받는 비율은 확실히 낮다(Rayburn and Stonecypher 1996). 영국과 미국 연구 자료에서 가장 흔하게 보이는 성격 장애 유형은 회피성 성격 장애(자아상이 낮고 회피적임)와 의존성 성격 장애(타인에게 모든 것을 의지하려 함)이다(Smyer and Qualls 1999). 이런 특성은 은퇴 노인에 대한 고정관념과도 중복되기 때문에 '정상적인' 행동으로 잘못 생각될 가능성이 있다. 사다보이(Sadavoy 1996)는 성격 장애는 다른 정신적·

신체적 질환과 관련된 행동으로 포장될 수 있다고 주장했다. 이 때문에 실제 노년기 성격 장애 유병률은 생각보다 높을 것이다(Abrams and Horowitz 1996; Oltmanns and Balsis 2011 참조). 한편 성격 장애는 우울증이 있는 노인들에게 특히 발병률이 높고(Abrams et al. 1998), 자해 행동과 유의한 상관을 가진다(Ritchie et al. 2011). 성격 장애의 상대적인 빈도 차이는 문화에 따라 달라질 수 있다. 크로아티아의 한 연구에서는 남성은 가학적·반사회적 성격 장애가 가장 많았고 여성은 피학적 성격 장애, 경계성 성격 장애 및 분열형 성격 장애가 가장 많았다(Mandic and Barkic 1996).

조현병

마지막으로 살펴볼 정신질환은 조현병(schizophrenia)이다. 본질적으로 이 장애는 지적 능력의 저하 없이 나타나는 사고와 지각, 언어상의 심각한 장애로, 지각의 왜곡과 정서 및 행동의 변화를 특징으로 한다. 구별되는 증상군을 갖고 있는 여러 개의 하위 유형들이 있다. 가장 흔한 증상은 세상이 기능하는 방식에 대해 비합리적인 신념을 갖고 있는 유형으로, 주로 자신이 핍박당하고 있다고 여기는 경우이다. '머릿속에서 목소리가 들린다'와 같은 환각도 흔하다. 기이한 언어 표현이나 신조어 사용과 같은 언어 장애도 자주 보인다(Stuart-Hamilton 1999a 참조).

대부분의 조현병은 성인 초기에 나타나지만(Early Onset Schizophrenia; EOS), 1/4 정도는 중년기 이후에 발병하기도 하고(Late Onset Schizophrenia; LOS), 1/10 정도는 60대 이후에 첫 증상을 경험하기도 한다(Bartels and Mueser 1999; Karon and VandenBos 1998). 따라서 노인 조현병 환자는 병력에 따라 EOS와 LOS로 나뉠 수 있다. LOS가 경고 없이 갑자기 나타나는 것은 아니다. LOS 환자들은 대체로 은둔형이 많고 사회적 접촉을 최소화한 채로 힘들지 않은 삶을 살아온 경우가 많다. 부모나 친구들에게 보호받는 삶을 살아온 경향이 있는데, 부모나 친구들이 사망하거나 상황이 변화하게 되면 조현병 발병이 촉발된다(Quin et al. 2009 참조). 즉 LOS는 그 전부터 발병이 예고된 경우가 대부분이다.

이 두 집단을 직접적으로 비교하는 것은 쉬운 일이 아니다. 예컨대 EOS 환자와 LOS 환자는 근본적으로 다른 치료를 받기 때문에 강한 코호트 효과가 영향을 끼칠 수 있다. 항정신성 약물을 처음 복용한 연령 또한 결과에 영향을 줄 수 있는데, 노인의 경우는 약물 반응의 부작용이 더 많을 수 있다. EOS와 LOS가 보이는 증상의 차이는 거의 없는 것으로 보이지만(Lacro et al. 1995; Reicher-Roessler et al. 1997; Sponheim et al. 2010) 청각적 자극에 대한 EEG 반응 패턴의 차이가 있다는 보고도 있다(Olichney et al. 1998). 조현병 환자의 상당수가 치매에 걸리거나 최소한 치매 증상을 나타낸다는 보고도 있다(Arnold and Trojanowski 1996). 초창기 조직학적 연구들에서는 연관성이 지지되었지만, 보다 최근의 연구에서는 노인 조현병 환자의 뇌에서 알츠하이머형 치매와 같은 뇌 위축을 발견하지는 못했다(Arnold et al. 1998; Purohit et al. 1998). 비록 LOS 환자에 대해 적용 가능한 치료 자원은 상당히 적지만(Mitford et al. 2010), EOS 및 LOS 환자에 대한 치료 예후는 낙관적인 편이다(Karon and VandenBos 1998).

개관

전 연령층을 토대로 봤을 때 노년기의 정신질환은 유병률이 낮은 편이다. 노인 환자가 직면하고 있는 문제는 물론 심각할 수 있겠지만 같은 질환을 앓고 있는 젊은이들보다 더 심각한 것은 아니다. 관절염이나 청력 손상과 같이 노화와 관련된 흔한 신체적 증상들로 인해 노년기의 정신질환 문제는 악화될 수 있다.

제7장

노인의 심리 상태 측정과 관련된 문제들

도입

지금까지는 가급적 합의가 이루어진 시각에서 노화의 심리학을 설명하려고 노력했다. 그러나 다른 시각도 존재한다. 연구 전통과 완전히 다른 시각으로 접근하는 한 예로, 캘러샌티(Calasanti 2004)의 여성주의 노년학이 있다. 또 다른 연구들은 현실적인 상황을 받아들이기는 하지만 새로운 영역을 연구하기 위해서 현존하는 방법론을 조금 더 발달시키려고 노력하기도 한다. 심리학 석사 학위 이상을 가지고 있는 독자들은 딕슨 등(Dixon et al. 2004)이 편집한 인지적 노화에 관한 새로운 방향에 대한 연구들을 담은 책을 살펴보면 흥미로울 것이다. 한편 심리적 기능과 뇌 영상 간의 관계를 살펴보는 연구들이 점점 증가하면서(제2장 참조) 노인 신경심리학 및 분자심리학과 정신과학 분야에 폭발적인 관심을 불러일으키기도 했다(Licinio 2009 참조).

이 책에서는 현재 노화의 심리학 분야에서 주로 연구되어 있는 부분들을 설명하는 데 초점을 맞추었다. 진행되고 있는 연구들에는 당연히 비판점들이 있다. 그러나 앞에서는 노화의 심리학이 다룬 전반적인 주제보다는 구체적인 이론이나 특정 모형에 대한 비판들만 논의했다. 노화의 심리학 연구에 밑받침이 되고 있는 방법론과 일반적인 가정에 대한 비판들은 자세히 다루지 않았다. 이 장에서는 보다 넓은 시각으로 이러한 점들을 살펴볼 것이다. 기초 지식을 습득하여 이제 막 비판적인 시각으로 보려 하는 독자들에게 자극제가 되면 좋겠다. 그러나 이는 그저 긴 여정의 시작일 뿐이다. 여기서 접근하는 것 외의 또 다른 비판도 있을 수 있기 때문이다.

오염 변인들, 그리고 '순수한' 노화에 대한 탐색

노화에 대한 연구를 할 때 우리는 노화 자체만을 측정할 수 있다고 기본적으로 가정한다. 이는 본질적으로 코호트 효과가 통제된 후 관찰되는 연령 차이는 '반드시' 노화로 인한 것이라고 믿는 태도를 말한다. 연구자들은 이를 명시하지는 않지만 최소한 암묵적으로는 가정한다. 제2장에서 유동성 및 결정성 지능 검사에서 나타난 연령 집단 간 차이가 실은 사용된 검사 방법 자체의 영향을 어느 정도 받는다는 것을 짚어 보았다. 예컨대 유동성 지능 검사 수행은 답안을 써 내려가는 속도에도 일부 영향을 받는다. 노인들은 관절염이나 류머티즘과 같은 질병 때문에 젊은이들보다 쓰는 속도가 느리고, 이러한 특징 때문에 지필식 검사에서는 수행 속도가 느려질 수밖에 없다. 간단히 말하면 검사 자체로 인해 생긴 오염 변인 때문에 노인의 실제 정신상태를 과소평가하게 되는 것이다. 반대로, 결정성 지능에서 연령 차이가 없는 것에는 이와는 반대의 이유가 작용할 수 있다. 즉, 일반적으로 시간 제한이 없는 결정성 지능 검사에 시간 제한을 두게 되면 연령 차이가 나타날 수 있다.

연령 차이에 영향을 주는 문제에 쓰기 속도나 검사 시간 제한만 있는 것은 아니다. 저널 논문들의 초록들만 읽어 봐도 다음과 같은 잠재적인 오염 변인들을 찾을 수 있다. 교육 수준(Anstey et al. 1993; Christensen, Hendersen et al. 1997; Christensen, Korten et al. 1997; Compton et al. 1997; Jones and Gallo 2002), 유전적 요인(Deary et al. 2004a; McGue and Christensen 2001), 전반적 건강 상태(Horn 1982; Riegel and Riegel 1972), 운동 수준(Powell 1974), 동기 수준(Bauer 1966), 기술을 얼마나 연습했는지의 정도(Charness 1979, 1981; Milne 1956; Plemons et al. 1978), 감각 기능(Lindenberger and Baltes 1994), 사회적 네트워크의 질(Holtzman et al. 2004), 사회경제적 수준(Rundinger and Lantermann 1980). 이러한 목록은 그저 빙산의 일각일 뿐이다. 검사에 시간 제한이 있는지의 여부에 따라 또 다른 긴 목록의 오염 변인들을 찾을 수 있다. 이러한 오염 변인들이 모두 비슷한 중요도를 지니는 것은 아니지만, 노인과 젊은이 집단의 수행 차이의 상당 부분은 순수한 노화로 인한 차이라기보다는 코호트 효과로 인한 것임을 알 수 있다.

솔트하우스(Salthouse 1991b)는 노화 관련 문헌에 대한 메타 분석을 통해 건강이나 교육 수준 변인을 제거하면 연령 차이가 줄어들기는 하지만 없어지지는 않는다는 것을 발견했다. 그러나 잠재적인 오염 변인에는 이 두 변인 외에도 수백 가지가 더 있다. 만약 이 두 변인 대신에 더 많은 수의 변인을 택하면 어떨까? 이론적으로는 오염 변인 5개나 10개 혹은 100개를 통제하고 난 후 남아 있는 연령 차이를 측정할 수는 있다. 이렇게 하지 말라는 법은 없으니까 말이다. 예를 들어 연령 차이가 완전히 없어질 때까지 오염 변인의 수를 계속해서 추가할 수 있다. 통계학적으로 이러한 절차는 별로 도움이 되지 않지만, 핵심은 우리가 고려해야 하는 중요한 코호트 효과를 가지는 변인과 그렇지 않은 변인을 구분할 수 있는 근거가 미약하다는 것이다. 다음과 같은 사례를 살펴보자.

심장이나 혈액 순환 문제를 가진 사람이 지능 검사에서 수행이 더 나쁠 가능성이 있기 때문에 심혈관 질환에 영향을 끼치는 변인들을 통제하고자 한다고 가정해 보자. 그러한 건강 문제를 지닌 사람들을 실험에서 제외했다. 그런데 왜 심혈관 문제에만 집착하는가? 관절염이나 류머티즘 혹은 암에 걸린 사람을 제외하면 안 되는가? 이러한 조건들도 잠재적으로는 지능 검사 수행에 영향을 줄 수 있다. 극단적으로 말해 이런 식으로 제외하다 보면 최상의 상태에 있는 노인들만 남게 될 것이다. 이는 질병과 관련된 코호트 효과를 없애는 안전한 준거가 될지는 몰라도 이 샘플은 전체 노인에 대한 대표성을 잃게 된다(Stuart-Hamilton 1995 참조). 그런데 이는 건강만 고려한 것이다. 만약 노인 집단과 젊은이 집단 사이의 교육 수준 또한 맞추려고 들면 어떻겠는가? 노인 집단은 일반적으로 더 낮은 교육 수준을 가지고 있기 때문에 이것도 통제해야 한다. 그러나 교육받은 유형에 차이가 있는데 이를 어떻게 통제할 것인가? 노인들은 주로 암기에 의존하는 교육을 더 많이 받아 왔고, 최소한 영국의 노인들은 젊은이들보다 바느질이나 목공과 같은 실용적인 기술을 더 많이 훈련받아 왔다. 이러한 차이를 어떻게 통제할 것인가?

모든 가능한 오염 변인을 통제한다는 것은 실로 불가능하다. 불가피하게도 오염 변인의 일부는 분석 시까지 남겨져 있고, 많든 적든 데이터가 오염되는 것은 어쩔 수 없는 일이다. 노년학 논문들을 정독해 읽어 보면 유력한 코호트 효과가 있음에도 아예 통제하지 않는 연구자도 많고, 한두 가지만 통제하기도 한다. 모든 연구자가 동일한 집단에서 자신의 연구 대상자를 선정한다면 동일 인구를 대상으로 실험 비교를 하는 것이기 때문에 그리 큰 문제가 되지 않을 것이다. 그러나 연구 대상자로 참여하는 인구의 특성은 매우 광범위하다. 노화의 심리학 관련 저널 하나만 택해서 정상 노화 과정에 대한 연구에 참여한 대상자를 구한 방식을 살펴보았다. 두 연구는 세부 사항을 불충분하게 제시해 제외했고, 나머지 연구들을 살펴보면 다음과 같다. 뉴욕 신문 광고 및 캐나다 신문 광고와 다양한 모임들에서 모집, 매체에 광고, 노인 복지관과 노인 거주 지역에 광고, 대학에 속해 있는 노인 자원봉사 인원들을 모집, 1960년대의 국가 조사에 참여했던 사람들을 모집, 지역 자원봉사 집단을 모집, 오스트레일리아 선거인 평부에 있는 70세 이상 노인들을 모집, 지역사회 거주 자원봉사자들을 모집. 다른 조건(특히 대부분 자기보고식으로 평가한 건강 상태)에 대한 선별 수준은 매우 건강한 상태에 해당하는 사람만 포함하는 엄격한 기준에서부터 대체로 다 포함시키는 수준에 이르기까지 극히 다양하다. 이 연구들의 대상자들이 매우 상이할 수 있다는 것은 깊이 생각해 보지 않아도 알 수 있다. 어떤 연구의 대상자들은 다른 연구의 대상자들보다 신체적으로 더 건강한 이들이고, 어떤 연구의 대상자들은 다른 연구의 대상자들보다 사회경제적 수준이 더 높을 수 있는 등의 차이들이 존재한다.

이러한 논의가 지나치게 융통성 없는 것이라고 할 수도 있겠다. 그러나 책의 앞부분에서 계속 설명했듯, 노년기에는 변화가 증가하고 사소한 연구 방법의 차이가 이러한 변화를 증폭시킬 수 있다. 연구 결과들을 직접적으로 비교하기 힘들 경우, 노화로 인한 심리적 변화에 대한 분명한 그림을 그리기가 어려워진다. 젊은이 집단을 통제군으로 포함시키는 경우, 대부분의 연구에서는 젊은이 집단이 대학생들로 구성되어 있다. 노인 집단은 지적 배경의 범위가 훨씬 더 넓다(즉, 대학생들은 평균을 상회하는 지적 수준을 가지고 있는데, 노인 집단에는 대학교육을 받지 않은 대상자도 포함되어 있을 것이다). 연구 참여에 대한 동기 수준이 다르기 때문에 노인 집단과 젊은이 집단을 비교하는 경우 시작부터 차이가 있게 된다.

이러한 비판들이 있기 때문에 노인을 대상으로 한 실험들은 최소한 일정 부분의 코호트 효과가 작용될 수밖에 없다. 그러나 가장 두드러지는 코호트 효과는 통제해야 한다. 모든 연구자들이 동의하는 통제 변인들이 있다. 여기에는 교육 수준이나 전반적 건강 상태와 같은 흔히 쓰이는 변인들을 통제하기, 일정한 방식으로 연구 참여자를 선정하기, 그리고 일부 오염 변인이 데이터에 불가피하게 남겨져 있을 수 있음을 수용하기와 같은 방법들이 있다. 안타깝게도 이를 위해서 모든 연구자가 적용하도록 할 수 있는 표준적인 방법이 있는 것은 아니다(Stuart-Hamilton 1995 참조). 이처럼 연구자들 각자의 방식대로 다양하게 통제하고 있기 때문에 연령 차이의 진실한 크기를 판단하기란 매우 어렵다(Stuart-Hamilton 1995, 1999b).

'순수' 노화 효과가 코호트 효과 속에 감추어져 있다는 가정을 할 수 있고 그렇게 측정하는 것이 유용하다고 주장할 수 있다. 그러나 이는 논란의 여지가 있으며, 다음과 같은 반론을 제기할 수 있다. '순수' 노화 측정치는 암묵적으로 얻어지고, 외현적으로 분석되는 일은 드물다. 그러나 노화에 대해 보다 정확한 측정을 하기 위해 연구자들이 코호트 효과를 제외하기 때문에 노화 자체에 대한 측정치는 성장 환경의 영향은 제외된 것이라 가정하기 쉽다. 간단히 말하면 선천적-후천적 논쟁(nature-nurture debate)으로, 순수 노화는 선천적이고 코호트 효과는 후천적 환경에 비유될 수 있다(Stuart-Hamilton 1999a). 그러나 후천적 환경과 사회적 상호작용의 영향을 전혀 받지 않은 상태에서 지적 발달이 어떻게 이루어지는지를 보는 것은 불가능하다. 극단적으로 말하면 그것은 외딴 탱크 속에서 자란 사람만이 순수한 노화를 경험한다고 주장하는 것과 같다. 노년기의 지적 기술의 대부분은 '그럼에도 불구하고'가 아니라 그것 때문에 발생하는 것이다(Pratt and Norris 1994 참조). 따라서 코호트 효과는 진실된 결과를 왜곡하는 단순한 애로 사항이 아니라 노인의 지적 상태의 본질적인 부분이 된다. 각 연령 코호트는 불가피하게 상이하고 그러한 차이의 일부는 후천적 환경의 차이에서 기인한다고 주장하는 사람이 있을 수 있는데, 그렇다면 그러도록 두는 편이 낫다. 변화에 대한 종단 연구에서 오염 변인을 통제하려는 시도를 할 때에는 몇 가지 문제가 발생한다(제2장 참조). 연습 효과나 탈락 효과와 같은 것을 제거하려다가 각 코호트 특유의 노화 특성까지도 제거할 위험이 있다. 제2장에서도 언급했듯, 노화 효과를 찾는 것은 이제 데이터 자체뿐 아니라 사용한 통계적 기법에도 상당 부분 영향을 받기 때문에 코호트 효과와 관련한 문제 제기에 대해 건강한 회의적 태도를 갖는 것이 현명할 것이다.

요약하면, 확실하게 말할 수 있는 것은 다음 한 문장이다. '노인들은 지능 검사에서 지능이 감퇴되는 경향을 보인다.' 그러나 그러한 감퇴에 있어 '순수한'(우리가 '진짜' 노화라고 말하고 싶은) 노화의 영향이 어느 정도인지에 대해서는 여전히 논쟁 중이다.

일상생활과 관련된 발견

노화 연구에서 발견할 수 있는 또 다른 문제점은 측정 결과가 일상생활과 조화를 이루지 못한다는 점이다. 이 책에서 살펴본 바와 같이 심리 검사들(특히 지능 검사)은 마치 지적 기술에 대한 순수 측정치인 양 제시되어 왔다. 만약 그렇다면 그러한 심리 검사 점수와 일상생활 기술의 상관이 높을 것이라고 기대하는 것이 논리적이다. 가령 지능 검사 점수는 학업 능력이나 직업 등을 잘 예측해야 한다. 그러나 실제로는 그렇지 않다. 심리학의 케케묵은 이야기로 지금껏 발견된 것 중 IQ와 실생활 측정치들과 가장 상관이 높은 경우가 0.7이라는 것이 있다. 대체로 IQ는 실생활 수행 정도를 잘 예측해 주지 못한다. 0.2에서 0.3 정도의 상관으로 IQ는 실생활 수행을 10% 정도만 설명한다. 그렇다고 해서 지능 검사가 무용지물이라는 것은 아니다. 지능 검사가 능력에 대한 매우 훌륭한 검사임은 틀림없다. IQ 검사로 천재와 천치를 구분할 수 있다(물론 이 두 경우는 IQ 검사를 하지 않아도 알 수 있겠지만). 그러나 이 두 극단 사이에 존재하는 대다수의 사람들의 수행을 정확하게 가리는 일은 잘 못하는 것 같다. 지능 검사가 일상생활 기술을 정확하게 반영해 주지 못한다면, 노화로 인한 지적 능력 변화를 측정하는 데 있어 이 복잡한 지능 검사의 가치가 무엇인가라는 질문을 던질 수밖에 없다.

솔트하우스는 이 질문에 다음과 같이 답변했다. '지능이 능력에 대한 예측 인자로 부족하더라도 통제 과정에서는 매우 중요하다.' 만약 그렇다면 왜 그토록 수많은 심리학자들이 일상생활과 관련성이 별로 없는 측정치를 연구해 온 것인지 궁금해진다. 냉정하게 보면 IQ 검사가 빈약한 예측 인자라 하더라도 현존하는 것 중에서는 가장 나은 측정치이기 때문에 더 좋은 것이 나올 때까지는 계속 사용하고 있는 것 같다. 이런 계산에서 보면, 노인의 IQ를 10% 정도 설명해 준다면 이는 잘하고 있는 것이다. 하지만 그것은 빙산의 일각일 뿐이고, 남은 90%는 모른 채로 남겨져 있는 것이다. 이는 매우 심각한 문제이다. 일반적인 수준에서 IQ 검사는 지적 변화에 대해 아주 적합한 지표가 될 것이다. 이 책에서만 보더라도 구체적인 기억의 변화나 언어 능력 및 지적 기술의 변화는 지능 검사 수행과 상관이 있음을 알 수 있다. 상관 정도는 경미하지만 통계적으로 유의하고 기대되는 방향으로 상관관계가 존재한다. 예컨대 노인이 젊은이보다 더 높은 유동성 지능을 보이는 경우는 없고, 지능 검사 점수가 낮은 사람이 기억력 수행이 향상되는 경우도 없다. IQ 검사는 상당히 타당하고 일정 추세를 예측하는 데 높은 일관성을 보인다.

IQ 검사의 설명량이 적다는 것을 노인심리학 탓으로 돌리는 일은 바람직하지 않다. 그것은 심리측정학(psychometrics: 심리학적 차이를 연구하는 분야)에서 가지고 있는 문제라고 할 수 있다. 성패는 편리성에 달려 있다. 이상적인 심리측정학의 세계에서는 하나의 IQ 검사를 얻어서 그 점수로 그 사람의 모든 지적 과제 수행을 완벽하게 예측하고자 한다. 즉 단일 검사 점수로 그 사람의 지적 능력에 대한 모든 것을 알고자 하는 것이다. 그러나 불행히도 그러한 검사는 존재하지 않고 그런 검사를 개발하는 것 또한 사실상 불가능한 일이다. 왜냐하면 지적 기술은 하나의 요인으로 결정되기보다는 여러 종류의 지적 기술로 결정되고 제각기 특유하게 기여하는 바가 있기 때문이다. 일반적인 지능 검사는 이러한 여러 가지 하위 기술들에 대한 수행을 종합한 것을 표현한 것에 불과하고, 따라서 개인의 능력에 대한 전체적인 인상만 줄 수 있을 따름이다.

이는 축구팀의 수행을 예측하는 것과 비슷하다고 할 수 있다. 축구팀은 잘하는 분야가 제각각인 여러 명으로 구성된다. 리그 성적표는 특정 팀이 다른 팀에 비해서 얼마나 잘하는지에 대한 전반적인 판단의 근거가 될 수 있다. 그러나 팀 내의 개인 선수에 대해서는 알려 줄 수 있는 것이 거의 없다. 물론 훌륭한 팀이 부진한 팀보다는 좋은 선수들이 많겠지만 늘 그런 것은 아니다. 특정 팀이 가장 좋은 포워드를 가지고 있다고 해도 나머지 팀원들의 실력이 좋지 않아서 리그 성적은 바닥일 수 있다. 이와 비슷한 방식으로 IQ 검사 점수는 그 사람의 전반적인 지적 수행에 대한 지표는 될 수 있지만 특정 과제를 얼마나 잘 수행할지에 대해 정확히 예측해 주기는 어렵다. 그렇다고 해서 하위 기술에 대한 측정치가 더 좋다고 할 수도 없다. 심리측정학에는 다음과 같은 딜레마가 있다. 일반 지능 측정치는 일상생활 기술에 대한 예측 인자로는 빈약하다. 하위 기술들에 대한 측정치는 실생활에서 사용하는 능력들을 평가하기 때문에 더 잘 예측한다. 그러나 하위 기술에 대한 검사들은 실생활 문제와 매우 유사해서, 검사 도구와 같은 중간 매개를 사용하지 않고 실생활 능력을 측정치로 직접 쓰는 것이 더 나을 수 있다. 요컨대 하나는 너무 일반적인 측정치이고 다른 하나는 너무 구체적인 측정치이다.

현실성이 부족하다는 또 다른 비판으로, 제2장에서 살펴본 바와 같이 젊은이 집단과 노인 집단 사이의 지능 검사 차이가 거의 2표준편차에 이른다는 것이 있다. 교육학 연구에 대한 배경지식이 있는 독자라면 이는 매우 의미 있는 수치라는 것을 바로 알아차릴 것이다. 아동의 경우 평균보다 2표준편차 아래의 수행을 한다면 특수 교육이 필요하기 때문이다. 노인이 지능 검사에서 수행하는 방식이 실제 일상생활에서 행동하는 방식을 그대로 반영한다고 하면, 수많은 노인들이 젊은이나 아동보다 훨씬 무능력한 수행을 보일 것이고 '특수한 보살핌'이 필요한 계층으로 분류될 것이다. 그러나 실제로는 전혀 그렇지 않다. 다시 말해 심리 검사 결과를 그대로 해석하면 노인의 '실생활' 기술을 과소평가하게 되는 것이다. 실험실 검사에서 일부 수행이 저하되더라도 다른 인지 기능은 크게 영향을 받지 않을 수 있으며, 일상생활에서는 보완적 전략을 충분히 사용할 수 있기 때문이다. 그럼에도 불구하고 발달심리학의 노화 연구 분야에서 이와 관련한 연구가 많이 이루어지지 않은 것이 오히려 신기할 정도이다.

노화에 대한 심리학이 생겨났다고 하면 현존하는 심리학자들 중에 누가 그 연구를 할 것인가? 아마도 발달심리학자일 것이다. 그들은 아무래도 발달적 관점에서 변화를 검증하는 것에 전문성이 있기 때문이다. 가장 거리가 먼 것은 인지심리학자일 것이다. 그들은 일반적으로 정신적 모형의 작동에 관심을 가지고 개인 내 변화는 통상 분석에서 제외해야 할 오염 변인으로 간주하기 때문이다. 그런데 노화에 대한 심리학은 주로 인지심리학자와 심리측정 분야 전문가들의 연구 주제가 되어 왔다. 『자서전으로 살펴본 노인심리학 역사(*A History of Geropsychology in Autobiography*)』라는 훌륭한 책에는 1940-1960년에 왕성하게 활동했던 노인심리학자들의 첫 세대가 소개되어 있다. 대부분은 인지 및 개인차를 연구하던 배경을 지닌 학자들이다. 즉, 이들은 노화를 발달의 한 과정으로 여기기보다는 상대적으로 좁은 범주의 행동 차원에서 쇠퇴되어 가는 상태로 간주했다. 이는 성인 초기 단계를 수행의 최고점으로 보고 노년기는 점점 떨어지는 것을 나타낸다는 개념과 그다지 멀지 않다(Stuart-Hamilton 2010).

노화에 대한 부정적인 시각은 전부터 있어 왔다. 버틀러(Butler 1969)는 '연령차별주의(ageism)'라는 용어를 붙였지만, 문서 기록이 시작된 이래로 어떤 형태로든 존재해 왔던 편견이다. 쇠퇴의 시각에서 노화를 묘사하는 형식적이고 과학적인 방법은 매우 오래된 고대의 편견을 학술적인 방식으로 표현해 놓은 것에 지나지 않는다고 할 수 있다. 그러나 노인심리학 연구 분야에서 의도한 바는 이러한 것이 아니다. 연구자들은 순수하게 인종 차이로 인한 결과를 발표할 때는 당연히 인종 차이에 대한 염려를 갖는다. 그러나 인종 집단 간의 가장 큰 차이라도 그것은 다수의 노화 연구 결과에 비하면 아무것도 아니다. 계속되는 연구들에서는 일반 노인이 치료적 도움 없이는 거의 아무 기능도 못하는 수준으로 감퇴한다고 보고하고 있지만, 그러한 연구 결과들이 실용적으로 의미하는 바가 무엇인지에 대한 코멘트는 거의 없다. 마치 노인심리학자들은 노화에 따른 감퇴를 발견하긴 했지만 그러한 사실이 중요시되는 것은 원하지 않는다고 생각하는 것 같다.

물론 이것이 다소 과장된 주장인 것은 사실이다. 어쩌면 노인들은 감퇴하는 기술들을 다른 전략으로 보완할 수 있다. 혹은 평가된 기술들은 노인들이 일상생활에서 잘 쓰지 않는 기술들일 수 있다. 그러나 그렇다 하더라도 연구에서 평가된 그 기술들이 왜 젊은이들에게는 중요하고 노인들과는 관련성이 거의 없는 것일까? 부분적으로 답변을 하자면, 그러한 측정치로 정신적 변화를 그려 보는 것은 노년기에 변화하거나 감퇴하는 정도에 대한 훌륭한 지표가 되기 때문에 매우 중요하다. 저하된 기술이 무엇인지를 모른다면 노인이 어떤 기술에 대해 보상전략을 쓰고 있는 것인지 판단할 수가 없다. 그러나 학자들의 이상적인 노화와 이상적인 지적 삶에 대한 암묵적인 가정 때문에 많은 지적 기술들이 연구되었다고 주장할 수 있다. 학자들은 자신의 기준으로 판단하고 다른 사람들도 자신과 같을 것이라고 기대하는 경향이 있다. 우리는 학교 교육에서 배운 기술들이 부족하다는 주장을 접하곤 한다. 인문학계에서는 세상이 기계적이어서 미학에 너무 둔감하다고 하고, 자연과학계에서는 '쉬운' 인문학 과목에 너무 많은 시간을 들이기 때문에 일반 대중들이 비논리적인 경향이 있고 의사 결정에 필요한 과학적인 문제에 대한 지식이 부족하다고 주장한다. 여기서 이러한 논쟁을 더 하는 것은 불필요하고 적절하지도 않다. 그러나 학계에서는 일반 대중들이 배워야 하는 지식의 유형과 관련하여 합의될 것이 많고, 여기에는 어떤 지식이 다른 지식보다 더 가치 있다는 식의 판단이 불가피하게 개입되어 있다.

노화의 심리학으로 되돌아가 보자. 노인심리학자들이 사용하는 지적 기술에 대한 측정치들은 노인을 연구하기 위해 개발한 도구가 아니다. 일반적으로 젊은이들을 위해 이미 개발되어 있는 도구를 사용해서 젊은이들에 비해 노인들이 어떻게 수행하는지를 살펴보는 것이다. 다시 말하면, 지적 노화에 대한 연구는 젊은이들에 대해 형성해 놓은 이상적인 기준에서 노인들이 얼마나 떨어져 있는가를 측정하는 것을 토대로 구축되어 왔다. 즉, 대부분의 노인심리학자들에게 '성공적 노화'란 젊은 시절 본인의 수행을 얼마나 잘 유지하는가에 달려 있다(Stuart-Hamilton 1999b). 그러므로 10대 후반이나 20대 초반에 지적 능력이 최고치에 이른 후에는 수행이 더 이상 발달하지는 않을 것이라고 가정한다. 노인들이 심오한 지혜를 얻거나 실용적인 문제들을 논리적으로 통합하는 데 더 능숙하다고 보는 일부 연구자들도 있기는 하지만, 이 또한 젊었을 적 황금기에서 쇠퇴하는 정도가 가속화되거나 약화되는 정도를 논하는 방식으로 다루어진다.

이 시점에서 의문점이 하나 생긴다. 만약 젊은 시절의 황금기 때만큼 지적으로 무언가를 성취해야 하고 문제를 분석적으로 다루지 않아도 된다고 여긴다면, 우리는 과연 노년기를 부정적으로 보게 될 것인가? 어느 날 언어적 기술이 이전 수준보다 감퇴되고, 더 이상 'charisma'나 'liaison'와 같은 단어의 철자를 정확히 쓸 수 없게 되며, 노예 해방이 무슨 뜻인지를 기억하지 못하게 되는 일은 학자들에게는 중요할지 몰라도 모든 사람들이 그런 일을 엄청난 불행으로 여기지는 않는다. 높은 지적 수준을 추구하는 것이 매우 중요한 사람들이 있지만(학자들도 여기에 포함된다), 모든 사람이 그런 것도 아니고 그것이 바람직한 것도 아니다. 대부분의 노인들이 지성인이 보는 신문에서 추천한 책들을 읽거나 자막이 있는 영화를 보거나 『타임』 지의 크로스워드 퍼즐을 풀며 시간을 보내는 것은 아니다. 높은 지적 수준 혹은 특정한 지적 기술들이 일상생활의 필요한 부분이라고 가정하는 것은 잘난 체하는 것이기도 하고 분열을 초래하는 것이기도 하다. 사실상 지적으로 수준이 높은 노인의 목표는 은퇴 후에 무엇을 할 것인지 생각하는 대학 강사의 목표와 비슷하다. 그런데 모든 노인의 목표가 그러해야 한다는 가정은 무모하다. 노인심리학자들은 젊은이와 노인이 얼마나 다른가 하는 점에 입각해 노화라는 개념을 형성해 놓았다. 그들은 젊은이 집단과 노인 집단이 동일한 정신 기술을 사용해서 수행한다고 가정한다. 축구에 비유하여 젊은이 팀과 노인 팀이 경기를 한다고 생각해 보자. 그런데 한 팀이 축구를 관두고 볼링을 치겠다고 가 버리면 어떨까? 이처럼 노인심리학자가 갖고 있는 지적 변화에 대한 관점은 노인들도 젊은이들과 동일한 지적 기술들을 사용한다는 토대하에서 예측된 것이다. 그러나 그에 대한 증거는 설득력이 약하다.

제2장에서 피아제 실험과 같은 아동발달심리학의 전통적인 측정치로 노인의 수행을 살펴본 연구들을 소개했었다. 간단히 말하면 노인들은 보다 복잡하고 학술적인 문제 해결 방식보다는 원시적인 방법을 더 선택하는 것처럼 보인다. 클라친스키와 로빈슨(Klaczynski and Robinson 2000)에 의하면 노인들은 어떤 유형의 문제를 해결할 때 기본 원칙에 입각하기보다는 경험적인 방식으로 접근한다. 알레르와 마시스크(Allaire and Marsiske 2002) 역시 일상생활에서 접하는 상황 문제가 전통적인 심리측정적 측정치보다 노인의 일상생활 기능을 더 잘 예측했다고 하였다.

연구자들이 노인들이 이용할 것이라 여기는 기술들을 실제로 노인들이 사용하지 않는다면, 그리고 그것이 생활 방식이나 동기 문제와 관련이 있다고 한다면, 동일한 기준으로 젊은이 집단과 노인 집단을 비교하는 것은 더 이상 어려울 것이다. 그러나 그러한 정신적인 처리 양상의 변화가 어떻게 일어나는가를 설명하는 일은 여전히 필요하다. 다음과 같이 생각해 볼 수 있다. 발달은 유기체의 유전적 소인과 살아가면서 경험하는 환경적 영향을 통해 지식과 문제 해결 전략들을 축적해 나가는 것으로 이루어진다고 할 수 있다(여기까지는 아무도 이견이 없을 것이다). 지식과 문제 해결 전략은 농담 섞어 말하자면 일종의 '아이디어 종(idea species)'이라 할 수 있다. 이 아이디어 종이 번창하는 것은 그것 스스로가 찾는 것에 달려 있다. 기존의 정신적 틀에 새로운 것을 통합할 수 있을 때만 번식할 것이고, 효과적으로 저장되고 되먹임될 때만 유지될 것이다. 따라서 유년기의 기술 습득과 노년기의 기술 상실은 동일한 기본 메커니즘을 통해 통제된다. 현존하는 심리학적 모형은 특정 시점에서 나타나는 과정의 단면들을 그리고 있다. 즉 발달 연구들이 그 범위를 넓혀 감에 따라서 모형에 깊이를 더하고 있는 것이다. 대부분 이런 방식으로 진행되어 왔다. 주요 차이점은 과거에는 발달과 노화가 본질적으로 특정 목표를 향해 나아가고 있다고 암묵적으로 가정했다는 점이다. 이는 결국 오랫동안 컴퓨터 모델링 연구 분야를 괴롭혀 왔던 호문쿨루스(homunculus) 문제의 반복 재생이라 할 수 있다. 차이라고 한다면 전체 과정에 대해서는 아무도 볼 수 없다는 것이다. 개인은 그러한 과정을 의식적으로 인식할 수 없고, 정신적 과정을 얻느냐 혹은 잃느냐는 결국 확률에 달려 있다. 우리는 계획이라는 것을 통해서 특정 방향으로 갈 가능성을 더 높일 수 있지만, 현재 연구들은 하나의 바람직한 방향의 발달을 암묵적으로 가정해 놓은 상태라서 그 과정이 생략되고 있다. 용불용설이나 전반적 속도 저하 이론을 부정하는 것은 아니다. 이 두 이론 모두 변화를 일으키는 가능한 메커니즘을 제공하고 있다. 싱어 등(Singer et al. 2003a)의 연구에 의하면, 다른 인지 영역에서 실패하는 기술들에 대한 보완책의 일종으로 원시적인 형태의 경험적 문제 해결 방식을 취하는 것은 노인들이 유동성 지능에 의존하는 기술들을 사용하기 때문이라고 설명할 수 있다(이는 전반적 속도 저하 이론과의 논쟁에 불을 붙이기도 한다).

무의식적인 연령차별주의

위와 같은 논의는 노화란 본질적으로 그 사람이 스스로 만드는 것이라고 주장하는 것이 될 수 있고, 검사에서 수행이 더 나쁘거나 더 좋다는 관점에서 노화를 바라보게 되기 때문에 핵심을 놓칠 수 있다. 제시한 모형에 동의하지 않는다 하더라도, 많은 연구자들은 이러한 결론에 동의할 것이다. 그러나 연령 집단 간에 인위적인 장벽을 만들어 내는 것은 철저한 평등주의자에게조차도 매우 쉬운 일이다. 여기서 연령차별주의 문제가 야기된다. 의도적인 연령차별주의는 용납할 수 없고 대단히 어리석은 짓이다. 인종차별주의자나 남성우월주의자는 자신의 인종이나 성별을 바꿀 수 없기 때문에 혐오하는 상대방들을 공격할 수 있다. 그러나 연령차별주의자는 자신이 곧 그 혐오의 존재가 될 가능성이 높다. 즉 연령차별주의자 자신도 늙어 간다. 다행히 연령차별주의자들이 노인을 보살피거나 연구하는 직업을 가지고 있는 경우는 드물다. 그렇다 하더라도 노년학이 연령차별주의로부터 완전히 자유로운 것은 아니다.

노인들이 젊은이들보다 신체적 질병에 걸리기 쉽다, 치매에 걸리기 쉽다, 혹은 지능 검사에서 일반적으로 더 부진하다고 말하는 것은 연령차별주의가 아니다. 이는 평균적으로 여성이 남성보다 키가 더 작고 무거운 것을 잘 못 들며 더 빨리 달리지 못한다고 말한다 해서 성차별주의자가 되는 것은 아닌 것과 같다. 그러나 평균 차이에 대한 단순한 언급을 넘어 가치 판단이 작용해서 어떤 집단을 다른 집단보다 열등하게 바라본다면 문제가 된다. 여기가 대부분의 평등주의자들의 노력이 시작되는 지점이다. 처음에는 노인들은 평균적으로 더 많은 도움을 필요로 하기 때문에 더 보살펴 줘야 한다는 칭찬받을 만한 노력에서 시작하곤 한다. 여기서 조금만 나가면 노인은 약하고 덜 능숙하다고 자동적으로 생각하게 되는 단계에 이르게 된다. 이러한 관점을 갖고 있는 사람은 선의로 그러한 행동을 하고 있겠지만 낙인이 생기기 시작하고 있는 것이다. 예컨대 간호사 교육용으로 쓰이는 환자의 성적 학대에 관한 비디오에 나오는 다음과 같은 말을 살펴보자. 비디오에서는 성적 학대를 당한 노인 환자 사례를 언급하면서 "심지어는 노인도 성적 학대를 당할 수 있다"고 설명한다. 성적 학대는 심각한 문제이기 때문에 이는 매우 적절한 걱정이다. 그러나 "심지어는 노인도"라는 구절에는 노인은 쇠약하고 성적으로 매력적이지 못하다는 가치 판단이 들어가 있다. 이는 순수하고 긍정적인 염려임에도 불구하고 그 이면에는 이러한 강력한 고정관념이 들어 있는 것이다.

연령차별주의적 태도를 의도하지 않았다 할지라도, 노화 관련 저하에 집중된 연구를 할 때 변화의 이유와 그 과정을 과도하게 강조할 위험이 있다. 엄격한 과학적 질문은 격려되어야 하지만 그 연구 질문이 애초에 왜 시작되었는지를 잊으면 안 된다. 필자가 다른 책(예: Stuart-Hamilton 2010)에서 비유해 놓은 곰돌이 푸 이야기를 하고 싶다. 눈밭에서 위즐이라고 불리는 맹수를 쫓아가는 이야기가 있다. 그런데 사실은 맹수는 있지도 않고 곰돌이 푸가 자신의 발자국을 쫓아가고 있었던 것이다. 그 발자국을 쫓아가면 쫓아갈수록 더 많은 맹수가 있는 것처럼 착각하게 된다. 노화 관련 심리학 분야의 연구자들을 소설 속 곰으로 보려는 의도는 전혀 없다. 노인심리학에 열의를 가지고 연구하는 학자라 할지라도, 자신의 연구가 기존의 오래된 주제들(전반적 속도 저하나 부양자 스트레스 등)을 넘어서 어떤 새로운 정보를 주는지에 대해 스스로 잘 생각해 봐야 할 것이다.

제8장

죽음, 임종, 그리고 사별

도입

제1장에서 이야기했듯 19세기까지만 해도 노년기에 이르기 전에 대부분 사망했다. 오늘날에도 죽음은 노인만의 일이 아니다. 서구 인구의 70%만 65세를 맞이할 수 있고, 그중 30-40%만 80세를 맞이할 수 있다. 이는 약 30%는 노년기에 이르기 전에 사망한다는 것을 의미하는데, 후진국일수록 이 수치는 더 커진다. 죽음에 이르게 하는 것이 나이만 있는 것도 아니다. 2010년도에 혈액 순환 관련 질병으로 인한 남성 사망자의 16%는 65세 이하였다. 반대로 HIV로 인한 남성 사망자의 14%는 65세 이상이었다(Office for National Statistics 2011). 그럼에도 불구하고 고령이 어쩔 수 없이 죽음과 관련된 것은 확실하다. 고령 이후에는 더 이상의 연령대가 없다는 난순한 사실 때문이다. 죽음이 갖고 있는 가슴 아픈 측면 중 하나는 아무리 건강하거나 고결한 삶을 살고 있다 하더라도 결국은 그에게 다가온다는 점이다. 데이비드 호크니(David Hockney)의 작품 중에 있는 글귀처럼, "당신이 담배를 피우지 않는 사람이더라도 죽음은 당신을 기다리고 있다."(Malvern 2011)

죽음, 임종, 그리고 사별에 관여하는 심리학적 요인들에 대한 연구가 노화의 심리학에 자동적으로 포함되는 것은 아니다. 확률적으로는 노인에게 가장 많이 적용되기는 하지만 단지 노화와만 관련되는 것은 아니다. 그러나 노년기에는 만성적이면서 기력을 저하시키는 질환들이 생기게 되고, 그중 일부(예: 암, 심혈관 및 폐 관련 문제들)는 결국 죽음을 초래하기 쉽다. 이런 이유로 죽음이 노년기만의 문제가 아님에도 불구하고 죽음이 가장 명확해지고 그것을 많은 사람들이 염두에 두게 되는 시기가 노년기인 것 같다.

죽음에 대한 인식

정신분석학에서는 우리가 유한하다는 인식이 우리의 성격과 행동을 결정짓는 핵심 요인이 된다고 주장한다(예: Akhtar 2011). 사람들이 자신의 죽음에 대해 거의 인식하지 못한다는 주장에 대해서는 그러한 인식이 잠재의식 속에 있어서 인식하지 못한다고 반론한다. 여느 정신분석 이론과 마찬가지로 정신분석학의 주장은 검증이 불가능하다. 서구 사회에서 죽음을 입에 올리는 것은 매우 제한되어 있어 보통 다른 완곡한 표현을 쓰고(예: '돌아가시다', '하늘로 가시다'), 애도 시기에는 자제된 행동을 강조한다. 그렇다고 죽음을 '억압'한다고 말하는 것은 너무 과할 수 있다. 일반적으로 죽음은 완곡하고 조용하게 다루어진다. 예를 들면 죽은 영국인의 시체는 보통 영국 TV에서 나오지 않는다. 그러나 개발도상국 같은 곳에서는 그러한 금기가 없다. 죽음에 대한 부정이 보편적인 것은 아니라는 말이다. 강한 영적 믿음을 가지고 있는 경우 죽음은 우리 삶을 이해하는 데 마이너스가 아니라 플러스로 받아들여진다(예: Green 2002; Moller 1987; Sheikh and Sheikh 2007). 사회학자들은 죽음에 대해 이야기하는 것을 회피하는 서구 사회의 태도가 실제로 죽음을 부정하는 것은 아니라고 주장한다(Kellehear 1984).

대부분의 사람들이 자신의 유한성을 의식적으로 처음 인식하는 때는 중년이다. 그 전에도 가족이나 사랑하는 이의 죽음을 경험하기는 한다. 미국의 한 연구를 보면 생애 처음으로 아는 사람의 죽음을 경험하게 되는 때가 약 8세 때라고 한다(Dickinson 1992). 그러나 중년기는 자기 자신의 죽음을 생각하게 된다는 점에서 죽음이 더욱 의미 있게 되는 시기이다. 이 시기는 자신의 부모가 대체로 사망하게 되는 시기이기도 하고, 절친했던 친구가 암과 같은 심각한 질병에 걸리게 되는 시기이기도 하다(Coleman and O'Hanlon 2004). 즉, 죽음에 대한 인식(death awareness)이 생기게 되는데, 이것은 죽음을 단순히 추상적인 개념으로 이해하는 것이 아니라 실제적이고 정서적으로 그 단어가 뜻하는 바를 자신의 유한성의 견지에서 인식하게 되는 것을 의미한다. 이는 실제 죽음을 경험하는 것과는 다르지만 생애 최후의 몇 주나 몇 달을 어떤 식으로 경험하게 될 것인가에 대한 중요한 전구체가 될 수 있다.

사람들은 일반적으로 나이가 들어 가면서 죽음에 대한 인식을 더 많이 하게 되는 경향이 있다(Woodruff-Pak 1988). 그리고 인식을 하면 할수록 죽음에 대한 공포는 줄어들게 된다(Bengtson et al. 1977; Woodruff-Pak 1988). 그렇기 때문에 젊은 성인기나 중년기의 사람들이 노년기의 사람들보다 죽음에 대한 공포를 유의하게 더 많이 표현하는 경향이 있다. 죽음에 대한 태도에는 사회경제적 집단 차이가 거의 존재하지 않는다(Bengtson et al. 1977). 노인과 젊은이의 태도에 있어 핵심적인 차이는 죽어 가는 과정 자체에 대한 걱정의 수준으로, 젊은이의 경우 더욱 그 부분에 집착하는 것 같다(de Vries et al. 1993). 노인들은 통상적으로 죽어 가는 과정보다는 자신의 사망 환경(자신의 시체를 누가 발견하게 될 것인가 등)을 더욱 중시한다(Woodruff-Pak 1988). 또한 노인의 경우는 자신의 삶에 대한 통제력이 부족하다고 여기게 되면 죽음에 대해 더욱 불안해한다(Baum 1984).

죽음과 임종을 어떻게 지각하는지에 대해 면밀히 검토해 볼 수 있는 다양한 모형이 소개되어 왔다. 가장 영향력 있는 모형 중 하나는 전 생애에 걸친 성격 변화에 대한 것(예: 에릭슨 이론)이고, 죽음은 그 마지막 단계가 된다. 이러한 접근에 따르면 삶의 마지막 지점에서는 모든 갈등이 해결되고 초월의 경시에 이르게 된다. 톤스탐의 노년초월(gerotranscendence) 이론이 전형적인 한 예가 된다. "노년초월이라는 것은 간단히 말해 노년기에는 세상에 대한 관점이 물질적이고 실용적인 것으로부터 우주적이고 초월적인 것으로 변화해 가는 것을 뜻한다."(Tornstam 1997: 17)

노년초월 이론은 노년기에는 '지금 여기'의 태도에서 '초월적'인 태도로 변한다는 것을 주장한다. 어떤 노인들은 자신에 대한 이러한 깨달음을 얻기 때문에 가만히 앉아서 생각에 잠기기도 한다. 그러나 그렇지 않은 노인들도 있다. 맥락을 무시하고 이 말만 보게 되면 사이비 종교처럼 받아들이기 쉽다. 톤스탐의 모형은 삶의 후반부를 세속의 것들에서 벗어나 시공간을 초월한 인식을 얻는 데 집중하는 시간으로 보는데, 이는 부분적으로 불교의 영향을 받기는 했다. 톤스탐은 사회학자를 존중했고, 노년기와 죽음이 갖고 있는 부정적인 측면을 벗어난 모형을 진지하게 제시하고자 했다. 따라서 죽음을 인간이 발달해 가는 끊임없는 흐름이라는 더 큰 과정의 일부분이라는 맥락에서 이해하고자 했다. 개인에게만 집중된 죽음은 대부분 두려운 것이다. 보다 큰 그림의 일부로 보면 덜 두렵고, 그렇게 되면 죽음을 연속된 존재의 필연적인 한 부분으로 인식할 수 있게 된다.

톤스탐은 에릭슨과 같은 학자들의 연구와 마찬가지로 죽음에 대한 인식 모형의 기본적인 틀을 확립하고자 했다. 이 모형이 갖고 있는 종교적인 어조 때문에 일부 독자는 거부감이 들 수 있겠지만, 모형 자체는 삶의 마지막을 다루고 있고 자아(self)의 욕구보다 더 큰 것을 고려하기 때문에 규범적이면서 동시에 서술적일 수밖에 없다. 이 주제를 다루는 데 종교적 어조 외에 어떤 어조가 가능하겠는가? 개인의 영적 또는 종교적 신념의 정도는 노년초월이라는 개념을 받아들이는 데 영향을 줄 수 있다(Ahmadi 2001). 노년초월은 삶의 의미를 이해하는 정도와 강한 정적 상관관계가 있고, 이러한 현상은 종교가 있을수록 덜 나타난다(Braam et al. 2006). 다른 말로 하면, 죽음에 대한 두려움을 없앨 수 있는 영적 신념을 갖고 있지 않다면 노년초월이 그 대체물이 되는 것 같다. 이는 곧 세상을 떠난다는 생각을 보다 넓은 맥락에서 하게 될수록 보다 영적인 입장이 효과를 본다는 것을 보여 준 다른 연구들과 일맥상통한다. 바덴스텐(Wadensten 2010)은 요양원의 노인들을 대상으로 노년초월의 원리에 입각한 중재 연구를 했는데, 자기 인식이 향상되고 시설에서의 사회적 활동도 좋아짐을 발견했다. 실제로 노년초월을 노인과 그 보호자에게 적용해 보도록 했을 때 대체로 긍정적인 변화를 보이는 것 같다(Tornstam 1999 참조).

그러나 이 모형에는 한계가 있다. 첫째, 중재 연구들을 살펴보면 통제 집단이 부족한 경우가 많다. 다른 중재도 이와 동등하거나 더 효과적인 결과를 보일 수 있는지에 대해 알 길이 없다. 둘째, 어떤 사람의 깨달음의 징후는 다른 사람에게는 그저 멍하니 허공만 응시하고 있는 것과 같은 것일 수 있다. 톤스탐과 톤크비스트(Tornstam and Tornqvist 2000)는 노년초월에 해당되는 행동들을 알려 주고 요양원 직원들에게 그러한 행동을 관찰한 적이 있는지를 물었다. 톤스탐과 톤크비스트가 초월적 행동이라고 여기는 것들을 요양원 직원들은 치매 증상이나 지나친 비활동성으로, 즉 부정적으로 바라보았다. 이러한 현상은 아마도 요양원 직원들의 이해 부족 때문일 수 있겠지만, 자신들의 오랜 경험을 바탕으로 한 판단을 근거로 보여 준 확신에 찬 실용적인 반응일 수도 있다.

노년초월 모형이 타당하건 아니건 간에, 죽음에 대한 인식 연구와 관련해 확실한 지침이 필요하다. 제1장에서도 밝혔듯 노년기에 해당하는 인구 비중이 이처럼 커진 것을 경험하게 된 것은 1세기도 채 안 된다. 그러는 동안 우리는 아무런 비판 없이 노년기를 은퇴기와 동일하게 받아들이게 되었다. 이런 태도가 뿌리 깊이 박혀 있어서 사람들은 노년기의 은퇴를 마치 타고난 권리인 양 받아들이고, 그것이 자연스러운 과정이며 최선의 계획이라 생각한다. 그러나 우리는 아직 노년기에 대한 충분한 대처 계획을 가지고 있지 않으며, '자연스러운' 것은 아무것도 없다. 더 나아가 우리 삶의 최종 단계를 어떻게 보낼지를 정당화해 줄 수 있는 논리에 대해 주의 깊게 연구 해 온 바도 없다. 우리가 지금껏 연구해 온 것은 그저 역사적인 사건으로 생긴 결과 그 이상도 그 이하도 아니다. 발테스(Baltes 1997: 367)가 강력하게 주장한 바와 같이, "생물학적인 진화, 문화적인 발전, 그 어느 것도 우리 삶의 마지막 단계를 보호해 줄 튼튼한 비계(飛階)를 최적화할 충분한 기회를 주지 못했다."

웡과 토머(Wong and Tomer 2011)는 죽음을 수용하는 것에 대한 연구가 필요하다는 인식이 현재 거의 없다고 주장했다. 개인에게서 죽음에 대한 수용이 어떤 식으로 발달하고 개인차나 문화가 어떤 영향을 끼치는지에 대해서는 거의 알려져 있지 않다. 이에 대한 정보 없이 개개인에 대한 최적의 접근법을 설계하기는 불가능하다. 스칼마티와 케네디(Scalmati and Kennedy 2009)는 임종을 다루는 정신 치료 역시 거의 개발되지 않았다고 말했다. 이들은 또한 개인이나 그 주변의 사랑하는 사람들의 욕구가 매우 다양하기 때문에 개발되는 모형은 매우 유연해야 한다고 지적했다. 죽음 인식에 대한 더 깊은 이해가 필요하지만 특별히 만족스러운 모형은 없는 실정이다. 그렇다면 죽음의 과정 자체에 대한 모형은 어떠한가? 곧 살펴보겠지만 이 주제에 대해서는 특정 이론이 독보적인 지위를 차지하고 있다.

퀴블러-로스의 죽음의 5단계 모형

갑작스런 죽음을 경험하는 사람은 매우 드물다. 대부분은 자신이 죽어 가고 있다는 것을 알고 그에 대해 반응할 시간이 있다. 분명 걱정 가득한 시간이 될 것이다. 초기 연구자들(예: Eissler 1955)이 쓴 다양한 심리학 및 정신의학 도서에서 이 부분을 다루고 있다. 그러나 죽음에 대한 연구가 널리 알려지게 된 것은 엘리자베스 퀴블러-로스(Elisabeth Kübler-Ross)의 죽음의 5단계 모형이 처음이다. 퀴블러-로스는 정신과 의사로, 말기 암 환자를 대상으로 연구하면서 그들에게 비교적 일관적인 행동 패턴이 있음을 관찰했다. 환자들은 자신의 죽음을 알게 된 후 다음 다섯 단계의 반응을 거쳐 간다.

- 1단계: 부정(denial). 죽음을 선고받게 되면 처음에는 이를 받아들이지 않는다. 전형적으로 다음 두 가지 중 하나로 반응한다. 어떤 사람들은 그 사실을 완전히 외면하고 절대 받아들이지 않는다. 다른 사람들은 자신의 죽음 후 남겨질 것들에 대해 점점 인식하게 된다. 그러면서 매우 단순하고 일상적인 사소한 일에서조차도 아름다움을 보게 되는 현상이 종종 관찰된다.
- 2단계: 분노(anger). 이 단계에서는 광범위한 반응이 나타난다. 자신이나 남들에게 분노하게 된다. 핵심적인 특징은 그것이 자신에게 죽음이 온다는 사실에 대한 분노라는 점이다. 보살펴 주는 다른 사람의 존재 여부와 남들의 조언을 받아들이는 정도에 따라 완화될 수 있다.
- 3단계: 타협(bargaining). 삶을 연장하기 위해 여러 가지 타협점을 찾는다. 일반적으로 다양한 형태로 나타나는데, 종교가 있는 경우 선행을 더 많이 하고 가진 것을 나눔으로써 신에게 더 오래 살 수 있도록 해 달라고 애원한다.
- 4단계: 우울(depression). 이 단계는 자신에 대한 이유 있는 비통함을 느끼는 시기이다. 죽음을 막을 수 없다는 절망감과 무력감으로 인해 깊은 비애감을 느끼고 타인에 대해 무심해진다. 무슨 일을 하든 간에 '이걸 뭐 하러 해?'와 같은 반응을 종종 하게 된다.
- 5단계: 수용(acceptance). 자신의 상황을 받아들이고 현 상태에서 최선의 방향으로 계획하고 행동한다.

외상적 사건을 경험한 일부 독자들은 자신도 이와 비슷한 단계를 거쳤다는 것을 느낄지도 모르겠다. 실제로 퀴블러-로스는 이러한 사이클이 단지 죽음으로 인해서만 생기는 것이 아니라 이혼과 같은 심각한 사건에 의해서도 생긴다고 주장했다(Kübler-Ross 2005 참조). 이 모형은 이해하기 쉽고 직관적이어서 특히 미국에서 널리 알려졌다. 한편 임종을 맞이하는 사람들이 다섯 단계의 행동을 보인다는 것에 대한 논쟁도 일었다. 예컨대 많은 사람들이 죽음에 이르기까지 계속 '부정'의 단계에 머물러 있었다는 식의 주장이 있다. 한 연구에서는 임종을 맞는 사람들의 약 1/4이 자신의 죽음이 가까이 있다는 사실을 완강히 부인했다(Kastenbaum 1985).

그러나 이 모형이 갖는 단순성은 약점이 된다. 강하게 이야기하면 죽어 가는 사람들은 반드시 이 다섯 단계를 거쳐야 한다고 말하는 것으로 해석되기 때문이다. 죽음을 눈앞에 둔 사람들이 부정, 분노, 타협, 우울, 수용을 보인다는 점이 논란이 되는 것이 아니라 이러한 상태를 단계별로 거쳐 갈 것이라는 주장이 논란이 된다. 즉, 이 주장에 따르면 어떤 이가 현재 부정의 단계에 있다면 이후에는 그다음의 네 가지 단계를 필연적으로 거쳐 가야 한다. 예컨대 현재 타협 단계에 있다면 그다음에는 우울 단계, 그리고 수용 단계에 이를 것이라고 가정된다. 그러나 많은 후속 연구들에서는 이러한 단계별 진행에 대한 증거를 찾지는 못했다(Neimeyer 2001). 따라서 이 모형을 그런 방식으로 해석하는 것은 적절하지 않다.

사실 퀴블러-로스 자신도 단계들은 그저 하나의 지침일 뿐이라고 강조했다. 모든 사람들이 각 단계에 머무르는 시간이 동일하지도 않고, 어떤 사람들은 이 사이클을 여러 번 반복할 수도 있으며 실제로 동시에 두 단계 이상에 머무르기도 한다. 퀴블러-로스가 하고자 했던 말은 죽음을 앞둔 사람들이 여러 가지의 행동 패턴을 보이며, 이것이 때로는(필연적인 것은 아니고) 순서대로 오기도 한다는 것이다. 이런 설명으로 모형이 비판받을 때 곤경을 면할 수 있기는 하지만 이런 식의 회피에는 대가가 따른다. 이러한 단계들에 대해 신뢰할 수 있는 순서가 없다고 한다면 퀴블러-로스가 한 일이라고는 죽음을 앞둔 사람들이 부정, 분노, 타협, 우울, 수용의 증상을 보인다는 점을 관찰한 것뿐이다. 이는 새로운 사실도 아니다. 다른 연구자들도 이미 비슷한 이야기를 해 왔으며,

지난 수천 년간 극작가나 시인, 소설가들도 그런 이야기는 해 왔다. 여기에 덧붙여, 퀴블러-로스가 체계적이고 일관성 있는 자료 수집을 했다는 증거가 없다. 퀴블러-로스의 주장은 자신의 임상 노트에 근거하고 있고 그것은 일관성 있는 체계를 갖추고 있지 않다. 많은 연구자나 임상가들이 이 모형과 주장에 의구심을 품거나(Newman 2004) 신랄하게 비판하는 것(예: Konigsberg 2011)은 그리 놀랄 일이 아니다.

그러나 퀴블러-로스의 연구가 죽음과 임종, 그리고 사별에 대한 학문적이고 임상적인 연구에 시동을 걸었다는 것은 부정할 수는 없다(Edgley 2003). 그런데 퀴블러-로스는 '좋은 죽음'에 강조점을 두었는데, 얼핏 보기에 그것 자체는 바람직한 것으로 여겨진다. 그러나 지나친 경우에는 로프랜드(Lofland 1978)가 비난하며 말한 '행복한 죽음' 사고 방식(죽음을 앞둔 사람들에게서 보이는 불평과 절망 등 부정적인 정서들이 토의와 타협을 통해 해결될 수 있고 이러한 과정 전체가 통제될 수 있다는 신념을 말한다)과 충돌할 수 있다. 만약 환자가 퀴블러-로스가 제시한 표준적인 변화 패턴에 순응하지 않는다면, 그래서 고요한 철학적 수용 상태로 삶을 마무리하지 못하게 된다면, 결과적으로 이 환자는 비협조적인 환자로 분류된다. 즉 의료진이 기대하는 규준에 순응하기를 거부한 것이 된다. 에즐리(Edgley 2003)의 지적대로, 사회학적인 관점에서 보면 일종의 일탈로 여겨지게 된다(Zimmerman 2004 참조). 반대로 활기차고 냉철한 행동을 하기를 강요받기 때문에 죽음을 앞둔 환자는 자신의 좌절과 슬픔을 표현하고자 하는 욕구를 부정하고 있을 수도 있다. 오랫동안 간직해 온 걱정이나 불만을 표현하지 못하고 죽는 것이 타당한가, 아니면 다 털어놓고 죽는 것이 타당한가?

이러한 비판들은 실용적인 차원에서 다시 살펴봐야 한다. 어떤 환자가 퀴블러-로스가 정한 단계에서 벗어날 때, 많은 의료진들이 강압적인 통제를 할 정도로 퀴블러-로스의 주장을 맹목적으로 따른다고 가정해 보자. 의료진이 정해 놓은 말기 환자에 대한 공식적인 정책과 실제로 이를 실행하는 것 사이에는 상당한 차이가 있기 때문에 이런 일은 있을 수 없는 일처럼 보인다(Goodridge 2010). 그러나 의료진이 목표로 하는 말기 환자의 만족스러운 상태와 겉으로 만족한 것처럼 보이기 위해 자신의 욕구는 억압하는 것 사이에는 분명한 구분이 있어야 한다.

퀴블러-로스의 연구도 이처럼 제한점이 많다 보니 죽음 분야에서는 제대로 된 연구가 없는 것 같은 절망감이 들 수 있다. 그러나 죽음을 연구하는 보다 실용적인 접근법이 있다. 예컨대 죽음에 있어 최우선적이고 가장 중요한 것은 장엄하고 위대한 영적 철학이 아니라 그 사람이 가능한 한 고통받지 않고 존엄하게 삶을 마무리하는 것이라는 접근법이다. 이러한 접근이 고통완화 치료(palliative care)의 초석이 되었다.

고통완화 치료

간단히 말하면, 고통완화 치료는 질병의 원인을 치료하는 것보다는 그 사람의 고통을 완화하는 것을 목적으로 접근하는 방식이다. 치통에 대해 진통제를 먹는 것도 치통의 원인과는 상관없이 그로 인한 고통만을 경감시켜 준다는 점에서 고통완화 치료의 한 예가 된다. 가능한 모든 치료법을 시도해도 호전이 없는 치명적이고 불치인 질환의 경우, 환자가 겪는 고통을 최소화해 주는 고통완화 치료가 유일한 의료적 방법이 된다. 비교적 간단하게 들리지만, 이 또한 많은 문제를 내포하고 있다. 이런 이유로 세계보건기구를 비롯한 여러 연구자들이 고통완화 치료에 대해 상당히 많은 정의를 내려 놓았다. 그 정의들은 다음과 같다.

- 통증 및 기타 고통스러운 증상을 완화할 수 있도록 한다.
- 삶을 긍정하고 정상적인 과정으로 죽음을 바라보게 한다.
- 죽음을 재촉하거나 지연시키지 않으려고 한다.
- 환자를 치료하는 데 있어 심리적·영적 측면 또한 통합한다.
- 죽을 때까지 환자가 가능한 한 능동적으로 삶을 살 수 있는 지지 체계를 제공한다.
- 환자가 불치병을 앓고 사별하게 될 때 그 가족들이 잘 대처할 수 있도록 지지 체계를 제공한다.
- 환자와 가족의 욕구에 부응하기 위해 팀 접근을 하고, 필요하다면 사별 상담

도 제공한다.

- 삶의 질을 향상시키고 질병의 진행 과정에 긍정적인 영향을 끼친다.
- 화학 요법과 같은 수명 연장을 위한 다른 치료법을 고통완화 치료와 함께 질병의 초기 과정에서부터 적용할 수 있는데, 이때는 고통스러운 치료 부작용을 보다 더 잘 이해하고 관리하는 데 필요한 조사도 포함되어야 한다.

(World Health Organization 2011)

고통완화 치료는 왜 이렇게 긴 정의를 필요로 하며, 왜 그 개인의 건강뿐 아니라 그 사람의 삶과 가족의 여러 측면까지 강조를 하는 것일까? 부분적으로는 의료적 의견에서 그 답을 찾을 수 있다. 19세기 후반부터 1960년대 초까지 의학은 환자의 고통을 완화하는 것보다는 질병 자체를 치료하는 데 초점을 맞춰 왔었다. 따라서 증상을 다루기보다는 질병의 원인을 찾는 데 더 급급했다. 이는 고통완화 치료를 실행하는 데 그다지 좋은 분위기가 아니다. 점차적으로 질병을 대하는 태도의 변화가 시작되었고, 영국의 시실리 손더스(Cecily Saunders)를 선두로 해서 전 세계적으로 호스피스 운동이 퍼져 나갔다(Welsh et al. 2003 참조).

고통완화 치료에서 핵심적인 문제는 삶의 질(Quality of Life; QOL)이다. 이는 다소 모호한 개념인데, 특히 연구자들이 내린 정의가 매우 다양하다(Bowling 2007). 그러나 본질적으로는 자신의 건강과 일반적인 상황에 대해 얼마나 편안해하고 만족해하는지를 측정하는 것이다. QOL은 환자를 간호하는 데 있어 중요하지만 간과되기 쉬운 측면들을 측정하도록 만들어졌다. 효과적인 치료를 위해 환자의 편안함을 희생하는 경우가 많다. 예를 들어 어떤 질병에 대한 두 가지 치료법이 있다고 해 보자. A 치료법은 환자를 치료하는 데 매우 효과적이지만 끔찍한 부작용이 있다. B 치료법은 덜 효과적이지만 부작용이 없다. 어떤 치료법을 환자에게 적용해야 할까? 병을 치료하는 데는 A 치료법이 올바른 선택이지만, 끔찍한 부작용이 있다는 것은 환자의 QOL을 현저히 낮춘다는 것을 의미한다. B 치료법은 환자를 치료하는 데에는 덜 효과적이지만 환자의 QOL에 지장을 주지는 않는다. 대부분의 사람들에게 이러한 상황을 설명하면 일단 B 치료법을 먼저 시도해서 효과를 본다면 좋고 B 치료법이 실패한 경우에만 A 치료법을 적용하는 것이 옳다고 주장할 것이다. 그러나 그 병이 생명을 위협하고 있을 만큼 심각하고 두 치료법을 모두 시도해 볼 시간조차 충분치 않다면 어떻게 할 것인가? 확실한 치료법보다 환자의 편안함을 더 우위에 둘 것인가?

말기의 환자에게 고통완화 치료만 제공할 것인지 결정해야 할 때도 의료진은 비슷한 문제에 직면한다. 말기까지도 적극적인 치료를 계속 해 나갈 수 있다(즉, 1차 목표는 병을 계속 치료하는 것으로 두고 2차 목표를 고통완화에 두는 것). 그러나 적극적인 치료는 자주 고통스런 부작용을 주기도 하고, 의료진의 수많은 경험에 비추어 보면 치료의 성공 확률이 매우 낮거나 거의 없다(Mallery and Moorhouse 2011 참조). 환자는 고통 속에 있지만 살 수 있다는 희망으로 견딘다. 그러나 QOL은 낮아진다. 반면 환자의 상태가 죽음에 이를 정도로 나빠질 것을 받아들이고 고통완화 치료를 제공함으로써 QOL을 높일 수 있다. 그러나 고통완화 치료를 하더라도 그렇게 '포기하는' 것에 대한 끊임없는 의구심이 들기 때문에, 일부 환자들이 가능한 한 끝까지 적극적인 치료를 계속하기를 원하는 것은 흔히 나타나는 일이다(Johnson et al. 2008).

세계보건기구가 길게 정의를 내려 놓은 또 다른 이유는 고통완화 치료가 안락사와는 다르다는 것을 강조하는 데 있다. 고통완화 치료는 때로 수명을 단축시키기도 한다. 아편계 진통제는 통각상실증을 생기게 하기도 하고 호흡을 억제하는 부작용이 있다. 따라서 고통이 사라지는 것과 지나치게 호흡이 억제되는 것 사이의 아슬아슬한 지점이 있다. 이와 마찬가지로 과도한 불안감과 같은 상태와 관련된 것도 있다(Welsh et al. 2003). 그러나 진통제 없이는 견디기 힘든 극심한 고통이 있다고 한다면 어떤 선택이 나은지는 그 개인이 결정해야 할 것이다. 고통완화 치료가 갖는 정반대의 특징도 있다. 즉, 고통완화 치료가 때로는 죽음이 다가오는 것을 지연시키기도 한다. 의학의 발달로 임종의 환자를 가능한 오래 생존해 있도록 할 수 있는 기술들이 마련되어 있다. 그런데 이러한 생명 연장으로 득이 되는 사람은 누구일까? 통증 조절이 제대로 되지 않는다면 큰 고통의 시간이 될 것이고, 통증이 잘 조절된다 할지라도 그 환자는 늘 타인에게 의존해야 한다(Meier et al. 2010). 회복의 희망도 없이 병의 상태만 길게 끌고 의료비는 계속 증가한다. 건강보험이 되는 나라에서는 세금 부담이 늘어나는 것이고 사적 보험을 쓰는 나라에서는 개인의 부담이 늘어나는 것이다.

그러나 이에 대해서도 의구심이 계속 생긴다. 구체적인 예를 들어 보자. 영국에서는 많은 경우 고통완화 치료가 '리버풀 케어 과정(Liverpool Care Pathway; LCP)'이라는 형태로 진행되는데, 리버풀에서 처음 시행되어 그렇게 이름지어졌다(Ellershaw and Wilkinson 2003; Partington 2006). 말기에 이르면 LCP에서는 통증 완화는 하지만 항생제나 정맥 주사 등은 중단한다(Preston 2007). LCP는 일부 기준에 의해서는 효과적이다. 예컨대 사망 후 약 4개월 정도 되는 시기에 조사한 결과, LCP 시스템하에서 사망한 환자의 가족이 덜 고통스러워하는 것으로 나타났다(Veerbeek et al. 2008). 또한 LCP는 증상 부담(QOL에 부정적인 영향을 주는 증상의 정도)을 줄여 주고, 보다 포괄적으로 환자를 보살핀다(Veerbeek et al. 2008). 그러나 LCP는 논란을 불러일으켰다. 다음은 LCP에 대한 염려가 담긴 저명한 학자와 의료진들의 편지이다.

> 정부는 고통완화 치료의 새로운 패턴을 병원과 요양원에 도입하기 시작했습니다. 그것은 리버풀 병원에서의 경험을 바탕으로 한 것입니다. 리버풀 케어 과정의 체크박스에 체크하면 그 이후에 행해지는 치료의 필연적인 결과는 죽음입니다. 이에 따라 수액과 음식을 환자에게 주지 않는 것을 본 가족과 친구들의 불만의 목소리가 전국적으로 급증하고 있습니다. 진단이 잘못되었을 가능성은 고려하지 않은 채 주사기는 진정제를 놓는 데에만 사용되고 있습니다. 2007–2008년 사이의 16.5%의 죽음은 이러한 진정제 투입 후에 생겼습니다. 경험 있는 의사들은 매우 중요한 약 외의 다른 것을 중단했을 때 죽어 가는 환자들이 때로는 더 나아진다는 것을 알고 있습니다.(Millard et al. 2009)

이 편지를 실은 신문은 "국민보건서비스(NHS)에서 내려진 사형 선고"라는 제목을 기사에 붙이고, 영국의 국민보건서비스에서는 의료진이 죽어 가는 노인 환자를 포기하고 그들이 사망할 때까지 진정제만 투여하도록 권장하고 있다는 이미지를 함께 제시하였다. 이는 심각한 오류이다. 단순히 고통에서 벗어나도록 하는 것과, 다른 치료를 받았더라면 회복되었을 수도 있는데 죽음을 앞당기는 것은 완전히 다른 이야기이다. 영국의 모든 노인들의 죽음을 앞당겼다고 LCP를 비난하기 전에 LCP 시스템이 있는 병원이라도 그 시스템이 모든 환자에게 자동적으로 적용되지 않았고, 환자와 가족의 심리적·영적 욕구를 최우선 고려 사항으로 두었다는 점을 기억해야 한다(Preston 2007). 또한 2010년 현재, LCP나 비슷한 시스템을 운영하는 곳이 다수는 아니다. 관련 시설의 1/4 정도로 추정되고 있다. 따라서 사망자의 16.5%의 죽음이 LCP로 인한 것이라고 말하기 힘들다. 진정제 투여 중 사망률의 증가는 인구통계학적 변화, 특히 사망 원인의 특성과 가능한 치료법들의 변화로 인해 생긴 일이라고 보는 것이 더 정확하다(제1장 참조).

그러나 고통완화 치료의 문제는 이것만이 아니다. 효과적인 고통완화 치료를 위해서는 환자 개인의 욕구에 맞추어진 접근이 필요하다. 그것이 실천되지 않으면 아무 소용이 없다. 네덜란드에서 시행된 일반의 대상 연구에서는 거의 절반가량의 일반의가 환자가 어디에서 죽고 싶어 하는지(예: 호스피스, 집, 병원 등)에 대해 전혀 인식하지 못하고 있는 것으로 나타났다. 고소득자이거나 고통완화 치료 프로그램과 연결되어 있는 환자인 경우에는 환자가 죽음을 맞이하고자 하는 장소를 그 담당의가 알고 있는 경우가 많았다(Abarshi et al. 2009). 고통완화 치료가 정말 효과적이기 위해서는 개인의 욕구에 맞추어야 하기 때문에 연구 결과에서 좋은 방법을 추정해 내기는 무척 어렵다. 즉 어떤 연구에서는 효과적이라고 하는 방법이 다른 상황에서 시행된 연구에서는 그렇지 않을 수 있기 때문이다.

이러한 문제들을 비교문화적 측면에서 보면 상황은 더욱 심각해진다. 예컨대 개인병원에서 실행된 고통완화 치료의 장단점을 정리한 훌륭한 연구가 있더라도(예: Woo et al. 2011) 중국 본토에서 행해진 연구 결과를 영국의 시골 웨일스의 독자가 읽고 곧바로 도움받을 수 있는 점을 찾는 것은 쉽지 않다. 사망의 원인이 다르면 그에 따른 적당한 대응법도 달라진다는 점도 한몫한다. 그렇다고 해서 특정 조건하에서는 모두 통용되는 정책이 있을 수 있는 것도 아니다. 신장암 환자의 QOL 변화에 대한 연구에서도 개인의 상황에 따라 다양한 반응이 필요하다는 점이 드러났다(Bird and Hayter 2009). 게다가 의료진들이 자신의 저작물에서 QOL의 필요성을 알리고 있지만, 질 좋은 케어도 QOL 욕구를 맞추지 못하는 등 이론과 실제의 상당한 차이가 있다(Vaarama et al.

2008). 윤리적인 문제도 있는데, 생의 마지막 며칠 동안은 환자로부터 QOL을 측정하는 것이 매우 어렵다. 너무 아픈 상태여서 QOL을 평가할 수 없는 경우도 있고, 생의 마지막 날들을 클립보드에 붙은 설문지를 하면서 보내기보다는 사랑하는 사람들과 보내고 싶어 하는 경향도 있다. 이에 따라 많은 연구들에서는 사후에(여러 달이 지난 후에) 가족들로부터 얻은 정보로 추정을 하곤 한다(Lawton 2001 참조).

죽음

무엇이 '죽음'을 구성하는지에 대한 관념은 시대에 따라 다르고, 오늘날은 문화에 따라서도 다르다. 예나 지금이나 여러 문화권에서는 깊은 무의식이 죽음을 구성할 것이라는 주장이 있어 왔다. 예컨대 파푸아뉴기니 바나티나이의 거주자들은 무의식에 빠지는 것을 죽는 것이라 믿고 있다. 따라서 이런 믿음에 의하면, 그 지역의 일부 사람들은 여러 번 죽었다가 다시 살아났다고 할 수 있다(Lepowsky 1985). 과거에는 죽었다 깨어난 사람들에 대한 이야기가 많았는데, 아마도 코마 상태에서 깨어난 경우가 많았을 것 같다. 코마 상태는 과거 기준으로는 사망한 것이지만 현대 의학의 기준으로는 사망한 것이 아니다.

요즘 시대의 영화나 연극, 책을 보면 죽음을 심장 박동과 호흡의 정지로 보는 것 같다. 맥박이 없거나 입에 손거울을 대었을 때 전혀 김이 서리지 않는 경우에 죽었다고 한다. 사실상 이러한 정의는 20세기까지 대부분의 의료계에서도 수용되어 왔었다. 그러나 몇 가지 이유로 이러한 정의를 재고하게 되었다. 첫째로 신뢰할 수 없는 진단 방법을 들 수 있다. 매우 미세한 박동이나 극히 옅은 호흡은 감지하기 어려운데, 이 경우 여전히 살아 있는 환자를 죽었다고 생각할 수 있다. 이로 인한 섬뜩한 결과로 환자가 산 채로 묻히게 될 수도 있다. 19세기 사람들은 이 생각에 사로잡혀 있어 그 당시에 묻힌 관의 내부에는 손톱으로 긁은 자국이 있다는 이야기도 있었다. 이에 따라 장례업계에서는 관 안쪽에 벨을 달아서 혹시라도 의식이 돌아와 자신이 묻히고 있다는 것을 알게 되면 벨을 당겨 도움을 요청할 수 있도록 하였다. 그 외에는 실제로 산 채로 묻힌 사례가 밝혀진 일은 별로 없었다. 그러나 산 채로 묻히는 것에 대한 공포는 매우 사실적이었다. 한 가지 예만으로도 이를 설명하기에 충분할 것 같다.

> 차더하우스 광장에서 가져온 시체를 이즐링턴 교회 묘지에 묻었고, 다음과 같은 묘비가 세워졌다.
>
> "1808년 10월 28일, 엘리자베스 에마 토머스가 27세의 나이로 잠들다.
>
> 그녀는 아무 잘못이 없다. 달빛은 밝았고, 그녀는 너무 일찍 죽었다."
>
> 검시관인 호드슨 씨는 고인이 자연사한 것이 아닐 수 있음을 강하게 의심하는 편지를 하나 받았다. 그는 이를 관할 구역에 보고했고, 관할 기관이 무덤을 열어서 시체를 교회 지하납골당으로 옮긴 후 배심원단이 조사했다. 시체를 눕혀 보았을 때 분명히 보이는 것이 있었다. 이 여성은 금요일에 사망했고 토요일에 묻혔다. 그녀와 함께 살았던 남성은 일요일에 동네를 떠났고 포츠머스에서 스페인으로 향하는 배에 올랐다. 시체를 검사해 보니, 9인치 길이의 은핀이 심장에 찔려 있었다. 고인을 검사하는 데 참여했던 의사는 같이 살던 남성의 요청으로 산 채로 묻히는 것을 막기 위해 핀을 찔러 넣었다고 말했다. 배심원단은 그녀가 신의 뜻으로 사망했다고 판결 내렸다. 시체는 여전히 지하납골당에 누워 있다.*

심폐 기능으로 죽음을 진단하는 것을 재고해야 하는 두 번째 이유는 현대 의료 장비로 전기 충격과 같은 방법을 통해서 소생시킬 수가 있기 때문이다. 심정지로 인한 죽음을 흔히 임상적 죽음이라 칭한다. 이 시점에서는 심장이 멈춰 있고 폐로 호흡하고 있지는 않지만 신체의 세포들은 여전히 살아 있어서 약 3분 안에 심장이 다시 뛰기만 한다면 살아날 수 있다. 따라서 심폐소생술 팀이 있고 장비가 갖춰진 병원에서는 맥박이 멈춘 것을 불가피한 죽음의 신호로 보기에는 충분치 않다. 따라서 임상가들은 죽음에 대한 보다 나은 정의는 뇌사(뇌파 검사와 같은 것으로 측정해 보았을 때 뇌 활동이 전혀 없는 상태)라고 주장하기 시작했다. 이러한 주장은 여러 측면에서 설득력이 있는데, 뇌 활동이 없다는 것

* 19세기 영국 도서관 신문 온라인 기록보관소 2011년 9월 10일 자 자료에서 발췌하였다.

은 정신 활동이 없음을 뜻하고, 다시 소생하더라도 고위의 지적 기능을 하게 되지 못하며, 모든 신체 기능에 대한 통제력이 없다는 것을 나타내기 때문이다. 따라서 많은 사람들이 심폐 기능으로 죽음을 정의하기보다는 뇌사로 죽음을 판명하는 쪽으로 더 기울어지고 있다.

그러나 이런 접근에 단점이 없는 것은 아니다. 첫째, 많은 경우 인공호흡기를 통해서 신체가 살아 있을 수 있기 때문에 뇌 기능이 멈춘 후에도 의료적 도구를 통해 신체 세포들이 살아 있도록 할 수가 있다. 둘째, '뇌사'의 측정치가 부정확한 경우가 있다. 뇌사로 여겨져 인공호흡기를 떼었음에도 불구하고, 식물인간 상태이기는 하지만 계속 생존하는 경우도 많다(Oboler 1986). 완전한 죽음(생물학적 죽음 혹은 신체사라고도 부른다)은 심장, 폐, 그리고 뇌의 기능이 멈추는 것뿐만 아니라 신체 나머지 부분의 세포들도 모두 산소와 영양 부족으로 죽게 되는 경우라는 의견도 있다.

임상적으로 죽었던 사람이지만 소생해서 인공 장치 없이 생존이 가능하다면 그 사람은 실제로 살아 있다고 볼 수 있다. 그러나 임상적으로 혹은 뇌사로 인해 죽었지만 오직 신체만 인공호흡기와 같은 인공 장치를 통해 살아 있는 경우는 어떤가? 인공 장치 없이는 생물학적으로 죽게 되지만 오로지 인공 장치 덕분에 생존한다면 어떤가? 여기에 더해 심연의 무의식 속에 있고 고위의 인지 과정을 처리할 수 없다면 '살아 있는' 사람이라고 하기가 어려울 것이다(Oboler 1986). 그러나 뇌사를 측정하는 것 또한 부정확하고, 왜 뇌가 몸 전체를 대변하는 가장 주요한 신체 시스템이라고 봐야 하느냐 하는 주장이 제기되기도 한다(Shewmon 1998). 또한 뇌사 판명은 장기 기증을 받아 이식해야 하는 환자에게는 매우 유용한 반면, 장기 적출로 인해 죽어 가는 뇌사 환자에게는 불공평할 수 있다는 주장도 있다(Potts 2002).

이러한 논쟁점들은 처음에는 의료 윤리 차원의 문제로 나타나겠지만 죽어 가는 사람의 가족에게는 심리적인 영향도 끼치게 된다. 어느 시점에, 그리고 누구에 의해서 인공적인 생명 연장 장치를 멈추는 결정을 하고 생물학적 죽음이 오도록 허용할 것인가? 이 문제는 다분히 정서적이다. 이와 관련해 유명한 테리 샤이보(Terri Schiavo) 케이스가 있다. 테리 샤이보는 1990년 심장마비로 인해 심각한 뇌 손상을 입었고 식물인간 상태가 되었다. 몇 년간 여러 치료를 동원했지만 돌이킬 수 없는 상태라는 결론이 내려졌다. 테리 샤이보는 영양공급 튜브라는 인공적인 장치에 전적으로 의존해서 생존해 있었다. 그녀의 남편은 의사들에게 그 튜브를 제거하고 죽을 수 있도록 해 달라고 요청했으나, 그녀의 부모는 이를 반대해 법정에 서게 되었다. 여러 번의 재판 끝에 튜브는 제거되었지만 곧바로 법원 명령에 의해 다시 끼워졌다. 2005년에 튜브가 영구적으로 제거되었고, 그녀는 약 2주 후에 사망했다(Daily Telegraph 2005). 이 사례만큼 공론화되지는 않았지만 상황이 복잡한 다른 예도 있다. 로버트 웬들랜드(Robert Wendland)는 교통 사고 후 심각한 뇌 손상을 입었다. 그의 부인과 의료진은 인공적인 생명 연장 장치를 중단하고자 했지만 웬들랜드의 어머니가 반대를 해서 법정에 서게 되었다. 웬들랜드의 아내는 그가 사고 전에 생명 연장 치료는 원치 않는다고 여러 번 이야기했다고 말했다. 그러나 재판정은 그러한 의사 표현의 증거가 충분치 못하다고 판단해서 계속 생명 연장 치료를 하도록 판결했다(Eisenberg and Kelso 2002).

샤이보와 웬들랜드의 사례 모두 미국에서 일어난 일로, 한 문화권 안이라도 단일의 합의점이 없다는 실정을 보여 준다. 게다가 죽어 가는 환자에게 가장 적합한 치료가 무엇인지에 대한 가족 구성원들 간의 갈등의 원인도 매우 다양하고, 그 갈등으로 인한 결과를 예측하기도 어렵다(Kramer et al. 2010). 여기에 문화권마저 다양해지면 문제는 훨씬 복잡해진다. 클레시그(Klessig 1992)는 아프리카계 미국인, 중국인, 유태인, 이란인, 필리핀인, 멕시코계 미국인, 그리고 한국인에게 죽어 가는 환자에 관한 여러 삽화를 보여 주고 두 가지 결정을 하도록 했다. 우선 생명 연장 치료를 시작할 것인지를 물었고, 이어서 회복의 희망이 전혀 없을 때 그 치료를 중단할 것인지를 물었다. 백인 미국인 집단과 유대인 집단은 대부분 생명 연장 치료를 시작하는 것에 반대했고 치료를 중단하는 것을 더 선호했다. 다른 집단(특히 필리핀인, 이란인, 그리고 한국인)에서는 그 반대 경향이 나타났고, 나머지 문화권은 다소 불분명했다. 클레시그는 이러한 차이가 부분적으로는 종교 문화에서 유래한다고 주장했다(예: 일부 종교에서는 생명이 보존되어야 하는지 혹은 죽음을 맞이하는 고통을 허용해야 하는지가 명확하게 정해져 있다). 그러나 이 또한 문화적인 측면일 수 있다(예: 이란의 기독교인과 이슬람교도가 유사한 반응을 한다는 것을 관찰했다). 특정 문화 집단 내에서의 개인차를 간과하기 쉽기도 하다. 예컨대 동질적인 집단이더라도 개인의 영성 수준에 따라 극적으로 달라지기 때문에 임종 환자 간호를 효과적으로 하기 위해서는 이러한 측면도 고려해야 한다(Nixon and Narayanasamy 2010).

실제적인 치료 환경을 둘러싼 또 다른 복잡한 요인이 있다. 이를테면 의사들은 젊은 환자보다 노인 환자와 생의 마지막에 대해 논의하는 것을 더 꺼리는 경향이 있다(Chambaere et al. 2011). 노인들에게는 고통완화 치료의 일환으로 진정제 투여를 덜 한다. 알론소-바바로 등(Alonso-Babarro et al. 2010)의 연구에 따르면, 집에서 임종을 맞이하는 환자 중 진정제 투여를 받는 경우는 평균 58±17세인 반면 투여를 받지 않는 경우는 평균 69±15세였다. 이는 연령차별주의가 있어서가 아니라 보다 젊은 환자들이 섬망이나 신체적 불안 증상을 더 보이기 때문이다. 의료진, 특히 간호사와 나누는 대화의 질은 환자 가족의 정서적 반응에 매우 중요한 영향을 끼친다(Efstathiou and Clifford 2011). 간호사보다 비교적 제한된 시간 동안만 환자를 만나는 상담가와 같은 의료진 또한 이 역동에 추가될 수 있다(Fine 2010). 다시 말하지만 의료 서비스 환경이 다르면 고통완화 치료를 언제, 어떻게 시작하고 끝내야 하는지가 다양해질 수밖에 없다(예: Schildmann et al. 2011).

상(喪)과 문화적 차이

퀴블러-로스의 죽음의 5단계 모형은 비탄의 과정에도 적용되었으나, 죽음에 적응하는 과정을 설명하는 것이기 때문에 부정확하다는 인식이 생기고 있다. 다시 말해 부정이나 분노와 같은 행동이라면 비탄의 과정을 잘 보여 준다고 할 수도 있겠지만, 그 순서가 딱 정해져 있지도 않고 그러한 행동을 모든 사람들이 보이지는 않는다(Hoyer and Roodin 2003). 그럼에도 불구하고 여전히 많은 인터넷 웹페이지 등에서 사별한 사람들이 겪게 되는 비탄의 단계에 대한 이야기를 끊임없이 하고 있다. 일부 사람들에게는 도움이 될 수 있겠지만, 어떤 경우에는 그와 유사한 행동 패턴을 보이지 못하기 때문에 충분히 비탄에 빠지지 못하고 있다는 죄책감이나 불안감을 느끼게 할 수 있다. 비탄과 사별은 죽음과 마찬가지로 지극히 개인적인 경험이다(예: Konigsberg 2011). 이러한 사실은 린데만(Lindeman 1944)이 보스턴 소재의 한 나이트클럽의 대형 화재로 가족을 잃은 사람들을 대상으로 한 비탄에 대한 초창기 연구 이래로 일관성 있게 밝혀진 것이다.

그럼에도 불구하고 일부 행동은 (보편적이진 않더라도) 공통적이다. 믿지 못하는 단계(예: 죽는다는 것이 불가능하다는 느낌), 극심한 심적 고통, 죽은 사람이 하는 말이 들리고 자신을 만지고 있다는 환각, 불안과 우울 증상, 죄책감 등이 그것이다(Hoyer and Roodin 2003; Konigsberg 2011). 게다가 상중에 경험하는 비탄의 수준은 그 환자가 죽기 전에 경험한 슬픔과 관련이 있었다(적어도 치매 환자의 경우에는 그러했다. Givens et al. 2011 참조). 비탄은 사별 후의 자연스러운 증상인데, 많은 증상들이 임상적인 우울과 닮아서 우울 장애로 오진되어 불필요한 치료를 받게 되는 경우도 있다(Flaskerud 2011). 상중에는 원래 치료가 필요한 증상도 정상적인 것으로 간주하고 많은 문화권에서 이를 허용한다. 따라서 사별한 사람은 우울증을 보일 수 있고, 사별하지 않은 사람이 보였으면 병으로 보고 치료해야 하는 다른 행동들도 할 수 있다.

이와 동시에 사별한 사람은 과하게 유쾌한 활동이나 재혼 같은 것에 관여하지 않을 것이라는 기대가 있다. 원래 충격을 잘 받지 않는 사람이라 하더라도 배우자 사별 후 몇 개월 만에 재혼한다면 구설수에 오를 것이다. 거의 본능적으로 그렇게 생각한다. 그러나 여기에도 문화적 차이는 있다. 햄릿이 남편과 사별 후 매우 빨리 재혼한 자신의 어머니에 대해 분노하는 것은 현대인에게도 정당한 것처럼 보인다. 그러나 셰익스피어 시대 사람들에게는 정반대로 여겨졌을 수도 있다. 당시 여성들은 사별 후 얼마 되지 않아 재혼하는 경향이 많았는데, 누군가의 아내라는 보호막이 없으면 삶이 매우 제한되어 있었기 때문이다(McDermott and Berk 2010 참조). 이처럼 상중의 적절한 행동에 대한 기대치는 문화적 영향을 많이 받는다.

사별에 대한 문화적 차이의 범위를 쉽게 이해할 수 있게 해 주는 간단한 설명은 없다. 한 연구자는 이에 대해 '죽음에 대한 사람들의 반응, 애통해하는 방식, 그리고 상실한 대상을 내재화하는 방식은 무한히 다양하다'고 적당하게 표현했다(Hagman 1995: 909). 어디를 살펴보든지 문화적 차이는 존재한다. 다음 예들을 보자.

- 임종 환자와 그 가족의 행동에 대한 문화적 차이를 생각해 보라. 트릴과 홀랜드(Trill and Holland 1993)는 가족 기능, 성역할, 언어적 능력, 질병과 의료진에 대한 태도 등의 차이들을 비롯한 열 가지 핵심 요인을 이야기했다. 또한 각각의 요인들은 또 많은 하위 범주로 나뉜다.
- 미국에서 개발된 사별 슬픔을 측정하는 척도를 라틴계 소수 민족에게 실시했더니 요인 구조가 다르게 나타났다(Wilson 2006). 동일한 라틴계 소수 민족은 보다 높은 수준의 비통감을 보여 주었다(Grabowski and Franz 1993).
- 유럽의 6개국을 비교한 결과, 얀센 등(Janssen et al. 2006)은 고통완화 치료를 위한 약물(부작용으로 수명이 단축될 수 있는 약물)을 사용했을 때 매우 다른 반응들을 보인다는 것을 발견했다. 극단적인 경우, 환자의 수명이 2주나 짧아지는 차이를 보이기도 했다(Miccinesi et al. 2005 참조).
- 중국인들의 경우는 고인과의 유대감이 4개월 이상 강하게 지속된 경우 사별한 지 18개월이 지난 후 적응 정도가 더 나은 것으로 나타났다. 반면 미국인의 경우 고인과의 유대감이 강하면 18개월 후의 적응 정도가 더 나쁜 것으로 나타났다(Lalande and Bonanno 2006).
- 서구인들은 집에서 죽음을 맞이하는 것을 더 선호했지만 중국인들의 경우는 이와 반대였는데, 자신이 죽은 곳에서 귀신이 살게 된다는 믿음 때문인 것 같다. 많은 중국인들이 이를 미신으로 알고 있지만 부동산 가격에 영향을 줄 수 있기 때문이다(Koenig and Gates-Williams 1995).
- 독일과 일본에서 사별의 일부 특징은 사회적 네트워크에 직접적인 영향을 주었고, 프랑스에서는 성별과 연령에 의해 매개되었으나, 미국에서는 아무런 영향이 없었다(Antonucci et al. 2001).
- 아프리카계 미국인들은 호스피스 간호에 대해 덜 긍정적이었고, 끝까지 적극적으로 치료하기를 더 희망했으며, 사전 의료 지시서를 덜 가지고 있었다(Johnson et al. 2008).

사실상 사별에 대한 모든 연구 결과에서 문화적 차이를 이야기하고 있다(예: Berzoff 2003; Eisenbruch 1984; Szabo 2010). 또한 비교문화 연구에서는 서구의 시각이 항상 옳은 것이 아니고 그것이 너무 좁은 접근을 제공하기도 한다고 지적했다. 그러나 그렇다고 해서 문화적 차이에 대한 주장을 덮을 수는 없다. 일단 연구자나 임상가들은 문화적 측면에 민감해야 하고 하나의 문화권이라도 모든 사람이 똑같이 행동하거나 같은 신념을 가지고 있지는 않는다는 점을 염두에 두어야 한다.

> 문화를 예측 변수로 생각하기에는 태생적 한계가 있다. 인종이나 민족을 중다 회귀 분석에 넣어 분석하거나, 혹은 실제 임상 장면에서 어떤 사람의 이름이나 국적을 예측 요인으로 간주하는 것을 생각해 보라. 예컨대 젊은 전공의가 의료 장면에서의 문화적 민감성에 대한 강의를 막 듣고 와서는 중국 노인 환자를 대한다고 해 보자. 그 전공의는 중국 노인 환자와 직접 치료에 대해 의논할 필요가 없다고 가정한다. 중국 문화는 가족 중심적이기 때문에 그 전공의는 환자의 아들이 원하는 것에 따르기로 한다.(Koenig and Gates-Williams 1995)

또한 어떤 연구에서는 차이점보다는 유사점을 발견하기도 했다(예: Bonanno 1999; Cleiren et al. 1996). 죽음과 사별에 대한 일부 개념에서는 문화적 차이가 나타나기는 하지만 또 다른 것에서는 공통점도 있다(Long 2003). 대체로 기저에 있는 정서는 비슷하지만 그것을 표현하는 방식이 문화적으로 다르다. 예컨대 각기 다른 문화권에서 검정색, 흰색, 혹은 빨간색 옷을 상복으로 입는다. 그러나 모든 경우 기본적인 뜻은 같다. 특별한 옷을 입음으로써 특정 상태를 나타낸다는 것이다. 이런 점 때문에 상을 치르는 다양한 표현 방법이 있지만 그 기저에는 보편적인 믿음과 태도가 있다고 주장하는 연구자들도 있다(Parkes 2000).

모든 문화권에서 비탄은 그 자체로 끝난다. 그러나 소수의 경우에는 사별한 사람이 문화적으로 적절하다고 여겨지는 기간이 지난 후에도 계속 슬퍼하기도 한다. 임상가들은 그런 경우를 대체로 우울증과 같은 것으로 분류했는데, 최근에는 연장된 비탄 장애(Prolonged Grief Disorder; PGD)라고 따로 보려는 시도가 있어 왔다(Prigerson et al. 2009). 가장 기본적인 증상은 고인과 다시 만나고자 하는 갈망으로, 사별 증상이 자주 나타난다. PGD로 분류하려면 이 증상이 6개월 이상 지속되어야 한다. 프리거슨 등(Prigerson et al.)은 PGD는 부모의 학대, 죽음에 대한 준비 부족, 유년기 분리불안 과거력 등 다양한 위험 요인과 결부되어 있다고 주장했다. PGD는 어떤 연령에서든 나타날 수 있지만 확률적으로 사별로 인한 고통을 많이 경험하는 노인의 경우가 더 많다. 너무 짧은 시간 안에 사별을 여러 번 경험함으로써 비탄의 과정을 적절하게 대처하지 못하게 되는 것이다. 통계적으로 봤을 때 노인은 젊은이보다 특정 시기에 사망하기 쉽고, 친구나 가족의 사별을 여러 번 경험할 확률이 높다.

배우자와의 사별

배우자와의 사별 후에는 과부/홀아비 상태로 지낸다. 이러한 경험은 기대 수명의 성차 때문에 실제로는 남성보다는 여성에게서 훨씬 더 많다(제1장 참조. 남성의 배우자 사별 경험에 대해서는 van den Hoonaard 2010 참조). 배우자와의 사별은 정신 및 신체 건강에 부정적인 영향을 끼치고(Vink et al. 2009) 취약성을 증가시킨다(Sreerupa and Rajan 2010). 현재의 노인 세대에는 강한 코호트 효과가 있음을 유의해야 한다. 많은 경우 배우자와의 사별로 인해 난생 처음으로 혼자 사는 경험을 하게 되는데, 이는 대부분 부모와 함께 살다가 결혼하면서 독립하기 때문이다.

배우자와의 사별이 개인에게 주는 영향의 정도에는 다양한 요인이 관여한다. 아이스도퍼와 윌키(Eisdorfer and Wilkie 1977)는 고인이 일정 기간 아프다가 사망한 경우는 스트레스를 덜 받는다는 것을 발견했다(Wells and Kendig 1997 참조). 또한 노인들이 젊은이들보다 더 완화된 반응을 한다는 주장도 있다(Cook and Oltjenbruns 1989). 왜냐하면 노인들은 배우자의 죽음을 수용할 준비가 더 잘되어 있고, 비탄을 예상한 기간(즉, 배우자가 실제로 죽기 전에 이미 그 사람을 잃을 것에 대해 슬퍼한 기간)을 미리 경험했을 수 있기 때문이다. 그러나 카 등(Carr et al. 2001)은 이와는 반대의 주장을 했다. 종단 연구에서 그들은 죽음을 예측하는 정도는 비탄이나 우울과 같은 요인에 아무런 영향을 끼치지 못한다는 것을 발견했다. 배우자의 갑작스런 죽음을 겪은 여성의 경우는 그리움이 증가했지만 남성의 경우는 오히려 낮아졌다. 연구들 간의 이러한 차이는 각 연구에서 사용한 측정치의 민감도와 참여자들의 연령 분포에 따른 것으로 보인다. 노년기라 할지라도 죽음은 여전히 예기치 않은 사건일 수 있는데, 한 연구에서 응답자의 약 23%는 사랑하는 사람의 죽음은 '극히' 예상치 못한 일이라고 밝혔다(Teno et al. 2004). 그러나 오닐과 모리슨(O'Neill and Morrison 2011)이 지적했듯, 일부 죽음의 '예상치 못함'은 고인의 가족에게 불충분한 정보가 제공되었기 때문에 발생한 것일 수 있다. 세심하고 민감하게 환자에 대한 정보를 알려 줌으로써 사별과 관련된 스트레스를 훨씬 경감시킬 수 있다. 사망 전 정보가 불충분할수록 사망 후의 비탄 증상이 더욱더 심각하다는 여러 증거들이 있다(O'Neill and Morrison 2011).

다시 말하지만 상실(및 불안)의 수준은 그 사람이 고인을 얼마나 지지했느냐와 정적 상관관계가 있다(Carr et al. 2000). 사후 세계에 대한 긍정적인 영적 신념이 있는 경우 고혈압의 발생 빈도가 더 낮다는 연구도 있다(Krause et al. 2002). 사별은 또한 건강을 해치는 것과 관련이 있지만, 윌리엄스(Williams 2004)의 종단 연구 결과 건강 유지 행동을 덜하게 되기 때문인 것으로 나타났으며, 건강 유지 행동을 계속하는 경우는 건강 상태가 나빠지지 않은 것으로 나타났다. 대부분의 경우는 상실감에 대해 어느 정도 적응해 간다(Bonanno et al. 2004). 물론 일부 비탄 징후와 부정적인 감정은 사별 후 30개월까지도 남아 있기도 하고(Thompson et al. 1991), 배우자와 사별한 사람들 중 상당수(20%)가 적절하게 대처하지 못하기도 한다(Lopata 1973). 게다가 사별 후에는 이들의 사회적 인간관계에서 여러 가지 부정적인 측면들이 증가하였다(Morgan et al. 1997). 판 바르센(van Baarsen 2002)의 연구도 이러한 결과를 보여 주었다. 그러나 사별 후 친구나 지인을 바꾸는 것도 문제를 야기한다. 제텔과 룩(Zettel and Rook 2004)은 사별 후 사회적 네트워크의 변화가 크면 클수록 심리적 건강은 더욱 악화됨을 보여 주었다(Van Dussen and Morgan 2009도 참조). 코리넥 등(Korinek et al. 2011)은 배우자와 사별한 중국 노인의 경우에는 자식들과 함께 살게 되는 경우가 많음을 확인했다. 자식들과 함께 살게 됨으로써 노인의 건강에 대한 일부 부정적인 영향은 완화되었지만, 자식과 함께 살거나 자식에 대한 의존도가 증가하게 되어 관련 문제가 생겼다. 적절하게 상호작용하는 규칙을 제대로 지키지 않게 되면 가족 구성원들 간에 심각한 마찰이 생기게 된다(Ngan 2011 참조).

케리(Carey 1979)는 남성이 여성보다 배우자 사별 후 더 잘 적응한다고 주장했다. 이는 아마도 여성의 지위는 남편의 존재로 결정되지만 남성은 그렇지 않은 전통적인 성역할 때문인 것 같다. 또한 사별한 남성은 재정적으로 보다 안정적이고, 다른 여성을 찾을 기회가 더 많다. 다른 연구에서는 이와는 다른 관점을 제시했는데(Cook and Oltjenbruns 1989), 남성은 여성보다 자기 자신을 돌보는 데 미숙하여 배우자와 사별하는 것은 주로 여성이 대다수이기 때문이라고 주장했다. 리 등(Lee et al. 2001)은 남성이 여성보다 사별 후 더 우울해지지만, 그전에는 원래 덜 우울한 상태였다가 사별 후 일반적인 노인 여성의 우울 수준과 비슷해진다고 주장했다. 여기에 영향을 주는 요인으로는 집안일을 하기 싫어하는 것과 가족들을 돕는 일에 능숙하지 못한 느낌 등이 있다. 무어와 스트래튼(Moore and Stratton 2003)은 사별한 남자가 더 잘 회복하는 것처럼 보이는 것은 그들이 레이더에서 사라지는 경향이 있기 때문이라고 주장했다. (배우자와 사별한 여성이 훨씬 더 많기 때문에) 상대적으로 재혼하기가 쉽거나, 대부분의 도움들이 여성을 대상으로 하는 경우가 많아서 소외감을 느끼기 때문에 사람들의 관심 밖으로 나가게 된다는 것이다.

보다 최근의 연구 결과는 좀 더 복잡하다. 가령 정화 등(Jung-Hwa et al. 2006)은 배우자와 사별한 경우 성별에 상관없이 자식들에게 더 의존하는 경향이 있다는 점을 보였다. 여성은 법적·재정적 도움을 자식들에게 더 의존했다 (아마도 전통적인 성역할상 이러한 일들은 남성이 주로 했기 때문일 것이다). 그러나 교육 수준이 높은 여성의 경우에는 이러한 의존도가 줄어들었다. 또한 교육 수준이 높을수록 자식들에게 더 높은 수준의 정서적 지지를 제공했다. 소비에슈치크 등(Sobieszczyk et al. 2003)은 배우자와 사별한 태국인들을 연구한 결과 이와 비슷한 복잡성을 발견했다. 사별한 여성은 교육 수준이나 소득이 낮았다. 남성의 경우는 생존율이 더 안 좋았고 자식들로부터 재정 지원을 덜 받았다(따라서 빚더미에 앉게 될 가능성이 높았다). 그러나 이러한 연구들에는 문제가 있다. 베네트(Bennett 2005)의 8년 장기 추적연구 결과 배우자와 사별한 사람들에게서 보이는 해로운 효과는 종적 관점에서 보면 사라졌고 성차 또한 발견되지 않았다.

배우자와 사별하는 경험에는 여러 가지 요인들이 작용하고, 다른 노화 연구와 마찬가지로 피상적인 설명을 벗어나서 사별의 영향을 일반화해 설명하기는 어렵다.

자살

지금까지 살펴본 죽음이나 임종은 자신이 선택한 것이 아니었다. 그러나 자살 또한 노년기 사망의 원인이 된다. 일반적으로 자살률은 연령이 높을수록 증가한다(Cukrowicz et al. 2011; Shah 2011b). 모든 나라가 다 그런 것은 아니다. 영국을 비롯한 일부 국가에서는 최근 자살률이 떨어졌다고 하는데, 아마도 보다 효과적인 차세대 항우울제를 이용해서 그런 것 같다(Shah and Buckley 2011). 그러나 구소련과 같은 나라는 세계 평균보다 더 높은 자살률을 보인다(Shah 2011b). 흔히 자살을 젊은이의 죽음으로 가정하곤 하는데, 이는 통계로 인한 오해이다. 절대치로 보면 10대나 젊은이의 자살 수(비율이 아니라)는 노인의 자살 수보다 적다. 그러나 원래 젊은이가 노인보다 사망자 수가 훨씬 적기 때문에 젊은 연령 집단 내에서의 전체 사망자 중 자살의 비율이 높게 나타난다.

젊은이의 자살 시도가 절반 이상 실패하는 데 비해 노인의 자살 시도는 성공으로 이어지기 쉽다(Conwell 1997). 부분적으로는 신체적 건장함이 한 요인이겠지만, 선택하는 자살 방법의 차이에서도 기인한다. 노인들은 실제로 죽음을 보장하는 총기 자살이나 질식 등과 같은 확실한 방법을 선택하는 경향이 있는 반면(Adamek and Kaplan 1996a), 젊은이들은 예컨대 약물을 과복용함으로써 실제 약물 효과가 나타나기 전에 친구나 가족이 발견할 수 있는 덜 확실한 방법을 선택하는 경향이 있다(Woods 1999). 이러한 차이는 노년층 내에서도 발견된다. 즉, 최고령 집단은 비교적 젊은 노인 집단보다 더 확실한 방법을 선택한다(Erlangsen et al. 2003).

선택하는 자살 방법은 부분적으로는 자살 시도의 이유를 반영하기도 한다. 노인들은 삶의 고통에서 벗어나고자 자살을 시도하는 경우가 많다. 젊은이들은 자신의 상황을 변화시키기를 원해서 시도하는 경향이 크다(Fremouw et al. 1990 참조). 그러나 노인의 자살률에는 인종 및 성별 간 차이가 있기 때문에(자살에 대한 태도에는 이러한 차이가 없다. Parker et al. 1997), 자살이 순전히 고통에 대한 반응이라고 말할 수는 없다. 여성 노인과 아프리카계 노인은 노년기라고 해서 특별히 자살률이 증가하는 것은 아니다. 오히려 경미하게 감소하는 경향이 있다. 자살률이 증가하는 것은 주로 코카시안 노인 때문이다. 이 현상에 대한 가장 그럴듯한 설명으로는, 코카시안 남성은 권력과 높은 기준의 삶에 보다 익숙해져 있어 노년기의 쇠퇴에 직면했을 때 너무 큰 상실감이 생기기 때문이라는 것이 있다(예: Miller 1979). 이는 베어풋 등(Barefoot et al. 2001)의 종단 연구 결과를 토대로 제안되었다. 그들은 60-80세 남성의 우울 증상이 증가하는 반면, 여성은 그렇지 않음을 발견했다(Fiske et al. 2003에서는 성별의 차이가 발견되지는 않았지만). 또한 리나르스와 레스터(Leenaars and Lester 1998)가 캐나다 노인을 대상으로 실시한 연구에서도, 전반적으로 풍요로운 지역에 사는 노인의 자살률은 높았지만 노인 인구의 대다수는 소득 수준이 낮았다는 결과가 나타났다. 그러나 이것만으로 다 설명할 수는 없다. 다음 목록을 보자.

- 의학적 문제나 대인관계 상실(Florio et al. 1997).
- 의료진 및 건강서비스 전반에 대한 실망감(Kjølseth et al. 2010).
- (최고령층의 경우) 최근 1년 이내의 사별(Erlangsen et al. 2004).
- 우울(Johnston and Walker 1996; McLaren et al. 2007).
- 낮은 수준의 외향성 및 높은 신경증 점수(Duberstein et al. 2000).
- 타인에게 지게 되는 부담감에 대한 지각 수준(Jahn et al. 2011).
- 빈약한 대처 전략들(Marty et al. 2010).
- 낮은 수준의 사회활동 참여(Yur'yev et al. 2010).
- (남자 노인의 경우) 생일(Williams et al. 2011).
- 습도(Salib 1997; 이에 대한 비판으로는 Godber 1998 참조).

이렇게 가능한 원인이 많다는 것은 너무나도 많은 변수들이 있기 때문에 노인의 자살을 예측하기 위해 할 수 있는 일이 없다는 인상을 줄 수 있다. 그러나 여기서 언급한 요인들이 모두 똑같이 중요한 것은 아니다. 일부 요인은 다른 요인을 완전히 혹은 상당 부분 설명할 수 있다. 통계적인 용어로 다시 말하면 이 요인들 간에는 큰 공변량이 존재한다.

보다 넓은 수준에서, 샤(Shah 2011c)는 자살률을 예측하기 위한 다음과 같은 식을 개발했다.

$$Y = A + BX + CX2$$

Y는 자살률이고 X는 사회경제적 수준, 그리고 A, B, C는 상수이다. 샤는 이 식이 사회경제적 조건이 변화함에 따라 변화하는 자살률을 정확히 예측한다고 주장했다. 그러나 개인의 행동 측면에서 노인의 자살을 적절하게 설명할 수 있는 모형은 현재 부족하다. 사회복지사와 같은 집단 내에는 이에 대한 예방 전략이 있을 것 같지만, 사실은 없다(Manthorpe and Iliffe 2011).

결론

죽음, 임종, 그리고 사별에 대한 분야는 어쩔 수 없이 정서적인 무게가 실린 논쟁 거리들로 이루어져 있다. 따라서 정서적인 특성 때문에 가려져 있는 부분을 걷어 내는 일과 논리적 분석을 통해 굳건히 세워진 통찰력 있는 연구가 절실히 필요한 분야이다. 그러나 안타깝게도 실제로는 그렇게 해 오고 있지 못하다. 이 분야에서 핵심이 되는 모형은 빈약한 자료에 토대를 두고 있었고 부정확한 결론을 내렸다. 그 외의 다른 연구들은 생의 마지막 며칠 동안 이루어지는 많은 결정들이 과연 적절한지에 대해 강한 윤리적 의문을 제기해야 하는 이유를 밝혔고, 거기에는 많은 오염 변인들이 작용할 수 있음을 보여 주었다. 그러나 분명한 것은 고위 인지 과정이 더 이상 정상적으로 진행되지 않아 생명 연장 장치에 의존해야 할 때 그가 어떻게 치료받기를 원하는지에 대해 명확한 의사 표현을 할 사람이 필요하다는 점이다. 바게리(Bagheri 2007)는 심폐 기능이 정지되는 것을 죽음으로 볼 것인지, 뇌 기능을 상실한 것을 죽음으로 볼 것인지를 본인이나 대리인이 선택할 수 있도록 해야 한다고 주장했다. 이는 대다수 노인들은 생의 마무리를 어떻게 하면 좋을지에 대한 결정을 자신 스스로 내리고 싶어 한다는 연구 결과와 일치한다(Moorman 2011). 그러나 이 시기에 자신의 희망 사항을 표현하는 것이 불가능하다는 것을 고려하는 사람은 별로 없다. 미국의 임종 환자 3,746명에 대한 실베이라 등(Silveira et al. 2010)의 연구에서는 42.5%가 생의 마지막 날 자신의 의사 결정에 대한 요청을 받았고 70.3%는 의사 결정 능력이 없는 상태였다. 즉, 1/3 정도가 자기 생의 마지막 며칠 동안에 대한 매우 중요한 결정을 내릴 능력이 없는 것이다. 실베이라 등은 사전 의료 지시서를 작성해 놓은 노인들은 그렇지 않은 노인과 근본적으로 다른 치료를 받는다고 말했다. 의료진이 할 수 있는 한 최선의 방식으로 간호를 하고 있기는 하지만 실제로 그 환자 자신이 선택할 수 있었더라면 환자의 뜻과는 맞지 않은 접근일 가능성도 있는 것이다. 이 장에서 인용된 모든 연구들에서는 이 문제를 이야기하고 있는데, 생명 연장 치료와 같은 것이 필요해질 때 어떤 식으로 치료를 했으면 좋을지에 대한 자신의 의사를 분명히 기록하고 서명해 놓은 사람은 매우 극소수이다. 생의 마지막에 찾아오는 혼란스러움 때문에 모든 것이 틀어지게 되고 결국에는 법정에 가게 되면서 변호사만 이득을 보는 것으로 마무리된다.

제9장

노화의 미래는 무엇인가?

도입

마지막 장에서는 노인들이 미래의 과학기술 중심 사회에서 대응하고 행동하는 방식에 대해 살펴볼 것이다. 앞선 장에서 논의되었던 주제들을 다시 살펴보면서 시작해 보자.

무엇이 '늙음'을 구성할 것인가?

현재 어떤 사람이 '늙었다'고 판단하는 데에는 외모, 태도, 여가 시간 등을 포함한 몇 가지 준거들이 있다. 그러나 미래에는 각종 영역의 발달들로 인해 이 준거들이 많이 달라질 것이다. 외모는 노화로 인해 영향받는 가장 기본적인 요소이다. 그러나 성형수술과 호르몬 대체 요법과 같은 접근으로 10년 이상 젊어 보이게 하는 것은 이미 지금도 흔하다. 물론 화장품의 발달도 한몫을 하고 있다. 이 분야의 기술이 더욱 발전할 것이고 우리에게 해 줄 수 있는 것이 많아지리라는 것은 의심의 여지가 없으며, 점점 더 많은 사람들이 그것들을 이용하게 될 것이다. 이는 의료 서비스의 발전으로 노화 과정을 지연시키는 방법을 찾는 분야와는 별개이다. 단순히 환경과 식이를 조절함으로써 장수할 수 있다는 동물 연구는 이미 많이 이루어져 있다. 동물 연구 결과에서 인간으로 도약하는 것은 간단한 문제는 아니지만 어느 시점에는 분명 가능한 일이 될 것이고, 60세 이상이 되어도 '늙음'이라는 단어와 결부되어 있는 고정관념들이 전혀 보이지 않게 될지도 모른다. 그러나 이러한 변화가 과연 중요한 일이 될까? 늙음에 대해서 다른 지표를 찾고 있는 사람에게는 그다지 중요한 요인이 아닐 수 있다. 주름이나 흰머리 대신에 좋은 시력 같은 것으로 관심의 초점이 옮겨 갈 수 있다. 신체적인 성적 매력 포인트는 문화에 따라 다르다. 예를 들면 이성애자 남성은 가슴이나 엉덩이 혹은 다리나 목덜미에 가장 큰 매력을 느낄 것이다. 노화에 대한 주된 지표는 시대와 상관없이 문화에 따라 변화하지 않는 것일까?

노화를 지연시키는 일은 어쩌면 매우 성공적으로 달성할 수 있는 것이다. 누군가의 나이가 어떻게 되는지 아무도 짐작할 수 없게 될지도 모른다. 이는 여러 가지 딜레마를 가져온다. '자연스럽게' 늙어 가는 것을 의도적으로 선택하고 낙오자가 되려는 사람이 있을까? 아마도 항노화 처치는 매우 비쌀 것인데, 그렇다면 특정 일부 계층만 이를 지불할 수 있게 될 것이다. 또한 새로운 신경증이 생길 수도 있는데, 자신의 사고 및 태도와는 맞지 않는 나이의 몸속에 갇혀 있다는 느낌으로 괴로울 수 있다. 처치를 통해서 노화의 징후가 시작되는 것을 늦출 수는 있겠지만 어느 시점에는 결국 늙게 될 것이다. 신체적 변화를 피해 보려고 노력했던 사람들은 자연스럽게 늙어 가고 신체적 변화를 내버려 두었던 사람보다 더 충격을 받을까? 너무 성급하게 항노화 처치를 긍정적으로 생각하기 전에 잠재적인 심리적 부작용에 대해 살펴볼 필요가 있다. 노화에 대한 이미지는 여전히 신체적인 쇠퇴와 같은 것으로 형성되어 있다. 워런(Warren 1998)은 노화를 나타내는 것이 무엇인지 살펴본 연구들을 리뷰한 결과, 신체적 쇠퇴가 노화 과정의 주요 지표가 된다고 밝혔다.

태도 또한 노화의 좋은 지표가 되는 것으로 여겨진다. 노인에 대해 흔히 갖고 있는 생각으로 노인은 보수적이고 성미가 고약하다는 것이 있다. 이는 제5장에서 설명했듯 잘못된 생각이다. 그것이 잘못된 생각인 이유는 더 있다. 지난 50여 년간 사회는 매우 급진적으로 보다 자유롭고 허용적으로 변화했다. 젊은이들은 부모 세대를 따라 하기보다는 자신의 젊음을 표현하고 한껏 즐겼다. 로큰롤(Rock'n Roll) 제1세대가 이제는 은퇴 연령에 이르렀고, 반전 세대들은 60대가 되었다. 이러한 사회적 변화가 매우 복잡하게 영향을 주기 때문에 노화 문제는 사회적 맥락 속에서 다루어지는 것이 보다 적절하다. 그러나 중요한 심리적 특성이 이와 관련되어 나오는데, 다시 말해 미래의 노인은 이전 세대 코호트 집단에서 설립된 사회적 기대감과 잘 맞지 않을 것이다. 이들은 관습을 어기고 저항함으로써 무엇인가가 실현된다는 것을 경험한 세대이다. 따라서 젊은 세대들이 노인에게 더 나은 방향으로 사회적 관습을 변화시키지 않는다면 노인들 스스로 그렇게 하게 될 것이다.

마지막으로 생각해 볼 문제는 여가 시간이다. 여가 시간이 귀한 현대 산업사회에서는 과도한 여가 시간을 마지못해 받아들이는 경향이 있다. 왜냐하면 많은 여유 시간은 곧 무직이나 은퇴를 의미하기 때문이다. 그러나 자동화된 작업(특히 컴퓨터화된 시스템들)이 증가하면서 이러한 태도 역시 변화할 것이다. 근로 시간은 더 짧아지고 융통성 있게 보낼 수 있는 시간은 증가한다. 재택 근무와 같은 형태로 전통적인 직장보다는 집에서 보내는 시간이 더 많아질 것이다. 이는 은퇴자나 노인들이 단지 그들이 직장에 있지 않는다는 이유로 더 두드러져 보이지는 않음을 의미한다. 현재 많은 나라에서 은퇴 연령을 변화하려는 것에 대해 관심을 갖고 있지만, 이는 본질적인 문제를 해결해 주지는 않는다. 여가 시간에 관한 근본적인 문제는 은퇴 연령에 딱히 영향을 받지는 않는다.

노인과 기술 사회

지난 100여 년 동안 과학과 기술의 발전으로 인해 선진국 사람들의 생활 방식이 현저히 변화되었다는 것은 이미 상투적인 말이 되었다. 노인들이 이런 변화의 조류에 휩쓸리게 되리라는 것은 쉽게 상상할 수 있다. 즉, 노인들이 변화하는 환경에 얼마나 잘 적응할 수 있는지의 문제가 생기게 된다.

직관적으로 보면 의료 기술의 향상이 가장 큰 영향을 끼치고 있다. 그리고 그로 인해 수명이 증가할 것이다. 그러나 제1장에서도 지적했듯 반드시 그런 것만은 아니다. 평균 기대 수명의 증가는 기대 수명 자체의 증가가 아닌 영아기 사망률의 감소가 주요 요인이다. 실제로 나이가 많을수록 현대 의학이 제공할 수 있는 수명 연장 방법은 더 적다. 암이나 심혈관 질환같이 노인을 괴롭히는 질병들 다수는 1900년대에나 지금이나 치료하기 힘들다(물론 현대의 고통완화 치료 덕분에 고통을 보다 효과적으로 완화시킬 수 있고 기대 수명을 조금 연장시킬 수는 있다). 질병에 대한 치료법을 발견한다 하더라도 수명을 두드러지게 증가시키지는 못한다. 예를 들어 어떤 형태의 암을 치료하는 방법을 개발했다 하더라도 다른 변이들을 갖고 있는 암들을 치료할 수는 없다. 게다가 노인이 갖고 있는 한 가지 질환을 치료한다고 해서 그 사람의 수명을 꼭 연장시킨 것이라고 할 수는 없다. 앞에서도 살펴봤듯 노인들(특히 75세 이상)은 몇 가지 신체적 증상들은 꼭 가지고 있다. 한 가지 질병에 대한 예방책이 있다고 해도 이것이 다른 질병에 대한 면역력까지 강화시키는 것은 아니다. 다시 말하면 심각한 심장병을 치료했다고 해도 그 대신에 간 기능 이상으로 사망할 수도 있다는 것이다(노인에 대한 의료 서비스가 승산이 없기 때문에 그것 자체를 부정하는 입장에서 하는 주장이 아님을 염두에 두길 바란다. 물론 일부 노인들에게는 맞는 말이겠지만 보편적인 진실은 아니다).

이러한 문제들 때문에 70세 이상의 노인들의 기대 수명이 앞으로 더 증가할 것이라고 보기는 어렵다. 왜냐하면 개개의 질병에 대한 치료법이 개발되더라도 노화로 인한 광범위한 쇠퇴를 막을 수 있는 방법이 발견되지 않는다면 겨우 흉내만 내는 수준의 치료법들만 있게 될 것이기 때문이다. 여기서 논쟁거리가 하나 더 생겨난다. 치료법들을 찾는 움직임에 대한 추동력이 있을 것인가? 제1장에서 노인 인구로 인한 재정적 부담에 대해 논의한 바 있다. 수명을 연장하려는 노력은 재정 문제와 밀접히 연관된다. 도덕적인 문제 또한 생각해봐야 한다. 수명을 연장할 수 있는 방법이 삶의 질 문제와 관련하여 시도할 만한 가치가 있는지도 고려해야 한다. 게다가 그 절차가 위험할 수도 있다. 예를 들어 현재 의학기술적 사고로는 텔로미어의 길이를 늘리는 것은 암 확률을 높이기도 함을 의미한다(Concar 1996; 제1장 참조). 인위적으로 수명을 연장하는 것을 원치 않는다고 하면 어떤가? 이러한 거절은 자발적인 안락사로 간주할 것인가? 처치가 너무 비싸서 일부 부유층만 받을 수 있다면 어떠한가? 단순히 돈이 더 많기 때문에 부가적인 삶을 즐기도록 허용해야 하는가? 다행히도 이러한 질문들은 아직 공상과학 소설(예: 존 윈덤(Wyndham 1960)의 『이끼와의 전쟁(*trouble with lichen*)』과 같은 훌륭한 소설)에서 다룰 주제로, 수명 연장을 실제로 가능하게 하는 약물이 금방 개발되지는 않을 것이다.

기술 발전의 또 다른 주요 영향으로 자동화 설비들을 들 수 있다. 수작업으로 하던 일들이 기계화되고 인간 노동력에 대한 수요가 급격히 줄어드는 시대라는 테마는 공상과학 소설에서 흔히 쓰는 것이었다. 그러나 워드 프로세서, 복사기 등이 나타나면서 화이트칼라 직업들이 없어지기 시작했다. 이러한 변화는 그저 기계적인 직종에만 국한되는 것은 아닌 것 같다. 소위 '전문가 시스템'이라고 불리는 전문가의 판단 능력을 모방하는 시스템의 도입도 멀지 않았다. 큰 투자 회사나 은행은 주식 시장의 변화를 모니터하고 자동적으로 주식을 사고파는 컴퓨터를 사용하고 있다. 미래에는 의사의 진단적 과정을 근거로 한 알고리즘을 이용하여 질문들에 대한 환자의 대답을 분석해 주치의 역할을 할 수 있는 컴퓨터 의사에게 진찰받는 것이 가능한 날이 올 것이다. 자동화 시스템의 영향은 미래의 노인 코호트의 삶에 분명히 영향을 줄 것이다. 가장 기본적인 문제 중 하나가 업무와 관련된 변화이다. 은퇴자의 사회경제적 배경에 변화가 올 것이다. 제5장에서 언급했듯이 사회 계층과 직업 유형은 노년기 삶에 대한 태도를 예측할 수 있도록 해 주므로, 노인 인구의 행동 유형과 생활 방식에 있어서 전반적인 변화가 올 것임을 예측할 수 있다.

그러나 기술혁신으로 인한 미래의 추세에 대한 이러한 생각들은 그저 추측일 뿐이다. 1960년대에 미래를 예측한 책들을 자세히 읽어 보면 현재의 우리가 염두에 두어야 하는 사항들이 무엇인지 깨달을 수 있다. 1960년대의 가장 권위적인 예측은 1990년대까지 인류는 환경 오염, 핵 전쟁, 기근과 인구 과밀로 인해 모두 사망할 것이라는 것이었다. 혹은 로봇의 시중을 받아 모두가 호사스런 삶을 누릴 것이라고 예측했다. 따라서 현재 여기서 예측하고 있는 미래는 어쩌면 과거와 비슷하게 터무니없는 것일 가능성도 높다. 자신의 노동이 대체되면 또 다른 일들을 찾아내는 이상한 습관을 인간은 가지고 있기 때문이다.

심리학자들이 가장 관심을 갖고 있는 주제는 기술이 노인들에게 끼치는 직접적인 영향에 관한 것이다. 기존의 기술혁신이 끼쳤던 영향을 살펴보면 앞으로의 영향에 대해서도 예측해 볼 수 있다. 지금은 전화기, 텔레비전, 라디오가 어디에나 있어서 노인들이 바깥세상과 늘 접촉하는 것이 가능하지만, 그것은 50년 전만 해도 부유층을 제외하고는 꿈도 꿀 수 없는 일이었다. 여가 활동을 구축하는 데 있어 현대인에게 텔레비전만큼 큰 영향을 끼친 것도 없다. 텔레비전은 우리를 즐겁게 해 줄 뿐만 아니라 신체적·재정적 문제 때문에 실제로 가 볼 수 없는 여행지나 연극과 콘서트 등의 문화 행사들을 경험할 수 있도록 해 준다. 텔레비전이나 라디오를 그저 틀어 놓는 것만으로도 그 배경 소리가 위안이 된다고 보고하는 노인들(특히 독거노인)도 많다. 그러나 단점도 있다. 텔레비전과 라디오 프로그램은 주로 젊은이들의 욕구에 맞춰져 있다. 노인들의 관점에서는 꽤 충격적인 방식으로 프로그램이 진행되기도 하고, 기본 내용도 노인에게는 전혀 설득력이 없는 것도 있다. 위성 방송과 케이블 방송에서 제공하는 다양한 채널들에도 여전히 노인 특유의 관심사를 반영하는 프로그램은 아직 많지 않다. 노인만을 위한 채널은 아직 없고(유아 채널이나 10대 채널은 여러 개가 있다), 아주 가끔 비인기 시간대를 채우는 지역 방송국 프로그램이 이따금 있는 정도이다. 대다수 프로그램은 확고하게 젊은이들을 위한 것들이다. 그러나 노인들은 국가를 불문하고 텔레비전 시청자의 가장 많은 비중을 차지한다(Dubois 1997; Grajcyk and Zoellner 1998). 소규모 지역 방송국에서 노인 시청자를 위한 프로그램이 언젠가는 나오겠지만, 현재까지는 미국의 극히 일부 지역 외에는 거의 없는 실정이다(Burns 1988). 잡지와 같은 노인을 위한 인쇄물이 상업적으로 성공을 보인 몇몇 사례가 있다. 그러나 이는 고급 휴양지나 투자처를 찾고 있는 부유한 중산층에 국한하여 인기가 있을 뿐이다(Featherstone and Wernicke 1997). 다양한 인구통계학적·사회경제적 이유가 있기 때문에, 폭넓은 계층이 공감할 수 있고 상업적으로 성공할 수 있는 인쇄물을 펴내는 것은 어려울 것으로 보인다.

인터넷을 사용하는 노인들도 이와 비슷한 인구학적 제한이 있다. 인터넷은 많은 노인에게 도움이 되는 정보를 제공할 수 있다. 예를 들면 인터넷 채팅을 통해 집에 편안히 머물면서 실제 말로 할 때 생기는 서두르는 느낌 없이 활발하게 의견 개진을 할 수 있고, 정보도 많이 얻을 수 있다. 예전에는 미국 노인 외에는 인터넷 사용이 드물었지만, 컴퓨터와 전화선의 보급으로 다른 나라에서도 노인들의 인터넷 사용이 증가하고 있다. 그러나 미국이라 할지라도 컴퓨터 사용이 가장 적은 연령층은 바로 노인층이다(Cutler et al. 2003).

노인들이 컴퓨터 사용을 꺼리는 것은 부분적으로 노인들은 컴퓨터를 잘 다룰 수 없다는 느낌과 비인간화(Czaja and Sharit 1998), 그리고 불안 때문이다. 그런데 이런 이유들은 실제 컴퓨터 사용 능력과는 아무 연관성이 없다(Laguna and Babcock 1997). 처음 컴퓨터를 배우기 시작할 때 얼마나 성공하느냐가 컴퓨터 사용을 결정하는 데 핵심적인 역할을 한다(Kelley et al. 1999). 혹자는 노인들이 컴퓨터에 흥미가 별로 없다고 생각한다. 성인물 매체는 인터넷으로 다운받은 아동 포르노를 소유하고 있는 것만으로도 기소당하는 현 상황 때문에, 존경받는 노인이 웹서핑을 하는 것은 적절하지 않다는 이미지가 형성되어 있다고 주장하기도 한다.

적어도 미국에서는 노인들은 대부분 이메일 때문에 인터넷을 사용한다(Hilt and Lipschultz 2004). 이것이 사회적 기능에 도움을 주는 것은 분명하지만, 인터넷을 통한 건강 교육과 같은 영역으로 확장될 수 있도록 홍보해야 한다. 인터넷 사용으로 노인들은 긍정적인 경험을 가질 수 있다(Chen and Persson 2002). 일단 컴퓨터를 사용할 수 있게 되면 자신감이 생기고, 여러 즐거운 경험도 할 수 있게 된다. 그러나 컴퓨터를 배우려고 시작하지도 않거나 배우다가 중도에 그만두는 경우가 많다(Namazi and McClintic 2003). 프리스트 등(Priest et al. 2006)은 노인의 지적 기능이나 이전의 컴퓨터 사용 경험보다는 웹 디자인이 나쁜 것이 웹 사용의 가장 큰 장애물임을 발견했다. 노인의 효과적인 인터넷 사용을 가로막는 것은 노화로 인한 변화보다는 웹페이지의 나쁜 디자인이 한몫하고 있음을 시사하는 연구이다. 보다 최근의 한 연구에서는 컴퓨터를 사용하는 노인 인구가 빠른 속도로 증가하고 있음에도 불구하고 노인들은 여전히 컴퓨터를 배우는 것을 어려워한다는 점을 지적했다(Wagner et al. 2010).

축복인 동시에 저주일 수 있는 과학기술 발전의 사례는 또 있다. 이론적으로는 노인들에게 요긴하게 쓰이기 위해 고안되었지만 관련한 선행 경험의 부족 때문에 성공적으로 사용되지 못하는 경우가 종종 있다(Charness and Schaie 2003 참조). 새로운 가전 제품들은 요리와 기타 집안일의 부담을 덜어 준다. 이러한 제품들은 재정적으로도 충분히 구입 가능하고 매우 도움이 된다. 예컨대 냉장고는 노인들의 감각 능력이 저하되어 음식이 상했음을 탐지하지 못하게 되었을 때 상한 음식을 먹을 위험을 줄여 준다. 게다가 스마트 냉장고(음식 포장지의 바코드를 읽고 먹기에 적합하지 않게 될 때 경고음을 보내 준다) 같은 상품들은 앞으로 더욱더 나아질 것이다. 그러나 노동력 절감 제품 및 안전점검 장치들은 일부 노인들을 운동부족 상태로 이끌고, 그들이 현실에 너무 안주하도록 할 수 있다. 이에 따라 신체활동 부족으로 건강이 나빠지고 음식 안전에 대한 과도한 낙관주의 때문에 상한 음식도 그대로 방치하는 일이 벌어질 수도 있다.

다른 기술 변화도 역시 오용되기 쉽다. 한때 마이크로칩으로 통제되는 약 지급 기계가 제안되었다(Kapur 1995 참조). 복용 시간이 매우 중요한 약물이 있는데, 노인들이 잊어버리기 쉬우므로 자동화된 약 지급 기계로 약 먹을 시간을 알려 주는 것이다. 물론 삐 소리가 들릴 만한 거리에 이 기계를 두는 것을 잊는다거나 소리가 들려도 그때 무엇을 해야 하는지를 잊는다거나 하는 사소한 문제들이 존재한다. 지적 기능이 저하된 사람들을 돕기 위해 기계로 고안된 물품을 제공할 때 '그 기계를 사용하는 법' 자체를 기억해야 한다는 점이 문제가 될 수 있다는 것은 일반적이다. 기억 보조 도구들, 약 복용 시간 알람기, 스마트 기기, 전자 다이어리 등은 모두 이런 문제를 가진다. 기억력 저하로 인해 나타나는 문제들은 연구 개발자들에게 많은 고민거리를 안겨다 준다. 앞에서 설명한 '전문가 시스템'과 같은 것은 적어도 이런 문제는 없는 것 같다. 그러나 전문가 시스템은 컴퓨터를 필요로 하는데, 그 컴퓨터는 어디에 설치할 것인가? 앞에서도 살펴보았지만 노인들의 컴퓨터 사용은 제한적이다. 노인들은 컴퓨터가 있는 곳까지 가야 한다고 하면 차라리 진짜 의사를 만나러 갈 것이다. 집에 컴퓨터가 있고 의사 역할을 해 주는 프로그램도 깔려 있다고 해 보자. 그래도 여전히 문제는 있다. 전문가 시스템은 제공된 정보에 근거해서 작동한다. 거짓말을 하거나 증상을 숨기면 어떻게 될까? 실제 의사는 목소리 톤과 제스처를 관찰함으로써 컴퓨터보다 속임수를 더 잘 알아차린다. 간단히 말하면, 전문가 시스템에는 심각하면서도 치명적인 오남용의 가능성이 여전히 남아 있다.

좀 더 살펴볼 부분은, 새로운 기술이 대체로 젊은 세대를 위해 고안되고 있다는 점이다. 소형화된 전기 도구들을 보면 디자이너의 예술적 감각에 찬사를 보내고 싶다. 그러나 노인들이 사용하기에는 너무 작다. 제1장에서 지각 체계에 대한 노화의 영향으로 모든 감각 기관이 정교한 처리를 하지 못한다는 것을 살펴보았다. 따라서 현대 기술혁신의 대부분이 노인에게는 맞지 않는다. 영국 버밍엄 대학의 응용노년학 센터에는 다음과 같은 슬로건이 있다. "젊은이들을 위한 디자인은 노인을 배제합니다. 노인을 위한 디자인은 젊은이를 포함합니다." 모든 기계를 연령에 공평하게 디자인하자고 주장하는 것은 아니지만, 굳이 작게 만들어서 고객의 20%를 차지하는 잠재적인 시장을 왜 배제하는지 모르겠다. 노인을 염두에 두고 디자인을 한다면(연령차별주의적인 말을 하려는 의도는 아니다) 시력이 나쁘거나 제한된 손재주를 가진 많은 젊은이들도 도움을 받을 수 있을 텐데 말이다. 이 주장의 이면에는 그렇게 공표함으로써 노인들을 신체적으로 더 과장되게 불리한 상태인 것으로 보이게 만들 위험이 있다. 예컨대 일부 출판물이나 웹 사이트에서는 컴퓨터 인터페이스를 디자인할 때 문장을 최대한 단순히 하고 큰 글자를 사용하는 것에 우선 순위를 두라고 강조하기도 한다. 물론 (일부 노인들에게) 이러한 권고는 필요한 것이기는 하지만 조금 약한 톤으로 권해 줬으면 하는 바람이다.

지금까지 살펴본 바와 같이, 기술의 진보는 노인에게 좋은 점도 있고 나쁜 점도 있다. 기술혁신으로 큰 희망을 품을 수 있지만, 그러한 기술의 세부적인 사항까지는 아직 충분히 고려하고 있지 못한 상태이다. 노동력 절감을 위해 고안된 기계들은 작동하는 것이 힘들거나 좋은 점보다는 해로운 점이 더 많기도 하다. 의학기술의 발전으로 일부 질병은 치료할 수 있겠지만 노인들은 여전히 그 외 다른 질병들에 취약하다. 노화 과정을 지연시킬 수 있는 의학적 혁신 역시 축복과 동시에 저주가 될 수 있는데, 증가된 수명 동안 삶을 즐길 수도 있겠지만 고통을 겪을 수도 있기 때문이다. 이러한 진보들 때문에 노인들이 자동적으로 더 행복해질 수 있다고 상상하는 것은 무모한 낙관주의이다.

결론

미래에 대한 시각은 대부분 현재에 대한 비판에서 생겨난다. 여기서 제기된 예측과 논쟁들은 현재 노년학 연구와 선진국의 많은 노인들이 갖고 있는 문제를 통해 더 증폭되었다. 그렇다고 해서 노인심리학에 문제가 있다고 결론 내리는 것은 부당하다. 노인심리학 분야는 건강하게 성장하고 있고 광범위한 관심 주제를 가지고 있다. 이 책의 마지막 두 장에서 제시한 예측들은 크게 두 가지 종류로 나눌 수 있다. 그것들은 언젠가는 해결해야 하는 문제와 앞으로 나타날 가능성이 있는 것들이다. 전자에 해당하는 것으로는 현존하는 연구 방법론에 대한 비판이 있다. 연구자들은 노인들을 동떨어진 인종처럼 대하는 것을 멈춰야만 한다. 이는 비과학적일 뿐 아니라 거만하고 분열을 초래하는 행동이다. 좀 더 부드럽게 이야기하면, 이런 방향으로의 움직임이 이미 일어나고 있기는 하지만 노화를 단일 시스템으로 보기보다는 상호작용적인 과정으로 보는 것이 필요하다. 노화를 단일한 측면으로 떼어 놓고 접근하고 분석하는 것은 마치 코끼리를 만지는 세 명의 장님과 비슷하다. 코끼리의 어느 부분을 만지느냐에 따라서 그 동물을 뱀으로 여길 수도 있고 나무나 새로 여길 수도 있는 것이다. 다요인적 모형으로 접근하고자 하면 하나의 이론으로 충분히 설명할 수 없다는 것은 어쩔 수 없는 일이다. 그러나 진실은 순수하기가 힘들고 결코 단순하지가 않다.

후자의 범주에는 앞으로 오게 될 기술과 태도의 변화에 관한 것으로, 그러한 변화들이 노인들에게 어떤 영향을 끼칠 것인가에 관한 예측들이 있다. 여기서 예측한 변화들이 최소 몇 년 안에 곧바로 나타날 것 같지는 않다. 기술혁신이 불가피하게 삶을 형성한다고 여기려는 경향이 있다. 발전된 기술을 사람들이 그저 무시하고 지낼 가능성은 매우 낮다. 노인들은 새로운 기술에 저항하기도 하는데, 이는 보수적인 성향 때문이 아니라 그저 제한적인 이용만 가능한 새로운 기술에 적응할 가치를 크게 느끼지 못하기 때문이다. 미래 세대의 노인들이 가질 수 있는 가장 낙관적인 시각은 아마도 젊은이들이 자신의 편의대로 제시한 것보다는 노인들 자신이 스스로 원하는 바를 옹호할 것이라는 시각이다.

이 책에서 전하고자 하는 메시지는 다음과 같다.

> 노인들은 현재 정신적으로 아주 건강하든 그렇지 못하든 삶에 만족하든 자살하고 싶어 하든 신체적으로 건강하든 바깥 출입을 못할 지경이든 간에, 유전적 소인과 지금까지의 생애를 통해 어떻게 행동해 왔는지에 따라 다른 노년기를 보낸다. 만족스런 노년기는 보답으로 주어지는 것이지 자동적인 권리가 아니다. 맑고 개방적인 마음을 가지고 노화를 바라보고 접근할 때 비로소 주어지는 것이다. 지적 능력의 변화와 같은 것은 일부만 통제할 수 있고, 감퇴가 있더라도 (치매를 제외하고) 그런 변화가 결코 노년기의 생산적이고 행복한 삶을 방해할 수는 없다. 이런 주장에도 꿈쩍하지 않는 사람들, 즉 여전히 노인은 모두 열등한 집단

이라는 고정관념을 가지고 있는 사람들이 있다면 마지막으로 한 마디만 더 하겠다. 모든 노인들은 살아남은 자들이다. 이는 모든 노인에게 적용되는 분명한 사실이다. 노인의 가치를 폄하하는 모든 젊은이들이 자신의 권익을 스스로 주장할 수 있을 만큼 충분히 오랫동안 살 수 있는 포상을 받는 것은 아니다.

부록 I

기본적인 신경해부학

노년기에 발생하는 심리적·신경학적 변화(특히 치매)를 이해하기 위해서는 신경계에 대한 지식을 갖고 있는 것이 중요하다. 따라서 여기서는 신경해부학에 대한 기본적인 설명을 하도록 하겠다. 가능한 한 쉬운 용어를 사용했다. 신경해부학을 이미 잘 아는 독자들은 이 부분은 건너뛰어도 무방하다.

뉴런

신경계를 구성하는 기본 단위는 뉴런(신경세포)이다. 뉴런의 모양과 크기는 다양하지만 기본적인 기능은 다른 뉴런 혹은 감각수용체로부터 정보를 받고 이를 다른 뉴런이나 감각 기관으로 전달하는 것이다. 뉴런은 시냅스라고 불리는 틈을 통해 연결되어 있고 여기서 뉴런 간 정보 전달이 일어난다. 뉴런이 활성화되어 있을 때 전기 신호가 시냅스가 있는 곳까지 전달된다. 활성화된 뉴런은 화학적 신경전달물질을 시냅스 틈으로 분비해서 정보를 받는 뉴런에게 다음 중 하나의 일을 발생시킨다.

1) 휴면 중이었던 뉴런이 신호를 전달받아 활성화된다.
2) 이미 신호를 보내고 있었는데 새로운 정보를 전달받아서 활성화 정도가 더 커진다.
3) 이미 활성화 상태였으나 새로운 정보를 전달받아서 활성화가 중단되거나 그 정도가 줄어든다.
4) 휴면 중이었던 뉴런이 새로운 정보를 전달받아서 다른 뉴런이 활성화되는 것을

막는다.

1)과 2)는 흥분성이고 3)과 4)는 억제성이라 부른다. 뉴런은 서로 활성화시킬 수도 있고 억제할 수도 있다. 여기에 사용된 화학적 전달물질을 신경전달물질이라 부른다. 어떤 경우에는 뉴런을 분류할 때 그 뉴런이 사용하는 전달물질의 종류에 따라 분류하기도 한다. 예를 들면 아세틸콜린 전달물질을 이용하는 것은 콜린성 시스템이라고 부른다. 뇌에 있는 약 90%의 뉴런이 콜린성이고, 그 외의 뉴런은 골격근의 움직임을 통제하는 데 사용된다. 반대로 노르아드레날린성 시스템은 평활근을 통제하는 데 사용된다. 많은 뉴런은 수초라고 불리는 지방층으로 감싸져 있어서 전선의 절연체처럼 신호가 손실되지 않고 재빠르게 전달되도록 도와준다.

신경해부학

신경계를 가장 간단하게 나누면 중추신경계(Central Nervous System; CNS)와 말초신경계(Peripheral Nervous System; PNS)로 구분할 수 있다. CNS는 뇌와 척수로 이루어져 있다. 신경계는 최소한 1,000억 개 뉴런으로 구성되어 있고, 그것들은 대부분 뇌에 있다. CNS와 PNS에 있는 뉴런의 기본적인 차이를 교과서적으로 정의해 보면, 전자는 뉴런이 죽으면 대체할 수 없으나 후자는 할 수 있다.

PNS

PNS는 기능에 따라서 두 부분으로 나뉜다. 구심성 뉴런은 정보를 CNS에 전달하고, 골격근이나 피부로부터 정보를 전달하면 '체성', 내장계로부터 정보를 전달하면 '내장성'으로 불린다. 원심성 뉴런은 CNS의 지시를 신체로 전달하는데, 골격근으로 신호 전달을 하면 운동성, 내분비샘이나 평활근, 심혈관 근육 등으로 전달하면 자율성이라고 부른다.

CNS

척수의 주요 기능은 PNS와 뇌 사이의 정보 전달 통로가 되는 것이다. 그러나 단순한 처리는 척수에서도 할 수 있다. 반사회로라 불리는 기전을 사용해 일부 자극에 대해 반응이 가능한데, 많은 반사행동이 이런 방식으로 생겨난다(예: 무릎 반사).

척수는 뇌(보다 엄밀하게는 뇌간)로 투사한다. 일반인들은 뇌가 하나의 균등한 회색질일 것이라 생각할 수도 있겠으나 사실 뇌는 서로 연결된 구조물로 이루어진 집합체이다. 해부학적·기능적 이유로 뇌는 네 개의 주요 영역으로 나누어진다. 첫 번째가 뇌간이다. 뇌간 뒷부분의 두개골 아래쪽에는 소뇌가 있다. 뇌간의 위쪽으로는 간뇌가 있다. 그 위에는 대뇌 피질이 있다. 일반적으로 척수에서 멀리 떨어져 있을수록 그 기능이 더 복잡하다.

뇌간은 혈압 조절, 소화, 호흡 조절 등과 같이 주로 '생명 유지' 기능을 한다. 감각 기관으로부터 정보를 받아들여 뇌의 다른 구조물로 전달하기도 한다.

소뇌는 체성 정보와 반고리뼈관으로부터 정보를 받아들인다. 이 정보를 토대로 운동 협응을 담당한다.

간뇌는 몇 가지 요소들의 집합체이다. 주요 구조물로 시상을 들 수 있는데, 이는 감각 정보를 협응시키고 전달하는 통로가 되며 운동을 실행하도록 하는 곳이다. 이 영역에 손상이 생기면 파킨슨 병이 생긴다. 시상하부는 배고픔, 포만감, 성욕, 분노 등과 같은 신체의 욕구를 조절하는 곳이다. 해마는 진화적인 관점에서 보면 뇌에서 가장 오래된 부분이다. 감정 조절과 기억에 관여한다. 이 부분에 손상이 있으면 새로운 정보를 2분 이상 유지할 수 없게 된다. 따라서 해마는 장기 기억 저장소에 정보를 유지하는 데 일정 부분 관여한다고 볼 수 있다.

피질은 가장 상위의 지적 기능을 담당하는 곳이다. 두 개의 반구로 나뉘어져 있고 이 두 반구는 몇 개의 통로로 연결되어 있다. 이 중 뇌량이 가장 주요한 구조물이다. 대부분은 우반구가 시공간 기능을, 좌반구가 언어적 기능을 담당한다. 피질은 또한 기능에 따라서 몇 개의 엽으로 나뉜다. 전두엽은 두개골 앞쪽에서 측두까지이다. 여기서는 동작의 순서를 정하고, 말하거나 글씨를 쓸 때 단어와 문자를 올바른 순서로 배열하고 사회적으로 적합한 행동을 하도록 하는 등 전반적인 행동을 통제하고 계획한다. 전두엽은 또한 기억에도 관여하는데, 최근 기억과 과거 기억을 구분하는 일을 한다. 측두엽은 좌우의 측두에 위치하는데, 주요 기능 중 하나는 정보를 해석하는 것이다. 특히 좌측 측두엽은 언어를 이해하는

데 중요하다. 측두엽 또한 기억력, 특히 정보의 장기적인 저장에 관여한다. 좌우 반구의 특화 때문에 좌측 측두엽은 언어적 기억을, 우측 측두엽은 시공간적 정보를 담당하는 경향이 있다. 후두엽은 뇌의 뒤쪽에 위치한다. 읽기에도 관여하기는 하지만 주로 시각에 관여한다. 모든 시각적 정보는 후두엽에서 처리된다. 두정엽은 뇌 꼭대기에 위치하고 나머지 세 엽(lobe)으로 둘러싸여 있다. 부분적으로는 신체 상태와 위치를 인지하는 일을 담당한다. 주요 인지 기능으로, 부호를 해석하고 대상 지각을 하며 읽기 처리에 관여한다.

부록 II

유동성 및 결정성 지능

20세기 초반 심리학자들이 지능에 대해 생각하기 시작했을 때, 지능은 단일한 기술로 여겨졌다. 다시 말해 지적 과제의 형태가 언어적이건 모양이나 그림과 같이 시공간적이건 숫자적이건 간에 상관없이 그 사람의 수행을 통해 인지 능력을 알 수 있을 것이라 여겼다. 지능 검사의 창시자들 중 한 사람인 찰스 스피어먼은 이를 일반 지능(general intelligence)의 g로 불렀다. 용어 'g' 혹은 '스피어먼의 g'는 여전히 사용되고 있는데, 요즘은 그 의미가 보다 넓게 사용된다. 그것은 다양한 지적 기술을 평가하는 지능 검사 배터리의 전반적인 점수 및 능력을 뜻한다. 대부분의 연구자들은 'g'에 대한 보다 엄격한 정의에 대해서는 반대하고 있으며, 지능이란 몇 가지의 상호 관련된 기술들의 구성이라고 논의하고 있다. 이러한 논쟁은 여전히 계속되고 있다(Deary 2001; Eysenck and Kamin 1981; Kail and Pelligrino 1985; Rebok 1987 참조). 반면 널리 받아들여지고 있는 이론은 위계적 접근(hierarchical approach. Cattell 1971)이다. 이 이론에서는 모든 지적 기술은 일반적 지능을 이용하지만, 그때그때 주어지는 과제의 요구에 따라서 보다 구체화된 기술을 사용한다고 주장한다. 캐텔(Cattell 1971)과 혼(Horn 1978)은 이러한 구체화된 기술들을 결정성 지능(crystallised intelligence)과 유동성 지능(fluid intelligence)으로 설명하였다.

결정성 지능은 개인이 살아오면서 획득한 지식의 양으로 측정한다. 일반적으로 애매한 단어들의 뜻을 물어보거나(예: '해방하다'의 뜻은 무엇입니까?), 일반 지식에 대한 질문(예: '외전(Apocrypha)'이란 무엇입니까?)과 같이 단순히 직접적인 물음을 해서 측정한다. 여기에는 현재의 지식을 토대로 해결할 수 있는 문제들 또한 포함된다. 그 질문에는 실질적인 과제(예: 손가락이 베이면 어떻게 해야 하는가)나 도덕적 판단(예: 우리는 왜 세금을 내야 하는가)과 관련된 것도 있다. 이는 이미 관련 정보를 가지고 있고 그 정보를 인출할 수 있어야만 정확하게 답변할 수 있는 질문들이다. 어느 누구도 질문 받는 그 순간에 곧바로 반창고, 소독약, 과세 구조, 재정 정책 등에 대한 정의나 관련 지식을 생성해 낼 수는 없다. 반면 유동성 지능은 새로운 문제를 해결하는 능력을 측정하는 것으로, 획득된 지식에서 이끌어 내는 것은 거의 없고 정규 교육이나 문화적 배경을 가지고는 해결책을 찾을 수 없는 문제들이 포함된다. 가장 흔히 사용되는 방법은 어떤 항목들(언어적·시공간적·숫자적 재료)을 보고 어떤 법칙을 찾아내어 그 법칙에 따라 다음에 올 항목 예상해 보도록 질문하는 것이다. 다음 질문을 보자.

A C F J ?

다음에 올 숫자를 맞히는 과제도 있다.

245 605 264 722

전형적으로 유동성 지능 검사는 시간 제한이 있기 때문에 피검사자는 정확하게 정답을 맞혀야 할 뿐 아니라 가능한 한 빨리 수행해야 한다.

유동성 지능과 결정성 지능을 합하면 혼과 캐텔의 이론에 따른, 'g'라고 불리는 전반적 지능이 측정된다.

부록 III

기본적인 언어심리학적 개념들

읽기와 관련된 심리적인 과정(대부분의 심리학자나 교육노년학자들이 주로 다루는 언어 기술)에 대한 것부터 살펴보는 것이 가장 쉬울 것이다. 직관적으로 읽기는 자동적이고 즉각적인 과정으로 간주되지만('이것을 읽지 마시오'를 읽지 않으려고 해 보라), 실제로는 기본적인 것부터 복잡한 것까지 상당히 다양한 기술들의 협응을 요한다. 결론부터 말하면 정상적인 읽기에는 적어도 다음과 같은 과정들이 포함되어야 한다. 우선 무의미한 잉크 반점 혹은 외국 알파벳과 개별적인 문자를 구분하는 심적 매커니즘이 있어야 한다. 또한 의미 없는 문자의 나열이 아니라 실제 단어가 되는 순서로 나열되어 있는 문자를 인식하고 그 단어를 어떻게 발음할지를 판단할 수 있어야 한다(문자를 구어로 전환). 그런 후에 단어의 순서들이 의미 있는 어구를 이루고 있는지도 판단해야 한다. 이 단계에서 구문론적·의미론적 적합성을 판단해야 한다. 예를 들어 다음과 같은 구를 살펴보자.

금붕어는 적당한 애완동물이다(goldfish make suitable pets).

이는 평범한 문장으로, 말이 된다.

가설은 좋은 애완동물이 된다(hypotheses make sensible pets).

이는 더 흥미롭지만 명백히 말이 안 되고 의미적으로 받아들여지지 않는다. 그러나 이 구의 구문(쉽게 말하면 문법)에는 문제가 없다.

금붕어는 적당한 애완동물들이다(goldfish makes suitable pets).

이는 구문론적으로 틀리지만(문법적으로 틀렸기 때문이다), 여전히 의미 있는 문장이므로 의미론적으로는 받아들여진다. 읽기의 최종 단계에서는 그 구의 뜻을 파악한다. 누구나 읽는 모든 단어를 기억하지 않는다. 대신에 핵심 내용을 기억한다. 따라서 글을 읽을 때는 본문의 핵심 내용을 추출해 내는 방법도 알고 있어야 한다.

문자를 인식하는 기초적 기술에서부터 의미를 파악하는 복잡한 단계로 한쪽 방향으로만 진행된다고 가정할 수는 없다. 왜냐하면 추출해 낸 의미 정보가 다음 문장 읽기 속도를 빠르게 하는 과정에 관여하기 때문이다. 일례로 형편없는 손글씨로 쓰인 글을 읽는다고 가정하고 아래 x로 나타낸 것처럼 어떤 문자는 완전히 읽기 힘들다고 생각해 보자.

Ix is xoutful if anx moxe axxixxtance is rexxired. Remxmbxr the xroverb: txo maxy coxk xpoil the xxxxh.

대부분의 독자들은 이 문장을 해독하는 일이 그다지 어렵지 않을 것이다. 그 이유는 다양하다. 우선 xoutful과 xroverb의 후보가 되는 단어는 doubtful과 proverb밖에 없다. 알아보기 힘든 단어가 어떤 것을 나타내는지 알고자 할 때는 실제 존재하는 단어로 문자를 조합하는 지식을 이용한다. 다른 경우를 살펴보면 의미적 지식을 이용한다고 볼 수 있다. Ix 자체는 If, It, In 혹은 Is가 될 수 있다. 그러나 It일 때에만 Ix가 이치에 맞게 된다. 위 문장의 가장 마지막 단어 xxxh는 이 자체로는 해독이 불가능하지만 유명한 격언의 마지막 단어이기 때문에 broth라는 단어로 쉽게 인식할 수 있다. 이는 의미적 촉진의 한 예로, 의미적 내용을 통해서 그다음에 올 단어를 예측할 수 있게 해 준다. 이것은 알아보기 힘든 손글씨에만 적용되는 것이 아니다. 정상적으로 인쇄된 문장에 대해서도 독자의 기대는 단어 인식을 촉진시켜 주고 논리적으로 연결이 있는 단어들을 그렇지 않은 단어들보다 빨리 읽을 수 있게 한다. 따라서 만약 동물에 관한 것을 읽고 있다면

'의자'보다는 '호랑이'를 더 빨리 읽을 것이다. 실험 상황에서 단어나 문장(점화)을 보여 준 후에 앞서 본 것과 의미적으로 관련이 있거나 없는 단어를 보여 줌으로써 이런 현상을 살펴볼 수 있다. 통상적으로 연구 참여자들에게 제시된 단어가 진짜 단어인지 아닌지를 판단하게 하거나 혹은 크게 단어를 읽도록 한다. 점화 자극과 의미적으로 연관이 있는 단어에 대해서는 더 빨리 반응한다. 이러한 촉진이 어떻게 일어나는지에 대해서는 여전히 결론이 나지 않은 상태이다. 그러나 일반적인 설명을 하자면, 의미적으로 관련 있는 단어의 표상이 마음속에서 대기하고 있어서 관련된 자극이 나타나면 보다 빨리 접근할 수 있는 것 같다.

마지막으로 살펴볼 것은 기억의 역할이다. 장기 기억이 없다면 이야기 줄거리를 곧잘 잊어버리기 때문에 이야기를 읽거나 이해할 수 없음은 명백하다. 이보다 덜 명백한 것은 작업 기억의 필요성으로, 뭔가를 읽는 동안에는 현재 읽고 있는 것을 계속 기억하고 있어야 하는데, 그렇지 않으면 문장 끝부분에 가서는 현재 읽고 있는 문장의 내용을 잊어버릴 것이고, 특히 지금 읽고 있는 문장처럼 매우 긴 문장을 읽을 때는 특히 더 그러할 것이다.

이와 같이 '읽기'에는 많은 지각적·인지적·언어적·기억적 기술의 능동적인 통합이 관여한다. 구어를 이해하는 데 포함된 과정도 이와 유사하다. 개별 문자나 단어를 인식하는 능력, 올바르게 발음되는지를 아는 능력, 뜻을 파악하고 문장이 구문론적으로 맞는지를 판단할 수 있는 능력, 말의 핵심을 추출해 내는 능력 등이 있어야 한다. 차이점도 명백히 존재한다. 읽기는 시각적으로 접근되고 듣기는 청각적으로 접근되기 때문에, 글을 읽을 때는 이해가 되지 않는 부분이 있으면 다시 되돌아갈 수 있는 반면 말을 들을 때는 그렇게 할 수 없고 다시 말해 달라고 부탁해야 한다. 말하기와 쓰기 또한 서로 다른 관계를 가진다. 쓰기는 보다 형식 면에서 문법적으로 올바른 경향이 있다. 말하기와 쓰기에 어떤 공통된 과정이 하나라도 있는지에 대한 논의도 있었다(Olsen et al. 1985). 제4장에서는 이에 대해서 언급하지 않았지만 읽기와 듣기가 기능적으로 유사한 과정을 포함하기 때문에 이 두 기술에 대한 노화의 영향을 함께 살펴보았다. 그러나 읽기와 관련된 하위 기술의 변화가 이와 유사한 듣기 하위 기술의 변화와 항상 자동적으로 연관이 있는 것은 아니다. 언어 산출과 쓰기 기술에 대한 노화의 영향은 그

동안 많이 연구되지 않았지만, 언급할 필요가 있는 부분에 대해서는 제4장에 간단히 언급하였다.

| 용어 설명 |

독자들의 이해를 돕기 위해 이 책에서 사용된 주요 용어에 대한 정의를 기술하였다. 기술된 내용 중 고딕체로 되어 있는 부분은 그에 대한 설명이 다른 부분에 나와 있는 용어들이다.

- **가설 스캐닝**(hypothesis scanning) 구체적인 질문을 통해서 특정 가설을 검증하고자 하는 것.
- **가성 치매**(pseudodementia) 심각한 우울증으로 인해 **치매**와 같은 수준으로 인지적 능력이 저하되어 나타나게 되는 것으로, 우울증 호전 시 인지 저하가 회복되는 경우를 일컫는다.
- **가역적 치매**(reversible dementia) **치매** 증상이 있지만 원인에 대한 치료를 통해 회복되거나 최소한 **치매** 증상이 경감될 수 있는 경우.
- **가족성 알츠하이머 병**(Familial Alzheimer's Disease; FAD) **알츠하이머형 치매** 가운데 가까운 가족 중에 알츠하이머 병이 있는 경우를 말하며, 노년기 이전에 발병하는 경우가 많다. **산발성 알츠하이머 병** 참조.
- **간뇌**(diencephalon) 뇌간, 소뇌, 피질 사이에 끼어 있는 핵심적인 뇌 구조물. **시상**, **시상하부**, **해마** 등이 포함되어 있다.
- **간이정신상태검사**(Mini Mental State Examination; MMSE) 대표적인 인지 저하 선별 검사로, 대상자의 전반적 인지 상태를 짧은 시간 내에 평가하는 도구이다. 시공간 지남력, **단기 기억** 및 언어 능력 등에 대한 기본적 검사로 구성되어 있다.
- **강박 장애**(obsessive-compulsive disorder) **불안 장애** 참조.
- **개념적 조직화**(conceptual organisation) 기본 규칙이나 원리를 알아내고 그에 따라 항목을 범주화할 수 있도록 항목들을 추상적 수준에서 다룰 수 있는 능력.
- **거꾸로 따라 외우기**(backward span) 제시한 항목 리스트를 거꾸로 따라 하도록 하는 단기 기억 과제로, 바로 따라 외우기보다 어려운 형태이다.
- **건강 기대 수명**(Healthy Life Expectancy; HALE) 건강한 상태로 생존해 있을 거라

예상되는 잔존 기대 수명의 양.

- **건강 전환**(health transition) 어떤 집단의 전반적 건강 상태의 급격한 변화. 노화의 맥락에서, 전염병의 감소로 인해 보건 및 사회복지 패턴의 급격한 변화와 노인 인구 비율의 증가를 나타낼 때 쓰이는 용어이다.
- **검사 배터리**(test battery) 동일한 기술(예: 지능)을 평가하도록 고안된 배터리.
- **검사에 적응된**(test wise) 심리 검사(특히 지능 검사)의 일반적인 절차에 익숙해진 조건으로, 그 결과 수행이 향상된다. 일반적으로 동일한 구성원의 피험자군을 대상으로 연구하게 될 때 평가된 기술의 수행 수준이 인위적으로 올라가게 되는 현상으로 나타난다. 이는 특히 **종단 연구**들에서 문제가 될 수 있다.
- **결정성 지능**(crystallised intelligence) 일생 동안 획득한 사실에 대한 지식의 양. '일반 지식'과 대체로 유사한 개념이다.
- **결정적 상실**(critical loss) **최종 급강하 모형**과 관계되는 것으로, 일부 지적 능력의 쇠퇴는 괜찮으나 특정 지적 능력의 상실은 결정적 상실이 되어 사망을 초래할 수 있다.
- **경막하혈종**(subdural heamatoma) 뇌를 둘러싸고 있는 막의 일종인 경막 아래서 출혈이 일어나 피가 고인 상태. **뇌출혈** 참조.
- **경색**(infarct) 혈관이 막혀 그 혈관으로부터 혈액을 공급받는 세포의 죽음을 일컫는 용어. 뇌 혈관이 막혀 뇌 조직이 손상된 경우를 가리켜 뇌경색이라고 한다.
- **경색증**(infarction) 경색이 발생한 상태.
- **계산 불능증**(dyscalculia) 수학적 계산 능력에 심각한 문제가 있는 것으로, 발달상 문제로 나타나기도 하고 성인기 뇌 손상으로 인해 후천적으로 나타나기도 한다.
- **계획된 노쇠 이론**(programmed senescence) 우리 몸은 **노화**되도록 유전적으로 이미 계획되어 있고, 여기에는 진화적 압력이 작용한 것이라고 믿는 입장. **계획된 노화 이론** 참조.
- **계획된 노화 이론**(programmed theory of ageing) 세포사가 처음부터 발생하도록 프로그래밍되어 있다는 이론으로, 이 이론에 따르면 세포는 복제될 수 있는 횟수가 제한되어 있다(헤이플릭 현상). 진화적인 압력 때문에 **노화**가 일어난다는 **계획된 노쇠 이론**과는 다르다.
- **계획된 세포사**(programmed cell death) 세포의 복제 횟수를 제한하여 세포사가

일어나도록 프로그래밍되어 있다는 것. 계획된 노화 이론에서는 계획된 세포사가 노화의 근본 원인이 된다고 주장한다. 헤이플릭 현상이 그 대표적인 예이다.

- **고령 노인**(old elderly) 일반적으로 75세 이상을 칭하는 용어. 초령 노인 참조.
- **고전적 노화 곡선**(classic ageing curve) 지적 능력이 성인 초기에 정점에 이르고 그 이후에는 완만하게 쇠퇴되어 간다는 초기 연구자들의 주장.
- **고전적 노화 쇠퇴**(classic ageing decline) 노년기 때 결정성 지능에 기반을 둔 능력은 상대적으로 보존되고 유동성 지능에 기반을 둔 능력은 저하되는 패턴.
- **고램 속담 해석 검사**(Gorham proverb interpretation) 속담 해석 능력을 통해 지능을 측정하는 것. 속담 해석 참조.
- **공포**(phobia) 불안 장애 참조.
- **공황 발작**(panic attack) 불안 장애 참조.
- **공황 장애**(panic disorder) 불안 장애 참조.
- **과식증**(bulimia) 통제할 수 없는 과도한 식욕을 보이는 상태.
- **과잉행동성**(hyperactivity) 통제하기 힘든, 부적절하게 높은 수준의 행동. 치매 환자의 경우 배회 증상으로 나타날 수 있다.
- **과잉활동성 섬망**(hyperactive delirium) 섬망 참조.
- **과탐식**(hyperorality) 보이는 모든 것을 입에 넣으려고 하는 충동.
- **관찰자 기억**(observer memory) 자신의 오래된 자서전적 기억의 경우 제3자의 입장에서 회상하는 것처럼 기억되는 현상.
- **광우병**(Bovine Spongiform Encephalopathy; BSE) 소의 퇴행성 신경계 질환으로, 그 원인은 아직 밝혀지지 않았으나 감염된 음식 섭취로 인한 것이라는 설이 가장 유력하다.
- **광장공포증**(agoraphobia) 열린 공간에 대한 공포.
- **교육 노년학**(educational gerontology) 넓은 의미에서 노년기의 교육에 대한 연구. 주로 노인들을 위한 교육이 갖는 이득과 실용성, 그리고 노인들이 그러한 교육을 받을 때 느낄 수 있는 현실적 혹은 상상적 장애물들에 대해 관심을 가진다.
- **구문론**(syntax) 문법.
- **구심성 뉴런**(afferent neurons) 말초신경계에서 중추신경계로 신호를 전달하는 뉴런.
- **구음 장애**(dysarthria) 말하기를 통제하는 근육의 장애. 식이를 조절하는 근육의

장애가 흔히 동반된다.

- **권투 선수 치매**(pugilistic dementia) 일정 기간 동안 반복된 두부 타격으로 인한 치매.
- **극북인 노화 신화**(hyperborean ageing myth) 머나먼 곳에 수명이 매우 긴 인류가 있었다는 신화. 태고의 노화 신화(antediluvian ageing myth)로 불리기도 한다.
- **근위의 노화 효과**(proximal ageing effect) 노화로 인한 변화가 특정 과정의 변화에 직접적인 영향을 받아 생기는 경우(예: **뇌졸중**). **원위의 노화 효과**와 대비되는 개념이다.
- **급성 뇌 기능 장애**(acute brain dysfunction) 섬망 참조.
- **급성 뇌 장애**(acute brain disorder) 섬망 참조.
- **급성 혼란 상태**(Acute Confusional State; ACS) 섬망 참조.
- **기계적 지능**(mechanistic intelligence) 발테스(Baltes)가 사용한 용어로, 한 사람의 지적 능력에 대한 현 상태를 일컫는 용어이다. 이에 대비되는 용어는 **실용적 지능**으로, 과거부터 축적되어 온 지식을 말한다.
- **기관화된 행동**(institutionalised behavior) 병원이나 요양원과 같은 기관에서 오랫동안 생활함으로써 생긴 퇴행적 변화를 칭하는 용어로, 사회적 기술이 떨어지고 독립성이 저하되거나 지능 점수가 낮아지는 등의 변화가 있다.
- **기념일 반응**(anniversary reaction) 심리적 고통을 주는 사건(예: 친한 친구나 가족의 죽음)에 대한 기념일에 느끼는 부정적인 감정.
- **기능적 연령**(functional age) 특정 능력들을 할 수 있다고 보는 평균 연령. 자신의 연령 집단과 비교해서 그 개인이 얼마나 잘 기능하는지를 측정한다.
- **기능평가단계 모형**(Functioanl Assessment Staging (FAST) model) 라이스베르크 등(Reisberg et al. 1989)이 제안한 **치매** 환자 중증도 평가 모형으로, **알츠하이머형 치매** 환자가 점진적으로 거쳐 가는 지적 쇠퇴의 7단계를 평가할 수 있다.
- **기대 수명**(life expectancy) 앞으로 남아 있는 잔존 수명. 일반적으로 특정 **연령 코호트**에게 남아 있는 평균 수명을 말하며, 해당 **코호트**의 절반이 사망할 연령으로 정의된다. **수명**과는 대조되는 개념이다.
- **기본정신능력검사**(Primary Mental Abilities test; PMA) 서스톤(Thurstone)이 개발한 지능 검사 배터리.

- **기억상실증**(amnesia) 기억 장애로, 주로 **뇌졸중**, 두부 손상, 질병(예: **치매**) 혹은 중독(예: 만성적인 알코올 중독)으로 인해 나타난다.
- **기억 폭**(memory span) 안정적으로 기억할 수 있는 가장 긴 목록. 연구자에 따라 안정적이라고 보는 수준이 다양하다. 어떤 사람은 일관성 있게 늘 기억할 수 있는 가장 긴 목록을 말하는 반면, 어떤 사람은 50%의 확률로 기억할 수 있는 가장 긴 목록을 말하기도 한다.
- **기억 흔적**(memory trace) 저장된 기억.
- **길 만들기 검사**(trail making test) **홀스테드–레이탄 신경심리 배터리**에 포함되어 있는 소검사로, 연속적 배열을 따르는 능력을 평가한다. 연필로 종이에 인쇄된 특정 숫자(혹은 숫자와 문자)들을 연결해야 한다.
- **길항적 다면발현 이론**(antagonistic pleiotropy theory) 노년기의 해로운 변화를 주도하는 유전자가 인생 초기에는 이로운 변화를 주었던 유전자라고 주장하는 이론.
- **깁슨 나선형 미로**(Gibson spiral maze) 정신운동 기능 검사로, 나선 모양 길을 가능한 한 빠르고 정확하게 연필로 따라가도록 하는 검사이다.
- **난독증**(dyslexia) 심각한 읽기 장애로(일부 읽기 능력이 남아 있기도 하다), 유전될 수도 있고(발달적 난독증), 뇌 손상으로 인해 후천적으로 나타날 수도 있다(**후천적 난독증**).
- **내적 단서**(internal cue) 알람과 같은 외적인 자극 없이 마음속에서 생성된 정신적 메시지. **외적 단서**는 뭔가를 하도록 촉발하는 물리적 알람이다(예: 알람 시계, 다이어리 노트).
- **냉담형**(apathetic) (성격) **수동의존형 성격** 참조.
- **네 번째 시기**(fourth age) 노년기의 특정 시기를 가리키는 것으로, 기본적인 복지를 타인에게 의존하는 시기(일반적으로 질병의 말기나 **치매** 등을 앓는 시기)이다. **세 번째 시기** 참조.
- **노년기 정신증**(late life psychosis) 노년기에 처음 **정신증**이 나타나는 경우로, **치매**나 섬망 상태가 아님에도 현실 검증력을 심각하게 상실한 경우이다. **치매** 증상과 함께 나타날 수도 있지만 꼭 그런 것은 아니다.
- **노년학**(gerontology) 노화 및 노년기를 연구하는 학문. 주로 심리학적·사회학적 측면에 국한되어 있고, 노화의 사회과학적인 측면을 다룬다.

- **노년학자**(gerontologists) 노년학 종사자.
- **노르아드레날린**(noradrenaline) 신경전달물질의 일종.
- **노르아드레날린 시스템**(noradrenergic system) 노르아드레날린을 신경전달물질로 이용하는 신경 체계.
- **노쇠**(senescence) 치매나 기타 심리적 기능 장애가 동반되지 않은 **노화**. 'senes-cences'는 '노화'로 번역되기도 하며, 노년기를 의미하기도 한다.
- **노안**(prebyopia) 노화에 따라 가까운 사물에 초점을 맞추기 어려워 잘 보지 못하게 되는 현상.
- **노인반**(Senile Plaque; SP) 알츠하이머 병 환자의 뇌에서 발견되는 특징적 병리 소견으로, 베타 아밀로이드 단백질과 죽은 뇌세포들로 구성된다.
- **노인병학**(geriatrics) 노인에 대한 의학적 진단과 치료에 대한 학문. **노년학** 참조.
- **노인성**(senile) '나이 많은'을 의미하는 의학적 용어. '노년기'와 동일한 의미로 사용하면 안 된다.
- **노인성–**(presby(o)-) 노년기 혹은 **노화** 관련 용어를 칭할 때 이용되는 접두어.
- **노인성 난청**(prebycusis) 노화로 인해 청력 장애가 생기는 경우로, 전형적으로 높은 주파수대의 소리를 듣기 어려워하는 증상을 보인다.
- **노인성 치매**(senile dementia) 치매 참조.
- **노인심리학**(psychogerontology, gerontopsychology, geropsychology) 노화에 대한 심리학적 연구를 하는 학문.
- **노인어**(elderspeak) 노인에게 말할 때 '유아어(baby talk)'를 본따 쓰는 말.
- **노인 우울 척도**(Geriatric Depression Scale; GDS) 우울 수준을 측정하는, '예/아니오' 질문으로 구성되어 있는 대표적인 노인 우울증 선별용 설문지. 우울한 노인에게서 전형적으로 관찰되는 증상이나 생활 방식에 대한 질문으로 구성되어 있다.
- **노인 유기**(granny dumping) 노인 가족을 돌볼 수 없는 부양자(주로 성인 자녀)가 지역 관청이나 기관에 노인을 버리는 행동을 뜻하는 은어(실제로 글자 그대로 병원이나 사회복지국 문 앞에 버려 두기도 한다).
- **노인 의존율**(old age dependency ratio) 60세 이상 인구수를 20-64세 인구수로 나눈 비율. 이 수치는 세금의 주요 재정원이 되는 노동 인구에 대비하여 연금, 복지 및 의료 혜택 등을 받아야 하는 인구 비율을 제시해 준다.

- **노인 정신상태 평가**(Geriatric Mental State; GMS) 노인 환자의 정신병리를 평가하는 반구조화 면담 도구.
- **노인 학대**(elder abuse) 노인, 특히 정신적으로 쇠약한 노인을 학대하는 것. 신체적·심리적·재정적 학대 등이 있다.
- **노화**(ageing/aging) 시간 경과에 따라 일어나는 변화의 과정. 대체로 청소년기 이후에 일어나는 (부정적이라고 지각되는) 변화에 국한되어 있다. 해부학적 연령, 생물학적 연령, 손목뼈 연령, 연대기적 연령, 원위의 노화 효과, 생리학적 연령, 일차적 노화, 확률적 노화, 근위의 노화 효과, 이차적 노화, 사회적 연령, 보편적 노화 참조.
- **노화 관련 기억 손상**(Age-Associated Memory Impairment; AAMI) 치매와 같은 질환 때문이 아닌, 노화와 관련되어 나타나는 기억력 저하.
- **노화에 대한 면역 시스템 이론**(immune system theory of ageing) 노화에 대한 자가 면역 이론 참조.
- **노화에 대한 일회용 체세포 이론**(disposable soma theory of ageing) 체세포는 사망하고 끊임없이 대체되어야 하는데, 모든 세포를 같은 효율성을 가지고 대체할 수는 없기 때문에 재생산을 담당할 수 있는 기관을 가장 우위에 놓고 그렇지 않은 나머지 신체 부위는 그다음 순서로 유지한다는 이론. 즉, 진화적 힘에 의해 노화가 생긴다는 주장이다. 노화에 대한 자가 면역 이론, 노화에 대한 프리 래디컬 이론, 헤이플릭 현상, 노화에 대한 체세포 돌연변이 이론 참조.
- **노화에 대한 자가 면역 이론**(autoimmune theory of ageing) 노화하는 신체의 자가 면역 시스템이 불안정해지고 자기 세포와 감염체를 제대로 구분하지 못해 공격한다는 이론. 노화에 대한 일회용 체세포 이론, 헤이플릭 현상, 노화에 대한 체세포 돌연변이 이론 참조.
- **노화에 대한 처리 자원 이론**(processing resources theory of ageing) 노화로 인한 지적 기술의 변화는 정신적 처리 용량 수준(예: 작업 기억 용량)이 낮아지거나 처리 속도가 느려지기 때문이라고 주장하는 이론.
- **노화에 대한 체세포 돌연변이 이론**(somatic mutation theory of ageing) 세포들은 자연스런 마모의 과정에서 손실되지만 유전적 오류로 인해 불완전한 복제물로 대체되고, 이로 인해 기능의 효율성이 저하된다는 이론. 노화에 대한 자가 면역 이론, 마모론, 노화에 대한 프리 래디컬 이론, 헤이플릭 현상 참조.

• **노화에 대한 캐스케이드 모형**(cascade model of ageing) 변화가 처음에는 비교적 경미하게 시작되었다가 가속도가 붙으면 심각도가 점점 심해진다고 주장하는 노화에 대한 모형.

• **노화에 대한 통계적 이론**(statistical theory of ageing) 무선적인 손상과 손실의 누적으로 노화가 발생한다는 이론. 각각의 사건 자체는 비교적 경미하지만 누적되어 모인 효과가 중요성을 지닌다.

• **노화에 대한 프리 래디컬 이론**(free radical theory of ageing) 프리 래디컬은 세포의 대사 과정에서 생긴 화학적 부산물인데, 프리 래디컬이 세포와 염색체를 손상시킴으로써 신체적 쇠퇴를 가져온다는 이론. 일부 이론가는 비타민 C를 날마다 섭취함으로써 이러한 영향을 상쇄할 수 있다고 주장하기도 한다. **노화에 대한 자가 면역 이론**, **노화에 대한 일회용 체세포 이론**, **헤이플릭 현상**, **노화에 대한 체세포 돌연변이 이론** 참조.

• **노화 의미 차이**(Ageing Semantic Differential; ASD) 노화에 대한 태도 측정법으로, 두 개의 형용사 짝을 제시하고 이 중 하나를 선택해 노인에 대한 판단을 내리도록 하는 방식이다. 능력, 자율성, 수용성의 세 가지 특질이 있다. 그러나 후속 연구에서는 이러한 특질을 발견하지 못하기도 했고, 수정된 4요인 모형을 주장하기도 했다.

• **녹내장**(glaucoma) 안압 상승으로 인해 시신경이 (영구적으로) 손상된 상태.

• **뇌간**(brainstem) 척수와 뇌 사이를 연결하는 뇌 영역. 척수와 뇌의 다른 영역 간의 중개소 역할을 할 뿐 아니라 생명 유지에 필요한 기능(예: 혈압, 호흡)을 담당한다.

• **뇌량**(corpus callosum) 뇌의 좌반구와 우반구를 연결하는 **백질** 부위.

• **뇌졸중**(stroke) 뇌경색이나 **뇌출혈**에 의한 뇌 조직 손상으로 인해 마비 등 갑작스러운 신경학적 이상이 일어나는 상태.

• **뇌척수액**(cerebrospinal fluid) 뇌 속 또는 주변 빈 공간에 존재하는 액체.

• **뇌출혈**(cerebral haemorrhage) 뇌에서 출혈이 생기는 것.

• **뇌파**(electroencephalograph) 흔히 EEG라고 하는 장치로, 두피에 부착한 전극들을 통해 대뇌 피질 아래 신경세포들의 전기적 활동을 기록한다.

• **뉴런**(neuron/neurone) 신경세포.

• **다리에서 바라본 풍경**(view from the bridge) 미국 극작가 아서 밀러(Arthur Miller)의 희곡 제목으로, 레빈슨(Levinson)의 이론에서 노인이 자신의 과거를 수

용하는 바람직한 상태를 뜻한다.

- **다발성경색 치매**(Multi-Infarct Dementia; MID) 여러 번의 뇌경색으로 인한 치매. 점진적인 악화를 보이는 알츠하이머 병과 달리 계단식 악화 경과를 보인다.
- **단기 기억**(Short Term Memory; STM) 사건에 대한 일시적 기억으로, 약 몇 초에서 몇 분 정도 지속된다. 제한된 용량을 가지고 있어서(과제와 개인에 따라 차이가 있지만 일반적으로 5-9항목 사이이다), 기억하려는 의식적인 노력을 하지 않으면 쉽게 방해받고 잊힌다. 장기 기억 및 작업 기억 참조.
- **단서 회상**(cued recall) 회상해야 하는 항목과 관련된 정보를 일부 주고 기억을 평가하는 방법. 기억해야 하는 항목의 첫 글자를 알려 주는 등으로 힌트를 준다.
- **단순 반응 시간**(Simple Reaction Time; SRT) 자극에 대한 하나의 반응 선택만 있는 상황에서 반응하는 데 걸리는 시간. 선택 반응 시간 참조.
- **단어 완성 과제**(word completion task) 첫 문자만 제시되어 있을 때 알맞은 한 단어로 완성하는 과제.
- **단어 폭**(word span) 단어에 대한 기억 폭.
- **담화 곤란**(dyslogia) 구어 표현의 저하.
- **당뇨병성 망막증**(diabetic retinopathy) 당뇨병으로 인한 망막 혈관 손상으로 생긴 시각 장애.
- **대뇌 피질**(cerebral cortex) 대뇌의 주름 잡힌 표면. 주로 고위 지적 기능을 담당한다. 일반적으로 피질이라고 부르기도 한다.
- **대용어 참조**(anaphoric reference) 앞서 나왔던 사람이나 집단 혹은 물건이나 물건들을 가리키는 적절한 단어를 말하는 것(예: '그 남자'를 다음 문장에서는 '그'로 지칭).
- **델타 파**(delta waves) 0-4Hz 사이의 주파수를 갖는 뇌파.
- **도파민**(dopamine) 신경전달물질의 한 유형.
- **동시적 처리**(concurrent processing) 작업 기억에 항목을 계속 보유하면서 동시에 다른 과제(방해 과제)를 수행하는 것(일상생활에서 흔히 경험하는 것으로는 전화 다이얼을 누르면서 동시에 전화번호를 기억하고 있는 것이 있다). 작업 기억 모형에서는 동시적 처리가 중앙집행기에서 통제된다.
- **되뇌기**(rehearsal) 기억해야 하는 항목을 더 잘 기억하기 위해서 머릿속에서 반복

하는 과정.

- **듀이의 노화에 대한 역설**(Dewey's paradox of ageing) "우리는 성숙해 가는 것은 격찬하면서도 나이 드는 것은 멸시하는 불유쾌하고 비논리적인 상태에 있다."(Dewey 1939: iv)라는 철학자 존 듀이의 주장.
- **듀크 종단 연구**(Duke longitudinal study) 미국 노스캐롤라이나주의 롤리-더럼(Raleigh-Durham)에서 50세 이상의 지역사회 거주민을 대상으로 한 20년간의 종단 연구.
- **디오게네스 증후군**(Diogenese syndrome) 일부 치매 환자에게서 관찰되는 극심한 자기 무시의 상태로, 개인 위생 관리가 전혀 되지 않으며 주변 환경의 더럽고 정리되지 않은 상태에 대한 인식이 매우 부족한 증상을 보인다.
- **랑쉬버그 효과**(Ranschburg efffect) 일부 항목들이 반복되어 존재할 경우 그 항목들이 들어 있는 기억 목록에 대한 기억 수행이 저하되는 현상.
- **랫클리프 확산 모형**(Ratcliff diffusion model) 랫클리프의 의사결정 모형으로, 두 가지 선택이 있는 의사 결정 시(예: 수용/거절) 하나가 역치에 도달할 때까지 증거를 수집하고 결정을 내린다. 증거 축적의 속도, 역치의 수준, 그리고 두 선택 사이의 변별력 등이 다양할 수 있다. 이 모형은 경험적으로도 잘 맞고 이를 이용할 경우 자극에 대한 반응의 다양한 요소들을 통계적으로 구분하고 조사하는 것이 가능하기 때문에 기억 및 반응 시간 과제에서 널리 사용된다.
- **레이븐의 누진 행렬**(Raven's progressive matrices) 유동성 지능을 평가하는 검사. 논리적인 배열 규칙이 있고 그중 하나가 비어 있는 몇 개의 문제들로 구성되어 있다. 피험자는 비어 있는 부분에 들어가야 하는 것을 선택지들 중에서 고르면 된다.
- **로세토 효과**(Roseto effect) 생활 방식의 변화가 건강에 영향을 주는 효과. 이탈리아계 미국인이 거주하는 펜실베니아주 로세토 지역의 이름을 딴 용어이다. 로세토가 미국화되면서 지역 주민의 심장 질환 위험이 증가했다.
- **루이체 치매**(Dementia with Lewy Bodies; DLB) 루이체라는 특징적 병리가 대뇌피질 전반에서 발견되는 퇴행성 치매의 한 가지 형태. 환시, 인지적 기복, 신체 서동 등의 특징을 보인다.
- **리봇의 가설**(Ribot's hypothesis) 뇌 손상 혹은 노화 과정에서 먼 과거 기억보다 최근 기억이 더 나빠진다고 주장하는 이론.

- **마모론**(wear and tear theory) 지속적인 사용으로 인해 신체가 점진적으로 마모된다는 이론.
- **만발성 조현병**(Late Onset Schizophrenia; LOS) 중년기 이후에 처음 발병한 **조현병**.
- **말초신경계**(Peripheral Nervous System; PNS) **중추신경계**와 나머지 신체 부위를 연결하는 뉴런들.
- **맥락 조망**(contextual perspective) **노화**가 생물학적인 과정이라기보다는 사회적·환경적 과정이라는 입장.
- **먼 과거 기억**(remote memory) 오래전에 일어난 비자서전적 기억으로, 너무 유명한 사건이어서 방송 매체에서 자주 나와 일반 지식으로 된 것은 제외해야 한다.
- **메타 기억**(metamemory) 자기 자신의 기억력에 대한 지식.
- **메타 지식**(metaknowledge) 자신이 알고 있는 지식의 양과 정확도에 대한 이해.
- **명칭실어증**(anomia) 사물의 이름 대기에 대한 장애.
- **목표 자극**(target) (1) 재인 과제에서 **방해 자극**과 구별되는 이전에 이미 본 항목, (2) 주의 과제에서 **방해 자극**들 사이에 있는 자극.
- **무장방어형 성격**(armoured-defensive personality) 뉴가튼 등(Neugarten et al. 1961, 1968)이 제안한 성격 유형. 이 유형에 해당하는 사람은 **노화**를 물리치기 위해 높은 수준의 활동을 계속 유지하거나 **노화**로 인해 잃어버린 것들을 계속 곱씹는다.
- **무증상 뇌졸중**(silent stroke) 증상 없는 **뇌졸중**으로, 뇌영상 촬영이나 사후 부검에서만 확인된다.
- **문자 결정 과제**(lexical decision task) 연구 참여자들에게 문자열을 보여 주고 가능한 한 빨리 단어인지 아닌지를 판단하도록 하는 과제.
- **문자열**(letter strings) 실제 단어를 이룰 수도 있고 이루지 않을 수도 있는 문자의 집단들.
- **미네소타 다면 인성 검사**(Minnesota Multiphasic Personality Inventory; MMPI) 10개 항목의 척도 점수를 얻을 수 있는 대표적인 성격 검사로, (주로 비정상적인) 성격 **특질**에 대한 지수들을 제공한다.
- **미래계획 기억**(prospective memory) 앞으로의 일에 대한 기억 능력.
- **밀 힐 어휘 검사**(Mill Hill vocabulary test) 단어의 뜻을 말하도록 하는 어휘력 측정 검사로, 제시 단어의 모호성이 점점 증가한다.

- **반응 시간**(Reaction Time; RT) 자극이 제시되고 반응하는 데 걸린 시간. 선택 반응 시간과 단순 반응 시간 참조.
- **발테스의 평생 발달 이론**(Baltes's theory of lifespan development) 심리학자 발테스의 이론으로, 이 이론에 따르면 발달은 환경적 요인, 생물학적 요인, 이 두 요인의 혼합 요인이라는 세 가지 요인에 의해 결정된다.
- **방어형 성격 유형**(defensiveness personality) 리처드 등(Reichard et al. 1962)이 제안한 성격 유형으로, 이 유형의 노인은 자신이 여전히 젊다는 것을 증명하기 위해 계속 일을 하고자 하는 강렬한 욕구가 있다.
- **방해 자극**(distracters) **목표 자극**과 함께 제시되는 항목으로, 참여자가 실수로 선택할 수 있다.
- **배회**(wandering) **치매** 환자가 보이는 부적절한 걷기 행동. 과잉행동성의 일부일 수도 있지만, 목적이나 분명한 이유 없이 배회하며 걷는 것을 의미한다.
- **백내장**(cataracts) 눈의 수정체가 점진적으로 불투명해져서 결국에는 시력이 상실되는 현상으로, 주로 노인에게서 나타난다.
- **백질**(white matter) 회백질 참조.
- **범불안**(generalised anxiety) 불안 장애 참조.
- **베르너 증후군**(Werner's syndrome) 10대 때 발병하는 매우 희귀한 질병으로, 신체적인 **노화**, 특히 피부나 모발, 심장 계통의 **노화**가 과속화되는 질병이다. 전형적으로 40대 때 사망한다.
- **베르니케 실어증**(Wernick's aphasia) 언어 이해를 담당하는 뇌 부위의 손상으로 인해 언어 이해가 안 되는 장애.
- **베타 파**(beta waves) 12Hz 이상의 주파수를 갖는 **뇌파**.
- **벡 우울 척도**(Beck Depression Inventory; BDI) 우울 특성들과 관련이 있는 문항들에 대해 자신의 상태와 가장 알맞은 선택지를 택하도록 하여 우울 정도를 평가하는 자가 평가형 도구.
- **변실금**(encopresis) 대변 실금. **요실금** 참조.
- **병적 상태의 확장 이론**(expansion of morbidity theory) 현대 의학의 발달로 기대수명이 늘어나면서 예전이라면 치명적이었을 질환에 이환했을 때 생존하는 기간이 늘어난다는 이론. 이는 일반적으로 노년기 때 병으로 고통받는 기간이 증가하게 됨

을 의미한다.

- **병전 지능**(pre-morbid IQ) 치매 등 지적 기능에 영향을 미치는 질병이 발병하기 전의 지능 수준.
- **보속**(perseveration) 부적절한 반복. 예컨대 부적절하다고 지적함에도 불구하고 특정 어구나 문제 해결 전략을 반복한다.
- **보존된 차이**(preserved differentiation) 노년기까지도 더 잘 수행하는 일부 기술들은 원래부터 계속 잘 수행하던 것이라는 이론으로, 일반 인구에서는 타당하지 않지만 전문화된 기술을 갖고 있는 특정 집단(예: 음악가 집단)에 대해서는 가능하다.
- **보편적 노화**(universal ageing) 노년기에 도달한 모든 사람들에게 영향을 주는 노화로 인한 변화들(예: 주름진 피부). **확률적 노화** 참조.
- **복잡성 효과**(complexity effect) 연령×복잡성 효과.
- **부양 부담 지수**(Caregiver Strain Index; CSI) 부양자의 스트레스와 부담감 정도를 나타내는 지표.
- **부적 점화**(negative priming) 이전 수행이 그다음 수행을 방해하는 조건으로 작용하는 경우.
- **부호화**(encoding) 기억 흔적을 만드는 과정.
- **분리 이론**(disengagement theory) 노인들이 외부 세계와의 접촉을 가능한 한 차단하고 죽음을 준비한다는 이론. **활동 이론** 참조.
- **분리 주의**(divided attention) 하나 이상의 자극에 동시에 주의를 기울이고 처리할 수 있는 능력.
- **불규칙 단어**(irregular spelling) 일반적인 발음 규칙과 맞지 않는 단어.
- **불안 장애**(anxiety disorder) 불안이 병적으로 나타나는 상태. 극심한 **초조**, 불면과 피로를 주 증상으로 하고, 이로 인해 심리적 고통과 기능 손상이 초래된다. 여러 가지 형태로 나타나는데, 공포증(열린 공간이나 거미처럼 어떤 대상이나 상황에 대한 비합리적이거나 부적절하게 높은 공포 반응을 보이는 불안 장애), 범불안장애(불안이 지속되는 형태의 불안 장애. 식은땀이나 두근거림 등과 같은 신체적 증상을 동반한다), **강박 장애**(특정 생각이 불안을 동반하면서 반복적으로 떠오르고 이러한 불안감에서 벗어나기 위해 동일한 행동(예: 반복해서 손 씻기)을 강박적으로 하게 되는 장애), **공황 장애**(반복적으로 **공황 발작**—극도의 불안, 호흡곤란, 통제 불능감

등이 갑자기 나타나는 현상—을 보이는 형태의 불안 장애) 등의 형태가 있다.

- **브라운-피터슨 과제**(Brown-Peterson task) 개발한 사람의 이름을 따서 만든 과제로, 기억해야 하는 항목 목록을 제시한 후 방해 과제를 주고(일반적으로 두세 자리 단위의 거꾸로 따라 하기 과제를 준다) 원래 기억해야 하는 항목을 회상하도록 하는 과제.
- **브로카 실어증**(Broca's aphasia) 뇌 손상으로 인한 언어산출 장애.
- **브릭 검사**(Brick test) 창조성 검사의 일종으로, 일상생활에서 흔히 보는 물건(벽돌 같은 물건이 그 예로, 검사명이 여기서 유래되었다)의 새로운 사용처를 생각해 내도록 하는 과제이다.
- **브린리 플롯**(Brinley plot) 동일한 세트의 과제들에 대한 젊은 성인의 반응 시간과 노인의 반응 시간을 대응시켜 그래프로 그린 것. 두 연령 집단 모두 과제가 복잡할수록 반응 시간이 느려져서 브린리 플롯을 그리면 선형 관계(즉, 직선 그래프)를 보인다. 이는 전반적 속도 저하 가설을 지지하는 것이다.
- **블레스드 치매 척도**(Blessed Demetia Scale; BDS) 치매 환자 평가에 사용되는 도구로, 인지 기능과 일상생활 동작에 대한 평가로 구성되어 있다.
- **비규범적 생애 발달**(non-normative life development) 개인의 일생에서 자기 자신에게 독특한 측면(예: 특정 시기에 누구나 겪는 삶의 경험과는 반대로 그 개인의 독특한 사건 사고들).
- **B형 성격**(type B personality) A형 성격 참조.
- **빈스방거 병**(Binswanger's disease) 혈관성 치매를 일으키는 병으로, 뇌의 소혈관들이 막히거나 좁아져서 뇌 백질의 광범위한 허혈성 변화가 나타나고 이로 인해 인지 기능 저하, 요실금, 보행 장애 등의 증상을 보이게 된다.
- **사건 의존적 과제**(event-based task) 미래계획 기억 실험에서 어떤 사건이나 징후가 있을 때 반응을 하도록 하는 과제.
- **사고탈선**(hypermetamorphosis) 모든 것을 만져야만 하는 강박적 충동.
- **사물 기억 평가**(Object Memory Evaluation; OME) 사물에 대한 기억을 평가하는 측정치로, 항목 제시 시간 간격과 학습 횟수를 다양하게 적용했다.
- **사회적 시계**(social clock) 한 개인이 자신의 사회적 연령에 가장 적합한 행동을 하고자 할 때 참고하는 가설적인 시계.

- **사회적 연령**(social age) 특정 연대기적 연령대에 사회적으로 적합하다고 여겨지는 일련의 행동과 태도들.
- **산발성 알츠하이머 병**(sporadic Alzheimer's disease) 가족력 없이 산발적으로 나타나는 알츠하이머 병. **가족성 알츠하이머 병**과 대비되는 용어로 쓰인다.
- **삼중 위험**(triple jeopardy) 이중 위험을 가지고 있는 노인들이 필요한 도움을 받는 것을 가로막는 편견이나 의사소통 문제와 같은 세 번째 문제에도 직면하고 있다는 것을 가리키는 용어.
- **3차 노화**(tertiary ageing) 죽음의 과정에서 보이는 급격한 쇠퇴.
- **상관**(correlation) 통계적인 용어로, 기술적으로 말하자면 한 변인의 변량으로 다른 변인의 변량을 얼마나 많이 예측할 수 있는지에 대한 측정치이다. 보다 쉽게 설명하면 상관이라는 것은 두 변인들 간의 관계 강도로, 한 변인의 변화가 다른 변인의 변화와 관계가 있는 정도를 뜻한다. 상관은 r이라는 기호로 나타내고, 정적 상관(한 변인이 증가하면 다른 변인도 증가)과 부적 상관(한 변인이 증가하면 다른 변인은 감소)이 있다. 상관 강도는 매우 다양한데, 관계가 전혀 없는 0, 완벽한 정적 상관인 1(한 변인이 증가하는 그만큼 다른 변인도 증가), 그리고 완벽한 부적 상관인 -1(한 변인이 증가하는 그만큼 다른 변인은 감소)이 있다. 실생활에서 상관은 이 수치들 중간에 있다. 1이나 -1에 가까울수록 상관이 강한 것이다(전형적으로 0.3보다 큰 경우 상관이 좋다고 본다). 상관은 '인과'의 동의어가 아니다. 한 변인이 다른 변인을 야기하는지의 여부를 살펴볼 수 있는 방법은 없다. 또한 제3요인에 의해 두 변인의 관계가 영향을 받는지도 잘 살펴봐야 한다(**편상관** 참조). 상관은 두 변인이 서로 연합되어 있다는 것만 보여 줄 수 있다. 수학적으로, 한 변인이 다른 변인을 예측하는 비율은 r값에 100을 곱하면 된다(예: A와 B의 상관이 0.6이라고 하면, A가 B 변량의 36%를 예측하는 것이다).
- **새로운 학습 결손**(new learning deficit) 오래된 정보에 비해 새로운 정보에 대한 학습이 상대적으로 어렵다는 것을 일컫는 용어. 노인들이 새로운 정보나 과제에서 상대적으로 어려움을 겪는다고 설명할 때 주로 쓰인다.
- **색전증**(embolism) 심장이나 혈관에 존재하던 혈액 응고물이 떨어져 나와 혈관 속을 돌아다니다가 한곳에 쌓여서 혈류를 막는 경우를 가리키는 용어.
- **생리학적 연령**(physiological age) 대사율과 같이 신체의 생리적인 처리 상태를

통해 표현한 생물학적 연령. 해부학적 연령 참조.

- **생물학적 연령**(biological age) 신체적 발달/퇴행 상태로, 해당 연대기적 연령의 평균 상태를 기준으로 삼는다. 해부학적 연령, 생리학적 연령 참조.
- **생의 위기**(life crisis) 하나의 사회적 연령에서 다음 연령대로의 이행 과정에서 발생하는 매우 부정적인 감정들.
- **생존 곡선**(survival curve) 하나의 코호트에 대해 각기 다른 연령 시점에서의 생존자의 수를 그린 그래프.
- **생존자**(survivors) 한 코호트 내에서 특정 연령을 지나서까지 살아 있는 사람들.
- **생태학적 타당도**(ecological validity) 한 연구의 결과가 일상생활과 관련이 있는 정도.
- **생활편의시설 이주**(amenity migration) 보다 나은 생활편의시설이나 라이프 스타일을 제공하는 곳으로 이주하는 것. 은퇴한 사람들이 살기 편한 곳으로 이사하는 것을 설명할 때 주로 쓰이는 용어이다.
- **서동**(bradykinesia) 매우 느리게 움직이는 것을 뜻하는 용어. 파킨슨 병의 특징적 증상 중 한 가지이다.
- **선택 반응 시간**(Choice Reaction Time; CRT) 하나 이상의 자극이 있을 때 정반응을 하는 데 걸린 시간으로, 각 자극에 따라 각각 다른 반응이 필요하다. 단순 반응 시간과 비교해 보라.
- **선택적 주의력**(selective attention) 방해 자극은 무시하고 목표 자극에 주의를 기울이는 능력.
- **설단 현상**(Tip of the Tongue; TOT) 어떤 항목을 정확히 회상하지 못하고 관련 특징만 떠올리는 현상. 단어의 정의를 제공하고 그 단어를 말해 보라고 하는 실험에서 자주 나타난다.
- **섬광 기억**(flashbulb memory) 개인의 삶에서 생생하게 지각되는 핵심 사건에 대한 자서전적 기억. 그러한 사건이 다른 것과 질적으로 다른 것인지 아니면 단순히 주관적으로 더 생생한 것으로 지각하고 있는 것인지에 대한 논쟁은 여전히 있다.
- **섬망**(delirium) 고열 등의 신체적 이상, 약물 과복용 등으로 인한 중추신경계 대사 이상과 관련된 전반적 인지 기능 저하 상태로, 집중력 저하, 환시 등이 흔하고 갑작스러운 발병, 증상의 기복 등이 특징적으로 나타난다. 의식의 변화를 동반한다는 점

에서 치매와 구분되며, 원인이 제거되면 정상으로 회복된다. 다음 세 가지 양상을 보일 수 있다. 초조한 행동 등을 특징으로 하는 **과잉활동성 섬망**, 행동 수준이 낮아지는 **활동저하형 섬망**, 그리고 과잉활동성과 활동저하형이 혼재된 **혼합형 섬망**.

- **성격**(personality) 조직화되고 정형화된 개인적인 특징과 행동 방식으로, 주변 환경에 대한 개인의 독특한 적응 양상을 설명해 줄 수 있다.
- **성격의 5대 요인 모형**(Big Five model) 기본적인 성격 특성을 다섯 가지로 제안한 성격 모형으로, 성실성(conscientiousness, 그 사람이 얼마나 믿을 만한가), 순응성(agreeableness, 다른 사람의 바람에 얼마나 순응적인가), 개방성(openness, 낯선 상황에 얼마나 잘 대처하는가), 외향성(extraversion), 신경증(neuroticism) 등 다섯 가지 특성이 포함된다.
- **성격 특질**(personality trait) 대부분의 행동의 기저가 되리라 가정되는 성격의 지속적인 특성.
- **성공적(인) 노화**(successful ageing) 다소 모호한 용어로, 생활 방식이 성공적이거나 적어도 문제가 없는 노인, 젊었을 적 수준의 기능을 유지하고 있는 노인 등을 일컫는 용어이다.
- **성숙형**(constructiveness) 리처드 등(Reichard et al. 1962)이 제안한 성격 유형으로, 이 유형의 노인은 자신의 삶과 화해하고 타인을 도울 준비가 되어 있다.
- **성인읽기검사**(National Adult Reading Test; NART) 주로 불규칙 단어들로 이루어진 단어 목록을 소리 내어 읽도록 하는 검사로, 치매 등 인지장애가 있는 환자의 병전 지능 추정에 사용되는 도구이다.
- **세대에 편향된 자극**(generationally biased stimuli) 특정 연령 코호트만 인식할 수 있거나 특정 연령 코호트에 친숙한 자극이나 검사 재료.
- **세 번째 시기**(third age) 노년기 중 활동적이고 독립적인 시기. 네 번째 시기와 대비된다.
- **세타 파**(theta waves) 4-8Hz 범위의 주파수를 보이는 뇌파.
- **세포 대사 노폐물 이론**(cellular garbage theory) 세포의 대사 과정에서 생긴 노폐물이 축적되어 노인의 신체가 쇠퇴되어 간다고 주장하는 노화 이론.
- **속담 해석**(proverb interpretation) 속담의 뜻에 대한 이해 정도를 측정하는 것(예: 고램 속담 해석 검사). 치매 초기의 환자들은 상징적으로 해석하기보다는 문자

그대로 해석하는 경향이 있다.

- **속도-오류-균형 함수**(Speed-Error-Tradeoff Function; SETOF) 오류 수를 줄이기 위해 과제 수행 시 속도가 저하되는 정도에 대한 측정치. **반응 시간** 실험에서 주로 사용된다.
- **손목뼈 연령**(carpal age) 손목뼈 상태를 통해 계산한 연령.
- **수동의존형 성격**(passive-dependent personality) 뉴가튼 등(Neugarten et al. 1961, 1968)이 제안한 성격 유형으로, 다른 사람의 도움에 의존하는 유형(**원조요청형**)과 타인과의 상호작용을 거의 하지 않고 물러나 지내는 유형(**냉담형**이 있다).
- **수동적 안락사**(passive euthanasia) 생명 유지 장치나 생명 연장 치료를 하지 않음으로써 사망하도록 두는 것.
- **수면 무호흡증**(sleep apnea) 잠자는 도중 일시적으로 호흡이 정지되는 수면 장애 증상.
- **수명**(lifespan) 어떤 종이 생존할 수 있는 최대 연령. **기대 수명**과는 대조되는 개념이다.
- **수초**(myelin) 뉴런을 둘러싼 지방 성분의 절연체. 전기선을 감싼 절연체와 유사한 작용을 한다.
- **순서대로 회상하기**(ordered recall) 원래 제시되었던 그 순서 그대로 항목을 회상해야 하는 기억 과제. **자유 회상**과 비교해 보라.
- **순차 연구 설계**(sequential research design) 상이한 **연령 코호트**를 일정 간격을 두고 연구하는 **종단 연구**. 종단적 변화와 함께 횡단적 비교도 가능하기 때문에 **코호트 효과**에 대한 통찰을 얻을 수 있다.
- **숫자 폭**(digit span) 숫자에 대한 기억 폭.
- **스키마**(schema) 특정 사건이나 항목에 대한 집합적 기억으로, 그 사건이나 항목에 대한 반응 계획을 세우거나 관련 정보를 해석할 수 있게 해 준다.
- **시각적 실인증**(visual agnosia) 눈으로 보이는 사물을 인식할 수 없음을 뜻하는 용어.
- **시각적 표시**(visual marking) 시각 탐사 과제에서 기존 항목을 억제하는 것.
- **시각 탐사 과제**(visual search task) 선택적 주의력 검사로, 방해 **자극**과 함께 있는 배열 속에 위치한 **목표 자극**을 찾아내는 과제이다.
- **시간-의존적 과제**(time-based task) 미래계획 기억 실험에서 적절한 시점에 스스

로 생각해 내어 반응해야 하는 과제.

- **시간차 비교**(time-lag comparison) **종단 연구**에서 동일한 연령에 있는 다양한 연령 코호트를 비교하는 것.
- **시간차 효과**(time-lag effect) **코호트 효과**.
- **시계 그리기 검사**(Clock Drawing Test; CDT) 시곗바늘이 있는 아날로그 시계 면을 보고 따라 그리도록 함으로써 시공간 기능을 측정하는 검사.
- **시공간 기억**(visuo-spatial memory) 시각적·공간적 정보를 기억할 수 있는 능력.
- **시공간 스케치패드**(visuo-spatial sketchpad) 작업 기억의 하위 시스템 중 하나로, 시공간적 정보의 임시 저장소이다.
- **시냅스**(synapse) 두 신경세포의 접합 부위로 **신경전달물질**이 방출되는 미세한 틈이다.
- **시상**(thalamus) 운동 협응 및 정보의 통로가 되며 동작을 실행하는 것과 관련되는 뇌 영역.
- **시상하부**(hypothalamus) 뇌의 피질하 영역으로, 신체의 욕구(예: 배고픔, 포만, 성욕 등)를 통제하는 부위이다.
- **시애틀 종단적 노화 연구**(Seattle Longitudinal Ageing Study) 샤이 등(Schaie et al.)의 심리적 **노화**에 대한 **종단 연구**. 1956년에 첫 번째 참여자들을 검사하기 시작했고 그 이후로 일정 간격을 두고 재검을 하고 있다.
- **신경섬유농축제**(Neurofibrillary Tangle; NFT) 알츠하이머 병 환자의 뇌에서 보이는 것으로, 죽어 가는 신경세포 내에 실의 매듭처럼 보이는 모양의 병변이다.
- **신경이완제**(neuroleptic drug) 주로 **정신증** 환자의 정신병적 증상을 완화시키기 위해 사용되는 약물. 정신병적 증상 외에도 난폭 행동, **초조** 행동 등 이상 행동을 개선하기 위해 투여되기도 한다.
- **신경적 소음**(neuronal noise) 주변 신경세포의 신호 때문에 해당 신경세포의 신호 정확도가 떨어지는 현상. 특히 노년기에는 이러한 현상이 증가하기 때문에 정보 처리의 효율성이 떨어지고 지적 능력이 저하되는 것으로 추정된다.
- **신경전달물질**(neurotransmitter) **시냅스**에서 신경세포 사이를 오가는 화학적 물질로, 이를 통해 신경세포 사이의 의사소통이 이루어진다.
- **신경증**(neuroticism) 아이젠크의 **성격 모형**에 나오는 **성격 특질** 중 한 가지. 신경

증은 일반적으로 불안과 정서적 불안정성을 특정한다.

- **실어증**(aphasia) 언어 장애. **브로카 실어증**, **베르니케 실어증** 참조.
- **실용적 지능**(pragmatic intelligence) **기계적 지능** 참조.
- **실행증**(apraxia) 마비가 없음에도 불구하고 기술적인 동작을 수행하지 못하는 증세.
- **심리측정학**(psychometrics) 엄밀히 말하면 심리적 특질과 기술을 측정하는 것이지만, 일반적으로 심리학적 차이에 대한 연구를 가리킨다.
- **아는 것 같은 느낌**(Feeling of Knowing; FOK) 자신의 지식 수준에 대한 주관적인 평가.
- **아밀로이드 전구 단백질**(Amyloid Prcursor Protein; APP) 노인반(또는 신경반)의 주요 구성 단백질인 베타 아밀로이드 단백질의 전구 단백질.
- **아세틸콜린**(acetylcholine) 신경전달물질의 일종.
- **아이젠크 성격 질문지**(Eysenck's Personality Questionnaire; EPQ) **아이젠크의 성격 모형**에 포함되는 **성격 특질**을 가지고 있는 정도를 평가하는 검사.
- **아이젠크의 성격 모형**(Eysenck's personality model) 성격은 세 가지 **성격 특질**(외향성–내향성, 신경증, 정신증)의 조합으로 구성된다고 주장하는 모형.
- **아포지단백 E**(Apolipoprotein E; APOE) 19번 염색체에서 발견되는 유전자로, ε2, ε3, 그리고 ε4의 형태가 있는데, ε4가 만발성 **알츠하이머형 치매** 위험을 높인다고 알려져 있다. 흥미롭게도 ε2형은 **알츠하이머형 치매** 발병 위험을 낮추는 것으로 보인다.
- **악화 지수**(Deterioration Quotient; DQ) 노화로 인한 지적 쇠퇴율에 대한 측정치. **웩슬러 성인 지능 검사**(혹은 다른 지능 검사 배터리)는 **결정성 지능**(노화의 영향을 받지 않음)과 **유동성 지능**(노화에 따라 저하가 나타남)을 측정하는 섹션으로 나뉜다. DQ는 [(결정성 지능 점수)-(유동성 지능 점수)]/(결정성 지능 점수)×1000으로 계산된다. 초기 성인기에는 **결정성 지능**과 **유동성 지능**이 거의 비슷하고 나이가 들어 갈수록 그 차이는 점점 커진다. DQ는 이러한 변화를 비율로 나타낸다. **효율성 지수** 참조.
- **알츠하이머형 치매**(Dementia of the Alzheimer Type; DAT) 알츠하이머 병에 의해 발생하는 **치매**로, 전체 **치매**의 약 70%를 차지한다. 기억력을 포함한 인지 기능이 점진적으로 악화되는 경과를 보이는 것이 임상적 특징이다.

- **알츠하이머형 치매에 대한 알루미늄 이론**(aluminium theory of dementia of the Alzheimer type) 알츠하이머 병 환자의 뇌세포에 알루미늄이 대체로 많이 축적되어 있다는 점에 주목하여 알츠하이머형 치매의 주요 원인을 알루미늄 오염으로 인한 뇌의 중독으로 보는 이론. 그러나 최근에는 그것이 세포를 분석하는 방법 때문에 인공적으로 생긴 결과일 수 있다는 주장도 제기되었다.
- **알코올성 치매**(alcoholic dementia) 장기적인 알코올 남용으로 인한 치매. 실제로 존재하는지의 여부에 대해서는 논란이 있다.
- **알파 파**(alpha waves) 8-12Hz 사이의 주파수를 보이는 뇌파.
- **암묵 기억**(implicit memory) 항목을 회상하거나 저장된 정보를 이용할 때 처리 과정이나 회상 자체를 인식하지 못하는 기억. 외현 기억 참조.
- **야행성 섬망**(nocturnal delirium) 일몰 증후군의 동의어. 저녁이 되면서 섬망 증세가 시작되거나 악화되는 현상이다.
- **양극성 장애**(bipolar disorder) 비현실적인 기분 고양 및 과잉 행동(조증)과 우울의 양극단을 왔다 갔다 하는 것을 특징으로 하는 기분 장애.
- **양분 청취 과제**(dichotic listening task) 분리 주의를 평가하는 측정법. 스테레오 헤드폰을 통해 양쪽 귀로 각각 다른 소리를 들려주고 들은 내용을 보고하도록 한다.
- **억제성 기능**(inhibitory functioning) 다른 행동은 억제함으로써 올바른 행동이 실행되도록 하는 것으로, 전두엽의 주요 기능으로 알려져 있다.
- **억제성 신경세포**(inhibitory neuron) 다른 신경세포의 활동을 억제하는 기능을 하는 신경세포.
- **억제 이론**(inhibition theory) 나이 들어 갈수록 관련 없는 정보를 억제하고 현재 해야 하는 과제에 집중하는 것이 점점 어려워진다고 주장하는 인지 노화 이론.
- **억제 장애**(inhibition deficit) 일반적으로 억제하지 못하는 것을 일컫는 것. 불필요한 정보나 행동을 자신의 연령에 맞게 적절히 억제하지 못하는 것을 말한다. 예를 들어 단어 목록들을 기억해야 할 때 앞서 기억한 단어 목록을 억제하지 못해서 새로운 단어 목록을 기억하는 데 방해가 된다는 식이다.
- **억제 장애 가설**(inhibitory deficit hypothesis) 노화로 인한 인지적 저하는 관련 없는 정보를 억제하지 못한 결과라고 주장하는 이론.
- **에둘러 말하기**(circumlocution) 적합한 단어가 기억이 나지 않아 장황하게 설명

하는 것. 일부 치매 환자에게서 발견된다.

• **에이즈 치매**(AIDS dementia) 에이즈 말기 단계의 일부 환자에게서 보이는 **치매**.

• **A형 성격**(type A personality) 경쟁적이고 필사적인 유형의 성격 타입. (과도하게) 느긋하고 태평한 성격인 B형 성격과 대비된다.

• **역동적 평형 이론**(dynamic equilibrium theory) 기대 수명이 증가함에 따라 경증 장해를 겪으면서 보내는 시간이 증가했지만 중증 장해를 겪으면서 보내는 시간은 감소했다고 주장하는 이론.

• **역치 연령**(threshold age) 특정 연령대에서 다음 연령대로 넘어가는 경계가 되는 연대기적 연령. 다소 임의적인 연령이다.

• **연구 대상자 매칭**(matching (participants)) 연구 집단의 대상자들이 특정 측정치에 대해서는 동등한 점수를 갖고 있음을 보장하는 절차로, 다른 검사에서 보이는 집단 차이가 두 집단의 특정 측정치 차이 때문이 아님을 확신할 수 있게 해 준다. 예를 들어 지능이 같은 노인 집단과 젊은이 집단을 선택한다고 하는 경우, X라는 검사에서 보이는 집단 차이는 지능 차이에서 기인한 것이 아니라 다른 요인(예: 연령)에서 기인한다고 할 수 있다.

• **연대기적 연령**(chronological age) 태어나서 살아온 시간의 길이.

• **연령 규준**(age norm) 해당 연령 집단의 평균 검사 점수로, 그 연령 집단의 전형적인 수행 정도에 대한 평가치가 된다.

• **연령 규준 효과**(age-normative effect) 대다수의 사람들이 인생의 동일한 시점에서 영향을 받는 요인.

• **연령 등급**(age grading) 다양한 **사회적 연령**에 적합하다고 여겨지는 것을 결정하는 사회적 압력들.

• **연령×복잡성 효과**(age × complexity effect) 젊은이 집단과 노인 집단 간의 차이가 과제의 복잡도가 증가함에 따라 불균형적으로 훨씬 더 커지는 현상. **연령×처치 상호작용** 참조.

• **연령 상응 척도**(age-equivalent scale) 어떤 연령 집단이 전형적으로 보이는 특성들을 얼마나 가지고 있는지를 보여 주는 검사. 따라서 자신의 나이에 비해 더 진전되어 있는지 후퇴되어 있는지를 평가할 수 있다.

• **연령 세트**(age set) 연령 코호트.

- **연령–적합 행동**(age-appropriate behavior) 사회적 연령.
- **연령 차별**(age discrimination) 그 사람의 나이에 근거해 부당하게 차별하는 것.
- **연령차별주의**(ageism) 연령 차별. 일반적으로 노인에 대한 연령 차별을 일컫는다.
- **연령차별주의에 대한 프라보니 척도**(Fraboni Scale of Ageism; FSA) 프라보니 등 (Fraboni et al. 1990)이 고안한 척도로, 노화에 대한 태도를 측정하며 세 가지의 측정치가 있다. 부정적 언어 사용(노인에 대해 부정적으로 이야기함), 회피(노인과의 접촉을 회피함), 차별(노인을 열등한 존재로 여김)이 그것이다. 29개의 문장으로 구성되어 있고, 이에 대해 매우 그렇다/매우 그렇지 않다 중 하나로 반응하도록 되어 있다.
- **연령×처치 상호작용**(age × treatment interaction) 어떤 심리적 기술이 다른 것보다 노년기에 더 저하되는 현상(차등적 보존 및 보존된 차이 참조). 따라서 기술 1이 정신 과정 X를 요하고 기술 2는 Y를 요한다고 할 때, 기술 1이 2보다 노년기 때 훨씬 더 저하되는 경우 X 과정은 Y 과정보다 노화의 영향을 더 많이 받는다고 볼 수 있다. 이는 동일한 기술로 처리하는 과제를 그 복잡성을 변화시켰을 때 노인에게 더 큰 영향을 끼치는 연령×복잡성 효과와는 다르다.
- **연령 척도**(age scale) 연령 상응 척도.
- **연령 층화**(age stratification) 일생을 일련의 사회적 연령대로 나누는 것.
- **연령 코호트**(age cohort) 동일한 시대 혹은 역사적 배경을 가지고 태어나 성장해 온 집단.
- **연령 특이적 사망률**(age-specific mortality rate) 어떤 연령 집단이 특정 연령까지 나이 들기 전에 사망할 확률.
- **연령 편향**(age bias) 연령 차별.
- **연습 효과**(practice effect) 심리 검사에 참여하는 시간이 길어질수록 수행이 더 좋아지는 현상. 검사가 비슷하지 않은 상황에서도 관찰된다. 즉 단순히 이전 세션에서 했던 정답을 기억해서 말하는 것을 의미하는 것이 아니다. 검사 상황에 대한 친숙도 증가나 덜 긴장하게 되는 것 등이 관련되어 있다.
- **연장자가 되는 것**(eldering) 사회적 연령의 시각에서 나이 들어 가는 것.
- **열공성 뇌졸중**(lacunar strokes) 소혈관 경색(열공성 경색)에 의한 뇌졸중.
- **예기적 비탄**(anticipatory grief) 사랑하는 이의 죽음을 준비하는 것.

- **오류 파국 이론**(error catastrophe theory) 노년기 신체적 쇠퇴가 결함이 있는 단백질로 인해 오류가 포함되어 있는 세포로 대체되기 때문에 나타난다는 이론.
- **오염 변인**(confounding variable) 주요 결과를 왜곡시키는 변인으로, 노화 연구 분야에서는 코호트 효과가 오염 변인이 되는 경우가 많다.
- **완만한 기능 저하**(graceful degradation) 노화로 인해 발생하는 세포 손실로 인해 기억력이나 기타 인지 기능이 (한꺼번에 손상되기보다는) 점진적으로 저하되는 현상.
- **외적 단서**(external cue) 내적 단서 참조.
- **외향성–내향성**(extraversion-introversion) 아이젠크의 성격 모형에서 나오는 세 가지 성격 특질 중 하나로, 사교적이고 자신감이 높은 정도나(외향성) 반대로 수줍음이 많고 남과 잘 어울리지 않는(내향성) 정도를 측정한다.
- **외현 기억**(explicit memory) 의식적으로 인출될 수 있는 기억. 암묵 기억과 대비되는 개념이다.
- **요소 효율성 가설**(component efficiency hypothesis) 어떤 기술의 쇠퇴가 하나 이상의 기본적인 하위 기술의 쇠퇴로 인한 것이라는 가설.
- **요실금**(enuresis) 소변 실금. 변실금 참조.
- **용불용설**(disuse theories (of ageing)) 노년기의 지적 기능이 악화되는 것이 그것을 충분히 자주 사용하지 않기 때문이라고 주장하는 이론.
- **우울증으로 인한 가역적 치매**(reversible dementia of depression) 가성 치매.
- **운동 기술**(motor skills) 신체 운동을 통제하는 능력. 정교한 운동 기술은 손재주와 같이 상대적으로 섬세한 동작들을 통제한다.
- **울버스크로프트 큰 활자 시리즈**(Ulverscroft large print series) 시각 장애가 있는 사람들을 대상으로 한 큰 활자로 인쇄된 출판물. 공공 도서관을 이용하는 노인들이 주로 이용한다.
- **원근 조절 (시각)**(accommodation (vision)) 거리가 각기 다른 지점에 초점을 맞출 수 있는 능력.
- **원심성 (뉴런)**(efferent (neurons)) 중추신경계에서 말초신경계로 정보를 가지고 나가는 것.
- **원위의 노화 효과**(distal ageing effects) 상대적으로 오래전의 사건(예: 유년기 학

대) 또는 몇 가지 매개물을 통해서만 느낄 수 있는 사건들의 영향으로 노화성 변화가 생기게 되는 것. **근위의 노화 효과** 참조.

- **원 점수**(raw score) 실제 검사 점수로, **지능 지수**처럼 가중치가 부여되었거나 조정된 점수가 아니다.
- **원조요청형**(succourant-seeking) 수동의존형 성격 참조.
- **웩슬러 기억 검사**(Wechsler memory scale) 기억의 다양한 측면을 평가할 수 있는 포괄적인 기억 검사 배터리.
- **웩슬러 성인 지능 검사**(Wechsler Adult Intelligence Scale; WAIS) 지능의 모든 영역들을 포괄하는 지능 검사 배터리.
- **위계적 접근 (지능)**(hierarchical approach (intelligence)) 지능이 **일반 지능**(g) 및 보다 전문화된 기술들로 구성되어 있다고 보는 이론.
- **위스콘신 카드 분류 과제**(Wisconsin card sorting task) 전두엽 기능 혹은 집행 기능을 평가하는 대표적 신경심리 검사. 다양한 패턴과 색깔이 표시된 카드를 짝지으면서 일정한 규칙을 찾아내야 한다. 규칙을 찾아내면 잠시 후 실험자는 그 규칙을 바꾸는데, 피험자는 이전의 규칙을 버리고 새로운 규칙을 다시 찾아야 한다.
- **윈스턴 처칠 논쟁**(Winston Churchill argument) 어떤 사람들은 (윈스턴 처칠과 같이) 현대 의학적 관점에서 보았을 때 건강하지 못한 생활 방식을 가지고 있음에도 불구하고 장수했다는 주장을 둘러싼 논쟁.
- **유년기 기억상실증**(childhood amnesia) 초기 유년기에 대한 **지서전적 기억**이 거의 또는 전혀 없는 현상.
- **유동성 지능**(fluid intelligence) 정규 교육이나 문화적 습득을 통해 해결할 수 없는 문제들을 해결하는 능력. 높은 수준의 유동성 지능을 갖고 있는 경우 대체로 문제 해결 속도가 매우 빠를 것이라고 간주한다.
- **유명 인사 검사**(Famous Names Test; FNT) 먼 과거 기억 검사의 일종. 1920년대 이후 유명한 사람들의 이름 목록을 주고 기억할 수 있는지를 물어본다. 제시한 이름 모두에 대해 단순히 '예' 반응을 하는 것을 방지하기 위해 허구 인물의 이름도 포함한다.
- **음량 과보상**(loudness recruitment) 일종의 청각 손상으로, 특정 주파수대의 소리가 정상보다 훨씬 더 크게 지각되는 현상. 때로는 너무 큰 소리여서 고통을 주기도

한다.

- **음소**(phoneme)　말소리 언어의 가장 작은 단위. 한 단어에서 음소를 추가하거나 제거하면 단어의 소리가 달라진다. 단어를 이루는 기본적인 소리이다.
- **음운론**(phonology)　엄격히 말하면 음성학을 연구하는 학문을 가리킨다. 때로는 음운론적 구조를 자각하고 이해함을 나타낼 때 사용하기도 한다.
- **음운론적**(phonological)　음소와 관련된 것.
- **음운론적 루프**(phonological loop)　작업 기억 모형의 하위 시스템으로, 음운론적 정보를 일시적으로 저장하는 역할을 담당한다.
- **의미 결손 가설**(semantic deficit hypothesis)　노화로 인한 지적 기능의 저하가 주어진 항목을 처리할 때 그 항목이 의미하는 정보를 적절하게 처리하지 못하기 때문이라고 주장하는 모형.
- **의미 기억**(semantic memory)　사실에 대한 기억. 일화 기억과 비교해 보라.
- **의미적 점화**(semantic priming)　의미적 촉진.
- **의미적 촉진**(semantic facilitation)　의미적으로 관련된 항목이 앞서 제시된 경우 바로 뒤의 항목이 빨리 처리되는 현상. 예를 들어 빵이라는 단어를 처리하는 경우, 그 전에 '차'보다는 '버터'라는 단어를 보았을 때 그 속도가 더 빠르다.
- **의원성 질환**(iatrogenic illness)　의료적 치료로 인해 생긴 질환이나 이상(예: 약물 부작용).
- **의존율**(dependency ratio)　경제 활동을 하지 않는 인구에 대한 경제 활동을 하고 있는 인구의 비율.
- **의존형 성격**(dependent personality)　리처드 등(Reichard et al. 1962)이 제안한 성격 유형으로, 이 유형의 노인은 삶에 대해 어느 정도 만족하기는 하지만 다른 사람들의 도움에 의존한다.
- **이드**(id)　프로이트가 제안한 인격 구조의 세 가지 요소(초자아, 자아, 이드) 중 하나로, 인간 행동의 기저를 이루는 기본적인 본능적 충동. 초자아와 자아 참조.
- **이름 대기 지연 속도**(naming latency)　새로운 단어를 소리 내어 읽는 속도.
- **이명**(tinnitus)　귀에서 울리는 소음이 들리는 증상으로, 귀의 노화와 관련되어 나타난다. 몹시 고통스러울 수도 있으며, 불면을 초래하기도 하고 정상적인 듣기를 방해할 수도 있다.

- **이중 ABCX 모형**(double ABCX model) 나이가 많은 가족 구성원에게 닥친 주요 위기로 인해 가족 내에서 발생한 스트레스를 설명하는 모형. 영어 문자들은 위기의 심각성, 이용 가능한 도움의 양 등을 뜻한다.
- **이중 위험**(double jeopardy) 소수 민족의 노인들이 직면하고 있는 문제를 칭하는 용어로, 이들은 **연령차별주의**뿐 아니라 인종차별주의도 당하고 있음을 가리킨다.
- **이차적 노화**(secondary ageing) 나이가 들면서 생기는 변화이지만 **노화**로 인한 필연적 결과는 아닌 경우. **일차적 노화**와 **확률적 노화** 참조.
- **인지 실패 질문지**(Cognitive Failures Questionnaire; CFQ) 일상생활에서 최근 기억하지 못한 사례들을 보고하도록 하는 검사(예: 쇼핑하면서 사야 할 물건을 잊어버린 것).
- **인지에 대한 필요**(need of cognition) 지적 활동이 요구되는 과제를 하려고 하는 의욕에 대한 측정치.
- **인지적 손상**(cognitive impairment) 치매나 **섬망** 등의 인지장애를 겪고 있는 환자가 보이는 지적 기능의 저하에 대한 일반적인 용어.
- **인지 평가 척도**(Cognitive Assessment Scale) **클리프턴 평가 도구** 참조.
- **일과성 허혈 발작**(transient ischemic attack) 증상이 비교적 경미하고 24시간 안에 소실되는 **뇌졸중**.
- **일몰 증후군**(sundown syndrome) 혼란이나 공격성 및 **초조** 행동이 날이 저물수록 증가하는 현상으로, **치매** 환자에게서 흔히 발생한다.
- **일반적 노화 효과**(general ageing effect) **노화**와 연관되어 있는 것으로 알려져 있지만 정확한 성질은 밝혀지지 않은 경우를 가리키는 말. 상관 연구들에서 흔히 관찰되는 효과이고, 주로 **연대기적 연령**과 유의한 관련이 있다. **연대기적 연령**은 본질적으로 임의적인 측정치로, 그 자체로는 의미가 없기 때문에 **연대기적 연령**과 관련성이 있는 아직 확인되지 않는 다른 과정이 있을 가능성을 염두에 두어야 한다.
- **일반 지능**(general intellectual capacity; g) 정도의 차이는 있으나 모든 지적 기능에 공통적으로 포함되어 있다고 간주되는 능력.
- **일차적 노화**(primary ageing) 모든 나이 든 사람이 경험하는, 연령으로 인한 변화들(예: 피부 주름). **보편적 노화**와 **이차적 노화** 참조.
- **일화 기억**(episodic memory) 시간과 공간의 맥락이 있는 기억.

• **임상 치매 평가 척도**(Clinical Dementia Rating; CDR) 미국 워싱턴 대학에서 개발한 치매 환자의 중증도 평가 도구로, 치매 임상 연구에서 널리 사용되고 있다.

• **잉베 깊이**(Yngve depth) 구나 문장에 구문론적 복잡성 점수를 주는 분석 기법.

• **자극 제시 시차**(Stimulus Onset Asynchrony; SOA) 둘 이상의 자극이 제시될 때 두 자극이 제시되는 시간 간격.

• **자기혐오적 성격 유형**(self-hatred personality) 리처드 등(Reichard et al. 1962)이 제안한 성격 유형으로, 불행에 대해 비현실적으로 자기비난을 하는 것을 특징으로 한다.

• **자서전적 기억**(autobiographical memory) 특정 개인의 삶에 대한 기억으로, 모든 사람이 경험하는 과거 경험과는 대비된다(즉, 뉴스에 등장하는 대선이나 기차 사고와 같은 사건에 대한 기억이 아니다). 섬광 기억과 관찰자 기억 참조.

• **자아**(ego) 프로이트가 제안한 인격 구조의 세 가지 요소(초자아, 자아, 이드) 중 하나로, 현실에 맞게 판단을 하는 이성적 부분이다. 초자아와 이드 참조.

• **자아 분화 대 직업 역할 몰두**(ego differentiation versus work-role) 펙(Peck)의 이론에서 나오는 말로, 은퇴를 받아들이면서 자신 지위가 더 이상 고용에 의해 부여되지 않는다는 것을 깨닫게 되는 현상을 일컫는다.

• **자아 초월 대 자아 몰두**(ego transcendence versus ego preoccupation) 펙의 이론에서 나오는 말로, 인간은 누구나 죽음을 피할 수 없다는 사실과 타협하게 되는 것을 일컫는다.

• **자아 통합**(ego integration) 통합 대 절망 참조.

• **자유 회상**(free recall) 제시되었던 순서와 상관없이 기억나는 대로 회상하는 기억 과제. 순서대로 회상하기와 비교해 보라.

• **작업 기억**(working memory) 배들리와 히치(Baddeley and Hitch 1974)가 처음 제안한 단기 기억에 대한 모형. 단기 기억이란 중앙집행기가 음운론적 루프와 시공간 스케치패드라는 두 하위 시스템을 조절하면서 작동한다고 설명하는 모형이다.

• **작화증**(confabulating) 자신의 기억 저하나 기타 인지 기능 손상을 숨기기 위해 이야기를 지어내는 것. 일반적으로 이 용어는 속이려는 의도가 의식적이지 않은 경우를 가리키는 데 사용된다.

• **장기 기억**(Long Term Memory; LTM) 몇 분 이상 지속되는 사건에 대한 기억. 기

억하는 내용의 특성에 따라서 하위 범주로 나뉘기도 한다. **자서전적 기억**, **일화 기억**, **미래계획 기억**, **먼 과거 기억**, **의미 기억** 등 참조.

- **장소법**(method of loci) 기억을 향상시키는 방법 중 한 가지. 자신에게 친숙한 장면을 떠올린 후 기억해야 하는 항목들을 그 장면 속에 위치시킨다. 머릿속으로 그 장소를 걸어가면서 항목들을 기억할 수 있게 된다.
- **재인**(recognition) 현재 제시된 항목들 중에서 이전에 제시되었던 항목을 알아내는 능력.
- **전기적 접근법**(biographical approach) 위대한 삶을 살아간 사람들의 삶을 분석함으로써 그 위대성의 공통 요인을 찾아보는 방법. 주로 **창조성** 연구에서 많이 사용된 방법이다.
- **전달장애 가설**(transmission deficit hypothesis) 단어의 활성화(**재인**이나 산출 시)는 여러 가지 가능한 선택지들을 **점화**시키면서 생성된다는 언어 기능에 대한 모형. 이러한 **점화**가 생성되는 속도와 효율성으로 인해 **재인**/언어 산출이 크게 촉진된다. **노화**로 인해 이러한 **점화**의 속도나 효율성이 낮아지는데, 이는 **재인**보다 언어 산출에 더 영향을 끼친다고 본다.
- **전두엽 치매**(frontal lobe dementia) 전두엽의 퇴행성 변화가 원인이 되는 **치매**. 대표적인 예가 **피크 병**이다.
- **전두측두엽 치매**(fronto-temporal dementia) 전두엽 또는 측두엽의 퇴행성 변화가 원인이 되는 **치매**. **전두엽 치매**와 혼용하기도 한다.
- **전반적 속도 저하 가설**(general slowing hypothesis) 신경전달 속도가 전반적으로 느려진 것 때문에 노화로 인한 지적 과제 수행의 변화가 생긴다고 주장하는 이론. 과제의 복잡성과는 상관없이 모든 과제 수행에 동일하게 영향을 끼친다는 주장으로, **브린리 플롯**으로 관찰되었다(과제의 복잡성이 증가할수록 수행 저하가 더 심해진다는 주장과 상반된다).
- **전반적 증상에 대한 가족의 평가**(Relatives' Assessment of Global Symptomatology; RAGS) 환자의 증상에 대해 부양자가 관찰한 바를 측정하는 질문지.
- **젊은이–노인 플롯**(young-old plot) 동일한 과제에서 노인의 수행에 대한 젊은이의 수행을 그래프로 그린 것. 대표적인 예로 **브린리 플롯**이 있다.
- **점화**(priming) 기억 실험에서 피험자가 **회상**하려고 하는 항목에 대한 특징을 힌트

로 제공하는 것.

- **정상뇌압수두증**(normal pressure hydrocephalus)　뇌척수액이 빠지지 않아 뇌실이 커져 뇌 조직에 압력이 가해짐으로써 **치매**, **요실금**, 보행 장애 등의 증상이 나타나는 병.
- **정상 분포**(normal distribution)　점수나 측정치의 분포가 종 모양의 커브를 이루고 최고 지점을 중심으로 좌우가 동일하게 퍼져 있는 상태. 커브의 최고점은 평균, 중앙치, 그리고 최빈치를 나타낸다. 다양한 유형의 측정치에서 이러한 분포가 발견되기 때문에 '정상'이라는 용어를 쓰며, 통계적 검증 시 정상 분포된 인구에서 도출된 데이터라는 가정을 한다.
- **정신상태 질문지**(Mental Status Questionnaire; MSQ)　칸 등(Kahn et al. 1960)이 개발한 질문지로, 환자(주로 **치매** 환자)의 지적 상태와 기능적 독립성의 정도를 간단히 평가하는 도구. **블레스드 치매 척도** 참조.
- **정신운동 기술**(psychomotor skill)　지적 기량의 중요한 요소가 되는 신체적 기술.
- **『정신 장애의 진단 및 통계 편람』**(*Diagnostic and Statistical Manual of Mental Disorders*; DSM)　미국 정신과학회가 모든 정신 장애를 분류하고 각각에 대해 진단 기준을 제시해 놓은 책으로, 미국뿐 아니라 전 세계적으로 영향력이 있다.
- **정신적 역량**(mental capacity)　한 번에 처리할 수 있는 정보의 최대치 혹은 정보를 신속하게 처리할 수 있는 정도.
- **정신증**(psychoticism)　**아이젠크의 성격 모형**의 **성격 특질** 중 하나로, 정서적인 냉담성의 정도를 측정한다.
- **정신 치료**(psychotherapy)　정신에 대한 체계적 이론에 근거한 모든 종류의 치료.
- **정확도 (시각)**(acuity (vision))　정확하게 초점을 맞출 수 있는 능력.
- **제3의 기억**(tertiary memory)　먼 과거 기억.
- **제약 찾기 전략**(constraint seeking strategy)　(스무고개 게임과 같은) 문제 해결 과제를 수행할 때 질문을 해 갈수록 정답의 가짓수가 줄어들도록 하는 전략.
- **조기 발병 조현병**(Early Onset Schizophrenia; EOS)　중년기 이전에 첫 증상이 나타나는 **조현병**.
- **조로증**(progeria)　비정상적으로 빠르게 **노화**하는 질병. 전형적으로 10대에 사망한다.
- **조발성 치매증**(dementia praecox)　1883년 크래플린(E. Kraeplin)이 고안한 용어

로, 조현병의 옛날 용어이다. 초로성 치매와 혼동하지 말아야 한다.

- **조현병**(schizophrenia)　사고와 지각의 심각한 이상을 보이는 정신병으로, 만성적 경과를 보이는 경우가 대부분이다. 현실에 대한 지각이 심각하게 왜곡되어 있고 정서와 행동의 변화가 수반된다. 여러 가지 유형이 있는데, 가장 흔한 유형은 피해적인 내용의 망상적 사고나 환청을 보이는 형태이다. 과거에는 '정신분열병'으로 불렸으나 부정적인 인식을 줄이고자 조현병으로 이름을 바꾸었다.
- **종단 연구**(longitudinal research/sample/study)　동일한 연구 대상자들을 상이한 연령대에서 검사하는 실험법. **횡단 연구**와 대비된다. **중복 종단 연구** 및 **순차 연구 설계** 참조.
- **주의**(attention)　방해 자극이 있음에도 목표 항목(들)에 집중할 수 있는 능력. 분리 주의, 선택적 주의력, 지속 주의 참조.
- **죽음에 대한 수용 단계**(acceptance of prospect of dying stage)　퀴블러-로스의 죽음의 단계 참조.
- **죽음에 대한 압축 이론**(compression of morbidity theory)　건강한 기대 수명은 증가하거나 증가시킬 수 있는데, 그에 따라 (1) 예방 접종 프로그램이나 보다 나은 치료법의 등장 등으로 현대 의학으로 치료할 수 없는 질병에 걸리기 전에 나이를 먹게 되고, (2) 질병의 말기 단계에서 고통을 받는 기간이 이전 세대에 비해서 감소한다고 보는 이론.
- **죽음에 대한 인식**(awareness of dying)　자신의 심각한 질병에 대해 인식하는 정도.
- **죽음의 궤도**(dying trajectory)　죽음을 앞둔 사람에게서의 (1) 죽음의 속도, (2) 죽음과 연관되어 있는 정서적·지적 상태.
- **죽음의 급성 위기 단계**(acute crisis phase (of dying))　패티슨의 죽음의 단계 참조.
- **죽음의 만성 생사 단계**(chronic living-dying phase (of dying))　패티슨의 죽음의 단계 참조.
- **죽음의 말기 단계**(terminal phase (of dying))　패티슨의 죽음의 단계 참조.
- **죽음 준비**(death preparation)　자신이나 사랑하는 사람의 죽음이 끼칠 심리적·실질적 영향에 대해 미래를 대비하는 것으로, 그 사건의 부정적인 영향을 경감시키는 데 도움이 된다. 나이가 들면서 죽을 확률이 증가하기 때문에 어느 정도는 '수동적인' 죽음 준비를 하게 된다.

• **중다 회귀**(multiple regression) 여러 개의 변인으로 하나의 종속 변인을 예측하는 통계적 기법. 어떤 변인이 가장 예측력이 높은지를 살펴볼 때도 쓰이고, 나머지 변인들이 모형의 예측력을 얼마나 더 추가하는지를 분석해 볼 수도 있다.

• **중복 종단 연구**(overlapping longitudinal study) 일종의 **종단 연구**로, 몇 개의 연령 **코호트**를 규칙적인 간격을 두고 동일한 검사들을 시행하는 것이다. 각 검사 세션에서 **횡단 연구**와 같은 연령 비교를 할 수 있고, **종단 연구**에서처럼 **노화**로 인한 변화를 개인 내 변화를 통해 살펴봄으로써 확인할 수 있다. 각기 다른 **연령 코호트**의 수행을 동일 연령대에 이르렀을 때 비교할 수 있기 때문에 **코호트 효과**의 정도를 평가할 수 있다.

• **중앙집행기**(central executive) **작업 기억** 모형에서 **하위 시스템**을 통제하고 감독하는 역할을 담당하는 시스템. 용량은 제한되어 있지만 **중앙집행기** 자체도 기억 저장소이다.

• **중추신경계**(Central Nervous System; CNS) 뇌와 척수.

• **즉석에서 파악하기**(subitization) 개별 항목들을 세지 않고 한눈에 수를 파악하는 능력. 대부분은 두 개에서 네 개 항목 정도를 파악할 수 있다(물론 더 많은 수도 가능하기는 하다).

• **지능 지수**(Intelligence Quotient; IQ) '지능'의 동의어로 흔히 사용되지만, 이는 틀린 것이다. 지능 지수는 특정한 사람의 **연령 코호트**와 비교한 지적 기술의 수준을 나타낸다(전통적으로 100이 평균이고, 70 미만이나 130 초과는 예외적인 경우이다). 따라서 정반응을 한 문항 수가 같더라도(**원 점수**) 그 사람의 연령대에 따라서 다른 의미를 지닌다. 예를 들어 **원 점수** 40점을 받은 노인은 같은 점수의 젊은이보다 지능이 더 높은 것이다. 지능 지수는 대체로 평생에 걸쳐 유지되는 경향이 있고 **원 점수**는 저하되는 경향이 있다.

• **지속 주의**(sustained attention) 다른 자극에 방해받지 않고 과제에 집중할 수 있는 능력.

• **지적 현실주의**(intellectual realism) 실제로 보이는 것(지각적 현실주의)보다 그 사물의 진실된 상태를 표현하는 그림이나 사진을 가리키는 용어. 뤼케(Luquet)가 1927년에 처음 사용하였다.

• **지혜**(wisdom) 연구자의 연구 목적에 따라 다양하게 정의될 수 있는 다소 모호한

개념으로, 본질적으로 논리적 요인과 실용적 요인 간의 균형을 요하는 실생활 문제에 대한 경험과 어우러진 판단력 및 문제 해결 능력이다. 그러나 연구자에 따라서는 **결정성 지능**의 동의어로 보기도 하고, 정신분석학적 이론의 견지에서 보기도 한다.

- **직사각형 사회**(rectangular society) 피라미드형 사회 참조.
- **직사각형 생존 곡선**(rectangular survival curve) 효과적인 의료 기술이 발달한 미래에 있을 법한 **연령 코호트** 내의 생존자 비율에 대한 가설적 그래프. 이 곡선에 의하면 자신의 수명 전에 죽는 사람은 거의 없고, 대부분은 자신의 수명이 다할 무렵에 죽을 것이다. 따라서 X축이 연령이고 Y축이 생존 비율이라고 할 때 **연령 코호트**에서 생존하는 비율을 그래프로 그리면 직사각형 모양이 될 것이다.
- **진부화 효과**(obsolescence effect) 노인의 경우 어떤 기억이 현재 생활과 맞지 않아 노화 관련 저하가 생길 수 있다는 이론. 즉, 기억을 잃은 것이 아니라 그 기억이 쓸모가 없어진 것이다.
- **진행성 (질병)**(progressive (illness)) 질병의 증상이 나타난 후 시간 경과에 따라 점진적으로 악화되는 것을 설명하는 용어.
- **진행성 핵상 마비**(Progressive Supranuclear Palsy; PSP) 몸의 경직 및 균형 이상, 안구 운동 이상과 함께 치매 증상을 보이는 퇴행성 뇌 질환.
- **질병 코호트**(disease cohort) 동일한 질병을 겪고 있는 집단. **코호트**, **환자 코호트** 참조.
- **질비**(quality ratio) **창조성** 연구에서 특정 시간 동안 산출해 낸 좋지 않은 수행에 대한 좋은 수행의 비율.
- **짝 연합 학습**(paired associate learning) 함께 제시되었던 항목을 기억하도록 하는 과제. 예를 들어 '고양이'와 '서류 가방'을 함께 제시한 후 '고양이'를 제시하면 '서류 가방'을 기억해 내야 한다.
- **차등적 보존**(differential preservation) 나이 들어 감에 따라 일부 지적 기술은 다른 기술보다 더 잘 보존된다고 보는 이론. **보존된 차이**와 **연령×처치 상호작용** 참조.
- **창조성**(creativity) 참신하면서도 적합한 아이디어와 해결책을 생각해 내는 능력.
- **첫 글자 점화**(initial letter priming) 단어의 첫 글자를 주면서 **회상**하도록 하는 절차.
- **청킹**(chunking) 긴 목록의 항목을 외우기 쉽게 만드는 기억 전략. 연속적인 목록을 그대로 사용하지 않고 긴 목록을 서너 개의 그룹으로 나눈다. 예컨대 1789675401은

178/967/5401로 청킹될 수 있다.

- **초령 노인**(young elderly) 60세에서 75세 사이의 연령 집단을 일컫는 말. **고령 노인** 참조.
- **초자아**(superego) 프로이트가 제안한 인격 구조의 세 가지 요소(초자아, **자아**, **이드**) 중 하나로, **자아**로 하여금 도덕이나 양심에 따라 행동하도록 하는 요소이다. **자아**와 **이드** 참조.
- **초조**(agitation) 치매 환자에게서 보이는 모든 형태의 사회적으로 부적절한 행동을 가리키는 용어. 신체적인 공격성, 움켜잡는 행동, 불평불만, 고함 지르기, 욕설 등과 같은 행동이 포함된다.
- **최종 급강하 모형**(terminal drop model) 사망 직전 몇 달에서 몇 년 사이에 인지 기능이 급격하고 현저하게 저하된다고 주장하는 이론.
- **출생 코호트**(birth cohort) 동일한 시기에 태어난 집단. **코호트** 참조.
- **출처 기억**(source memory) 어떤 항목에 대한 기억이 아니라 그 항목을 기억했던 조건에 대한 기억.
- **측두엽**(temporal lobes) 좌우 관자놀이 정도의 위치에 있는 **대뇌 피질** 영역으로, 정보를 해석하는 것이 주요 기능이다. 대부분의 사람들은 좌측 측두엽이 언어 이해와 생성에 중요한 영역이다. 기억 저장과도 밀접한 연관이 있다.
- **치매**(dementia) 이전에 비해 기억력을 비롯한 인지 기능이 지속적으로 저하되어 일상생활에 심각한 지장이 초래된 상태로, 증후군에 해당한다. 의식 장애를 동반하는 **섬망**과 구분된다. 다양한 원인 질환에 의해 발생될 수 있으며, 알츠하이머 병에 의한 치매가 가장 흔하다.
- **치매성 난독증**(demented dyslexia) 일부 **치매** 환자에게서 관찰되는 증상으로, 소리 내어 읽는 것은 문제없으나 그 뜻을 이해하지 못하는 것을 일컫는다.
- **치매에 대한 역치 모형**(threshold model of dementia) **치매**에 대한 유전적 소인은 고정되어 있지만 실제로 발현되는 것은 환경적 요인에 달려 있다고 주장하는 이론. 유전적 소인이 낮은 사람은 환경적 요인이 더 많이 필요하고 유전적 소인이 높은 사람은 환경적 요인이 더 적더라도 발현될 수 있다.
- **치아 연령**(dental age) 개인의 치아를 통해서 계산된 **연대기적 연령**. 죽은 사람의 연령 추정 시 유용하다.

- **침입**(intrusion) 부적절한 어휘가 끼어드는 형태의 언어적 실수.
- **케임브리지 노인 정신 장애 검사**(Cambridge Mental Disorders of the Elderly Examination; CAMDEX) 치매 및 기타 노인 정신건강과 심리적 안녕감을 평가하기 위한 검사 배터리.
- **케임브리지 자동화 신경심리 배터리**(Cambridge Automated Neuropsychological Test Battery; CANTAB) 신경심리학적 기능을 평가하는 **검사 배터리**로, 뇌 손상의 징후를 평가한다.
- **코르사코프 증후군**(Korsakoff's Syndrome; KS) 장기적인 알코올 남용으로 인한 비타민 B1 결핍 때문에 기억을 담당하는 뇌 부위에 손상이 생겨 심각한 기억상실증이 지속적으로 나타나는 질환.
- **코지 블록 검사**(corsi blocks task) 시공간 기억 검사의 일종. 블록이 배열되어 있는 것을 보여 주고 실험자가 블록을 일정 순서로 짚은 다음 피험자에게 그대로 하도록 요청한다. 배열의 길이를 점진적으로 길게 함으로써 피험자의 **기억 폭**을 검사할 수 있다.
- **코호트**(cohort) 유사한 특징을 공유하는 집단. 대체로 동일한 환경과 시대에서 성장한 사람들을 설명할 때 쓰는 용어로, **연령 코호트**와 같은 말이다.
- **코호트 순차적 설계**(cohort sequential design) **종단 연구** 참조.
- **코호트 효과**(cohort effect) 연령 집단 간의 차이가 연령 자체보다는 성장 배경의 차이로 인한 것을 가리키는 말.
- **콜린성 가설**(cholinergic hypothesis) **알츠하이머형 치매**의 기억 상실이 콜린성 시스템의 손상 때문에 일어난다는 가설.
- **쿠루(kuru) 병** 뉴기니 원주민에게서 발견된 프리온 병. 뇌 조직을 먹는 장례 의식 때문에 발생했을 것으로 추정된다.
- **퀴블러-로스의 죽음의 단계**(Kübler-Ross's stages of dying) 퀴블러-로스가 제안한, 죽어 가는 사람들이 보이는 심리학적 단계. 부정, 분노, 타협, 우울, 수용의 단계로 구성되어 있다.
- **크로이츠펠트 야코프 병**(Creutzfeldt-Jakob Disease; CJD) 매우 희귀한 **치매**로, 병든 신경 조직과의 접촉을 통해 걸린다. 매우 빠른 속도로 진행하는 **치매** 증상에 더해 걸음걸이와 운동 장해가 두드러진다. 변성 CJD도 있는데, **광우병**에 걸린 소나

다른 동물을 섭취한 것과 연관이 있을 가능성이 높다.

- **클뤼버부시 증후군**(Kluver-Bucy syndrome)　무엇이든지 입으로 가져가는 증상. 식욕이상항진증, 시각실인증, 사고 탈선, 정서적 둔마 등의 이상 행동을 집합적으로 가지고 있는 증후군이다.
- **클리프턴 평가 도구**(Clifton Assessment Procedure for the Elderly; CAPE)　인지 평가 척도와 행동 평정 척도의 두 하위 배터리로 구성된 검사 배터리로, 각각 노인의 지적 기술과 성격을 측정한다(특히 입원 환자 및 기관 입소 노인에게 주로 쓰인다).
- **탈락 효과**(drop-out effect)　종단 연구에서 수행을 나쁘게 한다고 여기는 참여자들이 그다음 시점의 연구에 참여하지 않는 경향을 보이는 현상으로, 보다 잘 수행하는 자원자들이 연구에 남게 되어 노화로 인한 변화를 측정하는 데 그 효과가 과소평가되는 결과가 나타나게 된다.
- **태고의 노화 신화**(antediluvian ageing myth)　오랜 과거(노아의 홍수 이전 시대)에는 수명이 매우 긴 인류가 있었다는 신화.
- **텔로머라제**(telomerase)　세포가 복제될 때 텔로미어의 길이가 유지될 수 있도록 하는 효소.
- **텔로미어**(telomere)　노화에 관여한다고 여겨지는 DNA의 한 부분. 세포 복제를 할 때마다 그 길이가 짧아진다. 여러 번의 복제 후 가장 짧은 길이에 도달하게 되면 더 이상 세포 복제가 일어날 수 없다.
- **통합 대 절망**(integrity versus despair)　에릭슨(Erikson)의 이론에서, 노년기에 해결해야 하는 갈등. 자기 자신과 화해하거나(자아 통합), 바꿀 수 없는 과거에 대해 절망감을 느낀다.
- **통합형 성격**(integrated personality)　뉴가튼 등(Neugarten et al. 1961, 1968)의 연구에서 발견한 성격 유형 중 하나로, 이 유형에 속한 사람들은 재구성형(신체적으로 할 수 없게 되면, 본인이 할 수 있는 다른 활동들을 찾음), 집중형(자신이 할 수 있고 만족감이 높은 몇 가지 활동에만 선택적으로 몰두함), 이탈형(많은 책임감들을 자발적으로 거부하고 조용히 지냄)의 하위 유형으로 나뉜다.
- **퇴행 가설**(regression hypothesis)　노인의 언어적 기능이 질적 측면에서 아동의 언어적 기능 상태로 되돌아간다고 보는 이론.
- **파킨슨 병**(Parkinson's Disease; PD)　발을 끌며 걷는 모습이나 손떨림, 서동, 자세

불안정 등의 증상을 특징적으로 보이는 퇴행성 뇌 질환으로, 오래 경과되면 **치매** 증상을 보일 수도 있다. 도파민을 생성하는 중뇌의 흑질 영역의 퇴행성 손상이 원인이다. **파킨슨 병**이 아닌 다른 원인에 의해 **파킨슨 병** 유사 증세를 보일 경우 파킨슨증(parkinsonism)으로 부르기도 한다.

- **파킨슨 치매**(parkinsonian dementia) 파킨슨 병에 동반되어 나타나는 치매.
- **패티슨의 죽음의 단계**(Pattison's stages of dying) 패티슨(Pattison 1977)에 의하면 죽어 가는 환자는 다음과 같은 심리학적 단계를 거친다. (1) **죽음의 급성 위기 단계**: 죽음이 임박해 있다는 것을 깨닫고 매우 불안해함. (2) **죽음의 만성 생사 단계**: 상실할 것에 대해 슬픔을 느낌. (3) **죽음의 말기 단계**: 내적 철수 및 체념/수용. **퀴블러-로스의 죽음의 단계** 참조.
- **펙보드 과제**(pegboard task) 판에 뚫려 있는 구멍에 가능한 한 빨리 못을 넣는 과제로, 손의 미세 운동 능력이나 양손 협응 능력 등을 평가하는 검사이다. 다양한 변형이 존재한다.
- **편상관**(partial correlation) 두 변인 사이의 관계에 영향을 주는 변인의 영향을 통제한 상태에서 상관관계를 평가하는 통계적 기법으로, 이를 통해 영향을 주는 변인의 효과를 제거할 수 있다.
- **평등하게 만드는 나이**(age-as-leveller) 노년기에는 사회경제적 및 인종 집단 간의 차이에 대한 지각이 줄어든다는 주장.
- **프리세닐린-1**(presenilin-1) 조기 발병 **알츠하이머형 치매**와 관련이 있는, 14번 염색체에 있는 유전자.
- **프리세닐린-2**(presenilin-2) 조기 발병 **알츠하이머형 치매**와 관련이 있는, 1번 염색체에 있는 유전자.
- **프리온 병**(prion disease) 광우병이나 **크로이츠펠트-야코프 병**과 같은 뇌 질환을 부르는 용어로, 단백질성 전염성 입자인 프리온에 의해 발생하는 병이다.
- **플린 효과**(Flynn effect) IQ 검사 점수가 세대를 거듭할수록 증가하는 현상(Flynn 1987). 그 이유가 완전히 설명된 것은 아니지만, 부분적으로는 교육과 생활 방식의 변화로 추상적으로 사고하는 능력의 향상을 반영하는 것일 수 있다. 그러나 이 효과가 모든 유형의 지적 수행에서 나타나는 것은 아니므로 이 현상에 대한 설명은 연구가 더 필요하다.

- **피라미드형 사회**(pyramidal society)　노년층보다 청년층이 훨씬 더 많은 사회로, 고령으로 갈수록 인구수가 줄어들어 그 분포가 피라미드 모양을 이룬다. 이와 대비되는 유형으로, **직사각형 사회**는 연령대별 인구 분포가 대체로 비슷한 수준이다.
- **피아제의 보존 과제**(Piagetian conservation tasks)　개발자인 피아제의 이름을 딴 일련의 검사들로, 아동기 사고 과정의 비논리성을 보여 주고자 하는 과제이다.
- **피질**(cortex)　대뇌 피질 참조.
- **피질성 죽상경화성 치매**(Cortical Atherosclerotic Dementia; CAD)　피질에 주요 손상이 있는 혈관성 치매.
- **피질성 치매**(cortical dementias)　대뇌 피질 손상에 의해 나타나는 치매.
- **피질하**(subcortical)　대뇌 피질 이외의 뇌 영역.
- **피질하 동맥경화성 치매**(Subcortical Arteriosclerotic Dementia; SAD)　피질하 뇌 부위의 손상 때문에 일어나는 혈관성 치매.
- **피질하성 치매**(subcortical dementia)　피질하 뇌 부위의 손상 때문에 일어나는 치매.
- **피크 병**(pick's disease)　전두측두엽 치매를 일으키는 대표적인 퇴행성 뇌 질환. 과거에는 모든 전두측두엽 치매가 피크 병에 의해 발생하는 것으로 생각되었으나, 현재는 전두측두엽 치매 중 일부만이 이 병에 의해 발생되는 것으로 밝혀졌다.
- **피크 소체**(pick's bodies)　피크 병 환자에게서 발견되는 특징적 뇌세포 변화.
- **하버드 졸업생 연구**(Harvard Alumni study)　질병의 위험 인자와 운동 수준, 식이, 생활 방식 등의 관계를 11,000명 이상의 하버드 대학 졸업생(평균 연령 50대 후반)을 대상으로 조사한 종단 연구이다.
- **하위 시스템**(slave systems)　상위의 통제 시스템의 명령이 없으면 혼자 작동하지 못하는 시스템을 칭하는 용어.
- **하친스키 허혈 점수**(Hachinski Ischaemic Score; HIS)　혈관성 치매와 관련된 임상 특징을 평가하여 점수화한 것으로, 이 점수가 높을수록 알츠하이머형 치매보다는 혈관성 치매일 가능성이 높아진다.
- **항콜린성**(anticholinergic)　콜린성 시스템의 작용을 막는 물질. 심각한 기억 상실을 불러일으킬 수 있고, 콜린성 가설의 초석이 된다.
- **해마**(hippocampus)　기억 및 단기 기억에서 장기 기억으로 정보를 전달하는 데 중요한 역할을 하는 것으로 알려진 뇌 구조물. 이 영역이 손상되면 새로운 정보를

획득하는 것이 어려운 형태의 기억 장애가 나타난다.

- **해부학적 연령**(anatomical age) 생물학적 연령으로, 생리학적인 연령이 아니라 신체에 대한 전반적인 측정을 통해 평가하는 연령이다. **손목뼈 연령** 참조.
- **해체형 성격**(disorganised personalities) 뉴가튼 등(Neugarten et al. 1961, 1968)이 제안한 성격 유형으로, 이 유형의 노인들은 일상생활에서 제대로 기능하지 못한다.
- **행동 평정 척도**(Behaviour Rating Scale) **클리프턴 평가 도구** 참조.
- **허친슨–길포드 증후군**(Hutchinson-Gilford syndrome) 유아기에 발병하는 극히 희귀한 질환으로, 신체적 **노화**가 급속히 진행되는 것이 가장 큰 특징이다. 새처럼 보이는 갈고리 모양의 큰 코와 튀어나온 눈이 특징적이다. 전형적으로 10대 초반에 사망한다.
- **헌팅턴 병**(Huntington's disease) 특정 신경세포의 퇴행이 나타나는 유전성 질환으로, 불수의적 운동 증상이 특징적이며 인지 능력의 저하도 나타날 수 있다.
- **헤이플릭 현상**(Hayflick phenomenon) 몸에서 추출한 살아 있는 세포를 배양하면 죽기 전에 제한된 횟수만 복제하게 되는데(헤이플릭 한계, Hayflick limit), 세포를 추출한 개체의 나이가 많을수록 그 세포가 죽기 전에 복제하는 횟수가 더 적어지는 현상을 말한다. 이는 **기대 수명**의 상한선이 세포의 복제 횟수가 제한되어 있는 데 따른 것이라는 점을 시사한다. 이 현상을 발견한 헤이플릭(L. Hayflick)의 이름을 땄다.
- **혈관성 치매**(Vasscular Dementia; VaD) 뇌 혈관의 손상으로 인한 **치매**.
- **혈뇌 장벽**(blood-brain barrier) 혈액 속의 화학 물질들이 뇌 속으로 들어가는 것을 막는 생리학적 메커니즘.
- **혈전증**(thrombosis) 혈전이 혈관을 막은 상태.
- **형식적 조작기**(formal operations) 피아제의 인지 발달 이론에서 11세 이상에 해당하는 시기로, 추상적인 사고가 가능해지는 시기이다.
- **형태학**(morphology) 엄밀히 말하면, 형태의 과학. 보다 일반적으로는 단어의 뜻과 구조에 대한 자각과 지식을 말한다.
- **혼합형 섬망**(mixed delirium) **섬망** 참조.
- **홀스테드–레이탄 신경심리 배터리**(Halsted-Reitan Neuropsychological Battery; HRNB) 추상적 추론 및 언어 능력, 감각 기술, 시공간 및 운동 기술 등을 평가하는

대표적인 신경심리 배터리.

• **화용론**(pragmatics) 문자 그대로 해석하기보다는 그 말의 의도를 이해하려 하는 것을 가리킨다. 보다 일반적인 의미에서는 논리적으로 정답인 한 가지를 택하기보다는 가장 만족스러운 해석을 포착할 수 있는 능력을 말한다.

• **확률적 노화**(probabilistic ageing) 반드시 모두 그런 것은 아니지만 대부분의 노인들이 경험하는 노화의 측면들(예: 심혈관 문제). **이차적 노화**와 유사하다. **보편적 노화** 참조.

• **확산적 사고**(divergent thinking) 일반적으로 **창조성**과 관련이 있는 것으로, 단순한 명제나 문제로부터 창조적인 아이디어와 해결책을 찾을 수 있는 능력을 일컫는다.

• **환자 코호트**(patient cohort) 질병이 동일할 뿐 아니라 특정 태도(예: '건강하지 못하다'는 느낌)도 동일하게 갖고 있는 환자 집단. **질병 코호트**와 비교되는 개념이다.

• **활동 기대 수명**(active life expectancy) 개인 혹은 **연령 코호트**가 활동적인 삶을 살 것이라 예상되는, 남아 있는 평균 기간.

• **활동 이론**(activity theory) **분리 이론**에 반대되는 이론으로, 노인들이 지역사회 내 활동에 지속적으로 참여해야 한다는 입장을 갖는 이론이다.

• **활동저하형 섬망**(hypoactive delirium) **섬망** 참조.

• **황반 변성**(macular degeneration) 나이 들어 감에 따라 망막의 황반 영역이 점점 퇴화되어 시력이 손상되는 것.

• **회고 고조점**(reminiscence peak, reminiscence bump) 대부분의 **자서전적 기억**이 10세에서 30세 사이의 기간에서 가장 많이 **회상**되는 현상.

• **회귀**(regression) 한 변인으로 다른 변인의 값을 예측하는 통계적 기법. **중다 회귀** 참조.

• **회백질**(grey matter) **중추신경계**를 이루고 있는 신경세포의 세포체와 **시냅스**가 위치하는 부위. 정보를 전달하는 **수초**가 위치하는 **백질**과는 대비된다.

• **회상**(recall) 기억해야 할 목록 속에 있던 항목을 기억해 내는 능력. **순서대로 회상하기** 및 **자유 회상** 참조.

• **횡단 연구**(cross-sectional research/sample/study) 동시에 상이한 연령군을 대상으로 연령 차이를 살펴보는 실험 설계이다. **종단 연구**와 대비되는 설계이다. **중복 종단 연구** 참조.

- **효율성 지수**(Efficiency Quotient; EQ) 노인들의 지적 능력을 젊은이들(최절정기에 있는)의 능력과 비교해 측정하는 지수. 기본적으로 노인과 동일한 **원 점수**를 가질 때의 젊은이의 IQ이다. 예를 들어 노인의 **원 점수**가 95점이라고 하면, 해당 연령 집단에서는 IQ 130 정도를 주게 된다. 95점은 젊은이 집단에서는 그다지 좋은 수행이 아니기 때문에 70 정도의 IQ를 주게 되는데, 이때 노인의 EQ가 바로 70으로 분류된다. IQ와 EQ를 비교함으로써 **노화**로 인한 저하를 계산할 수 있다. 그러나 보다 유용한 단일 측정치는 **악화 지수**일 것이다.
- **후기–발달적**(post-developmental) 일부 노년학자들이 노년기의 변화는 발달이나 이득이기보다는 유해한 것임을 나타내기 위해 사용하는 어구.
- **후기 성인기 전환**(late adult transition) 은퇴 즈음의 시기.
- **후두엽**(occipital lobes) 머리의 뒷부분에 위치한 **대뇌 피질**로, 시각과 관련된 기능을 담당한다.
- **후천적 난독증**(acquired dyslexia) 뇌 손상으로 인해 후천적으로 읽기에 심각한 어려움이 있는 장애.
- **후천적 실어증**(acquired dysgraphia) 뇌 손상으로 인해 후천적으로 쓰기(특히 철자법)에 심각한 어려움이 있는 장애.
- **후형식적 사고**(postformal thought) 문제 해결 시 주관적 기준과 객관적 기준을 융합할 수 있는 능력이 가능한 성인기 사고에 대한 이론. **형식적 조작기** 이후에 발달한다.
- **흔들의자형 성격**(rocking chair personality) **의존형 성격** 참조.
- **흥분성 (뉴런)**(excitatory (neurons)) (대부분은 다른 흥분성 뉴런과 함께) 다른 **뉴런**을 활동하게 만들거나, 이미 활동하고 있는 **뉴런**에게 더 빠른 발화율을 일으키는 신호를 보내는 **뉴런**.

참고문헌

Aartsen, M. J., Smiths, C. H. M., van Tilburg, T., Knopscheer, K. and Deeg, D. (2002) Activity in older adults: Cause or consequence of cognitive functioning? *The Journals of Gerontology Series B: Psychological Sciences and Social Sciences, 57*, 153–62.

Abada, S., Baum, S. and Titone, D. (2008) The effects of contextual strength on phonetic identification in younger and older listeners. *Experimental Aging Research, 34*, 232–50.

Abarshi, E., Onwuteaka-Philipsen, B., Donker, G., Enchteld, M. et al. (2009) General practitioner awareness of preferred place of death and correlates of dying in a preferred place: A nationwide mortality follow-back study in the Netherlands. *Journal of Pain and Symptom Management, 38*, 568–77.

Abas, M., Punpuing, S., Jirapramukpitak, T., Guest, P. and Tangchoniatip, K. (2009) Rural-urban migration and depression in ageing family members left behind. *British Journal of Psychiatry, 195*, 54–60.

Abel, T. and Werner, M. (2003) HIV risk behaviour of older persons. *European Journal of Public Health, 13*, 350–2.

Aboderin, I. (2004) Decline in material family support for older people in urban Ghana, Africa: Understanding processes and causes of change. *The Journals of Gerontology Series B: Psychological Sciences and Social Sciences, 59*, 128–37.

Abrams, L., Farrell, M. and Margolin, S. (2010) Older adults' detection of misspellings during reading. *Journals of Gerontology: Series B: Psychological Sciences and Social Sciences, 65*, 680–3.

Abrams, L., Trunk, D. and Merrill, L. (2007) Why a superman cannot help a tsunami: Activation of grammatical class influences resolution of young and older adults' tip of the tongue states. *Psychology and Aging, 22*, 835–45.

Abrams, R. C. and Horowitz, S. V. (1996) Personality disorders after age 50: A meta-analysis. *Journal of Personality Disorders, 10*, 271–81.

Abrams, R. C., Spielman, L. A., Alexopoulos, G. S. and Klausner, E. (1998) Personality disorder symptoms and functioning in elderly depressed patients. *American Journal of Geriatric Psychiatry, 6*, 24–30.

Ackerman, P., Kanfer, R. and Calderwood, C. (2010) Use it or lose it? Wii brain exercise practice and reading for domain knowledge. *Psychology and Aging, 25*, 753–66.

Adamek, M. E. and Kaplan, M. S. (1996a) The growing use of firearms by suicidal older women, 1979–1992: A research note. *Suicide and Life-Threatening Behavior, 26*, 71–8.

Adamek, M. E. and Kaplan, M. S. (1996b) Firearm suicide among older men. *Psychiatric Services, 47*, 304–6.

Adams, C. (1991) Qualitative age differences in memory for text: A life-span developmental perspective. *Psychology and Aging, 6*, 323–36.

Adams, C., Smith, M. C., Pasupathi, M. and Vitolo, L. (2002) Social context effects on story recall in older and younger women: Does the listener make a difference? *The Journals of Gerontology Series B: Psychological Sciences and Social Sciences, 57*, 28 – 40.

Adams-Price, C. (1992) Eyewitness memory and aging: Predictors of accuracy in recall and person recognition. *Psychology and Aging, 7*, 602 – 8.

Addis, D. R., Leclerc, C. M., Muscatell, K. and Kensinger, E. A. (2010) There are age-related changes in neural connectivity during the encoding of positive, but not negative information. *Cortex, 46*, 425 – 33.

Adkins, G., Martin, P. and Poon, L. (1996) Personality traits and states as predictors of subjective well-being in centenarians, octogenarians and sexagenarians. *Psychology and Aging, 11*, 408 – 16.

Adrian, J., Postal, V., Moessinger, M., Rascle, N. and Charles, A. (2011) Personality traits and executive functions related to on-road driving performance among older drivers. *Accident Analysis and Prevention, 43*, 1652 – 9.

Ahmadi, L. (2001) Gerotranscendence and different cultural settings. *Ageing and Society, 21*, 395 – 415.

Aihie Sayer, A. and Cooper, C. (1997) Undernutrition and aging. *Gerontology, 43*, 203 – 5.

Aiken, L. R. (1989) *Later Life*. Hillsdale, NJ: Lawrence Erlbaum Associates.

Aitchison, J. (2007) *The Articulate Mammal: An Introduction to Psycholinguistics*. London: Routledge.

Aizpurua, A., Garcia-Bajos, E. and Migueles, M. (2009) Memory for actions of an event: Older and younger adults compared. *Journal of General Psychology*, 136, 428 – 41.

Akhtar, S. (2011) *Matters of Life and Death: Psychoanalytic Reflections*. London: Karnac Books.

Akiyama, H., Antonucci, T., Takahashi, K. and Langfahl, E. S. (2003) Negative interactions in close relationships across the life span. *The Journals of Gerontology Series B: Psychological Sciences and Social Sciences, 58*, 70 – 9.

Alain, C. and Woods, D. (1999) Age-related changes in processing auditory stimuli during visual attention: Evidence for deficits in inhibitory control and sensory memory. *Psychology and Aging, 14*, 507 – 19.

Albert, M. S. (1988) Cognitive function. In M. S. Albert and M. B. Moss (eds.) *Geriatric Neuropsychology*. New York: Guilford.

Albert, M. S. and Heaton, R. K. (1988) Intelligence testing. In M. S. Albert and M. B. Moss (eds.) *Geriatric Neuropsychology*. New York: Guilford Press.

Albert, M. S., Duffy, F. H. and Naeser, M. A. (1987) Nonlinear changes in cognition and their nonpsychological correlation. *Canadian Journal of Psychology, 41*, 141 – 57.

Allaire, J. C. and Marsiske, M. (2002) Well- and ill-defined measures of everyday cognition: Relationship to older adults' intellectual ability and functional status. *Psychology and Aging, 17*, 101 – 15.

Allemand, M., Zimprich, D. and Hendriks, A. (2008) Age differences in five personality domains across the life span. *Developmental Psychology, 44*, 758 – 70.

Allemand, M., Zimprich, D. and Martin, M. (2008) Long-term correlated change in personality traits in old age. *Psychology and Aging, 23*, 545 – 57.

Allen, P. A., Hall, R. J., Druley, J. A., Smith, A. F., Sanders, R. E. and Murphy, M. D. (2001) How shared are age-related influences on cognitive and noncognitive variables? *Psychology and Aging, 16*, 532 – 49.

Allen, P. A., Madden, D. J., Weber, T. A. and Groth, K. E. (1993) Influence of age and processing stage on visual word recognition. *Psychology and Aging, 8*, 274 – 82.

Allen, P. A., Murphy, M. D., Kaufman, M., Groth, K. E. and Begovic, A. (2004) Age differences in central (semantic) and peripheral processing: The importance of considering both response times and errors. *The Journals of Gerontology Series B: Psychological Sciences and Social Sciences, 59*, 210 – 9.

Allen, P. A., Sliwinski, M., Bowie, T. and Madden, D. J. (2002) Differential age effects in semantic and episodic memory. *The Journals of Gerontology Series B: Psychological Sciences and Social Sciences, 57*, 173–86.

Allen-Burge, R. and Storandt, M. (2000) Age equivalence in feeling-of-knowing experiences. *The Journals of Gerontology Series B: Psychological Sciences and Social Sciences, 55*, 214–23.

Alonso-Babarro, A., Varela-Cerdeira, M., Torres-Vigil, I., Rodrigo-Barrientos, R. and Bruera, E. (2010) At-home palliative sedation for end-of-life cancer patients. *Palliative Medicine, 24*, 486–92.

Alpaugh, P. K. and Birren, J. R. (1977) Variables affecting creative contributions across the adult life span. *Human Development, 20*, 240–8.

Alsenany, S. (2009) Student nurses' attitudes and knowledge towards the care of older people in Saudi Arabia. *Generations Review, 19*, 1–9.

Altgassen, M., Kliegel, M., Brandimonte, M. and Filippello, P. (2010) Are older adults more social than younger adults? Social importance increases older adults' prospective memory performance. *Aging, Neuropsychology and Cognition, 17*, 312–28.

Alwin, D. F. and McCammon, R. J. (2001) Aging, cohorts and verbal ability. *The Journals of Gerontology Series B: Psychological Sciences and Social Sciences, 56*, 151–61.

Alzheimer's Society (2007) *Dementia* UK. London: Alzheimer's Society.

American Psychiatric Association (1994) *Diagnostic and Statistical Manual of Mental Disorders*. 4th edition. Washington, DC: American Psychiatric Association.

Anderson, T. L. and Levy, J. A. (2003) Marginality among older injectors in today's illicit drug culture: Assessing the impact of ageing. *Addiction, 98*, 761–70.

Andreescu, C., Mulsant, B., Houck, P., Whyte, E. et al. (2008) Empirically derived decision trees for the treatment of late-life depression. *American Journal of Psychiatry, 165*, 855–62.

Angel, L., Fay, S., Bouazzaoui, B., Baudouin, A. and Isingrini, M. (2010) Protective role of educational level on episodic memory aging: An event-related potential study. *Brain and Cognition, 74*, 312–23.

Anstey, K., Stankov, L. and Lord, S. (1993) Primary aging, secondary aging and intelligence. *Psychology and Aging, 8*, 562–70.

Anstey, K., von Sanden, C., Sargent-Cox, K. and Luszcz, M. (2007) Prevalence and risk factors for depression in a longitudinal, population-based study including individuals in the community and residential care. *American Journal of Geriatric Psychiatry, 15*, 497–505.

Anstey, K. J., Dain, S., Andrews, S. and Drobny, J. (2002) Visual abilities in older adults explain age-differences in Stroop and fluid intelligence but not face recognition: Implications for the vision-cognition connection. *Aging, Neuropsychology and Cognition, 9*, 253–65.

Anstey, K. J., Hofer, S. M. and Luszcz, M. A. (2003) A latent growth curve analysis of late-life sensory and cognitive function over 8 years: Evidence for specific and common factors underlying change. *Psychology and Aging, 18*, 714–26.

Anstey, K. J., Luszcz, M. A. and Sanchez, L. (2001) A reevaluation of the common factor theory of shared variance among age. *The Journals of Gerontology Series B: Psychological Sciences and Social Sciences, 56*, 3–11.

Antonucci, T. C., Lansford, J. E., Schaberg, L., Smith, J. et al. (2001) Widowhood and illness: A comparison of social network characteristics in France, Germany, Japan and the United States. *Psychology and Aging, 16*, 655–65.

Appell, J., Kertesz, A. and Fisman, M. (1982) A study of language functioning in Alzheimer patients. *Brain and Language, 17*, 73–91.

Arai, Y. and Zarit, S. (2011) Exploring strategies to alleviate caregiver burden: Effects of the national long-term care insurance scheme in Japan. *Psychogeriatrics, 11*, 183–9.

Arbuckle, T. Y., Nohara-LeClair, M. and Pushkar, D. (2000) Effect of off-target verbosity on communication efficiency in a referential communication task. *Psychology and Aging, 15*, 65 – 77.

Ardelt, M. (1997) Wisdom and life satisfaction in old age. *The Journals of Gerontology Series B: Psychological Sciences and Social Sciences, 52*, 15 – 27.

Ardelt, M. (1998) Social crisis and individual growth: The long-term effects of the Great Depression. *Journal of Aging Studies, 12*, 291 – 314.

Ardelt, M. (2008) Wisdom, religiosity, purpose in life, and death attitudes of aging adults. In A. Tomer, G. T. Eliason and P. Wong, P. *Existential and Spiritual Issues in Death Attitudes*. Mahwah: Lawrence Erlbaum Associates.

Ardelt, M. (2010) Are older adults wiser than college students? A comparison of two age cohorts. *Journal of Adult Development, 17*, 193 – 207.

Ardelt, M. and Jacobs, S. (2009) Wisdom, integrity, and life satisfaction in very old age. In M. Smith and N. DeFrates-Densch (eds.) *Handbook of Research on Adult Learning and Human Development*. New York: Routledge.

Arenberg, D. (1982) Changes with age in problem solving. In F. M. Craik and A. S. Trehub (eds.) *Aging and Cognitive Processes*. New York: Plenum.

Arias-Castillo, L., Ceballos-Osorio, J., Ochoa, J. and Reyes-Ortiz, C. (2009) Correlates of sexuality in men and women aged 52 – 90 years attending a university medical health service in Colombia. *Journal of Sexual Medicine, 6*, 3008 – 18.

Aries, M., Le Bastard, N., Debruyne, H., Van Buggenhout, M. et al. (2010) Relation between frontal lobe symptoms and dementia severity within and across diagnostic dementia categories. *International Journal of Geriatric Psychiatry, 25*, 1186 – 95.

Armstrong, C. L. and Cloud, B. (1998) The emergence of spatial rotation deficits in dementia and normal aging. *Neuropsychology, 12*, 208 – 17.

Arndt, S., Turvey, C. L. and Flaum, M. (2002) Older offenders, substance abuse and treatment. *The American Journal of Geriatric Psychiatry, 10*, 733 – 40.

Arnold, S. E. and Trojanowski, J. Q. (1996) Cognitive impairment in elderly schizophrenia: A dementia (still) lacking distinctive histopathology. *Schizophrenia Bulletin, 22*, 5 – 9.

Arnold, S. E., Trojanowski, J. Q., Gur, R. E., Blackwell, P., Han, L. and Choi, C. (1998) Absence of neurodegeneration and neural injury in the cerebral cortex in a sample of elderly patients with schizophrenia. *Archives of General Psychiatry, 55*, 225 – 32.

Aslan, A., Baumi, K. and Pastotter, B. (2007) No inhibitory deficit in older adults' episodic memory. *Psychological Science, 18*, 72 – 8.

Atchley, R. (1989) A continuity theory of normal aging. *Gerontologist, 29*, 183 – 90.

Athaide, H. V., Campos, M. and Costa, C. (2009) Study of ocular aberrations with age. *Aruquivas Braslia Oftalmologica, 72*, 617 – 21.

August, K. and Sorkin, D. (2011) Racial/ethnic disparities in exercise and dietary behaviors of middle-aged and older adults. *Journal of General Internal Medicine, 26*, 245 – 50.

Austad, S. N. (2006) Why women live longer than men: Sex differences in longevity. *Gender Medicine, 3*, 79 – 92.

Avorn, J., Soumerai, S. B., Everitt, D. E. and Ross-Degna, D. (1992) A randomized trial of a program to reduce the use of psychoactive drugs in nursing homes. *New England Journal of Medicine, 327*, 168 – 73.

Ayalon, L. and King-Kallimanis, B. (2010) Trading years for perfect health: Results from the health and retirement study. *Journal of Aging and Health, 22*, 1184 – 97.

Babins, L., Slater, M., Whitehead, V. and Chertkow, H. (2008) Can an 18-point clock-drawing scoring system predict dementia in elderly individuals with mild cognitive impairment? *Journal of*

Clinical and Experimental Neuropsychology, 30, 1–14.

Bäckman, L. and MacDonald, S. (2006) Death and cognition: Viewing a 1962 concept through 2006 spectacles. *European Psychologist, 11*, 161–3.

Bäckman, L. and Nyberg, L. (2010) Dopamine, cognition, and human aging: New evidence and ideas. In L. Bäckman and L. Nyberg (eds.) *Memory, aging and the brain: A Festschrift in honour of Lars-Goran Nilsson*. New York: Psychology Press.

Bäckman, L., Laukka, E. J., Wahlin, A., Small, B. J. and Fratiglioni, L. (2002) Influences of preclinical dementia and impending death on the magnitude of age-related cognitive deficits. *Psychology and Aging, 17*, 435–42.

Baddeley, A. (2010) Long term and working memory: How do they interact? In L. Bäckman, L. and L. Nyberg, L. (eds.) *Memory, Aging and the Brain: A Festschrift in honour of Lars-Goran Nilsson*. New York: Psychology Press.

Baddeley, A. D. (1983) *Your Memory: A User's Guide*. London: Penguin.

Baddeley, A. D. (1986) *Working Memory*. Oxford: Oxford Scientific Publications.

Baddeley, A. D. (1995) *Memory*. 2nd edition. London: Lawrence Erlbaum.

Baddeley, A., Eysenck, M. and Anderson, M. (2009) *Memory*. New York: Psychology Press.

Baddeley, A. D., Bressi, S., Della Sala, S., Logie, R. and Spinnler, H. (1991) The decline of working memory in Alzheimer's disease: A longitudinal study. *Brain, 114*, 2521–42.

Baddeley, A. D. and Hitch, G. (1974) Working memory. In G. H. Bower (ed.) *Attention and Performance VI*. New York: Academic Press.

Bagheri, A. (2007) Individual choice in the definition of death. *Journal of Medical Ethics, 33*, 146–9.

Bailey, H., Dunlosky, J. and Hertzog, C. (2009) Does differential strategy use account for agerelated deficits in working memory performance? *Psychology and Aging, 24*, 82–92.

Bailey, P., Henry, J., Rendell, P., Phillips, L. and Kliegel, M. (2010) Dismantling the 'age-prospective memory paradox': The classic laboratory paradigm simulated in a naturalistic setting. *Quarterly Journal of Experimental Psychology, 63*, 646–52.

Bailey, S. and Letiecq, B. (2009) Family coping and adaptation among grandparents rearing grand-children. *Journal of Intergenerational Relationships, 7*, 144–58.

Bailis, D. S. and Chipperfield, J. G. (2002) Compensating for losses in perceived personal control over health: A role for collective self-esteem in healthy aging. *The Journals of Gerontology Series B: Psychological Sciences and Social Sciences, 57*, 531–9.

Baker, D., Gazmararian, J., Sudano, J. and Patterson, M. (2000) The association between age and health literacy among elderly persons. *The Journals of Gerontology Series B: Psychological Sciences and Social Sciences, 55*, 368–74.

Bakos, D., Denburg, N., Fonseca, R. and de Mattos Pimenta Parente, M. (2010) A cultural study on decision making: Performance differences on the Iowa Gambling Task between selected groups of Brazilians and Americans. *Psychology and Neuroscience, 3*, 101–7.

Baldwin, C. and Capstick, A. (eds.) (2007) *Tom Kitwood on Dementia: A Reader and Critical Commentary*. Maidenhead: McGraw Hill/Open University Press.

Balinsky, B. (1941) An analysis of the mental factors of various age groups from nine to sixty. *Genetic Psychology Monographs, 23*, 191–234.

Ball, K., Berch, D. B., Helmers, K. F., Jobe, J. B. et al. (2002) Effects of cognitive training interventions with older adults: A randomized controlled trial. *Journal of the American Medical Association, 288*, 2271–81.

Ball, K., Owsley, C., Sloane, M. E., Roenker, D. L. and Bruni, J. R. (1993) Visual attention problems as a predictor of vehicle crashes among older drivers. *Investigative Ophthalmology and Visual Science, 34*, 3110–23.

Ballard, C. and Aarsland, D. (2009) Person-centred care and care mapping in dementia. *The Lancet Neurology, 8*, 302–3.

Baltes, M. (1996) *The Many Faces of Dependency in Old Age*. New York: Cambridge University Press.

Baltes, M. and Wahl, H. W. (1996) Patterns of communication in old age: The dependence-support and independence-ignore script. *Health Communication, 8*, 217–31.

Baltes, P. (1997) On the incomplete architecture of human ontogeny: Selection, optimization and compensation as foundation of developmental theory. *American Psychologist, 52*, 366–80.

Baltes, P. B. and Baltes, M. M. (1990). Psychological perspectives on successful aging: The model of selective optimization with compensation. In P. B. Baltes and M. M. Baltes (eds.) *Successful Aging: Perspectives from the Behavioral Sciences*. Cambridge: Cambridge University Press.

Baltes, P. B. and Lindenberger, U. (1997) Emergence of a powerful connection between sensory and cognitive functions across the adult life span: A new window to the study of cognitive aging? *Psychology and Aging, 12*, 12–21.

Baltes, P. B. and Mayer, K. U. (1999) *The Berlin Aging Study: Aging from 70 to 100*. Cambridge: Cambridge University Press.

Baltes, P. B. and Smith, J. (1990) Toward a psychology of wisdom and its ontogenesis. In R. J. Sternberg (ed.) *Wisdom: Its nature, origins and development*. Cambridge: Cambridge University Press, 87–120.

Baltes, P. B. and Staudinger, U. M. (2000) Wisdom: A metaheuristic (pragmatic) to orchestrate mind and virtue toward excellence. *American Psychologist, 55*, 122–36.

Band, G. P. H., Ridderinkhof, K. R. and Segalowitz, S. (2002) Explaining neurocognitive aging: Is one factor enough? *Brain and Cognition, 49*, 259–67.

Bann, C., Bayen, U., McCormack, L. and Uhrig, J. (2006) Effects of reading habits, reading comprehension, and memory beliefs on older adults' knowledge about Medicare. *Journal of Applied Gerontology, 25*, 49–64.

Banning, M. (2007) Medication review for the older person. *Reviews in Clinical Gerontology, 17*, 25–32.

Barefoot, J. C. (1992) Developments in the measurement of hostility. In H. Friedman (ed.) *Hostility, Coping and Health*. Washington DC: American Psychological Association, 13–31.

Barefoot, J. C. Beckham, J. C., Haney, T. L., Siegler, I. C. and Lipkus, I. M. (1993) Age differences in hostility among middle-aged and older adults. *Psychology and Aging, 8*, 3–9.

Barefoot, J. C., Mortensen, E. L., Helms, M. J., Avlund, K. and Schroll, M. (2001) A longitudinal study of gender differences in depressive symptoms from age 50 to 80. *Psychology and Aging, 16*, 342–5.

Barnes, L. L., Mendes de Leon, C. F., Bienias, J. L. and Evans, D. A. (2004) A longitudinal study of black–white differences in social resources. *The Journals of Gerontology Series B: Psychological Sciences and Social Sciences 59*, 146–53.

Barnes, L. L., Mendes de Leon, C. F., Bienias, J. L., Wilson, R. S. et al. (2009) Hostility and change in cognitive function over time in older blacks and whites. *Psychosomatic Medicine, 71*, 652–8.

Baron, A. and Banaji, M. (2006). The development of implicit attitudes: Evidence of race evaluations from ages 6 to 10 and adulthood. *Psychological Science, 17*, 53–8.

Bartels, S. J. and Mueser, K. T. (1999) Severe mental illness in older adults: Schizophrenia and other late-life psychoses. In M. A. Smyer and S. H. Qualls (eds.) *Aging and Mental Health*. Oxford: Blackwells, 182–207.

Bartlett, F. C. (1932) *Remembering*. Cambridge: Cambridge University Press.

Barton, E. M., Plemons, J. K., Willis, S. L. and Baltes, P. B. (1975) Recent findings on adult and gerontological intelligence: Changing a stereotype of decline. *American Behavioral Scientist, 19*,

224 – 36.

Bashore, T. R., Ridderinkhof, K. R. and van der Molen, M. W. (1997) The decline of cognitive processing speed in old age. *Current Directions in Psychological Science, 6*, 163 – 9.

Basso, M. R., Schefft, B. K. and Hamsher, K. (2005) Aging and remote memory declines: Preliminary findings. *Aging Neuropsychology and Cognition, 12*, 175 – 86.

Bauer, B. (1966) Results and problems of intelligence testing of aging subjects. [English translation] *Probleme und Ergebnisse der Psychologie, 16*, 21 – 39.

Bauer, M., McAuliffe, L. and Nay, R. (2007) Sexuality, health care and the older person: An overview of the literature. *International Journal of Older People Nursing, 2*, 63 – 8.

Baum, S. (1984) Age denial: Death denial in the elderly. *Death Education, 8*, 419 – 23.

Baum, S. R. (1993) Processing of center-embedded and right-branching relative clause sentences by normal elderly individuals. *Applied Psycholinguistics, 14*, 75 – 88.

Bayles, K. A. and Tomoeda, C. K. (1983) Confrontation naming impairment in dementia. *Brain and Language, 19*, 98 – 114.

Bayley, N. (1968) Behavioral correlates of mental growth: Birth to thirty-six years. American *Psychologist, 23*, 1 – 17.

Beardsall, L. (1998) Development of the Cambridge Contextual Reading Test for improving the estimation of premorbid verbal intelligence in older persons with dementia. *British Journal of Clinical Psychology, 37*, 229 – 40.

Becker, G., Beyene, Y., Newsom, E. and Mayen, N. (2003) Creating continuity through mutual assistance: Intergenerational reciprocity in four ethnic groups. *The Journals of Gerontology Series B: Psychological Sciences and Social Sciences, 58*, 151 – 9.

Becker, J. T., Boller, F., Saxton, J. and McConigle-Gibson, K. L. (1987) Normal rates of forgetting of verbal and non-verbal material in Alzheimer's Disease. *Cortex, 23*, 59 – 72.

Beckman, A., Parker, M. and Thorslund, M. (2005) Can elderly people take their medicine? *Patient Education and Counselling, 59*, 186 – 91.

Beekman, A. T. F., Penninx, B. W., Deeg, D. J., Ormel, J., Braam, A. W. and van Tilburg, W. (1997) Depression and physical health in later life: Results from the Longitudinal Aging Study Amsterdam (LASA). *Journal of Affective Disorders, 46*, 219 – 31.

Beers, M. H. and Berkow, R. (eds.) (2000) *The Merck Manual of Geriatrics*. 3rd edition. Whitehouse Station, NJ: Merck and Co.

Beier, M. E. and Ackerman, P. L. (2001) Current-events knowledge in adults: An investigation of age, intelligence and nonability determinants. *Psychology and Aging, 16*, 615 – 28.

Bekris, L., Galloway, N., Millard, S., Lockhart, D. et al. (2011) Amyloid precursor protein (APP) processing genes and cerebrospinal fluid APP cleavage product levels in Alzheimer's disease. *Neurobiology of Aging, 32*, 13 – 23.

Bell, D., Turnbull, A. and Kidd, W. (2009) Differential diagnosis of dementia in the field of learning disabilities: A case study. *British Journal of Learning Disabilites, 37*, 56 – 65.

Bell, L. J. (1980) *The Large Print Book and Its User*. London: Library Association.

Belmont, J. M., Freeseman, L. J. and Mitchell, D. W. (1988) Memory and problem solving: The cases of young and elderly adults. In M. M. Gruneberg, P. E. Morris and R. N. Sykes (eds.) *Practical Aspects of Memory, Current Research and Issues, Volume 2*. Chichester: Wiley.

Benbow, S., Kingston, P., Bhaumik, S., Black, S. et al. (2011) The interface between learning disability and old age psychiatry: Two specialities travelling alone or travelling together? *Mental Health Review Journal, 16*, 25 – 35.

Ben-David, B. and Schneider, B. (2010) A sensory origin for color-word Stroop effects in aging: Simulating age-related changes in color-vision mimics age-related changes in Stroop. *Aging,*

Neuropsychology and Cognition, 17, 730–46.

Benedetti, F., Vighetti, S., Ricco, C., Lagna, E. et al. (1999) Pain threshold and tolerance in Alzheimer's disease. *Pain, 80*, 377–82.

Bengston, U. L. and Kuypers, J. (1986) The family support cycle: Psychosocial issues in the aging family. In J. M. A. Munnichs, P. Mussen and E. Olbrich (eds.) *Life Span and Change in a Gerontological Perspective*. New York: Academic Press.

Bengston, U. L. and Treas, J. (1980) The changing family context of mental health and aging. In J. E. Birren and B. Sloane (eds.) *Handbook of Mental Health and Aging*. New Jersey: Prentice Hall.

Bengtson, V., Cuellar, J. and Ragan, P. (1977) Stratum contrasts and similarities in attitudes toward death. *Journal of Gerontology, 32*, 76–88.

Bennett, D. J. and McEvoy, C. L. (1999) Mediated priming in younger and older adults. *Experimental Aging Research, 25*, 141–59.

Bennett, K. (2005) Psychological wellbeing in later life: the longitudinal effects of marriage, widowhood and marital status change. *International Journal of Geriatric Psychiatry, 20*, 280–4.

Bennett, K. M. (2002) Low level social engagement as a precursor of mortality among people in later life. *Age and Ageing, 31*, 165–8.

Bent, N., Rabbitt, P. and Metcalfe (2000) Diabetes mellitus and the rate of cognitive ageing. *British Journal of Clinical Psychology, 39*, 349–63.

Berg, C. A. and Sternberg, R. J. (1992) Adults' conceptions of intelligence across the adult life span. *Psychology and Aging, 7*, 221–31.

Berg, L. (1988) Mild senile dementia of the Alzheimer type: Diagnostic criteria and natural history. *Mount Sinai Journal of Medicine, 55*, 87–96.

Bergeman, C. S. (1997) *Aging: Genetic and Environmental Influences*. Thousand Oaks: Sage.

Berger, G., Frolich, L., Weber, B. and Pantel, J. (2008) Diagnostic accuracy of the clock drawing test: The relevance of 'time setting' in screening for dementia. *Journal of Geriatric Psychiatry and Neurology, 21*, 250–60.

Bergfield, K. L., Hanson, K., Chen, K., Teipei, S. et al. (2010) Age-related networks of regional covariance in MRI grey matter: Reproducible multivariate patterns in health aging. *Neuroimage, 49*, 1750–59.

Bergman, M., Blumenfeld, V. G., Casardo, D., Dash, B., Levett, H. and Margulies, M. K. (1976) Age-related decrement in hearing for speech: Sampling and longitudinal studies. *Journal of Gerontology, 31*, 533–8.

Berkowitz, B. (1964) Changes in intellect with age: IV. Changes in achievement and survival. *Newsletter for Research in Psychology, 6*, 18–20.

Berlingeri, M., Bottini, G., Basilico, S., Silani, G. et al. (2008) Anatomy of the episodic buffer: A voxel-based morphometry study in patients with dementia. *Behavioural Neurology, 18*, 29–34.

Bernaducci, M. P. and Owens, N. J. (1996) Is there a fountain of youth? A review of current life extension strategies. *Pharmacotherapy, 16*, 183–200.

Berntsen, D. and Rubin, D. C. (2002) Emotionally charged autobiographical memories across the life span: The recall of happy, sad, traumatic and involuntary memories. *Psychology and Aging, 17*, 636–52.

Bertram, L. and Tanzi, R. E. (2004) The current state of Alzheimer's disease genetics. What do we tell the patients? *Pharmacological Research, 50*, 385–96.

Berzoff, J. (2003) Psychodynamic theories in Grief and Bereavement. *Smith College Studies in Social Work, 73*, 273–98.

Beukelaar, L. J. and Kroonenberg, P. M. (1986) Changes over time in the relationship between hand preference and writing hand among left-handers. *Neuropsychologia, 24*, 301–3.

Bherer, L. and Belleville, S. (2004) Age-related differences in response preparation: The role of time uncertainty. *The Journals of Gerontology Series B: Psychological Sciences and Social Sciences, 59*, 66–74.

Bidewell, J. and Chang, E. (2011) Managing dementia agitation in residential aged care. *Dementia, 10*, 299–315.

Bielefeld, E. C., Tanaka, C., Chen, G. D. and Henderson, D. (2010) Age-related hearing loss: Is it a preventable condition? *Hearing Research, 264*, 98–107.

Bierman, E. Comijs, H., Rijmen, F., Jonker, C. and Beekan, A. (2008) Anxiety symptoms and cognitive performance in later life: Results from the longitudinal aging study Amsterdam. *Aging and Mental Health, 12*, 517–23.

Bird, J. and Hayter, M. (2009) A review of the literature on the impact of renal cancer therapy on quality of life. *Journal of Clincal Nursing, 18*, 2783–800.

Birren, J. E. (eds.) (1965) *Behavior, Aging and the Nervous System*. New York: Springer-Verlag.

Birren, J. E., Butler, R. N., Greenhouse, S. W., Solokoff, L. and Yarrow, M. R. (1963) *Human Aging*. Washington Public Health Service Publication No. 986.

Birren, J. E. and Fisher, L. M. (1995) Aging and speed of behavior: Possible consequences for psychological functioning. *Annual Review of Psychology, 46*, 329–53.

Birren, J. E. and Schroots, J. J. F. (eds.) (2000) *A History of Geropsychology in Autobiography*. Washington: American Psychological Association.

Bischmann, D. A. and Witte, K. (1996) Food identification, taste complaints and depression in younger and older adults. *Experimental Aging Research, 22*, 23–32.

Bisiacchi, P., Borella, E., Bergamaschi, S., Carretti, B. and Mondini, S. (2008) Interplay between memory and executive functions in normal and pathological aging. *Journal of Clinical and Experimental Neuropsychology, 30*, 723–33.

Black, H. K. and Rubinstein, R. L. (2004) Themes of suffering in later life. *The Journals of Gerontology Series B: Psychological Sciences and Social Sciences, 59*, 17–24.

Blackburn, J. A. and Papalia, D. E. (1992) The study of adult cognition from a Piagetian perspective. In R. J. Sternberg and C. Berg (eds.) *Intellectual Development*. Cambridge: Cambridge University Press.

Blake, S. (2009) Subnational patterns of population ageing. *Population Trends, 136*, 43–63.

Blanchard-Fields, F., Chen, Y., Horhota, M. and Wang, M. (2007) Cultural differences in the relationship between aging and the correspondence bias. *Journal of Gerontology B: Psychological Sciences and Social Sciences, 62*, 362–5.

Blay, S., Fillenbaum, G., Andreoli, S. and Gastal, F. (2009) Correlates of lifetime alcohol misuse among older community residents in Brazil. *International Psychogeriatrics, 21*, 384–91.

Blelak, A. A. M., Hultsch, D. F., Strauss, E., MacDonald, S. W. S. and Hunter, M. A. (2010) Intra-individual variability is related to cognitive change in older adults: Evidence for withinperson coupling. *Psychology and Aging, 25*, 575–86.

Blessed, G., Tomlinson, B. E. and Roth, M. (1968) The association between quantitative measures of dementia and senile changes in the cerebral grey matter of elderly subjects. *British Journal of Psychiatry, 114*, 797–811.

Blow, F. C. and Oslin, D. W. (2003) Late-life addictions. *Geriatric Psychiatry, 22*, 111–43.

Blum, J. E., Clark, E. T. and Jarvik, L. F. (1973) The NYS Psychiatric Institute Study of aging twins. In L. F. Jarvik, C. Eisdorfer and J. E. Blum (eds.) *Intellectual Functioning in Adults*. New York: Springer.

Boekamp, J. R., Strauss, M. E. and Adams, N. (1995) Estimating premorbid intelligence in African-American and White elderly veterans using the American version of the National Adult Reading Test. *Journal of Clinical and Experimental Neuropsychology, 17*, 645–53.

Boeras, D., Granic, A., Padmanabhan, J., Crespo, N. et al. (2008) Alzheimer's presenilin 1 causes chromosome missegragation and aneuploidy. *Neurobiology of Aging, 29*, 319 – 28.

Boggatz, T., Farid, T., Mohammedin, A., Dijkstra, A. et al. (2009) Psychometric properties of the Extended Care Dependency Scale for older persons in Egypt. *Journal of Clinical Nursing, 18*, 3280 – 9.

Boggatz, T., Farid, T., Mohammedin, A., Dijkstra, A. et al. (2010) Socio-demographic factors related to functional limitations and care dependency among older Egyptians. *Journal of Advanced Nursing, 66*, 1047 – 58.

Bohensky, M., Charlton, J., Odell, M. and Keeffe, J. (2008) Implications of vision testing for older driver licensing. *Traffic Injury Prevention, 9*, 304 – 13.

Bohnen, N. I., Kaufer, D. I., Hendrickson, R., Ivanco, L. S. et al. (2005) Cognitive correlates of alterations in acetylcholinesterase in Alzheimer's disease. *Neuroscience Letters, 380*, 127 – 32.

Bohr, V. A. and Anson, R. M. (1995) DNA damage, mutation and fine structure DNA repair in aging. *Mutation Research, 338*, 25 – 34.

Boland, R. J., Diaz, S., Lamdan, R. M., Ramchandani, D. and McCartney, J. R. (1996) Over-diagnosis of depression in the general hospital. *General Hospital Psychiatry, 18*, 28 – 35.

Bonanno, G. (1999) Emotional dissociation, self-deception, and adaptation to loss. In C. Figley (ed.) *Traumatology of Grieving: Conceptual, Theoretical, and Treatment Foundations*. Philadelphia: Brunner-Mazel, 89 – 105.

Bonanno, G. A., Wortman, C. B. and Nesse, R. M. (2004) Prospective patterns of resilience and maladjustment during widowhood. *Psychology and Aging, 19*, 260 – 71.

Bongaarts, J. and Zimmer, Z. (2002) Living arrangements of older adults in the developing world: An analysis of demographic and health survey household surveys. *The Journals of Gerontology Series B: Psychological Sciences and Social Sciences, 57*, 45 – 57.

Bonilha, L., Eckert, M. A., Fridriksson, J., Hirth V. A. et al. (2009) Age-related relative volume preservation of the dominant hand cortical region. *Brain Research, 13*, 14 – 9.

Bonini, M. and Mansur, L. (2009) Comprehension and storage of sequentially presented radio news items by healthy elderly. *Dementia and Neuropsychologia, 3*, 118 – 23.

Bookwala, J., Harralson, T. L. and Parmelee, P. A. (2003) Effects of pain on functioning and wellbeing in older adults with osteoarthritis of the knee. *Psychology and Aging, 18*, 844 – 50.

Bopp, K. L. and Verhaeghen, P. (2005) Aging and verbal memory span: A meta-analysis. *The Journals of Gerontology Series B: Psychological Sciences and Social Sciences, 60*, 223 – 33.

Bosma, H., van Boxtel, M. P. J., Ponds, R. W. H. M., Houx, P. J. H. and Jolles, J. (2003) Education and age-related cognitive decline: The contribution of mental workload. *Educational Gerontology, 29*, 165 – 73.

Bosman, E. A. (1993) Age-related differences in the motoric aspects of transcription typing skill. *Psychology and Aging, 8*, 87 – 102.

Botwinick, J. (1967) *Cognitive Processes in Maturity and Old Age*. New York: Springer.

Botwinick, J. (1973) *Aging and Behavior*. New York: Springer.

Botwinick, J. (1977) Intellectual abilities. In J. E. Birren and K. W. Schaie (eds.) *Handbook of the Psychology of Aging*. New York: Van Nostrand Reinhold.

Botwinick, J. and Storandt, M. (1974) Vocabulary ability in later life. *Journal of Genetic Psychology, 125*, 303 – 8.

Botwinick, J., West, R. and Storandt, M. (1978) Predicting death from behavioral performance. *Journal of Gerontology, 33*, 755 – 62.

Bouazzaoui, B., Isingrini, M., Fay, S., Angel, L. et al. (2010) Aging and self-reported internal and external memory strategy uses: The role of executive functioning. *Acta Psychologia, 135*, 59 – 66.

Bouchard Ryan, E., Anas A. P., Beamer, M. and Bajorek, S. (2003) Coping with age-related vision loss in everyday reading activities. *Educational Gerontology, 29*, 37–54.

Bouma, H., Legein, C. P., Melotte, H. E. and Zabel, L. (1982) Is large print easy to read? Oral reading rate and word recognition of elderly subjects. *IPO Annual Progress Report, 17*, 84–90.

Bouras, C., Riederer, B. M., Kovari, E., Hof, P. R. and Giannakopoulos, P. (2005) Humoral immunity in brain aging and Alzheimer's disease. *Brain Research, 48*, 477–87.

Bourget, D., Gagne, P. and Whitehurst, L. (2010) Domestic homicide and homicide-suicide: The older offender. *Journal of the American Academy of Psychiatry and the Law, 38*, 305–11.

Bowles, N. L. and Poon, L. W. (1981) The effect of age on speed of lexical access. *Experimental Aging Research, 7*, 417–25.

Bowles, N. L. and Poon, L. W. (1985) Aging and retrieval of words in semantic memory. *Journal of Gerontology, 40*, 71–7.

Bowles, R. P. and Salthouse, T. A. (2003) Assessing the age-related effects of proactive interference on working memory tasks using the Rasch model. *Psychology and Aging, 18*, 608–15.

Bowling, A. (2007) Quality of life in older age: What people say. In H. Mollenkopf and A. Walker (eds.) *Quality of Life in Old Age: International and Multi-Disciplinary Perspectives*. New York: Springer.

Bowling, A., Farquhar, M. and Grundy, E. (1996) Associations with changes in life satisfaction among three samples of elderly people living at home. *International Journal of Geriatric Psychiatry, 11*, 1077–87.

Bowling, A. and Stenner, P. (2011) Which measure of quality of life performs best in older age? A comparison of the OPQOL, CASP-19 and WHOQOL-OLD. *Journal of Epidemiology and Community Health, 65*, 273–80.

Boxer, A. and Miller, B. (2005) Clinical features of frontotemporal dementia. *Alzheimer's Disease and Associated Disorders, 19*, 3–6.

Boyd, C. M., Landefeld, C. S., Counsell, S. R., Palmer, R. M. et al. (2008) Recovery of activities of daily living in older adults after hospitalization for acute medical illness. *Journal of the American Geriatrics Society, 56*, 2171–9.

Braam, A. W., Beekman, A. T. F., van Tilburg, T. G., Deeg, D. J. H. and van Tilburg, W. (1997) Religious involvement and depression in older Dutch citizens. *Social Psychiatry and Psychiatric Epidemiology, 32*, 284–91.

Braam, A. W., Bramsen, I., van Tilburg, T. G., van der Ploeg, H. and Deeg, D. (2006) Cosmic transcendence and framework of meaning in life: Patterns among older adults in The Netherlands. *The Journals of Gerontology Series B: Psychological Sciences and Social Sciences, 61*, 121–8.

Brady, E. M. and Sky, H. Z. (2003) Journal writing among older learners. *Educational Gerontology, 29*, 151–63.

Brandt, J., Bakker, A. and Maroof, D. (2010) Auditory confrontation naming in Alzheimer's disease. *Clinical Neuropsychologist, 24*, 1326–38.

Braskie, M., Klunder, A., Hayashi, K., Protas, H. et al. (2010) Plaque and tangle imaging and cognition in normal aging and Alzheimer's disease. *Neurobiology of Aging, 31*, 1669–78.

Brattberg, G., Parker, M. G. and Thorslund, M. (1996) The prevalence of pain among the oldest old in Sweden. *Pain, 67*, 29–34.

Brayne, C. and Beardsall, L. (1990) Estimation of verbal intelligence in an elderly community: An epidemiological study using NART. *British Journal of Clinical Psychology, 29*, 217–24.

Brébion, G., Smith, M. J. and Ehrlich, M. F. (1997) Working memory and aging: Deficit or strategy differences. *Aging, Neuropsychology and Cognition, 4*, 58–73.

Brewer, G. J. (1999) Regeneration and proliferation of embryonic and adult hippocampal neurons. *Experimental Neurology, 159*, 237–47.

Brickell, K., Leverenz, J., Steinbart, E., Rumbaugh, M. and Schallenberg, G. (2007) Clinico-pathological concordance and discordance in three monozygotic twin pairs with familial Alzheimer's disease. *Journal of Neurology, Neurosurgery and Psychiatry, 78*, 1050–5.

Brimacombe, C., Quinton, N., Nance, N. and Garrioch, L. (1997) Is age irrelevant? Perceptions of young and old eyewitnesses. *Law and Human Behavior, 21*, 619–34.

Brinley, J. F. (1965) Cognitive sets, speed and accuracy in the elderly. In A. T. Welford and J. E. Birren (eds.) *Behavior, Aging and the Nervous System.* New York: Spring-Verlag.

Brodaty, H. (2007) Meaning and measurement of caregiver outcomes. *International Psychogeriatrics*, 19, 363–81.

Brody, J. A. (1988) Changing health needs of the ageing population. Research and the Ageing Population. *Ciba Foundation Symposium, 134*. Chichester: Wiley.

Bromley, D. B. (1958) Some effects of age on short-term learning and memory. *Journal of Gerontology, 13*, 398–406.

Bromley, D. B. (1988) *Human Ageing. An Introduction to Gerontology*. 3rd edition. Harmondsworth: Penguin.

Bromley, D. B. (1991) Aspects of written language production over adult life. *Psychology and Aging, 6*, 296–308.

Brommelhoff, J., Gatz, M., Johansson, B., McArdle, J. et al. (2009) Depression as a risk factor of prodromal feature for dementia? Findings in a population-based sample of Swedish twins. *Psychology and Aging, 24*, 373–84.

Brown, J. W., Chobor, A. and Zinn, F. (1993) Dementia testing in the elderly. *Journal of Nervous and Mental Disorders, 181*, 695–8.

Brown, L., Majumdar, S., Newman, S. and Johnson, J. (2006) Type 2 diabetes does not increase risk of depression. Canadian Medical Association Journal, 175, 42–6.

Brown, R. (2010) Broadening the search for safe treatments in dementia agitation: A possible role for low-dose opioids? *International Journal of Geriatric Psychiatry, 25*, 1085–6.

Brown, R. and McNeill, D. (1966) The 'tip-of-the-tongue' phenomenon. *Journal of Verbal Learning and Verbal Behavior, 5*, 325–37.

Brown, S. and Kawamura, S. (2010) Relationship quality among cohabitors and marrieds in older adulthood. *Social Science Research, 39*, 777–86.

Brown, S. L., Roebuck Bulanda, J. and Lee, G. R. (2005) The significance of nonmarital cohabitation: Marital status and mental health benefits among middle-aged and older adults. *The Journals of Gerontology Series B: Psychological Sciences and Social Sciences, 60*, 21–9.

Bruandet, A., Richard, F., Bombois, S., Maurage, C. et al. (2008) Cognitive decline and survival in Alzheimer's disease according to education level. *Dementia and Geriatric Cognitive Disorders, 25*, 74–80.

Brutoco, S. (2010) The Barber decision: A questionable approach to termination of life-support systems for the patient in a persistent vegetative state. *Golden Gate University Law Review, 15*. Available at: http://digitalcommons.law.ggu.edu/ggulrev/vol15/iss2/4, accessed on 21 January, 2012.

Bryan, J. and Luszcz, M. A. (1996) Speed of information processing as a mediator between age and free-recall performance. *Psychology and Aging, 11*, 3–9.

Bryant, C. (2010) Anxiety and depression in old age: Challenges in recognition and diagnosis. *International Psychogeriatrics, 22*, 511–3.

Bucks, R., Scott, M. I., Pearsall, T. and Ashworth, D. L. (1996) The short NART: Utility in a memory disorders clinic. *British Journal of Clinical Psychology, 35*, 133–141.

Bucks, R. S. and Willison, J. R. (1997) Development and validation of the Location Learning

Test(LLT): A test of visuo-spatial learning designed for use with older adults and in dementia. *Clinical Neuropsychologist, 11*, 273 – 86.

Bullock, K. (2011) The influence of culture on end-of-life decision making. *Journal of Social Work in End-of-Life and Palliative Care, 7*, 83 – 98.

Bunce, D., Kivipelto, M. and Wahlin, A. (2005) Apolipoprotein E, B vitamins and cognitive function in older adults. *The Journals of Gerontology Series B: Psychological Sciences and Social Sciences, 60*, 41 – 8.

Bunce, D. J., Barrowclough, A. and Morris, I. (1996) The moderating influence of physical fitness on age gradients in vigilance and serial choice responding tasks. *Psychology and Aging, 11*, 671 – 82.

Burgmans, S., van Boxtel, M. P., Vuurman, E. F., Smeets, F. et al. (2009) The prevalence of cortical gray matter atrophy may be overestimated in the healthy aging brain. *Neuropsychology, 23*, 541 – 50.

Burke, D. M., Mackay, D. G. and James, L. E. (2000) Theoretical approaches to language and aging. In T. J. Perfect and E. A. Maylor (eds.) *Models of Cognitive Aging*. Oxford: Oxford University Press, 204 – 37.

Burke, D. M., White, H. and Diaz, D. L. (1987) Semantic priming in young and old adults: Evidence for age constancy in automatic and attentional processes. *Journal of Experimental Psychology: Human Perception and Performance, 13*, 79 – 88.

Burke, D. M., Worthley, J. and Martin, J. (1988) I'll never forget what's-her-name: Aging and tip of the tongue experiences in everyday life. In M. M. Gruneberg, P. E. Morris and R. N. Sykes (eds.) *Practical Aspects of Memory: Current Research and Issues*. Chichester: Wiley.

Burns, A. (1995) Cause of death in dementia. In E. Murphy and G. Alexopoulos (ed.) *Geriatric Psychiatry: Key Research Topics for Clinicians*. Chichester: Wiley, 95 – 101.

Burns, A. (2006) *Severe Dementia*. New York: John Wiley and Sons.

Burns, A., Allen, H., Tomenson, B., Duignan, D. and Byrne, J. (2009) Bright light therapy for agitation in dementia: A randomized controlled trial. *International Psychogeriatrics, 21*, 711 – 21.

Burns, R. (1988) A two-way TV system operated by senior citizens. *American Behavioral Scientist, 31*, 576 – 87.

Burnside, I. M., Ebersole, P. and Monea, H. E. (eds.) (1979) *Psychosocial Caring Throughout the Lifespan*. New York: McGraw Hill.

Butler, K. and Zacks, R. T. (2006) Age deficits in the control of prepotent responses: Evidence for an inhibitory decline. *Psychology and Aging, 21*, 638 – 43.

Butler, R. N. (1967) *Creativity in Old Age*. New York: Plenum.

Butler, R. N. (1969) Ageism: Another form of bigotry. *The Gerontologist, 9*, 243 – 6.

Buzgova, R. and Ivanova, K. (2009) Elder abuse and mistreatment in residential settings. *Nursing Ethics, 16*, 110 – 26.

Byrd, M. (1985) Age differences in the ability to recall and summarise textual information. *Experimental Aging Research, 11*, 87 – 91.

Byrne, M. D. (1998) Taking a computational approach to aging: The SPAN theory of working memory. *Psychology of Aging, 13*, 309 – 22.

Cabeza, R. (2001) Cognitive neuroscience of aging: Contributions of functional neuroimaging. *Scandanavian Journal of Psychology, 42*, 277-86.

Cabeza, R. (2002) Hemispheric asymmetry reduction in old adults: The HAROLD model. *Psychology and Aging, 17*, 85 – 100.

Caine, E. D., Lyness, J. M., King, D. A. and Connors, B. A. (1994) Clinical and etiological heterogeneity of mood disorders in elderly patients. In L. S. Schneider, C. F. Reynolds, B. D. Lebowitz and A. J. Friedhoff (eds.) *Diagnosis and Treatment of Depression in Late Life*. Washington:

American Psychological Association, 23 – 53.

Calasanti, T. (2004) Feminist gerontology and old men. *The Journals of Gerontology Series B: Psychological Sciences and Social Sciences, 59*, 305 – 14.

Calvaresi, E. and Bryan, J. (2001) B vitamins, cognition and aging. *The Journals of Gerontology Series B: Psychological Sciences and Social Sciences, 56*, 327 – 39.

Calvo, E., Haverstick, K. and Sass, S. (2009) Gradual retirement, sense of control, and retirees' happiness. *Research on Aging, 31*, 112 – 35.

Camp, C. J. (1988) Utilisation of world knowledge systems. In L. W. Poon, D. G. Rubin and B. A. Wilson (eds.) *Everyday Cognition in Adulthood and Later Life*. Cambridge: Cambridge University Press.

Capone, J., Della Sala, S., Spinnler, H. and Venneri, A. (2003) Upper and lower face and ideomotor apraxia in patients with Alzheimer's disease. *Behavioural Neurology, 14*, 1 – 8.

Cappeliez, P. and O'Rourke, N. (2002) Personality traits and existential concerns as predictors of the functions of reminiscence in older adults. *The Journals of Gerontology Series B: Psychological Sciences and Social Sciences, 57*, 116 – 23.

Cappell, K., Gmeindl, L. and Reuter-Lorenz, P. (2010) Age differences in prefrontal recruitment during verbal working memory maintenance depend on memory load. *Cortex, 46*, 462 – 73.

Carey, R. G. (1979) Weathering widowhood: Problems and adjustment of the widowed during the first year. *Omega, 10*, 263 – 74.

Carlson, L. E., Sherwin, B. B. and Chertkow, H. M. (2000) Relationships between mood and estradiol (E2) levels in Alzheimer's disease (AD) patients. *The Journals of Gerontology Series B: Psychological Sciences and Social Sciences, 55*, 47 – 53.

Carmelli, D., Swan, G. E., Kelly-Hayes, M., Wolf, P. A., Reed, T. and Miller, B. (2000) Longitudinal changes in the contribution of genetic and environmental influences to symptoms of depression in older male twins. *Psychology and Aging, 15*, 505 – 10.

Carp, J., Gmeindl, L. and Reuter-Lorenz, P. (2010) Age differences in the neural representation of working memory revealed by multi-voxel pattern analysis. *Frontiers in Human Neuroscience, 4*, 217 – 30.

Carp, J., Park, J., Polk, T. A. and Park, D. C. (2010) Age differences in neural distinctiveness revealed by multi-voxel pattern analysis. *Neuroimage, 50*, 56 – 71.

Carr, D., House, J. S., Kessler, R. C., Nesse, R. M., Sonnega, J. and Wortman, C. (2000) Marital quality and psychological adjustment to widowhood among older adults: a longitudinal analysis. *The Journals of Gerontology Series B: Psychological Sciences and Social Sciences, 55*, 197 – 207.

Carr, D., House, J. S., Wortman, C., Nesse, R. and Kessler, R. C. (2001) Psychological adjust-ment to sudden and anticipated spousal loss among older widowed persons. *The Journals of Gerontology Series B: Psychological Sciences and Social Sciences, 56*, 237 – 48.

Carreon, D. and Noymer, A. (2011) Health-related quality of life in older adults: Testing the double jeopardy hypothesis. *Journal of Aging Studies, 25*, 371 – 9.

Carretti, B., Borella, E. and De Beni, R. (2007) Does strategic memory training improve the working memory performance of younger and older adults? *Experimental Psychology, 54*, 311 – 20.

Carriere, J. S., Cheyne, J., Solman, G. and Smilek, D. (2010) Age trends for failures of sustained attention. *Psychology and Aging, 25*, 569 – 74.

Carswell, L. M., Graves, R. E., Snow, W. G. and Tierney, M. C. (1997) Postdicting verbal IQ of elderly individuals. *Journal of Clinical and Experimental Neuropsychology, 19*, 914 – 21.

Carter, J. H. (1982) The effects of aging on selected visual functions: Color vision, glare sensitivity, field of vision and accommodation. In R. Sekuler, D. Kline and K. Dismukes (eds.) *Aging and Human Visual Function*. New York: Alan R. Liss, 121 – 30.

Caserta, M. T., Bannon, Y., Fernandez, F., Giunta, B., Schoenberg, M .R. and Tan, J. (2009) Normal brain aging clinical, immunological, neuropsychological, and neuroimaging features. *International Review of Neurobiology, 84*, 1 – 19.

Caspi, A. and Elder, G. H. (1986) Life satisfaction in old age: Linking social psychology and history. *Journal of Psychology and Aging, 1*, 18 – 26.

Caspi, A., Roberts, B. W. and Shiner, R. L. (2005) Personality development: Stability and change. *Annual Review of Psychology, 56*, 453 – 84.

Castel, A. (2005) Memory for grocery prices in younger and older adults: The role of schematic support. *Psychology and Aging, 20*, 718 – 21.

Castelo-Branco, C., Palacios, S., Ferrer-Barriendos, J. and Alberich, X. (2010) Do patients lie? An open interview vs. a blind questionnaire on sexuality. *Journal of Sexual Medicine, 7*, 873 – 80.

Castro-Costa, E., Ferri, C., Lima-Costa, M., Zaleski, M. et al. (2008) Alcohol consumption in latelife – the first Brazilian National Alcohol Survey (BNAS). *Addictive Behaviors, 33*, 1598 – 601.

Cattell, R. B. (1971) *Abilities: Their Structure, Growth and Action.* Boston, MA: Houghton Mifflin.

Catterall, M. and Maclaran, P. (2001) Body talk: Questioning the assumptions in cognitive age. *Psychology and Marketing, 18, 10*, 1117 – 33.

Cavallini, E., Pagnin, A. and Vecchi, T. (2003) Aging and everyday memory: The beneficial effect of memory training. *Archives of Gerontology and Geriatrics, 37*, 241 – 57.

Caza, N. and Belleville, S. (2008) Reduced short-term memory capacity in Alzheimer's disease: The role of phonological, lexical, and semantic processing. *Memory, 16*, 341 – 50.

Centers for Disease Control and Prevention (2007) *Preventing injuries in America: Public health action.* Available at www.cdc.gov/injury/wisqars.

Cerella, J. (1985) Information processing rate in the elderly. *Psychological Bulletin, 98*, 67 – 83.

Cerella, J. (1990) Aging and information-processing rate. In J. E. Birren and K. W. Schaie (eds.) *Handbook of the Psychology of Aging.* 3rd edition. San Diego, CA: Academic Press.

Cerella, J. and Fozard, J. L. (1984) Lexical access and age. *Developmental Psychology, 20*, 235 – 43.

Cervera, T., Soier, M., Dasi, C. and Ruiz, J. (2009) Speech recognition and working memory capacity in young-elderly listeners: Effects of hearing sensitivity. *Canadian Journal of Experimental Psychology, 63*, 216 – 26.

Chait, R., Fahmy, S. and Caceres, J. (2010) Cocaine abuse in older adults: An underscreened cohort. *Journal of the American Geriatrics Society, 58*, 391 – 2.

Chambaere, K., Bilsen, J., Cohen, J., Onwuteaka-Philipsen, B. et al. (2011) Trends in medical endof - life decision making in Flanders, Belgium 1998-2001-2007. *Medical Decision Making*, 31, 500 – 10.

Champley, J., Scherz, J., Apel, K. and Burda, A. (2008) A preliminary analysis of reading materials and strategies used by older adults. *Communication Disorders Quarterly, 29*, 131 – 40.

Chan, A. S., Salmon, D. P., Butters, N. and Johnson, S. (1995) Comparison of the semantic networks in patients with dementia and amnesia. *Neuropsychology, 9*, 177 – 86.

Chandler, M. J. and Holliday, S. (1990) Wisdom in a post apocalyptic age. In R. J. Sternberg (ed.) *Wisdom: Its Nature, Origins and Development.* Cambridge: Cambridge University Press, 121 – 41.

Chao, L. L. and Knight, R. T. (1997) Prefrontal deficits in attention and inhibitory control with aging. *Cerebral Cortex, 7*, 63 – 9.

Chao, T. K. and Chen, T. H. (2009) Predictive model for progression of hearing loss: Meta-analysis of multi-state outcome. *Journal of Evaluative Clinical Practice, 15*, 32 – 40.

Chapman, B., Duberstein, P., Sorensen, S., Lyness, J. and Emery, L. (2006) Personality and perceived health in older adults: The five factor model in primary care. *The Journals of Gerontology Series B: Psychological Sciences and Social Sciences, 61*, 362 – 5.

Chapman, B., Lyness, J, and Duberstein, P. (2007) Personality and medical illness burden among older adults in primary care. *Psychosomatic Medicine, 69*, 277–82.

Chapman, B., Shah, M., Friedman, B., Drayer, R. et al. (2009) Personality traits predict emer-gency department utilization over 3 years in older patients. *American Journal of Geriatric Psychiatry, 17*, 526–35.

Chapman, S., Ulatowska, H., Franklin, L. Shobe, A. et al. (1997) Proverb interpretation in fluent aphasia and Alzheimer's disease: Implications beyond abstract thinking. *Aphasiology, 11*, 337–50.

Chapple, A., Swift, C. and Ziebland, S. (2011) The role of spirituality and religion for those bereaved due to a traumatic death. *Mortality, 16*, 1–19.

Charlton, R., Landau, S., Schiavone, F., Barrick, T. et al. (2008) A structural equation modeling investigation of age-related variance in executive function and DTI measured white matter damage. *Neurobiology of Aging, 29*, 1547–55.

Charlton, R. A., Barrick, T. R., Markus, H. S. and Morris, R. G. (2010) The relationship between episodic long-term memory and white matter integrity in normal aging. *Neuropsychologia, 48*, 114–22.

Charness, N. (1979) Components of skill in bridge. *Canadian Journal of Psychology, 133*, 1–16.

Charness, N. (1981) Aging and skilled problem solving. *Journal of Experimental Psychology: General, 110*, 21–38.

Charness, N., Kelley, C. L., Bosman, E. A. and Mottram, M. (2001) Word-processing training and retraining: Effects of adult age, experience and interface. *Psychology and Aging, 16*, 110–27.

Charness, N. and Schaie, K. W. (eds.) (2003) *The Impact of Technology on Successful Aging*. New York: Springer.

Chen, S. (2008) Reading practices and profiles of older adults in Taiwan. *Educational Gerontology, 34*, 428–42.

Chen, Y. and Persson, A. (2002) Internet use among young and older adults: Relation to psych-ological well-being. *Educational Gerontology, 28*, 731–44.

Chertkow, H., Massoud, F., Nasreddine, Z., Belleville, S. et al. (2009) Diagnosis and treatment of dementia: 3. Mild cognitive impairment and cognitive impairment without dementia. *Focus, 7*, 64–78.

Chin, J., Lee, B., Seo, S., Kim, E. et al. (2005) The closing-in phenomenon in Alzheimer's disease and vascular dementia. *Journal of Clinical Neurology, 1*, 166–73.

Chipperfield, J. G. and Havens, B. (2001) Gender differences in the relationship between marital status transitions and life satisfaction in later life. *The Journals of Gerontology Series B: Psychological Sciences and Social Sciences, 56*, 176–86.

Chiu, H., Hsieh, Y., Mau, L. and Lee, M. (2005) Associations between socio-economic status measures and functional change among older people in Taiwan. *Ageing and Society, 25*, 377–95.

Cho, C., Gilchrist, L. and White, S. (2008) A comparison between young and old adults in their ability to rapidly sidestep during gait when attention is divided. *Gerontology, 54*, 120–7.

Cho, H., Lavretsky, H., Olmstead, R., Levin, M. and Oxman, M. (2008) Sleep disturbance and depression recurrence in community-dwelling older adults: A prospective study. *American Journal of Psychiatry, 165*, 1543–50.

Choi, N. and McDougall, G. (2009) Unmet needs and depressive symptoms among low-income older adults. *Journal of Gerontological Social Work, 52*, 567–83.

Chou, K. (2009) Age at onset of generalized anxiety disorder in older adults. American Journal of *Geriatric Psychiatry, 17*, 455–64.

Christensen, H., Henderson, A. S., Griffiths, K. and Levings, C. (1997) Does ageing inevitably lead to declines in cognitive performance? A longitudinal study of elite academics. *Personality and*

Individual Differences, 23, 67–78.
Christensen, H., Korten, A. E., Jorm, A. F., Henderson, A. S. et al. (1997) Education and decline in cognitive performance: Compensatory but not protective. *International Journal of Geriatric Psychiatry, 12*, 323–30.
Christensen, H., Mackinnon, A. J., Korten, A. E., Jorm, A. F. et al. (1999) An analysis of diversity in the cognitive performance of elderly community dwellers. Individual differences in change scores as a function of age. *Psychology and Aging, 14*, 365–79.
Christianson, K., Williams, C., Zacks, R. and Ferreira, F. (2006) Younger and older adults' 'good enough' interpretations of garden-path sentences. *Discourse Processes, 42*, 205–38.
Chu, S. and Downes, J. (2000) Long live Proust: the odour-cued autobiographical memory bump. *Cognition, 75*, 41–50.
Chua, E., Schacter, D. and Sperling, R. (2009) Neural basis for recognition confidence in younger and older adults. *Psychology and Aging, 24*, 139–53.
Chung, S., Domino, M. and Stearns, S. (2009) The effect of retirement on weight. *The Journals of Gerontology Series B: Psychological Sciences and Social Sciences, 64*, 656–65.
Cicirelli, V. G. (1976) Categorization behavior in aging subjects. Journal of Gerontology, 31, 676–90.
Claessens, P., Menten, J., Schotsmans, P. and Broeckaert, B. (2011) Palliative sedation, not slow euthanasia: A prospective, longitudinal study of sedation in Flemish palliative care units. *Journal of Pain and Symptom Management, 41*, 14–24.
Clark, L., Gatz, M., Zheng, L., Chen, Y. et al. (2009) Longitudinal verbal fluency in normal aging, preclinical, and prevalent Alzheimer's disease. *American Journal of Alzheimer's Disease and Other Dementias, 24*, 461–8.
Clark, M. S. (1999) The double ABCX model of family crisis as a representation of family functioning after rehabilitation from stroke. *Psychology, Health and Medicine, 4*, 203–20.
Clarke, P. and Smith, J. (2011) Aging in a cultural context: Cross-national differences in disability and the moderating role of personal control among older adults in the United States and England. *The Journals of Gerontology Series B: Psychological Sciences and Social Sciences, 66*, 457–67.
Clarke, R., Grimley Evans, J., Schneede, J., Nexo, E. et al. (2004) Vitamin B12 and folate deficiency in later life. *Age and Ageing, 33*, 34–41.
Clay, O. J., Edwards, J. D., Ross, L. A., Okonkwo, O. et al. (2009) Visual function and cognitive speed of processing mediate age-related decline in memory span and fluid intelligence. *Journal of Aging and Health*, 21, 547–66.
Clayton, V. P. and Birren, J. E. (1980) The development of wisdom across the life span: A reexamination of an ancient topic. In P. B. Baltes and O. G. Brim (eds.) *Life-Span Development and Behavior, 3*. New York: Academic Press.
Cleiren, M., Grad, O., Zavasnik, A. and Diekstra, R. (1996) Psychosocial impact of bereavement after suicide and fatal traffic accident: A comparative two-country study. *Acta Psychiatrica Scandinavica, 94*, 37–44.
Cockburn, J. and Smith, P. T. (1988) Effects of age and intelligence on everyday memory tasks. In M. M. Gruneberg, P. E. Morris and R. N. Sykes (eds.) *Practical Aspects of Memory: Current Research and Issues*. Chichester: Wiley.
Coffey, C. E., Saxton, J. A., Ratcliff, G., Bryan, R. N. and Lucke, J. F. (1999) Relation of education to brain size in normal aging: Implications for the reserve hypothesis. *Neurology, 53*, 189–96.
Coghlan, A. (2011) Curtain falls on mad cow disease. *New Scientist, 209*, 6–7.
Cohen, C., Magai, C., Yaffee, R., Huangthaisong, P. and Walcott-Brown, L. (2006) The preva-lence of phobia and its associated factors in a multiracial aging urban population. *American Journal of*

Geriatric Psychiatry, 14, 507–14.

Cohen, D. and Dunner, D. (1980) The assessment of cognitive dysfunction in dementing illness. In J. O. Cole and J. E. Barrett (eds.) *Psychopathology in the Aged*. New York: Raven.

Cohen, G. (1981) Inferential reasoning in old age. *Cognition, 9*, 59–72.

Cohen, G. (1988) Age differences in memory for texts: Production deficiency of processing limitations? In D. M. Burke and L. L. Light (eds.) *Language, Memory and Aging*. New York: Cambridge University Press.

Cohen, G. (1989) *Memory in the Real World*. Hove: Lawrence Erlbaum Associates.

Cohen, G. (1996) Memory and learning in normal ageing. In R. Woods (ed.) *Handbook of the Clinical Psychology of Ageing*. Chichester: Wiley, 43–58.

Cohen, G. and Faulkner, D. (1984) Memory for text. In H. Bouma and D. Bouwhuis (eds.) *Attention and Performance X: Control of Language Processes*. Hillsdale, NJ: Lawrence Erlbaum.

Cohen, G. and Faulkner, D. (1986) Memory for proper names: Age differences in retrieval. *British Journal of Developmental Psychology, 4*, 187–97.

Cohen, G. and Faulkner, D. (1988) Life span changes in autobiographical memory. In M. M. Gruneberg, P. E. Morris and R. N. Sykes (eds.) *Practical Aspects of Memory, Current Research and Issues, Volume 2*. Chichester: Wiley.

Cohen, G. and Faulkner, D. (1989) The effects of aging on perceived and generated memories. In L. W. Poon, D. C. Rubin and B. A. Wilson (eds.) *Everyday Cognition in Later Life*. Cambridge: Cambridge University Press.

Cohen-Mansfield, J. (2007) Temporal patterns of agitation in dementia. *American Journal of Geriatric Psychiatry, 15*, 395–405.

Cohen-Mansfield, J., Shmotkin, D., Eyal, N., Reichental, Y. and Hazan, H. (2010) A comparison of three types of autobiographical memories in old-old age: First memories, pivotal memories and traumatic memories. *Gerontology, 56*, 564–73.

Cohn, E. S. (1999) Hearing loss with aging: Presbycusis. *Clinical Geriatric Medicine, 15*, 145–61.

Cole, M. G. (2004) Delirium in elderly patients. *The American Journal of Geriatric Psychiatry, 12*, 7–22.

Coleman, P. G. and O'Hanlon, A. (2004) *Ageing and Development: Theories and Research*. London: Arnold.

Collette, F., Van der Linden, M., Bechet, S. and Salmon, E. (1999) Phonological loop and central executive functioning in Alzheimer's disease. *Neuropsychologia, 37*, 905–18.

Collinge, J., Whitfield, J., McKintosh, E., Frosh, A. et al. (2008) A clinical study of kuru patients with long incubation periods at the end of the epidemic in Papua New Guinea. *Philosophical Transactions of the Royal Society B: Biological Sciences, 363*, 3725–39.

Comijs, H. C., Jonker, C., van Tilburg, W. and Smit, J. H. (1999) Hostility and coping capacity as risk factors of elder mistreatment. *Social Psychiatry and Psychiatric Epidemiology, 34*, 48–52.

Compton, D. M., Bachman, L. D. and Logan, J. A. (1997) Aging and intellectual ability in young, middle-aged and older educated adults: Preliminary results from a sample of college faculty. *Psychological Reports, 81*, 79–90.

Concar, D. (1996) Death of old age. *New Scientist, 150*, 24–9.

Cong, Y. S., Wright, W. E. and Shay, J. W. (2002) Human telomerase and its regulation. *Microbiology and Molecular Biology Review, 66*, 407–25.

Connelly, S. L., Hasher, L. and Zacks, R. (1991) Age and reading: The impact of distraction. *Psychology and Aging, 6*, 533–41.

Connor, L. T., Spiro, A., Obler, L. K. and Albert, M. L. (2004) Change in object naming ability during adulthood. *The Journals of Gerontology Series B: Psychological Sciences and Social Sciences, 59*, 203–9.

Continuous Mortality Investigation (2006a) *The Graduation of the CMI 1999-2002 Mortality Experience: Final '00' Series Mortality Tables – Assured Lives*. Working Paper 21 (a).

Continuous Mortality Investigation (2006b) *The Graduation of the CMI 1999-2002 Mortality Experience: Final '00' Series Mortality Tables – Annuitants and Pensioner*. Working Paper 22 (b).

Contreras-Vidal, J. L., Teulings, H. L. and Stelmach, G. E. (1995) Micrographia in Parkinson's disease. *Neuroreport: An International Journal for the Rapid Communication of Research in Neuroscience, 6*, 2089–92.

Contreras-Vidal, J. L., Teulings, H. L. and Stelmach, G. E. (1998) Elderly subjects are impaired in spatial coordination in fine motor control. *Acta Psychologica, 100*, 25–35.

Conway, S. C. and O'Carroll, R. E. (1997) An evaluation of the Cambridge Contextual Reading Test (CCRT) in Alzheimer's disease. *British Journal of Clinical Psychology, 36*, 623–5.

Conwell, Y. (1997) Management of suicidal behavior in the elderly. *Psychiatric Clinics of North America, 20*, 667–83.

Cook, A. S. and Oltjenbruns, K. A. (1989) *Dying and Grieving*. New York: Holt, Rinehart and Winston.

Cook, E. A. (1998) Effects of reminiscence on life satisfaction of elderly female nursing home residents. *Health Care for Women International, 19*, 109–18.

Cooper, C., Bebbington, P., Meltzer, H., Jenkins, R. et al. (2009) Alcohol in moderation, premorbid intelligence and cognition in older adults: Results from the Psychiatric Morbidity Survey. *Journal of Neurology, Neurosurgery and Psychiatry, 80*, 1236–9.

Cooper, S. (1997a) Epidemiology of psychiatric disorders in elderly compared with younger adults with learning disabilities. British Journal of Psychiatry, 170, 375–80.

Cooper, S. (1997b) High prevalence of dementia among people with learning disabilities not attributable to Down's syndrome. *Psychological Medicine, 27*, 609–16.

Coppel, D. B., Burton, C., Becker, J. and Fiore, J. (1985) Relationships of cognition associated with coping reactions to depression in spousal caregivers of Alzheimer's disease patients. *Cognitive Therapy and Research, 9*, 253–66.

Corcoran, P., Reulbach, U., Perry, I. and Arensman, E. (2010) Suicide and deliberate self harm in older Irish adults. *Interntional Psychogeriatrics, 22*, 1327–36.

Cordingly, L. and Webb, C. (1997) Independence and aging. *Reviews in Clinical Gerontology, 7*, 137–46.

Corkin, S., Growden, J. H., Nissen, M. J., Huff, F. J., Freed, D. M. and Sagar, H. J. (1984) Recent advances in the neuropsychological study of Alzheimer's disease. In R. J. Wurtman, S. Corkin and J. H. Growden (eds.) *Alzheimer's Disease: Advances in Basic Research and Therapies*. Cambridge, MA: Center for Science and Metabolism Trust.

Corley, J., Gow, A. J., Starr, J. M. and Deary, I. J. (2010) Is body mass index in old age related to cognitive abilities? The Lothian Birth Cohort 1936 Study. *Psychology and Aging, 25*, 867–75.

Cornelissen, F. W. and Kooijman, A. C. (2000) Does age change the distribution of visual attention? A comment on McCalley, Bouwhuis and Juola (1995). *The Journals of Gerontology Series B: Psychological Sciences and Social Sciences, 55*, 187–90.

Cornman, J. C., Lynch, S. M., Goldman, N., Weinstein, M. and Lin, H. S. (2004) Stability and change in the perceived social support of older Taiwanese adults. *The Journals of Gerontology Series B: Psychological Sciences and Social Sciences, 59*, 350–7.

Corrada, M., Brookmeyer, R., Paganini-Hill, A., Berlau, D. and Kawas, C. (2010) Dementia incidence continues to increase with age in the oldest old: The 90+ study. *Annals of Neurology, 67*, 114–21.

Corso, J. F. (1981) *Aging Sensory Systems and Perception*. New York: Praeger.

Corso, J. F. (1987) Sensory-perceptual processes and aging. *Annual Review of Gerontology and Geriatrics, 7*, New York: Springer.

Cosentino, S., Manly, J. and Mungas, D. (2007) Do reading tests measure the same construct in multiethnic and multilingual older persons? *Journal of the International Neuropsychological Society, 13*, 228–36.

Costa, P. T. and McCrae, R. R. (1980) Still stable after all these years: Personality as a key to some issues of adulthood and old age. In P. B. Baltes and G. G. Brim (eds.) *Life-span Development and Behaviour, Volume 3*, New York: Academic Press.

Costa, P. T. and McCrae, R. R. (1982) An approach to the attribution of aging: Period and cohort effects. *Psychological Bulletin, 92*, 238–50.

Cottle, N. and Glover, R. (2007) Combating ageism: Change in student knowledge and attitudes regarding aging. *Educational Gerontology, 33*, 501–12.

Coudin, G. and Alexopoulos, T. (2010) 'Help me! I'm old!' How negative aging stereotypes create dependency among older adults. *Aging and Mental Health, 14*, 516–23.

Coupland, N., Coupland, J. and Giles, H. (1991) *Language, Society and the Elderly*. Oxford: Blackwells.

Cowart, B. J., Yokomukai, Y. and Beauchamp, G. K. (1994) Bitter taste in aging: Compound-specific decline in sensitivity. *Physiology and Behavior, 56*, 1237–41.

Cowgill, D. (1970) The demography of aging. In A. M. Hoffman (ed.) *The Daily Needs and Interests of Older People*. Springfield, IL: C. C. Thomas.

Coxon, P. and Valentine, T. (1997) The effects of the age of eyewitnesses on the accuracy and suggestibility of their testimony. *Applied Cognitive Psychology, 11*, 415–30.

Coyne, A. C., Liss, L. and Geckler, C. (1984) The relationship between cognitive status and visual information processing. *Journal of Gerontology, 39*, 711–7.

Craig, L., Hong, N. and McDonald, R. (2011) Revisiting the cholinergic hypothesis in the development of Alzheimer's disease. *Neuroscience and Biobehavioral Reviews, 35*, 1397–1409.

Craik, F. and Salthouse, T. A. (eds.) (2008) *The Handbook of Aging and Cognition*. 3rd edition. New York: Psychology Press.

Craik, F. I. M. (1977) Age differences in human memory. In J. E. Birren and K. W. Schaie (eds.) *Handbook of the Psychology of Aging*. New York: Van Nostrand Reinhold.

Craik, F. I. M. (1986) A functional account of age differences in memory. In F. Klix and H. Hagendorf (eds.) *Human Memory and Cognitive Capabilites, Mechanisms and Performance*. Amsterdam: Elsevier, 409–22.

Craik, F. I. M. (2000) Age-related changes in human memory. In D. C. Park and N. Schwarz (eds.) *Cognitive Aging: A Primer*. Philadelphia: Taylor and Francis, 75–92.

Craik, F. I. M., Anderson, N. D., Kerr, S. A. and Li, K. Z. H. (1995) Memory changes in normal ageing. In A. D. Baddeley, B. A. Wilson and F. N. Watts (eds.) *Handbook of Memory Disorders*. Chichester: Wiley, 211–42.

Craik, F. I. M. and Jennings, J. M. (1992) Human memory. In F. I. M. Craik and T. A. Salthouse (eds.) *The Handbook of Aging and Cognition*. Hillsdale, NJ: Lawrence Erlbaum.

Craik, F. I. M. and Rabinowitz, J. C. (1984) Age differences in the acquisition and use of verbal information. In H. Bouma and D. Bouwhuis (eds.) *Attention and Performance X: Control of Language Processes*. Hillsdale, NJ: Erlbaum, 471–99.

Cramer, P. (2003) Personality change in later adulthood is predicted by defense mechanism use in early adulthood. *Journal of Research in Personality, 37*, 76–104.

Crandall, R. C. (1980) *Gerontology. A Behavioral Science Approach*. Reading, MA: Addison-Wesley.

Crawford, J. R., Stewart, L. E., Garthwaite, P. H., Parker, D. M. and Bessan, J. A. O. (1988) The relationship between demographic variables and NART performance in normal subjects. *British*

Journal of Clinical Psychology, 27, 181–2.
Cronin-Golomb, A., Gilmore, G., Neargarder, S., Morrison, S. and Laudate, T. (2007) Enhanced stimulus strength improves visual cognition in aging and Alzheimer's disease. *Cortex, 43*, 952–66.
Crook, T. H. and West, R. L. (1990) Name recall performance across the adult life span. *British Journal of Psychology, 81*, 335–49.
Crosson, C. W. and Robertson-Tchabo, E. A. (1983) Age and preference for complexity among manifestly creative women. *Human Development, 26*, 149–55.
Crowley, K., Mayer, P. and Stuart-Hamilton, I. (2009) Changes in reliance on reading and spelling subskills across the lifespan. *Educational Gerontology, 35*, 503–22.
Cruz-Jentoft, A. J., Franco, A., Sommer, P., Baeyens, J. P. et al. (2008). European silver paper on the future of health promotion and preventive actions, basic research, and clinical aspects of agerelated disease. *Gerontechnology, 7*, 331–9.
Cuetos, F., Rosci, C., Laiacona, M. and Capitano, E. (2008) Different variables predict anomia in different subjects: A longitudinal study of two Alzheimer's patients. *Neuropsychologia, 46*, 249–60.
Cukrowicz, K., Cheavens, J., Van Orden, K., Regan, R. and Cook, R. (2011) Perceived burdensomeness and suicide ideation in older adults. *Psychology and Aging, 26*, 331–40.
Cullum, S., Huppert, F., McGee, M., Dening, T. et al. (2000). Decline across different domains of cognitive function in normal ageing: Results of a longitudinal population-based study using CAMCOG. *International Journal of Geriatric Psychiatry, 15*, 853–62.
Cumming, E. and Henry, W. E. (1961) *Growing Old*. New York: Basic Books.
Cunningham, W. R. and Brookbank, J. W. (1988) *Gerontology: The Psychology, Biology and Sociology of Ageing*. New York: Harper and Row.
Cunningham, W. R., Clayton, V. and Overton, W. (1975) Fluid and crystallised intelligence in young adulthood and old age. *Journal of Gerontology, 30*, 53–5.
Cutler, S. J., Hendricks, J. and Guyer, A. (2003) Age differences in home computer availability and use. *The Journals of Gerontology Series B: Psychological Sciences and Social Sciences, 58*, 271–80.
Czaja, S. J. and Sharit, J. (1998) Age differences in attitudes towards computers. *The Journals of Gerontology B: Psychological Sciences and Social Sciences, 53*, 329–40.
Dahlin, E., Backman, L., Neely, A. and Nyberg, L. (2009) Training of the executive component of working memory: Subcortical areas mediate transfer effects. *Restorative Neurology and Neuroscience, 27*, 405–19.
Dahlin, E., Nyberg, L., Backman, L. and Neely, A. (2008) Plasticity of executive functioning in young and old adults: Immediate training gains, transfer, and long-term maintenance. *Psychology and Aging, 23*, 720–30.
Daily Telegraph (2005) Terri Schiavo dies. *Daily Telegraph*, 31 March, 2005.
Davies, E. and Cartwright, S. (2011) Psychological and psychosocial predictors of attitudes to working past normal retirement age. *Employee Relations, 33*, 249–68.
Davies, S. and Nolan, M. (2006) 'Making it better': Self-perceived roles of family caregivers of older people living in care homes: A qualitative study. *International Journal of Nursing Studies, 43*, 281–91.
Davis, P. E. and Mumford, S. J. (1984) Cued recall and the nature of the memory disorder in dementia. *British Journal of Psychiatry, 144*, 383–6.
Davys, D. and Haigh, C. (2008) Older parents of people who have a learning disability: Perceptions of future accommodation needs. *British Journal of Learning Disabilities, 36*, 66–72.
Dawe, B., Procter, A. and Philpot, M. (1992). Concepts of mild memory impairment in the elderly

and their relationship to dementia – a review. *International Journal of Geriatric Psychiatry, 7*, 473–9.

Dawkins, R. (1976) *The Selfish Gene*. Oxford: Oxford University Press.

de Beauvoir, S. (1970) *Old Age*. London: Penguin Books.

De Beni, R., Borella, E. and Carretti, B. (2007) Reading comprehesion in aging: The role of working memory and metacomprehension. *Aging, Neuropsychology and Cognition, 14*, 189–212.

De Bot, K. and Makoni, S. (2005) *Language and Aging in Multilingual Contexts*. Clevedon: Cromwell Press.

De Frias, C. M., Lövdén, M., Lindenberger, U. and Nilsson, L. (2007) Revisiting the dedifferentiation hypothesis with longitudinal multi-cohort data. *Intelligence, 35*, 381–92.

De Jong Gierveld, J., Marjolein van Groenou, B., Hoogendoorn, A. and Smit, J. (2009) Quality of marriages in later life and emotional and social loneliness. *The Journals of Gerontology Series B: Psychological Sciences and Social Sciences, 64*, 497–506.

De la Torre, J. (2011) Three postulates to help identify the cause of Alzheimer's disease. *Journal of Alzheimer's Disease, 24*, 657–88.

De Leo, G., Brivio, E. and Sautter, S. (2011) Supporting autobiographical memory in patients with Alzheimer's disease using smart phones. *Applied Neuropsychology, 18*, 69–76.

de Magalhaes, J. P. (2011) The biology of ageing: A primer. In I. Stuart-Hamilton (ed.) *An Introduction to Gerontology*. Cambridge: Cambridge University Press.

de Mendonca Lima, C., Leibing, A. and Buschfort, R. (2007) Mental health resources for older persons in the Western Pacific Region of the World Health Organization. *Psychogeriatrics, 7*, 81–6.

de Vaus, D., Wells, Y., Kendig, H. and Quine, S. (2007) Does gradual retirement have better outcomes than abrupt retirement? Results from an Australian panel study. *Ageing and Society, 27*, 667–82.

de Vries, B., Bluck, S. and Birren, J. (1993) The understanding of death and dying in a life-span perspective. *The Gerontologist, 33*, 366–72.

Deary, I. J. (2001) *Intelligence: A Very Short Introduction*. Oxford: Oxford University Press.

Deary, I. J., Allerhand, M. and Der, G. (2009) Smarter in middle age, faster in old age: A crosslagged panel analysis of reaction time and cognitive ability over 13 years in the West of Scotland Twenty-07 Study. *Psychology and Aging, 24*, 40–7.

Deary, I. J. and Der, G. (2005) Reaction time, age, and cognitive ability: Longitudinal findings from age 16 to 63 years in representative population samples. *Aging, Neuropsychology, and Cognition, 12*, 187–215.

Deary, I., Johnson, W. and Starr, J. (2010) Are processing speed tasks biomarkers of cognitive aging? *Psychology and Aging, 25*, 219–28.

Deary, I. J., Leaper, S. A., Murray, A. D., Staff, R. T. and Whalley, L. J. (2003) Cerebral white matter abnormalities and lifetime cognitive change: A 67-year follow-up of the Scottish Mental Survey of 1932. *Psychology and Aging, 18*, 140–8.

Deary, I. J., Whalley, L. J., Batty, G. D. and Starr, J. M. (2006) Physical fitness and lifetime cognitive change. *Neurology, 67*, 1195–200.

Deary, I. J., Whalley, L. J., Lemmon, H., Crawford, J. R. and Starr, J. M. (2000) The stability of individual differences in mental ability from childhood to old age: Follow-up of the 1932 Scottish Mental Survey. *Intelligence, 28*, 49–55.

Deary, I. J., Whalley, L. and Starr, J. (2009) Validating the National Adult Reading Test. In I. J. Deary, L. Whalley and J. Starr (eds.) *A Lifetime of Intelligence: Follow-up Studies of the Scottish Mental Surveys of 1932 and 1947*. Washington: American Psychological Association.

Deary, I. J., Whiteman, M. C., Pattie, A., Starr, J. M. et al. (2004a) Apolipoprotein E gene variability and cognitive functions at age 79: A follow-up of the Scottish Mental Survey of

1932. *Psychology and Aging, 19*, 367 – 71.

Deary, I. J., Whiteman, M. C., Starr, J. C., Whalley, L. J. and Fox, H. C. (2004b) The impact of childhood intelligence on later life: Following up the Scottish Mental Surveys of 1932 and 1947. *Journal of Personality and Social Psychology, 86*, 130 – 47.

Debette, S., Belser, A. and Hoffman, U. (2010) Visceral fat is associated with lower brain volume in healthy middle-aged adults. *Annals of Neurology, 68*, 136 – 44.

Decker, D. L. (1980) *Social Gerontology*. Boston, MA: Little, Brown and Company.

DeDe, G., Caplan, D., Kemtes, K. and Waters, G. (2004) The relationship between age, verbal working memory and language comprehension. *Psychology and Aging, 19*, 601 – 16.

DeHart, S. S. and Hoffmann, N. G. (1995) Screening and diagnosis of 'alcohol abuse and dependence' in older adults. *International Journal of the Addictions, 30*, 1717 – 47.

Dehon, H. and Brédart, S. (2004) False memories: Young and older adults think of semantic associates at the same rate, but young adults are more successful at source monitoring. *Psychology and Aging, 19*, 191 – 7.

Del Duca, D. and Duque, G. (2006) A reflection on aging: A portfolio of change in attitudes toward geriatric patients during a clerkship rotation. *Educational Gerontology, 32*, 605 – 10.

DeLamater, J. D. and Sill, M. (2005) Sexual Desire in Later Life. *Journal of Sex Research, 42*, 138 – 49.

Delbaere, K., Crombez, G., Vanderstraeten, G., Willems, T. and Cambier, D. (2004) Fear-related avoidance of activities, falls and physical frailty. A prospective community-based cohort study. *Age and Aging, 33*, 368 – 73.

Dellenbach, M. and Zimprich, D. (2008) Typical intellectual engagement and cognition in old age. *Aging, Neuropsychology and Cognition, 15*, 208 – 31.

Deltsidou, A., Gesouli-Voityraki, E., Mastrogiannis, D., Mantzorou, M. and Noula, M. (2010) Nurse teachers' and student nurses' attitudes towards caring the older people in a province of Greece. *Health Science Journal, 4*, 245 – 57.

Dennerstein, L., Alexander. J. L. and Kotz, K. (2003) The menopause and sexual functioning: A review of the population-based studies. *Annual Review of Sex Research, 14*, 64 – 83.

Denney, D. R. and Denney, N. W. (1973) The use of classification for problem solving: A comparison of middle and old age. *Developmental Psychology, 9*, 275 – 8.

Denney, D. R. and Denney, N. W. (1974) Modelling effects on the questioning strategies of the elderly. *Developmental Psychology, 10*, 458.

Denney, N. W. (1974) Evidence for developmental changes in categorization criteria for children and adults. *Human Development, 17*, 41 – 53.

DePaola, S. J., Griffin, M., Young, J. R. and Neimeyer, R. A. (2003). Death anxiety and attitudes toward the elderly among older adults: The role of gender and ethnicity. *Death Studies, 27*, 335 – 54.

Derwinger, A., Neely, A. S. and Bäckman, L. (2005) Design your own memory strategies! Self-generated strategy training versus mnemonic training in old age: An 8-month follow-up. *Neuropsychological Rehabilitation, 15*, 37 – 54.

Devlin, K. (2009) Sentenced to death on the NHS. *The Telegraph*, 2 September, 2009.

Dewey, J. (1939) Introduction. In E.V. Cowdrey (ed.) *Problems of Ageing*. Baltimore, MD: Williams and Wilkins.

Dewing, J. (2008) Personhood and dementia: Revisiting Tom Kitwood's ideas. *International Journal of Older People Nursing, 3*, 3 – 13.

Di Rosa, M., Kofahl, C., McKee, K., Bien, B. et al. (2011) A typology of caregiving situations and service use in family carers of older people in six European countries: The EUROFAMCARE study. GeroPsych: *The Journal of Geontopsychology and Geriatric Psychiatry, 24*, 5 – 18.

Dickinson, G. E. (1992) First childhood death experiences. *Omega: Journal of Death and Dying, 25*, 169–82.

Diehl, M., Willis, S. L. and Schaie, K. W. (1995) Everyday problem solving in older adults: Observational assessment and cognitive correlates. *Psychology and Aging, 10*, 478–91.

Dijkstra, K. and Misirlisoy, M. (2009) Recognition accuracy for original and altered verbal memory reports in older adults. *Quarterly Journal of Experimental Psychology, 62*, 248–56.

Dilworth-Anderson, P., Goodwin, P. Y. and Wallace Williams, S. (2004) Can culture help explain the physical health effects of caregiving over time among African American caregivers? *The Journals of Gerontology Series B: Psychological Sciences and Social Sciences, 59*, 138–45.

Dixon, R. A., Backman, L. and Nilsson, L. G. (2004) *New Frontiers in Cognitive Ageing*. Oxford: Oxford University Press.

Dixon, R. A., Kurzman, D. and Friesen, I. C. (1993) Handwriting performance in younger and older adults: Age, familiarity and practice effects. *Psychology and Aging, 8*, 360–70.

Dodge, H., Chang, C., Kamboh, I. and Ganguli, M. (2011) Risk of Alzheimer's disease incidence attributable to vascular disease in the population. *Alzheimer's and Dementia, 7*, 356–60.

Dodson, C., Bawa, S. and Krueger, L. (2007) Aging, metamemory, and high-confidence errors: A misrecollection account. *Psychology and Aging, 22*, 122–33.

Dodson, C. and Krueger, L. (2006) I misremember it well: Why older adults are unreliable eyewitnesses. *Psychonomic Bulletin and Review, 13*, 770–5.

Doeller, C. F., King, J. A. and Burgess, N. (2008) Parallel striatal and hippocampal systems for landmarks and boundaries in spatial memory. *Proceedings of the National Academy of Sciences, U.S.A., 105*, 5915–20.

Domey, R. G., McFarland, R. A. and Chadwick, E. (1960) Dark adaptation as a function of age and time. *Journal of Gerontology, 15*, 267–79.

Dong, X., Simon, M., Wilson, R., Beck, T. et al. (2011) Association of personality traits with elder self-neglect in a community-dwelling population. *American Journal of Geriatric Psychiatry, 19*, 743–51.

Donix, M., Poettrich, K., Weiss, P., Werner, A. et al. (2010) Age-dependent differences in the neural mechanisms supporting long-term declarative memories. *Archives of Clinical Neuropsychology, 25*, 383–95.

Doty, R. L. (1990) Aging and age-related neurological disease: Olfaction. In F. Goller and J. Grafman (eds.) *Handbook of Neuropsychology*. Amsterdam: Elsevier, 459–62.

Douglass, C., Keddie, A., Brooker, D. and Surr, C. (2010) Cross-cultural comparison of the perceptions and experiences of dementia care mapping 'mappers' in the United States and the United Kingdom. *Journal of Aging and Health, 22*, 567–88.

Dowd, K., Blake, D. and Cairns, A. J. G. (2010) *Facing Up to Uncertain Life Expectancy: The Longevity Fan Charts*. London: Pensions Institute. Available at www.pensions-institute.org/workingpapers/wp0703.pdf, accessed on 21 January 2012.

Drewnowski, A. and Shultz, J. M. (2001) Impact of aging on eating behaviors, food choices, nutrition and health status. *Journal of Nutrition, Health and Aging, 5*, 75–9.

Dreyfus, D., Roe, C. and Morris, J. (2010) Autobiographical memory task in assessing dementia. *Archives of Neurology, 67*, 862–6.

Druks, J., Masterson, J. Kopelman, M., Clare, L. et al. (2006) Is action naming better preserved (than object naming) in Alzheimer's disease and why should we ask? *Brain and Language, 98*, 332–40.

Druley, J. A., Stephens, M. A. P., Martire, L. M., Ennis, N. and Wojno, W. C. (2003) Emotional congruence in older couples coping with wives' osteoarthritis: Exacerbating effects of pain behavior. *Psychology and Aging, 18*, 406–14.

Du, Y., Scheidt-Nave, C. and Kopf, H. (2008) Use of psychotropic drugs and alcohol among noninstitutionalised elderly. *Pharmacopsychiatry, 41*, 242 – 51.

Duberstein, P., Chapman, B., Tindle, H., Sink, K. et al. (2011) Personality and risk for Alzheimer's disease in adults 72 years of age and older: A 6-year follow-up. *Psychology and Aging, 26*, 351 – 62.

Duberstein, P. R., Conwell, Y., Seidlitz, L., Denning, D. G., Cox, C. and Caine, E. D. (2000) Personality traits and suicidal behavior and ideation in depressed inpatients 50 years of age and older. *The Journals of Gerontology Series B: Psychological Sciences and Social Sciences, 55*, 18 – 26.

Dubno, J. R., Dirk, D. D. and Morgan, D. E. (1984) Effects of age and mild hearing loss on speech recognition in noise. *Journal of Acoustical Society of America, 76*, 87 – 96.

Dubois, L. (1997) La representation du vieillissement à la télévision: Des images de negation et d'exclusion dans une logique de mise en marche. *Canadian Journal on Aging, 16*, 354 – 72.

Duckworth, A. L. and Seligman, M. (2005) Self-discipline outdoes IQ in predicting academic performance of adolescents. *Psychological Science, 16*, 939 – 44.

Duerson, M., Thomas, J., Chang, J. and Stevens, C. B. (1992) Medical students' knowledge and misconceptions about aging: Responses to Palmore's Facts on Aging quizzes. The *Gerontologist, 32*, 171 – 4.

Duff, K., Mold, J. W. and Gidron, Y. (2009) Cognitive functioning predicts survival in the elderly. *Journal of Clinical and Experimental Neuropsychology, 31*, 90 – 5.

Duggan, L., Lewis, M. and Morgan, J. (1996) Behavioural changes in people with learning disability and dementia: A descriptive study. *Journal of Intellectual Disability Research, 40*, 311 – 21.

Duke, J., Leventhal, H., Brownlee, S. and Leventhal, E. A. (2002) Giving up and replacing activities in response to illness. *The Journals of Gerontology Series B: Psychological Sciences and Social Sciences, 57*, 367 – 76.

Dulay, M. and Murphy, C. (2002) Olfactory acuity and cognitive function converge in older adulthood: Support for the common cause hypothesis. *Psychology and Aging, 17*, 392 – 404.

Duñabeitia, J. A., Marín, A., Avilés, A., Perea, M. and Carreiras, M. (2009) Constituent priming effects: Evidence for preserved morphological processing in healthy old readers. *European Journal of Cognitive Psychology, 21*, 283 – 302.

Duncan, J., Emslie, H., Williams, P., Johnson, R. and Freer, C. (1996) Intelligence and the frontal lobe: The organization of goal-directed behavior. *Cognitive Psychology, 30*, 257 – 303.

Dunlop, D. D., Manheim, L. M., Song, J. and Chang, R. W. (2002) Gender and ethnic/racial disparities in health care utilization among older adults. *The Journals of Gerontology Series B: Psychological Sciences and Social Sciences, 57*, 221 – 33.

Dunning, T. (2009) Aging, activities, and the Internet. *Activities, Adaptation and Aging, 33*, 120 – 1.

Dupuis, K. and Pichora-Fuller, M. (2010) Use of affective prosody by young and older adults. *Psychology and Aging, 25*, 16 – 29.

Dwyer, J. T. (1988) Health aspects of vegetarian diets. *American Journal of Clinical Nutrition, 48*, 712 – 38.

Dywan, J. and Murphy, W. E. (1996) Aging and inhibitory control in text comprehension. *Psychology and Aging, 11*, 199 – 206.

Earles, J. L., Kersten, A. W., Mas, B. B. and Miccio, D. M. (2004) Aging and memory for selfperformed tasks: Effects of task difficulty and time pressure. *The Journals of Gerontology Series B: Psychological Sciences and Social Sciences, 59*, 285 – 93.

Edgley, C. (2003) Dying as deviance. An update on the relationship between terminal patients and medical settings. In C. D. Bryant et al. (eds.) *Handbook of Death and Dying. Vol. I: The Presence of Death*. Thousand Oaks, CA: Sage, 448 – 56.

Edvardsson, D. and Innes, A. (2010) Measuring person-centered care: A critical comparative review of published tools. *The Gerontologist, 50*, 834–46.

Efstathiou, N. and Clifford, C. (2011) The critical care nurse's role in end-of-life care: Issues and challenges. *Nursing in Critical Care, 16*, 116–23.

Eggermont, J. J. and Roberts, L. E. (2004) The neuroscience of tinnitus. *Trends in Neurosciences, 27*, 676–82.

Egolf, B., Lasker, J., Wolf, S. and Potvin, L. (1992) The Roseto effect: A 50-year comparison of mortality rates. *American Journal of Public Health, 82*, 1089–92.

Eichenbaum, H. (2003) How does the hippocampus contribute to memory? *Trends in Cognitive Science, 7*, 427–9.

Einstein, G. O., Earles, J. L. and Collins, H. M. (2002) Spared inhibition for visual distraction in older adults. *The Journals of Gerontology Series B: Psychological Sciences and Social Sciences, 57*, 65–73.

Einstein, G. O., McDaniel, M. A. and Guynn, M. J. (1992) Age-related deficits in prospective memory: The influence of task complexity. *Psychology and Aging, 7*, 471–8.

Einstein, G. O., McDaniel, M. A., Smith, R. and Shaw, P. (1998) Habitual prospective memory and aging: Remembering instructions and forgetting actions. *Psychological Science, 9*, 284–8.

Eisdorfer, C., Cohen, D. and Paveza, G. J. (1992) An empirical evaluation of the Global Deterioration Scale for staging Alzheimer's disease. *American Journal of Psychiatry, 149*, 190–4.

Eisdorfer, C. and Wilkie, F. (1977) Stress, disease, aging and behavior. In J. E. Birren and K. W. Schaie (eds.) *Handbook of the Psychology of Aging*. New York: Academic Press.

Eisenberg, J. and Kelso, J. (2002) The Robert Wendland case. *Western Journal of Medicine, 176*, 124.

Eisenbruch, M. (1984) Cross-cultural aspects of bereavement I: A conceptual framework for comparative analysis. *Culture, Medicine and Psychiatry, 8*, 283–309.

Eissler, K. R. (1955) *The Psychiatrist and the Dying Patient*. New York: International Universities Press.

Ekerdt, D. J., Sergeant, J. F., Dingel, M. and Bowen, M. E. (2004) Household disbandment in later life. *The Journals of Gerontology Series B: Psychological Sciences and Social Sciences, 59*, 265–73.

Ekwall, A., Sivberg, B. and Hallberg, I. (2007) Older caregivers' coping strategies and sense of coherence in relation to quality of life. *Journal of Advanced Nursing, 57*, 584–96.

Elia, N. (1997) Grief and loss in HIV/AIDS work. In M. Winiarski (ed.) *HIV Mental Health for the 21st Century*. New York: New York University Press, 67–81.

Elias, J. and Ryan, A. (2011) A review and commentary on the factors that influence expressions of sexuality by older people in care homes. *Journal of Clinical Nursing, 20*, 11–20.

Elias, M. F., Elias, J. W. and Elias, P. (1990) Biological and health influences on behavior. In J. E. Birren and K. W. Schaie (eds.) *Handbook of the Psychology of Aging*. New York: Academic Press.

Elias, M. F., Elias, P. K. and Elias, J. W. (1977) *Basic Processes in Adult Developmental Psychology*. St Louis: C. V. Mosby.

Ellershaw, J. and Wilkinson, S. (eds.) (2003) *Care for the Dying: A Pathway to Excellence*. Oxford: Oxford University Press.

Ellison, C., Burdette, A. and Hill, T. (2009) Blessed assurance: Religion, anxiety and tranquillity among US adults. *Social Science Research, 38*, 656–67.

Elmstahl, S., Sommer, M. and Hagberg, B. (1996) A 3-year follow-up of stroke patients: Relationships between activities of daily living and personality characteristics. *Archives of Gerontology and Geriatrics, 22*, 233–44.

Elwood, P. C., Gallacher, J. E. J., Hopkinson, C. A., Pickering, J. et al. (1999) Smoking, drinking and other life style factors and cognitive function in men in the Caerphilly cohort. *Journal of Epidemiology and Community Health, 53*, 9–15.

Elwood, P. C., Pickering, J., Bayer, A. and Gallacher, J. E. J. (2002) Vascular disease and cognitive function in older men in the Caerphilly cohort. *Age and Ageing, 31*, 43 – 8.

Elwood, P. C., Pickering, J. and Gallacher, J. E. J. (2001) Cognitive function and blood rheology: Results from the Caerphilly cohort of older men. *Age and Ageing, 30*, 135 – 9.

Emery, C. F., Pedersen, N. L., Svartengren, M. and McClearn, G. E. (1998) Longitudinal and genetic effects in the relationship between pulmonary function and cognitive performance. *The Journals of Gerontology Series B: Psychological Sciences and Social Sciences, 53*, 311 – 7.

Emlet, C. A. (2004) HIV/AIDS and aging: A diverse population of vulnerable older adults. *Journal of Human Behavior in the Social Environment, 9*, 45 – 63.

Emlet, C. A., Hawks, H. and Callahan, J. (2001) Alcohol use and abuse in a population of community dwelling, frail older adults. *Journal of Gerontological Social Work, 35*, 21 – 33.

Engen, T. (1977) Taste and smell. In J. E. Birren and K. W. Schaie (eds.) *Handbook of the Psychology of Aging*. New York: Academic Press.

Erikson, E. H. (1963) *Childhood and Society*. New York: Norton.

Erikson, E. H. (1982) *The Life Cycle Completed: A Review*. New York: Norton.

Erlangsen, A., Bille-Brahe, U. and Jeune, B. (2003) Differences in suicide between the old and the oldest old. *The Journals of Gerontology Series B: Psychological Sciences and Social Sciences, 58*, 314 – 22.

Erlangsen, A., Jeune, B., Bille-Brahe, U. and Vaupel, J. W. (2004) Loss of partner and suicide risks among oldest old: A population-based register study. *Age and Ageing, 33*, 378 – 83.

Erten-Lyons, D., Woltjer, R., Dodge, H., Nixon, R. et al. (2009) Factors associated with resistance to dementia despite high Alzheimer disease pathology. *Neurology, 72*, 354 – 60.

Ervin, R. B. (2008) Healthy Eating Index scores among adults, 60 years of age and over, by sociodemographic and health characteristics: United States, 1999 – 2002. *Advance Data, 395*, 1 – 16.

Eskildsen, M. and Flacker, J. (2009) A multimodal aging and dying course for first-year medical students improves knowledge and attitudes. *Journal of the American Geriatrics Society, 57*, 1492 – 7.

Estes, A., Rivera, V., Bryan, M., Call, P. and Dawson, G. (2010) Discrepancies between academic achievement and intellectual ability in higher-functioning school-aged children with Autism Spectrum Disorder. *Journal of Autism and Developmental Disorders, 2*, 1127 – 30.

Exley, C. (2007) Aluminium, tau and Alzheimer's disease. *Journal of Alzheimer's Disease, 12*, 313 – 5.

Eysenck, H. J. (1952) The effects of psychotherapy: An evaluation. *Journal of Consulting Psychology, 16*, 319 – 24.

Eysenck, H. J. (1985) The theory of intelligence and the psychophysiology of cognition. In R. J. Sternberg (ed.) *Advances in Research in Intelligence, 3*, Hillsdale, NJ: Lawrence Erlbaum.

Eysenck, H. J. (1987) Personality and ageing: An exploratory analysis. *Journal of Social Behaviour and Personality, 3*, 11 – 21.

Eysenck, H. J. and Eysenck, M. W. (1985) *Personality and Individual Differences: A Natural Science Approach*. New York: Plenum.

Eysenck, H. J. and Kamin, L. (1981) *The Intelligence Controversy*. New York: Wiley.

Fahey, T., Montgomery, A., Barnes, J. and Protheroe, J. (2003) Quality of care for elderly residents in nursing homes and elderly people living at home: Controlled observational study. *British Medical Journal, 326*, 580 – 1.

Fahlander, K., Wahlin, A., Fastbom, J., Grut, M. et al. (2000) The relationship between signs of cardiovascular deficiency and cognitive performance in old age. *The Journals of Gerontology Series B: Psychological Sciences and Social Sciences, 55*, 259 – 65.

Fargeau, M., Jaafari, N., Ragot, S., Houeto, J. et al. (2010) Alzheimer's disease and impairment of the self. *Consciousness and Cognition, 19*, 969 – 76.

Farias, S., Mungas, D., Hinton, L. and Haan, M. (2011) Demographic, neuropsychological, and functional predictors of rate of longitudinal cognitive decline in Hispanic older adults. *American*

Journal of Geriatric Psychiatry, 19, 440 – 50.

Farkas, E. and Luiten, P. G. (2001) Cerebral microvascular pathology in aging and Alzheimer's disease. *Progress in Neurobiology, 64, 6*, 575 – 611.

Fay, S., Isingrini, M. and Clarys, D. (2005) Effects of depth-of-processing and ageing on wordstem and word-fragment implicit memory tasks: Test of the lexical-processing hypothesis. *European Journal of Cognitive Psychology, 17, 6*, 785 – 802.

Featherstone, M. and Wernicke, D. (eds.) (1997) *Images of Ageing – Cultural Representations of Later Life*. London: Routledge.

Federmeier, K. D. and Kutas, M. (2005) Aging in context: Age-related changes in context use during language comprehension. *Psychophysiology, 42*, 133 – 41.

Femia, E. E., Zarita, S. H. and Johansson, B. (2001) The disablement process in very late life: A study of the oldest-old in Sweden. *The Journals of Gerontology Series B: Psychological Sciences and Social Sciences, 56*, 12 – 23.

Ferrario, C., Freeman, F., Nellett, G. and Scheel, J. (2008) Changing nursing students' attitudes about aging: An argument for the successful aging paradigm. *Educational Gerontology, 34*, 51 – 66.

Ferraro, F. R. and Moody, J. (1996) Consistent and inconsistent performance in young and elderly adults. *Developmental Neuropsychology, 12*, 429 – 41.

Ferraro, K. F. and Su, Y. (1999) Financial strain, social relations, and psychological distress among older people: A cross-cultural analysis. T*he Journals of Gerontology Series B: Psychological Sciences and Social Sciences, 54B*, S3 – S15.

Ferrer, E., Salthouse, T. A., Stewart, W. F. and Schwartz, B. S. (2004) Modeling age and retest processes in longitudinal studies of cognitive abilities. *Psychology and Aging, 19*, 243 – 59.

Ferstl, E. (2006) Text comprehension in middle aged adults: Is there anything wrong? *Aging, Neuropsychology and Cognition, 13*, 62 – 85.

Field, D. (1981) Retrospective reports by healthy intelligent people of personal events of their adult lives. *International Journal of Behavioral Development, 4*, 443 – 52.

Field, D. (1997) 'Looking back, what period of your life brought you the most satisfaction?' *International Journal of Aging and Human Development, 45*, 169 – 94.

Field, D. and Millsap, R. E. (1991) Personality in advanced old age: Continuity or change? *The Journals of Gerontology Series B: Psychological Sciences and Social Sciences, 46*, 299 – 308.

Fillmore, K. M., Golding, J. M., Graves, K. L., Kniep, S. et al. (1998) Alcohol consumption and mortality. III. Studies of female populations. *Addiction, 93*, 219 – 29.

Filoteo, J. V. and Maddox, W. T. (2004) A quantitative model-based approach to examining aging effects on information-integration category learning. *Psychology and Aging, 19*, 171 – 82.

Fine, R. (2010) Keeping the patient at the center of patient – and family-centered care. *Journal of Pain and Symptom Management, 40*, 621 – 5.

Fingerman, K. L. and Birditt, K. S. (2003) Do age differences in close and problematic family ties reflect the pool of available relatives? *The Journals of Gerontology Series B: Psychological Sciences and Social Sciences, 58*, 80 – 7.

Finkel, D., Pedersen, N. L. and Larsson, M. (2001) Olfactory functioning and cognitive abilities. A twin study. *The Journals of Gerontology Series B: Psychological Sciences and Social Sciences, 56*, 226 – 33.

Finkel, D., Reynolds, C., Larsson, M., Gatz, M. and Pedersen, N. (2011) Both odor identification and ApoE-e4 contribute to normative cognitive aging. *Psychology and Aging, 26*, 872 – 3.

Finkel, D., Reynolds, C. A., McArdle, J. J. and Pedersen, N. L. (2007) Age changes in processing speed as a leading indicator of cognitive aging. *Psychology and Aging, 22*, 558 – 68.

Finkelstein, J. A. and Schiffman, S. S. (1999) Workshop on taste and smell in the elderly: An overview. *Physiology and Behavior, 66*, 173 – 6.

Finlayson, R. E. (1995) Misuse of prescription drugs. *International Journal of the Addictions, 30*, 1871–901.

Fiori, K., Consedine, N. and Magai, C. (2008) The adaptive and maladaptive faces of dependency in later life: Links to physical and psychological health outcomes. *Aging and Mental Health, 12*, 700–12.

Fischer, H., Nyberg, L. and Bäckman, L. (2010). Age-related differences in brain regions supporting successful encoding of emotional faces. *Cortex, 46*, 490–7.

Fisher, J. (1990) The function of literacy in a nursing home context. *Educational Gerontology, 16*, 105–16.

Fisk, J. E. and Warr, P. (1996) Age and working memory: The role of perceptual speed, the central executive and the phonological loop. *Psychology and Aging, 11*, 316–23.

Fiske, A., Gatz, M. and Pedersen, N. L. (2003) Depressive symptoms and aging: The effects of illness and non-health-related events. *The Journals of Gerontology Series B: Psychological Sciences and Social Sciences, 58*, 320–8.

Fitzgibbons, P. J. and Gordon-Salant, S. (2010) Behavioral studies with aging humans: Hearing sensitivity and psychoacoustics. In S. Gordon-Salant, R. D. Frisina, A. N. Popper and R. R. Fay (eds.) *The Aging Auditory System*. New York: Springer.

Fjell, A. M. and Walhovd, K. B. (2010) Structural brain changes in aging: Courses, causes and cognitive consequences. *Reviews in the Neurosciences, 21*, 187–221.

Fjell, A. M., Walhovd, K. B., Fennema-Notestine, C., McEvoy, L. K. et al. (2009) One-year brain atrophy evident in healthy aging. *Journal of Neuroscience, 29*, 15223–31.

Flaskerud, J. (2011) Grief and depression: Are they different? *Mental Health Nursing, 32*, 338–40.

Fleischman, D. A., Wilson, R. S., Gabrieli, J. D. E., Bienias, J. L. and Bennett, D. A. (2004) A longitudinal study of implicit and explicit memory in old persons. *Psychology and Aging, 19*, 617–25.

Flint, A. J. and Rifat, S. L. (1997) Anxious depression in elderly patients: Response to antidepressant treatment. *American Journal of Geriatric Psychiatry, 5*, 107–15.

Flint, K., Walleghen, E., Kealey, E., VonKaenel, S. et al. (2008) Differences in eating behaviors between nonobese, weight stable young and older adults. *Eating Behaviors, 9*, 370–5.

Flood, M. and Clark, R. (2009) Exploring knowledge and attitudes toward aging among nursing and nonnursing students. *Educational Gerontology, 35*, 587–95.

Florio, E. R., Hendryx, M. S., Jensen, J. E., Rockwood, T. H., Raschko, R. and Dyck, D. G. (1997) A comparison of suicidal and nonsuicidal elders referred to a community mental health center program. *Suicide and Life-Threatening Behavior, 27*, 182–93.

Flynn, J. R. (1987) Massive IQ gains in 14 nations: What IQ tests really measure. *Psychological Bulletin, 101*, 171–91.

Fonseca, A. (2007) Determinants of successful retirement in a Portuguese population. *Reviews in Clinical Gerontology, 17*, 219–24.

Foos, P. W. and Boone, D. (2008) Adult age differences in divergent thinking: It's just a matter of time. *Educational Gerontology, 34*, 587–94.

Foreman, M. D. and Milisen, K. (2004) Improving recognition of delirium in the elderly. *Primary Psychiatry, 11*, 46–50.

Forman-Hoffman, V., Richardson, K., Yankey, J., Hillism, S. et al. (2008) Retirement and weight changes among men and women in the health and retirement study. *The Journals of Gerontology Series B: Psychological Sciences and Social Sciences, 63*, 146–53.

Foster, J. K., Black, S. E., Buck, B. H. and Bronskill, M. J. (1997) Ageing and executive functions: A neuroimaging perspective. In P. Rabbitt (ed.) *Methodology of Frontal and Executive Function*. Hove:

Taylor and Francis, 117 – 34.

Foster, L. (2011) Older people, pensions and poverty: An issue for social work? *International Social Work, 54*, 344 – 60.

Fozard, J. L. (1980) The time for remembering. In L. C. Poon (ed.) *Aging in the 1980s: Psychological Issues*. Washington, DC: American Psychological Association.

Fraboni, M., Saltstone, R. and Hughes, S. (1990) The Fraboni scale of ageism (FSA): An attempt at a more precise measure of ageism. *Canadian Journal on Aging, 9*, 56 – 66.

Francis, L. J. and Bolger, J. (1997) Personality and psychological well-being in later life. *Irish Journal of Psychology, 18*, 444 – 7.

Franklin, J. (1987) *Molecules of the Mind: The Brave New Science of Molecular Psychology*. New York: Atheneum Publishers.

Fraser, S., Bunce, C. and Wormald, R. (1999) *Risk factors for late presentation in chronic glaucoma. Investigative Ophthalmology and Vision Science, 40*, 2251 – 7.

Fraser, S. A., Li,. K., DeMont, R. and Penhune, V. (2007) Effect of balance status and age on muscle activation while walking under divided attention. *The Journals of Gerontology Series B: Psychological Sciences and Social Sciences, 62*, 171 – 8.

Fremouw, W. J., Perezel, W. J. and Ellis, T. E. (1990) *Suicide Risk*. Elmsfor: Pergamon.

Freund, A. M. and Baltes, P. B. (2007) Toward a theory of successful aging: Selection, optimization, and compensation. In R. Fernandez-Ballesteros (ed.) *Geropsychology: European Perspectives for an Aging World*. Ashland: Hogrefe and Huber.

Freyne, A., Kidd, N., Coen, R. and Lawlor, B. A. (1999) Burden in carers of dementia patients: Higher levels in carers of younger sufferers. *International Journal of Geriatric Psychiatry, 14*, 784 – 8.

Friedman, D. (2003) Cognition and aging: A highly selective overview of event-related potential (ERP) data. *Journal of Clinical and Experimental Neuropsychology, 25*, 702 – 20.

Fries, J. F. (2000) Compression of morbidity in the elderly. *Vaccine, 18*, 1584 – 9.

Fry, P. S. (1986) *Depression, Stress, and Adaptations in the Elderly*. Rockville, MD: Aspen Publications.

Fu, S., Anderson, D., Courtney, M. and McAvan, B. (2006) The relationship between country of residence, gender and the quality of life in Australian and Taiwanese midlife residents. *Social Indicators Research, 79*, 25 – 49.

Fukukawa, Y., Nakashima, C., Tsuboi, S., Niino, N., et al. (2004) The impact of health problems on depression and activities in middle-aged and older adults: Age and social interactions as moderators. *The Journals of Gerontology Series B: Psychological Sciences and Social Sciences, 59*, 19 – 26.

Fukunaga, A., Uematsu, H. and Sugimoto, K. (2005) Influences of aging on taste perception and oral somatic sensation. *The Journals of Gerontology Series A: Biological Sciences and Medical Sciences, 60*, 109 – 13.

Fung, H. H., Lai, P. and Ng, R. (2001) Age differences in social preferences among Taiwanese and mainland Chinese: The role of perceived time. *Psychology and Aging, 16*, 351 – 6.

Fung, H. H., Stoeber, F., Yeung, D. and Lang, F. (2008) Cultural specificity of socioemotional selectivity: Age differences in social network composition among Germans and Hong Kong Chinese. *The Journals of Gerontology Series B: Psychological Sciences and Social Sciences, 63*, 156 – 64.

Funkenstein, H. H. (1988) Cerebrovascular disorders. In M. S. Albert and M. B. Moss (eds.) *Geriatric Neuropsychology*. New York: Guilford.

Gage, T. R. and O'Connor, K. (1994) Nutrition and the variation in level and age patterns of mortality. *Human Biology, 66*, 77 – 103.

Galanos, A., Neff, E., Heuberger, R. and Bales, C. (2010) What is 'optimal nourishment' for older adults at the end of life? A conversation. *Journal of Nutrition for the Elderly, 29*, 386 – 92.

Galdo-Alvarez, S., Lindin, M. and Diaz, F. (2009) Age-related prefrontal over-recruitment in semantic memory retrieval: Evidence from successful face naming and the tip of the tongue state. *Biological Psychology, 82*, 89–96.

Gale, T., Irvine, K., Laws, K. and Ferrissey, S. (2009) The naming profile in Alzheimer patients parallels that of elderly controls. *Journal of Clinical and Experimental Neuropsychology, 31*, 565–74.

Gallagher, D., Mhaolain, A., Crosby, L., Ryan, D. and Lacey, L. (2011) Dependence and caregiver burden in Alzheimer's disease and mild cognitive impairment. *American Journal of Alzheimer's Disease and Other Dementias, 26*, 110–4.

Gallagher, P., Barry, P. and O'Mahony, D. (2007) Inappropriate prescribing in the elderly. *Journal of Clinical Pharmacological Therapies, 32*, 113–21.

Gallagher-Thompson, D., Leary, M. C., Ossinalde, C. Romero, J. J., Wald, M. and Fernandez-Gamarra, E. (1997) Hispanic caregivers of older adults with dementia: Cultural issues in outreach and intervention. *Group, 21*, 211–32.

Gallo, W. T., Bradley, E. H., Siegel, M. and Kasla, S. V. (2000) Health effects of involuntary job loss among older workers: Findings from the health and retirement survey. *The Journals of Gerontology Series B: Psychological Sciences and Social Sciences, 55*, 131–40.

Gamboz, N., Russo, R. and Fox, E. (2002) Age differences and the identity negative priming effect: An updated meta-analysis. *Psychology and Aging, 17*, 525–30.

Gangadharan, S. and Bhaumik, S. (2006) A retrospective study of the use of neuroimaging in the assessment of dementia in adults with learning disability. *British Journal of Developmental Disabilities, 52*, 97–104.

Garcia-Alberca, J., Lara, J. and Luis Berthier, M. (2011) Anxiety and depression in caregivers are associated with patient and caregiver characteristics in Alzheimer's disease. *International Journal of Psychiatry in Medicine, 41*, 57–69.

Gardner, D. and Helmes, E. (2007) Development of the interpersonal dependency scale for older adults. *Australasian Journal on Ageing, 26*, 40–4.

Garre-Olmo, J., Batlle, D., del Mar Fernandez, M., Daniel, F. et al. (2010) Incidence and subtypes of early-onset dementia in a geographically defined general population. *Neurology, 75*, 1249–55.

Garrett, D. D., Grady, C. L. and Hasher, L. (2010) Everyday memory compensation: The impact of cognitive reserve, subjective memory and stress. *Psychology and Aging, 25*, 74–83.

Garrett, H. E. (1946) A developmental theory of intelligence. *American Psychologist, 1*, 372–8.

Garstka, T. A., Schmitt, M. T., Branscombe, N. R, and Hummert, M. L. (2004) How young and older adults differ in their responses to perceived age discrimination. *Psychology and Aging, 19*, 326–35.

Gatz, M., Bengston, V. L. and Blum, M. J. (1990) Caregiving families. In J. E. Birren and K. W. Schaie (eds.) *Handbook of the Psychology of Aging*. New York: Van Nostrand Reinhold.

Gavrilov, L. A. and Gavrilova, N. S. (2002) Evolutionary theories of aging and longevity. *The Scientific World Journal, 2*, 339–56.

Gazzaley, A., Cooney, J., Rissman, J. and D'Esposito, M. (2005) Top-down suppression deficit underlies working memory impairment in normal aging. *Nature Neuroscience, 8*, 1298–300.

Geal-Dor, M., Goldstein, A., Kamenir, Y. and Babkoff, H. (2006) The effect of aging on eventrelated potentials and behavioral responses: Comparisons of tonal, phonologic and semantic targets. *Clinical Neurophysiology, 117*, 1974–89.

George, D. (2010) Overcoming the social death of dementia through language. *The Lancet, 376*, 586–7.

Geraci, L. (2006) A test of the frontal lobe functioning hypothesis of age deficits in production priming. *Neuropsychology, 20*, 539–48.

Geraci, L. and Hamilton, M. (2009) Examining the response competition hypothesis of age effects in implicit memory. *Aging, Neuropsychology and Cognition, 16*, 683 – 707.

Gerstorf, D., Ram, N., Rocke, C., Lindenberger, U. and Smith, J. (2008) Decline in life satisfaction in old age: Longitudinal evidence for links to distance-to-death. *Psychology and Aging, 23*, 154 – 68.

Gescheider, G. A., Beiles, E. J., Checkosky, C. M., Bolanowski, S. J. and Verrillo, R. T. (1994) The effects of aging on information-processing channels in the sense of touch: II. Temporal summation in the P channel. *Somatosensory and Motor Research, 11*, 359 – 65.

Gfroerer, J., Penne, M., Pemberton, M. and Folsom, R. (2003) Substance abuse treatment need among older adults in 2020: The impact of the aging baby-boom cohort. *Drug and Alcohol Dependence, 69*, 127 – 35.

Ghiselli, E. E. (1957) The relationship between intelligence and age among superior adults. *Journal of Genetic Psychology, 90*, 131 – 42.

Ghisletta, P. and Lindenberger, U. (2003) Age-based structural dynamics between perceptual speed and knowledge in the Berlin aging study: Direct evidence for ability dedifferentiation in old age. *Psychology and Aging, 18*, 696 – 713.

Ghisletta, P. and Lindenberger, U. (2004) Static and dynamic longitudinal structural analyses of cognitive changes in old age. *Gerontology, 50*, 12 – 6.

Ghusn, H. F., Hyde, D., Stevens, E. S. and Hyde, M. (1996) Enhancing life satisfaction in later life: What makes a difference for nursing home residents? *Journal of Gerontological Social Work, 26*, 27 – 47.

Giambra, L. M. (1993) Sustained attention in older adults: Performance and processes. In J. Cerella, J. Rybash, W. Hoyer and M. L. Commones (eds.) *Adult Information Processing: Limits on Loss. San Diego*, CA: Academic Press, 259 – 72.

Giannakopoulos, P., Gold, G., Duc, M., Michel, J. et al. (1999) Neuroanatomic correlates of visual agnosia in Alzheimer's disease: A clinicopathologic study. *Neurology, 52*, 71 – 7.

Gibson, A. (1981) A further analysis of memory loss in dementia and depression in the elderly. *British Journal of Clinical Psychology, 20*, 179 – 85.

Gibson, H. B. (1992) *The Emotional and Sexual Lives of Older People*. London: Chapman and Hall.

Gibson, H. B. (1997) *Love in Later Life*. London: Peter Owen.

Gibson, S. J. and Farrell, M. (2004) A review of age differences in the neurophysiology of nociception and the perceptual experience of pain. *Clinical Journal of Pain, 20*, 227 – 39.

Gilbert, E., Ussher, J. and Perz, J. (2010) Renegotiating sexuality and intimacy in the context of cancer: The experiences of carers. *Archives of Sexual Behavior, 39*, 998 – 1009.

Gilchrist, A., Cowan, N. and Naveh-Benjamin, M. (2008) Working memory capacity for spoken sentences decreases with adult ageing: Recall of fewer but not smaller chunks in older adults. *Memory, 16*, 773 – 87.

Giles, L. C., Glonek, G. F., Luszcz, M. A. and Andrews, G. R. (2005) Effect of social networks on 10 year survival in very old Australians: The Australian longitudinal study of aging. *Journal of Epidemiological and Community Health, 59*, 574 – 9.

Gilhooly, M. L. M. (2005) Reduced drinking with age: Is it normal? *Addiction Research and Theory, 13*, 267 – 80.

Gilleard, C. J. (1997) Education and Alzheimer's disease: A review of recent international epidemiological studies. *Aging and Mental Health, 1*, 33 – 46.

Gillen, M. and Kim, H. (2009) Older women and poverty transition: Consequences of income source changes from widowhood. *Journal of Applied Gerontology, 28*, 320 – 41.

Gilmore, G. C., Tobias, T. R. and Royer, F. L. (1985) Aging and similarity grouping in visual search. *Journal of Gerontology, 40*, 586 – 92.

Giovannetti, T., Hopkins, M., Crawford, J., Bettcher, B. et al. (2008) Syntactic comprehension deficits are associated with MRI white matter alterations in dementia. *Journal of the International Neuropsychological Society, 14*, 542–51.

Givens, J., Prigerson, H., Kiely, D., Shaffer, M. and Mitchell, S. (2011) Grief among family members of nursing home residents with advanced dementia. *Journal of Geriatric Psychiatry, 19*, 543–50.

Glass, J. G. and Jolly, G. R. (1997) Satisfaction in later life among women 60 or over. *Educational Gerontology, 23*, 297–314.

Gleibs, I., Haslam, C., Jones, J., Haslam, S. et al. (2011) No country for old men? The role of a 'Gentlemen's Club' in promoting social engagement and psychological well-being in residential care. *Aging and Mental Health, 15*, 456–66.

Glisky, E. L. (2007) Changes in cognitive function in human aging. In D. R. Riddle (ed.) *Brain Aging: Models, Methods and Mechanisms*. Boca Raton: CRC Press.

Gluth, S., Ebner, N. and Schmiedek, F. (2010) Attitudes toward younger and older adults: The German aging semantic differential. *International Journal of Behavioral Development, 34*, 147–58.

Godber, C. (1998) Elderly suicide and weather conditions: Is there a link? *International Journal of Geriatric Psychiatry, 13*, 66.

Godschalk, M. F., Sison, A. and Mulligan, T. (1997) Management of erectile dysfunction by the geriatrician. *Journal of the American Geriatrics Society, 45*, 1240–6.

Goffman, E. (1959). *The Presentation of Self in Everyday Life*. New York: Doubleday.

Gold, G., Giannakopoulos, P., Herrmann, F., Bouras, C. and Kovari, E. (2007) Identification of Alzheimer and vascular lesion thresholds for mixed dementia. *Brain, 130*, 2830–36.

Goldstein, J. H., Cajko, L., Oosterbroek, M., Michielsen, M., van Houten, O. and Salverda, F. (1997) Video games and the elderly. *Social Behavior and Personality, 25*, 345–52.

Gomberg, E. S. L. and Zucker, R. A. (1998) Substance use and abuse in old age. In I. H. Nordhus, G. R. VandenBos, S. Berg and P. Fromholt (eds.) *Clinical Geropsychology*. Washington, DC: American Psychological Association, 189–204.

Gomez, V., Krings, F., Bangerter, A. and Grob, A. (2009) The influence of personality and life events on subjective well-being from a life span perspective. *Journal of Research in Personality, 43*, 345–54.

Goncalves, D., Guedes, J., Fonseca, A., Pinto, F. et al. (2011) Attitudes, knowledge, and interest: Preparing university students to work in an aging world. *International Journal of Psychogeriatrics, 23*, 315–21.

Goodman, R. (2010) Silver-haired society: What are the implications? *Social Anthropology, 18*, 210–2.

Goodridge, D. (2010) End of life care policies: Do they make a difference in practice? *Social Science and Medicine, 70*, 1166–70.

Gopie, N., Craik, F. and Hasher, L. (2010) Destination memory impairment in older people. *Psychology and Aging, 25*, 922–8.

Gordon-Salant, S., Frisina, R. D., Popper, A. N. and Fay, R. R. (2010) *The Aging Auditory System*. New York: Springer.

Gorin, S. H. and Lewis, B. (2004) The compression of morbidity: Implications for social work. *Health and Social Work, 29*, 249–55.

Gorusch, N. (1998) Time's winged chariot: Short-term psychotherapy in later life. *Psychodynamic Counselling, 4*, 191–202.

Gott, M. (2004) Are older people at risk of sexually transmitted infections? A new look at the evidence. *Reviews in Clinical Gerontology, 14*, 5–13.

Gott, M. and Hinchliff, S. (2003) How important is sex in later life? The views of older people. *Social Science and Medicine, 56*, 1617–28.

Gottfries, C. G. (1996) Neurochemistry and neurotransmitters. *International Psychogeriatrics, 8*, 225–31.

Gould, O. N. and Dixon, R. A. (1993) How we spent our vacation: Collaborative storytelling by young and old adults. *Psychology and Aging, 8*, 10–7.

Gould. S. J. (1981) *The Mismeasure of Man*. New York: Norton.

Grabowski, J. and Franz, T. (1993) Latinos and Anglos: Cultural experiences of grief intensity. *Omega: Journal of Death and Dying, 26*, 273–85.

Graf, P. and Schachter, D. L. (1985) Implicit and explicit memory for new associations in normal and amnesic subjects. *Journal of Experimental Psychology: Learning, Memory and Cognition, 11*, 501–18.

Graham, I. D. and Baker, P. M. (1989) Status, age and gender: Perceptions of old and young people. *Canadian Journal on Aging, 8*, 255–67.

Graham, K., Clarke, D., Bois, C., Carver, V. et al. (1996) Addictive behavior of older adults. *Addictive Behaviors, 21*, 331–48.

Graham, N. and Warner, J. (2009) *Understanding Alzheimer's Disease and Other Dementias*. London: Family Doctor Books.

Grajcyk, A. and Zoellner, O. (1998) How older people watch television: Telemetric data on the TV use in Germany in 1996. *Gerontology, 44*, 176–81.

Green, D. (2002) Death, nature and uncertain spaces: A commentary from paganism. *Omega: Journal of Death and Dying*, 44, 127–49.

Greene, J. D. and Hodges, J. R. (1996) The fractionation of remote memory: Evidence from a longitudinal study of dementia of the Alzheimer type. *Brain, 119*, 129–42.

Greene, J. D., Hodges, J. R. and Baddeley, A. D. (1995) Autobiographical memory and executive function in early dementia of the Alzheimer type. *Neuropsychologia, 33*, 1647–70.

Greenwald, A. and Banaji, M. (1995) Implicit social cognition: Attitudes, self esteem and stereotypes. *Psychological Review, 102, 1*, 4–27.

Greenwood, N. A. (1999) Androgyny and adjustment in later life: Living in a veterans' home. *Journal of Clinical Geropsychology, 5*, 127–37.

Greenwood, P. M. (2007) Functional plasticity in cognitive aging: Review and hypothesis. *Neuropsychology, 21*, 657–73.

Gregoire, J. and Van der Linden, M. (1997) Effects of age on forward and backward digit spans. *Aging, Neuropsychology and Cognition, 4*, 140–9.

Gregory, T., Nettlebeck, T. and Wilson, C. (2010) Openness to experience, intelligence, and successful ageing. *Personality and Individual Differences, 48*, 895–9.

Griffiths, C. and Fitzpatrick, J. (2001) Geographical inequalities in life expectancy in the United Kingdom, 1995–97. *Health Statistics Quarterly, 9*, 16–27.

Grossi, D. and Orsini, A. (1978) The visual crosses test in dementia: An experimental study of 110 subjects. *Acta Neurologica, 33*, 170–4.

Grossman, M., Mickanin, J., Onishi, K. and Hughes, E. (1995) An aspect of sentence processing in Alzheimer's disease. *Neurology, 45*, 85–91.

Guerreiro, M., Murphy, D. and Van Gerven, P. (2010) The role of sensory modality in age-related distraction: A critical review and a renewed view. *Psychological Bulletin, 136*, 975–1022.

Guo, X., Erber, J. T. and Szuchman, L. T. (1999) Age and forgetfulness: Can stereotypes be modified? *Educational Gerontology, 25*, 457–66.

Gupta, S., Austin, R. and Black, D. W. (1997) Ninety-three – and washing. *American Journal of Geriatric Psychiatry, 5*, 354–5.

Gurland, B. and Toner, J. (1983) Differentiating dementia from nondementing conditions. In R.

Mayeux and W. G. Rosen (eds.) *The Dementias*. New York: Raven.
Gurung, R. A. R., Taylor, S. E. and Seeman, T. E. (2003) Accounting for changes in social support among married older adults: Insights from the MacArthur Studies of Successful Aging. *Psychology and Aging, 18*, 487–96.
Gussaroff, E. (1998) Denial of death and sexuality in the treatment of elderly patients. Psychoanalysis and Psychotherapy, 15, 77–91.
Haan, N. (1972) Personality development from adolescence to adulthood in the Oakland growth and guidance studies. *Seminars in Psychiatry, 4*, 399–414.
Haarni, I. and Hautamaki L. (2010) Life experience and alcohol: 60–75-year-olds' relationship to alcohol in theme interviews. *NAT Nordisk alcohol and narkotikatidskrift, 27*, 256–8.
Haase, E. R. (1977) Diseases presenting as dementia. In C. E. Wells (ed.) *Dementia*. Philadelphia: Davis.
Hachinski, V. C., Iliff, L. D., Zilkha, E., Du Boulay, G. H. et al. (1975) Cerebral blood flow in dementia. *Archives of Neurology, 32*, 632–7.
Hadjistavropoulos, T., Hunter, P. and Dever Fitzgerald, T. (2009) Pain assessment and management in older adults: Conceptual issues and clinical challenges. *Canadian Psychology, 50*, 241–54.
Haegerstrom-Portnoy, G., Schneck, M. E. and Brabyn, J. A. (1999) Seeing into old age: Vision function beyond acuity. *Optometry and Vision Science, 76*, 141–58.
Hagman, G. (1995) Mourning: A review and reconsideration. *International Journal of Psychoanalysis, 76*, 909–25.
Hajat, S., Haines, A., Bulpitt, C. and Fletcher, A. (2004) Patterns and determinants of alcohol consumption in people aged 75 years and older: Results from the MRC trial of assessment and management of older people in the community. *Age and Ageing, 33*, 170–7.
Hakamies-Blomqvist, L., Henriksson, P., Falkmer, T., Lundberg, C. and Braekhus, A. (2002) Attitudes of primary care physicians toward older drivers: A Finnish–Swedish comparison. *Journal of Applied Gerontology, 21*, 58–69.
Hale, S., Rose, N. S., Myerson, J., Strube, M. J. et al. (2011) The structure of working memory abilities across the life span. *Psychology and Aging, 26*, 147–63.
Hall, P. A., Dubin, J. A., Crossley, M., Holmqvist, M. E. and D'Arcy, C. (2009) Does executive function explain the IQ-mortality association? Evidence from the Canadian Study on Health and Aging. *Psychosomatic Medicine, 71*, 196–204.
Hallgren, M., Hogberg, P. and Andreasson, S. (2010) Alcohol consumption and harm among elderly Europeans: Falling between the cracks. *European Journal of Public Health, 20*, 616–8.
Hamm, V. P. and Hasher, L. (1992) Age and the availability of inferences. *Psychology and Aging, 7*, 56–64.
Han, B., Gfroerer, J., Colliver, J. and Penne, M. (2009) Substance use disorder among older adults in the United States in 2020. *Addiction, 104*, 88–96.
Handel, A. E., Disanto, G. and Ramagopalan, S. V. (2010) *Visceral obesity and brain volume. Annals of Neurology, 68*, 770–1.
Hannah, M. T., Domino, G., Figueredo, A. J. and Hendrickson, R. (1996) The prediction of ego integrity in older persons. *Educational and Psychological Measurement, 56*, 930–50.
Hannon, B. and Daneman, M. (2009) Age-related changes in reading comprehension: An individual differences perspective. *Experimental Aging Research, 35*, 432–56.
Hao, Y. (2008) Productive activities and psychological well-being among older adults. *The Journals of Gerontology Series B: Psychological Sciences and Social Sciences, 63*, 564–72.
Harasty, J. A., Halliday, G. M., Kril, J. J. and Code, C. (1999) Specific temporoparietal gyral atrophy reflects the pattern of language dissolution in Alzheimer's disease. *Brain, 122*, 675–86.

Hardy, D., Chan, W., Liu, C., Cormier, J. et al. (2011) Racial disparities in the use of hospice services according to geographic residence and socioeconomic status in an elderly cohort with nonsmall cell lung cancer. *Cancer, 117*, 1504 – 15.

Harman, D. (1956) Aging: A theory based on free radical and radiation chemistry. *Journal of Gerontology, 11*, 298 – 300.

Harrington, D. L. and Haaland, K. Y. (1992) Skill learning in the elderly: Diminished implicit and explicit memory for a motor sequence. *Psychology and Aging, 7*, 425 – 35.

Harris, K., Dubno, J., Keren, N., Ahistrom, J. and Eckert, M. (2009) Speech recognition in younger and older adults: A dependency on low-level auditory cortex. *The Journal of Neuroscience, 29*, 6078 – 87.

Harris, L. A. and Dollinger, S. (2001) Participation in a course on aging: Knowledge, attitudes and anxiety about aging in oneself and others. *Educational Gerontology, 27*, 657 – 67.

Harris, T., Cook, D. G., Victor, C., Rink, E. et al. (2003) Predictors of depressive symptoms in older people – a survey of two general practice populations. *Age and Ageing, 32*, 510 – 8.

Hartke, R., King, R., Heinemann, A. and Semik, P. (2006) Accidents in older caregivers of persons surviving stroke and their relation to caregiver stress. *Rehabilitation Psychology, 51*, 1506.

Hasegawa, S., Matsunuma, S., Omori, M. and Miyao, M. (2006) Aging effects on the visibility of graphic text on mobile phones. *Gerontechnology, 4*, 200 – 8.

Hasher, L. and Zacks, R. T. (1979) Automatic and effortful processes in memory. *Journal of Experimental Psychology: General, 108*, 356 – 88.

Hasher, L., Zacks, R. T. and May, C. P. (1999) Inhibitory control, circadian arousal, and age. In D. Gopher and A. Koriat (eds.) *Attention and Performance XVII, Cognitive Regulation of Performance: Interaction of Theory and Application*. Cambridge, MA: MIT Press, 653 – 75.

Hassiotis, A., Strydom, A., Allen, K. and Walker, Z. (2003) A memory clinic for older people with intellectual disabilities. *Aging and Mental Health, 7*, 418 – 23.

Hawkins, H. L., Kramer, A. F. and Capaldi, D. (1992) Aging, exercise and attention. *Psychology and Aging, 7*, 643 – 53.

Hayflick, L. H. (1985) The cell biology of aging. *Clinical Geriatric Medicine, 1*, 15 – 27.

Hayflick, L. H. (1994) *How and Why We Age*. New York: Random House.

Hayflick, L. H. (1997) Mortality and immortality at the cellular level. A review. *Biochemistry, 62*, 1180 – 90.

Hayflick, L. H. (1998) How and why we age. *Experimental Gerontology, 33*, 639 – 53.

Hayslip, B. and Sterns, H. L. (1979) Age differences in relationships between crystallised and fluid intelligence and problem solving. *Journal of Gerontology, 34*, 404 – 14.

Heaphy, B., Yip, A.K.T. and Thompson, D. (2004) Ageing in a non-heterosexual context. *Ageing and Society, 24*, 881 – 902.

Hedden, T. (2007) Imaging cognition in the aging human brain. In D. R. Riddle (ed.) *Brain Aging: Models, Methods and Mechanisms*. Boca Raton: CRC Press.

Hedden, T. and Park, D. (2001) Aging and interference in verbal working memory. *Psychology and Aging, 16*, 666 – 81.

Heft, M. W. and Robinson, M. E. (2010) Age differences in orofacial sensory thresholds. *Journal of Dental Research, 89*, 1102 – 5.

Helmes, E. and Gee, S. (2003) Attitudes of Australian therapists towards older clients: Educational and training imperatives. *Educational Gerontology, 29*, 657 – 70.

Hendricks, J. (1999) Creativity over the life course – a call for a rational perspective. *International Journal of Aging and Human Development, 48*, 85 – 111.

Hendry, L. and Kloep, M. (2002) Lifespan Development: Resources, Challenges and Risks. London:

Thomson Learning.
Henry, J. D., MacLeod, M. S., Phillips, L. H. and Crawford, J. R. (2004) A meta-analytic review of prospective memory and aging. *Psychology and Aging, 19*, 27 – 39.
Heponiemi, T., Kouvonen, A., Vanska, J., Halila, H. et al. (2008) Health, psychosocial factors and retirement intentions among Finnish physicians. *Occupational Medicine, 58*, 406 – 12.
Herbst, K. G. (1982) Social attitudes to hearing loss in the elderly. In F. Glendenning (ed.) *Acquired Hearing Loss and Elderly People*. Keele: Beth Johnson Foundation Publications.
Herrman, D. J., Rea, A. and Andrzejewski, S. (1988) The need for a new approach to memory training. In M. M. Gruneberg, P. E. Morris and R. N. Sykes (eds.) *Practical Aspects of Memory: Current Research and Issues*. Chichester: Wiley.
Hertzog, C. (1991) Aging, information processing speed and intelligence. In K. W. Schaie and P. Lawton (eds.) *Annual Review of Gerontology and Geriatrics, 11*, 55 – 79.
Hertzog, C., Dixon, R. A., Hultsch, D. F. and MacDonald, S. (2003) Latent change models of adult cognition: Are changes in processing speed and working memory associated with changes in episodic memory? *Psychology and Aging, 18*, 755 – 69.
Hertzog, C., Dunlosky, J. and Sinclair, S. (2010) Episodic feeling of knowing resolution derives from the quality of original encoding. *Memory and Cognition, 38*, 771 – 84.
Hertzog, C. and Jopp, D. S. (2010) Resilience in the face of cognitive aging: Experience, adaptation and compensation. In P. S. Fry and C. L. M. Keyes (eds.) *New Frontiers in Resilient Aging: Lifestrengths and Well-being in Late Life*. New York: Cambridge University Press.
Hertzog, C. and Nesselroade, J. R. (2003) Assessing psychological change in adulthood: An overview of methodological issues. *Psychology and Aging, 18*, 639 – 57.
Herzog, A. R., House, J. S. and Morgan, J. N. (1991) Relation of work and retirement to health and well-being in old age. *Psychology and Aging, 6*, 202 – 11.
Hestad, K., Ellersten, B. and Klove, H. (1998) Neuropsychological assessment in old age. In I. H. Nordhus, G. R. VandenBos, S. Berg and P. Fromholt (eds.) *Clinical Geropsychology*. Washington, DC: American Psychological Association, 259 – 88.
Hicks, M., McDermott, L., Rouhana, N., Schmidt, M. et al. (2009) Nurses' body size and public confidence in ability to provide health education. *Journal of Nursing Scholarship, 40*, 349 – 54.
Hicks-Moore, S. and Robinson, B. (2008) Favorite music and hand massage: Two interventions to decrease agitation in residents with dementia. *Dementia, 7*, 95 108.
Hickson, J. and Housley, W. (1997) Creativity in later life. *Educational Gerontology, 23*, 539 – 47.
Hilgard, E. R., Atkinson, R. L. and Atkinson, R. C. (1979) *Introduction to Psychology*. 7th edition. New York: Harcourt Brace Jovanovich.
Hill-Briggs, F., Kirk, J. J. and Wegener, S. (2005) Geriatric pain and neuropsychological assessment. In S. S. Bush and T. A. Martin (eds.) *Geriatric Neuropsychology: Practice Essentials*. Philadelphia: Taylor and Francis.
Hilt, M. L. and Lipschultz, J. H. (2004) Elderly Americans and the internet: E-mail, TV news, information and entertainment websites. *Educational Gerontology, 30*, 57 – 72.
Hirono, N., Mori, E., Ischii, K., Hirono, N. and Mori, E. (1998) Regional hypometabolism related to language disturbances in Alzheimer's disease. *Dementia and Geriatric Cognitive Disorders, 9*, 68 – 73.
Hofer, S., Berg, S. and Era, P. (2003) Evaluating the interdependence of aging-related changes in visual and auditory acuity, balance and cognitive functioning. *Psychology and Aging, 18*, 285 – 305.
Hofer, S. M., Christensen, H., Mackinnon, A. J., Korten, A. E. et al. (2002) Change in cognitive functioning associated with ApoE genotype in a community sample of older adults. *Psychology and Aging, 17*, 194 – 208.

Holahan, C. K. and Chapman. J. R. (2002) Longitudinal predictors of proactive goals and activity participation at age 80. *The Journals of Gerontology Series B: Psychological Sciences and Social Sciences, 57*, 418 – 25.

Holden, B. A., Fricke, T. R., Ho, S. M., Wong, R. et al. (2008) Global vision impairment due to uncorrected presbyopia. *Archives of Ophthalmology, 126*, 1731 – 9.

Holland, A. (2000) Ageing and learning disability. *British Journal of Psychiatry, 176*, 26 – 31.

Holland, C. and Rabbitt, P. (1989) Subjective and objective measures of vision and hearing loss in elderly drivers and pedestrians. Talk at ESRC/General Accident Insurance Company Symposium on Road Traffic Accidents. University of Reading, 5 July.

Holland, C. and Rabbitt, P. (1990) Autobiographical and text recall in the elderly. *Quarterly Journal of Experimental Psychology*, 42A, 441 – 70.

Holliday, R. (2007) *Aging: The Paradox of Life*. Dordrecht: Springer.

Holtz, J. (2011) *Applied Clinical Neuropsychology: An Introduction*. New York: Springer.

Holtzman, R. E., Rebok, G. W., Saczynski, J. S., Kouzis, A. C., Doyle, K. W. and Eaton, W. W. (2004) Social network characteristics and cognition in middle-aged and older adults. *The Journals of Gerontology Series B: Psychological Sciences and Social Sciences, 59*, 278 – 84.

Hooker, K., Bowman, S. R., Coehlo, D. P., Lima, S. R. et al. (2002) Behavioral change in persons with dementia: Relationships with mental and physical health of caregivers. *The Journals of Gerontology Series B: Psychological Sciences and Social Sciences, 57*, 453 – 60.

Hooper, F. H., Fitzgerald, J. and Papalia, D. (1971) Piagetian theory and the aging process: Extensions and speculations. *Aging and Human Development, 2*, 3 – 20.

Hope, J. and Havir, L. (2002) You bet they're having fun! Older Americans and casino gambling. *Journal of Aging Studies, 16*, 177 – 97.

Hopkins, C., Roster, C. and Wood, C. (2006) Making the transition to retirement: Appraisals, post-transition lifestyle, and changes in consumption patterns. *Journal of Consumer Marketing, 23*, 89 – 101.

Hoppmann, C., Gerstorf, D. and Hibbert, A. (2011) Spousal associations between functional limitation and depressive symptom trajectories: Longitudinal findings from the Study of Asset and Health Dynamics Among the Oldest (AHEAD). *Health Psychology, 30*, 153 – 62.

Horn, J. L. (1978) Human ability systems. In P. B. Baltes (ed.) *Life-span Development and Behavior, Volume 1*. New York: Academic Press, 211 – 56.

Horn, J. L. (1982) The theory of fluid and crystallised intelligence in relation to concepts of cognitive psychology and aging in adulthood. In F. I. M. Craik and S. Trehub (eds.) *Aging and Cognitive Processes*. New York: Plenum.

Horn, J. L. and Cattell, R. B. (1967) Age differences in fluid and crystallised intelligence. *Acta Psychologia*, 26, 107 – 29.

Hosokawa, A. and Hosokawa, T. (2006) Cross-cultural study on age-group differences in the recall of the literal and interpretive meanings of narrative text. *Japanese Psychological Research, 48*, 77 – 90.

Hough, M. S. (2006) Incidence of word finding deficits in normal aging. *Folia Phoniatrica et Logopaedica, 59*, 10 – 9.

House, J. S., Kessler, R. C., Herzog, A. R., Mero, R. P., Kinney, A. M. and Breslow, M. J. (1992) Social stratification, age and health. In K. W. Schaie, D. Blazer and J. House (eds.) *Aging, Health Behavior and Health Outcomes*. Hillsdale, NJ: Lawrence Erlbaum, 1 – 37.

Houston, D. K., Johnson, M. A., Nozza, R. J., Gunter, E. W. et al. (1999) Age-related hearing loss, vitamin B-12 and folate in elderly women. *American Journal of Clinical Nutrition, 69*, 564 – 71.

Hoyer, W. J. and Ingolfsdottir, D. (2003) Age, skill and contextual cuing in target detection.

Psychology and Aging, 18, 210–8.

Hoyer, W. J. and Roodin, P. A. (2003) *Adult Development and Aging*. 5th edition. Boston, MA: McGraw Hill.

Hoyte, K., Brownell, H. and Wingfield, A. (2009) Components of speech prosody and their use in detection of syntactic structure by older adults. *Experimental Aging Research, 35*, 129–51.

Hser, Y. I., Huffman, V., Grella, C. E. and Anglin, M. D. (2001) A 33-year follow-up of narcotics addicts. *Archives of General Psychiatry, 58*, 503–8.

Huang, Q. and Tang, J. (2010) Age-related hearing loss or presbycusis. *European Archives of Otorhinolaryngology, 267*, 1179–91.

Hubert, H. B., Bloch, D. A., Oehlert, J. W. and Fries, J. F. (2002) Lifestyle habits and compression of morbidity. *The Journals of Gerontology Series A: Biological Sciences and Medical Sciences, 57*, 347–51.

Hudson, L. (1987) Creativity. In R. L. Gregory and O. Zangwill (eds.) *The Oxford Companion to the Mind*. Oxford: Oxford University Press.

Hughes, P., Bath, P., Ahmed, N. and Noble, B. (2010) What progress has been made towards implementing national guidance on end of life care? A national survey of UK general practices. *Palliative Medicine, 24*, 68–78.

Hui, V., Bond, M. and Ng, I. (2007) General beliefs about the world as defensive mechanisms against death anxiety. *Omega: Journal of Death and Dying, 54*, 199–214.

Hull, R. H. and Kerschen, S. R. (2010) The influence of cardiovascular health on peripheral and central auditory function in adults: A research review. *American Journal of Audiology, 19*, 9–16.

Hulme, C., Lee, G. and Brown, G. D. (1993) Short-term memory impairments in Alzheimer-type dementia: Evidence for separable impairments of articulatory rehearsal and long-term memory. *Neuropsychologia, 31*, 161–72.

Hult, C., Stattin, M., Janiert, U. and Jarvholm, B. (2010) Timing of retirement and mortality – A cohort study of Swedish construction workers. *Social Science and Medicine, 70*, 1480–6.

Hultsch, D. F., Hertzog, C., Small, B. J., McDonald-Miszczak, L. and Dixon, R. A. (1992) Short-term longitudinal change in cognitive performance in later life. *Psychology and Aging, 7*, 571–84.

Hultsch, D. F., MacDonald, S. W. S. and Dixon, R. A. (2002) Variability in reaction time performance of younger and older adults. *The Journals of Gerontology Series B: Psychological Sciences and Social Sciences, 57*, 101–15.

Hummert, M. L., Garstka, T. A., O'Brien, L. T., Greenwald, A. G. and Mellott, D. S. (2002) Using the implicit association test to measure age differences in implicit social cognitions. *Psychology and Aging, 17*, 482–95.

Hummert, M. L., Garstka, T. A. and Shaner, J. L. (1997) Stereotyping of older adults: The role of target facial cues and perceiver characteristics. *Psychology and Aging, 12*, 107–14.

Huntgeburth, M., Ten Freyhaus, H. and Rosenkranz, S. (2005) Alcohol consumption and hyper-tension. *Current Hypertension Reports, 7*, 180–5.

Huntley, J. and Howard, R. (2010) Working memory in early Alzheimer's disease: A neuro-psychological review. *International Journal of Geriatric Psychiatry, 25*, 121–32.

Hutchinson, K. M. (1989) Influence of sentence context on speech perception in young and older adults. *The Journals of Gerontology Series B: Psychological Sciences and Social Sciences, 44*, 36–44.

Hybertson, E. D., Perdue, J. and Hybertson, D. (1982) Age differences in information acquisition strategies. Experimental Aging Research, 8, 109–13.

Hyman, B. T., Arriagada, P. V., Van Housen, G. W. and Damasio, A. R. (1993) Memory impairment in Alzheimer's disease: An anatomical perspective. In R. W. Parks, R. F. Zec and R. S. Wilson (eds.) *Neuropsychology of Alzheimer's Disease and Other Dementias*. New York: Oxford University

Press, 138–50.

Iachine, I. A., Holm, N. V., Harris, J. R., Begun, A. Z. et al. (1998) How heritable is individual susceptibility to death? The results of an analysis of survival data on Danish, Swedish and Finnish twins. *Twin Research, 1*, 196–205.

Idler, E. L., Kasl, S. V. and Hays, J. C. (2001) Patterns of religious practice and belief in the last year of life. *The Journals of Gerontology Series B: Psychological Sciences and Social Sciences, 56*, 326–34.

Igier, V. and Mullet, E. (2003) Application of the five-factor model of personality to intergenerational perception. *The Journals of Gerontology Series B: Psychological Sciences and Social Sciences, 58*, 177–86.

Ihara, M., Polvikoski, T., Hall, R., Slade, J. et al. (2010) Quantification of myelin loss in frontal lobe white matter in vascular dementia, Alzheimer's disease, and dementia with Lewy bodies. *Acta Neuropathologica, 119*, 579–89.

Ingersoll-Dayton, B. and Saengtienchai, C. (1999) Respect for the elderly in Asia: Stability and change. *International Journal of Aging and Human Development, 48*, 113–30.

Irish, M., Cunningham, C., Walsh, J., Coakley, D. et al. (2006) Investigating the enhancing effect of music on autobiographical memory in mild Alzheimer's disease. *Dementia and Geriatric Cognitive Disorders, 22*, 108–20.

Irish, M., Lawlor, B., O'Mara, S. and Coen, R. (2011) Impaired capacity for autonoetic reliving during autobiographical event recall in mild Alzheimer disease. *Cortex, 47*, 236–49.

Ishimatsu, I., Miura, T. and Shinohara, K. (2010) Age influences visual attention characteristics among accident-free and accident-involved drivers. *Japanese Psychological Research, 52*, 186–200.

Isingrini, M. and Vazou, F. (1997) Relation between fluid intelligence and frontal lobe functioning in older adults. *International Journal of Aging and Human Development, 45*, 99–109.

Iwasa, H., Masui, Y., Gondo, Y., Yoshida, Y. et al. (2009) Personality and participation in mass health checkups among Japanese community-dwelling elderly. *Journal of Psychosomatic Research, 66*, 155–9.

Izquierdo-Porrera, A. M. and Waldstein, S. R. (2002) Cardiovascular risk factors and cognitive function in African Americans. *The Journals of Gerontology Series B: Psychological Sciences and Social Sciences, 57*, 377–80.

Jack, C. R., Petersen, R. C., Xu, Y. G., Obrien, P. C. et al. (1997) Medial temporal atrophy on MRI in normal aging and very mild Alzheimer's disease. *Neurology, 49*, 786–94.

Jackovitch, K. G. (1979) Sex, visitors from the grave, psychic healing: Kübler-Ross is a public storm center again. *People, 12*, 29 October.

Jackson, G. R. and Owsley, C. (2003) Visual dysfunction, neurodegenerative diseases, and aging. *Neurologic Clinics, 21*, 709–28.

Jackson, J., Bogg, T., Walton, K., Wood, D. et al. (2009) Not all conscientiousness scales change alike: A multimethod, multisample study of age differences in the facets of conscientiousness. *Journal of Personal and Social Psychology, 96*, 446–59.

Jackson, J. L., Bogers, H. and Kersthold, J. (1988) Do memory aids aid the elderly in their day to day remembering? In M. M. Gruneberg, P. E. Morris and R. N. Sykes (eds.) *Practical Aspects of Memory: Current Research and Issues, Volume 2*. Chichester: Wiley.

Jackson, J. S., Antonucci, T. C. and Gibson, R. C. (1990) Cultural, racial and ethnic minority influences on aging. In J. E. Birren and K. W. Schaie (eds.) *Handbook of the Psychology of Aging*. 3rd edition. San Diego, CA: Academic Press.

Jacobs, J., Hammerman-Rozenberg, R., Cohen, A. and Stessman, J. (2008) Reading daily predicts reduced mortality among men from a cohort of community-dwelling 70-year-olds. *The Journals of Gerontology Series B: Psychological Sciences and Social Sciences, 63*, 73–80.

Jacobs, R. and Kane, M. (2011) Psychosocial predictors of self-esteem in a multi-ethnic sample of women over 50 at risk for HIV. *Journal of Women and Aging, 23*, 23–39.

Jaffe, G. J., Alvarado, J. A. and Juster, R. P. (1986) Age-related changes of the normal visual field. *Archives of Ophthalmology, 104*, 1021–5.

Jahn, D., Cukrowicz, K., Linton, K. and Prabhu, F. (2011) The mediating effect of perceived burdensomeness on the relation between depressive symptom and suicide ideation in a community sample of older adults. *Aging and Mental Health, 15*, 214–20.

James, C. (1983) *Falling Towards England*. London: Jonathan Cape.

James, J. and Haley, W. (1995). Age and health bias in practising clinical psychologists. *Psychology and Ageing, 10*, 610–6.

James, L. E. (2004) Meeting Mr. Farmer versus meeting a farmer: Specific effects of aging on learning proper names. *Psychology and Aging, 19*, 515–22.

James, L. E. (2006) Specific effects of aging on proper name retrieval: Now you see them, now you don't. *The Journals of Gerontology Series B: Psychological Sciences and Social Sciences, 61*, 180–3.

Jansari, A. and Parkin, A. J. (1996) Things that go bump in your life: Explaining the reminiscence bump in autobiographical memory. *Psychology and Aging, 11*, 85–91.

Janssen, F., van der Heide, A., Kunst, A. and Mackenbach, J. (2006) End-of-life decisions and oldage mortality: A cross-country analysis. *Journal of the American Geriatrics Society, 54*, 1951–3.

Jarvik, L. F. (1983) Age is in – is the wit out? In D. Samuel, S. Alegri, S. Gershon, V. E. Grimm and G. Toffanl (eds.) *Aging of the Brain*. New York: Raven Press, 1–7.

Jarvik, L. F. and Falek, A. (1963) Intellectual stability and survival in the aged. *Journal of Gerontology, 18*, 173–6.

Jelenec, P. and Steffens, M. (2002) Implicit attitudes towards elderly women and men. *Current Research in Social Psychology, 7*, 275–91.

Jellinger, K. A. (2006) Clinicopathological analysis of dementia disorders in the elderly – an update. *Journal of Alzheimer's Disease, 9*, 61–70.

Jenike, M. (1988) Depression and other psychiatric disorders. In M. S. Albert and M. B. Moss (eds.) *Geriatric Neuropsychology*. New York: Guilford.

Jenkins, L., Myerson, J., Joerding, J. A. and Hale, S. (2000) Converging evidence that visuospatial cognition is more age-sensitive than verbal cognition. *Psychology and Aging, 15*, 157–75.

Jeong, H. and Kim, H. (2009) Aging and text comprehension: Interpretation and domain knowledge advantage. *Educational Gerontology, 35*, 906–28.

Jerant, A., Chapman, B., Duberstein, P., Robbins, J. and Franks, P. (2011) Personality and medication non-adherence among older adults enrolled in a six-year trial. *British Journal of Health Psychology, 16*, 151–69.

Jerram, K. L. and Coleman, P. G. (1999) The big five personality traits and reporting of health problems and health behaviour in old age. *British Journal of Health Psychology, 4*, 181–92.

Johansson, B., Hofer, S. M., Allaire, J. C., Maldonado-Molina, M. M. et al. (2004) Change in cognitive capabilities in the oldest old: The effects of proximity to death in genetically related individuals over a 6-year period. *Psychology and Aging, 19*, 145–56.

Johnson, K., Kuchibhatia, M. and Tulsky, J. (2008) What explains racial differences in the use of advance directives and attitudes toward hospice care? *Journal of the American Geriatrics Society, 56*, 1953–8.

Johnson, P. and Sung, H. (2009) Substance abuse among aging baby boomers: Health and treatment implications. *Journal of Addictions Nursing, 20*, 124–6.

Johnston, M. and Walker, M. (1996) Suicide in the elderly: Recognizing the signs. *General Hospital Psychiatry, 18*, 257–60.

Jones, E. and Pittman, T. (1982) Toward a general theory of strategic self presentation. In J. M. Suls (ed.) *Psychological Perspectives of the Self.* Hillsdale, NJ: Erlbaum, 231 – 62.

Jones, R. N. and Gallo, J. J. (2002) Education and sex differences in the mini-mental state examination: Effects of differential item functioning. *The Journals of Gerontology Series B: Psychological Sciences and Social Sciences, 57*, 548 – 58.

Juncos-Rabadan, O., Facal, D., Rodriguez, M. and Pereiro, A. (2010) Lexical knowledge and lexical retrieval in ageing: insights from a tip of the tongue (TOT) study. *Language and Cognitive Processes, 25*, 1301 – 34.

Jung-Hwa, H., Carr, D., Utz, R. and Nesse, R. (2006) Older adults' perceptions of intergenerational support after widowhood: How do men and women differ? *Journal of Family Issues, 27*, 3 – 30.

Kahana, M. J., Dolan E. D., Sauder, C. L. and Wingfield, A. (2005) Intrusions in episodic recall: Age differences in editing of overt responses. *The Journals of Gerontology Series B: Psychological Sciences and Social Sciences, 60*, 92 – 7.

Kahn, R. L., Goldfarb, A. I., Pollack, M. and Peck, A. (1960) Brief objective measures for determination of mental status in the aged. *American Journal of Psychiatry, 117*, 326 – 28.

Kail, R. (1997) The neural noise hypothesis: Evidence from processing speed in adults with multiple sclerosis. *Aging, Neuropsychology and Cognition, 4*, 157 – 65.

Kail, R. and Pelligrino, J. W. (1985) *Human Intelligence: Perspectives and Prospects*. San Francisco, CA: Freeman.

Kaplan, R. and Kronick, R. (2006) Marital status and longevity in the United States population. *Journal of Epidemiology and Community Health, 60*, 760 – 5.

Kapur, N. (1995) Memory aids in the rehabilitation of memory disordered patients. In A. D. Baddeley, B. A. Wilson and F. N. Watts (eds.) *Handbook of Memory Disorders*. Chichester: Wiley, 533 – 56.

Karakus, M. and Patton, L. (2011) Depression and the onset of chronic illness in older adults: A 12-year prospective study. *Journal of Behavioral Health Services and Research, 38*, 373 – 82.

Karayanidis, F., Andrews, S., Ward, P. B. and McConaghy, N. (1993) Event-related potentials and repetition priming in young, middle-aged and elderly normal subjects. *Cognitive Brain Research, 1*, 123 – 34.

Karon, B. P. and VandenBos, G. R. (1998) Schizophrenia and psychosis in elderly populations. In I. H. Nordhus, G. R. VandenBos, S. Berg and P. Fromholt (eds.) *Clinical Geropsychology*. Washington, DC: American Psychological Association, 219 – 27.

Karpel, M. E., Hoyer, W. J. and Toglia, M. P. (2001) Accuracy and qualities of real and suggested memories: Nonspecific age differences. *The Journals of Gerontology Series B: Psychological Sciences and Social Sciences, 56*, 103 – 10.

Kaskie, B. and Storandt, M. (1995) Visuospatial deficit in dementia of the Alzheimer type. *Archives of Neurology, 52*, 422 – 5.

Kasl-Godley, J. E., Gatz, M. and Fiske, A. (1998) Depression and depressive symptoms in old age. In I. H. Nordhus, G. R. VandenBos, S. Berg and P. Fromholt (eds.) *Clinical Geropsychology*. Washington, DC: American Psychological Association, 211 – 7.

Kastenbaum, R. (1985) Death and dying: A life-span approach. In J. Birren and K. Schaie (eds.) *Handbook of the Psychology of Aging*. 2nd edition. New York: Van Nostrand Reinhold.

Katz, S., Branch, L. G., Branson, M. H., Papsidero, J. A., Beck, M. D. and Greer, M. D. (1983) Active life expectancy. *New England Journal of Medicine, 309*, 1218 – 24.

Katzman, R., Terry, R., Deteresa, R., Brown, T. et al. (1988) Clinical, pathological and neurochemical changes in dementia: A subgroup with preserved mental status on numerous neocortical plaques. *Annals of Neurology, 23*, 138 – 44.

Kaufman, A. S. and Horn, J. L. (1996) Age changes on tests of fluid and crystallised ability for women and men on the Adolescent and Adult Intelligence Test (KAIT) at ages 17–94 years. *Archives of Clinical Neuropsychology, 11*, 97–121.

Kaufman, G. and Taniguchi, H. (2006) Gender and marital happiness in later life. *Journal of Family Issues, 27*, 735–57.

Kawachi, I. and Kennedy, B. P. (1997) Socioeconomic determinants of health: health and social cohesion: Why care about income inequality? *British Medical Journal, 314*, 1037–40.

Kaye, J. A., Swihart, T., Howieson, D., Dame, A. et al. (1997) Volume loss of the hippocampus and temporal lobe in healthy elderly persons destined to develop dementia. *Neurology, 48*, 1297–304.

Keilp, J. G., Gorlyn, M., Alexander, G. E., Stern, Y. and Prohovnik, I. (1999) Cerebral blood flow patterns underlying the differential impairment in category vs letter fluency in Alzheimer's disease. *Neuropsychologia, 37*, 1251–61.

Kellehear, A. (1984) Are we a 'death-denying' society? A sociological review. *Social Science and Medicine, 18*, 713–21.

Kelley, C. L., Morrell, R. W., Park, D. C. and Mayhorn, C. B. (1999) Predictors of electronic bulletin board system use in older adults. *Educational Gerontology, 25*, 19–35.

Kelly, F. (2010) Recognising and supporting self in dementia: A new way to facilitate a personcentred approach to dementia care. *Ageing and Society, 30*, 103–24.

Kempen, G. I. J. M., Jelicic, M. and Ormel, J. (1997) Personality, chronic medical morbidity and health-related quality of life among older persons. *Health Psychology, 16*, 539–46.

Kempen, G. I. J. M., Scaf-Klomp, W., Ranchor, A. V., Sanderman, R. and Ormel, J. (2001) Social predictors of recovery in late middle-aged and older persons after injury to the extremities: A prospective study. *The Journals of Gerontology Series B: Psychological Sciences and Social Sciences, 56*, 229–36.

Kemper, S. (1986) Limitation of complex syntactic construction by elderly adults. *Applied Psycholinguistics, 7*, 277–87.

Kemper, S. (1987a) Adults' diaries: Changes to written narratives across the life span. *Conference on Social Psychology and Language*. 20–24 July.

Kemper, S. (1987b) Life-span changes in syntactic complexity. *Journal of Gerontology, 42*, 3232–328.

Kemper, S. (1992) Adults' sentence fragments: Who, what, when, where and why. *Communication Research, 19*, 444–58.

Kemper, S. and Anagnopoulos, C. (1993) Adult use of discourse constraints on syntactic processing. In J. Cerella, J. Rybash, W. Hoyer and M. L. Commons (eds.) *Adult Information Processing: Limits on Loss*. San Diego, CA: Academic Press, 489–507.

Kemper, S., Crow, A. and Kemtes, K. (2004) Eye-fixation patterns of high- and low-span young and older adults: Down the garden path and back again. *Psychology and Aging, 19*, 157–70.

Kemper, S., Herman, R. and Lian, C. (2003) The costs of doing two things at once for younger and older adults: Talking while walking, finger tapping and ignoring speech of noise. *Psychology and Aging, 18*, 181–92.

Kemper, S., Herman, R. E. and Liu, C. J. (2004) Sentence production by young and older adults in controlled contexts. *The Journals of Gerontology Series B: Psychological Sciences and Social Sciences, 59*, 220–4.

Kemper, S., McDowd, J. and Kramer, A. (2006) Eye movements of young and older adults while reading with distraction. *Psychology and Aging, 21*, 32–9.

Kemper, S. and Rush, S. J. (1988) Speech and writing across the life span. In M. M. Gruneberg, P. E. Morris and R. N. Sykes (eds.) *Practical Aspects of Memory, Current Research and Issues*. Chichester: Wiley.

Kemper, S., Schmalzried, R., Hoffman, L. and Herman, R. (2010) Aging and the vulnerability of speech to dual task demands. *Psychology and Aging, 25*, 949 – 62.

Kemper, S. and Sumner, A. (2001) The structure of verbal abilities in young and older adults. *Psychology and Aging, 16*, 312 – 22.

Kemper, S., Thompson, M. and Marquis, J. (2001) Longitudinal change in language production: Effects of aging and dementia on grammatical complexity and propositional content. *Psychology and Aging, 16*, 600 – 14.

Kemtes, K. A. and Kemper, S. (1997) Younger and older adults' on-line processing of syntactically ambiguous sentences. *Psychology and Aging, 12*, 362 – 71.

Kennedy, G. J. (2010) Now neuroscience explains age-related changes in cognition: Implications for the early diagnosis of dementia. *Primary Psychiatry, 17*, 30 – 3.

Kennedy, S., Kiecolt-Glaser, J. K. and Glaser, R. (1988) Immunological consequences of acute and chronic stressors: Mediating role of interpersonal relationships. *British Journal of Medical Psychology, 61*, 77 – 85.

Kensinger, E. A. and Schachter, D. L. (1999) When true memories suppress false memories: Effects of ageing. *Cognitive Neuropsychology, 16*, 399 – 415.

Kenyon, C. J. (2010) The genetics of ageing. *Nature, 464*, 504 – 12.

Keranen, A., Savolainen, M., Raponen, A., Kujari, M. et al. (2009) The effect of eating behaviour on weight loss and maintenance during a lifestyle intervention. *Preventive Medicine, 49*, 32 – 8.

Kerfoot, K., Petrakis, I. and Rosenheck, R. (2011) Dual diagnosis in an aging population: Prevalence of psychiatric disorders, comorbid substance abuse, and mental health service utilization in the Department of Veterans Affairs. *Journal of Dual Diagnosis, 7*, 4 – 13.

Kermis, M. D. (1983) *The Psychology of Human Aging: Theory, Research and Practice*. Boston, MA: Allyn and Bacon.

Kermis, M. D. (1986) *Mental Health in Later Life. The Adaptive Process*. Boston, MA: Jones and Bartlett.

Kerr, D. (2007) *Understanding Learning Disability and Dementia*. London: Jessica Kingsley Publishers.

Kessels, R., van den Berg, E., Ruis, C. and Brands, A. (2008) The backward span of the Corsi Block-Tapping Task and its association with the WAIS-III Digit Span. *Assessment, 15*, 426 – 34.

Kiloh, L. (1961) Pseudodementia. *Acta Psychiatrica Scandanavica, 37*, 336 – 51.

Kim, J. E. and Moen, P. (2002) Retirement transitions, gender and psychological well-being: A life-course, ecological model. *The Journals of Gerontology Series B: Psychological Sciences and Social Sciences, 57*, 212 – 22.

Kim, K. (2007) Religion, weight perception, and weight control behaviour. *Eating Behaviors, 8*, 121 – 31.

Kim, S. and Yu, X. (2010) The mediating effect of self-efficacy on the relationship between health literacy and health status in Korean older adults: A short report. *Aging and Mental Health, 14*, 870 – 3.

Kirby, S. E., Coleman. P. G. and Daley, D. (2004) Spirituality and well-being in frail and nonfrail older adults. *The Journals of Gerontology Series B: Psychological Sciences and Social Sciences, 59*, 123 – 9.

Kirk, L. J., Hick, R. and Laraway, A. (2006) Assessing dementia in people with learning disabilities: The relationship between two screening measures. *Journal of Intellectual Disabilities, 10*, 357 – 64.

Kirkwood, T. B. L. (1988) The nature and causes of ageing. In *Research and the Ageing Population*. CIBA Foundation Symposium 134. Chichester: Wiley, 193 – 207.

Kitwood, T. (1993) Towards a theory of dementia care: the interpersonal process, *Ageing and Society, 13*, 51 – 67.

Kitwood, T. (1997) *Dementia Reconsidered: The Person Comes First*. Buckingham: Open University Press.

Kjølseth, I., Ekeberg, Ø. and Steihaug, S. (2010) Elderly people who committed suicide – their contact with the health service. What did they expect, and what did they get? *Aging and Mental Health, 14*, 938 – 46.

Klaczynski, P. A. and Robinson, B. (2000) Personal theories, intellectual ability and epistemological beliefs: Adult age differences in everyday reasoning biases. *Psychology and Aging, 15*, 400 – 16.

Kleemeier, R. W. (1962) Intellectual changes in the senium. *Proceedings of the Social Statistics Section of the American Statistical Association, 1*, 290 – 5.

Klessig, J. (1992) The effect of values and culture on life-support decisions. *Western Journal of Medicine, 157*, 316 – 22.

Kliegel, M., Jager, T. and Phillips, L. (2008) Adult age differences in event-based prospective memory: A meta-analysis on the role of focal versus nonfocal cues. *Psychology and Aging, 23*, 203 – 8.

Knapp, J. L., Beaver, L. M. and Reed, T. D. (2002) Perceptions of the elderly among ministers and ministry students: Implications for seminary curricula. *Educational Gerontology, 28*, 313 – 24.

Knight, R., Nicholls, J. and Titov, N. (2008) The effects of old age and distraction on the assessment of prospective memory in a simulated naturalistic environment. *International Psychogeriatrics, 20*, 124 – 34.

Kodama, H., Izumo, Y., Takahashi, R., Suda, Y. et al. (2009) Family relationships of self-care-dependent older people and institutionalized rate to nursing homes. *Geriatrics and Gerontology International, 9*, 320 – 5.

Kodama, H., Suda, Y., Takahashi, R., Nishimura, M. et al. (2007) Family relationships for self-caredependent older people at home. *Geriatrics and Gerontology International, 7*, 252 – 7.

Koedam, E., Pijnenburg, Y., Deeg, D., Baak, M. et al. (2008) Early-onset dementia is associated with higher mortality. *Dementia and Geriatric Cognitive Disorders, 26*, 147 – 52.

Koenig, B. and Gates-Williams, J. (1995) Understanding cultural difference in caring for dying patients. *West Journal of Medicine, 163*, 244 – 9.

Koepsell, T., Kurland, B., Harel, O., Johnson, E. et al. (2008) Education, cognitive function, and severity of neuropathology in Alzheimer disease. *Neurology, 70*, 1732 – 9.

Kogan, N. (1990) Personality and aging. In J. E. Birren and K. W. Schaie (eds.) *Handbook of the Psychology of Aging*. 3rd edition. San Diego, CA: Academic Press.

Kong, E., Evans, L. and Guevara, J. (2009) Nonpharmacological intervention for agitation in dementia: A systematic review and meta-analysıs. *Aging and Mental Health, 13*, 512 – 20.

Konigsberg, R. (2011) *The Truth About Grief: The Myth of its Five Stages and the New Science of Loss*. New York: Simon & Schuster.

Kooij, D. and Van de Voorde, K. (2011) How changes in subjective general health predict future time perspective, and development and generativity motives over the lifespan. *Journal of Occupational and Organizational Psychology, 84*, 228 – 47.

Kopelman, M. D. (1985) Rates of forgetting in Alzheimer-type dementia and Korsakoff's syndrome. *Neuropsychologia, 23*, 623 – 38.

Korinek, K., Zimmer, Z. and Gu, D. (2011) Transitions in marital status and functional health and patterns of intergenerational coresidence among China's elderly population. *The Journals of Gerontology Series B: Psychological Sciences and Social Sciences, 66*, 260 – 70.

Korkeila, J., Oksanen, T., Virtanen, M., Salo, P. et al. (2011) Early retirement from work among employees with a diagnosis of personality disorder compared to anxiety and depression disorders. *European Psychiatry, 26*, 18 – 22.

Korpelainen, H. (1999) Genetic maternal effects on human life span through inheritance of mito-chondrial DNA. *Human Heredity, 49*, 183 – 5.

Kossioni, A. and Bellou, O. (2011) Eating habits in older people in Greece: The role of age, dental

status and chewing difficulties. *Archives of Gerontology and Geriatrics, 52*, 197–201.
Kosslyn, S. M., Brown, H. D. and Dror, I. E. (1999) Aging and the scope of visual attention. *Gerontology, 45*, 102–9.
Kott, A. (2011) Drug use and loneliness are linked to unprotected sex in older adults with HIV. *Perspectives on Sexual and Reproductive Health, 43*, 69–74.
Kovach, S. S. and Robinson, J. D. (1996) The roommate relationship for the elderly nursing home resident. *Journal of Social and Personal Relationships, 13*, 627–34.
Kozora, E. and Cullum, C. M. (1995) Generative naming in normal aging: Total output and qualitative changes using phonemic and semantic constraints. *Clinical Neuropsychologist, 9*, 313–20.
Kramer, A. F., Humphrey, D. G., Larish, J. F. and Logan, G. D. (1995) Aging and inhibition: Beyond a unitary view of inhibitory processing in attention. *Psychology and Aging, 9*, 491–512.
Kramer, A. F. and Madden, D. J. (2008) Attention. In F. Craik, F. and T. A. Salthouse (eds.) *The Handbook of Aging and Cognition*. 3rd edition. New York: Psychology Press.
Kramer, A. F. and Strayer, D. L. (2001) Influence of stimulus repetition on negative priming. *Psychology and Aging, 16*, 580–7.
Kramer, B., Kavanaugh, M., Tentham-Beitx, A., Walsh, M. and Yonker, J. (2010) Predictors of family conflict at the end of life: The experience of spouses and adult children of persons with lung cancer. *The Gerontologist, 50*, 215–25.
Krause, N. (2002) Church-based social support and health in old age: Exploring variations by race. *The Journals of Gerontology Series B: Psychological Sciences and Social Sciences, 57*, 332–47.
Krause, N. (2010) Assessing coping responses within specific faith traditions: Suffering in silence, stress, and depressive symptoms among older Catholics. *Mental Health, Religion and Culture, 13*, 513–29.
Krause, N. (2011) Neighbourhood conditions and helping behaviour in late life. *Journal of Environmental Psychology, 31*, 62–9.
Krause, N., Jay, G. and Liang, J. (1991) Financial strain and psychological well-being among the American and Japanese elderly. *Psychology and Aging, 6*, 170–81.
Krause, N., Liang, J., Shaw, B. A., Sugisawa, H., Kim, H. K. and Sugihara, Y. (2002) Religion, death of a loved one and hypertension among older adults in Japan. *The Journals of Gerontology Series B: Psychological Sciences and Social Sciences, 57*, 96–107.
Krause, N., Shaw, B. A. and Cairney, J. (2004) A descriptive epidemiology of lifetime trauma and the physical health status of older adults. *Psychology and Aging, 19*, 637–48.
Krauss, Whitbourne, S. and Whitbourne, S. (2011) *Adult Development and Ageing: Biopsychosocial Perspectives*. 4th edition. Hoboken, NJ: John Wiley.
Kübler-Ross, E. (1969) *On Death and Dying*. New York: McMillan.
Kübler-Ross, E. (2005) *On Grief and Grieving*. New York: Simon & Schuster.
Kumar, A. and Foster, T. C. (2007) Neurophysiology of old neurons and synapses. In D. R. Riddle (ed.) *Brain Aging: Models, Methods, and Mechanisms*. Boca Raton: CRC Press.
Kunz, M., Mylius, V., Schepelmann, K. and Lautenbacher, S. (2008) Impact of pain on the facial expression of pain. *Journal of Psychosomatic Research, 64*, 311–8.
Kunzmann, U. (2007) Wisdom: Adult development and emotional-motivational dynamics. In R. Fernandez-Ballesteros (ed.) *Geropsychology: European Perspectives for an Aging World*. Ashland: Hogrefe and Huber Publishers.
Kunzmann, U., Little, T. D. and Smith, J. (2000) Is age-related stability of subjective well-being a paradox? Cross-sectional and longitudinal evidence from the Berlin Aging Study. *Psychology and Aging, 15*, 511–26.
Kvavilashvili, L. (1987) Remembering intention as a distinct form of memory. *British Journal of*

Psychology, 78, 507–18.

Kvavilashvili, L., Kornbrot, D., Mash, V., Cockburn, J. and Milne, A. (2009) Differential effects of age on prospective and retrospective memory tasks in young, young-old and old-old adults. *Memory, 17*, 180–96.

Kwong See, S. T., Hoffman, H. G. and Wood, T. L. (2001) Perceptions of an old female eyewitness: Is the older eyewitness believable? *Psychology and Aging, 16*, 346–50.

Kynette, D. and Kemper, S. (1986) Aging and the loss of grammatical form: A cross-sectional study of language performance. *Language and Communication, 6*, 65–72.

Labouvie-Vief, G. (1992) A neo-Piagetian perspective on adult cognitive development. In R. J. Sternberg and C. A. Berg (eds.) *Intellectual Development*. Cambridge: Cambridge University Press.

Lachman, M., Agrigoroaei, S., Murphy, C. and Tun, P. (2010) Frequent cognitive activity compensates for education differences in episodic memory. *American Journal of Geriatric Psychiatry, 18*, 4–10.

Lacro, J. P., Harris, M. J. and Jeste, D. V. (1995) Late-life psychosis. In E. Murphy and G. Alexopoulos (ed.) *Geriatric Psychiatry: Key Research Topics for Clinicians*. Chichester: Wiley, 231–44.

Laditka, S. B., Fischer, M., Laditka, J. N. and Segal, D. R. (2004) Attitudes about aging and gender among young, middle age and older college-based students. *Educational Gerontology, 30*, 403–21.

Laditka, S. B. and Laditka, J. N. (2002) Recent perspectives on active life expectancy for older women. *Journal of Women and Aging, 14*, 163–84.

Laguna, K. and Babcock, R. L. (1997) Computer anxiety in young and older adults: Implications for human-computer interactions in older populations. *Computers in Human Behavior, 13*, 317–26.

Lahar, C. J., Tun, P. A. and Wingfield, A. (2004) Sentence–final word completion norms for young, middle-aged and older adults. *The Journals of Gerontology Series B: Psychological Sciences and Social Sciences, 59*, 7–10.

Lajoie, Y., Teasdale, N., Bard, C. and Fleury, M. (1996) Upright standing and gait: Are there changes in attentional requirements related to normal aging? *Experimental Aging Research, 22*, 185–98.

Lalande, K. and Bonanno, G. (2006) Culture and continuing bonds: A prospective comparison of bereavement in the United States and the People's Republic of China. *Death Studies, 30*, 303–24.

Lalitha, K. and Jamuna, D. (2006) Remote memory and well-being in the older men and women. *Psychological Studies, 51*, 275–9.

Lamberg, T., Virtanen, P., Vahtera, J., Luukkaala, T. and Koskenvuo, M. (2010) Unemployment, depressiveness and disability retirement: A follow-up study of the Finnish HeSSup population sample. *Social Psychiatry and Psychiatric Epidemiology, 45*, 259–64.

Lang, E., Arnold, K. and Kupfer, P. (1994) Women live longer–biological, medical and sociologic causes. *Zeitschrift fuer Gerontologie, 27*, 10–5.

Lannutti, P. (2011) Security, recognition, and misgivings: Exploring older same-sex couples' experiences of legally recognized same-sex marriage. *Journal of Social and Personal Relationships, 28*, 64–82.

Larson, R. (1978) Thirty years of research on the subjective well-being of older Americans. *Journal of Gerontology, 33*, 109–25.

LaRue, A. (1992) *Aging and Neuropsychological Assessment*. New York: Plenum.

Lasch, H., Castell, D. O. and Castell, J. A. (1997) Evidence for diminished visceral pain with aging: Studies using graded intraesophageal balloon distension. *American Journal of Physiology, 272*, 1–3.

Lasisi, A. O., Abiona, T., Gureje, O. (2010) Tinnitus in the elderly: Profile, correlates, and impact in the Nigerian Study of Ageing. *Otolaryngology, Head and Neck Surgery, 143*, 510–5.

Laslett, P. (1976) Societal development and aging. In R. H. Binstock and E. Shanas (eds.) *Handbook of Aging and the Social Sciences*. New York: Reinhold.

Latimer, J. (1963) The status of aging in intelligence. *Journal of Genetic Psychology, 102*, 175–88.

Laurence, M. W. and Arrowood, A. J. (1982) Classification style differences in the elderly. In F. I. M. Craik and S. Trehub (eds.) *Aging and Cognitive Processes*. New York: Plenum.

Lauver, S. C. and Johnson, J. L. (1997) The role of neuroticism and social support in older adults with chronic pain behavior. *Personality and Individual Differences, 23*, 165–7.

Laver, G. D. and Burke, D. M. (1993) Why do semantic priming effects increase in old age? A metaanalysis. *Psychology and Aging, 8*, 34–43.

LaVole, D., Mertz, H. and Richmond, T. (2007) False memory susceptibility in older adults: Implications for the elderly eyewitness. In M. Toglia, J. Read, D. Ross and R. Lindsay (eds.) *The Handbook of Eyewitness Psychology, Vol 1: Memory for Events*. Mahwah: Lawrence Erlbaum.

Law, R. and O'Carroll, R. E. (1998) A comparison of three measures of estimating premorbid intellectual level in dementia of the Alzheimer type. *International Journal of Geriatric Psychiatry, 13*, 727–30.

Lawton, M. P. (2001) Quality of life and the end of life. In J. E. Birren and K. W. Schaie (eds.) *Handbook of the Psychology of Aging*. San Diego: Academic Press.

Lawton, M. P. and Salthouse, T. A. (eds.) (1998) *Essential Papers on the Psychology of Aging*. New York: New York University Press.

Leader, D. and Corfield, D. (2007) *Why do people get ill?* London: Hamish Hamilton.

Lee, E. (2007) Religion and spirituality as predictors of well-being among Chinese-American and Korean American older adults. *Journal of Religion, Spirituality and Aging, 19*, 77–100.

Lee, G. R., DeMaris, A., Bavin, S. and Sullivan, R. (2001) Gender differences in the depressive effect of widowhood in later life. *The Journals of Gerontology Series B: Psychological Sciences and Social Sciences, 56*, 56–61.

Lee, H., Hanner, J., Yokley, J., Appleby, B. et al. (2007) Clozapine for treatment-resistant agitation in dementia. *Journal of Geriatric Psychiatry and Neurology, 20*, 178–82.

Lee, I. M. and Paffenbarger, R. S. (1998) Physical activity and stroke incidence: The Havard Alumni Health Study. *Stroke, 29*, 2049–54.

Lee, I. M. and Paffenbarger, R. S. (2000) Associations of light, moderate and vigorous intensity physical activity with longevity. The Harvard Alumni Health Study. *American Journal of Epidemiology, 151*, 293–9.

Lee, I. M., Sesso, H. D., Oguma, Y. and Paffenbarger, R. S. (2004) The 'weekend warrior' and risk of mortality. *American Journal of Epidemiology, 160*, 636–41.

Lee, Y. and Kim, S. (2008) Effects of indoor gardening on sleep, agitation, and cognition in dementia patients – A pilot study. *International Journal of Geriatric Psychiatry, 23*, 485–9.

Leenaars, A. A. and Lester, D. (1998) Predicting suicide rate among elderly persons in Canadian provinces. *Psychological Reports, 82*, 1202.

Leentjens, A. F. G. and van der Mast, R. C. (2005) Delirium in elderly people: An update. *Current Opinion in Psychiatry, 18*, 325–30.

Leino, E. V., Romelsjoe, A., Shoemaker, C., Ager, C. R. et al. (1998) Alcohol consumption and mortality. II. Studies of male populations. *Addiction, 93*, 205–18.

Leist, A., Ferring, S. and Filipp, S. (2010) Remembering positive and negative life events: Associations with future time perspective and functions of autobiographical memory. *GeroPsych: The Journal of Gerontopsychology and Geriatric Psychiatry, 23*, 137–47.

Lemaire, P. (2010) Cognitive strategy variations during aging. *Current Directions in Psychological Science, 19*, 363 – 9.

Lennartsson, C. and Silverstein, M. (2001) Does engagement with life enhance survival of elderly people in Sweden? The role of social and leisure activities. *The Journals of Gerontology Series B: Psychological Sciences and Social Sciences, 56*, 335 – 42.

Lepowsky, M. (1985) Gender, aging, and dying in an egalitarian society. In D. A. Counts and D. R. Counts (eds.) *Aging and its Transformations: Moving Toward Death in Pacific Societies*. Lanham: University Press of America, 157 – 78.

Levenson, R. W., Cartensen, L. L. and Gottman, J. M. (1993) Long-term marriage: Age, gender and satisfaction. *Psychology and Aging, 8*, 310 – 3.

Levesque, L., Ducharme, F. and Lachance, L. (1999) Is there a difference between family caregiving of institutionalized elders with or without dementia? *Western Journal of Nursing Research, 21*, 472 – 97.

Levine, B., Stuss, D. T. and Milberg, W. P. (1995) Concept generation: Validation of a test of executive functioning in a normal aging population. *Journal of Clinical and Experimental Neuropsychology, 17*, 740 – 58.

Levine, B., Svoboda, E., Hay, J. F., Winocur, G. and Moscovitch, M. (2002) Aging and autobiographical memory: Dissociating episodic from semantic retrieval. *Psychology and Aging, 17*, 677 – 89.

Levine, D., Neidecker, M., Kiefe, C., Karve, S. et al. (2011) Racial/ethnic disparities in access to physician care and medications among US stroke survivors. *Neurology, 76*, 53 – 61.

Levinson, D. (1980) Conception of the adult life course. In N. Smelser and E. Erikson (eds.) *Themes of Work and Love in Adulthood*. Cambridge, MA: Harvard University Press.

Levy, B. R. (1999) The inner self of the Japanese elderly: A defense against negative stereotypes of aging. *International Journal of Aging and Human Development, 48*, 131 – 44.

Levy, B. R. and Banaji, M. (2002) Implicit Ageism. In T. D. Nelson (ed.) *Ageism: Stereotyping and Prejudice against Older Persons*. Cambridge, MA: The MIT Press.

Levy, B. R., Hausdorff, J. M., Hencke, R. and Wei, J. Y. (2000) Reducing cardiovascular stress with positive self-stereotypes of aging. *The Journals of Gerontology Series B: Psychological Sciences and Social Sciences, 55*, 205 – 13.

Levy, J. A. and Anderson, T. (2005) The drug career of the older injector. *Addiction Research and Theory, 13*, 245 – 58.

Leyhe, T., Muller, S., Milian, M., Eschweiler, G. and Saur, R. (2009) Impairment of episodic and semantic autobiographical memory in patients with mild cognitive impairment and early Alzheimer's disease. *Neuropsychologia, 47*, 2464 – 9.

Lezak, M. D. (1995) *Neuropsychological Assessment*. New York: Oxford University Press.

Li, F., Fisher, K. J., Harmer, P. and McAuley, E. (2005) Falls self-efficacy as a mediator of fear of falling in an exercise intervention for older adults. *The Journals of Gerontology Series B: Psychological Sciences and Social Sciences, 60*, 34 – 40.

Li, F., Fisher, K. J., Harmer, P., McAuley, E. and Wilson, N. L. (2003) Fear of falling in elderly persons: Association with falls, functional ability and quality of life. *The Journals of Gerontology Series B: Psychological Sciences and Social Sciences, 58*, 283 – 90.

Li, K. Z. H. and Lindenberger, U. (2002) Relations between aging sensory/sensorimotor and cognitive functions. *Neuroscience and Biobehavioral Reviews, 26*, 777 – 83.

Licinio, J. (2009) Update on molecular psychiatry: New publication guidelines and new ways to stay current. *Molecular Psychiatry, 14*, 463 – 4.

Lienert, G. A. and Crott, H. W. (1964) Studies on the factor structure of intelligence in children, adolescents and adults. *Vita Humana, 7*, 147–63.

Light, L. L. and Albertson, S. A. (1988) Comprehension of pragmatic implications in young and older adults. In L. L. Light and D. M. Burke (eds.) *Language, Memory and Aging*. New York: Cambridge University Press.

Light, L. L. and Albertson, S. A. (1989) Direct and indirect tests of memory for category exemplars in young and older adults. *Psychology and Aging, 4*, 487–92.

Light, L. L. and Anderson, P. A. (1985) Working memory capacity, age and memory for discourse. *Journal of Gerontology, 40*, 737–47.

Light, L. L. and Burke, D. (eds.) (1988) *Language, Memory and Aging*. New York: Cambridge University Press.

Lin, J., Lin, L., Sung, C. and Wu, J. (2011) Aged and dependency ratios among autism, intellectual disability and other disabilities: 10-year trend analysis. *Research in Autism Spectrum Disorders, 5*, 523–8.

Lin, L., Yang, M., Kao, C., Wu, S., Tang, S. and Lin, J. (2009) Using acupressure and Montessori-based activities to decrease agitation for residents with dementia: a cross-over trial. *Journal of American Geriatrics Society, 57*, 1022–9.

Lin, R., Heacock, L., Bhargave, G. and Fogel, J. (2010) Clinical associations of delirium in hospitalized older adult patients and the role of admission presentation. *International Journal of Geriatric Psychiatry, 25*, 1022–9.

Lindeman, E. (1944) Symptomatology and management of acute grief. *American Journal of Psychiatry, 101*, 141–9.

Lindenberger, U. and Baltes, P. (1994) Sensory functioning and intelligence in old age: A strong connection. *Psychology and Aging, 9*, 339–55.

Lindenberger, U. and Baltes, P. (1997) Intellectual functioning in old and very old age: Cross-sectional results from the Berlin Aging Study. *Psychology and Aging, 12*, 410–32.

Lindenberger, U., Brehmer, Y., Kliegl, R. and Baltes, P. (2008) Benefits of graphic design expertise in old age: Compensatory effects of a graphical lexicon? In C. Lange-Küttner and A. Vintner (eds.) *Drawing and the Non-Verbal Mind: A Life-Span Perspective*. New York: Cambridge University Press.

Lindenberger, U. and Ghisletta, P. (2009) Cognitive and sensory decline in old age: Gauging the evidence for a common cause. *Psychology and Aging, 24*, 1–16.

Lindenberger, U., Kliegl, R. and Baltes, P. B. (1992) Professional expertise does not eliminate age differences in imagery-based memory performance during adulthood. *Psychology and Aging, 7*, 585–93.

Lindenberger, U., Marsiske, M. and Baltes, P. B. (2000) Memorizing while walking: Increase in dual-task costs from young adulthood to old age. *Psychology and Aging, 15*, 417–36.

Lindenberger, U., Mayr, U. and Kliegl, R. (1993) Speed and intelligence in old age. *Psychology and Aging, 8*, 207–20.

Lindenberger, U., Scherer, H. and Baltes, P. B. (2001) The strong connection between sensory and cognitive performance in old age: Not due to sensory acuity reductions operating during cognitive assessment. *Psychology and Aging, 16*, 196–205.

Lindesay, J., Briggs, K. and Murphy, E. (1989) The Guy's/Age Concern survey: Prevalence rates of cognitive impairment, depression and anxiety in an urban elderly community. *British Journal of Psychiatry, 155*, 317–29.

Litwin, H. and Shiovitz-Ezra, S. (2006) The association between activity and wellbeing in later life: What really matters? *Ageing and Society, 26*, 225–42.

Liu, C., Kemper, S. and Bovaird, J. (2009) Comprehension of health-related written materials by older adults. *Educational Gerontology, 35*, 653–68.

Liu, H., Wang, P., Wang, H., Lin, K. et al. (2007) Conversion to dementia from questionable dementia in an ethnic Chinese population. *Journal of Geriatric Psychiatry and Neurology, 20*, 76–83.

Livingston, M. and Room, R. (2009) Variations by age and sex in alcohol-related problematic behaviour per drinking volume and heavier drinking occasion. *Drug and Alcohol Dependence, 101*, 169–75.

Livner, A., Wahlin, A. and Backman, L. (2009) Thyroid stimulating hormone and prospective memory functioning in old age. *Psychoneuroendocrinology, 34*, 1554–9.

Lofland, L. (1978) *The Craft of Dying: The Modern Face of Death*. Beverly Hills, CA: Sage.

Lofwall, M. R., Brooner, R. K., Bigelow, G. E., Kindbom, K. and Strain, E. C. (2005) Characteristics of older opioid maintenance patients. *Journal of Substance Abuse Treatment, 28*, 265–72.

Logan, J. M. and Balota, D. A. (2003) Conscious and unconscious lexical retrieval blocking in younger and older adults. *Psychology and Aging, 18*, 537–50.

Logie, R. and Maylor, E. (2009) An Internet study of prospective memory across adulthood. *Psychology and Aging, 24*, 767–74.

Long, L. L. and Shaw, R. J. (2000) Adult age differences in vocabulary acquisition. *Educational Gerontology, 26*, 651–64.

Long, S. (2003) Cultural scripts for a good death in Japan and the United States: Similarities and differences. *Social Science and Medicine, 58*, 913–28.

Lopata, H. (1973) *Widowhood in an American City*. Cambridge: Schenkman.

Lopez, A. D., Mathers, C. D., Ezzati, M., Jamison, D., Murray, C. (2006) Global and regional burden of disease and risk factors, 2001: systematic analysis of population health data. *Lancet, 367*, 1747–57.

Lopez, L. M., Mullen, W., Zurbig, P., Harris, S. E. et al. (2011) A pilot study of urinary peptides as biomarkers for intelligence in old age. *Intelligence, 39*, 46–53.

Löppönen, M., Räihä, I., Isoaho, R., Vahlberg, T. and Kivela, S. L. (2003) Diagnosing cognitive impairment and dementia in primary health care – a more active approach is needed. *Age and Ageing, 32*, 606–12.

Lord, S. R., Smith, R. T. and Menant, J. C. (2010) Vision and falls in older people: Risk factors and intervention strategies. *Clinical and Geriatric Medicine, 26*, 569–81.

Lövdén, M., Bodammer, N., Kuhn, S., Kaufmann, J. et al. (2010) Experience-dependent plasticity of white-matter microstructure extends into old age. *Neuropsychologia, 48*, 3878–83.

Lövdén, M., Rönnlund, M., Wahlin, A., Bäckman, L., Nyberg, L. and Nilsson, L. G. (2004) The extent of stability and change in episodic and semantic memory in old age: Demographic predictors of level and change. *The Journals of Gerontology Series B: Psychological Sciences and Social Sciences, 59*, 130–4.

Lövdén, M. and Wahlin, A. (2005) The sensory-cognition association in adulthood: Different magnitudes for processing speed, inhibition, episodic memory and false memory? *Scandinavian Journal of Psychology, 46*, 253–62.

Lovie, K. J. and Whittaker, S. (1998) Relative size magnification versus relative distance magnification: Effect on the reading performance of adults with normal and low vision. *Journal of Visual Impairment and Blindness, 92*, 433–46.

Lowenstein, A. (2009) Elder abuse and neglect – 'old phenomenon': New directions for research, legislation, and service developments. *Journal of Elder Abuse and Neglect, 21*, 278–87.

Lucas, R. and Donnellan, M. (2009) Age differences in personality: Evidence from a nationally representative Australian sample. *Developmental Psychology, 45*, 1353–63.

Lucchetti, M., Corsonello, A., Fabbietti, P., Greco, C. et al. (2009) Relationship between socio-economic features and health status in elderly hospitalized patients. *Archives of Gerontology and Geriatrics, 49*, 163–72.

Luijendijk, H., van den Berg, J., Dekker, M., van Tuijl, H. et al. (2008) Incidence and recurrence of late-life depression. *Archives of General Psychiatry, 65*, 1394–1401.

Lun, M. (2011) Student knowledge and attitudes toward older people and their impact on pursuing aging careers. *Educational Gerontology, 37*, 1–11.

Luo, L. and Craik, F. (2008) Aging and memory: A cognitive approach. *Canadian Journal of Psychiatry, 53*, 346–53.

Luo, Y. and Waite, L. J. (2005) The impact of childhood and adult SES on physical, mental and cognitive well-being in later life. *The Journals of Gerontology Series B: Psychological Sciences and Social Sciences, 60*, 93–101.

Lupton, M., Stahl, D., Archer, N., Foy, C., Poppe, M., Hollingworth, P. et al. (2010) Education, occupation and retirement age effects on the age of onset of Alzheimer's disease. *International Journal of Geriatric Psychiatry, 25*, 30–6.

Luquet, G. (1927) *Children's Drawings.* London: Free Association Books.

Lynn, T. N., Duncan, R., Naughton, J. P., Brandt, E. N. et al. (1967) Prevalence of evidence of prior myocardial infarction, hypertension, diabetes and obesity in three neighboring communities in Pennsylvania. *American Journal of Medical Science, 254, 4*, 385–91.

Maas, M. S. and Kuypers, J. A. (1974) *From Thirty to Seventy.* San Francisco: Jossey-Bass.

MacDonald, M., Aneja, A., Martin, P., Margrett, J. and Poon, L. (2010) Distal and proximal resource influences on economic dependency among the oldest old. *Gerontology, 56*, 100–5.

MacDonald, S. W. S., Hultsch, D. F., Strauss, E. and Dixon, R. A. (2003) Age-related slowing of digit symbol substitution revisited: What do longitudinal age changes reflect? *The Journals of Gerontology Series B: Psychological Sciences and Social Sciences, 58*, 187–94.

MacDonell, G., Marsh, N., Hine, D. and Bhullar, N. (2010) Development and psychometric evaluation of a measure to assess distress in partners of Australian combat veterans. *Australian and New Zealand Journal of Psychiatry, 44*, 839–45.

Mace, J. (2004) Involuntary autobiographical memories are highly dependent on abstract cuing: The Proustian view is incorrect. *Applied Cognitive Psychology, 18*, 893–9.

Macintyre, S. (1994) Understanding the social patterning of health: The role of the social sciences. *Journal of Public Health Medicine, 16*, 53–9.

MacKay, D. G. and Abrams, L. (1998) Age-linked declines in retrieving orthographic knowledge: Empirical, practical and theoretical implications. *Psychology and Aging, 13*, 647–62.

MacKay, D. G., Abrams, L. and Pedroza, M. J. (1999) Aging on the input versus output side: Theoretical implications of age-linked assymetries between detecting versus retrieving orthographic information. *Psychology and Aging, 14*, 3–17.

MacKay, D. G. and Burke, D. M. (1990) Cognition and aging: A theory of new learning and the use of old connections. In T. M. Hess (ed.) *Aging and Cognition: Organization and Utilization.* Amsterdam: North-Holland, 1–51.

Mackenbach, J. P., Stirbu, I., Roskam, A. J., Schaap, M. M. et al. (2008) Socioeconomic inequalities in morbidity and mortality in western Europe. *New England Journal of Medicine, 358*, 2468–81.

MacPherson, S., Sala, S., Logie, R. and Wilcox, G. (2007) Specific AD impairment in concurrent performance of two memory tasks. *Cortex, 43*, 858–65.

MacPherson, S. E., Phillips, L. H. and Della Sala, S. (2002) Age, executive function and social decision making: A dorsolateral prefrontal theory of cognitive aging. *Psychology and Aging, 17*, 598–609.

Madden, C. and Dijkstra, K. (2010) Contextual constraints in situation model construction: An investigation of age and reading span. *Aging, Neuropsychology, and Cognition, 17*, 19–34.

Madden, D. J. (1992) Four to ten milliseconds per year: Age-related slowing of visual word identification. *Journals of Gerontology, 47*, 59–68.

Madden, D. J. and Langley, L. K. (2003) Age-related changes in selective attention and perceptual load during visual search. *Psychology and Aging, 18*, 54–67.

Madden, D. J., Whiting, W. L., Cabeza, R. and Huettel, S. A. (2004) Age-related preservation of topdown attentional guidance during visual search. *Psychology and Aging, 19*, 304–9.

Maddox, G. I. (1970a) Persistence of life style among the elderly. In E. Palmore (ed.) *Normal Aging*. Durham: Duke University Press.

Maddox, G. I. (1970b) Themes and issues in sociological theories of human aging. *Human Development, 13*, 17–27.

Maddox, W., Pacheco, J., Reeves, M., Zhu, B. and Schnyer, D. (2010) Rule-based and information-integration category learning in normal aging. *Neuropsychologia, 48*, 2998–3008.

Madigan, M. J., Mise, D. H. and Maynard, M. (1996) Life satisfaction and level of activity of male elderly in institutional and community settings. *Activities, Adaptation and Aging, 21*, 21–36.

Maentylae, T. and Nilsson, L. G. (1997) Remembering to remember in adulthood: A population-based study on aging and prospective memory. *Aging, Neuropsychology and Cognition, 4*, 81–92.

Magai, C., Cohen, C., Milburn, N., Thorpe, B., McPherson, R. and Peralta, D. (2001) Attachment styles in older European American and African American adults. *The Journals of Gerontology Series B: Psychological Sciences and Social Sciences, 56*, 28–45.

Maguire, E. and Frith, C. (2003) Aging affects the engagement of the hippocampus during autobiographical memory retrieval. *Brain, 126*, 1511FH-23.

Mahay, J. and Lewin, A. (2007) Age and the desire to marry. *Journal of Family Issues, 28*, 706–23.

Mahley, R. and Huang, Y. (2009) Alzheimer disease: Multiple causes, multiple effects of apolipoprotein E4, and multiple therapeutic approaches. *Annals of Neurology, 65*, 623–5.

Mahncke, H. W., Bronstone, A. and Merzenich, M. M. (2006) Brain plasticity and functional losses in the aged: Scientific bases for a novel intervention. *Progresses in Brain Research, 157*, 87–109.

Majeres, R. (2005) Phonological and orthographic coding skills in adult readers. *Journal of General Psychology, 132*, 267–80.

Mak, W. and Carpenter, B. (2007) Humor comprehension in older adults. *Journal of the International Neuropsychological Society, 13*, 606–14.

Maki, Y., Yoshida, H. and Yamaguchi, H. (2010) Computerized visuo-spatial memory test as a supplementary screening test for dementia. *Psychogeriatrics, 10*, 77–82.

Mallery, L. and Moorhouse, P. (2011) Respecting frailty. *Journal of Medical Ethics, 37*, 126–8.

Mallick, M. (1982) Gerontological social work practice in long-term care: Understanding illness and aging. *Journal of Gerontological Social Work, 5*, 113–26.

Maltby, J., Lewis, C., Freeman, A., Day, L. et al. (2010) Religion and health: The application of a cognitive-behavioural framework. *Mental Health, Religion and Culture, 13*, 749–59.

Malvern, J. (2011) Landscapes: Hockney's got an app for that. *The Times*, 8 September, 2011.

Mandel, R. G. and Johnson, N. S. (1984) A developmental analysis of story recall and comprehension in adulthood. *Journal of Verbal Learning and Verbal Behavior, 23*, 643–59.

Mandic, N. and Barkic, J. (1996) Psychosocial and cultural characteristics of personality disorders. *Psychiatrica Danubina, 8*, 29–33.

Mani, T., Bedwell, J. and Miller, L. S. (2005) Age-related decrements in performance on a brief continuous performance test. *Archives of Clinical Neuropsychology, 20*, 575–86.

Manthorpe, J. and Iliffe, S. (2005) *Depression in Later Life*. London: Jessica Kingsley Publishers.

Manthorpe, J. and Iliffe, S. (2011) Social work with older people – reducing suicide risk: A critical review of practice and prevention. *British Journal of Social Work, 41*, 131–40.

Manton, K. G., Gu, X. and Lamb, V. L. (2006) Long-term trends in life expectancy and active life expectancy in the United States. *Population and Development Review, 32*, 81–105.

Manton, K. G., Gu, X. and Lowrimore, G. (2008) Cohort changes in active life expectancy in the U.S. elderly population: Experience from the 1982–2004 National Long-Term Care Survey. *The Journals of Gerontology Series B: Psychological Sciences and Social Sciences 63*, 269–81.

Marengoni, A., Calíbrese, A. P. and Cossi, S. (2004) Hospital admissions for acute onset of behavioral symptoms in demented patients: What do they want to say? *International Psychogeriatrics, 16*, 491–3.

Margolin, S. and Abrams, L. (2007) Individual differences in young and older adults' spelling: Do good spellers age better than poor spellers? *Aging, Neuropsychology, and Cognition, 14*, 529–44.

Margolin, S. and Abrams, L. (2009) Not may be too difficult: The effects of negation on older adults' sentence comprehension. *Educational Gerontology, 35*, 306–20.

Marianetti, M., Izzo, C., Fratino, M. and Mina, C. (2010) Single strategic infarct dementia mimicking dementia with Lewy bodies. *Journal of the American Geriatrics Society, 58*, 2432–3.

Mariani, C., Defendi, S., Mailland, E. and Pomati, S. (2006) Frontotemporal dementia. *Neurological Sciences, 27*, S35–S36.

Marmot, M. (2001) Inequalities in health. *New England Journal of Medicine, 345*, 134–6.

Marmot, M. and Feeney, A. (1997) General explanations for social inequalities in health. *IARC Scientific Publications, 138*, 207–28.

Marquié, J. C. and Huet, N. (2000) Age differences in feeling-of-knowing and confidence judgments as a function of knowledge domain. *Psychology and Aging, 15*, 451–61.

Marsden, C. D. and Harrison, M. J. G. (1972) Outcome of investigation of patients with presenile dementia. *British Medical Journal, 2*, 249–52.

Marsh, G. A. (1980) Perceptual changes with aging. In E. W. Busse and D. G. Blazer (eds.) *Handbook of Geriatric Psychiatry*. New York: Van Nostrand Reinhold.

Marsiske, M., Klumb, P. and Baltes, M. (1997) Everyday activity patterns and sensory functioning in old age. *Psychology and Aging, 12*, 444–57.

Martin, C. E. (1981) Factors affecting sexual functioning in 60–79 year old married males. *Archives of Sexual Behavior, 10*, 339–420.

Martin, S. B., Smith, C. D., Collins, H. R., Schmitt, F. A. and Gold, B. T. (2010) Evidence that volume of anterior medial temporal lobe is reduced in seniors destined for mild cognitive impairment. *Neurobiology of Aging, 31*, 1099–106.

Martone, M., Butlers, N., Payne, M., Becker, J. T. and Sax, D. S. (1984) Dissociation between skill learning and verbal recognition in amnesia and dementia. *Archives of Neurology, 41*, 965–70.

Marty, M., Segal, D. and Coolidge, F. (2010) Relationships among dispositional coping strategies, suicidal ideation, and protective factors against suicide in older adults. *Aging and Mental Health, 14*, 1015–23.

Masoro, E. J. (1988) Food restriction in rodents: An evaluation of its role in the study of aging. *Journal of Gerontology, 43*, 59–64.

Masoro, E. J. (1992) Retardation of aging processes by food restriction: An experimental tool. *American Journal of Clinical Nutrition, 55*, 1250–2.

Massimi, M., Berry, E., Browne, G., Smyth, G. et al. (2008) An exploratory case study of the impact of ambient biographical displays on identity in a patient with Alzheimer's disease. *Neuropsychological Rehabilitation, 18*, 742–65.

Mast, B., Zimmerman, J. and Rowe, S. (2009) What do we know about the aging brain? Implications for learning in late life. In M. Smith and N. DeFrates-Dentsch (eds.) *Handbook of Research on Adult Learning and Development*. New York: Routledge.

Masters, W. H. and Johnson, V. E. (1966) *Human Sexual Response*. Boston, MA: Little, Brown.

Masunaga, H. and Horn, J. (2001) Expertise and age-related changes in components of intelligence. *Psychology and Aging, 16*, 293–311.

Matilainen, L., Talvitie, S., Pekkonen, E., Alku, P., May, P. and Tiitinen, H. (2010) The effects of healthy aging on auditory processing in humans as indexed by transient brain responses. *Clinical Neurophysiology, 121*, 902–11.

Matthias, R. E., Lubben, J. E., Atchison, K. A. and Schweitzer, S. O. (1997) Sexual activity and satisfaction among very old adults: Results from a community-dwelling medicare population survey. *Gerontologist, 37*, 6–14.

Mayers, K. S. and McBride, D. (1998) Sexuality training for caretakers of geriatric residents in long term care facilities. *Sexuality and Disability, 16*, 227–36.

Maylor, E. A. (1990a) Age and prospective memory. *Quarterly Journal of Experimental Psychology, 42A*, 471–93.

Maylor, E. A. (1990b) Age, blocking and tip of the tongue state. *British Journal of Psychology, 81*, 123–34.

Maylor, E. A. (1997) Proper name retrieval in old age: Converging evidence against disproportionate impairment. *Aging, Neuropsychology and Cognition, 4*, 211–26.

Maylor, E. A. (1998) Changes in event-based prospective memory across adulthood. *Aging, Neuropsychology and Cognition, 5*, 107–28.

Maylor, E. A., Carter, S. M. and Hallett, E. L. (2002) Preserved olfactory cuing of autobiographical memories in old age. *The Journals of Gerontology Series B: Psychological Sciences and Social Sciences, 57*, 41–6.

Maylor, E. A. and Henson, R. (2000) Ranschburg effect: No evidence of reduced response suppression in old age. *Psychology and Aging, 15*, 657–70.

Maylor, E. A. and Lavie, N. (1998) The influence of perceptual load on age differences in selective attention. *Psychology and Aging, 13*, 563–73.

Maylor, E. A. and Rabbitt, P. M. A. (1994) Applying Brinley plots to individuals: Effect of aging on performance distributions in two speeded tasks. *Psychology and Aging, 9*, 224–30.

Maylor, E. A., Schlaghecken, F. and Watson, D. (2005) Aging and inhibitory processes in memory, attentional, and motor tasks. In R. W. Engle, G. Sedek, U. von Hecker and D. McIntosh (eds.) *Cognitive Limitations in Aging and Psychopathology*. New York: Cambridge University Press.

Maylor, E. A., Vousden, J. I. and Brown, G. D. A. (1999) Adult age differences in short-term memory for serial order: Data and model. *Psychology and Aging, 14*, 572–94.

Mayr, U. and Kliegl, R. (2000) Complex semantic processing in old age: Does it stay or does it go? *Psychology and Aging, 15*, 29–43.

McArdle, J. J., Hamgami, F., Jones, K., Jolesz, F. et al. (2004) Structural modeling of dynamic changes in memory and brain structure using longitudinal data from the normative aging study. *The Journals of Gerontology Series B: Psychological Sciences and Social Sciences 59*, 294–304.

McCabe, J. and Hartman, M. (2008) An analysis of age differences in perceptual speed. *Memory and Cognition, 36*, 1495–1508.

McCallion, P. and McCarron, M. (2004) Ageing and intellectual disabilities: A review of the recent literature. *Current Opinion in Psychiatry, 17*, 349–52.

McCaul, K., Almeida, O., Hankey, G., Jamrozik, K. et al. (2010) Alcohol use and mortality in older men and women. *Addiction, 105*, 1391–400.

McConatha, J. T., McConatha, D., Jackson, J. A. and Bergen, A. (1998) The control factor: Life satisfaction in later adulthood. *Journal of Clinical Geropsychology, 4*, 159 – 68.

McCrae, C. S. and Abrams, R. A. (2001) Age-related differences in object- and location-based inhibition of return of attention. *Psychology and Aging, 16*, 437 – 49.

McCrae, R. R., Arenberg, D. and Costa, P. T. (1987) Declines in divergent thinking with age: Crosssectional, longitudinal and cross-sequential analyses. *Psychology and Aging, 2*, 130 – 7.

McCubbin, H. I. and Patterson, J. M. (1982) Family adaptation to crises. In H. I. McCubbin, A. E. Cauble and J. M. Patterson (eds.) *Family Stress, Coping and Social Support*. Springfield, IL: Thomas.

McDermott, K. and Berk, A. (2010) *William Shakespeare: His Life and Times.* New York: Templar.

McDonald, L. (2011) Retirement. In I. Stuart-Hamilton (ed.) *Introduction to Gerontology*. Cambridge: Cambridge University Press.

McDonald, L. and Stuart-Hamilton, I. (1996) Older and more moral? Age related changes in performance on Piagetian moral reasoning tasks. *Age and Ageing, 25*, 402 – 4.

McDonald, L. and Stuart-Hamilton, I. (2000) The meaning of life: Animism in the classificatory skills of older adults. *International Journal of Aging and Human Development, 51*, 231 – 42.

McDonald, L. and Stuart-Hamilton, I. (2002) Egocentrism in older adults – Piaget's three mountains task revisited. *Educational Gerontology, 28*, 35 – 43.

McDowd, J. M. and Filion, D. L. (1992) Aging, selective attention and inhibitory processes: A psychophysiological approach. *Psychology and Aging, 7*, 65 – 71.

McEvoy, C. L., Nelson, D. L., Holley, P. E. and Stelnicki, G. S. (1992) Implicit processing in the cued recall of young and old adults. *Psychology and Aging, 7*, 401 – 8.

McFarland, C. P. and Glisky, E. L. (2009) Frontal lobe involvement in a task of time-based prospective memory. *Neuropsychologia, 47*, 1660 – 9.

McFarland, M. (2010) Religion and mental health among older adults: Do the effects of religious involvement vary by gender? *The Journals of Gerontology Series B: Psychological Sciences and Social Sciences, 65*, 621 – 30.

McFarland, R. A. and Fisher, M. B. (1955) Alterations in dark adaptation as a function of age. *Journal of Gerontology, 10*, 424 – 8.

McGinnis, D. (2009) Text comprehension products and processes in young, young-old and old-old adults. *The Journals of Gerontology Series B: Psychological Sciences and Social Sciences, 64*, 202 – 11.

McGinnis, D. and Zelinski, E. M. (2000) Understanding unfamiliar words: The influence of processing resources, vocabulary knowledge and age. *Psychology and Aging, 15*, 335 – 50.

McGinnis, D. and Zelinski, E. M. (2003) Understanding unfamiliar words in young, young-old and old-old adults: Inferential processing and the abstraction-deficit hypothesis. *Psychology and Aging, 18*, 497 – 509.

McGrath, A. M. and Jackson, G. A. (1996) Survey of neuroleptic prescribing in residents of nursing homes in Glasgow. *British Medical Journal, 312*, 611 – 2.

McGue, M. and Christensen, K. (2001) The heritability of cognitive functioning in very old adults: Evidence from Danish twins aged 75 years and older. *Psychology and Aging, 16*, 272 – 80.

McIntyre, J. S. and Craik, F. I. M. (1987) Age differences in memory for item and source information. *Canadian Journal of Psychology, 41*, 175 – 92.

McKhann, G., Drachman, D., Folstein, M., Katzman, R. et al. (2011) Clinical diagnosis of Alzheimer's disease: Report of the NINCDS-ADRDA work group under the auspices of de-partment of health and human services task force on Alzheimer's disease. *Neurology, 77*, 333 – 45.

McKinnon, M., Nica, E., Sengdy, P., Kovacevic, N. et al. (2008) Autobiographical memory and patterns of brain atrophy in frontotemporal lobar degeneration. *Journal of Cognitive Neuroscience, 20*, 1839 – 53.

McLaren, S., Gomez, R., Bailey, M. and Van Der Horst, R. (2007) The association of depression and sense of belonging with suicidal ideation among older adults: Applicability of resiliency models. *Suicide and Life-Threatening Behavior, 37*, 89 – 102.

McLaughlin, P. M., Szostak, C., Binns, M., Craik, F. I. M., Tipper, S. and Stuss, D. (2010) The effects of age and task demands on visual selective attention. *Canadian Journal of Experimental Psychology, 64*, 197 – 207.

McMamish-Svensson, C., Samuelsson, G., Hagberg, G. and Dehlin, O. (1999) Social relationships and health as predictors of life satisfaction in advanced old age: Results from a Swedish longitudinal study. *International Journal of Aging and Human Development, 48*, 301 – 45.

McMasters, J. H. (1989) The flight of the bumblebee and related myths of entomological engin-eering. *American Scientist, 77*, 164 – 9.

McMurtray, A., Clark, D., Christine, D. and Mendez, M. (2006) Early-onset dementia: Frequency and causes compared to late-onset dementia. *Dementia and Geriatric Cognitive Disorders, 21*, 59 – 64.

McMurtray, A., Ringman, J., Chao, S., Lichet, E. et al. (2006) Family history of dementia in earlyonset versus very late-onset alzheimer's disease. *International Journal of Geriatric Psychiatry, 21*, 597 – 8.

McNeilly, D. P. and Burke, W. J. (2001) Gambling as a social activity of older adults. *International Journal of Aging and Human Development, 52*, 19 – 28.

McNeilly, D. P. and Burke, W. J. (2002) Disposable time and disposable income: Problem casino gambling behavior in older adults. *Journal of Clinical Geropsychology, 8*, 75 – 85.

McShane, R., Keene, J., Gedling, K., Fairburn, C., Jacoby, R. and Hope, T. (1997) Do neuroleptic drugs hasten cognitive decline in dementia? *Prospective study with necropsy follow up. British Medical Journal, 314*, 266 – 7.

Meacham, J. A. (1990) The loss of wisdom. In R. J. Sternberg (ed.) *Wisdom: Its Nature, Origins and Development*. Cambridge: Cambridge University Press.

Medawar, P. B. (1952) *An Unsolved Problem of Biology*. London: H. K. Lewis.

Medvedev, Z. A. (1990) An attempt at a rational classification of theories of ageing. *Biological Review, 65*, 375 – 98.

Meesters, C. M. G., Muris, P. and Backus, I. P. G. (1996) Dimensions of hostility and myocardial infarction in adult males. *Journal of Psychosomatic Research, 40*, 21 – 8.

Meeter, M., Eijsackers, E. and Mulder, J. (2006) Retrograde amnesia for autobiographical memories and public events in mild and moderate Alzheimer's disease. *Journal of Clinical and Experimental Neuropsychology, 28*, 914 – 27.

Meier, D., Isaacs, S. and Hughes, R. (2010) *Palliative Care: Transforming the Care of Serious Illness*. San Francisco, CA: Jossey-Bass.

Meier-Ruge, W. Gygax, P. and Wiernsperger, N. (1980) A synoptic view of pathophysiology and experimental pharmacology in gerontological brain research. In C. Einsedorfer and W. E. Fann (eds.) *Psychopharmacology of Aging*. New York: S. P. Medical and Scientific Books, 65 – 98.

Mein, G., Martikainen, P., Stansfeld, S. A., Brunner, E. J., Fuhrer, R. and Marmot, M. G. (2000) Predictors of early retirement in British civil servants. *Age and Ageing, 29*, 529 – 36.

Melzer, D., Izmirlian, G., Leveille, S. G. and Guralnik, J. M. (2001) Educational differences in the prevalence of mobility disability in old age: The dynamics of incidence, mortality and recovery. *The Journals of Gerontology Series B: Psychological Sciences and Social Sciences, 56*, 294 – 301.

Mendes-Chiloff, C., Torres, A., Lima, M. and de Abreu Ramos-Cerqueira, A. (2009) Prevalence and correlates of cognitive impairment among the elderly in a general hospital. *Dementia and Geriatric Cognitive Disorders, 28*, 433 – 41.

Menec, V. H. and Chipperfield, J. G. (1997) Remaining active in later life: The role of locus of control in senior's leisure activity participation, health and life satisfaction. *Journal of Aging and Health, 9*, 105–25.

Merriman, A. (1984) Social customs affecting the role of elderly women in Indian society. In D. B. Bromley (ed.) *Gerontology: Social and Behavioural Perspectives.* London: Croom Helm.

Metter, E. J. and Wilson, R. S. (1993) Vascular dementias. In R. W. Parks, R. F. Zec and R. S. Wilson (eds.) *Neuropsychology of Alzheimer's Disease and Other Dementias.* New York: Oxford University Press, 416–37.

Meyer, B. J. F. (1987) Reading comprehension and aging. In K. W. Schaie (ed.) *Annual Review of Gerontology and Geriatrics, 7*. New York: Springer.

Meynen, G., van Stralen, H., Smit, J., Kamphorst, W., Swaab, D. (2010) Relation between neuritic plaques and depressive state in Alzheimer's disease. *Acta Neuropsychiatrica, 22*, 14–20.

Miccinesi, G., Fischer, S., Paci, E., Onwuteaka-Philipsen, B. et al. (2005) Physicians' attitudes towards end-of-life decisions: A comparison between seven countries. *Social Science and Medicine, 60*, 1961–74.

Midlov, P., Eriksson, T. and Kragh, A. (2009) *Drug-Related Problems in the Elderly*. Dordrecht: Springer.

Midwinter, E. (1991) *The British Gas Report on Attitudes to Ageing*. London: British Gas.

Millard, P. H., Cole, A., Hargreaves, P., Hill, D. et al. (2009) Dying patients. *Letter to The Telegraph*, 3 September.

Miller, E. (1975) Impaired recall and the memory disturbance in presenile dementia. *British Journal of Social and Clinical Psychology, 14*, 73–9.

Miller, E. and Lewis, P. (1977) Recognition memory in elderly patients with depression and dementia: A signal detection analysis. *Journal of Abnormal Psychology, 86*, 84–6.

Miller, K., Finney, G., Meador, K. and Loring, D. (2010) Auditory responsive naming versus visual confrontation naming in dementia. *Clincial Neuropsychologist, 24*, 103–18.

Miller, L. J., Myers, A., Prinzi, L. and Mittenberg, W. (2009) Changes in intellectual functioning associated with normal aging. *Archives of Clincial Neuropsychology, 24*, 681–8.

Miller, L. S. (1987) Forensic examination of arthritic impaired writings. *Journal of Police Science and Administration, 15*, 51–5.

Miller, M. (1979) Suicides on a southwestern American Indian reservation. *White Cloud Journal, 1*, 14–8.

Milne, G. G. (1956) Deterioration and over-learning. *Australian Journal of Psychology, 8*, 163–72.

Minois, G. (1989) *History of Old Age*. Cambridge: Polity Press.

Mireles, D. E. and Charness, N. (2002) Computational explorations of the influence of structured knowledge on age-related cognitive decline. *Psychology and Aging, 17*, 245–59.

Mitchell, D. B. and Bruss, P. J. (2003) Age differences in implicit memory: Conceptual, perceptual, or methodological? *Psychology and Aging, 18*, 807–22.

Mitchell, D. B. and Schmitt, F. A. (2006) Short and long term implicit memory in aging and Alzheimer's disease. *Aging, Neuropsychology and Cognition, 13*, 611–35.

Mitchell, K. J., Johnson, M. K., Raye, C. L., Mather, M. and D'Esposito, M. (2000) Aging and reflective processes of working memory: Binding and test load deficits. *Psychology and Aging, 15*, 527–41.

Mitford, E., Reay, R., McCabe, K., Paxton, R., Turkington, D. (2010) Ageism in first episode psychosis. *International Journal of Geriatric Psychiatry, 25*, 1112–8.

Miyoshi, K. (2009) What is 'early onset dementia'? *Psychogeriatrics, 9*, 67–72.

Moberg, P. J., Doty, R. L., Turetsky, B. I. and Arnold, S. E. (1997) Olfactory identification in elderly schizophrenia and Alzheimer's disease. *Neurobiology of Aging, 18*, 163–7.

Mockler, D., Riordan, J. and Sharma, T. (1996) A comparison of the NART (restandardized) and the NART-R (revised). *British Journal of Clinical Psychology, 35*, 567–72.

Moen, P. (1996) A life course perspective on retirement, gender and well-being. *Journal of Occupational Health Psychology, 1*, 131–44.

Mojet, J., Heidema, J. and Christ-Hazelhof, E. (2003) Taste perception with age: Generic or specific losses in supra-threshold intensities of five taste qualities? *Chemical Senses, 28*, 397–413.

Moller, D. (1987) On the value of suffering in the shadow of death. *Loss, Grief and Care, 1*, 127–36.

Monastero, R., Palmer, K., Qiu, C., Winblad, B. and Fratiglioni, L. (2007) Heterogeneity in risk factors for cognitive impairment, no dementia: Population-based longitudinal study from the Kungsholmen Project. *American Journal of Geriatric Psychiatry, 15*, 60–9.

Mondragon-Rodriguez, S., Basurto-Islas, G., Lee, H., Perry, G. et al. (2010) Causes versus effects: The increasing complexities of Alzheimer's disease pathogenesis. *Expert Review of Neurotherapeutics, 10*, 683–91.

Moon, C. N. and Hahn, M. J. (1981) Primary malleus fixation: Diagnosis and treatment. *Laryngoscope, 91*, 1298–307.

Moore, A. and Stratton, D. (2003) *Resilient Widowers: Older Men Adjusting to a New Life*. London: Prometheus Books.

Moorman, S. (2011) Older adults' preferences for independent or delegated end-of-life medical decision making. *Journal of Aging and Health, 23*, 135–57.

Morgan, D. L., Neal, M. B. and Carder, P. C. (1997) Both what and when: The effects of positive and negative aspects of relationships on depression during the first three years of widowhood. *Journal of Clinical Geropsychology, 3*, 73–91.

Morris, R. G. (1984) Dementia and the functioning of the articulatory loop system. *Cognitive Neuropsychology, 1*, 143–57.

Morris, R. G. (1986) Short-term forgetting in senile dementia of the Alzheimer's type. *Cognitive Neuropsychology, 3*, 77–97.

Morris, R. G. (1994) Working memory in Alzheimer-type dementia. *Neuropsychology, 8*, 544–54.

Morris, R. G., Craik, F. I. M. and Gick, M. L. (1990) Age differences in working memory tasks. The role of secondary memory and the central executive system. *Quarterly Journal of Experimental Psychology, 42A*, 67–86.

Morris, R. G., Gick, M. L. and Craik, F. I. M. (1988) Processing resources and age differences in working memory. *Memory and Cognition, 16*, 362–66.

Morris, R. G. and Kopelman, M. D. (1986) The memory deficit in Alzheimer-type dementia: A review. *Quarterly Journal of Experimental Psychology, 38A*, 57–602.

Morrisey, E., Becker, J. and Rubert, M. P. (1990) Coping resources and depression in the caregiving spouses of Alzheimers patients. *British Journal of Medical Psychology, 63*, 161–71.

Morrone, I., Declercq, C., Novella, J. and Besche, C. (2010) Aging and inhibition processes: The case of metaphor treatment. *Psychology and Aging, 25*, 697–701.

Morse, C. K. (1993) Does variability increase with age? An archival study of cognitive measures. *Psychology and Aging, 8*, 156–64.

Moscovitch, M. (1982) A neuropsychological approach to memory and perception in normal and pathological aging. In F. I. M. Craik and S. Trehub (eds.) *Aging and Cognitive Processes*. New York: Plenum.

Moss, M. B. and Albert, M. S. (1988) Alzheimer's disease and other dementing disorders. In M. S. Albert and M. B. Moss (eds.) *Geriatric Neuropsychology*. New York: Guilford.

Moss, S. C., Goldberg, D., Patel, D. and Wilkin, D. (1993) Psychiatric morbidity in older people with moderate and severe learning disability (mental retardation). Part I: Development and reliability of the patient interview (the PAS-ADD). *British Journal of Psychiatry, 163*, 471–80.

Moulin, C., Thompson, R., Wright, D. and Conway, M. (2007) Eyewitness memory in older adults. In M. Toglia, J. Read, D. Ross and R. Lindsay (eds.) *The Handbook of Eyewitness Psychology, Vol 1: Memory for Events*. Mahwah: Lawrence Erlbaum.

Mrak, R. and Griffin, W. (2007) Dementia with Lewy bodies: Definition, diagnosis, and pathogenic relationship to Alzheimer's disease. *Neuropsychiatric Disease and Treatment, 3*, 619–25.

Mroczek, D. K. and Kolarz, C. M. (1998) The effect of age on positive and negative affect: A developmental perspective on happiness. *Journal of Personality and Social Psychology, 75*, 1333–49.

Mroczek, D. K. and Spiro, A. (2003) Modeling intraindividual change in personality traits: Findings from the Normative Aging Study. *The Journals of Gerontology Series B: Psychological Sciences and Social Sciences, 58, 3*, 153–65.

Mroczek, D. K., Spiro, A. and Turiano, N. (2009) Do health behaviors explain the effect of neuroticism on mortality? Longitudinal findings from the VA Normative Aging Study. *Journal of Research in Personality, 43*, 653–59.

Mueller-Johnson, K. and Ceci, S. (2007) The elderly eyewitness: A review and prospectus. In M. Toglia, J. Read, D. Ross and R. Lindsay (eds.) *The Handbook of Eyewitness Psychology, Vol 1: Memory for Events*. Mahwah: Lawrence Erlbaum.

Mullan, P. (2002) *The Imaginary Time Bomb: Why an Ageing Population is Not a Social Problem*. New York: I. B. Tauris.

Multhaup, K. S., Balota, D. A. and Cowan, N. (1996) Implications of aging, lexicality and item length for the mechanisms underlying memory span. *Psychonomic Bulletin and Review, 3*, 112–20.

Mund, I., Bell, R. and Buchner, A. (2010) Age differences in reading with distraction: Sensory or inhibitory deficits? *Psychology and Aging, 25*, 886–97.

Murayama, N., Iseki, E., Endo, T., Nagashima, K. et al. (2009) Risk factors for delusion of theft in patients with Alzheimer's disease showing mild dementia in Japan. *Aging and Mental Health, 13*, 563–68.

Murphy, C. (1985) Cognitive and chemosensory influences on age-related changes in the ability to identify blended foods. *Journal of Gerontology, 40*, 217–22.

Murphy, C. (1999) Loss of olfactory function in dementing disease. *Physiology and Behavior, 66*, 177–82.

Murphy, C. (2008) The chemical senses and nutrition in older adults. *Journal of Nutrition for the Elderly, 27*, 247–65.

Murphy, D. R., Craik, F. I. M., Li, K. Z. H. and Schneider, B. A. (2000) Comparing the effects of aging and background noise of short-term memory performance. *Psychology and Aging, 15*, 323–34.

Murphy, E. A. (1978) Genetics of longevity in man. In E. L. Schneider (ed.) *The Genetics of Aging*. New York: Plenum.

Myers, S. M. and Booth, A. (1996) Men's retirement and marital quality. *Journal of Family Issues, 17*, 336–57.

Myerson, J., Emery, L., White, D. A. and Hale, S. (2003) Effects of age, domain and processing demands on memory span: Evidence for differential decline. *Aging, Neuropsychology and Cognition, 10*, 20–7.

Myerson, J., Ferraro, F. R., Hale, S. and Lima, S. D. (1992) General slowing in semantic priming and word recognition. *Psychology and Aging, 7*, 257–70.

Myerson, J., Hale, S., Chen, J. and Lawrence, B. (1997) General lexical slowing and the semantic priming effect: The roles of age and ability. *Acta Psychologica, 96*, 83–101.

Nagdee, M. and O'Brien, G. (2009) Dementia in developmental disability. In G. O'Brien and L. Rosenbloom (eds.) *Developmental Disability and Ageing*. London: MacKeith Press, 10–30.

Nair, A., Gavett, B., Damman, M., Dekker, W. et al. (2010) Clock Drawing Test ratings by dementia specialists: Interrater reliability and diagnostic accuracy. *Journal of Neuropsychiatry and Clinical Neurosciences, 22*, 85–92.

Namazi, K. H. and McClintic, M. (2003) Computer use among elderly persons in long-term care facilities. *Educational Gerontology, 29*, 535–50.

Nash, P., Stuart-Hamilton, I. and Mayer, P. (2009) The effects of specific education and direct experience on implicit and explicit measures of ageism. *Journal of Nutrition Health and Ageing, 13*, 683.

National Council on Aging (1975) *The Myth and Reality of Aging in America*. Washington, DC: National Council on Aging.

National Endowment for the Arts (2007) *To Read or Not to Read*. Washington: National Endowment for the Arts.

National Health Service (2011) Live Well. Available at www.nhs.uk/livewell/Pages/Livewellhub.aspx, accessed on 21 January 2011. National Statistics Online. Available at www.statistics.gov.uk.

Naveh-Benjamin, M., Guez, J., Kilb, A. and Reedy, S. (2004) The associative memory deficit of older adults: Further support using face-name associations. *Psychology and Aging, 19*, 541–6.

Nay, R., McAuliffe, L. and Bauer, M. (2007) Sexuality: From stigma, stereotypes and secrecy to coming out, communication and choice. *International Journal of Older People Nursing, 2*, 76–80.

Naylor, E. and Clare, L. (2008) Awareness of memory functioning, autobiographical memory and identity in early-stage dementia. *Neuropsychological Rehabilitation, 18*, 590–606.

Neargarder, S. A., Stone, E. R., Cronin-Golomb, A. and Oross, S. (2003) The impact of acuity on performance of four clinical measures of contrast sensitivity in Alzheimer's disease. *The Journals of Gerontology Series B: Psychological Sciences and Social Sciences, 58*, 54–62.

Nebes, R. D. (1992) Cognitive dysfunction in Alzheimer's Disease. In F. I. M. Craik and T. A. Salthouse (eds.) *The Handbook of Aging and Cognition*. Hillsdale, NJ: Lawrence Erlbaum.

Nebes, R. D. and Brady, C. B. (1990) Preserved organization of semantic attributes in Alzheimer's Disease. *Psychology and Aging, 5*, 574–9.

Neimeyer, R. A. (2001) *Meaning Reconstruction and the Experience of Loss*. Washington, DC: American Psychological Association.

Nelson, H. E. and McKenna, P. (1973) The use of current reading ability in the assessment of dementia. *British Journal of Social and Clinical Psychology, 14*, 259–67.

Nelson, H. E. and O'Connell, A. (1978) Dementia: The estimation of premorbid intelligence levels using the New Adult Reading Test. *Cortex, 14*, 234–44.

Nesselroade, J. R. and Salthouse, T. A. (2004) Methodological and theoretical implications of intraindividual variability in perceptual-motor performance. *The Journals of Gerontology Series B: Psychological Sciences and Social Sciences, 59*, 49–55.

Nestle, M. (1999) Animal v. plant foods in human diets and health: Is the historical record unequivocal? *Proceedings of the Nutrition Society, 58*, 211–8.

Nestor, P. (2010) Dementia in Lewy body syndromes: A battle between hearts and minds. *Neurology, 74*, 872–3.

Neugarten, B. L., Havinghurst, R. J. and Tobin, S. S. (1961) The measurement of life satisfaction. *Journal of Gerontology, 16*, 134–43.

Neugarten, B. L., Havinghurst, R. J. and Tobin, S. S. (1968) Personality and pattern of aging. In B. L. Neugarten (ed.) *Middle Age and Aging*. Chicago, IL: Chicago University Press.

Neundorfer, M. M., McClendon, M. J., Smyth, K. A., Stuckey, J. C., Strauss, M. E. and Patterson, M.

B. (2001) A longitudinal study of the relationship between levels of depression among persons with Alzheimer's disease and levels of depression among their family caregivers. *The Journals of Gerontology Series B: Psychological Sciences and Social Sciences, 56*, 301–13.

Neupert, S., Mroczek, D. and Spiro, A. (2008) Neuroticism moderates the daily reaction between stressors and memory failures. *Psychology and Aging, 23*, 287–96.

Newman, L. (2004) Elisabeth Kübler-Ross obituary. *British Medical Journal, 329*, 627.

Newson, R. S. and Kemps, E. B. (2005) General lifestyle activities as a predictor of current cognition and cognitive change in older adults: A cross-sectional and longitudinal examination. *Journals of Gerontology Series B: Psychological Sciences and Social Sciences, 60*, 113–20.

Ng, K., Woo, J., Kwan, M. and Sea, M. (2004) Effect of age and disease on taste perception. *Journal of Pain and Symptom Management, 28*, 28–34.

Ngan, R. (2011) Social care and older people. In I. Stuart-Hamilton (ed.) *An Introduction to Gerontology*. Cambridge: Cambridge University Press.

Nicholas, M., Obler, L. K., Au, R. and Albert, M. L. (1996) On the nature of naming errors in aging and dementia: A study of semantic relatedness. *Brain and Language, 54*, 184–95.

Nielsen, T., Vogel, A., Phung, T., Gade, A. and Waldemar, G. (2011) Over- and under-diagnosis of dementia in ethnic minorities: A nationwide register-based study. *International Journal of Geriatric Psychiatry, 26*, 1128.

Nigro, G. and Neisser, U. (1983) Point of view in personal memories. *Cognitive Psychology, 15*, 465–82.

Nimrod, G. (2007) Expanding, reducing, concentrating and diffusing: Post retirement leisure behaviour and life satisfaction. *Leisure Sciences, 29*, 91–111.

Nissen, N. J. and Corkin, S. (1985) Effectiveness of attentional cueing in older and younger adults. *Journal of Gerontology, 40*, 185–91.

Nixon, A. and Narayanasamy, A. (2010) The spiritual needs of neuro-oncology patients from the patients' perspective. *Journal of Clinical Nursing, 19*, 15–6.

Noftie, E. and Fleeson, W. (2010) Age differences in big five behaviour averages and variabilities across the adult life span: Moving beyond retrospective, global summary accounts of personality. *Psychology and Aging, 25*, 95–107.

Nolen-Hoeksema, S. and Ahrens, C. (2002) Age differences and similarities in the correlates of depressive symptoms. *Psychology and Aging, 17*, 116–24.

Nordhus, I. H., VandenBos, G. R., Berg, S. and Fromholt, P. (1998) *Clinical Geropsychology*. Washington, DC: American Psychological Association.

Nordin, S. and Murphy, C. (1996) Impaired sensory and cognitive olfactory function in questionable Alzheimer's disease. *Neuropsychology, 10*, 113–9.

Nordin, S., Razani, L. J., Markison, S. and Murphy, C. (2003) Age-associated increases in intensity discrimination for taste. *Experimental Aging Research, 29*, 371–81.

Norman, A. (1985) *Triple Jeopardy: Growing Old in a Second Homeland*. London: Centre for Policy on Ageing.

Nyberg, L., Maitland, S. B., Rönnlund, M., Bäckman, L. et al. (2003) Selective adult age differences in an age-invariant multifactor model of declarative memory. *Psychology and Aging, 18*, 149–60.

O'Brien, G. and Rosenbloom, L. (2009) *Developmental Disability and Ageing*. Chichester: John Wiley.

O'Brien, R. and Wong, P. (2011) Amyloid precursor protein processing and Alzheimer's disease. *Annual Review of Neuroscience, 34*, 185–204.

O'Brien Cousins, S. (2000) 'My heart couldn't take it': Older women's beliefs about exercise benefits and risks. *The Journals of Gerontology Series B: Psychological Sciences and Social Sciences, 55*, 283–94.

O'Connell, H., Chin, A. V., Cunningham, C. and Lawlor, B. (2003) Alcohol use disorders in elderly people – redefining an age old problem in old age. *British Medical Journal, 327*, 664–7.

O'Neill, L. and Morrison, S. (2011) Palliative care for older adults. In I. Stuart-Hamilton (ed.) *An Introduction to Gerontology*. Cambridge: Cambridge University Press.

Obler, L. K., Fein, D., Nicholas, M. and Albert, M. L. (1991) Auditory comprehension and aging: Decline in syntactic processing. *Applied Psycholinguistics, 12*, 433–52.

Oboler, S. K. (1986) Brain death and persistent vegetative states. *Clinical and Geriatric Medicine, 2*, 547–76.

OECD (1988) *Ageing Populations: The Social Policy Implications*. Paris: OECD.

OECD (2004) *Ageing and Employment Policies: United Kingdom*. London: OECD.

Oeppen, J. and Vaupel, J. W. (2002) Broken limits to life expectancy. *Science, 296*, 1029–31.

Office for National Statistics (2010a) *Mid-year Population Estimates*. London: HMSO.

Office for National Statistics (2010b) *Life Expectancy at Birth and at Age 65 by Local Areas in the United Kingdom, 2007–09*. London: HMSO.

Office for National Statistics (2011) *Death Registrations Summary tables, England and Wales, 2010*. London: HMSO.

Ohlemiller, K. K. (2008) Recent findings and emerging questions in cochlear noise injury. *Hearing research, 245*, 5–17.

Oishi, S., Whitchurch, E., Miao, F., Kurtz, J. and Park, J. (2009) 'Would I be happier if I moved?' Retirement status and cultural variations in the anticipated and actual levels of happiness. *Journal of Positive Psychology, 4*, 437–46.

Ojha, H. and Pramanick, M. (2010) Do personality characteristics change with advancement of age? *Journal of the Indian Academy of Applied Psychology, 36*, 55–68.

Okamoto, K. and Tanaka, Y. (2004) Subjective usefulness and 6-year mortality risks among elderly persons in Japan. *The Journals of Gerontology Series B: Psychological Sciences and Social Sciences, 59*, 246–9.

Okun, M., Pugliese, J. and Rook, K. (2007) Unpacking the relation between extraversion and volunteering in later life: The role of social capital. *Personality and Individual Differences, 42*, 1467–77.

Old, S. R. and Naveh-Benjamin, M. (2008) Age-related changes in memory: Experimental approaches. In S. Hofer and D. Alwin (eds.) *Handbook of Cognitive Aging: Interdisciplinary Perspectives*. Thousand Oaks: Sage.

Olichney, J. M., Iragui, V. J., Kutas, M., Nowacki, R., Morris, S. and Jeste, D. V. (1998) Relationship between auditory P300 amplitude and age of onset of schizophrenia in older patients. *Psychiatry Research, 79*, 241–54.

Oliver, C., Adams, D. and Kaisy, S. (2008) Ageing, dementia and people with intellectual disability. In R. Woods, and L. Clare (eds.) *Handbook of the Clinical Psychology of Ageing*. 2nd edition. New York: John Wiley and Sons, 341–9.

Olsen, D. R., Torrance, N. and Hildyard, A. (eds.) (1985) *Literacy, Language and Learning*. Cambridge: Cambridge University Press.

Olshansky, S. J., Carnes, B. A., Hershow, R., Passaro, D. et al. (2005) Misdirection on the road to Shangri-La. *Science of Aging Knowledge Environment, 1*, 15.

Oltmanns, T. and Balsis, S. (2011) Personality disorders in later life: Questions about the measurement, course, and impact of disorders. *Annual Review of Clinical Psychology, 7*, 321–49.

Onwuteaka-Philipsen, B., Rurup, M., Pasman, H., Roeline, W. and van der Heide, A. (2010) The last phase of life: Who requests and who receives euthanasia or physician-assisted suicide? *Medical Care, 48*, 596–603.

Orbelo, D. M., Grim, M. A., Talbot, R. E. and Ross, E. D. (2005) Impaired comprehension of affective prosody in elderly subjects is not predicted by age-related hearing loss or age-related cognitive decline. *Journal of Geriatric Psychiatry and Neurology, 18*, 25–32.

Orbuch, T. L., House, J. S., Mero, R. P. and Webster, P.S. (1996) Marital quality over the life course. *Social Psychology Quarterly, 59*, 162–71.

Ordovas, J. M. (2010) Nutrition and cognitive health. In C. L. Cooper, U. Goswami and B. Sahakian (eds.) *Mental Capital and Wellbeing*. London: Wiley-Blackwell.

Osborn, D. P. J., Fletcher, A. E., Smeeth, L. Stirling, S. et al. (2003) Factors associated with depression in a representative sample of 14,217 people aged 75 and over in the United Kingdom: Results from the MRC trial of assessment and management of older people in the community. *International Journal of Geriatric Psychiatry, 18*, 623–30.

Ostir, G. V., Ottenbacher, K. J. and Markides, K. S. (2004) Onset of frailty in older adults and the protective role of positive affect. *Psychology and Aging, 19*, 402–8.

Ostwald, S. and Dyer, C. (2011) Fostering resilience, promoting health and preventing disease in older adults. In I. Stuart-Hamilton (ed.) *An Introduction to Gerontology*. Cambridge: Cambridge University Press.

Oswald, F., Jopp, D., Rott, C. and Wahl, H. (2011) Is ageing in place a resource for or risk to life satisfaction? *The Gerontologist, 51*, 238–47.

Owens, W. A. (1959) Is age kinder to the initially more able? *Journal of Gerontology, 14*, 334–7.

Oyer, H. J. and Deal, L. V. (1989) Temporal aspects of speech and the aging process. *Folia-Phoniatrica, 37*, 109–12.

Pache, M., Smeets, C. H. W., Gasio, P. F., Savaskan, E. et al. (2003) Colour vision deficiencies in Alzheimer's disease. *Age and Ageing, 32*, 422–6.

Paganini-Hill, A. and Clark, L. (2007) Preliminary assessment of cognitive function in older adults by clock drawing, box copying and narrative writing. *Dementia and Geriatric Cognitive Disorders, 23*, 74–81.

Palacios, S., Tobar, A. C. and Menendez, C. (2002) Sexuality in the climacteric years. *Maturitas, 43*, 69–77.

Palinkas, L. A., Wingard, D. L. and Barrett-Connor, E. (1996) Depressive symptoms in overweight and obese older adults: A test of the 'jolly fat' hypothesis. *Journal of Psychosomatic Research, 40*, 59–66.

Palmore, E. and Cleveland, W. (1976) Aging, terminal decline and terminal drop. *Journal of Gerontology, 31*, 76–81.

Papalia, D. E. (1972) The status of several conservation abilities across the life-span. *Human Development, 15*, 229–43.

Park, D. C., Hertzog, C., Kidder, D. P., Morrell, R. and Mayhorn, C. (1997) Effect of age on eventbased and time-based prospective memory. *Psychology and Aging, 12*, 314–27.

Park, D. C. and Reuter-Lorenz, P. A. (2009) The adaptive brain: Aging and neurocognitive scaffolding. *Annual Review of Psychology, 60*, 173–96.

Park, D. C. and Shaw, R. J. (1992) Effect of environmental support on implicit and explicit memory in younger and older adults. *Psychology and Aging, 7*, 632–42.

Park, J., Carp, J., Hebrank, A., Park, D. C. and Polk, T. (2010) Neural specificity predicts fluid processing ability in older adults. *Journal of Neuroscience, 30*, 9253–9.

Park, N. (2009) The relationship of social engagement to psychological well-being of older adults in assisted living facilities. *Journal of Applied Gerontology, 28*, 461–81.

Park, Y., Song, M., Cho, B., Lim, J. et al. (2011) The effects of an integrated health education and exercise program in community-dwelling older adults with hypertension: A randomized controlled trial. *Patient Education and Counselling, 82*, 133–7.

Parker, L. D., Cantrell, C. and Demi, A. S. (1997) Older adults' attitudes toward suicide: Are there race and gender differences? *Death Studies, 21*, 289–98.

Parkes, C. (2000) Comments on Dennis Klass's article 'Developing a cross-cultural model of grief'. *Omega: Journal of Death and Dying, 41*, 323–6.

Parkin, A. J. and Java, R. (1999) Deterioration of frontal lobe function in normal aging: Influences of fluid intelligence versus perceptual speed. *Neuropsychology, 13*, 539–45.

Parnes, H. (1981) *Work and Retirement: A Longitudinal Study of Men*. Cambridge, MA: MIT Press.

Parry, R. and Stuart-Hamilton, I. (2009) Animism begins at forty: Evidence that animism and other naïve beliefs are established before the onset of old age. *Educational Gerontology, 36*, 1043–50.

Partington, L. (2006) The challenges in adopting care pathways for the dying for use in care homes. *International Journal of Older People Nursing, 1*, 51–5.

Pasupathi, M. and Carstensen, L. L. (2003) Age and emotional experience during mutual reminiscing. *Psychology and Aging, 18*, 430–42.

Pasupathi, M., Henry, R. M. and Carstensen, L. L. (2002) Age and ethnicity differences in storytelling to young children: Emotionality, relationality and socialization. *Psychology and Aging, 17*, 610–21.

Patel, D., Goldberg, D. and Moss, S. (1993) Psychiatric morbidity in older people with moderate and severe learning disability. II: The prevalence study. *British Journal of Psychiatry, 163*, 481–91.

Pattison, E. (1977) Death through the life cycle. In E. Pattison (ed.) *The Experience of Dying. Englewood Cliffs*, NJ: Prentice-Hall.

Paukert, A., Phillips, L., Cully, J., Loboprabhu, S. et al. (2009) Integration of religion into cognitive-behavioral therapy for geriatric anxiety and depression. *Journal of Psychiatric Practice, 15*, 103–12.

Paz, J. and Aleman, S. (1998) The Yaqui elderly of Old Pascua. *Journal of Gerontological Social Work, 30*, 47–59.

Peake, M. D. and Thompson, S. (2003) Ageism in the management of lung cancer. *Age and Ageing, 32*, 171–7.

Pearman, A., Andreoletti, C. and Isaacowitz, D. (2010) Sadness prediction and response: Effects of age and agreeableness. *Aging and Mental Health, 14*, 355–63.

Pearson, J. D., Morrell, C. H., Gordon-Salant, S., Brant, L. J. et al. (1995) Gender differences in a longitudinal study of age-associated hearing loss. *Journal of the Acoustical Society of America, 97*, 1196–205.

Peck, R. C. (1968) Psychological developments in the second half of life. In B. L. Neugarten (ed.) *Middle Age and Aging: A Reader in Social Psychology*. Chicago, IL: University of Chicago Press.

Peelle, J., Troiani, V., Wingfield, A. and Grossman, M. (2010) Neural processing during older adults' comprehension of spoken sentences. Age differences in resource allocation and connectivity. *Cerebral Cortex, 20*, 773–82.

Pelletier, A. L., Thomas, J. and Shaw, F. R. (2009) Vision loss in older persons. *American Family Physician, 79*, 963–70.

Penninx, B. W., Beekman, A. T. F., Ormel, J., Kriegsman, D. M. W. et al. (1996) Psychological status among elderly people with chronic diseases: Does type of disease play a part? *Journal of Psychosomatic Research, 40*, 521–34.

Penninx, B. W. J. H., Rejeski, W. J., Pandya, J., Miller, M. E. et al. (2002) Exercise and depressive symptoms: A comparison of aerobic and resistance exercise effects on emotional and physical function in older persons with high and low depressive symptomatology. *The Journals of Gerontology Series B: Psychological Sciences and Social Sciences, 57*, 124–32.

Peraita, H. (2007) Semantic memory in healthy aging. In R. Fernandez-Ballesteros (ed.) (2007) *Geropsychology: European Perspectives for an Aging World*. Ashland: Hogrefe and Huber.

Peretz, J. A. and Cummings, J. L. (1988) Subcortical dementia. In U. Holden (ed.) *Neuropsychology and Ageing*. London: Croom Helm.

Perez-Achaiga, N., Nelson, S. and Hassiotis, A. (2009) Instruments for the detection of depressive symptoms in people with intellectual disabilities: A systematic approach. *Journal of Intellectual Disabilities, 13*, 55 – 76.

Perfect, T. J. (1994) What can Brinley plots tell us about cognitive aging? *Journal of Gerontology: Psychological Sciences, 49*, 60 – 4.

Perfect, T. J. and Hollins, T. S. (1999) Feeling-of-knowing judgments do not predict subsequent recognition performance for eyewitness memory. *Journal of Experimental Psychology: Applied, 5*, 250 – 64.

Perfect, T. J. and Maylor, E. A. (eds.) (2000) *Models of Cognitive Aging*. Oxford: Oxford University Press.

Perkins, E. A. and Small, B. J. (2006) Aspects of cognitive functioning in adults with intellectual disabilities. *Journal of Policy and Practice in Intellectual Disabilities, 3*, 181 – 94.

Perlmutter, L. C. and Monty, R. A. (1989) Motivation and aging. In L. W. Poon, D. C. Rubin and B. A. Wilson (eds.) *Everyday Cognition in Adulthood and Later Life*. Cambridge: Cambridge University Press.

Perlmutter, M. (1978) What is memory aging the aging of ? *Developmental Psychology, 14*, 330 – 45.

Perlmutter, M., Adams, C., Berry, S., Kaplan, M. and Person, D. (1987) Aging and memory. In K. W. Schaie (ed.) *Annual Review of Gerontology and Geriatrics, 7*. New York: Springer, 57 – 92.

Perlmutter, M. and Hall, E. (1992) Adult Development and Aging. New York: Wiley.

Perlow, E. (2010) Accessibility: Global gateway to health literacy. *Health Promotion Practice, 11*, 123 – 31.

Perneczky, R., Drzezga, A., Boecker, H., Cebalios-Baumann, A. et al. (2010) Metabolic alter-ations associated with impaired clock drawing in Lewy body dementia. *Psychiatry Research: Neuroimaging, 181*, 85 – 9.

Perneczky, R., Wagenpfeil, S., Lunetta, K., Cupples, L. et al. (2009) Education attenuates the effect of medial temporal lobe atrophy on cognitive function in Alzheimer's disease: The MIRAGE study. *Journal of Alzheimer's Disease, 17*, 855 – 62.

Perrotin, A., Isingrini, M., Souchay, C., Clarys, D. and Taconnat, L. (2006) Episodic feeling of knowing accuracy and cued recall in the elderly: Evidence for double dissociation involving executive functioning and processing speed. *Acta Psychologia, 122*, 58 – 73.

Persad, C. C., Abeles, N., Zacks, R. T. and Denburg, N. L. (2002) Inhibitory changes after age 60 and their relationship to measures of attention and memory. *The Journals of Gerontology Series B: Psychological Sciences and Social Sciences, 57*, 223 – 32.

Persey, C. and Schmitter-Edgecombe, M. (2011) Quantitative and qualitative analyses of the clock drawing test in mild cognitive impairment and Alzheimer disease: Evaluation of a modified scoring system. *Journal of Geriatric Psychiatry and Neurology, 24*, 108 – 18.

Peterson, L. and Litaker, D. (2010) County-level poverty is equally associated with unmet health care needs in rural and urban settings. *Journal of Rural Health, 26*, 373 – 82.

Petit, T. L. (1982) Neuroanatomical and clinical neuropsychological changes in aging and senile dementia. In F. I. M. Craik and S. Trehbub (eds.) *Aging and Cognitive Processes*. New York: Plenum.

Petros, T., Tabar, L., Cooney, T. and Chabot, R. J. (1983) Adult age differences in sensitivity to semantic structure of prose. *Developmental Psychology, 19*, 907 – 14.

Pevey, C., Jones, T. and Yarber, A. (2009) How religion comforts the dying: A qualitative inquiry. *Omega: Journal of Death and Dying, 58*, 41 – 59.

Pew Research Center (2010) *Americans spending more time following the news*. Washington: Pew News Center. Available at http://people-press.org/reports/pdf/652.pdf, accessed on 21 January 2012.

Phillips, L. (2005) Both specific functions and general ability can be useful: But it depends on what type of research question you ask. *Cortex, 41*, 236 – 7.

Phillips, L. H. (1999) Age and individual differences in letter fluency. *Developmental Neuro-psychology, 15*, 249 – 67.

Phillips, L. H. and Andres, P. (2010) The cognitive neuroscience of aging: New findings on compensation and connectivity. *Cortex, 46*, 421 – 4.

Phillips, L. H. and Della Sala, S. (1998) Aging, intelligence and anatomical segregation in the frontal lobes. *Learning and Individual Differences, 10*, 217 – 43.

Phillips, N. A. and Lesperance, D. (2003) Breaking the waves: Age differences in electrical brain activity when reading text with distractors. *Psychology and Aging, 18*, 126 – 39.

Phillips, S. and Williams, J. M. G. (1997) Cognitive impairment, depression and the specificity of autobiographical memory in the elderly. *British Journal of Clinical Psychology, 36*, 341 – 7.

Pichora-Fuller, M. K., Schneider, B. A. and Daneman, M. (1995) How young and old adults listen to and remember speech in noise. *Journal of the Acoustical Society of America, 97*, 593 – 608.

Pijnappels, M., Delbaere, K., Sturnieks, D. L. and Lord, S. R. (2010) The association between stepping reaction time and falls in older adults – a path analysis model. *Age and Ageing, 39*, 99 – 104.

Pinazo-Hernandis, S. (2010) Family reciprocity and caring relationships in ageing societies. *Journal of Intergenerational Relationships, 8*, 421 – 4.

Pinquart, M. (2001) Correlates of subjective health in older adults: A meta-analysis. *Psychology and Aging, 16*, 414 – 26.

Pinquart, M. and Sörensen, S. (2000) Influences of socioeconomic status, social network and competence on subjective well-being in later life: A meta-analysis. *Psychology and Aging, 15*, 187 – 224.

Pinquart., M. and Sörensen, S. (2001) Gender differences in self-concept and psychological well-being in old age: a meta-analysis. *The Journals of Gerontology Series B: Psychological Sciences and Social Sciences, 56*, 195 – 213.

Piolino, P., Coste, C., Martinelli, P., Mace, A. et al. (2010) Reduced specificity of auto-biographical memory and aging: Do the executive and feature binding functions of working memory have a role? *Neuropsychologia, 48*, 429 – 40.

Piquado, T., Isaacowitz, D. and Wingfield, A. (2010) Pupillometry as a measure of cognitive effort in younger and older adults. *Psychophysiology, 47*, 560 – 9.

Pitkala, K. H., Laurila, J. V., Strandberg, T. E. and Tilvis, R. S. (2005) Prognostic significance of delirium in frail older people. *Dementia and Geriatric Cognitive Disorders, 19*, 158 – 63.

Plancher, G., Gyselinck, V., Nicolas, S. and Piolino, P. (2010) Age effect on components of episodic memory and feature binding: A virtual reality study. *Neuropsychology, 24*, 379 – 90.

Plassman, B., Langa, K., McCammon, R., Fisher, G. et al. (2011) Incidence of dementia and cognitive impairment, not dementia in the United States. *Annals of Neurology, 70*, 418 – 26.

Plassman, B. L., Welsh, K. A., Helms, M., Brandt, J., Page, W. F. and Breitner, J. C. (1995) Intelligence and education as predictors of cognitive state in late life: A 50-year follow-up. *Neurology, 45*, 1446 – 50.

Plemons, J. K., Willis, S. L. and Baltes, P. B. (1978) Modifiability of fluid intelligence in aging: A short-term longitudinal training approach. *Journal of Gerontology, 33*, 224 – 31.

Polizzi, K. G. and Millikin, R. J. (2002) Attitudes toward the elderly: Identifying problematic usage of ageist and overextended terminology in research instructions. *Educational Gerontology, 28*,

367 – 77.

Pollard, A. J. and Prendergast, M. (2004) Depressive pseudodementia in a child with autism. *Developmental Medicine and Child Neurology, 46*, 485 – 9.

Poon, L. W., Fozard, J. L., Paushock, D. R. and Thomas, J. C. (1979) A questionnaire assessment of age differences in retention of recent and remote events. *Experimental Age Research, 5*, 401 – 11.

Poon, L. W. and Schaffer, G. (1982) Prospective memory in young and elderly adults. Paper presented at meeting of American Psychological Association, Washington, DC. Cited in West (1988).

Popova, S., Rehm, J., Patra, J. and Zatonski, W. (2007) Comparing alcohol consumption in central and eastern Europe to the other countries? *Alcohol and Alcoholism, 42*, 465 – 73.

Population Reference Bureau (2010) *World Population Data Sheet*. Washington, DC: Population Reference Bureau.

Post, S. G. and Binstock, R. H. (2004) *The Fountain of Youth: Cultural, Scientific and Ethical Perspectives on a Biomedical Goal*. Oxford: Oxford University Press.

Potter, G., Helms, M. and Plassman, B. (2008) Associations of job demands and intelligence with cognitive performance among men in later life. *Neurology, 70*, 1803 – 8.

Potts, M. (2002) Fear has basis in reason. *British Medical Journal, 325*, 598.

Powell, R. R. (1974) Psychological effects of exercise therapy upon institutionalized geriatric mental patients. *Journal of Gerontology, 29*, 157 – 61.

Pratt, M. W., Diessner, R., Hunsberger, B., Pancer, S. M. and Savoy, K. (1991) Four pathways in the analysis of adult development and aging. *Psychology and Aging, 6*, 666 – 75.

Pratt, M. W. and Norris, J. E. (1994) *The Social Psychology of Aging: A Cognitive Perspective*. Cambridge, MA: Blackwells.

Preston, F., Shapiro, P. and Keene, J. (2007) Successful aging and gambling. Predictors of gambling risk among older adults in Las Vegas. *American Behavioral Scientist, 51*, 102 – 21.

Preston, M. (2007) The LCP for the dying patient: A guide to implementation. *End of Life Care, 1*, 61 – 8.

Price, C. and Balaswamy, S. (2009) Beyond health and wealth: Predictors of women's retirement satisfaction. *International Journal of Aging and Human Development, 68*, 195 – 214.

Priest, L., Nayak, U. S. L and Stuart-Hamilton, I. (2006) Website task performance by older adults. *Journal of Behaviour and Information Technology, 26*, 189 – 95.

Prigerson, H., Horowitz, M., Jacobs, S., Parkes, C. et al. (2009) Prolonged grief disorder: Psychometric validation of criteria proposed for DSM-V and ICD-11. *Public Library of Science Medicine, 6*. Available at: www.plosmedicine.org/article/info%3Adoi%2F10.1371%2Fjournal.pmed.1000121, accessed on 21 January 2012.

Pritchard, J. (1995) *The Abuse of Older People: A Training Manual for Detection and Prevention*. 2nd edition. London: Jessica Kingsley Publishers.

Purdue, U. (1966) Age and mental abilities: A second adult follow-up. *Journal of Educational Psychology, 57*, 311 – 25.

Purohit, D. P., Perl, D. P., Haroutunian, V., Powchik, P., Davidson, M. and Davis, K. L. (1998) Alzheimer disease and related neurodegenerative diseases in elderly patients with schizophrenia. A postmortem neuropathologic study of 100 cases. *Archives of General Psychiatry, 55*, 205 – 11.

Pushkar, D., Basevitz, P., Arbuckle, T., Nohara-LeClair, M., Lapidus, S. and Peled, M. (2000) Social behavior and off-target verbosity in elderly people. *Psychology and Aging, 15*, 361 – 74.

Qiu, C., Xu, W., Winblad, B. and Fratiglioni, L. (2010) Vascular risk profiles for dementia and Alzheimer's disease in very old people: A population-based study. *Journal of Alzheimer's Disease, 20*, 293 – 300.

Quandt, S. A. and Chao, D. (2000) Gender differences in nutritional risk among older rural adults. *Journal of Applied Gerontology, 19*, 138–50.

Quental, N., Brucki, S, and Bueno, O. (2009) Visuospatial function in early Alzheimer's disease: Preliminary study. *Dementia and Neuropsychologia, 3*, 234–40.

Quetelet, A. (1836) *Sur L'Homme et le Développement de ses Facultés*. Brussels: Haumann.

Quillan, D. A. (1999) Common causes of vision loss in elderly patients. *American Family Physician, 60*, 99–108.

Quin, R., Clare, L., Ryan, P. and Jackson, M. (2009) 'Not of this world': The subjective experience of late-onset psychosis. *Aging and Mental Health, 13*, 779–87.

Quinn, M. E., Johnson, M. A., Poon, L. W. and Martin, P. (1997) Factors of nutritional health-seeking behaviors. *Journal of Aging and Health, 9*, 90–104.

Qureshi, H. and Walker, A. (1989) *The Caring Relationship: Elderly People and Their Families*. London: Macmillan.

Rabbitt, P. (1979) Some experiments and a model for changes in attentional selectivity with old age. In F. Hoffmeister and C. Muller (eds.) *Bayer Symposium VII. Evaluation of Change*. Bonn: Springer.

Rabbitt, P. (1980) A fresh look at reaction times in old age. In D. G. Stein (ed.) *The Psychology of Ageing: Problems and Perspectives*. New York: Elsevier.

Rabbitt, P. (1982) How do the old know what to do next? In F. I. M.Craik and S. Trehub (eds.) *Aging and Cognitive Processes*. New York: Plenum.

Rabbitt, P. (1984) Memory impairment in the elderly. In P. E. Bebbington and R. Jacoby (eds.) *Psychiatric Disorders in the Elderly*. London: Mental Health Foundation. 101–19.

Rabbitt, P. (1988) The faster the better? Some comments on the use of information processing rate as an index of change in individual differences in performance. In I. Hindmarch, B. Aufdembrinke and H. Ott (eds.) *Psychopharmacology and Reaction Time*. London: Wiley.

Rabbitt, P. (1989) Secondary central effects on memory and attention of mild hearing loss in the elderly. *Acta Neurologica Scandanavica, 40A*, 167–87.

Rabbitt, P. (1990) Applied cognitive gerontology: Some problems, methodologies and data. *Applied Cogntiive Psychology, 4*, 225–46.

Rabbitt, P. (1993) Does it all go together when it goes? *Quarterly Journal of Experimental Psychology, 46A*, 385–434.

Rabbitt, P. (1996) Speed of processing and ageing. In R. Woods (ed.) *Handbook of the Clinical Psychology of Ageing*. Chichester: Wiley, 59–72.

Rabbitt, P. (ed.) (1997) *Methodology of Frontal and Executive Function*. Hove: Taylor and Francis.

Rabbitt, P. (1998) Aging of memory. In R. C. Tallis, S. H. M. Fillit and B. J. C. Brocklehurst (eds.) *Brocklehurst's Textbook of Geriatric Medicine and Gerontology*. Edinburgh: Churchill Livingstone, 123–52.

Rabbitt, P., Diggle, P., Holland, F. and McInnes, L. (2004) Practice and drop-out effects during a 17-year longitudinal study of cognitive aging. *The Journals of Gerontology Series B: Psychological Sciences and Social Sciences, 59*, 84–97.

Rabbitt, P. and Goward, L. (1986) Effects of age and raw IQ test scores on mean correct and mean error reaction times in serial choice tasks: A reply to Smith and Brewer. *British Journal of Psychology, 77*, 69–73.

Rabbitt, P., Ibrahim, S., Lunn, M., Scott, M. et al. (2008) Age-associate losses of brain volume predict longitudinal cognitive decline over 8 to 20 years. *Neuropsychology, 22*, 3–9.

Rabbitt, P., Lowe, C. and Shilling, V. (2001) Frontal tests and models for cognitive ageing. *European Journal of Cognitive Psychology, 13*, 5–28.

Rabbitt, P., Mogapi, O., Scott, M., Thacker, N. et al. (2008) Effects of global atrophy, white matter lesions, and cerebral blood flow on age-related changes in speed, memory, intelligence, vocabulary, and frontal function. *Neuropsychology, 21*, 684–95.

Rabbitt, P., Osman, O., Moore, B. and Stollery, B. (2001) There are stable individual differences in performance variability, both from moment to moment and from day to day. *Quarterly Journal of Experimental Psychology: Human Experimental Psychology, 54*, 981–1003.

Rabbitt, P., Scott, M., Lunn, M., Thacker, N. et al. (2007) Matter lesions account for all age-related declines in speed but not in intelligence. *Neuropsychology, 21*, 363–70.

Rabbitt, P., Watson, P., Donlan, C., McInnes, L. et al. (2002) Effects of death within 11 years on cognitive performance in old age. *Psychology and Aging, 17*, 468–81.

Rabbitt, P. and Winthorpe, C. (1988) What do old people remember? The Galton paradigm reconsidered. In M. M. Gruneberg, P. E. Morris and R. N. Sykes (eds.) *Practical Aspects of Memory, Volume 2*. Chichester: Wiley.

Rabbitt, P. M. A., Lunn, M. and Wong, D. (2008a) Death, dropout, and longitudinal measurements of cognitive change in old age. *The Journals of Gerontology Series B: Psychological Sciences and Social Sciences, 63B*, 271–78.

Rabbitt, P. M. A., Lunn, M., Wong, D. and Cobain, M. (2008b) Age and ability affect practice gains in longitudinal studies of cognitive change. *The Journals of Gerontology Series B: Psychological Sciences and Social Sciences, 63B*, 235–40.

Radermacher, H., Feldman, S., Lorains, F. and Bird, S. (2010) Exploring the role of family and older people's access to food in different cultures: Will the children be there to help? *Journal of Intergenerational Relationships, 8*, 354–68.

Raguet, M. L., Campbell, D. A., Berry, D. T. R., Schmitt, F. A. et al. (1996) Stability of intelligence and intellectual predictors in older persons. *Psychological Assessment, 8*, 154–60.

Rahhal, T. A., Hasher, L. and Colcombe, S. J. (2001) Instructional manipulations and age differences in memory: Now you see them, now you don't. *Psychology and Aging, 16*, 697–706.

Rakerd, B., Van der Velde, T. J. and Hartmann, W. M. (1998) Sound localization in the median sagittal plane by listeners with presbyacusis. *Journal of American Academy of Audiology, 9*, 466–97.

Rana, A., Kabir, Z., Lundborg, C. and Wahlin, A. (2010) Health education improves both arthritis-related illness and self-rated health: An intervention study among older people in rural Bangladesh. *Public Health, 124*, 705–12.

Ranchor, A. V., Sanderman, R., Bouma, J., Buunk, B. P. and van de Heuvel, W. J. (1997) An exploration of the relation between hostility and disease. *Journal of Behavioral Medicine, 20*, 223–40.

Rank, M. and Williams, J. (2010) A life course approach to understanding poverty among older American adults. *Families in Society, 91*, 337–41.

Rapp, A. and Wild, B. (2011) Nonliteral language in Alzheimer dementia: A review. *Journal of the International Neuropsychological Society, 17*, 207–18.

Raskin, A. (1979) Signs and symptoms of psychopathology in the elderly. In A. Raskin and L. F. Jarvik (eds.) *Psychiatric Symptoms and Cognitive Loss in the Elderly*. Washington, DC: Hemisphere.

Ratcliff, R., Thapar, A., Gomez, P. and McKoon, G. (2004). A diffusion model analysis of the effects of aging in the lexical-decision task. *Psychology and Aging, 19*, 278–89.

Ratcliff, R., Thapar, A. and McKoon, G. (2001) The effects of aging on reaction time in a signal detection task. *Psychology and Aging, 16*, 323–41.

Ratner, H. H., Schell, D. A., Crimmins, A., Mittelman, D. and Baldinelli, L. (1987) Changes in adults' prose recall: Aging or cognitive demands? *Developmental Psychology, 23*, 521–5.

Rayburn, T. M. and Stonecypher, J. F. (1996) Diagnostic differences related to age and race of involuntarily committed psychiatric patients. *Psychological Reports, 79*, 881–2.

Raymer, A. M. and Berndt, R. S. (1996) Reading lexically without semantics: Evidence from patients with probable Alzheimer's disease. *Journal of the International Neuropsychological Society, 2*, 340–9.

Rayner, K., Reichie, E., Stroud, M., Williams, C. and Pollatsek, A. (2006) The effect of word frequency, word predictability, and font difficulty on the eye movements of young and older readers. *Psychology and Aging, 21*, 448–65.

Raz, N. and Lindenberger, U. (2010) News of cognitive cure for age-related brain shrinkage is premature: A comment on Burgmans et al. (2009) *Neuropsychology, 24*, 255–7.

Raz, N., Rodrigue, K. M., Kennedy, K. M. and Land, S. (2009) Genetic and vascular modifiers of agesensitive cognitive skills: Effects of COMT, BDNF, ApoE, and hypertension. *Neuropsychology, 23*, 105–16.

Razani, J., Kakos, B., Orieta-Barbalace, C., Wong, J. et al. (2007) Predicting caregiver burden from daily functional abilities of patients with mild dementia. *Journal of the American Geriatrics Society, 55*, 1415–20.

Ready, R., Vaidya, J., Watson, D., Latzman, R. et al. (2011) Age-group differences in facets of positive and negative affect. *Aging and Mental Health, 15*, 784–95.

Rebok, G. W. (1987) *Life-Span Cognitive Development*. New York: Holt, Rinehart and Winston.

Receputo, G., Mazzoleni, G., Di Fazio, I., Alessandria, I. et al. (1996) Study on the sense of taste in a group of Sicilian centenarians. *Archives of Gerontology and Geriatrics, 5*, 411–4.

Reding, M., Haycox, J. and Blas, J. (1985) Depression in patients referred to a dementia clinic: A three-year prospective study. *Archives of Neurology, 42*, 894–6.

Reed, I. C. (2005) Creativity: Self-perceptions over time. *International Journal of Aging and Human Development, 60*, 1–18.

Reese, C. and Cherry, K. (2006) Effects of age and ability on self-reported memory functioning and knowledge of memory aging. *Journal of Genetic Psychology, 167*, 221–40.

Reichard, S., Livson, F. and Peterson, P. G. (1962) *Aging and Personality: A Study of 87 Older Men*. New York: Wiley.

Reicher-Roessler, A., Loeffler, W. and Munk-Jorgensen, P. (1997) What do we really know about late-onset schizophrenia? *European Archives of Psychiatry and Clinical Neuroscience, 247*, 195–208.

Reid, M. C., Boutros, N. N., O'Connor, P. G., Cadariu, A. and Concato, J. (2002) The health-related effects of alcohol use in older persons: A systematic review. *Substance Abuse, 23*, 149–64.

Reilly, J. and Peelie, J. (2008) Effects of semantic impairment on language processing in semantic dementia. *Seminars in Speech and Language, 29*, 32–43.

Reimanis, G. and Green, R. F. (1971) Imminence of death and intellectual decrement in the aged. *Developmental Psychology, 5*, 270–2.

Reisberg, B., Ferris, S. H., de Leon, M. J., Kluger, A. et al. (1989) The stage specific temporal course of Alzheimer's disease. In K. Iqbal, H. M. Wisniewski and B. Winblad (eds.) *Alzheimer's Disease and Related Disorders*. New York: Alan R. Liss.

Reiss, S. (1988) Reiss Screen for Maladaptive Behaviors Test Manual. 2nd edition. Worthington, OH: IDS Publishing.

Renaud, M., Bherer, L. and Maquestiaux, F. (2010) A high level of physical fitness is associated with more efficient response preparation in older adults. *The Journals of Gerontology Series B: Psychological Sciences and Social Sciences, 65*, 317–22.

Reuter-Lorenz, P. and Lustig, C. (2005) Brain aging: Reorganizing discoveries about the aging mind. *Current Opinion in Neurobiology, 15*, 245–51.

Reuter-Lorenz, P. A. and Cappell, K. A. (2008) Neurocognitive aging and the compensation hypothesis. *Current Directions in Psychological Science, 17*, 177–82.

Reuter-Lorenz, P. A. and Park, D. (2010) Human neuroscience and the aging mind: A new look at old problems. *The Journals of Gerontology Series B: Psychological Sciences and Social Sciences, 65*, 405–15.

Revuelta, G. and Lippa, C. (2009) Dementia with Lewy bodies and Parkinson's disease dementia may best be viewed as two distinct entities. *International Psychogeriatrics, 21*, 213–6.

Ribot, T. (1882) *Diseases of Memory*. London: Kegan, Paul, Tench and Co.

Ribovich, J. K. and Erikson, L. (1980) A study of lifelong reading with implications for instructional programs. *Journal of Reading, 24*, 20–6.

Riby, L. M., Meikle, A. and Glover, C. (2004) The effects of age, glucose ingestion and gluco-regulatory control on episodic memory. *Age and Ageing, 33*, 483–7.

Rice, G. E. (1986a) The everyday activities of adults: Implications for prose recall. Part I. *Educational Gerontology, 12*, 173–86.

Rice, G. E. (1986b) The everyday activities of adults: Implications for prose recall. Part II. *Educational Gerontology, 12*, 187–98.

Richards, M., Hardy, R. and Wadsworth, M. E. J. (2005) Alcohol consumption and midlife cognitive change in the British 1946 birth cohort study. *Alcohol and Alcoholism, 40*, 112–7.

Richardson, F., Thomas, M., Filippi, R., Harth, H. and Price, C. (2010) Contrasting effects of vocabulary knowledge on temporal and parietal brain structure across the lifespan. *Journal of Cognitive Neurosciences, 22*, 943–54.

Riddle, D. R., Sonntag, W. E. and Lichtenwalner, R. J. (2004) Microvascular plasticity in aging. *Ageing Research Review, 2*, 149–68.

Riddle, T. (2001) I am Lord Voldemort. *If You're Reading This You've Too Much Time on Your Hands, 4*, 920–70.

Riegel, K. F. and Reigel, R. M. (1972) Development, drop and death. *Developmental Psychology, 6*, 306–19.

Rioux, L. and Werner, C. (2011) Residential satisfaction among aging people living in place. *Journal of Environmental Psychology, 31*, 158–69.

Ritchie, C., King, M., Nolan, F., O'Connor, S. et al. (2011) The association between personality disorder and an act of deliberate self harm in the older person. *International Psychogeriatrics, 23*, 299–307.

Ritchie, L. and Tuokko, H. (2010) Clinical decision trees for predicting conversion from cognitive impairment no dementia (CIND) to dementia in a longitudinal population-based study. *Archives of Clinical Neuorpsychology, 26*, 16–25.

Robbins, T. W., James, M., Owen, A. M., Sahakian, B. J. et al. (1998) A study of performance on tests from the CANTAB battery sensitive to frontal lobe dysfunction in a large sample of normal volunteers: Implications for theories of executive functioning and cognitive aging. *Journal of the International Neuropsychological Society, 4*, 474–90.

Roberge, R., Berthelot, J. M. and Wolfson, M. (1995) The Health Utility Index: Measuring health differences in Ontario by socioeconomic status. *Health Report, 7*, 29–37.

Robert, C. and Mathey, S. (2007) Aging and lexical inhibition: The effect of orthographic neighborhood frequency in young and older adults. *The Journals of Gerontology Series B: Psychological Sciences and Social Sciences, 62*, 340–2.

Roberts, B. W. and DelVecchio, W. F. (2000) The rank-order consistency of personality from childhood to old age: A quantitative review of longitudinal studies. *Psychological Bulletin, 126*, 3–25.

Roberts, B. W., Walton, K. and Viechtbauer, W. (2006) Patterns of mean-level change in personality traits across the life course: A meta-analysis of longitudinal studies. *Psychological Bulletin, 132*, 1–25.

Robertson, J. (1977) Grandmotherhood: A study of role conceptions. *Journal of Marriage and the Family, 39*, 165 – 74.

Robertson, S., Myerson, J. and Hale, S. (2006) Are there age differences in intraindividual variability in working memory performance? *The Journals of Gerontology: Series B: Psychological Sciences and Social Sciences, 61*, 18 – 24.

Robins, R. W., Trzesniewski, K. H., Tracy, J. L., Gosling, D. S. and Potter, J. (2002) Global self-esteem across the life span. *Psychology and Aging, 17*, 423 – 34.

Robinson, O., Demetre, J. and Corney, R. (2010) Personality and retirement: Exploring the links between the big five personality traits, reasons for retirement and the experience of being retired. *Personality and Individual Differences, 48*, 792 – 7.

Rocca, W., Petersen, R., Knopman, D., Hebert, L. et al. (2011) Trends in the incidence and prevalence of Alzheimer's disease, dementia, and cognitive impairment in the United States. *Alzheimer's and Dementia, 7*, 80 – 93.

Rodin, G., Lo, C., Mikulincer, M., Donner, A. et al. (2009) Pathways to distress: The multiple determinants of depression, hopelessness, and the desire for hastened death in metastatic cancer patients. *Social Science and Medicine, 68*, 562 – 69.

Roe, B., Beynon, C., Pickering, L. and Duffy, P. (2010) Experiences of drug use and ageing: Health, quality of life, relationship and service implications. *Journal of Advanced Nursing, 66*, 1968 – 79.

Roe, C., Xiong, C., Grant, E., Miller, P. and Morris, J. (2008) Education and reported onset of symptoms among individuals with Alzheimer disease. *Archives of Neurology, 65*, 108 – 11.

Roe, C., Xiong, C., Miller, P. and Morris, J. (2007) Education and Alzheimer disease without dementia: Support for the cognitive reserve hypothesis. *Neurology, 68*, 223 – 8.

Roediger, H. and Geraci, L. (2007) Aging and the misinformation effect: A neuropsychological analysis. *Journal of Experimental Psychology: Learning, Memory and Cognition, 33*, 321 – 34.

Rogers, W. A. (2000) Attention and aging. In D. C. Park and N. Schwarz (eds.) *Cognitive Aging: A Primer*. Philadelphia: Taylor and Francis, 57 – 74.

Ronnemaa, E., Zethelius, B., Lannfelt, L. and Kilander, L. (2011) Vascular risk factors and dementia: 40-year follow-up of a population-based cohort. *Dementia and Geriatric Cognitive Disorders, 31*, 460 – 66.

Rook, K. S. (2003) Exposure and reactivity to negative social exchanges: A preliminary investigation using daily diary data. *The Journals of Gerontology Series B: Psychological Sciences and Social Sciences, 58*, 100 – 11.

Rose, M. R. (1984) Laboratory evolution of postponed senescence in Drosophila-Melanogaster. *Evolution, 38*, 1004 – 10.

Rose, M. R. (1999) Can human aging be postponed? *Scientific American, 281, 6*, 68 – 73.

Rosen, D. (2004) Factors associated with illegal drug use among older methadone clients. *The Gerontologist, 44*, 543 – 8.

Rosenberg, H. (1997) Use and abuse of illicit drugs among older people. In A. Gurnack, A. (ed.) *Older Adults' Misuse of Alcohol, Medicines, and Other Drugs: Research and Practice Issues*. New York: Springer.

Rosenstein, R. and Glickman, A. S. (1994) Type size and performance of the elderly on the Wonderlic Personnel Test. *Journal of Applied Gerontology, 13*, 185 – 92.

Rosenthal, C. J. (1986) Family supports in later life: Does ethnicity make a difference? *The Gerontologist, 26*, 19 – 24.

Ross, B., Snyder, J., Aalto, M., McDonald, K. et al. (2009) Neural encoding of sound duration persists in older adults. *Neuroimage, 47*, 678 – 87.

Rossor, M. and Iversen, L. L. (1986) Non-cholinergic neurotransmitter abnormalities in Alzheimer's disease. *British Medical Bulletin, 42*, 70–4.

Roth, D. L., Stevens, A. B., Burgio, L. D. and Burgio, K. L. (2002) Timed-event sequential analysis of agitation in nursing home residents during personal care interactions with nursing assistants. *The Journals of Gerontology Series B: Psychological Sciences and Social Sciences, 57*, 461–8.

Roth, M. (1979) The early diagnosis of Alzheimer's disease: An introduction. In A. I. M. Glen and L. Whalley (eds.) *Alzheimer's Disease: Early Recognition of Potentially Reversible Deficits*. Edinburgh: Churchill Livingstone.

Rothermund, K. and Brandstädter, J. (2003) Coping with deficits and losses in later life: From compensatory action to accommodation. *Psychology and Aging, 18*, 896–905.

Rousseau, G. K. and Rogers, W. A. (2002) Effects of processing style and age on schema acquisition. *The Journals of Gerontology Series B: Psychological Sciences and Social Sciences, 57*, 11–8.

Rovio, S., Spulber, G., Nieminen, L., Niskanen, E. et al. (2010) The effect of midlife physical activity on structural brain changes in the elderly. *Neurobiology of Aging, 31*, 1927–36.

Rovner, B. W. (2006) The Charles Bonnet syndrome: A review of recent research. *Current Opinions in Ophthalmology, 17*, 275–7.

Rowe, G., Valderrama, S., Hasher, L. and Lenartowicz, A. (2006) Attentional disregulation: A benefit for implicit memory. *Psychology and Aging, 21*, 826–30.

Royal National Institute for the Blind (RNIB) (2011) *Key Information and Statistics Fact Sheet*. London: RNIB.

Rubin, D. C., Rahhal, T. A. and Poon, L. W. (1998) Things learned in early adulthood are remembered best. *Memory and Cognition, 26*, 3–19.

Rubin, D. C. and Schulkind, M. D. (1997a) The distribution of autobiographical memories across the lifespan. *Memory and Cognition, 25*, 859–66.

Rubin, D. C. and Schulkind, M. D. (1997b) Properties of word cues for autobiographical memory. *Psychological Reports, 81*, 47–50.

Rundinger, G. and Lantermann, E. D. (1980) Social determinants of intelligence in old age [English translation]. *Zeitschrift fuer Gerontologie, 13*, 433–41.

Rurup, M., Deeg, D., Poppelaars, J., Kerkhof, A. and Onwuteaka-Philipsen, B. (2011) Wishes to die in older people: A quantitative study of prevalence and associated factors. *Crisis: The Journal of Crisis Intervention and Suicide Prevention, 32*, 194–203.

Russell, D. W. and Catrona, C. E. (1991) Social support, stress and depressive symptoms among the elderly: Test of a process model. *Psychology and Aging, 6*, 190–201.

Ryan, J. J., Lopez, S. J. and Paolo, A. M. (1996) Temporal stability of digit span forward, backward and forward minus backward in persons aged 75–87 years. *Nursopsychiatry, Neuropsychology and Behavioral Neurology, 9*, 206–8.

Ryan, W. J. (1972) Acoustic aspects of the aging voice. *Journal of Gerontology, 27*, 265–8.

Ryff, C. D. (1991) Possible selves in adulthood and old age: A tale of shifting horizons. *Psychology and Aging, 6*, 286–95.

Rypma, B., Prabhakaran, V., Desmond, J. E. and Gabrieli, J. D. E. (2001) Age differences in prefrontal cortical activity in working memory. *Psychology and Aging, 16*, 371–84.

Sabate, J. (1999) Nut consumption, vegetarian diets, ischemic heart disease risk and all-cause mortality: Evidence from epidemiologic studies. *American Journal of Clinical Nutrition, 70*, 500–3.

Sabbagh, M. and Cummings, J. (2011) Progressive cholinergic decline in Alzheimer's Disease: Consideration for treatment with donepezil 23 mg in patients with moderate to severe symptomatology. *BMC Neurology, 11*, 21–7.

Saculu, S., Gustafson, D., Johansson, B., Thorvaldsson, V. et al. (2009) The pattern of cognitive symp-toms predicts time to dementia onset. *Alzheimer's and Dementia, 5*, 199–206.

Sadavoy, J. (1996) Personality disorder in old age: Symptom expression. *Clinical Gerontologist, 16*, 19–36.
Sadavoy, J., Smith, I., Conn, D. K. and Richards, B. (1995) In E. Murphy and G. Alexopoulos (eds.) *Geriatric Psychiatry: Key Research Topics for Clinicians*. Chichester: Wiley, 191–9.
Saizano, F. A., Guastini, L., Mora, R., Dellepiane, M. et al. (2010) Nasal tactile sensitivity in the elderly. *Acta Otolaryngology, 130*, 1389–93.
Salib, E. (1997) Elderly suicide and weather conditions: Is there a link? *International Journal of Geriatric Psychiatry, 12*, 937–41.
Salthouse, T. (1982) *Adult Cognition*. New York: Springer.
Salthouse, T. (1985) *A Theory of Cognitive Aging*. Amsterdam: North-Holland.
Salthouse, T. (1991a) Mediation of age differences in cognition by reductions in working memory and speed of processing. *Psychological Science, 2*, 179–83.
Salthouse, T. (1991b) *Theoretical Perspectives on Cognitive Aging*. Hillsdale, NJ: Lawrence Erlbaum.
Salthouse, T. (1992a) Reasoning and spatial abilities. In F. I. M. Craik and T. Salthouse (eds.) *The Handbook of Aging and Cognition*. Hillsdale, NJ: Lawrence Erlbaum.
Salthouse, T. (1992b) *Mechanisms of Age-Cognition Relations in Adulthood*. Hillsdale, NJ: Lawrence Erlbaum.
Salthouse, T. (1996) The processing-speed theory of adult age differences in cognition. *Psychological Review, 103*, 403–28.
Salthouse, T. (2000) Item analysis of age relations on reasoning tasks. *Psychology and Aging, 15*, 3–8.
Salthouse, T. (2001) Attempted decomposition of age-related influences on two tests of reasoning. *Psychology and Aging, 16*, 251–63.
Salthouse, T. (2006) Mental exercise and mental aging: Evaluating the validity of the 'use it or lose it' hypothesis. *Perspectives on Psychological Science, 1*, 68–87.
Salthouse, T. (2009) When does age-related cognitive decline begin? *Neurobiology of Aging, 30*, 507–14.
Salthouse, T. (2010) *Major Issues in Cognitive Aging*. New York: Oxford University Press.
Salthouse, T., Berish, D. E. and Miles, J. D. (2002) The role of cognitive stimulation on the relations between age and cognitive functioning. *Psychology and Aging, 17*, 548–57.
Salthouse, T. and Czaja, S. J. (2000) Structural constraints on process explanations in cognitive aging. *Psychology and Aging, 15*, 44–55.
Salthouse, T. and Ferrer-Caja, E. (2003) What needs to be explained to account for age-related effects on multiple cognitive variables? *Psychology and Aging, 18*, 91–110.
Salthouse, T., Fristoe, N. and Rhee, S. H. (1996) How localized are age-related effects on neuro-psychological measures? *Neuropsychology, 10*, 272–85.
Samaras, T. T. and Elrick, H. (1999) Height, body size and longevity. *Acta Medica Okayama, 53*, 149–69.
Sanchez-Benavides, G., Gomez-Anson, B., Quintana, M., Vives, Y. et al. (2010) Problem-solving abilities and frontal lobe cortical thickness in health aging and mild cognitive impairment. *Journal of the International Neurological Society, 16*, 836–45.
Sanderson, W. and Scherbov, S. (2010) Remeasuring aging. *Science, 329*, 1287–8.
Sando, S., Melquist, S., Cannon, A., Hutton, M. et al. (2008a) Risk-reducing effect of education in Alzheimer's disease. *International Journal of Geriatric Psychiatry, 23*, 1156–62.
Sando, S., Melquist, S., Cannon, A., Hutton, M. et al. (2008b) APOE e4 lowers age at onset and is a high risk factor for Alzheimer's disease: A case control study from central Norway. *BMC Neurology, 16*, 8–9.
Sasser-Coen, J. R. (1993) Qualitative changes in creativity in the second half of life: A life-span

developmental perspective. *Journal of Creative Behavior, 27*, 18–27.

Satre, D. D., Knight, B. G., Dickson-Fuhrmann, E. and Jarvik, L. F. (2004) Substance abuse treatment initiation among older adults in the GET SMART program: Effects of depression and cognitive status. *Aging and Mental Health, 8*, 346–54.

Scaf-Klomp, W., Sanderman, R., Ormel, J. and Kempen, G. I. J. M. (2003) Depression in older people after fall-related injuries: A prospective study. *Age and Ageing, 32*, 88–94.

Scalmati, A. and Kennedy, G. (2009) Psychotherapy as end-of-life care: Special consideration for the older patient. *Psychiatric Annals, 39*, 833–7.

Scazufca, M., Almeida, O. and Menezes, P. (2010) The role of literacy, occupation and income in dementia prevention: The Sao Paulo Aging and Health Study (SPAH). *International Psychogeriatrics, 22*, 1209–15.

Schadlu, A. P., Schadlu, R. and Shepherd, J.B. (2009) Charles Bonnet syndrome: A review. *Current Opinions in Ophthalmology, 20*, 219–22.

Schaie, K. W. (1983) The Seattle Longitudinal Study: A 21-year exploration of psychometric intelligence in adulthood. In K. W. Schaie (ed.) *Longitudinal Studies of Adult Psychological Development. New York, Guilford Press*, 64–135.

Schaie, K. W. (1989a) Individual differences in rate of cognitive change in adulthood. In V. L. Bengtson and K. W. Schaie (eds.) *The Course of Later Life: Research and Reflections*. New York: Springer.

Schaie, K. W. (1989b) Perceptual speed in adulthood: Cross-sectional studies and longitudinal studies. *Psychology and Aging, 4*, 443–53.

Schaie, K. W. (1994) The course of adult intellectual development. *American Psychologist, 49*, 304–13.

Schaie, K. W. (2005) What can we learn from longitudinal studies of adult intellectual development? *Research in Human Development, 2*, 133–58.

Schaie, K. W. (2008) Historical processes and patterns of cognitive ageing. In S. M. Hofer and D. F. Alwin (eds.) *Handbook of Cognitive Aging: Interdisciplinary Perspectives*. Thousand Oaks, CA: Sage.

Schaie, K. W. and Hertzog, C. (1986) Toward a comprehensive model of adult intellectual development: Contributions of the Seattle Longitudinal Study. In R. J. Sternberg (ed.) *Advances in Human Intelligence, 3*, Hillsdale, NJ: Erlbaum, 79–118.

Schaie, K. W. and Willis, S. L. (1991) *Adult Development and Aging*. New York: HarperCollins.

Schatzman, M. (2004) Elisabeth Kübler-Ross obituary. *The Independent*, 28 August.

Scheinin, N., Aalto, S., Kaprio, J., Kozkenvuo, M. et al. (2011) Early detection of Alzheimer disease: 11C-PiB PET in twins discordant for cognitive impairment. *Neurology, 77*, 453–60.

Scherder, E., Bogen, T., Eggermont, L., Hamers, J. and Swaab, D. (2010) The more physical inactivity, the more agitation in dementia. *International Psychogeriatrics, 22*, 1203–8.

Scherger, S., Nazroo, J. and Higgs, P. (2011) Leisure activities and retirement: Do structures of inequality change in old age? *Ageing and Society, 31*, 146–72.

Scherrer, K. (2009) Images of sexuality and aging in gerontological literature. *Sexuality Research and Social Policy, 6*, 5–12.

Schiffman, S. (1977) Food recognition by the elderly. *Journal of Gerontology, 32*, 586–92.

Schiffman, S. S., Gatlin, L. A., Frey, A. E., Heiman, S. A., Stagner, W.C. and Cooper, D. C. (1995) Taste perception of bitter compounds in young and elderly persons: Relation to lipophilicity of bitter compounds. *Neurobiology of Aging, 15*, 743–50.

Schildmann, J., Hoetzel, J., Baumann, A., Mueller-Busch, C. and Vollmann, J. (2011) Limitation of treatment at the end of life: An empirical-ethical analysis regarding the practices of physician members of the German Society for Palliative Medicine. *Journal of Medical Ethics, 37*, 327–32.

Schlagman, S., Kvavilashvill, L. and Schulz, J. (2007) Effects of age on involuntary autobiographical memories. In J. Mace (ed.) (2007) *Involuntary Memory. New Perspectives in Cognitive Psychology.* Malden: Blackwell Publishing.

Schlehofer, M., Omoto, A. and Adelman, J. (2008) How do 'religion' and 'spirituality differ? Lay definitions among older adults. *Journal for the Scientific Study of Religion, 47*, 411 – 25.

Schlesinger, B. (1996) The sexless years or sex rediscovered. *Journal of Gerontological Social Work, 26*, 117 – 31.

Schliemann, A. D. (2000) Informal learning. In A. E. Kazdin (ed.) *Encyclopaedia of Psychology, Volume 4.* Washington, DC: American Psychological Association, 288 – 90.

Schlotterer, G., Moscovitch, M., Crapper, M. and McLachlan, D. (1984) Visual processing deficits as assessed by spatial frequency contrast sensitivity and backward masking in normal ageing and Alzheimer's disease. *Brain, 107*, 309 – 25.

Schmiedek, F. and Li, S. C. (2004) Toward an alternative representation for disentangling ageasso-ciated differences in general and specific cognitive abilities. *Psychology and Aging, 19*, 40 – 56.

Schneck, M. E., Haegerstrom-Portnoy, G., Lott, L. A. Braby, J. A. and Gildengorin, G. (2004) Low contrast vision function predicts subsequent acuity loss in an aged population: The SKI study. *Vision Research, 44*, 2317 – 25.

Schneider, B. (1997) Psychoacoustics and aging: Implications for everyday listening. *Journal of Speech Language Pathology and Audiology, 21*, 111 – 24.

Schneider, B., Daneman, M. and Murphy, D. (2005) Speech comprehension difficulties in older adults: Cognitive slowing or age-related changes in hearing? *Psychology and Aging, 20*, 261 – 71.

Schneider, B. A., Daneman, M., Murphy, D. R. and See, S. K. (2000) Listening to discourse in distracting settings: The effects of aging. *Psychology and Aging, 15*, 110 – 25.

Schneider, B., Speranza, F. and Pichora-Fuller, M. K. (1998) Age-related changes in temporal resolution: Envelope and intensity effects. *Canadian Journal of Experimental Psychology, 52*, 184 – 91.

Schneider-Garces, N. J., Gordon, B. A., Brumback-Peltz, C. R., Shin, E. et al. (2010) Span, CRUNCH, and beyond: Working memory capacity and the aging brain. *Journal of Cognitive Neuroscience, 22*, 655 – 69.

Schonfeld, L., Rohrer, G. E., Zima, M. and Spiegel, T. (1993) Alcohol abuse and medication misuse in older adults as estimated by service providers. *Journal of Gerontological Social Work, 21*, 113 – 25.

Schooler, C. and Mulatu, M. S. (2001) The reciprocal effects of leisure time activities and intellectual functioning in older people: A longitudinal analysis. *Psychology and Aging, 16*, 466 – 82.

Schott, L., Kamarck, T., Matthews, K., Brockwell, S. and Sutton-Tyrell, K. (2009) Is brachial artery flow-mediated dilation associated with negative affect? *International Journal of Behavioral Medicine, 16*, 241 – 7.

Schram, L. L., Rubert, M. and Loewenstein, D. A. (1995) A qualitative analysis of semantic intrusive errors in Alzheimer's Disease. *Archives of Clinical Neuropsychology, 10*, 255 – 63.

Schuff, N., Tosun, D., Insel, P.S., Chiang, G. C., et al. (2010) Nonlinear time course of brain volume loss in cognitively normal and impaired elders. *Neurobiology of Aging, 31*, 1340 – 54.

Schuknecht, H. F. (1974) *Pathology of the Ear*. Cambridge, MA: Harvard University Press.

Schulz, R., McGinnis, K., Zhang, S., Martire, L. et al. (2008) Dementia patient suffering and caregiver depression. *Alzheimer's Disease and Associated Disorders, 22*, 170 – 6.

Schwartz, B. and Frazier, L. (2005) Tip of the tongue states and aging: Contrasting psycho-linguistic and metacognitive perspectives. *Journal of General Psychology, 132*, 377 – 91.

Schwartz, J. E., Friedman, H. S., Tucker, J. S., Tomlinson-Keasey, C. Wingard, D. L. and Criqui, M. H. (1995) Childhood sociodemographic and psychosocial factors as predictors of longevity across the life-span. *American Journal of Public Health, 85*, 1237 – 45.

Schwartz, L. K. and Simmons, J. P. (2001) Contact quality and attitudes toward the elderly. *Educational Gerontology, 27*, 127 – 37.

Schweber, M. S. (1989a) Down Syndrome and the measurement of chromosome 21 DNA amounts in Alzheimer's Disease. In G. Miner, L. Miner, R. Richter and J. L. Valentine (eds.) *Familial Alzheimer's Disease: Molecular Genetics and Clinical Prospects*. New York: Marcel Dekker.

Schweber, M. S. (1989b) Alzheimer's Disease and Down Syndrome. In K. Iqbal, H. M. Wisniewski and B. Winblad (eds.) *Alzheimer's Disease and Related Disorders*. New York: Alan R. Liss.

Scialfa, C. T. (2002) The role of sensory factors in cognitive aging research. *Canadian Journal of Experimental Psychology, 56*, Ottawa: September, 153 – 64.

Scogin, F. R. (1998) Anxiety in old age. In I. H. Nordhus, G. R. VandenBos, S. Berg and P. Fromholt (eds.) *Clinical Geropsychology*. Washington, DC: American Psychological Association, 205 – 9.

Searcy, J. H., Bartlett, J. C. and Memon, A. (1999) Age differences in accuracy and choosing in eyewitness identification and face recognition. *Memory and Cognition, 27*, 538 – 52.

Sebastian, M., Menor, J. and Elosua, M. (2006) Attentional dysfunction of the central executive in AD: Evidence from dual task and perseveration errors. *Cortex, 42*, 1015 – 20.

Seeman, T. E., Huang, M. H., Bretsky, P., Crimmins, E., Launer, L. and Guralnik, J. M. (2005) Education and APOE-e4 in longitudinal cognitive decline: MacArthur studies of successful aging. *The Journals of Gerontology Series B: Psychological Sciences and Social Sciences, 60*, 74 – 83.

Segraves, R. T. and Segraves, K. B. (1995) Human sexuality and aging. *Journal of Sex Education and Therapy, 21*, 88 – 102.

Sekuler, R. and Blake, R. (1985) *Perception*. New York: Random House.

Seltzer, B. and Sherwin, I. (1983) A comparison of clinical features in early- and late-onset primary degenerative dementia: One entity or two? *Archives of Neurology, 40*, 143 – 6.

Selzman, C., Jeste, D., Meyer, Cohen-Mansfield, J. et al. (2008) Elderly patients with dementia-related symptoms of severe agitation and aggression: Consensus statement on treatment options, clinical trials methodology, and policy. *Journal of Clinical Psychiatry, 69*, 889 – 98.

Sener, A., Oztop, H., Dogan, N. and Guven, S. (2008) Family, close relatives, friends: Life satisfaction among older people. *Educational Gerontology, 34*, 890 – 906.

Serra, L., Fadda, L., Perri, R., Caltagirone, C. and Carlesimo, G. (2009) The closing-in phenomenon in the drawing performance of Alzheimer's disease patients: A compensation account. *Cortex, 46*, 1031 – 6.

Serrano, J. P., Latorre, J. M., Gatz, M. and Montanes, J. (2004) Life review therapy using autobiographical retrieval practice for older adults with depressive symptomatology. *Psychology and Aging, 19*, 272 – 7.

Seshamani, M. and Gray, A. (2004) Time to death and health expenditure: An improved model for the impact of demographic change on health care costs. *Age and Ageing, 33*, 571 – 6.

Sesso, H. D., Paffenbarger, R. S. and Lee, I. M. (2000) Physical activity and coronary heart disease in men: The Harvard Alumni Health Study. *Circulation, 102*, 975 – 80.

Settersen, R. A. (1998) Time, age and the transition to retirement: New evidence on life-course flexibility? *International Journal of Aging and Human Development, 47*, 177 – 203.

Settersen, R. A. and Haegestad, G. O. (1996) What's the latest? Cultural age deadlines for family transitions. *Gerontologist, 36*, 178 – 88.

Settlage, C. F. (1996) Transcending old age: Creativity, development and psychoanalysis in the life of a centenarian. *International Journal of Psycho-Analysis, 77*, 549 – 64.

Shafto, M. (2010) Orthographic error monitoring in old age: Lexical and sublexical availability during perception and production. *Psychology and Aging, 25*, 991 – 1001.

Shafto, M., Burke, D., Stamatakis, E., Tam, P. and Tyler, L. (2007) On the tip of the tongue: Neural correlates of increased word finding failures in normal aging. *Journal of Cognitive Neuroscience, 19*, 2060 – 70.

Shafto, M., Burke, D., Stamatakis, E., Tam, P. and Tyler, L. (2010) Word retrieval failures in old age: The relationship between structure and function. *Journal of Cognitive Neuroscience, 22*, 1530 – 40.

Shah, A. (2011a) Are elderly dependency ratios associated with general population suicide rates? *International Journal of Social Psychiatry, 57*, 277 – 83.

Shah, A. (2011b) Elderly suicide rates: A replication of cross-national comparisons and association with sex and elderly age-bands using five year suicide data. *Journal of Injury and Violence Research, 3*, 80 – 4.

Shah, A. (2011c) Further evidence for epidemiological transition hypothesis for elderly suicides. *Journal of Injury and Violence Research, 3*, 29 – 34.

Shah, A. and Buckley, L. (2011) The current status of methods used by the elderly for suicides in England and Wales. *Journal of Injury and Violence Research, 3*, 68 – 73.

Shan, Z., Liu, J., Sahgai, V., Wang, B. and Yiu, G. (2005) Selective atrophy of left hemisphere and frontal lobe of the brain in old men. *The Journals of Gerontology Series A: Biological Sciences and Medical Sciences, 60*, 165 – 74.

Sharpe, T. H. (2004) Introduction to sexuality in late life. *Family Journal: Counseling and Therapy for Couples and Families, 12*, 199 – 205.

Sharpley, C. F. (1997) Psychometric properties of the self-perceived stress in retirement scale. *Psychological Reports, 81*, 319 – 22.

Sharps, M. J. (1998) Age-related change in visual information processing: Toward a unified theory of aging and visual memory. *Current Psychology, 16*, 284 – 307.

Shaw, C. (2004). Interim 2003-based national population projections for the United Kingdom and constituent countries. *Population Trends 118*, 6 – 16.

Shea, P. (1995) Ageing and wisdom. In F. Glendenning and I. Stuart-Hamilton (eds.) *Learning and Cognition in Later Life*. Aldershot: Arena.

Sheikh, A. and Sheikh, K. (eds.) (2007) *Healing with Death Imagery*. Amityville, Baywood Publishing.

Sheppard, L. D. and Vernon, P. A. (2008) Intelligence and speed of information-processing: A review of 50 years of research. *Personality and Individual Differences, 44*, 535 – 51.

Sherer, M. (1996) The impact of using personal computers on the lives of nursing home residents. *Physical and Occupational Therapy in Geriatrics, 14*, 13 – 31.

Shewmon, D. (1998) 'Brainstem death', 'brain death', and death: A critical re-evaluation of the purported equivalence. *Issues in Law and Medicine, 14*, 125 – 45.

Shimamura, A. P., Berry, J. M., Mangels, J. A., Rusting, C. L. and Jurica, P. J. (1995) Memory and cognitive abilities in university professors: Evidence for successful aging. *Psychological Science, 6*, 271 – 7.

Shimonaka, Y. and Nakazato, K. (2007) Creativity and factors affecting creative ability in adulthood and old age. *Japanese Journal of Educational Psychology, 55*, 231 – 43.

Shimonaka, Y., Nakazato, K. and Homma, A. (1996) Personality, longevity and successful aging among Tokyo metropolitan centenarians. *International Journal of Aging and Human Development, 42*, 173 – 87.

Shing, Y., Werkle-Bergner, M., Li, S. and Lindenberger, U. (2009) Committing memory errors with high confidence: Older adults do but children don't. *Memory, 17*, 169 – 79.

Shipley, B., Weiss, A., Der, G., Taylor, M. and Deary, I. (2007) Neuroticism, extraversion, and mortality in the UK Health and Lifestyle Survey: A 21-year prospective cohort study. *Psychosomatic*

Medicine, 69, 923 – 31.

Shock, N. W. (1977) Biological theories of aging. In J. E. Birren and K. W. Schaie (eds.) *Handbook of the Psychology of Aging*. 1st edition. New York: Van Nostrand Reinhold.

Shore, D. and Wyatt, R. J. (1983) Aluminium and Alzheimer's disease. *Journal of Nervous and Mental Disorders, 171*, 553 – 8.

Siedlecki, K., Tucker-Drob, E., Oishi, S. and Salthouse, T. (2008) Life satisfaction across adulthood: Different determinants at different ages? *Journal of Positive Psychology, 3*, 153 – 64.

Siegler, I. C. and Botwinick, J. (1979) A long-term longitudinal study of intellectual ability of older adults: The matter of selective subject attrition. *Journal of Gerontology, 34*, 242 – 5.

Siegler, I. C., McCarty, S. M. and Logue, P. E. (1982) Wechsler Memory Scale scores, selective attention and distance from death. *Journal of Gerontology, 37*, 176 – 81.

Silveira, M., Kim, S. and Langa, K. (2010) Advance directives and outcomes of surrogate decision making before death. *New England Journal of Medicine, 362*, 1211 – 8.

Simoni-Wastila, L. and Yang, H. (2006) Psychoactive drug abuse in older adults. *American Journal of Geriatric Pharmacotherapy, 4*, 380 – 94.

Simons, J. S., Dodson, C. S., Bell, D. and Schacter, D. L. (2004) Specific- and partial-source memory: Effects of aging. *Psychology and Aging, 19*, 689 – 94.

Simonton, D. K. (1990) Creativity and wisdom in aging. In J. W. Birren and K. W. Schaie (eds.) *Handbook of the Psychology of Aging*. 3rd edition. San Diego, CA: Academic Press.

Sims, R. V., Allaire, J. C., Gamaldo, A. A., Edwards, C. L. and Whitfield, K. E. (2009) An examination of dedifferentiation in cognition among African-American older adults. *Journal of Cross-Cultural Gerontology, 24*, 193 – 208.

Sinforiani, E., Zucchella, C., Pasotti, C., Caroni, F. et al. (2011) The effects of alcohol on cognition in the elderly: From protection to neurodegeneration. *Functional Neurology, 26*, 103 – 6.

Singer, T., Lindenberger, U. and Baltes, P. B. (2003a) Plasticity of memory for new learning in very old age: A story of major loss? *Psychology and Aging, 18*, 306 – 17.

Singer, T., Verhaeghen, P., Ghisletta, P., Lindenberger, U. and Baltes, P. B. (2003b) The fate of cognition in very old age: Six-year longitudinal findings in the Berlin Aging Study (BASE). *Psychology and Aging, 18*, 318 – 31.

Singh, G. K. and Siapush, M. (2006) Widening socioeconomic inequalities in US life expectancy, 1980 – 2000. *International Journal of Epidemiology, 35*, 969 – 79.

Sjobeck, M. and Englund, E. (2003) Glial levels determine severity of white matter disease in Alzheimer's disease: A neuropathological study of glial changes. *Neuropathology and Applied Neurobiology, 29*, 159 – 69.

Skoog, I. (1996) Sex and Swedish 85-year-olds. *New England Journal of Medicine, 334*, 1140 – 1.

Slavin, M. J., Phillips, J. C. and Bradshaw, J. L. (1996) Visual cues and the handwriting of older adults: A kinematic analysis. *Psychology and Aging, 11*, 521 – 6.

Slavin, M. J., Phillips, J. C., Bradshaw, J. L., Hall, K. A. and Presnell, I. (1999) Consistency of handwriting movements in dementia of the Alzheimer's type: A comparison with Huntington's and Parkinson's diseases. *Journal of the International Neuropsychological Society, 5*, 20 – 5.

Sliwinski, M. (1997) Aging and counting speed: Evidence for process-specific slowing. *Psychology and Aging, 12*, 38 – 49.

Sliwinski, M., Buschke, H., Kuslansky, G., Senior, G. and Scarisbrick, D. (1994) Proportional slowing and addition speed in old and young adults. *Psychology and Aging, 9*, 72 – 80.

Sliwinski, M. and Hall, C. B. (1998) Constraints on general slowing: A meta-analysis using hierarchical linear models with random coefficients. *Psychology and Aging, 13*, 164 – 75.

Sliwinski, M. J., Hofer, S. M., Hall, C., Buschke, H. and Lipton, R. B. (2003) Modeling memory decline in older adults: The importance of preclinical dementia, attrition and chronological age. *Psychology and Aging, 18*, 658 – 71.

Small, B. J., Fratiglioni, L., von Strauss, E. and Bäckman, L. (2003) Terminal decline and cognitive performance in very old age: Does cause of death matter? *Psychology and Aging, 18*, 193 – 202.

Small, B. J., Rosnick, C. B., Fratiglioni, L. and Bäckman, L. (2004) Apolipoprotein E and cognitive performance: A meta-analysis. *Psychology and Aging, 19*, 592 – 600.

Smiler, A., Gagne, D. D. and Stine-Morrow, E. A. L. (2004) Aging, memory load and resource allocation during reading. *Psychology and Aging, 18*, 203 – 9.

Smiley, E. (2005) Epidemiology of mental health problems in adults with learning disability: An update. *Advances in Psychiatric Treatment, 11*, 214 – 22.

Smith, A. (1998) Breakfast consumption and intelligence in elderly persons. *Psychological Reports, 82*, 424 – 6.

Smith, G. A. and Brewer, N. (1995) Slowness and age: Speed-accuracy mechanisms. *Psychology and Aging, 10*, 238 – 47.

Smith, J., Heckhausen, J., Kilegl, R. and Baltes, P. B. (1984) Cognitive reserve capacity, expertise and aging. *Meeting of Gerontological Society of America, San Antonio*. Cited in Rebok (1987).

Smith, R. (2006) Adult age differences in episodic memory: Item-specific, relational, and distinctive processing. In R. Hunt and J. Worthen (eds.) (2006) *Distinctiveness and Memory*. New York: Oxford University Press.

Smith, S. W., Rebok, G. W., Smith, W. R., Hall, S. E. and Alvin, M. (1989) Adult age differences in the use of story structure in delayed free recall. *Experimental Aging Research, 9*, 191 – 5.

Smyer, M. A. and Qualls, S. H. (1999) *Aging and Mental Health*. Oxford: Blackwells.

Snowdon, D. A., Kemper, S. J., Mortimer, J. A., Greiner, L. H., Wekstein, D. R. and Markesbury, W. R. (1996) Linguistic ability in early life and cognitive function and Alzheimer's disease in late life: Findings from the Nun Study. *Journal of the American Medical Association, 275*, 528 – 32.

Sobieszczyk, T., Knodel, J. and Chavoyan, N. (2003) Gender and wellbeing among older people: evidence from Thailand. *Ageing and Society, 23*, 701 – 35.

Soederberg Miller, L. M. (2003) The effects of age and domain knowledge on text processing. *The Journals of Gerontology Series B: Psychological Sciences and Social Sciences, 58*, 217 – 23.

Soederberg Miller, L. M. (2009) Age differences in the effects of domain knowledge on reading efficiency. *Psychology and Aging, 24*, 63 – 74.

Someya, S. and Prolla, T. A. (2010) Mitochondrial oxidative damage and apoptosis in age-related hearing loss. *Mechanisms of Ageing Development, 131*, 480 – 6.

Someya, S., Tanokura, M., Weindruch, R., Prolla, T. A. and Yamasoba, T. (2010) Effects of caloric restriction on age-related hearing loss in rodents and rhesus monkeys. *Current Ageing Science, 3*, 20 – 5.

Sonnenschein, E. and Brody, J. A. (2005) Effect of population aging on proportionate mortality from heart disease and cancer, U.S. 2000 – 2050. *The Journals of Gerontology Series B: Psychological Sciences and Social Sciences 60*, 110 – 2.

Sorce, P. (1995) Cognitive competence of older consumers. *Psychology and Marketing, 12*, 467 – 80.

Sorensen, S., Duberstein, P., Chapman, B., Lyness, J. and Pinquart, M. (2008) How are personality traits related to preparation for future care needs in older adults? *The Journals of Gerontology Series B: Psychological Sciences and Social Sciences, 63*, 328 – 36.

Souchay, C., Moulin, C., Clarys, D., Tacconat, L. and Isingrini, M. (2007) Diminished episodic memory awareness in older adults: Evidence from feeling of knowing and recollection. *Consciousness and Cognition, 16*, 769 – 84.

Souter, S. and Keller, C. S. (2002) Food choice in the rural dwelling older adult. *Southern Online*

Journal of Nursing Research, 5, 3. Available at www.resourcenter.net/images/SNRS/Files/ SOJNR_articles/iss05vol03.pdf, accessed on 21 January 2012.

Southwell, J., Boreham, P. and Laffan, W. (2008) Problem gambling and the circumstances facing older people. *Journal of Gambling Studies, 24*, 151 – 74.

Spaan, P. and Raaljmakers, J. (2011) Priming effects from young-old to very old age on a wordstem completion task: Minimizing explicit contamination. *Aging, Neuropsychology and Cognition, 18*, 86 – 107.

Specht, J., Egloff, B. and Schmukle, S. (2011) Stability and change of personality across the life course: The impact of age and major life events on mean-level and rank-order stability of the Big Five. *Journal of Personality and Social Psychology, 101*, 862 – 82.

Speranza, F., Daneman, M. and Schneider, B. A. (2000) How aging affects the reading of words in noisy backgrounds. *Psychology and Aging, 15*, 253 – 8.

Spieler, D. H. and Balota, D. A. (2000) Factors influencing word naming in younger and older adults. *Psychology and Aging, 15*, 225 – 31.

Spiro, A., Aldwin, C. M., Ward, K. D. and Mroczek, D. K. (1995) Personality and the incidence of hypertension among older men: Longitudinal findings from the Normative Aging Study. *Health Psychology, 14*, 563 – 9.

Sponheim, S., Jung, R., Seidman, L., Mesholam-Gately, R. et al. (2010) Cognitive deficits in recentonset and chronic schizophrenia. *Journal of Psychiatric Research, 44*, 421 – 8.

Sprinzi, G. M. and Riechelmann, H. (2010) Current trends in treating hearing loss in elderly people: A review of the technology and treatment options – a mini-review. *Gerontology, 56*, 351 – 8.

Sreerupa, S. and Rajan,, S. (2010) Gender and widowhood: Disparity in health status and health care utilization among the aged in India. *Journal of Ethnic and Cultural Diversity in Social Work, 19*, 287 – 98.

St George-Hyslop, P. H., Tanzi, R. E., Polinsky, R. J., Haines, J. L. et al. (1987) The genetic defect causing familial Alzheimer's Disease maps on chromosome 21. *Science, 325*, 885 – 90.

St John, P. and Montgomery, P. (2009) Marital status, partner satisfaction, and depressive symptoms in older men and women. *Canadian Journal of Psychiatry, 54*, 487 – 92.

St John, P., Montgomery, P. and Tyas, S. (2009) Alcohol misuse, gender and depressive symptoms in community-dwelling seniors. *International Journal of Geriatric Psychiatry, 24*, 369 – 75.

Stalker, G. (2011) Leisure diversity as an indicator of cultural capital. *Leisure Sciences, 33*, 88 – 102.

Stallings, M. C., Dunham, C. C., Gatz, M., Baker, L. and Bengston, V. L. (1997) Relationships among life events and psychological well-being: More evidence for a two-factor theory of well-being. *Journal of Applied Gerontology, 16*, 104 – 19.

Stankov, L. (2005) Reductionism versus charting: Ways of examining the role of lower-order cognitive processes in intelligence. In R. J. Sternberg and J. E. Pretz (eds.) *Cognition and Intelligence: Identifying the Mechanisms of the Mind*. New York: Cambridge University Press, 51 – 67.

Starr, J. and Lonie, J. (2007) The influence of pre-morbid IQ on Mini-Mental State Examination score at time of dementia presentation. *International Journal of Geriatric Psychiatry, 22*, 382 – 4.

Starr, J. M., Deary, I. J., Lemmon, H. and Whalley, L. J. (2000) Mental ability age 11 years and health status age 77 years. *Age and Ageing, 29*, 523 – 8.

States, R., Susman, W., Riquelme, L., Godwin, E. and Greer, E. (2006) Community health education: Reaching ethnically diverse elders. *Journal of Allied Health, 35*, 215 – 22.

Staudinger, U. M., Bluck, S. and Herzberg, P. Y. (2003) Looking back and looking ahead: Adult age differences in consistency of diachronous ratings of subjective well-being. *Psychology and Aging, 18*, 13 – 24.

Staudinger, U. M., Kessler, E. and Dorner, J. (2006) Wisdom in social context. In K. W. Schaie and

L. L. Carstensen (eds.) (2006) *Social structures, aging, and self-regulation in the elderly*. New York: Springer.

Staudinger, U. M., Lopez, D. F. and Baltes, P. B. (1997) The psychometric location of wisdom-related performance: Intelligence, personality and more? *Personality and Social Psychology Bulletin, 23*, 1200 – 14.

Staudinger, U. M., Maciel, A. G., Smith, J. and Baltes, P. B. (1998) What predicts wisdom-related performance? A first look at personality, intelligence and facilitative experiential contexts. *European Journal of Personality, 12*, 1 – 17.

Steadman, P., Tremont, G. and Davis, J. (2007) Premorbid relationship satisfaction and caregiver burden in dementia caregivers. *Journal of Geriatric Psychiatry and Neurology, 20*, 115 – 9.

Stebbins, G. T., Carrillo, M. C., Dorfman, J., Dirksen, C. et al. (2002) Aging effects on memory encoding in the frontal lobes. *Psychology and Aging, 17*, 44 – 55.

Steinberg, J. (2011) *Bismarck: A Life*. Oxford: Oxford University Press.

Stel, V. S., Smit, J. H., Plujm, S. M. F. and Lips, P. (2004) Consequences of falling in older men and women and risk factors for health service use and functional decline. *Age and Ageing, 33*, 58 – 65.

Stephan, B. and Brayne, C. (2008) Vascular factors and prevention of dementia. *International Review of Psychiatry, 20*, 344 – 56.

Stephan, Y., Fouquereau, E. and Fernandez, A. (2008a) Body satisfaction and retirement satisfaction: The meditational role of subjective health. *Aging and Mental Health, 12*, 374 – 81.

Stephan, Y., Fouquereau, E. and Fernandez, A. (2008b) The relation between self-determination and retirement satisfaction among active retired individuals. *International Journal of Aging and Human Development, 66*, 329 – 45.

Stephens, S. (1982) Some historical aspects of ototoxicity. *British Journal of Audiology, 16*, 76 – 80.

Stern, Y. (2009). Cognitive reserve. *Neuropsychologia, 47*, 2015 – 28.

Sternberg, R. J. (1996) *Cognitive Psychology*. Fort Worth: Harcourt Brace.

Sternberg, R. J. (1998) A balance theory of wisdom. *Review of General Psychology, 2*, 347 – 65.

Steunenberg, B., Beekman, A., Deeg, D., Bremner, M. and Kerkhof, A. (2007) Mastery and neuroticism predict recovery of depression in later life. *American Journal of Geriatric Psychiatry, 15*, 234 – 42.

Steunenberg, B., Twisk, J. W. R., Beekman, A. T. F., Deeg, D. J. H. and Kerkhof, A. J. F. M. (2005) Stability and change of neuroticism in aging. *The Journals of Gerontology Series B: Psychological Sciences and Social Sciences, 60*, 27 – 33.

Stevens, J. C. (1996) Detection of tastes in mixture with other tastes: Issues of masking and aging. *Chemical Senses, 21*, 211 – 21.

Stevens, J. C. and Patterson, M. Q. (1996) Dimensions of spatial acuity in the touch test: Changes over the life span. *Somatosensory and Motor Research, 12*, 29 – 47.

Stevens, M. (1979) Famous personality test. A test for measuring remote memory. *Bulletin of the British Psychological Society, 32*, 211.

Stewart, D. and Oslin, D. W. (2001) Recognition and treatment of late-life addictions in medical settings. *Journal of Clinical Geropsychology, 7*, 145 – 58.

Stine-Morrow, E., Loveless, M. K. and Soederberg, L. M. (1996) Resource allocation in on-line reading by younger and older adults. *Psychology and Aging, 11*, 475 – 86.

Stine-Morrow, E., Milinder, L. A., Pullara, O. and Herman, B. (2001) Patterns of resource allocation are reliable among younger and older readers. *Psychology and Aging, 16*, 69 – 84.

Stine-Morrow, E., Shake, M., Miles, J., Lee, K., Gao, X. and McConkie, G. (2010) Pay now or pay later: Aging and the role of boundary salience in self-regulation of conceptual integration in

sentence processing. *Psychology and Aging, 25*, 168–76.
Stine-Morrow, E., Soederberg Miller, L., Gagne, D. and Hertzog, C. (2008) Self-regulated reading in adulthood. *Psychology and Aging, 23*, 131–53.
Stine-Morrow, E., Soederberg Miller, L. and Hertzog, C. (2006) Aging and self-regulated language processing. *Psychological Bulletin, 132*, 582–606.
Stitt, B. G., Giacopassi, D. and Nichols, M. (2003) Gambling among older adults: A comparative analysis. *Experimental Aging Research, 29*, 189–203.
Stoddard, C. E. and Thompson, D. L. (1996) Alcohol and the elderly: Special concerns for counseling professionals. *Alcoholism Treatment Quarterly, 14*, 59–69.
Stokes, G. (1992) *On Being Old. The Psychology of Later Life*. London: The Falmer Press.
Stopford, C., Snowden, J., Thompson, J. and Neary, D. (2008) Variability in cognitive presentation of Alzheimer's disease. *Cortex, 44*, 185–95.
Storandt, M. (1976) Speed and coding effects in relation to age and ability level. *Developmental Psychology, 2*, 177–8.
Storandt, M. (1977) Age, ability level and scoring the WAIS. *Journal of Gerontology, 32*, 175–78.
Storandt, M. and Futterman, A. (1982) Stimulus size and performance on two subtests of the Wechsler Adult Intelligence Scale by younger and older adults. *Journal of Gerontology, 37*, 602–3.
Storandt, M., Kaskie, B. and Von Dras, D. D. (1998) Temporal memory for remote events in healthy aging and dementia. *Psychology and Aging, 13*, 4–7.
Strawbridge, W., Wallhagen, M. and Shema, S. (2011) Spousal interrelations in self-reports of cognition in the context of marital problems. *Gerontology, 57*, 148–52.
Strouse, A., Ashmead, D. H., Ohde, R. N. and Grantham, D. W. (1998) Temporal processing in the aging auditory system. *Journal of the Acoustical Society of America, 104*, 2385–99.
Strube, M. J., Berry, J. M., Goza, B. K. and Fennimore, D. (1985) Type A behavior, age and psychological well-being. *Journal of Personality and Social Psychology, 49*, 203–18.
Strydom, A., Hassiotis, A., King, M. and Livingston, G. (2009) The relationship of dementia prevalence in older adults with intellectual disability (ID) to age and severity of ID. *Psychological Medicine, 39*, 13–21.
Stuart-Hamilton, I. (1995) Problems with the assessment of intellectual change in elderly people. In F. Glendenning and I. Stuart-Hamilton (eds.) *Learning and Cognition in Later Life*. Aldershot: Arena. 22–42.
Stuart-Hamilton, I. (1998) Women's attitudes to ageing: Some factors of relevance to educational gerontology. *Education and Ageing, 13*, 67–88.
Stuart-Hamilton, I. (1999a) *Key Ideas in Psychology.* London: Jessica Kingsley Publishers.
Stuart-Hamilton, I. (1999b) Intellectual changes in late life. In R. T. Woods (ed.) *Psychological Problems of Ageing*. Chichester: Wiley, 27–47.
Stuart-Hamilton, I. (2000) Attitudes to aging questionnaires: Some evidence for potential bias in their design. *Educational Gerontology, 26*, 1–11.
Stuart-Hamilton, I. (2003) Normal cognitive aging. In R. Tallis and H. Fillit (eds.) *Brocklehurst's Textbook of Geriatric Medicine and Gerontology*. London: Churchill Livingstone.
Stuart-Hamilton, I. (2006) *The Psychology of Ageing: An Introduction*. 4th edition. London: Jessica Kingsley Publishers.
Stuart-Hamilton, I. (2010) Autism spectrum disorder in later life: The hidden problems. Closing address delivered to the conference. *I Jornadas de Investigacion en Psicogrontgologia*, University of Santiago de Compostela, 3 July.
Stuart-Hamilton, I. (ed.) (2011) *An Introduction to Gerontology*. Cambridge: Cambridge University Press.

Stuart-Hamilton, I. and Mahoney, B. (2003) The effect of ageing awareness training on knowledge of and attitudes towards, older adults. *Educational Psychology 29*, 251 – 60.

Stuart-Hamilton, I. and McDonald, L. (1996) Age and a possible regression to childhood thinking patterns. *British Psychological Society Psychologists Special Interest Group in the Elderly Newsletter, 58*, 13 – 6.

Stuart-Hamilton, I. and McDonald, L. (1999) Limits to the use of g. Paper presented at the International Conference on Lifelong Learning, University College Worcester, July.

Stuart-Hamilton, I. and McDonald, L. (2001) Do we need intelligence? Some reflections on the importance of G. *Educational Gerontology, 27*, 399 – 407.

Stuart-Hamilton, I. and Morgan, H. (2011) What happens to people with autism spectrum disorders in middle age and beyond? Report of a preliminary on-line study. *Advances in Mental Health and Intellectual Disabilities, 5*, 22 – 8.

Stuart-Hamilton, I., Perfect, T. and Rabbitt, P. (1988) Remembering who was who. In M. M. Gruneberg, P. E. Morris and R. N. Sykes (eds.) *Practical Aspects of Memory, Volume 2*. Chichester: Wiley.

Stuart-Hamilton, I. and Rabbitt, P. (1997a) Age-related decline in spelling ability: A link with fluid intelligence? *Educational Gerontology, 23*, 437 – 41.

Stuart-Hamilton, I. and Rabbitt, P. (1997b) The decline of eye-voice span in elderly readers. *Educational Gerontology, 23*, 389 – 400.

Sudore, R., Mehta, K., Simonsick, E., Harris, T. et al. (2006) Limited literacy in older people and disparities in health and healthcare access. *Journal of the American Geriatrics Society, 54*, 770 – 6.

Sulkava, R. (1982) Alzheimer's disease and senile dementia of the Alzheimer type: A comparative study. *Acta Neurologica Scandanavica, 65*, 636 – 50.

Sulkava, R. and Amberia, K. (1982) Alzheimer's disease and senile dementia of Alzheimer type: A neuropsychological study. *Acta Neurologica Scandanavica, 65*, 651 – 60.

Sullivan, A. (2010) Mortality differentials and religion in the United States: Religious affiliation and attendance. *Journal for the Scientific Study of Religion, 49*, 740 – 53.

Sunness, J. S., Gonzalez-Brown, J., Applegate, C. A., Bressler, N.M. et al. (1999) Enlargement of atrophy and visual acuity loss in geographic atrophy form of age-related macular degeneration. *Ophthalmology, 106*, 1768 – 79.

Sutin, A., Beason-Held, L., Resnick, S. and Costa, P. (2009) Sex differences in resting-state neural correlates of openness to experience among older adults. *Cerebral Cortex, 19*, 2797 – 802.

Swan, G. E. and Carmelli, D. (2002) Impaired olfaction predicts cognitive decline in non-demented older adults. *Neuroepidemology, 21*, 58 – 67.

Swan, G. E., Dame, A. and Carmelli, D. (1991) Involuntary retirement, Type A behavior and current functioning in elderly men: 27-year follow-up of the Western Collaborative Group Study. *Psychology and Aging, 6*, 384 – 91.

Szabo, J. (2010) *Death and Dying: An Annotated Bibliography of the Thanatological Literature.* Latham: Scarecrow Press.

Szinovacz, M. (1996) Couple's employment/retirement patterns and perceptions of marital quality. *Research on Aging, 18*, 243 – 68.

Szinovacz, M. E. and Davey, A. (2004) Retirement transitions and spouse disability: Effects on depressive symptoms. *The Journals of Gerontology Series B: Psychological Sciences and Social Sciences, 59*, 333 – 42.

Takashima, A. (2007) Study of aluminum on the pathology of Alzheimer's disease: In vitro versus in vivo evidence. *Journal of Alzheimer's Disease, 12*, 317 – 78.

Taki, Y., Kinomura, S., Sato, K., Goto, R. et al. (2011) Correlation between gray/white matter

volume and cognition in healthy elderly people. *Brain and Cognition, 75*, 170–6.
Talarico, J. and Mace, J. (2010) Involuntary and voluntary memory sequencing phenomena: An interesting puzzle for the study of autobiographical memory organization and retrieval. In J. Mace (ed.) *The Act of Remembering: Toward an Understanding of How we Recall the Past*. Malden: Wiley-Blackwell.
Tallis, R. C. and Fillit, H. M. (eds.) (2003) *Brocklehurst's Textbook of Geriatric Medicine and Gerontology*. 6th edition. London: Churchill Livingstone.
Taub, H. A. (1979) Comprehension and memory of prose materials by young and old adults. *Experimental Aging Research, 5*, 3–13.
Taub, H. A., Baker, M. T. and Kline, G. E. (1982) Perceived choice of prose materials by young and elderly adults. *Educational Gerontology, 8*, 447–53.
Taub, H. A. and Kline, G. (1978) Recall of prose as a function of age and input modality. *Journal of Gerontology, 33*, 725–30.
Taylor, E. (1957) *Angel*. London: Peter Davies.
Taylor, J. K. and Burke, D. M. (2002) Asymmetric aging effects on semantic and phonological processes: Naming in the picture–word interference task. *Psychology and Aging, 17*, 662–76.
Taylor, M. G. and Lynch, S. M. (2004) Trajectories of impairment, social support and depressive symptoms in later life. *The Journals of Gerontology Series B: Psychological Sciences and Social Sciences, 59*, 238–46.
Tays, W., Dywan, J., Mathewson, K. and Segalowitz, S. (2008) Age differences in target detection and interference resolution in working memory: An event-related potential study. *Journal of Cognitive Neuroscience, 20*, 2250–62.
Teachman, B. (2006) Aging and negative affect: The rise and fall and rise of anxiety and depression syndromes. *Psychology and Aging, 21*, 201–7.
Teno, J. M., Clarridge, B. R., Casey, V., Welch, L. C. et al. (2004) Family perspectives on end-of-life care at the last place of care. *Journal of the American Medical Association, 291*, 88–93.
Terracciano, A., Lockenhoff, C., Zonderman, A., Ferrucci, L. and Costa, P. (2008) Personality predictors of longevity: Activity, emotional stability and conscientiousness. *Psychosomatic Medicine, 70*, 621–7.
Terracciano, A., Tanaka, T., Sutin, A., Deiana, B. et al. (2010) BDNF Val66Met is associated with introversion and interacts with 5-HTTLPR to influence neuroticism. *Neuropsychopharmacology, 35*, 1083–9.
Terry, A., Callahan, P., Brandon, W. and Webster, S. (2011) Alzheimer's disease and age-related memory decline (preclinical). *Pharmacology, Biochemistry and Behavior, 99*, 190–210.
Teunisse, R. J., Cruysberg, J. R., Verbeek, A. and Zitman, F. G. (1995) The Charles Bonnet syndrome: A large prospective study in The Netherlands. *British Journal of Psychiatry, 166*, 254–7.
Thane, P. (2000) *Old Age in English History*. Oxford: Oxford University Press.
Thane, P. and Parkin, T. (2005) The Long History of Old Age. London: Thames and Hudson.
Thimm, C., Rademacher, U. and Kruse, L. (1998) Age stereotypes and patronizing messages: Features of age-adapted speech in technical instructions to the elderly. *Journal of Applied Communication Research, 26*, 66–82.
Thogersen-Ntoumani, C. and Ntoumanis, N. (2006) The role of self-determined motivation in the understanding of exercise-related behaviours, cognitions and physical self-evaluations. *Journal of Sports Sciences, 24*, 393–404.
Thomas, A. and Bulevich, J. (2006) Effective cue utilization reduces memory errors in older adults. *Psychology and Aging, 21*, 379–89.
Thomas, A., Bulevich, J. and Dubois, S. (2011) Context affects feeling of knowing accuracy in

younger and older adults. *Journal of Experimental Psychology: Learning, Memory and Cognition, 37*, 96–108.

Thompson, D. N. (1997) Contributions to the history of psychology: CVIII. On aging and intelligence: History teaches a different lesson. *Perception and Motor Skills, 85*, 28–30.

Thompson, I. M. (1988) Communication changes in normal and abnormal ageing. In U. Holden (ed.) *Neuropsychology and Aging*. London: Croom Helm.

Thompson, L. W., Gallagher-Thompson, D. G., Futterman, A., Gilewski, M. J. and Peterson, J. (1991) The effects of late-life spousal bereavement over a 30-month interval. *Psychology and Aging, 6*, 434–41.

Thompson, M. D., Knee, K. and Golden, C. J. (1998) Olfaction in persons with Alzheimer's disease. *Neuropsychology Review, 8*, 11–23.

Thompson-Schill, S. L., Jondies, J., Marshietz, C., Smith, E. E. et al. (2002) Effects of frontal lobe damage on interference effects in working memory. *Cognitive, Affective and Behavioral Neuroscience, 2*, 109–20.

Thornbury, J. M. and Mistretta, C. M. (1981) Tactile sensitivity as a function of age. *Journal of Gerontology, 36*, 34–9.

Thorvaldsson, V., Hofer, S. M., Berg, S., Skoog, I., Sacuiu, S. and Johansson, B. (2008) Onset of terminal decline in cognitive abilities in individuals without dementia. *Neurology, 71*, 882–7.

Time Magazine (1979) *Behavior: The conversion of K.* 12 November.

Titz, C. and Verhaeghen, P. (2010) Aging and directed forgetting in episodic memory: A meta-analysis. *Psychology and Aging, 25*, 405–11.

Tomijenovic, L. (2011) Aluminum and Alzheimer's disease: After a century of controversy, is there a plausible link? *Journal of Alzheimer's Disease, 23*, 567–98.

Tomimoto, H. (2011) Subcortical vascular dementia. *Neuroscience Research, 71*, 193–9.

Tomlinson, B. E., Blessed, G. and Roth, M. (1968) Observations on the brains of nondemented old people. *Journal of Neurological Science, 7*, 331–56.

Topolski, J. M., Gotham, H. J., Klinkenberg, W. D., O'Neill, D. L. and Brooks, A. R. (2002) Older adults, substance use and HIV/AIDS: Preparing for a future crisis. *Journal of Mental Health and Aging, 8*, 349–63.

Tornstam, L. (1997) Gerotranscendence in a broad cross-sectional perspective. *Journal of Aging and Identity, 2*, 17–36.

Tornstam, L. (1999) Late-life transcendence: A new developmental perspective on aging. In L. E. Thomas and S. A. Eisendandler (eds.) *Religion, Belief, and Spirituality in Late Life*. New York: Springer.

Tornstam, L. and Tornqvist, M. (2000) Nursing staff's interpretations of 'gerotranscendental behavior' in the elderly. *Journal of Aging and Identity, 5*, 15–29.

Torr, J. (2009) Assessment of dementia in people with learning disabilities. *Advances in Mental Health and Learning Disabilities, 3*, 3–9.

Tran, U. S. and Formann, A. K. (2008) Piaget's water-level tasks: Performance across the lifespan with emphasis on the elderly. *Personality and Individual Differences, 45*, 232–7.

Tranter, L. J. and Koustaal, W. (2008) Age and flexible thinking: An experimental demonstration of the beneficial effects of increased cognitively stimulating activity on fluid intelligence in healthy older adults. *Aging, Neuropsychology and Cognition, 15*, 184–207.

Trill, M. and Holland, J. (1993) Cross-cultural differences in the care of patients with cancer: A review. *General Hospital Psychiatry, 15*, 21–30.

Tsai, H. K., Chou, F. S. and Cheng, T. J. (1958) On changes in ear size with age, as found among Taiwanese-Formosans of the Fukiense extraction. *Journal of the Formosan Medical Association, 57*,

105 – 11.

Tsiouris, J. A. and Patti, P. J. (1997) Drug treatment of depression associated with dementia or presented as 'pseudodementia' in older adults with Down syndrome. *Journal of Applied Research in Intellectual Disabilities, 10*, 312 – 22.

Tsuchiya, A. and Williams, A. (2005) A 'fair innings' between the sexes: Are men being treated inequitably? *Social Science and Medicine, 60, 2*, 277 – 86.

Tucker, J. S. Klein, D. J. and Elliott, M. N. (2004) Social control of health behaviors: A comparison of young, middle-aged and older adults. *The Journals of Gerontology Series B: Psychological Sciences and Social Sciences, 59*, 147 – 50.

Tucker-Drob, E. M. (2009) Differentiation of cognitive abilities across the life span. *Developmental Psychology, 45*, 1097 – 118.

Tucker-Drob, E. M. and Salthouse, T. A. (2008) Adult age trends in the relations among cognitive abilities. *Psychology and Aging, 23*, 453 – 60.

Tulving, E. (1972) Episodic and semantic memory. In E. Tulving and D. L. Horton (eds.) *Verbal Behavior and General Behavior Theory*. New Jersey: Prentice-Hall.

Tun, P., Benichov, J. and Wingfield, A. (2010) Response latencies in auditory sentence comprehension: Effects of linguistic versus perceptual challenge. *Psychology and Aging, 25*, 730 – 5.

Tun, P. A., McCoy, S. and Wingfield, A. (2009) Aging, hearing acuity, and the attentional costs of effortful listening. *Psychology and Aging, 24*, 761 – 6.

Tun, P. A., Wingfield, A. and Lindfield, K. C. (1997) Motor-speed baseline for the digit – symbol substitution test. *Clinical Gerontologist, 18*, 47 – 51.

Tun, P. A., Wingfield, A., Stine, E. A. and Mecsas, C. (1992) Rapid speech processing and divided attention: Processing rate versus processing resources as an explanation of age effects. *Psychology and Aging, 7*, 546 – 50.

Tun, S., Murman, D. and Colenda, C. (2008) Concurrent validity of neuropsychiatric subgroups on caregiver burden in Alzheimer disease patients. *American Journal of Geriatric Psychiatry, 16*, 594 – 602.

Tuokko, H., Garrett, D. D., McDowell, I., Silverberg, N. and Kristjansson, B. (2003) Cognitive decline in high-functioning older adults: Reserve or ascertainment bias? *Aging and Mental Health, 7*, 259 – 70.

Turner, J. S. and Helms, D. B. (1987) *Lifespan Development*. 3rd edition. New York: Holt, Rinehart and Winston.

Turner, R. and Crisp, R. (2010) Imagining intergroup contact reduced implicit prejudice. *British Journal of Social Psychology, 49*, 129 – 42.

Tyler, L., Shafto, M., Randall, B., Wright, P., Marsien-Wilson, W. and Stamatakis, E. (2010) Preserving syntactic processing across the adult life span: The modulation of the frontotemporal language system in the context of age-related atrophy. *Cerebral Cortex, 20*, 352 – 64.

Uekermann, J., Channon, S. and Daum, I. (2006) Humor processing, mentalizing, and executive functioning in normal aging. *Journal of the International Neuropsychological Society, 12*, 184 – 91.

Uekermann, J., Thoma, P. and Daum, I. (2008) Proverb interpretation changes in aging. *Brain and Cognition, 67*, 51 – 7.

Unger, R. (2006) Trends in active life expectancy in Germany between 1984 and 2003 – a cohort analysis with different health indicators. *Journal of Public Health, 14*, 155 – 63.

United Nations Economic and Social Council (2006) Major developments in the area of ageing since the Second World Assembly on Ageing. *Report of the Secretary-General*. Geneva: 21 November.

United Nations Population Division (2009) *World Population Prospects: The 2008 Revision*. Geneva: United Nations Population Division.

US Department of Health and Human Services (2000) *Healthy people 2010: Understanding and improving health*. Available at www. healthypeople.gov, accessed on 21 January, 2012.

Vaarama, M., Pieper, R. and Sixsmith, A. (2008) *Care-Related Quality of Life in Old Age: Concepts, Models and Empirical Findings*. New York: Springer.

Vahia, I. V., Cain, A. and Depp, C. A. (2010) Cognitive interventions: Traditional and novel approaches. In C. A. Depp and D. V. Jeste (eds.) *Successful Cognitive and Emotional Aging*. Arlington: American Psychiatric Publishing.

Vaillant, G. E. (1992) *Ego Mechanisms of Defense: A Guide*. Washington: American Psychiatric Association.

Valentijn, S., Hill, R., Van Hooren, S., Bosma, H. et al. (2006) Memory self-efficacy predicts memory performance: Results from a 6-year follow up study. *Psychology and Aging, 21*, 165-72.

Valimaki, T., Vehvilainen-Julkunen, K., Pietila, A. and Pirttila, T. (2009) Caregiver depression is associated with a low sense of coherence and health-related quality of life. *Aging and Mental Health, 13*, 799-807.

van Baarsen, B. (2002) Theories on coping with loss: The impact of social support and self-esteem on adjustment to emotional and social loneliness following a partner's death in later life. *The Journals of Gerontology Series B: Psychological Sciences and Social Sciences, 57*, 33-42.

van den Berg, T., Elders, L. and Burdorf, A. (2010) Influence of health and work on early retirement. *Journal of Occupational and Environmental Medicine, 52*, 576-83.

van den Hoonaard, D. (2010) *By Himself: The Older Man's Experience of Widowhood*. Toronto: University of Toronto Press.

van der Vlies, A., Pijnenburg, Y., Koene, T., Klein, M. et al. (2007) Cognitive impairment in Alzheimer's disease is modified by APOE genotype. *Dementia and Geriatric Cognitive Disorders, 24*, 98-103.

Van Dussen, D. and Morgan, L. (2009) Gender and informal caregiving in CCRCs: Primary caregivers or support networks? *Journal of Women and Aging, 21*, 251-7.

Van Eyken, E., Van Camp, G. and Van Laer, L. (2007) The complexity of age-related hearing impairment: Contributing environmental and genetic factors. *Audiological Neurootology, 12*, 345-58.

van Gelder, B. M., Tijhuis, M. A. R., Kalmijn, S., Giampaoli, S. and Krumhout, D. (2007) Decline in cognitive functioning is associated with a higher mortality risk. *Psychosomatic Medicine, 28*, 93-100.

van Oijen, M., de Jong, F., Hofman, A., Koudstaal, P. and Breteler, M. (2007) Subjective memory complaints, education, and risk of Alzheimer's disease. *Alzheimer's and Dementia, 3*, 92-7.

van Oorschot, W. and Jensen, P. (2009) Early retirement differences between Denmark and the Netherlands: A cross-national comparison of push and pull factors in two small European welfare states. *Journal of Aging Studies, 23*, 267-78.

van Rooij, M., Lusardi, A. and Alessie, R. (2011) Financial literacy and retirement planning in the Netherlands. *Journal of Economic Psychology, 32*, 593-608.

van Solinge, H. (2007) Health change in retirement: A longitudinal study among older workers in the Netherlands. *Research on Aging, 29*, 225-56.

van Solinge, H. and Henkens, K. (2005) Couples' adjustment to retirement: A multi-actor panel study. *The Journals of Gerontology Series B: Psychological Sciences and Social Sciences, 60*, 11-20.

van Solinge, H. and Henkens, K. (2007) Involuntary retirement: The role of restrictive circumstances, timing, and social embeddedness. *The Journals of Gerontology Series B: Psychological Sciences and Social Sciences, 62*, 295-303.

Vance, D. E. (2009) Speed of processing in older adults: A cognitive overview for nursing. *Journal of*

Neuroscience Nursing, 41, 290 – 7.

Vance, D. E., Burgio, L. D., Roth, D. L., Stevens, A. B., Fairchild, J. K. and Yurick, A. (2003) Predictors of agitation in nursing home residents. *The Journals of Gerontology Series B: Psychological Sciences and Social Sciences, 58*, 129 – 37.

Vance, D. E., Heaton, K., Fazell, P.L. and Ackerman, M. L. (2010) Aging, speed of processing training, and everyday functioning: implications for practice and research. *Activities, Adaptation and Aging, 34*, 276 – 91.

Vander Bilt, J., Dodge, H. H., Pandav, R., Shaffer, H. J. and Ganguli, M. (2004) Gambling participation and social support among older adults: A longitudinal community study. *Journal of Gambling Studies, 20*, 373 – 90.

Vanderplas, J. M. and Vanderplas, J. H. (1980) Some factors affecting legibility of printed materials for older adults. *Perceptual and Motor Skills, 50*, 923 – 32.

Vaneste, S. and Pouthas, V. (1999) Timing in aging: The role of attention. *Experimental Aging Research, 25*, 49 – 67.

Vassallo, M., Sharma, J. C., Briggs, R. S. J. and Allen, S. C. (2003) Characteristics of early fallers on elderly patient rehabilitation wards. *Age and Ageing, 32*, 338 – 42.

Veerbeek, L., van der Heide, A., de Vogel-Voogt, E., de Bakker, R. et al. (2008) Using the LCP: Bereaved relatives' assessments of communication and bereavement. *American Journal of Hospice and Palliative Medicine, 25*, 207 – 14.

Veerbeek, L., van Zuylen, L., Swart, S., van der Maas, P. et al. (2008) The effect of the Liverpool Care Pathway for the dying: A multi-centre study. *Palliative Medicine, 22*, 145 – 51.

Venneri, A., McGeown, W., Hietanen, H., Guerrini, C. et al. (2008) The anatomical bases of semantic retrieval deficits in early Alzheimer's disease. *Neuropsychologia, 46*, 497 – 510.

Verghese, J., Lipton, R., Katz, M., Hall, C. et al. (2003) Leisure activities and the risk of dementia in the elderly. *New England Journal of Medicine, 348*, 2508 – 16.

Verhaeghen, P. (2006) Reaction time. In G. L. Maddox (ed.) *The Encyclopedia of Aging*. 4th edition. New York: Springer.

Verhaeghen, P. (2011) Cognitive processes and ageing. In I. Stuart-Hamilton (ed.) *Introduction to Gerontology*. Cambridge: Cambridge University Press.

Verhaeghen, P., Cerella, J., Semenec, S. C., Leo, M. A., Bopp, K. L. and Steitz, D. W. (2002) Cognitive efficiency modes in old age: Performance on sequential and coordinative verbal and visuospatial tasks. *Psychology and Aging, 17*, 558 – 70.

Verhaeghen, P. and De Meersman, L. (1998) Aging and the Stroop effect:A meta-analysis. *Psychology and Aging, 13*, 120 – 6.

Verhaeghen, P., Marcoen, A. and Goossens, L. (1992) Improving memory performance in the aged through mnemonic training: A meta-analytic study. *Psychology and Aging, 7*, 242 – 51.

Vetter, P. H., Krauss, S., Steiner, O., Kropp, P. et al. (1999) Vascular dementia versus dementia of Alzheimer's type: Do they have differential effects on caregiver's burden? *The Journals of Gerontology B: Psychological Sciences and Social Sciences, 54*, 93 – 8.

Viard, A., Lebreton, K., Chetelat, G., Desgranges, B. et al. (2010) Patterns of hippocampal neocortical interactions in the retrieval of episodic autobiographical memories across the entire life span of aged adults. *Hippocampus, 20*, 153 – 65.

Viard, A., Piolino, P., Desgranges, B., Chetelat, G. et al. (2007) Cerebral Cortex, 17, 2453 – 67.

Vink, D., Aartsen, M., Comijs, H., Heymans, M., Penninx, B. (2009) Onset of anxiety and depression in the ageing population: Comparison of risk factors in a 9-year prospective study. *American Journal of Geriatric Psychiatry, 17*, 642 – 52.

Vinkers, D. J., Gussekloo, J., Stek, M. L., Westendrop, R. G. J. et al. (2004) Temporal relation between depression and cognitive impairment in old age: Prospective population-based study. *British Medical Journal, 329*, 881–3.

Virta, J., Karrasch, M., Kaprio, J., Koskenvuo, M. et al. (2008) Cerebral glucose metabolism in dizygotic twin pairs discordant for Alzheimer's disease. *Dementia and Geriatric Cognitive Disorders, 25*, 9–16.

Viskontas, I. V., Morrison, R. G., Holyoak, K. J., Hummel, J. E. and Knowlton, B. J. (2004) Relational integration, inhibition and analogical reasoning in older adults. *Psychology and Aging, 19*, 581–91.

Vogt Yuan, A. (2011) Black-white differences in aging out of substance use and abuse. *Sociological Spectrum, 31*, 3–31.

Voyer, P., Richard, S., Doucet, L. and Carmichael, P. (2011) Factors associated with delirium severity among older persons with dementia. *Journal of Neuroscience Nursing, 43*, 62–9.

Wachelke, J. and Contarello, A. (2010) Social representations on ageing: Structural differences concerning age group and cultural context. *Revista Latinoamericana de Psicologia, 42*, 367–80.

Wadensten, B. (2010) Changes in nursing home residents during an innovation based on the theory of gerotranscendence. *International Journal of Older People Nursing, 5*, 108–15.

Wagner, N., Hassanein, K. and Head, M. (2010) Computer use by older adults: A multi-disciplinary review. *Computers in Human Behavior, 26*, 870–82.

Wahrendorf, M. and Siegrist, J. (2010) Are changes in productive activities of older people associated with changes in their well-being? Results of a longitudinal European study. *European Journal of Ageing, 7*, 59–68.

Wait, S. (2011) Policies on ageing. In I. Stuart-Hamilton (ed.) *Introduction to Gerontology*. Cambridge: Cambridge University Press.

Waite, L., Laumann, E., Das, A. and Schumm, P. (2009) Sexuality: Measures of partnerships, practices, attitudes, and problems in National Social Life, Health, and Aging Study. *The Journals of Gerontology Series B: Psychological Sciences and Social Sciences, 64*, 156–66.

Wajman, J. and Bertolucci, P. (2010) Intellectual demand and formal education as cognitive protection factors in Alzheimer's disease. *Dementia and Neuropsychologia, 4*, 320–4.

Walker, N., Fain, W. B., Fisk, A. D. and McGuire, C. L. (1997) Aging and decision making: Drivingrelated problem solving. *Human Factors, 39*, 438–44.

Walker, R., Luszcz, M., Gerstorf, D. and Hoppmann, C. (2011) Subjective wellbeing dynamics in couples from the Australian Longitudinal Study of Aging. *Gerontology, 57*, 153–60.

Walmsley, S. A., Scott, K. M. and Lehrer, R. (1981) Effects of document simplification on the reading comprehension of the elderly. *Journal of Reading Behavior, 12*, 236–48.

Walsh, D. A. (1982) The development of visual information processes in adulthood and old age. In F. I. M. Craik and S. Trehub (eds.) *Aging and Cognitive Processes*. New York: Plenum.

Walsh, D. A., Williams, M. V. and Hertzog, C. K. (1979) Age-related differences in two stages of central perceptual processes. *Journal of Gerontology, 34*, 234–41.

Walton, J. (2010) Evidence for participation of aluminum in neurofibrillary tangle formation and growth in Alzheimer's disease. *Journal of Alzheimer's Disease, 22*, 65–72.

Walz, T. (2002) Crones, dirty old men, sexy seniors: Representations of sexuality of older persons. *Journal of Aging and Identity, 7*, 99–112.

Wambacq, I., Koehnke, J., Besing, J., Romei, L., DePierro, A. and Cooper, D. (2009) Processing interaural cues in sound segregation by young and middle-aged brains. *Journal of the American Academy of Audiology, 20*, 453–8.

Wancata, J., Borjesson-Hanson, A., Ostling, S., Sjogren, K. and Skoog, I. (2007) Diagnostic criteria influence dementia prevalence. *American Journal of Geriatric Psychiatry, 15*, 1034–45.

Ward, R. (1977) The impact of subjective age and stigma on older persons. *Journal of Gerontology, 32,* 227 – 32.

Ward, R. (1984) *The Aging Experience*. Cambridge: Harper and Row.

Warner, D. and Brown, T. (2011) Understanding how race/ethnicity and gender define agetrajectories of disability: An intersectionality approach. *Social Science and Medicine, 72,* 1236 – 48.

Warren, C. A. B. (1998) Aging and identity in premodern times. *Research on Aging, 20,* 11 – 35.

Watanabe, M., Kudo, H., Fukuoka, Y., Hatakeyama, A. et al. (2008) Salt taste perception and salt intake in older people. *Geriatrics and Gerontology International, 8,* 62 – 4.

Waters, G. and Caplan, D. (2002) Working memory and online syntactic processing in Alzheimer's disease: Studies with auditory moving window presentation. *The Journals of Gerontology Series B: Psychological Sciences and Social Sciences, 57,* 298 – 311.

Waters, G. S. and Caplan, D. (2001) Age, working memory and on-line syntactic processing in sentence comprehension. *Psychology and Aging, 16,* 128 – 44.

Waters, L., Galichet, B., Owen, N. and Eakin, E. (2011) Who participates in physical activity intervention trials? *Journal of Physical Activity and Health, 8,* 85 – 103.

Watson, D. G. and Maylor, E. A. (2002) Aging and visual marking: Selective deficits for moving stimuli. *Psychology and Aging, 17,* 321 – 39.

Watson, D. G., Maylor, E. A. and Manson, N. J. (2002) Aging and enumeration: A selective deficit for the subitization of targets among distractors. *Psychology and Aging, 17,* 496 – 504.

Webster, J. and Gould, O. (2007) Reminiscence and vivid personal memories across adulthood. *International Journal of Aging and Human Development, 64,* 149 – 70.

Weg, R. B. (1983) Changing physiology of aging: Normal and pathological. In D. S. Woodruff and J. E. Birren (eds.) *Aging: Scientific Perspectives and Social Issues*. Monterey, CA: Brooks-Cole.

Weiffenbach, J. M., Baum, B. J. and Berghauser, R. (1982) Taste thresholds: Quality specific variation with human aging. *Journal of Gerontology, 37,* 372 – 7.

Weilge-Lüssen, A. (2009) Ageing, neurodegeneration, and olfactory and gustatory loss. *B-ENT, 5,* 129 – 32.

Weisberg, N. and Wilder, R. (eds.) (2001) *Expressive Arts with Elders: A Resource*. 2nd edition. London: Jessica Kingsley Publishers.

Wells, Y., Foreman, P., Gething, L. and Petralia, W. (2004) Nurses' attitudes toward aging and older adults – Examining attitudes and practices among health services providers in Australia. *Journal of Gerontological Nursing, 30,* 5 – 13.

Wells, Y. D. and Kendig, H. L. (1997) Health and well-being of spouse caregivers and the widowed. *Gerontologist, 37,* 666 – 74.

Welsh, J., Fallon, M. and Keeley, P. (2003) Palliative care. In R. C. Tallis and H. Fillit (eds.) *Brocklehurst's Textbook of Geriatric Medicine and Gerontology*. 6th edition. London: Churchill Livingstone.

Wenger, G. C. (1997) Review of findings on support networks of older Europeans. *Journal of Cross-Cultural Gerontology, 12,* 1 – 21.

West, C. G., Reed, D. M. and Gildengorin, G. L. (1998) Can money buy happiness? Depressive symptoms in an affluent older population. *Journal of the American Geriatrics Society, 46,* 49 – 57.

West, R. and Bowry, R. (2005) Effects of aging and working memory demands on prospective memory. *Psychophysiology, 42,* 698 – 712.

West, R., Murphy, K. J., Armilio, M. L., Craik, F. I. M. and Stuss, D. T. (2002) Effects of time of day on age differences in working memory. *The Journals of Gerontology Series B: Psychological Sciences and Social Sciences, 57,* 3 – 10.

West, R. L. (1988) Prospective memory and aging. In M. M. Gruneberg, P. E. Morris and R.

N. Sykes (eds.) *Practical Aspects of Memory: Current Research and Issues, Volume 2; Clinical and Educational Implications.* Chichester: Wiley, 119 – 225.

Westerman, S. J., Davies, D. R., Glendon, A. I., Stammers, R. B. and Matthews, G. (1998) Ageing and word processing competence: Compensation or compilation? *British Journal of Psychology, 89*, 579 – 97.

Westlye, L. T., Walhovd, K., Dale, A., Bjornerud, A. et al. (2010) Life-span changes of the human brain white matter: Diffusion tensor imaging (DTI) and volumetry. *Cerebral Cortex, 20*, 2055 – 68.

Wetherell, J. L., Gatz, M. and Pedersen, N. L. (2001) A longitudinal analysis of anxiety and depressive symptoms. *Psychology and Aging, 16*, 187 – 95.

Wetherell, J. L., Le Roux, H. and Gatz, M. (2003) DSM-IV criteria for generalized anxiety disorder in older adults: Distinguishing the worried from the well. *Psychology and Aging, 18*, 622 – 7.

Weyerer, S., Schaufele, M., Eiffaender-Gorfer, S., Kohler, L. et al. (2009) At-risk alcohol drinking in primary care patients aged 75 years and older. *International Journal of Geriatric Psychiatry, 24*, 1376 – 85.

Whelihan, W. M., Thompson, J. A., Piatt, A. L., Caron, M. D. and Chung, T. (1997) The relation of neuropsychological measures to levels of cognitive functioning in elderly individuals: A discriminant analysis approach. *Applied Neuropsychology, 4*, 160 – 4.

Whitbourne, S. K. (1987) Personality development in adulthood and old age. In K. W. Schaie (ed.) *Annual Review of Gerontology and Geriatrics, 7*. New York: Springer.

Whitbourne, S. K. (2010) *The Search for Fulfillment*. New York: Ballantine.

Whitbourne, S. K. and Whitbourne, S. B. (2011) *Adult Development and Aging: Biopsychosocial Perspectives*. 4th edition. Hoboken: John Wiley.

White, K. K. and Abrams, L. (2002) Does priming specific syllables during tip-of-the-tongue states facilitate word retrieval in older adults? *Psychology and Aging, 17*, 226 – 35.

White, L. R., Cartwright, W.S., Cornoni-Huntley, J. and Brock, D. B. (1986) Geriatric epidemiology. In C. Einsdorfer (ed.) *Annual Review of Gerontology and Geriatrics, 6*, New York: Springer.

White, N. and Cunningham, W. R. (1988) Is terminal drop pervasive or specific? *Journal of Gerontology, 43*, 141 – 4.

White-Means, S. I. (2000) Racial patterns in disabled elderly persons' use of medical services. *The Journals of Gerontology Series B: Psychological Sciences and Social Sciences, 55*, 76 – 89.

Whitfield, K., Jonassaint, C., Brandon, D., Stanton, M. et al. (2010) Does coping mediate the relationship between personality and cardiovascular health in African Americans? *Journal of the National Medical Association, 102*, 95 – 100.

Whitfield, K. E. and Baker-Thomas, T. (1999) Individual differences in aging minorities. *International Journal of Aging and Human Development, 48*, 73 – 9.

Whitwell, J., Przybelski, S., Weigand, S., Ivnik, R. et al. (2009) Distinct anatomical subtypes of the behavioural variant of frontotemporal dementia: A cluster analysis study. *Brain, 132*, 2932 – 46.

Whitworth, R. and Larson, C. (1988) Differential diagnosis and staging of Alzheimer's disease with an aphasia battery. *Neuropsychiatry, Neuropsychology and Behavioral Neurology, 1*, 255 – 65.

Wiebe, J. M. D. and Cox, B. J. (2005) Problem and probable pathological gambling among older adults assessed by the SOGS-R. *Journal of Gambling Studies, 21*, 205 – 21.

Wilcox, S., Bopp, M., Oberrecht. L., Kammermann, S. K. and McElmurray, C. T. (2003) Psychosocial and perceived environmental correlates of physical activity in rural and older African American and white women. *The Journals of Gerontology Series B: Psychological Sciences and Social Sciences, 58*, 329 – 37.

Wilcox, S. and King, A. C. (2000) Alcohol consumption in older adults: A comparison of two assessment methods. *Journal of Applied Gerontology, 19*, 170 – 80.

Wilkins, A. and Baddeley, A. (1978) Remembering to recall in everyday life: An approach to absent-mindedness. In M. M. Gruneberg, P. E. Morris and R. N. Sykes (eds.) *Practical Aspects of Memory, Current Research and Issues, Volume 2*. Chichester: Wiley.

Wilkins, R. and Adams, O. B. (1983) Health expectancy in Canada, late 1970s: Demographic, regional and social dimensions. *American Journal of Public Health, 73*, 1073 – 80.

Williams, A., While, D., Windfuhr, K., Bickley, H. et al. (2011) Birthday blues: Examining the association between birthday and suicide in a national sample. *Crisis: The Journal of Crisis Intervention and Suicide Prevention, 32*, 134 – 42.

Williams, G. C. (1957) Pleiotropy, natural selection and the evolution of senescence. *Evolution, 11*, 398 – 411.

Williams, K. (2004) The transition to widowhood and the social regulation of health: Conse-quences for health and health risk behavior. *The Journals of Gerontology Series B: Psychological Sciences and Social Sciences, 59*, 343 – 9.

Williams, K., Holmes, F., Kemper, S. and Marquis, J. (2003) Written language clues to cognitive changes of aging: An analysis of the letters of King James VI/I. *The Journals of Gerontology Series B: Psychological Sciences and Social Sciences, 58*, 42 – 4.

Williams, P., Suchy, Y, and Kraybill, M. (2010) Five-factor model personality traits and executive functioning among older adults. *Journal of Research in Personality, 44*, 485 – 91.

Williamson, G. M. and Schulz, R. (1992) Physical illness and symptoms of depression among elderly outpatients. *Psychology and Aging, 7*, 343 – 51.

Williamson, G. M. and Schulz, R. (1995) Activity restriction mediates the association between pain and depressed affect: A study of younger and older adult cancer patients. *Psychology and Aging, 10*, 369 – 78.

Willis, L., Goodwin, J., Lee, K-O., Mosqueda, L. et al. (1997) Impact of psychosocial factors on health outcomes in the elderly: A prospective study. *Journal of Aging and Health, 9*, 396 – 414.

Willis, R. (2008) Advantageous inequality or disadvantageous equality? Ethnicity and family support among older people in Britain. *Ethnicity and Inequalities in Health and Social Care, 1*, 18 – 23.

Wilson, R., Schneider, J., Arnold, S., Bienias, J. and Bennett, D. (2007) Conscientiousness and the incidence of Alzheimer disease and mild cognitive impairment. *Archives of General Psychiatry, 64*, 1204 – 12.

Wilson, R., Weir, D., Leurgans, S., Evans, D. et al. (2011) Sources of variability in estimates of the prevalence of Alzheimer's disease in the United States. *Alzheimer's and Dementia, 7*, 74 – 9.

Wilson, R. S., Arnold, S. E., Tang, Y. and Bennett, D. A. (2006) Odor identification and decline in different cognitive domains in old age. *Neuroepidemiology, 26*, 61 – 7.

Wilson, R. S., Beck, T., Bienias, J. and Bennett, D. (2007) Terminal cognitive decline: Accelerated loss of cognition in the last years of life. *Psychosomatic Medicine, 69*, 131 – 7.

Wilson, R. S., Beckett, L. A., Barnes, L. L., Schneider, J. A. et al. (2002) Individual differences in rates of change in cognitive abilities of older persons. *Psychology and Aging, 17*, 179 – 93.

Wilson, R. S., Gilley, D. W., Bennett, D. A., Beckett, L. A. and Evans, D. A. (2000) Person-specific paths of cognitive decline in Alzheimer's disease and their relation to age. *Psychology and Aging, 15*, 18 – 28.

Wilson, R. S., Mendes de Leon, C. F., Bienias, J. L., Evans, D. A. and Bennett, D. A. (2004) Personality and mortality in old age. *The Journals of Gerontology Series B: Psychological Sciences and Social Sciences, 59*, 110 – 16.

Wilson, S. (2006) The validation of the Texas Revised Inventory of Grief on an older Latino sample. *Journal of Social Work in End of Life and Palliative Care, 2*, 33 – 60.

Wingfield, A. (1996) Cognitive factors in auditory performance: Context, speed of processing, and constraints of memory. *Journal of the American Academy of Audiology, 7*, 175–82.

Wingfield, A. and Grossman, M. (2006) Language and the aging brain: Patterns of neural compensation revealed by functional brain imaging. *Journal of Neuropsychology, 96*, 2830–39.

Wink, P. and Dillon, M. (2003) Religiousness, spirituality and psychosocial functioning in late adulthood: Findings from a longitudinal study. *Psychology and Aging, 18*, 916–24.

Wisdom, N., Callahan, J. and Hawkins, K. (2011) The effects of apolipoprotein E on non-impaired cognitive functioning: A meta-analysis. *Neurobiology of Aging, 32*, 63–74.

Wishart, L. R., Lee, T. D., Murdoch, J. E. and Hodges, N. J. (2000) Effects of aging on automatic and effortful processes in bimanual coordination. *The Journals of Gerontology Series B: Psychological Sciences and Social Sciences 55*, 85–94.

Witte, K. L. and Freund, J. S. (1995) Anagram solutions as related to adult age, anagram difficulty and experience in solving crossword puzzles. *Aging and Cognition, 2*, 146–55.

Wolf, E. S. (1997) Self psychology and the aging self through the life curve. *Annual of Psychoanalysis, 25*, 201–15.

Wolff, J. L. and Agree, E. M. (2004) Depression among recipients of informal care: The effects of reciprocity, respect and adequacy of support. *The Journals of Gerontology Series B: Psychological Sciences and Social Sciences, 59*, 173–80.

Wong, C., Holroyd-Leduc, J., Simel, D. and Strauss, S. (2010) Does this patient have delirium? Value of bedside instruments. *Journal of the American Medical Association, 304*, 779–86.

Wong, P. and Tomer, A. (2011) Beyond terror and denial: The positive psychology of death acceptance. *Death Studies, 35*, 99–106.

Wong, P., Jin, J., Gunasekera, G., Abel, R., Lee, E. and Dhar, S. (2009) Aging and cortical mechanisms of speech perception in noise. *Neuropsychologia, 47*, 693–703.

Woo, J., Lo, R., Cheng, J., Wong, F. and Mak, B. (2011) Quality of end-of-life care for non-cancer patients in a non-acute hospital. *Journal of Clinical Nursing, 20*, 1834–41.

Wood, E., Whitfield, E. and Christie, A. (1995) Changes in survival in demented hospital inpatients 1957–1987. In E. Murphy and G. Alexopoulos (eds.) *Geriatric Psychiatry: Key Research Topics for Clinicians*. Chichester: Wiley, 85–93.

Woodruff-Pak, D. S. (1988) *Psychology and Aging*. Englewood Cliffs: Prentice Hall.

Woodruff-Pak, D. S. (1997) *The Neuropsychology of Aging*. Oxford: Blackwells.

Woods, R. (2011) The psychology of atypical ageing. In I. Stuart-Hamilton (ed.) *An Introduction to Gerontology*. Cambridge: Cambridge University Press.

Woods, R. T. (1996) *Handbook of the Clinical Psychology of Ageing*. Chichester: Wiley.

Woods, R. T. (1999) Mental health problems in late life. In R. T. Woods (ed.) *Psychological Problems of Ageing*. Chichester: Wiley, 73–110.

Woodward, K. (1991) *Aging and its Discontents. Freud and Other Fictions*. Bloomington, IN: Indiana University Press.

World Health Organization (2004) *World Health Report 2000*. Geneva: World Health Organization.

World Health Organization (2011) *Palliative care definition*. Available at www.who.int/en, accessed on 7 September 2011.

Wyndham, J. (1960) *Trouble With Lichen*. London: Michael Joseph.

Xue, S. A. and Deliyski, D. (2001) Effects of aging on selected acoustic voice parameters: Preliminary normative data and educational implications. *Educational Gerontology, 27*, 159–68.

Yaffe, K., Lindquist, K., Vittinghoff, E., Barnes, D. et al. (2010) The effect of maintaining cognition on risk of disability and death. *Journal of the American Geriatrics Society, 58*, 889–94.

Yamada, M., Mimori, Y., Kasagi, F., Miyachi, T. et al. (2008) Incidence of dementia, Alzheimer disease, and vascular dementia in a Japanese population: Radiation Effects Research Foundation Adult Health Study. *Neuroepidemiology, 30*, 152–60.

Yan, E., Wu, A., Ho, P. and Pearson, V. (2011) Older Chinese men and women's experiences and understanding of sexuality. *Culture, Health and Sexuality, 13*, 983–99.

Yang, Z., Norton, E. C. and Stearns, S. C. (2003) Longevity and health care expenditures: The real reasons older people spend more. *The Journals of Gerontology Series B: Psychological Sciences and Social Science, 58*, 2–10.

Yarmey, A. D. and Yarmey, M. J. (1997) Eyewitness recall and duration estimates in field settings. *Journal of Applied Social Psychology, 27*, 330–44.

Yashin, A. I., De Benedictis, G., Vaupel, J. W., Tan, Q. et al. (1999) Genes, demography and life span: The contribution of demographic data in genetic studies on aging and longevity. *American Human Genetics, 65*, 1178–93.

Yong, H. H., Gibson, S. J., Horne, D. and Helme, R. D. (2001) Development of a pain attitudes questionnaire to assess stoicism and cautiousness for possible age differences. *The Journals of Gerontology Series B: Psychological Sciences and Social Sciences, 56*, 279–84.

Yoon, C., Hasher, L., Feinberg, F., Rahhal, T. A. and Winocur, G. (2000) Cross-cultural differences in memory: The role of culture-based stereotypes about aging. *Psychology and Aging, 15*, 694–704.

You, J., Fung, H. and Isaacowitz, D. (2009) Age differences in dispositional optimism: A crosscultural study. *European Journal of Ageing, 6*, 247–52.

Ystad, M., Eichele, T., Lundervald, A. and Lundervald, A. (2010) Subcortical functional connectivity and verbal episodic memory in healthy elderly – a resting state fMRI study. *Neuroimage, 52*, 379–88.

Yur'yev, A., Leppik, L., Tooding, L., Sisask, M. M. et al. (2010) Social inclusion affects elderly suicide mortality. *International Psychogeriatrics, 22*, 1337–43.

Zacks, R. T., Hasher, L., Doren, B., Hamm, V. and Attig, M. S. (1987) Encoding and memory of explicit and implicit information. *Journal of Gerontology, 42*, 418–22.

Zamarian, L., Weiss, E, and Delazer, M. (2011) The impact of mild cognitive impairment on decision making in two gambling tasks. *Journals of Gerontology, 66*, 23–31.

Zappala, S., Depolo, M., Fraccaroli, F. and Guglieimi, D. (2008) Postponing job retirement? Psycho-social influences on the preference for early or late retirement. *Career Development International, 13*, 150–67.

Zebrowitz, L. and Montepare, J. (2000) Too young, too old: Stigmatizing adolescents and elders. In T. Heatherton, R. Kleck, M. Hebl and J. Hull (eds.) *The Psychology of Stigma*. London: Guildford Press, 334–73.

Zeevl, N., Pachter, J., McCullough, L. D., Wolfson, L. and Kuchel, G. A. (2010) The blood-brain barrier: Geriatric relevance of a critical brain-body interface. *Journal of the American Geriatrics Society, 58*, 1532–54.

Zeintl, M. and Kliegel, M. (2010) Proactive and coactive interference in age-related performance in a recognition-based operation span task. *Gerontology, 56*, 421–9.

Zelinski, E. M. and Burnight, K. P. (1997) Sixteen-year longitudinal and time lag changes in memory and cognition in older adults. *Psychology and Aging, 12*, 503–13.

Zelinski, E. M. and Hyde, J. C. (1996) Old words, new meanings: Aging and sense creation. *Journal of Memory and Language, 35*, 689–707.

Zelinski, E. M. and Stewart, S. T. (1998) Individual differences in 16-year memory changes. *Psychology and Aging, 13*, 622–30.

Zettel, L. A. and Rook, K. S. (2004) Substitution and compensation in the social networks of older widowed women. *Psychology and Aging, 19*, 433 – 43.

Zhang, A. Y., Yu, L. C., Yuan, J., Tong, Z., Yang, C. and Foreman, S. E. (1997) Family and cultural correlates of depression among Chinese elderly. *International Journal of Social Psychiatry, 43*, 199 – 212.

Zhang, X. H., Sasaki, S. and Kesteloot, H. (1995) The sex ratio of mortality and its secular trends. *International Journal of Epidemiology, 24*, 720 – 9.

Zhang, Z. and Hayward, M. D. (2001) Childlessness and the psychological well-being of older persons. *The Journals of Gerontology Series B: Psychological Sciences and Social Sciences, 56*, 311 – 20.

Zhihao, L., Moore, A. B., Tyner, C. and Hu, X. (2009) Asymetric connectivity and its relationship to 'HAROLD' in aging brain. *Brain Research, 1295*, 149 – 58.

Ziegler-Graham, K., Brookmeyer, R., Johnson, E. and Arrighi, H. (2008) Worldwide variation in the doubling time of Alzheimer's disease incidence rates. *Alzheimer's and Dementia, 4*, 316 – 23.

Zimmerman, C. (2004) Denial of impending death: A discourse analysis of the palliative care literature. *Social Science and Medicine, 59*, 1769 – 80.

Zimprich, D. and Martin, M. (2002) Can longitudinal changes in processing speed explain longitudinal age changes in fluid intelligence? *Psychology and Aging, 17*, 690 – 5.

Zollig, J., Martin, M. and Kliegel, M. (2010) Forming intentions successfully: Differential compensational mechanisms of adolesecents and old adults. *Cortex, 46*, 575 – 89.

Zwaan, B. J. (1999) The evolutionary genetics of ageing and longevity. *Heredity, 82*, 589 – 97.

Zwakhalen, S. M. G., Hamers, J. P. H., Peijnenburg, R. H. A. and Berger, M. P. F. (2007) Nursing staff knowledge and beliefs about pain in elderly nursing home residents with dementia. *Pain Research and Management, 12*, 177 – 84.

찾아보기

ㄷ

ㄹ

ㅁ

ㅂ

ㅈ

ㅊ